GÜNTER GRASS

Werkausgabe in zehn Bänden

GÜNTER GRASS

Werkausgabe in zehn Bänden

HERAUSGEGEBEN VON
VOLKER NEUHAUS

BAND IV
HERAUSGEGEBEN VON
VOLKER NEUHAUS

Büchergilde Gutenberg

GÜNTER GRASS

ÖRTLICH BETÄUBT

ROMAN

AUS DEM TAGEBUCH EINER SCHNECKE

Lizenzausgabe für die Büchergilde Gutenberg,
Frankfurt am Main, Olten, Wien,
mit freundlicher Genehmigung des
Hermann Luchterhand Verlages, Darmstadt und Neuwied

Lektorat: Klaus Binder
Ausstattung: Ralf-Ingo Steimer
Satz: Druck- und Verlags-Gesellschaft mbH, Darmstadt
Druck und Einband: Franz Spiegel Buch GmbH, Ulm
ISBN: 3 7632 3354 7

INHALT

ÖRTLICH BETÄUBT

ROMAN

1

Das erzählte ich meinem Zahnarzt. Maulgesperrt und der Mattscheibe gegenüber, die, tonlos wie ich, Werbung erzählte: Haarspray Wüstenrot Weißeralsweiß ... Ach, und die Tiefkühltruhe, in der zwischen Kalbsnieren und Milch meine Verlobte lagerte, Sprechblasen steigen ließ: »Halt du dich da raus. Halt du dich da raus ...«

(Heilige Apollonia, bitte für mich!) Zu meinen Schülerinnen und Schülern sagte ich: »Versucht, nachsichtig zu sein. Ich muß zum Zahnklempner. Das kann sich hinziehen. Also Schonfrist.«

Kleines Gelächter. Mittlere Respektlosigkeiten. Scherbaum breitete skurrile Kenntnisse aus: »Sehr verehrter Herr Starusch. Ihr leidgeprüfter Entschluß legt es uns, Ihren mitfühlenden Schülern, nahe, Sie an das Martyrium der Heiligen Apollonia zu erinnern. Im Jahre 250, unter der Regierung des Kaisers Decius, wurde das gute Mädchen in Alexandria verbrannt. Weil die Meute ihr vorher mit Kneifzangen alle Zähne gezogen hatte, ist sie die Schutzheilige aller Zahnwehleidenden und ungerechterweise auch der Dentisten. Auf Fresken in Mailand und Spoleto, in den Gewölben schwedischer Kirchen, aber auch in Sterzing, Gmünd und Lübeck sieht man sie mit Zange und Molar abgebildet. Viel Spaß und fromme Hingabe. Wir, Ihre 12 a, werden die Heilige Apollonia um Fürbitte ersuchen.«

Die Klasse murmelte Segenssprüche. Ich bedankte mich für den mäßig witzigen Unsinn. Vero Lewand verlangte mir sogleich eine Gegenleistung ab: mein Votum für die seit Monaten geforderte Raucherecke neben dem Fahrradschuppen. »Das kann ja kaum in Ihrem Sinn sein, wenn wir unbeaufsichtigt auf dem Klo qualmen.«

Ich versprach der Klasse, während der nächsten Konferenz und dem Elternrat gegenüber eine zeitlich begrenzte Raucherlaubnis zu befürworten, wenn Scherbaum bereit sei, die Chefredaktion der Schülerzeitung zu übernehmen, falls ihn der Schülerausschuß der SMV dazu auffordern sollte: »Entschuldigen Sie den Vergleich: Meine Zähne und euer Wurstblättchen müssen behandelt werden.«

Aber Scherbaum winkte ab: »Solange aus der Schülermitverantwortung keine Schülermitbestimmung wird, tu ich nix. Einen Blödsinn kann man nicht reformieren. Oder glauben Sie etwa an reformierten Blödsinn? – Na also. – Das mit der Heiligen stimmt übrigens. Können Sie nachschlagen im Kirchenkalender.«

(Heilige Apollonia, bitte für mich!) Denn die einmalige Anrufung schlägt bei den Märtyrern nicht zu Buch. So machte ich mich am späten Nachmittag auf den Weg, verzögerte die dritte Anrufung, und erst auf dem Hohenzollerndamm, wenige Schritte vor jenem Hausnummernschild, das mir in der zweiten Etage des bürgerlich bemessenen Mietshauses die Praxis des Zahnarztes versprach, nein, im Treppenhaus erst, zwischen vaginalen Jugendstilornamenten, die, zum Fries geordnet, gleich mir treppauf stiegen, entschloß ich mich, wider besseres Wissen, zur dritten Anrufung: »Heilige Apollonia, bitte für mich . . .«

Irmgard Seifert hatte ihn mir empfohlen. Sie nannte ihn zurückhaltend, behutsam und doch bestimmt. »Und stellen Sie sich vor: er hat Fernsehen in der Praxis. Zuerst wollte ich nicht, daß es läuft während der Behandlung, aber jetzt muß ich zugeben: es lenkt fabelhaft ab. Man ist ganz woanders. Und selbst die blinde Mattscheibe ist noch anregend, irgendwie anregend . . .«

Darf ein Zahnarzt seinen Patienten nach seiner Herkunft fragen?

»Ich verlor meine Milchzähne im Hafenvorort Neufahrwasser. Die Leute dort, Stauer und Schichauarbeiter, hielten es mit dem Kautabak; so sahen auch ihre Zähne aus. Und wo sie hintraten, setzten sie ihre Marken: teerhaltigen Qualster, der bei Frost nicht gefrieren wollte.«

»Jaja«, sagte er in Segeltuchschuhen, »aber mit Kautabakschäden haben wir heute kaum mehr zu tun.« Und war schon woanders: bei Artikulationsstörungen und bei meinem Profil, dem seit der Pubertät ein progener Unterkiefer mehr Willensstärke zuspricht, als eine dentale Frühbehandlung hätte verhindern können. (Meine ehemalige Verlobte verglich mein Kinn mit einer Schubkarre; neben einer Karikatur, die Vero Lewand in Umlauf gebracht hatte, wurde meinem Kinn eine weitere Funktion zugemutet: als Tieflader.) Jadoch ja. Wußte ich immer schon: Ich habe einen Hackbiß. Ich kann nicht mahlen. Der Hund reißt. Die Kuh mahlt. Der Mensch kaut mit beiden Bewegungen. Mir fehlt diese normale Artikulation. »Sie hakken«, sagte mein Zahnarzt. Und schon war ich froh, daß er nicht sagte, Sie reißen, wie der Hund reißt. »Deshalb machen wir einen Röntgenstatus. Schließen Sie ruhig die Augen. Wir können aber auch den Fernseher . . .«

(»Danke, Doktor.« – Oder verschliff ich die Anrede schon anfangs zum vertraulichen »Dokter«? Später, abhängig, rief ich: »Hilfe, Doktä! Was soll ich denn machen, Doktä? Sie wissen doch alles, Doktä . . .«)

Während er mit seinem elfmal summenden Handgerät meine Zähne erfaßte und dabei plauderte – »Ich könnte Ihnen Geschichten aus der Vorzeit der Zahnmedizin erzählen . . .« – sah ich auf milchiger Wölbung viel, zum Beispiel Neufahrwasser, wo ich einen Milchzahn, dem Holm gegenüber, in der Mottlau versenkte.

Sein Film fing anders an: »Man muß bei Hippokrates beginnen. Er empfiehlt Linsenbrei gegen Abszesse im Mundmilieu.«

Und mein Muttchen schüttelte den Kopf auf der Mattscheibe: »Nai, nech väsenken wolln wä. Aufbewahrn mechten wä se em Schmuckkastchen auf blaue Watte.« Leicht gewölbt breitete sich Güte aus. Wenn mein Zahnarzt in historischen Lehrsätzen sprach – »Das Gurgeln mit Pfefferlösung soll, nach Hippokrates, gegen Zahngeschwulst helfen« –, sprach mein Muttchen inmitten unserer Wohnküche: »Ond Granatbrosche leg ech zu Bärnstain ond Opa saine Orden. Ond daine Melchzähne sammeln wä fleißich, damit schpäter Frau ond Kinderchen mechst sagen kennen: so sahn se aus.«

Er aber hatte es auf meine Prämolaren, auf meine Molaren abgesehen. Denn von allen meinen Backenzähnen standen die Weisheitszähne, acht plus acht – acht minus acht, am sichersten: Brückenpfeiler sollten sie werden und mir, dank korrigierender Brücke, den Hackbiß mildern. »Eingriff«, sagte er. »Wir werden uns zu einem größeren Eingriff entschließen müssen. Darf ich nun, während meine Hilfe den Röntgenstatus entwikkelt und ich Ihren Zahnstein entferne, Bild und Ton hineingeben?«

Immer noch: »Danke.«

Er gab Prinzipien auf: »Vielleicht das Ostprogramm?« Mir genügte die alles duldende Mattscheibe, auf der ich mich langsam und immer wieder, dem Holm gegenüber, einen Milchzahn in der Hafenbrühe versenken sah. Noch gefiel mir meine Familiengeschichte, denn mit den Milchzähnen hatte es angefangen: »Bestimmt, Muttchen, habe ich einen Beißer – denn einer fehlt ja – im Hafen versenkt. Und den hat ein Fisch, kein Zander, ein Grundwels verschluckt, der alle schlimmen Zeiten überstanden hat. Immer noch liegt er auf Lauer, denn Grundwelse werden alt, und wartet auf weitere Milchzähne. Aber die restlichen Beißer perlen milchig und ohne Zahnstein auf roter Watte, während die Granatbrosche samt Bernstein und Opas Orden verlorenging . . .«

Mein Zahnarzt befand sich mittlerweile im elften Jahrhundert und berichtete von dem arabischen Arzt Albukassis, der in Cordoba als erster vom Zahnstein gesprochen hatte. »Absprengen muß man ihn.« Auch erinnere ich mich an Sätze wie diesen: »Wenn der Säurerest im Alkalischen, also unter ph sieben liegt, bildet sich Zahnstein, weil die Speicheldrüsen im Unterkiefer gegen die Schneidezähne und die Ohrenspeicheldrüse gegen sechs plus sechs den Speichel entleeren, besonders stark bei extremen Mundbewegungen, etwa beim Gähnen. Gähnen Sie mal. Ja, ja, schön . . .«

Ich machte das alles mit, gähnte, ließ Speichel spritzen, der Zahnstein erzeugte, und konnte meinen Zahnarzt doch nicht bewegen, Anteil zu nehmen: »Nun, Doktor, wie heißt meine kleine Produktion? – Die geretteten Milchzähne. Denn mein Muttchen hat, als sie im Januar fünfundvierzig packen mußte – mein Vater war ja beim Lotsenamt und konnte vorsorgen –, mit dem letzten Truppentransporter Neufahrwasser verlassen können. Doch bevor sie verließ, packte sie das Allernotwendigste, also auch meine Milchzähne, in Vaters großen Seesack, der, wie es bei überstürzten Fluchtvorbereitungen zuzugehen pflegt, irrtümlicherweise auf die »Paul Beneke«, einen Rad- und Vergnügungsdampfer, verladen wurde, der nicht auf eine Mine lief und heil wie überladen Travemünde erreichte, während mein gutes Muttchen weder Lübeck noch Travemünde zu sehen bekam; denn jener Truppentransporter, von dem ich behaupte, er sei der letzte gewesen, lief südlich Bornholm auf eine Mine, wurde torpediert und ging – wenn Sie bitte hinter sich schauen und vom Zahnstein ablassen wollen – mit meinem Muttchen, wie damals inmitten Eisgrütze, so heute auf Ihrer Mattscheibe, regelrecht unter. Nur einigen Herren von der Gauleitung soll es gelungen sein, rechtzeitig auf ein Torpedoboot umzusteigen . . .«

Mein Zahnarzt sagte: »Nun spülen Sie mal.« (Während andauernder Behandlung bat, forderte er mich auf, rief er: »Nochmal!« erlaubte er mir, den Blick abzuziehen.) Nur selten gelang es den Bildchen meiner Produktion, mitzufliehen und in der Speischale den Auswurf, etwa die abgesprengten Zahnstein-Konkremente, zu überblenden: Die Distanz zwischen Mattscheibe und Speischale, dieses Nachflimmern bei gleichzeitigem Speichelandrang, war reich an Stolperdrähten und gab eingeklammerte Sätze her: Zwischenrufe meines Schülers Scherbaum, private Streitereien zwischen Irmgard Seifert und mir, alltäglichen Schulkram, Fragen an den Kandidaten der zweiten Staatsprüfung für Lehrämter und Seinsfragen, in Zitate verpackt. Doch so schwierig es war, von der Mattscheibe zur Speischale zu finden und nach dem Spülvorgang wieder einzublenden, es gelang mir fast immer, Bildstörungen zu vermeiden.

»Wie das so zugeht, Dokter: lange lagerten meine Milchzähne; denn was einmal gerettet wird, geht so schnell nicht wieder verloren . . .«

»Doch machen wir uns nichts vor: gegen Zahnstein gibt es kein Mittel . . .«

»Als der Sohn die Eltern suchte, wurde ihm ein Seesack zugestellt . . .«

»Deshalb wollen wir heute den Zahnstein oder den Feind Numero eins bekämpfen . . .«

»Und jedes Mädchen, das in mir ihren zukünftigen Verlobten vermutete, bekam meine geretteten Milchzähne zu sehen . . .«

»Denn die instrumentelle Beseitigung des Zahnsteins gehört a priori zu jeder Zahnbehandlung . . .«

»Doch nicht jedes Mädchen fand Eberhards Milchzähne schön oder interessant . . .«

»Neuerdings gibt es Ultraschallbehandlung. Nun spülen Sie mal.«

Ein, wie ich zuerst meinte, ärgerlicher Zwischenschnitt, denn beinahe wäre es mir gelungen, mit Hilfe der geretteten Milchzähne meine ehemalige Verlobte auf den Bildschirm zu locken und anzufangen (wie ich auch jetzt endlich anfangen will mit meinem Lamento), aber mein Zahnarzt war dagegen: Zu früh.

Während ich ausgiebig spülte, unterhielt er mich mit Anekdoten. Er erzählte von einem gewissen Scribonius Largus, der für Messalina, die erste Frau des Kaisers Claudius, ein Zahnpulver erfunden hatte: gebranntes Hirschhorn plus chiotisches Harz und Ammoniaksalz. Als er zugab, daß schon bei Plinius zerstoßene Milchzähne ein beliebtes Glückspülverchen hergegeben hätten, klopfte mir wieder meines Muttchens Satz im Ohr: »Hiä Jonkchen, auf griene Watte leg ich diä. Das mecht diä mal Glick bringen . . .«

Was heißt hier Aberglaube! Schließlich entstamme ich einer Seemannsfamilie. Mein Onkel Max blieb auf der Doggerbank. Mein Vater überlebte die »Königsberg« und stand bis zum Ende der Freistaatzeit im aktiven Lotsendienst. Und mich haben die Jungs von Anfang an Störtebeker genannt. Bis zum Schluß blieb ich ihr Anführer. Moorkähne durfte die zweite Geige spielen. Wollte deswegen die Bande sprengen. Aber das habe ich nicht geduldet: »Mal herhören, Jungs.« – Und das so lange, bis unser Laden aufflog, weil das spirrige Aas gesungen hatte. Ich sollte mal auspacken und alles der Reihe nach, so wie es wirklich gewesen ist, flimmern lassen. Doch nicht mit den üblichen Spannungseffekten – Aufstieg und Fall der Stäuberbande –, mehr wissenschaftlich analytisch: Jugendbanden im Dritten Reich. Denn die Akten der Edelweiß-Piraten im Keller des Kölner Polizeipräsidiums hat bis jetzt noch niemand gelüftet. (»Was meinen Sie, Scherbaum? Das müßte Ihre Generation doch interessieren. Wir waren damals siebzehn, wie Sie heute siebzehn sind. Und gewisse Gemeinsamkeiten, kein Eigentum, das gruppeneigene Mädchen und die absolute Frontstellung gegen alle Erwachsenen lassen sich nicht übersehen; auch der vorherrschende Jargon in der 12 a erinnert mich an unseren Betriebsjargon . . .«) Allerdings war Krieg damals. Da ging es nicht um Raucherecken und ähnliche Kindereien. (Als wir das Wirtschaftsamt ausräumten . . . Als wir den Seitenaltar in der Herz-Jesu-Kirche . . . Als wir auf dem Winterfeldplatz . . .) Wir leisteten richtigen Widerstand. Mit uns wurde keiner fertig. Bis Moorkähne uns verpfiffen hat. Oder die Zaunlatte mit ihren Schneidezähnen. Hätte beide hopsgehen lassen sollen. Oder striktes Verbot: Keine Weiber! Übrigens hab ich damals meine

Milchzähne in einem Säckchen auf der Brust getragen. Wer aufgenommen wurde, mußte bei meinen Milchzähnen schwören: »Das Nichts nichtet unausgesetzt.« Hätte sie mitbringen sollen: »Sehen Sie, Dokter. So schnell geht das. Gestern noch war ich Chef einer im Reichsgau Danzig-Westpreußen gefürchteten Jugendbande; und heute schon bin ich ein Studienrat für Deutsch und also Geschichte, der seinen Schüler Scherbaum überreden möchte, vom jugendlichen Anarchismus abzulassen: ›Sie sollten die Schülerzeitung übernehmen. Ihre kritische Begabung verlangt nach einem Instrument.‹ Denn ein Studienrat ist ein umgepolter Jugendbandenführer, den – wenn Sie mich als Maßstab nehmen wollen – nichts mehr schmerzt als Zahnweh, seit Wochen Zahnweh . . .«

Mein Zahnarzt begründete meine wenn auch erträglichen, so doch anhaltenden Zahnschmerzen mit Kieferknochenrückgang, der den Zahnfleischschwund gefördert und die empfindlichen Zahnhälse freigelegt habe. Als ein weiteres Anekdötchen bei mir nicht verfing – »Plinius hat gegen Zahnschmerz empfohlen: Streuet euch Asche vom Schädel des tollen Hundes ins Ohr« –, wies er mit seinem Spezialkratzer über die Schulter: »Vielleicht sollten wir doch den Fernseher . . .« – Aber ich bestand auf dem Schmerz: Wehgeschrei. Ein Lamento, das sich niemals vertagt. (»Entschuldigt bitte, wenn ich zerstreut bin.«)

Mein Schüler führte sein Fahrrad durchs Bild: »Sie mit Ihren Zahnschmerzen. Und was ist im Mekong-Delta los? Haben Sie das gelesen?«

»Ja, Scherbaum, das habe ich gelesen. Schlimm. Schlimmschlimm. Doch muß ich zugeben, daß mich dieses Ziehen, diese auf immer den gleichen Nerv gerichtete Zugluft, daß mich dieser zu lokalisierende, gar nicht mal schlimme, doch auf der Stelle tretende Schmerz mehr würfelt, trifft und bloßstellt als der fotografierte, unübersehbare und dennoch abstrakte, weil nicht meinen Nerv berührende Schmerz dieser Welt.«

»Macht Sie das nicht zornig oder wenigstens traurig?«

»Oft versuche ich, traurig zu sein.«
»Empört Sie das nicht, dieses Unrecht?«
»Ich gebe mir Mühe, empört zu sein.«
Scherbaum verging. (Er stellte sein Rad im Fahrradschuppen ein.) Mein Zahnarzt war da in Zimmerlautstärke: »Wenn es schmerzt, bitte ein kleines Zeichen . . .«
»Es zieht. Ja. Da vorne zieht es.«
»Das sind Ihre bloßstehenden, vom Zahnstein angegriffenen Zahnhälse.«
»Himmel, das zieht.«
»Wir nehmen dann Arantil später.«
»Darf ich mal spülen, Dokter, nur mal kurz spülen.«

(Und Abbitte leisten. Nie wieder will ich . . .) Da hatte ich schon meine Verlobte im Ohr: »Du mit deinem Wehwehchen! Schmerzlicher Abschied, wenn ich das höre. Sag mir dein Konto, und ich überweise ein Pflästerchen. Steht dir doch zu, die Rente. Fang was Neues an. Fütter dein Hobby: keltische Grabornamente.«
(Weg von der Speischale zur Basaltgrube auf dem Mayener Feld. Nein, auf dem Friedhof in Kruft flimmert sie. Oder ist es das Bimslager, und sie zwischen Hohlbausteinen . . .)
»Sei nützlich. Ich wette, du gibst einen prima Pauker ab.«
(Kein Bims: Andernach. Die windige Rheinpromenade. Zwischen dem Bollwerk und der Autofähre gestutzte Platanen zählen. Hin und her mit abrechnenden Worten.)
»Wieviel Pädagogik hast du auf mich geträufelt? Kau keine Nägel. Lies langsam und systematisch. Fasse zusammen, bevor du abschweifst. Mich mit Hegel und deinem Marxengels gefüttert . . .«
(Ein starres Ziegengesicht, aus dem Sprechblasen steigen, platzvoll gefüllt mit Zahnsteinsplitt Gedächtniskies Haßschotter. Ach, Lois Lane!)
»Ich bin erwachsen. Bin dich los. Endlich los. Du Memme Versager Superfeigling!«

(Und hinter der Sprechmaschine Bewegung, flußauf flußab: Keuch! Keuch!)

»Du warst ein guter, etwas weinerlicher Lehrer.« (Rechtsrheinisch Leutesdorf mit dem doppelt gebuckelten, braunschwarz verregneten Wachstum Rosengarten: Seufz! Seufz!)

»Mach was aus deinen Talenten. Raus aus dem Bims und Zement, bevor es zu spät ist. Wie willst du die fuffzehntausend haben?«

(Zu Füßen des Wachstums: Güterzüge und Autoverkehr. Bewegung strengt sich als Hintergrund an. Worte, links rechts an mir vorbei, auf die leere Terrasse des Hotels Traube gespuckt: Bla! Bla!)

»Auf Stottern oder als richtigen Batzen?«

(Da steh ich in meinem Windfang, dem Trenchcoat: Supermans Handgeld.)

»Nun los schon. Sag mir dein Konto.«

(Früher einmal war das Andernacher Bollwerk die Rheinzollbastion der kurkölnischen Landesfürsten gewesen . . .)

»Nimm es als Lastenausgleich und hör auf mit dem Flennen.«

(. . . später wurde es Kriegerdenkmal für die von vierzehn bis achtzehn. Die Kamera schwenkt. Ein Regieassistent hat meine Verlobte überredet, Möwen zu füttern: Schrey! Schrey!)

Sie hat mich ausgezahlt. Und ich legte das Geld zielbewußt an. Ein später Student sattelte um. Die Universität Bonn – ich wollte in ihrer Nähe bleiben – verwandelte den Betriebsingenieur und Spezialisten für Fliehkraftentstauber in einen Referendar, später Assessor, der seit Herbst letzten Jahres Studienrat für Deutsch und Geschichte ist. »Wäre es nicht besser«, wurde dem Umschüler nahegelegt, »bei Ihrem Fachwissen Mathematik als Hauptfach zu belegen?« – Und auch er in Segeltuchschuhen nahm Abstand von meinem Zahnstein: »Wie konnten Sie nach abgeschlossenem Maschinenbaustudium darauf verfallen? Das dauert doch ewig.«

Ich spülte gründlich: Wenn schon umschulen, dann total. Soll ihr Geld nicht umsonst rausgeworfen haben. Blieben sogar runde dreitausend übrig (die ich später auf sein Konto überweisen mußte, denn die Kasse wollte nur die Hälfte übernehmen). Soviel sollte mir mein Hackbiß wert sein. Dafür setzte ich mich in seine halbautomatische Instrumatik, Ritter genannt, die ihm die Vielzahl der Instrumente ins kunstfertige Händchen lieferte, damit er, während ich, nein, wir beide in meinem Köpfchen, das gerne Besuch hat: »Was meinen Sie, Dokter, hätte ich mir die Taschen zunähen sollen?«

Meine Verlobte sagte die Sendung aus Andernach ab: »Soeben sahen wir, welch verheerende Wirkung grüner Kryptonit auf Supermans Zahnschmelz hat. Wie aber werden Supermans Zähne auf roten Kryptonit reagieren? – Darüber wird unsere nächste Superman-Schau berichten. Inzwischen werfen wir einen Blick in die Werkstatt des Kryptonitmannes . . .«

Sie zeigte mir mein Milieu: »Dieser schön geformte Speichelabsauger mit versenkbarem Schlauch wird durch eine Wasserstrahlpumpe betrieben und wirbt auf allen Dentalmessen dank seiner außerordentlich hohen Absaugleistung.« – Mit einem Stimmchen, als wollte sie Christbaumschmuck anpreisen, pries sie die Speischalenspülung und des Ritters zweigelenkigen Speifontänenarm: »Er macht die Schale auch vertikal beweglich.« – Und sie auf der Mattscheibe und seine Hilfe mit klammen Griffeln, beide erteilten Weisungen mittels Drucktaste an der Vorderseite des Schwebetischchens. Wie sie mich bedienten. Wie sie den Absauger aus der Versenkung lockten. Es machte mir Spaß, wie er schlurfte blubberte durstig tat, bevor er mir in die Spucke gehängt wurde.

»Und die Zunge bitte locker hinten unten lassen.« Mein Zahnarzt beugte sich über mein Angebot, verdeckte vier Fünftel der Mattscheibe, suchte mit dem rechten Ellenbogen Halt zwischen Rippen und Hüfte und stocherte zwischen den zahnsteinverkrusteten Hälsen meiner oberen Schneidezähne: »Nicht schlucken, das macht der Absauger. Durchatmen, so. – Soll ich vielleicht doch . . .« Neinneinneinnein. (Heute noch nein.) Das wollte ich hören, wie er den Muschelbelag von den Beißern sprengte . . .

Schauen Sie, Scherbaum, auch das will beschrieben werden: Ich sammle Speichel Schaum Blut mit allen körnig knirschenden Absprengseln, lasse, nachdem ich die Zunge neugierig werden, erschrecken ließ, den Reichtum in die Speischale fallen, greife das handliche, klein gehaltene Glas – es soll den Patienten nicht zum mehrmaligen Spülen verführen – spüle, schaue dem Auswurf zu, sehe mehr als da ist, nehme Abschied von meinem zermürbten Zahnstein, stelle das Glas zurück und erlebe belustigt, wie es sich selbsttätig mit lauem Wasser füllt. Der Ritter und ich, wir arbeiten planvoll zusammen.

Denn schauen Sie, Scherbaum, die Gleichzeitigkeit einer Vielzahl von Tätigkeiten will beschrieben werden: Während ich mich mauloffen gebe und inwendig die Klagelieder des Jeremias zitiere, balanciert der Ritter linkshändig das schwebende Instrumententischchen und läßt er in Segeltuchschuhen den gleitenden Instrumententräger ausfahren, in dem das Werkzeug auf Abruf wartet. Zum Beispiel das Schwachstromhandstück für den Elektronen-Zahnprüfer, der sich automatisch auflädt und nicht ortsgebunden ist; er könnte ihn in der Tasche, auf Waldwegen um den Grunewaldsee, am Teltow-Kanal, auch beim Besuch der Grünen Woche geladen spazieren führen, wo immer ein Zahnarzt sich anpirscht und sein Wild zu erlegen hofft: »Darf ich mal schnell? Hier mein Kärtchen. Sie haben, frei heraus gesagt, einen Hackbiß. Der gibt Ihnen, bei vorgeschobenem Unterkiefer, ein übertrieben markantes Aussehen. Brutalität wird vermutet. Hemmungen suchen Ausgleich. Deshalb sei Ihnen zu Degudentbrücken geraten. Anruf genügt. Wir machen einen beiderseits günstigen Termin aus. Nur sechs bis sieben Sitzungen, wenn keine größeren Komplikationen Erschwernisse bringen. Vertrauen

Sie mir und meiner diskreten Gehilfin. Zudem wird ein Fernsehgerät für Ablenkung sorgen. Ja, selbst die blinde Mattscheibe vermag Ihren Gedankenflug einzublenden; nur muß ich Sie bitten, mit mir an meine Ritterbohrmaschine mit ihren Schnelllaufhandgelenken zu glauben – und an die dreihundertfünfzigtausend Umdrehungen pro Minute, die der Turbinenkopf meiner Airmatik bei abgeschwächtem Geräusch garantiert!«

»Wirklich?«

»Spielend leicht wechsle ich Bohrer und Schleifer.«

»Und all mein Schmerz?«

»Wird örtlich betäubt.«

»Muß das denn sein?«

»Wenn wir zum Schluß noch einmal nachpolieren, werden Sie anerkennen, daß Ihre Verlobte nicht sinnlos Abstand gezahlt hat.«

»Immerhin sind wir zweieinhalb Jahre lang verlobt gewesen.«

»Packen Sie aus, mein Lieber, packen Sie aus!«

»Es war im Jahre vierundfünfzig . . .«

»Ein schöner Anfang . . .«

Das erzählte ich meinem Zahnarzt: »Aber ich warne Sie, Dokter, hier wird von Traß, Bims, Kalk, Mergel und Ton, von Schiefer und Klinker, von Dörfern, die Plaidt, Kretz und Kruft heißen, vom Ettringer Tuff und von den Kottenheimer Basaltlava-Fertigerzeugnissen, von den Bimsgruben am Korrelsberg und von den jungvulkanischen Basaltvorkommen auf dem Mayener Feld, zuerst aber – bevor von mir, Linde und Schlottau, von Mathilde und Ferdinand Krings die Rede sein wird – wird, ich warne Sie, Dokter, vom Zement die Rede sein.«

Mein Zahnarzt sagte: »Nicht nur Gips, bestimmte Spezialzemente bilden die Grundlage meiner Arbeitsmaterialien; wir werden damit zu tun bekommen.«

Also begann ich: »Zement ist ein industriell gewonnener Nutzstaub. Er entsteht durch Mahlung von Rohmehl und Rohschlamm aus Kalkstein, Mergel und Ton, durch Mahlung von gebranntem Zementklinker, durch Schwemmung und durch das Zerstäuben von Wasser und Rohschlamm im Drehofen . . .«

(Wie gut ich noch alles parat hatte. Schon klingelte der Gedanke, meine Schüler mit diesem Detailwissen zu überraschen. Gewiß hielt mich Scherbaum für einen weltfremden Spinner; und meinem Zahnarzt empfahl ich, seinen dentalen Arbeitsstaub absaugen zu lassen. Er wies darauf hin, daß durch gleichzeitige Verschlemmung beim Schleifen der Staubanfall erträglich bleibe.) »Mag sein. Aber das Ziel ist die totale Entstaubung. Zementwerke werden entstaubt durch Staubkammern in den Öfen, durch Fliehkraftentstauber, durch Filter, Brecher, Granulierungseinrichtungen und durch das Wegführen und Verteilen von Zementstaub über den Rhein zwischen Koblenz und Andernach . . .«

»Ich kenne die Voreifel. Eine Mondlandschaft.«

»Doch, wie Sie sehen, geeignet für Außenaufnahmen.«

»Von einem Dentistenkongreß in Koblenz machte ich mit Kollegen einen Abstecher nach Maria Laach.«

»Das lag noch innerhalb unserer Staubablagerungszone; denn die beiden Kamine der Kringsschen Zement-, Traß- und Schwemmsteinwerke hatten vor meiner Zeit eine Höhe von nur achtunddreißig Metern. Während sich damals der Auswurf nur in unmittelbarer Nähe des Werkes verteilte, kann Krings-Zement heute, nach der Erhöhung der Kamine, besonders aber nach dem Übergang zur Mahltrocknung mittels Schwebegasaustauschern und der Zwischenschaltung des Kühlturmes, auf einen Rückgang des Zementstaubauswurfes bis zu 0,9 Prozent und eine gleichmäßige Verteilung des Staubes über den Rhein hinweg auf das gesamte Neuwieder Becken hinweisen . . .«

»Welch vorbildlicher Gemeinsinn der verantwortlichen Fabrikherren.«

»Sagen wir lieber: Gesundes Profitstreben; denn die im Elektrofiltersystem zurückgewonnenen Staubmengen betragen bis zu 15 Prozent der Zementklinkerproduktion . . .«

»Und ich kleiner, auf die Tageszeitungen angewiesener Zahnarzt habe gedacht, die Entstaubung der Industriewerke habe ausschließlich gemeinnützige Bedeutung . . .«

(Später habe ich meine 12 a mit den Problemen der zunehmenden Luftverschmutzung bekanntgemacht. Sogar Scherbaum war beeindruckt: »Verstehe nicht, warum Sie Lehrer geworden sind, wo Sie doch bei der Entstaubung viel mehr hätten leisten können . . .«)

»Ich glaube, Dokter, wir dürfen von einer Doppelwirkung sprechen. Dank meiner frühzeitigen Initiative ist es Mitte der fünfziger Jahre gelungen, einerseits durch Nutzung des hochwertigen Staubes rationeller zu arbeiten und andererseits jene Welle von berechtigten Gemeindeeingaben einzudämmen, die den Führungskräften unseres Werkes zu schaffen machte. Anfangs wehrte Krings meine Vorschläge ab: ›Was dem Altertum Vulkanausbrüche, Erosionen und Staubstürme gewesen sind, das sind uns heute die Rauch- und Staubauswürfe der Industrieballungsgebiete. Wir leben nun mal von Bims, vom Traß, vom Zement; also leben wir auch mit dem Staub!«

»Ein moderner Stoiker.«

»Krings kannte seinen Seneca.«

»Ein Philosoph, der uns auch heute einiges sagen könnte.«

»Um meine Gutachten anschaulicher zu gestalten – denn Krings war nur mit praktischen Beispielen zu überzeugen –, fügte ich einem Vortrag über die luftintensive Wirtschaft der Bundesrepublik das folgende Bild ein: ›Wenn der Wirtschaft die Atmosphäre hauptsächlich als Vorfluter für schwebfähige, feste und gasförmige Stoffe dient, und wenn die Luftbeeinflussung sich weiterhin in jener bodennahen Luftschicht abspielt, die gleichzeitig Atemraum nicht nur der Menschen und Tiere ist, wird es Zeit, die Natur als Zeugen der Anklage zu laden! – Sie sehen hier, Dokter, mit einer Handkamera aufgenommen, die alte Buche im Park der Villa Krings, der vom Volksmund ›Der graue Park‹

genannt wird. Dieser weitverzweigte Baum hat etwa hundertfünfzig qm Blattoberfläche. Da ein Hektar Buchenwald während eines Jahres, bei andauernder Beschichtung, von etwa fünfzehn Tonnen Feinstaub belastet wird, fällt es nicht schwer, anhand dieser einen Buche die Belastung des einen Hektar großen Parks, dessen Baumbestand zur Hälfte Nadelbäume sind, zwingend vor Augen zu führen; zumal ein Hektar Fichtenwald bis zu zweiundvierzig Tonnen Feinstaub im Jahr zu ertragen hat . . . Ich gebe zu, daß mein Vortrag Krings bewogen haben mag, der Installierung elektrischer Ofenentstauber zuzustimmen.«

»Alles in allem: Sie hatten Erfolg.«

»Dennoch wird der Kringssche Park, bedingt durch seine betriebsnahe Lage, immer ›Der graue Park‹ bleiben, wenn auch, dank meiner Hartnäckigkeit, dem Buchengrün größere Hoffnung gemacht werden konnte.«

Mein Zahnarzt stellte sein Interesse durch den Nachsatz »Die Natur wird es Ihnen danken« in Frage. (Diese Angst, nicht ernst genommen zu werden, ist Beisitzer auch meiner Unterrichtsstunden: Das Lächeln einiger Schüler – oder wenn Scherbaum, als sei er um mich besorgt, den Kopf schräg hält – läßt mich stocken, abschweifen, und oft genug muß mich einer der Schüler, muß mich Scherbaum mit einem lässigen »Wir waren bei Stresemann stehengeblieben« zurückrufen; wie mich mein Zahnarzt mit aufmunternder Frage »Und was wurde aus Ihrem Krings?« wieder zur Sache kommen ließ.) »Wenn Sie zuvor noch einmal spülen wollen . . .«

Es kam nicht mehr viel. Steinschlamm. Notizengeraschel. Angelesener Überdruß. Danach der Versuch, auf der Ablegefläche des Instrumententischchens zwischen dem Ampullenwärmer und dem schwenkbaren Bunsenbrenner frühsommerliche Landschaft zu erinnern. Die gesammelten Bedenken eines Studienrates. Vergebliche Versuche, traurig, zornig, betroffen zu sein. Zugluft zwischen den Zahnhälsen. Scherbaums Lachgrübchen.

»Jedenfalls so, Dokter, hat es anzufangen . . .«

Totale der Voreifellandschaft von Plaidt aus in Richtung Kruft. Der Titel »Verlorene Schlachten« steht vor sommerlichen Wolkenformationen. Während langsamer Fahrt durch das zernagte, geklüftete und grob vernarbte Bimsabbaugebiet auf das doppelkaminige Krings-Werk zu die weiteren Titel. Jetzt spreche ich wie bei einer Betriebsführung:

»Die Krings-Werke erzeugen im Dienste der neuerstandenen bundesdeutschen Bauwirtschaft aus den reichen und mannigfaltigen Bodenschätzen der vulkanischen Eifel Baustoffe für den Hoch-, Tief- und Straßenbau. Der Aufschwung der Zementindustrie vor dem letzten Krieg und während des Krieges – ich darf an die Autobahnbauten, darüber hinaus an die Befestigung unserer Westgrenze, darüber hinaus an die Entwicklung des Luftschutzbetons und nicht zuletzt an die Betongroßbauten an der Atlantikküste erinnern – hat sich erfreulich auf die nunmehr friedliche Weiterentwicklung der Traßzemente und auf die Spannbetonbauweise ausgewirkt. Da das Gebot der Stunde Investieren heißt, muß Investieren Modernisieren bedeuten. – Auch unsere Krings-Werke werden sich diesem Prozeß fügen müssen. Wenn Tonnen und Abertonnen hochwertigen Zementstaubs heute noch durch die Schlote wandern und so dem Produktionsgang verlorengehen, werden schon morgen elektrische Ofenentstauber . . .«

Die Stimme des Betriebsingenieurs wird langsam ausgeblendet. Die Kamera folgt dem Kaminrauch. Totale der Abgase und ihrer wolkenden Dynamik. Danach rauchverhangene Vogelflugtotale der Voreifel zwischen Mayen und Andernach bis über den Rhein, die sich im Sturzflug auf den Kringsschen Park neben der schiefergedeckten, basaltgrauen Krings-Villa verengt: groß Zementstaub auf Buchenblättern. Knoten und Krater. Verschlemmte porige Inselchen vom letzten Regen. Rieselnder

Staub verlagert sich. Rissige Zementstrukturen auf verkrampften Blättern. Rutschende wandernde Staublawinen über motivlosem Jungmädchengelächter. Überladene Blätter geben nach. Gelächter Staubfahnen Gelächter. Und jetzt erst die Mädchengruppe in Liegestühlen unter der Zementstaub tragenden Buche. Stehende, dann gleitende Kamera.

Inge und Hilde haben ihre Gesichter mit Zeitungspapier bedeckt. Sieglinde Krings, allgemein Linde gerufen, sitzt aufrecht im Liegestuhl. Ihr länglich verschlossenes Gesicht, dem ziegenhafte Starre Ausdruck gibt, hat keinen Anteil an dem zweistimmigen Gelächter unter Zeitungspapier. Inge hebt sich den Bogen vom Gesicht: sie ist glatt ungeprägt hübsch. Hilde macht es ihr nach: weich und gesund verschlafen blinzelt sie gerne. Auf dem Nähtischchen, zwischen den mit Kollegheften abgedeckten Coca-Cola-Gläsern, liegt ein dritter Zeitungsbogen, auf dem sich ein Tasseninhalt Zementstaub häuft. Die Kamera haftet an dem Stilleben. Angeschnittene Schlagzeilen verkürzen die Namen Ollenhauer, Adenauer und den Begriff Wiederbewaffnung. Lindes Freundinnen kichern, während sie den Zementstaub von den Zeitungsbögen auf das Häufchen rieseln lassen.

Hilde: »Bald haben wir ein Pfund Krings-Zement gerettet.«

Inge: »Schenken wir Hardy zum Geburtstag.«

Jetzt plaudern sie über Ferienpläne. Inge und Hilde sind sich nicht schlüssig, ob Positano der Adria vorzuziehen sei.

Hilde: »Und wohin will unser kleiner Hardy?«

Inge: »Interessiert er sich neuerdings etwa für Höhlenmalerei?« Gelächter.

Hilde: »Und du?« Pause.

Linde: »Ich bleibe hier.« Pause und rieselnder Zementstaub.

Inge: »Weil dein Vater kommt?« Pause Zementstaub.

Linde: »Ja.«

Inge: »Wie lange war er eigentlich da unten?«

Linde: »Knapp zehn Jahre. Zuerst in Krasnogorsk, dann isoliert in den Gefängnissen Lubjanka und Butyrska, zum Schluß im Lager Wladimir, östlich Moskau.«

Hilde: »Meinst du, das hat ihn gebrochen?« Pause und Zementstaub.

Linde: »Ich kenne ihn nicht.« Sie steht auf und geht umweglos in Richtung Villa davon. Die Kamera schaut zu, wie sie kleiner wird.

Ein Denkmal. Erst in der Praxis meines Zahnarztes gelang es mir, meine statuarische Verlobte zu zerlegen: Zwischen Schnitt und Schnitt wechselte sie die Röcke, selten den Pullover; sie wollte alleine oder mit ihrem Hardy, mal zwischen Ginster in einer verlassenen Basaltgrube, mal im Gasthof ›Wilder Mann‹, knapp hinterm Neuwieder Deich, mal auf der Andernacher Rheinpromenade, auch zwischen Bimsfelder im Nettetal und immer wieder im Schwemmsteinlager eingeblendet werden, während Hardy nach Einblendungen verlangte, die ihn als kunstgeschichtlichen Spurenleser zwischen römische und frühchristliche Basaltbrocken führten, oder er erklärte Linde an einem selbstgebastelten Modell sein Lieblingsprojekt, den elektrischen Zementofenentstauber. Schnitt: beide weit weg am gegenüberliegenden Ufer des Laacher Sees. Schnitt: beide treibt Regen in eine verlassene Steinmetzbude auf dem Bellfeld. (Streit, der zum Koitus auf dem wackeligen Holztisch führt.) Schnitt: sie im halbaufgebauten Mainz nach der Vorlesung. Schnitt: Hardy fotografiert das Geroldkreuz . . .

»Wer ist denn Hardy?« fragte mein Zahnarzt. Auch seine Hilfe verriet durch naßkalten Fingerdruck Neugierde. »Jener vierzigjährige Studienrat, den seine Schüler und Schülerinnen gutmütig herablassend ›Old Hardy‹ nennen, jener Old Hardy, dem Sie, unterstützt vom klammen Dreifingergriff Ihrer Hilfe, den Zahnstein Schicht um Schicht abbauen, jener Hardy . . .«

Ich: mit meinem rechtzeitig abgebrochenen Studium der Germanistik plus Kunstgeschichte, mit meinem in Aachen gebauten Maschinenbau-Ingenieur, mit meinen damals achtundzwanzig

Jahren, mit meinen abgelegten Verhältnissen und meinem beinahe krisenfreien Verlöbnis: ein erfolgreicher junger Mann inmitten erfolgreicher junger Nachkriegsmänner. Nach halbbegriffenen Fronterfahrungen wird der achtzehnjährige Hardy im August fünfundvierzig in Bad Aibling, zu Füßen immer verregneter Berge, aus amerikanischer Kriegsgefangenschaft entlassen – seitdem hängt ihm der Kurzname Hardy an; der Ostflüchtling Hardy, mit dem Flüchtlingsausweis A, nistet bei einer Tante in Köln-Nippes und beeilt sich, sein Abitur nachzuliefern; der Werkstudent im ersten Semester erinnert sich an das Wort seines Vaters: »Die Zukunft der Menschheit liegt im Brückenbau!« – Also strebt er in Aachen dem Vaterwort nach: Er büffelt Statik, pflegt nachlässig wechselnde Bekanntschaften, tritt kurz vor dem Examen einer studentischen Verbindung bei und wird sogenannten Alten Herren vorgestellt: der Maschinenbau-Ingenieur Eberhard Starusch, durch Kriegseinwirkung elternlos und deshalb doppelt tüchtig, faßt, sogleich nach dem ersten Absprung, Fuß bei Dyckerhoff-Lengerich, einem Werk, das Zementklinker im Naßverfahren produziert; so besucht Hardy, der seinen kunstgeschichtlichen Neigungen nicht abgeschworen hat, die Externsteine im nahen Teutoburger Wald, so lernt er das Lepol-Rostverfahren kennen; denn bei Dyckerhoff wurde die Umstellung aller Werke vom Naß- zum Trockenverfahren schon frühzeitig projektiert. Hardy wird gefördert; Hardy fertigt eine Studie über Erfahrungen mit Tiefbohr- und Traßzementen beim U-Boot-Bunkerbau in Brest an; Hardy darf die erweiterte Studie auf einer Zementer-Tagung der breiteren Öffentlichkeit, das heißt, den Führungskräften der bundesdeutschen zementproduzierenden Industrie vortragen; ein für sein Alter kenntnisreicher, gutaussehender und erfolgreicher Hardy macht in Düsseldorf, anläßlich der mittlerweile historischen Zementer-Tagung, die Bekanntschaft der zweiundzwanzigjährigen Sieglinde Krings und am folgenden Tag – beim Tee, während einer Tagungspause – der Tante Mathilde Krings, jener einsilbig in Schwarz regierenden Chefin der Krings-Werke. Hardy kommt mit beiden Damen wie zufällig ins Gespräch. Hardy wird von einem Alten Herren seiner Aachener Studentenverbindung der Krings-Chefin gegenüber lobend erwähnt. Hardy nimmt den Schlußball im Hotel Rheinischer Hof wahr: Er tanzt mehrmals, aber nicht zu oft mit Sieglinde Krings. Hardy versteht es, nicht nur von Fliehkraftentstaubern, sondern auch von der Schönheit romanischer Basaltarchitektur zwischen Mayen und Andernach zu plaudern. Hardy läßt es nach Mitternacht, während ringsum schon feucht-fröhliche Zementer-Stimmung herrscht, nur zu einem einzigen Küßchen kommen. (Sieglinde Krings spricht den bedeutenden Satz aus: »Sie, wenn ich mich in Sie verknallt habe, kommt Sie das teuer zu stehen . . .«) Jedenfalls macht Hardy Eindruck und verläßt bald darauf Dyckerhoff-Lengerich mit den günstigsten Referenzen: Voll und ganz, das heißt, erfolgreich steigt er in die Krings-Werke ein; denn wie er sich rasch und umsichtig im größten geschlossenen Zementverbraucherkreis Europas einlebt, gelingt es ihm ähnlich einfühlsam zugreifend, im Frühjahr vierundfünfzig eine Verlobungsfeier fällig werden zu lassen; aus Rücksicht auf den immer noch kriegsgefangenen zukünftigen Schwiegervater wird sie abseits im Ahrtal, in der Lochmühle gefeiert: Auf graugestufter Mattscheibe stellen sich Sieglinde im schiefergrauen Kostüm und Hardy im basaltgrauen Einreiher vor; ein weltoffenes, etwas zu glattes Paar, rascher sichernder Blicke aus Augenwinkeln fähig, als skeptische Generation eingestuft und der gesteigerten Leistung mehr und mehr verdächtig; denn Sieglinde begann, unter meinem Einfluß, in Mainz Ernst zu machen: Sie studierte systematisch und unbeteiligt Medizin – während ich mich gründlich, leidenschaftlich und gleichfalls unbeteiligt mit dem Nettetaler Traß, der Kringsschen Traßzement-Produktion, besonders aber mit unseren veralteten Schwemmsteinautomaten, also mit dem Bims vertraut machte . . .

Als mich mein Zahnarzt noch einmal zum Spülen aufforderte – »Und dann wollen wir nachpolieren, damit der Zahnstein nicht so schnell neuen Ansatz findet« –, nutzte ich die Pause als Einladung für einen kleinen Vortrag zuerst über den Traßabbau der Römer zwischen fünfzig und hundert vor Christus – »Noch heute finden sich zwischen Plaidt und Kretz Untertagestollen mit lateinischen Kritzeleien römischer Bergleute« –, um dann, während er nachpolierte, vom Bims zu sprechen: »Der Bims gehört geologisch zu den Laacher Trachyttuffen . . .«

Er sagte: »Das gründliche Nachpolieren verbürgt, daß das Schmelzoberhäutchen geschlossen wird . . .«

Ich erzählte vom mittleren Alluvium, von weißen Trachyttuffen und der zwischengelagerten Britzbänke; er wies noch einmal auf meine freiliegenden Zahnhälse hin und sagte: »So. Erlöst, mein Lieber. Nun wollen wir mal den Spiegel . . .«

Auf die Frage meines Zahnarztes: »Was sagen Sie nun?« blieb mir nichts übrig als »Fabelhaft, einfach fabelhaft!« zu sagen.

Er rettete sich in den mittlerweile entwickelten Röntgenstatus, den seine Hilfe, als wollte sie einen Dias-Abend veranstalten, Bildchen um Bildchen abzog. Der Status zeigte wirrstehende transparente Geisterzähne. Nur die Lücken im Backenzahnbereich, links rechts – oben unten, bewiesen mir, daß mein Gebiß zur Ansicht freistand. Ich sprach dagegen an: »Schon unter einem Meter Humus liegt der Bims . . .« – aber mein Zahnarzt blieb bei der Sache: »Zwar ergibt unser Status, daß die zu überbrückenden Zähne positiv sind, doch muß ich sagen: Sie haben eine echte, und echt heißt angeborene Progenie, auf deutsch: einen Vorbiß.« (Ich bat meinen Zahnarzt um das reguläre Fernsehprogramm.)

Werbung lief und eroberte sich ein Achtel Blick. Er pinselte mein angegriffenes Zahnfleisch ein und wertete immer noch aus: »Beim normalen Schlußbiß steht der Unterkiefer einen bis eineinhalb Millimeter hinter den oberen Schneidezähnen. Bei Ihnen jedoch . . .«

(Seitdem weiß ich, daß meine falsche Bißlage, die er echt nannte, weil angeboren, an einer horizontalen Bißstufe von zweieinhalb Millimetern zu erkennen ist: mein markantes Profil.)

Weiß dieser Zahnklempner eigentlich, daß seinen Schleif- und Poliermitteln Bimsstein in Pulverform beigemengt ist? Und weiß diese Werbeziege, die mir bekannt vorkommt, verdächtig bekannt vorkommt, daß ihre Putz- und Scheuermittelchen Bims enthalten, unseren Voreifel-Bims?

Mein Zahnarzt blieb bei meiner Progenie: »Das führt, wie unser Röntgenstatus deutlich zeigt, zu einem Rückgang des Kieferknochens oder des Alveole-Kammes ...«

Sie wollte mir eine Tiefkühltruhe verkaufen. Während mein Zahnarzt chirurgische Lösungen vorschlug – »Indem wir ganz einfach den aufsteigenden Ast des Kieferknochens durchsägen und zurückverlagern, können wir Ihren Vorbiß beheben...« –, sang Linde ihren Refrain: »Immer frisch und im Vollbesitz aller Vitamine...« und schlug Ratenzahlung vor. Dann öffnete sie die Tiefkühltruhe, in der zwischen Brechbohnen, Kalbsnieren und kalifornischen Erdbeeren meine Milchzähne und Schulaufsätze, mein Flüchtlingsausweis A und meine Studie über Traß- und Tiefbohrzemente, meine eingedickten Wünsche und meine auf Flaschen gezogenen Niederlagen reifberaucht lagerten; und ganz zuunterst, zwischen Rotbarschfilet und eisenhaltigem Spinat, lag nackt und frostüberzogen sie, die soeben noch in Rock und Pullover geworben hatte: Oh Lindelindelindelinde... (Das werde ich morgen meiner 12a als Aufsatzthema stellen: Sinn und Nebensinn einer Tiefkühltruhe.) Ach, wie sie dauert im kalten Rauch. Ach, wie der Schmerz sich tiefgekühlt frischhält. Ach, wie ist das Gold so gar verdunkelt...

Mein Zahnarzt bot sich an, das Fernsehen wieder abzustellen. (Irmgard Seifert hatte ihn mir als einfühlsam empfohlen.)

Ich nickte. Und als er auf meine Progenie zurückkam – »Doch von einem chirurgischen Eingriff möchte ich abraten ...« –, nickte ich abermals. (Und auch seine naßkalte Hilfe nickte.)

»Darf ich jetzt gehen?«

»Deshalb rate ich zur Überkronung der Zähne im Backenzahnbereich.«

»Jetzt gleich schon?«

»Der Zahnstein hat uns genug beschäftigt.«

»Also übermorgen, kurz vor der Abendschau?«

»Und nehmen Sie noch zwei Arantil auf den Weg.«

»Es hat ja kaum wehgetan, Dokter ...«

(Seine Hilfe – und nicht meine Verlobte – reichte mir Tabletten, das Glas.)

Als ich heimkam und meine Zunge hinter den Zähnen verlorene Reibung suchte, fand ich auf meinem Schreibtisch neben dem Aschenbecher die korrigierten Aufsatzhefte der 12 a, einige Bände Angelesenes, meine begonnene Denkschrift zur Schülermitverantwortung mit dem polemischen Absatz »Wo und wann darf der Schüler rauchen?«, daneben, zwischen Drucksachen, die Richtlinien zur Oberstufenreform und vor dem leeren Wechselrahmen, verdeckt von Zeitungsausschnitten und Fotokopien, die ärgerlich dünne Mappe mit dem Arbeitstitel in Großbuchstaben. Unter römischen Basaltbrocken – Mörserfragmente zumeist –, die ich als Briefbeschwerer benutzte, fand ich Papier ...

Weh, mein Zahn. Weh, meine Haare im Kamm. Weh, meine fingerlang kurze Idee. Ach – und die vielen verlorenen Schlachten. Immer das Nächste schmerzt lauter. Oder was hochkommt und sich erinnert: Das ist der Karpfen vom Vorjahr, Silvester... Weh, Schatten, weh. Kieselstein weh. Weh, Zahnweh, weh...

Dabei wollte ich nur meinen Zahnstein entfernen lassen, obwohl ich ahnte: Der findet bestimmt was. Die finden doch immer was. Kennt man schon.

Als Irmgard Seifert kurz nach meiner Rückkehr anrief – »Na, wie war es? Halbsoschlimm. Oder?« –, konnte ich ihr bestätigen: kein Sadist. Dabei unterhaltsam und dennoch diskret. Nicht ohne Bildung. (Kennt seinen Seneca.) Bei Schmerzen unterbricht er sofort. Ein bißchen naiv fortschrittsgläubig – hofft auf Heilzahnpaste –, aber erträglich. Und der Fernseher ist wirklich fabelhaft, wenn auch komisch.

Irmgard Seifert gegenüber, mit der ich seitdem den Zahnarzt teile, lobte ich ihn durchs Telefon: »Seine Stimme ist sanft und nur, wenn er ins Dozieren gerät, von pädagogischer Bestimmtheit . . .«

Wie sagte er: »Feind Numero eins ist der Zahnstein. Während wir laufen, zögern, schlafen, gähnen, die Krawatte umbinden, verdauen und beten, fördert der Speichel ihn unentwegt. Das lagert ab und ködert die Zunge. Sie, immer nach Muschelbelag unterwegs, mag das Rauhe und spendet Nahrung, die unseren Feind, den Zahnstein, stärkt. Krustig würgt er die Zahnhälse. Blindlings haßt er den Schmelz. Denn mir können Sie nichts vormachen. Ein Blick genügt: Ihr Zahnstein ist Ihr versteinerter Haß. Nicht nur die Mikroflora in Ihrem Mundmilieu, auch Ihre krausen Gedanken, Ihr inständiges Rückwärtsschielen, das immer abrechnet, wo es aufrechnen wollte, also die Neigung Ihres schwindenden Zahnfleisches, bakterienfangende Taschen zu bilden, das alles – die Summe aus Zahnbild und Psyche – verrät Sie: eingelagerte Gewalttätigkeiten, Mordanschläge auf Vorrat. – Spülen Sie nur! Spülen Sie nur. Es bleibt noch Zahnstein genug . . .«

Ich streite das alles ab. Als Studienrat für Deutsch und also Geschichte sind mir Gewaltaktionen verhaßt, zutiefst verhaßt. Und zu meiner Schülerin Vero Lewand, die vor Jahresfrist in den Bezirken Zehlendorf und Dahlem das sogenannte Sternchenpflücken betrieb, sagte ich, als sie ihre Sammlung abgesägter Mercedessterne im Klassenzimmer zur Schau stellte: »Ihr Vandalismus ist bloßer Selbstzweck.«

Scherbaum klärte mich auf, seine Freundin habe für zeitgemäßen Christbaumschmuck sorgen wollen: »Für die Schulfeier in der Aula.«

Kurz nach Weihnachten war Vero Lewands Metallsäge schon aus der Mode. (Später hat Scherbaum einen Song geschrieben und auf der Gitarre begleitet: »Als wir Sternchen pflücken gingen, pflücken gingen, pflücken gingen . . .«)

Ohne Anrufung der Schutzheiligen aller Zahnwehleidenden näherte ich mich dennoch gut vorbereitet: mit fertigen Sätzen, ihm in den Mund zu legen. Wenn schon Eingriff bei mir, dann mußte auch er sich Korrekturen gefallen lassen: »Nicht wahr, Dokter, Sie interessieren sich doch für Bims?« – »Wie Sie sich für den Karieszuwachs im Pflichtschulalter interessieren . . .«

Am Vormittag hatte ich Fragen meiner 12 a beantworten müssen. (Vero Lewand: »Wie viele hat er Ihnen gezogen?«) Ich antwortete: »Was fiele euch ein, wenn ihr beim Zahnarzt maulgesperrt einem Fernsehapparat gegenübersitzen müßtet, es liefe Werbung, und man böte euch, sagen wir mal, eine Tiefkühltruhe an . . .«

Die Antworten zappelten unergiebig. Ich verzichtete auf einen Aufsatz zum Thema, obgleich Scherbaums Einfall, man müßte bestimmte Ideen und Pläne, die noch nicht fertig seien, einfrieren lassen, damit sie eines Tages aufgetaut, zu Ende gedacht und in die Tat umgesetzt werden könnten, einen Ansatz geboten hätte.

»An was für einen Plan denken Sie, Scherbaum?«

»Sage ich ja: kann man noch nicht drüber sprechen.«

Auf meine Frage, ob der zur Zeit noch eingefrorene Plan auf die Übernahme der Schülerzeitung als Chefredakteur ziele, winkte er ab: »Das ist Ihr Bier. Kann auf Eis bleiben.«

Als ich mich gegen Ende der Stunde über die Karies verbreitete – »Das Wesen der Zahnkaries ist die irreparable Zerstörung der harten Zahngewebe . . .« –, hörte die Klasse, wie versprochen, nachsichtig zu; Scherbaum hielt spöttisch den Kopf schräg.

Mein Zahnarzt war weniger rücksichtsvoll: »Das machen wir auf einmal ab, die vier Backenzähne im Unterkiefer: acht und sechs minus sechs und acht . . .«

(Dieses geschäftige Klirren mit den sterilen Instrumenten, als hätte er keinen Wimpernschlag lang an meiner Wiederkehr gezweifelt: »Legen Sie los, Dokter. Ich werde stillhalten.«) Seine Hilfe hatte die Spritze schon aufgezogen: »So. Nun der kleine häßliche Pieks. Hat kaum wehgetan – oder?«

(Hätte ich, behängt mit dem Speichelabsauger, verbeult von Mullpölsterchen und gesperrt vom Dreifingergriff, mit ihm plaudern sollen: »Nicht die Rede wert, Ihr Pieks. Aber die in Bonn. Haben Sie das gelesen: Talsohle, enger schnallen, auf Verderb und Gedeih . . . Und die Studenten, schon wieder haben die Studenten auf einer Vollversammlung . . .«)

Sein Hinweis auf den zu erwartenden Pieks wuchs sich zur zweiten Stereotype aus: »Und jetzt wollen wir nachspritzen. Merken Sie kaum mehr . . .«

(Nun mach schon mach. Und laß das Vollbild, doch ohne Ton, flimmern.)

»Zwei drei Minuten werden wir warten müssen, bis sich das Zahnfleisch taub anfühlt und Ihre Zunge pelzig wird.«

»Sie schwillt!«

»Das täuscht.«

(Eine gedunsene Schweineniere. Wohin damit?)

Das tonlose Bild zeigte einen kirchlich anmutenden Herrn, der, da es Sonnabend war, ein Wort zum Sonntag sprechen mochte, wenngleich diese Sendung nach zweiundzwanzig Uhr und nie vor der Berliner Abendschau ausgestrahlt wird: »Jadoch, mein Sohn, ich weiß, es tut weh. Aber selbst aller Schmerz dieser Welt vermag nicht . . .«

(Seine schöngegliederten Finger. Wenn er mokant eine Braue hob. Oder sein verzögertes Schütteln des Hauptes. Scherbaum nennt ihn: die Silberzunge.)

Danach läuteten die Glocken den Sonntag ein: Bim! – und es schreckten die Tauben auf. Bam! – Ach, und die kleinen blechernen Satelliten in meinem Köpfchen, das alles besser weiß, bimmelten Bims.

Während das verkniffene Ziegengesicht die Reportage: Bims – Gold der Voreifel! ansagte, begann mein Zahnarzt mit dem Abschleifen von acht minus: »Schön locker lassen. Wir beginnen mit der Kaufläche, und dann wird rundum zur Kaufläche verjüngt geschliffen . . .«

Mein Bimsfilm zeigte, wie das Rohmaterial aus den Gruben in die Wäscherei befördert, von schweren Bestandteilen befreit, zuhauf gelagert, mit dem Einheitsbindemittel Eibi gebunden, in Betonmischern zu Bims-Betonspeis bereitet und in Steinautomaten zu Bimsbauelementen verarbeitet wurde.

Mein Zahnarzt sagte: »Na, sehen Sie. Ihren acht minus hätten wir.« (Bevor er mich zum Spülen aufforderte, gelang es, wenn auch hastig, zuerst das Lagern der geformten Bimsbauelemente in Lagerhallen, dann auf Arken im Freien zu zeigen.)

»Und hier, Dokter, zwischen unseren Einheitshohlblocksteinen, Bimsbetondecken, Hohl- und Füllkörpern, zwischen unseren eisenarmierten Steg- und Kassettenplatten, die neben dem leichten Gewicht folgende Vorteile bieten: hohe Dämmwirkung, atmende Wände, Schwammsicherheit, Feuerbeständigkeit, Nagelbarkeit und rauhe Oberfläche, die festen Haftgrund für Putz- und Fugenmörtel bildet, zwischen diesen modernen Baustoffen, die eine reibungslose Integration der späteren Wohnraumkonsumenten in die pluralistische Gesellschaft verbürgen, genauer gesagt: zwischen unseren enggestapelten Normalformaten, auch Vierzöller genannt, trafen sich Linde Krings und der Betriebselektriker Schlottau . . .«

Mein Zahnarzt sagte: »Ich sehe . . .«, und ich hatte mich gründlich vorbereitet: Aus der Vogelflugperspektive erstreckt sich das Schwemmsteinlager zwischen dem Werk und der Krings-Villa samt Park. An der Grenze zwischen Werk und Park bildet eine Gruppe zivil gekleideter Besucher einen lockeren Halbkreis. Der Betriebsingenieur Eberhard Starusch, im weißen Kittel mit Schutzhelm, erklärt den Herstellungsvorgang der Bimsbaustoffe. Vom ›Grauen Park‹ her nähert sich Sieglinde Krings. Ihr kleingeblümtes Sommerkleid verrät, daß außerhalb des Parks ein Wind geht. Vom Werk her betritt der Elektriker Heinz Schlottau das Schwemmsteinlager. Während Sieglinde auf den Zubringerwegen ohne Ziel ist, nähert sich Schlottau, als suche er sie, zielbewußt.

Über dieser langsamen und durch Zufälle verzögerten Annäherung liegt, von Wind gedehnt, der Text des Ingenieurs: »Als es vor über sechstausend Jahren zum Ausbruch der Eifelvulkane kam, müssen West-Nordwest-Stürme geherrscht haben, sonst wäre es nicht zu den Bimsablagerungen östlich und südöstlich der Ausbruchstellen gekommen. Während früher die Bauern der Voreifel gleichzeitig Bimsproduzenten gewesen sind, hat heute die Firma Krings das umliegende Abbaugebiet in Pacht übernommen. Hier nun befinden wir uns am Rande unseres weiträumigen Schwemmsteinlagers . . .«

Jetzt verengt sich die Totale auf den Treffpunkt Sieglinde-Schlottau zwischen den enggestapelten Normalformaten. Sie halten Distanz. Sie schätzen einander ab, indem sie aneinander vorbeisehen. Schlottaus Verlegenheit grinst. Hinter dem Rükken suchen Sieglindes Hände die Oberfläche des Schwemmsteins. Schwach und immer ferner die Stimme des Ingenieurs Starusch, der gerne und oft Betriebsführungen mit freiem Vortrag einleitet; ein Nachhall seiner Jugendbandenzeit, als er Störtebeker genannt worden war und das große Wort geführt hatte, eine frühe Vorwegnahme seiner späteren Tätigkeit als Studienrat für Deutsch und Geschichte . . .

»Und welchen Stoff behandeln Sie zur Zeit mit Ihren Schülerinnen und Schülern?«

»Wir versuchen, den sozialen Hintergrund des Schillerschen Räuber-Schauspiels bewußtzumachen ...«

»Also immer noch Anklänge an Ihre Bandenführertätigkeit?«

»Ich gebe zu, von Frühprägungen nicht frei zu sein.«

»Und Ihre Schüler?«

»Scherbaum will mit seiner Freundin die Räuber in Comic strips umschreiben. Es geht um Mercedessterne, die im gesamten Bundesgebiet abgesägt werden, Mary Lane soll die Rolle der Amalie übernehmen, während Superman ...«

»Ein interessanter Versuch ...«

»Aber Scherbaum hat keine Geduld. Nur Ideen. Nur Ideen ...« – (die er einfrieren lassen will, damit er sie eines Tages auftauen, zu Ende denken und in die Tat umsetzen kann ...) – »... wie dieser Schlottau im Schwemmsteinlager ...«

Linde: »Sind Sie beschäftigt bei uns?«

Schlottau: »Betriebselektriker seit einundfünfzig. Stand mal zu Ihrem Herrn Vater in einem gewissen Arbeitsverhältnis.«

Linde: »Können Sie sich bitte klarer ausdrücken?«

Schlottau: »Aber gern doch, Frollein. Mittelabschnitt fünfundvierzig. Und Ihr Herr Vater meinte: Breslau muß gehalten werden. Mal was gehört von Heldenklau, Frollein?«

Linde: »Was wollen Sie?«

Schlottau: »Na zum Beispiel mit Ihnen ins Kino. Und kurz in Erfahrung bringen, wann er nun endlich kommt, der Herr Generalfeldmarschall.«

Linde: »Sparen Sie sich Ihr Kinogeld. Der Transport wird Ende der Woche im Lager Friedland erwartet. – Was haben Sie vor?«

Schlottau: »Och, nischt Großes. Paar Kumpels und ich, wir freuen uns auf das Wiedersehen.«

Linde: »Was Sie vorhaben, will ich wissen.«

Schlottau: »Vielleicht sollten wir doch ins Kino nach Andernach.«

Linde: »Es gibt keine Veranlassung . . .«

Schlottau: »Kennen Sie überhaupt Ihren Herrn Vater?«

Linde: »Seinen letzten Urlaub hatte er vierundvierzig.«

Schlottau: »Da hat er in Kurland gewirkt.«

Linde: »Er blieb nur drei Tage und schlief meistens . . .«

Schlottau: »Um die Zeit war ich bei den Elchköpfen. Elfte Infanteriedivision. Lauter Ostpreußen. – Kann Ihnen sagen: Einen dollen Pappi haben Sie, Frollein.«

Linde: »Jetzt werde ich ihn wohl kennenlernen.«

Schlottau: »Könnte Ihnen ne Menge erzählen. Auch Lustiges . . .«

Linde läßt Schlottau stehen: »Später mal, falls ich Lust haben sollte, ins Kino zu gehen.«

(»Was meinen Sie, Dokter: Soll oder kann der Betriebselektriker, allein gelassen zwischen den Schwemmsteinen, die Szene mit dem Satz ›Sie schlägt dem Alten nach‹ beenden?«)

Mein Zahnarzt sagte: »Brav durchgehalten. Mit unten links sind wir fertig.«

»Also was nun? Gefällt Ihnen der Szenenschluß oder nicht?«

»Und jetzt wollen wir unten rechts vorspritzen. Werden Sie kaum bemerken, weil die ersten Spritzen breit streuten. – Na also.«

»Oder verlangt der Dialog eine gehobene Diktion? Anklagen. Grobkörniger Haß, der Rache will . . .«

»Sagen Sie, dieser Schlottau, von dem Sie mit verdächtig viel Anteilnahme erzählen, scheint das Zeug zu einem Revolutionär zu haben . . .«

»Sobald Sie die landesüblichen Maßstäbe anlegen . . .«

»Also mehr der kurzatmige Revoluzzer.«

»Es gab ihn nur, weil es Krings gab.«

(Mein Zahnarzt bat mich, während die Spritzen zu wirken begannen und im ersten Programm wieder der Bims-Film lief, um ein kurzgefaßtes Doppelporträt der beiden aufeinander angewiesenen Helden: »Ich werde inzwischen einen Kupferringabdruck der abgeschliffenen Zähne nehmen, der uns die Kontrolle über die Beschleiftechnik garantiert.«

Vorsorglich spülte ich und hatte Mühe mit dem Wasserglas, weil das Gefühl des Verschwollenseins und die Unempfindlichkeit meiner Unterlippe eine falsche Einschätzung der Distanz zwischen Glas und Lippe förderten: ich plemperte. Die Hilfe meines Zahnarztes mußte mich mit einer Papierserviette abtupfen. Peinlich.)

»Heinz Schlottau wurde 1920 im Ermland, einem katholischen Keil im protestantischen Ostpreußen, geboren; der spätere Generalfeldmarschall Ferdinand Krings erblickte in Mayen, als Sohn eines Steinmetzmeisters, dem mehrere Basaltlager auf dem Bellfeld gehörten, im Jahre 1892 das Licht der Voreifel. Beide wuchsen auf, ohne das besondere Interesse ihrer Umwelt zu erregen. Auch unsere Anteilnahme muß später einsetzen, es sei denn, wir wollten von Schlottaus Lehrlingszeit in Frauenburg, von Krings' abgebrochenem Philosophiestudium, von Schlottaus Elektriker- und Foxtrottänzertätigkeit in Allenstein oder von den Erfolgen des Reserve-Leutnants Krings im Ersten Weltkrieg, zum Beispiel während der zwölften Isonzo-Schlacht, erzählen. Da uns jedoch bis zum Abschleifen der beiden Zähne rechts unten nur eine kurze Frist gesetzt ist, überspringen wir einige Sprossen der Kringsschen Reichswehr- und der Schlottauschen Elektrikerkarriere und sagen: Die Friedensgarnisonen der berühmten elften Infanterie-Division, auch Elchkopf-Division genannt, waren die ostpreußischen Städte Allenstein, Ortelsburg, Bischofsburg, Rastenburg, Lötzen und Bartenstein. Und zum Infanterieregiment 44, das in Bartenstein Garnison bezogen hatte, wurde der Rekrut Heinz Schlottau im Herbst achtunddreißig berufen, während der

Oberstleutnant und Kommandeur eines Gebirgsjägerregiments, das den Anschluß Österreichs und die Besetzung des Protektorats Böhmen und Mähren verlustlos hinter sich gebracht hatte, in Memmingen Garnison bezog.

Schlottau und Krings, beide bereiteten sich vor. Der eine auf dem sandigen Truppenübungsplatz Stablak, der andere, laut Order, über Meßtischblättern, die ihm Kenntnisse von den Straßen- und Befestigungsverhältnissen der Karpatenpässe vermitteln sollten.

Schlottau und Krings, beide starteten am 1. September bei freundlichem Spätsommerwetter gleichzeitig. Während sich der Infanterist am Durchbruch der Mlawa-Grenzbefestigungen, beim Kampf um die Narew-Übergänge und an der Verfolgung durch Ostpolen bis zur Übergabe von Modlin beteiligte, setzte der andere zum Sturm auf Lemberg an: Er fand auf den Höhen um Lemberg, beim Abwehrkampf gegen polnische Ulanenregimenter, zum ersten Mal Gelegenheit, seinen späteren Ruf als Durchhaltegeneral zu beweisen. Schlottau, ein mittelvorsichtiger Draufgänger, handelte sich beim Kampf um die Festung Modlin eine leichte Verwundung – Oberarmstreifschuß – und das Eiserne Kreuz II. Klasse ein; der Held von Lemberg wurde im Wehrmachtsbericht genannt, blieb unverwundet und durfte auf geräumiger Brust, neben den Auszeichnungen des Ersten Weltkrieges, dem neuerlichen E.K. I Halt geben.

Schlottau und Krings, beide schrieben Briefe und Feldpostkarten nach Hause. Noch zeichneten sich keine Gründe ab, warum der Infanterist und spätere Betriebselektriker Heinz Schlottau im Juni des Jahres 1955 begierig sein sollte, dem Oberst und späteren Generalfeldmarschall Ferdinand Krings auf dem Hauptbahnhof Koblenz einen Empfang zu geben.«

Mit dem Doppelporträt schien mein Zahnarzt zufrieden zu sein, seiner Arbeit versagte er die Zustimmung: »Anhand der Kupferringabdrücke wird deutlich, daß wir etliche Kerben geschliffen haben. Wir werden die Kleinigkeiten nachschleifen müssen: ein Abwasch . . .«

»Was meinen Sie, Dokter. Sollten wir den Hauptbahnhof Koblenz und die Massenszenen in den immer noch laufenden Bims-Film einblenden . . .«

»Schön locker. Und die Zunge hinten unten lassen . . .«

Die Totale der Vorderfassade des Hauptbahnhofs Koblenz. Geschwärzter Sandstein. Überm Granitsockel grob gespitzt. Bahnhofsskulpturen. Kriegsschäden, immer noch. (Auf die Teerpappendächer drückt, ein zu naher Hintergrund, die Karthause, Teilanlage der Festung Koblenz.) Die Unruhe auf dem Vorplatz befiehlt der Kamera Ruhe. Sie hält fest: unorganisierte Gruppenbildung, Überschneidungen gleichzeitiger Bewegungen, Transparente, die hier hochgehalten, dort entrollt, woanders wieder eingerollt werden. (Tauben, die ihren Vorplatz besetzt sehen und auf Fassadensimsen die Köpfe schräg halten.) Dazu Geräusche: unverständliche Sprechchöre, Zurufe (»Mal rüber Schorsch...«), Gruppengelächter, gluckerndes Flaschenbier, das reihum gereicht wird. (Taubengurren.) Polizisten halten sich neben der Stadtsparkasse in Bereitschaft. Nur zwei Einsatzwagen. Hausfrauen nach dem Einkauf. Halbwüchsige mit ihren seitlich geführten Fahrrädern. (Der Losverkäufer mit den Zwanzigmarkscheinen am Hut.) Presse. Auf einem Kistenpodest baut die Wochenschau ihre Kamera auf. Kommandoähnliche Rufe. Sich fortpflanzende Bewegung: jetzt werden die Transparente leserlich entfaltet. »Arktis ist nicht!« – »Kraft durch Terror!« – »Kurland läßt grüßen!« – »Durchhaltekrings!« Die Sprechchöre finden ihren Rhythmus: »Nie wieder Heldenklau! Nie wieder Heldenklau!« – »Ohne uns! Ohne uns!« (Enttäuschung bei einigen, weil die Wochenschau nicht mitdreht. Schimpfen: »Denn packt doch ein, ihr Heinis!« – An- und Abflüge der Tauben.) Die Halbtotale faßt eine Gruppe, die von dem Betriebselektriker Schlottau angeführt wird. Er dirigiert: »Krings soll in Sibirien bleiben! Krings soll in Sibirien bleiben!«

Ecke Markenbildchenweg, zwischen Hausfrauen, steht Sieglinde Krings. Sie trägt eine Sonnenbrille. Langsam schiebt sie sich durch die in der Mehrzahl kriegsversehrten Männer. (Krücken, Glasaugen, leere Ärmel, Gesichtsverstümmelungen.) Unruhe und Zurufe beim Bahnhofsportal. Die Menge drückt in die Halle. Strudel bilden sich. Geschimpfe. Schubsen. Ansätze einer Schlägerei. Gelächter bei den Schaltern: Bahnsteigkarten werden gelöst und verteilt. (Marktschreiermethoden: »Werwillnochmalwerhatnochnicht!«)

Die Polizisten schreiten nicht ein und folgen der Menge durch die Fahrkartensperre, bei der es abermals Gedränge gibt. Ein Polizist regelt den Durchlaß: »Immer mit der Ruhe, Herrschaften, euer Krings läuft euch nicht weg . . .« Laufen, auch rasches Humpeln durch den Haupttunnel, von dem die Treppen zu den Bahnsteigen abzweigen, bis auf den Bahnsteig vier. Während der Bewegung vom Vorplatz zum Bahnhof mischen sich Satzfragmente: »Daß der Iwan den laufen läßt.« – »Kameradenschinder!« – »Mann, das ist dochn Minenhund.« – »In der Zone ham se ihm...« – »Mittem Nuschke soller in einem Zug...« – »Wegen Wiederbewaffnung . . .« – »Sag dir, Salonwagen.« – »Soll denen die Armee drüben, wenn die bei uns...« – »Ohne mich!« – »Werden schon Dumme genug...« – »Kenn das Schwein vonner Eismeerfront...« – »Nachhut in Nikopol...« – »Mich hat die Sau in Kurland...« – »Wann kommt denn...« – »Hau ihm doch die Prothese...« – »Uns hatter in Prag...« – »Einfahrt!« – »Holzauge, Kumpel!« – »Zug hat Einfahrt...«

Schweigend wird die Einfahrt des Zuges abgewartet. Blicke werden mitgerissen, schnellen zurück, wieder vor. Nur wenige Reisende steigen aus. Sehschlitze fahnden nach Ähnlichkeit. Einige Männer durchsuchen die Abteile. Der den Zug begleitende Schaffner ruft vom Trittbrett des abfahrenden Zuges: »Regt euch nicht auf, Leute. Euer Krings ist mit seinem Pappkoffer schon in Andernach ausgestiegen.«

Die Eisenbahngeräusche liegen über einzelnen Protestpfiffen. (Sie deckten die hohe Stimmlage des Airstar zu, mit dem die

Kaufläche meines minus acht abgeschliffen wurde. Grund genug zum Spülen. Auch mein Zahnarzt war gegen das Auswerten der bahnsteiglangen Enttäuschung.)

»Mit einem Wort, die Protestversammlung löste sich auf, wie sich letzte Woche die Protestversammlung gegen Kiesinger aufgelöst hat: geordnet. Ich war dabei mit einigen Schülern und mit meiner Kollegin. Auch so ein Schlag ins Wasser, denn der Herr legte sein Kränzlein nicht, wie angekündigt, vor dem Mahnmal auf dem Steinplatz, sondern verstohlen in Plötzensee nieder. Irmgard Seifert war trotzdem zufrieden: ›Unser Protest wird nicht verhallen.‹ Scherbaum blieb nüchtern: ›Ist doch nur Dampfablassen.‹ Und als ich am nächsten Tag vor der 12 a die moralische Geste des Protestes, auch des scheinbar erfolglosen, verteidigen wollte, stoppte mich Vero Lewand mit einem Marxengels-Zitat (immer hat sie Zettelchen bei sich): ›Die kleinbürgerlichen Revolutionäre nehmen einzelne Etappen des Revolutionsprozesses für das Endziel, um dessentwillen sie sich an der Revolution beteiligen . . .‹ – Der Kleinbürger, das bin ich. Und auch Sie, Dokter, müßten sich diese Einstufung gefallen lassen, wenn Sie vor meiner Klasse womöglich mit Ihrem Seneca . . .«

»Sie hätten Ihrer zettelkundigen Schülerin mit Nietzsche antworten sollen: ›Eine Umwertung von Werten wird nur erreicht, wenn eine Spannung von neuen Bedürfnissen, von Neu-Bedürftigen da ist. . .‹«

»Was immer die Leute auf die Straße gebracht hat: ob vor einer Woche gegen Kiesinger, ob im Sommer fünfundfünfzig gegen Krings, nichts als Sprechblasen . . .«

»Wir, immerhin, haben Ihren minus acht verjüngt zur Kaufläche abgeschliffen.«

»Und in den Zeitungen stand: ›Generalfeldmarschall Krings weicht Landserprotest aus!‹ – Auch spöttisch: ›Krings sagte: Ohne mich!‹ – Und lakonisch: ›Koblenzer Moritat blieb ohne Hauptdarsteller.‹ – Sachlich stellte der Generalanzeiger fest:

›Fahrplanmäßig, doch ohne den Generalfeldmarschall, fuhr der Zug ein; ein Protest mehr verlief sich im Sande . . .‹«

»Und Ihr Kumpel Schlottau?«

Mit dem Anschleifen der Kaufläche von minus sechs setzte ich den Zwischenschnitt: Die ehemaligen Landser räumen den Bahnsteig vier. Im Gedränge vor der Treppe zum Haupttunnel stoßen Linde und Schlottau aufeinander.

Linde: »Soll ich Sie mitnehmen?«

Schlottau: »Scheiße, verdammte!«

Linde: »Mein Wagen parkt hinterm Hotel Höhmann.«

Schlottau: »Mit euch Kroppzeug soll fahren, wer Lust hat.«

Linde: »Dachte, Sie wollen mit mir ins Kino.«

Schlottau: »Das sieht ihm ähnlich, vorher die Kurve kratzen.«

Jetzt schon Schnitt, während beide im Tunnel treppab verschwinden.

Denn natürlich fahren sie gemeinsam. Und zwar in einem Borgward, den es heute kaum noch gibt. Zwar hatte er sie auf dem Bahnhofsvorplatz abrupt stehen lassen, nein, wortlos scherte er (zwischen Tauben) aus und ließ sie ihren schnurgeraden Weg allein fortsetzen, aber das muß man nicht zeigen. Auch die kurzen Sätze hin und her zwischen Schlottau und seinen Kumpels von früher – ›Hat uns eingeseift, der Alte‹ – ›Ich stoß ihm schon noch Bescheid‹ – sind Verschnitt. (Übrigens kaufte er sich ein Los auf dem Bahnhofsvorplatz: Niete.)

Das ist die Bundesstraße Andernach Richtung Mayen, auf der sich der Borgward mit Sieglinde Krings am Steuer und Heinz Schlottau als Beisitzer bewegt. Im Rücken der Autoinsassen fährt die starre Kamera mit.

Linde: »Hätte mir denken können, daß er in Andernach nicht auf mich warten wird.« – Pause für Spekulationen über den Abstecher nach Andernach und über den Konkurs der Borgward-Werke im Jahre weiß nicht mehr wann.

Schlottau: »Vielleicht ist er in der Zone geblieben. Der Iwan wollte ihn bestimmt anheuern. Die suchen jetzt Leute mit Erfahrung. Paulus ist auch drüben.« – Pause, in der die konterrevolutionäre These des Teng T'o als Sprechblase aufgehen könnte: »Wir grüßen die buntgemischten Gelehrten . . .«, und dazu Bildchen: Krings wird auf dem Berliner Ostbahnhof von hohen DDR-Funktionären begrüßt.

Linde: »Wann kommt denn nun Ihre Kinoeinladung?«

Schlottau: »Angenommen, Krings baut denen eine Armee hin . . .«

Linde: »Wann Ihre Einladung kommt, will ich wissen. Bin ganz verrückt nach Kino und so.« – Pause, angefüllt mit Überlegungen, welche Filme Mitte der fünfziger Jahre liefen: Sissi, Förster im Silberwald . . .

Schlottau: »Und Ihr Verlobter, Frollein, ich meine . . .«

Linde: »Der ist dankbar für jede Entlastung.« – Pause, in der es Schlottau überlassen bleibt, eine Anspielung aus Lindes Befund herauszuhören. Ich spüle, weil mich mein Zahnarzt darum bittet: Kreidiger Schaum, kein Blut, aber ein Zwischenruf meines Schülers Scherbaum: »Ich hab das alles kapiert: NSKK, BDM, RAD, HKL – aber was ist im Mekong-Delta los . . .« – »Gewiß, Scherbaum. Gewiß. Doch erst wenn wir begriffen haben, warum das Attentat im Führerhauptquartier, kurz FHQU genannt . . .«

Schlottau: »Übrigens, kennen Sie den Witz, Frollein, von dem ostpreußischen Bauern, der mit seiner Kuh zum Bullen ging. Und als seine Frau ihn fragte . . .«

Linde: »Außerdem interessiert sich mein Verlobter nur noch für die Basalt- und Tuffsteinverarbeitung während der Römerzeit . . .« Pause, die für Reflexionen über die hochentwickelte Mühlsteinindustrie der Römer, besonders nach dem mißlungenen Aufstand der Treverer, keinen Raum läßt, weil der Borgward einen Radfahrer überholt. Schlottau blickt hinter sich. In seinem Gesicht spiegeln sich: Erstaunen Beklommenheit Haß. – Nach einer längeren Pause, die Überlegungen über das

Ende des Kuhwitzes gehört, spricht Schlottau ohne besondere Betonung: »Das war er. – Nun halten Sie schon. Ich will raus.« Linde bremst: »Sie können mich meinem Vater vorstellen.«

Schlottau: »Schiß vor dem Alten, was?«

Linde: »Ja. – Angst habe ich. – Genau wie Sie. – Los, ziehen Sie Leine.«

Schlottau steigt umständlich aus: »Wenn Sie mal wieder ins Bimslager wollen. Um zwei rum komme ich vom Kontrollgehen und kann dann auf ne halbe Stunde . . .« – Er schreitet mit dem Rest des Satzes in Richtung Plaidt davon.

Während Schlottau ging, ich mich weigerte, ihm zu folgen, und mein Zahnarzt den Airstar abzog, weil ihn eine Privatpatientin ans Telefon rief, stellte Linde den Scheibenwischer an, als wollte sie Schlottau löschen. Dabei lag ihr Blick in Richtung Rückspiegel fest; und im Rückspiegel fängt die Kamera den in einer sanften Kurve trampelnden Radfahrer ein. Er radelt bei Gegenwind. Der Wind, Lindes Atem und die Terminschwierigkeiten meines Zahnarztes am Telefon sind drei Geräusche, die miteinander auskommen.

Von heute zurückgerechnet: vor knapp zweiundzwanzig Jahren, von damals: vor mehr als zehn Jahren, am 8. Mai 1945, wenige Stunden vor der Kapitulation der großdeutschen Wehrmacht, verließ der Generalfeldmarschall Krings in grauer Zivilkleidung seine immer noch kämpfenden Armeen und sein Hauptquartier im Erzgebirge, indem er mit dem letzten verfügbaren Fieseler Storch nach Mittensill in Tirol flog, um dort – wie er später vor Gericht aussagte – laut Führerbefehl das Kommando der Alpenfestung zu übernehmen, die er jedoch, was Zeugenaussagen bestätigten, weder als Festung noch in Gestalt von kampfstarken Divisionen vorfand, weshalb er das graue Zivilzeug gegen die Landestracht, Sepplhosen und so weiter, eintauschte, in eine Almhütte flüchtete, dort auf ein Wunder oder auf die von ihm vor Gericht als natürlich bezeichnete

Verbrüderung der amerikanischen Streitkräfte mit den deutschen Reststreitkräften wartete, um endlich, am 15. Mai, als weder natürlich noch wunderbar solche Allianz gegen die sowjetischen Armeen zustande gekommen war, das Fahrrad eines Bauern zu requirieren, auf dem er in Tiroler Landestracht, ohne Armee und Orden, nach St. Johann, in amerikanische Kriegsgefangenschaft radelte; wie er zehn Jahre später auf einem Fahrrad, das in Andernach zu leihen ihm nicht schwergefallen war, bei Gegenwind heimwärts in Richtung Mayen radelt: massiv und gleichmäßig strampelnd, sehen wir ihn im Rückspiegel des Borgward immer größer werden . . .

(»Was meinen Sie, könnte sollte Linde, allein gelassen im Borgward und nur auf den Rückspiegel angewiesen, jetzt irgend was stammeln: ›Muß ich ihm um den Hals? Oder einfach heulen . . .‹«

Inzwischen hatte mein Zahnarzt mit Hilfe des Telefons einen Termin festgelegt. Der Bimsfilm schwelgte in Voreifellandschaften: ich und ein radfahrender Spätheimkehrer feierten Wiedersehen mit dem Korrelsberg. Als Linde den Wagen verließ, verkleinerte der Airstar meines Zahnarztes wieder ringsum meinen minus sechs. Sie öffnete den Gepäckraum. Sie verschob den Reservereifen. Sie drehte sich in Richtung immer größer werdender Radfahrer. Geschichte passierte: Hegels Weltgeist ritt querfeldein über Äcker, unter denen der Bims auf seine Ausbeutung wartete.

(»Doktä, jetzt! Doktä, jetzt!«)

Der Radfahrer bremst. Linde bleibt starr. Er steigt gewichtig ab und erlaubt sich und ihr zwei Schritt Distanz. (Wind, Blinzeln, Pause und Gedankensprünge zurück in die Zahnarztpraxis und von dort in meine 12 a, denn kürzlich noch sprachen wir über den Archetyp des Heimkehrers: »Meine Generation wurde von Borcherts Beckmann geprägt. Wie stehen Sie zu Beckmann, Scherbaum? Sagt Ihnen Beckmann heute noch etwas . . .«)

Auch dieser Heimkehrer trägt eine Brille. Im grauen, zu engen Straßenanzug steht er, ohne Kopfbedeckung, in groben hohen Schnürschuhen. Die Klammern für die Hosenbeine mag er in Andernach geliehen haben. Neu und zu elegant sticht die Krawatte ab. Fusselnder Bindfaden zwingt seinen Pappkoffer auf den Gepäckträger. Sein muskulöses Gesicht sagt nichts.

Linde: »Wir können das Rad im Gepäckraum verstauen. Ich bin Ihre Tochter Sieglinde.«

Krings: »Aufmerksam, daß man mich abholt.«

Linde: »Wir müssen uns in Andernach verpaßt haben. Vorher war ich . . .«

Krings: »Ich wollte nicht ohne Krawatte kommen.« – Sein Kinn weist auf den Schlips.

Linde: »Hübsch.« – Aber sie lächelt nicht.

Krings: »Meine Schwester schrieb mir: du hast lange, zum Zopf geflochtene Haare.«

Linde: »Den habe ich mir vor meiner Verlobung abschneiden lassen. Darf ich?«

Krings: »Bitte.« – Mit praktischen Griffen versorgt Linde das Rad und den Koffer im Gepäckraum. Der Deckel schließt nicht. Krings schaut zum Korrelsberg. Etwas, wahrscheinlich die Tatsache, daß es den Berg immer noch gibt, amüsiert ihn. Inzwischen mag sich der Zuschauer Gedanken machen über den Inhalt des Koffers; auch darf man sich um den klaffenden Gepäckraumdeckel sorgen, den Linde mit dem fusselnden Bindfaden an die hintere Stoßstange zurrt. (Übrigens lernte ich Linde mit Mozartzopf kennen. Weil ich es wünschte, schnitt sie ihn ab.)

Linde: »Die paar Kilometer wird es auch so halten. – Vieles wird Ihnen verändert vorkommen.«

Krings: »Der Zementstaub auf dem Kartoffelkraut ist sich gleich geblieben.«

Linde: »Auch das kann sich bald ändern.«

Krings: »Dein Verlobter – nicht wahr, er kommt von Dyckerhoff? – will das Werk entstauben.«

Linde: »Zuerst soll auf Trockenverfahren umgestellt werden und dann . . .«

Krings: »Zuerst wollen wir ankommen. In Augenschein nehmen. Oder? – Meine Tochter sollte mich duzen. Fällt das so schwer?«

Linde: »Ich habe vor, es zu versuchen.«

Krings: »Dann tu es.«

Linde: »Ja, Vater.« – Beide steigen ein.

Ob sich diese Szene, ohne Fahrrad, Landschaft und Auto, in den Grauen Park verlegen ließe?

»Was meinen Sie, Dokter? Krings kommt mit Koffer – vielleicht schiebt er doch das Rad – stößt unter der zementstaubtragenden Buche auf Linde und findet sogleich den ersten Satz: ›Wie aufmerksam, daß mich niemand abholt.‹ Darauf Linde: ›Ich war in Koblenz. Dort gab es einen Auflauf. Es sah nach Krawall aus.‹

Krings: ›Die Polizei dieses merkwürdigen Staates bat mich, schon in Andernach auszusteigen.‹

Linde: ›Ich war froh, als der Zug ohne Sie ankam, denn einige von den Typen . . .‹

Krings: ›Meine Schwester hat mir geschrieben, du trägst lange, zum Zopf geflochtene Haare . . .‹« – Mein Zahnarzt war gegen den Grauen Park; denn in Wirklichkeit hat Linde ihn unterwegs aufgelesen.

Beide fahren in Richtung Plaidt davon. Die Kamera blickt ihnen nach, bis nur noch der Korrelsberg und das Krings-Werk mit beiden tätigen Kaminen die Totale der Voreifellandschaft beherrschen.

»Erlöst, mein Lieber. Jetzt noch die Kupferringabdrücke zur Kontrolle. Dann stopfen wir mit Ruvarex aus und gewinnen so die Originalmodelle unserer Kronenstümpfe.«

Ich versuchte, zufrieden zu sein. Krings war angekommen. Nichts schmerzte. Das Spülen machte beinahe Spaß. Draußen, wußte ich, verlief der Hohenzollerndamm vom Roseneck bis zur Bundesallee. Und einer der üblichen Zwischenrufe meines Schülers Scherbaum: »Warum unterrichten Sie eigentlich?«, den Vero Lewand mit einem »Woher soll er das wissen!« stützte, verführte mich nicht, hilflose Antworten zu suchen.

Dann wurde Zahn um Zahn mit einer gewebefreudigen Tektor-Flüssigkeit isoliert. Während er alle vier abgeschliffenen Zähne mit Zinnkappen gegen äußere Einflüsse schützte – »Wird Ihnen anfangs fremd vorkommen, sobald die Betäubung nachläßt und Ihre Zunge die Metallkörper entdeckt« –, warb sie schon streng nach Minuten, wie das Gesetz es vorschreibt. Sie begann mit Haarwaschmitteln, kam später mit Fichtennadeln und salbte sich zum Schluß mit einer Nachtcreme. Unter der Dusche, mit schäumendem Köpfchen, sah ich sie im Profil. Auf nackter Haut durfte es perlen, prickeln und kleine Lust verbreiten. Einspruch! Warum nur bei der Körperpflege? »Warum, Doktor, darf mit Hilfe des blanken Fleisches nicht für alles geworben werden? Etwa so: Hier schleift ein nackter Zahnarzt einer neununddreißigjährigen Studienrätin – Kollegin Seifert – unten links rechts je zwei Backenzähne ab, die später mit Zinnkappen gegen äußere Einflüsse geschützt werden. – Hier werbe ich für Grieneisen: Nur mit dem Tragegurt bekleidete Sargträger tragen einen noch offenen Sarg, in dem ein hochdekorierter Generalfeldmarschall endlich still liegt. – Und hier werbe ich für die Oberstufenreform der Berliner Gymnasien: Ein nackter und stark behaarter Studienrat unterrichtet vor individuell gekleideten Schülerinnen und Schülern deutsche Geschichte, da springt seine Schülerin Vero Lewand in farbiger Wolle auf: »Ihre Aufzählung der Merkmale des Totalitarismus paßt genau auf das autoritäre Schulsystem, in dem wir . . .« – Oder ich werbe für Osram so: Der nackte Betriebselektriker Schlottau steht auf einem Stuhl und schraubt eine 60-Watt-Birne ein, während ein sportlich gekleidetes Fräulein – Lindelindelinde – ihm zuschaut. Oder für Arantil: Die nackten Liebenden sitzen auf der Couch und haben die Mattscheibe im Auge, auf der Bekleidete einen Kriminalfall abwickeln: Der berüchtigte Verlobtenmörder befindet sich auf der Flucht, sucht eine Scheune auf, windet sich im Anzug im Stroh, stöhnt, weil er Zahnschmerzen hat und kein Arantil, während draußen – das sieht er durch ein Astloch – die nackte Magd entschlossen über den Hof geht, die schwarzweißen Kühe zu melken. – Überhaupt Tiere. Ich frage Sie, Dokter, warum wirbt der Zoo nicht, indem er den unbekleideten Familienauftrieb vor dem Käfig der Klammer-, Kletter- und Seidenaffen zeigt . . .«

»So, das sitzt. Die Größe der Zinnkappen wurde vorher schon festgelegt . . .« (Meine bekleideten Zahnstümpfe.)

»Und jetzt beißen Sie mal zu. Nochmal. Danke.« Rechtzeitig hatte seine Hilfe (im weißen Kittelchen) ihre Mohrrübenfinger draußen.

»Aber ist mein Gesicht nicht schief geschwollen verbeult?«

»Alles Täuschung. Mit einem Spiegel zu widerlegende Fiktion.« Mein Zahnarzt (in Segeltuchschuhen) gab mir den Rat auf den Weg, rechtzeitig Arantil zu nehmen: »Sonst haben sie ein ungemütliches Wochenende und keinen schmerzfreien Sonntag.«

(Seine Hilfe, so, im Korridor, wie sie mir in den Mantel half und mich mit sachlicher, nicht zu lauter Stimme bat, weder zu heiße Speisen noch zu kalte Getränke zu mir zu nehmen, weil das Metall leite – seine Hilfe gefiel mir nun besser, immerhin etwas besser.)

Als ich mit meinen vier Fremdkörpern heimkehrte, zog ich mich nach der Rasur um, schnürte mit Seidenband ein Geschenk (vegetatives Jugendstilglas), folgte, indem ich den neunzehner Bus bis zum Lehniner Platz nahm, einer Geburtstagseinladung, war anfangs lustig zwischen Kollegen (Beiträge zur Kulturpolitik), sagte der Gastgeberin (Geburtstagskind) Witziges über ihr

Aquarium und dessen trübsinnig gefräßigen Inhalt – doch Irmgard Seifert wollte nicht lachen –, hielt es, mit Hilfe von Arantil, bis Mitternacht aus, ging, fand meinen Schreibtisch in Lauerstellung, schrieb auf ein Zettelchen: Mal sehen, was in dem Koffer schweigt . . . – schlief sofort ein, erwachte früh bei nachlassender Wirkung, nahm aber die beiden Tabletten erst nach dem Frühstück (Tee, Joghurt mit Corn-flakes) und begann schon während der Lektüre der Sonntagszeitungen mein Lamento fortzusetzen: Ach, der Sonntag . . . Ach, die Tapete . . . Ach, der Frühschoppen . . .

Das las ich in der WamS: Sie haben ihn. Nein. Er stellte sich. Denn niemals, selbst mit Steckbriefen auf Kunstdruckpapier nicht, hätten sie ihn, den Würger seiner lebenslustigen und nur bei Westwind launischen Verlobten, geschnappt. Er würgte – und ein Foto zeigte den Gegenstand – mit einer Fahrradkette. Sein beinahe Schwiegervater hatte sich, laut Aussage, das Rad in Andernach geliehen, als er nach zehnjähriger Kriegsgefangenschaft endlich heimkehrte und für die letzte Strecke keine andere Transportmöglichkeit fand. Die Fahrradkette, vielgliedrig wie ein Rosenkranz, wurde vor zwölf Jahren am Tatort (Lager für Hohlbausteine) gefunden; denn zwölf Jahre lang ernährte er sich von Einbrüchen, die er ohne besonderes Werkzeug, dennoch perfekt, wenn auch lustlos, betrieben hatte. (Die Welt vergaß ihn – aber das Morddezernat in Koblenz konnte ihn nicht vergessen.) Flüchtig wurde er älter; seine sekundenschnelle Tat wollte nicht verjähren. Da ihm nicht nur Lebensmittel fehlten, griff er nach philosophischer Lektüre: besonders vertiefte er sich in die Lehre der Stoa (und könnte heute als Seneca-Spezialist gelten). Versteckt und doch auf dem Sprung las und schlief er in Scheunen und Wochenendhäuschen, in denen er oft genug, zumeist hinter den Büchern seiner Lieblingsautoren, Bargeld in Scheinen und Münzen fand. Also reiste er, während die Polizei in ihm einen Tramper vermutete, mit der Bundesbahn. Sorgfältig gekleidet und lesend, das Polster der ersten Klasse im

Rücken, lernte er Westdeutschland zwischen Passau und Flensburg, Coburg und Völklingen kennen. Sooft er den Ort wechselte, sooft wechselte sein Habit; denn diese äußerst widerwillig, weil gegen seine Natur ausgeführten Diebstähle mußten nicht nur für Naturalien, für Bücher und fürs Reise- und Taschengeld sorgen, sie hatten auch die Kostümfrage zu lösen: Sein Wuchs – auch älter werdend hätte er seine Anzüge bequem von der Stange kaufen können – erleichterte die Suche nach seiner Konfektionsgröße. Oft erneuerte er den Koffer. Doch da ihm wenig am Besitz lag – Hemden und Unterwäsche zum Wechseln, dazwischen die Bücher – reiste er immer mit leichtem Gepäck.

Ließ er sich alle drei Wochen die Haare schneiden? – Das tat er auf Flugplätzen und Hauptbahnhöfen, wo immer er gewiß sein konnte, einem italienischen Friseur im Spiegel zu begegnen. (Das Interesse an Steckbriefen ist national begrenzt.) Den Fassonschnitt verdrängte der modische Messerschnitt; zum Schluß bevorzugte er die scheitellose amerikanische Kürze.

Und trotzdem – das las ich vor Monaten in der WamS – ich sah sein Foto: ein gepflegter Enddreißiger, der sich um eine leitende Stellung in der zementproduzierenden Industrie bewerben könnte – trotzdem stellte er sich.

»Neun Jahre lang habe ich die Unannehmlichkeiten der Flucht, gestärkt durch die Lehre der Stoa, ertragen können; aber seit zweieinhalb Jahren verfolgt mich der Zahnschmerz ...«

(»Nicht wahr, Dokter, es sind die Rezeptoren im Nervenzentrum, die gedämmt werden müssen ...«) Da Arantil rezeptpflichtig ist, blieb der Verlobten-Mörder auf schwächere, nach kurzer Zeit erschöpfte Mittelchen angewiesen. Er wagte es nicht, einen Zahnarzt aufzusuchen. Zahnärzte lesen illustrierte Zeitungen. Zahnärzte sind auf dem laufenden und kennen jeden flüchtigen Mörder, also auch ihn, den Quick und Stern, die Bunte und die Neue mit Fotos gefeiert hatten. Diese Gattung

Zeitschrift tritt wie Wölfe in Rudeln auf: Alle hatten ihn serienlang durch das Treibjagdgelände des Lesezirkels »Daheim« gehetzt. Tiefdruckfotos mit Untertiteln. Er und seine Verlobte, als sie noch falsche Perlen und keine Fahrradkette am Hals trug. Er und sie am schattigen Ufer des Laacher Sees. Beide auf der Rheinpromenade zu Andernach unter gestutzten Platanen. Auch mit seinem zukünftigen Schwiegervater – kurz vor dem Mord – neben dem Modell eines elektrischen Fliehkraftentstaubers. Und Solobildchen aus glücklichen Zeiten. Der Verlobten-Mörder ohne Hut, mit Hut, im Profil, Halbprofil. Einmal lacht er, entblößt die Zähne. (Das mußte doch jedem Zahnarzt auffallen. »Das wäre auch Ihnen über Jahre hinweg in Erinnerung geblieben: diese Lücke zwischen den oberen Schneidezähnen und dieser Vorbiß, diese – das sieht doch jeder – echte, weil angeborene Progenie.«)

Ohne dentale Behandlung mußte er zweieinhalb Jahre lang mit einem Schmerz leben, der die Wiederholung liebte, der sich in der Wiederholung zu steigern verstand, den selbst des Seneca goldene Worte – Nur der Arme zählt sein Vieh – allenfalls beschwichtigen konnten, der den anderen ursächlichen Schmerz um die erdrosselte Verlobte verdeckte und überschrie. Ohne Arantil und – da Seneca manchmal versagte – zynisch getröstet vom späten Nietzsche – »Moralisch ausgedrückt, ist die Welt falsch. Aber insofern die Moral selbst ein Stück dieser Welt ist, so ist die Moral falsch . . .« – schleppte er sich von Wochenendhäuschen zu Wochenendhäuschen, suchte und fand er in den Hausapotheken brave Mittelchen, aber niemals das rezeptpflichtige Arantil. (Also wälzte ich mich, als sei der Schmerz eine Lust, in verlassenen Steinmetzbuden auf dem Mayener Feld, in den zugigen Scheunen der Voreifel und hielt meine Verlobte, ein Bündel krachendes Stroh – Oh Lindelindelinde! – im Arm und hörte auch ihr Gezischel: Halt du dich da raus. Das ist zwischen Vater und mir. Ich werde es ihm beweisen. Das geht dich so gut wie nichts an. Und wenn ich mit diesem Schlottau zehnmal. Laß doch das Drohen mit dieser lächerlichen Fahrradkette . . .)

Da suchte er in Koblenz das Morddezernat auf und sagte: »Ich bin es!« Korrekt legte der Verlobten-Mörder, ein gebürtiger Westpreuße, seinen mittlerweile verfallenen Flüchtlingsausweis A vor.

Die Beamten wollten nichts glauben. Erst als er lachte, bei allem Schmerz lachte und die Lücke zwischen den oberen Schneidezähnen sowie die unübersehbare Progenie entblößte, wurden sie freundlich bis zur Gutmütigkeit: »Wurde auch Zeit, alter Junge.«

Ich will hier nicht von den Verdiensten des sogenannten Verlobten-Mörders berichten. (Er übergab der Polizei ein in zwölf Jahren gewachsenes Manuskript von beträchtlichem Umfang: »Der frühe Seneca als Erzieher des späteren Kaisers Nero. – Philosophische Anmerkungen eines flüchtigen Mörders.«) Nur seine protokollierte Not soll zu Wort kommen: »Hiermit beantrage ich, als Untersuchungshäftling dem Gefängniszahnarzt vorgestellt zu werden. Ein Eingriff, notfalls die Extraktion der schmerzenden Zähne, ist angebracht. Falls sich der Eingriff verzögern sollte, bitte ich höflichst um Arantil. Denn Arantil ist rezeptpflichtig . . .«

Dank Arantil – zwanzig Dragées zu zwodreißig – schrieb ich schmerzfrei und durch Nebenwirkung beflügelt: Abgelegt sind die Niederlagen. Nun denken wir nach und gewinnen . . .

Kurz vor der Frühschoppenrunde gefiel ich mir noch in Lamentierlaune – Ach, der Sonntag . . . Ach, die Tapete . . . –, alten Geschichten, dem ewigen Andernacher Promenadengeflüster hing ich nach, da halfen mir zwei Tabletten, die sonntägliche Selbstbefragung auf den privaten Fall einer Kollegin anzuwenden: (Ach, wie ertappen wir uns . . . Ach, wie schlägt es zurück . . .) – denn hätte Irmgard Seifert nicht die Briefe gefunden, wäre sie glücklicher und wüßte so gut wie nichts über sich; aber sie fand und weiß nun Bescheid . . .

Ein Besuch übers Wochenende bei ihrer Mutter in Hannover, der Zwang, ihrem Lieblingsgericht, Sauerbraten und Kartoffelklößen, immer wieder lobend zusprechen zu müssen – »Nun nimm noch was, Kind. Früher konntest du nie genug bekommen . . .« – der Nachmittagsschlaf ihrer Mutter (als sei sie ein Stündchen lang tot) – das plötzliche Alleinsein zwischen Möbeln und Tapeten, die ihr eigentlich hätten vertraut sein müssen, der überall stehende, seit Jahren unbewegte Bohnerwachsgeruch, plötzlicher Streit der Sperlinge in der Vorgartenhecke, und noch beim Mittagessen, während die eingemachten Birnen schon süßlahm nachschmeckten, ein Wort der Mutter über Schulzeugnisse, Klassenfotos, Aufsatzhefte und Briefe der Tochter, Kramzeug, das sich gebündelt in einem Koffer auf dem Trockenboden befände, insgesamt Zufälle fügten sich und bestimmten Irmgard Seifert, die gleich mir Deutsch, Geschichte (und zusätzlich Musik) unterrichtet, unter das Dach des Einfamilienhauses zu steigen, vorher, auf Staub gefaßt, Mutters Mantelschürze anzuziehen und den großen, nicht einmal verschlossenen Fiberkoffer zu öffnen.

Auf meinem Zettel reihen sich Stichworte: Schräger Sonnenlichteinfall durch die Dachluke. Die verrosteten Kufen ihres Kinderschlittens. Familiäres: der verstorbene Vater der Seifert war Abteilungsleiter der Versandabteilung bei Günther Wagner. (Noch heute bezieht sie ihre Bleistifte verbilligt.) Irmgards Aquarium: Zebrafische, Schleierschwänze und Guppys, die ihre Jungen fressen.

Irmgard Seifert und ich sind ein Jahrgang. Bei Kriegsende zählten wir siebzehn, waren aber erwachsen. Was immer uns übers Berufliche hinaus einander nicht näherkommen läßt, einig sind wir uns in der Beurteilung der jüngsten deutschen Geschichte und ihrer Auswirkungen bis in unsere Tage hinein. Nur auf die Große Koalition und auf Kiesingers Kanzlerschaft reagieren wir im Tonfall verschieden: ich mehr zynisch, abgebrühter; Irmgard Seifert neigt zum Protest.

Bestimmte Aussprüche im Fernsehen, Schlagzeilen in der Tagespresse fördern ihren stehenden Kommentar: »Dagegen sollte protestiert, scharf und eindeutig protestiert werden.«

Ihre und meine Schüler – sie betreut meine 12 a musikalisch – nennen Irmgard Seifert gutmütig »Erzengel«; ihre Rede gleicht oft dem flammenden Schwert. (Und nur wenn sie ihre Zierfische füttert, macht sie sich der Anmut verdächtig.)

Ein Zeichen setzen. Ein Beispiel geben. Noch vor zwei Jahren marschierte sie mit den Ostermarschierern. Da in Westberlin die DFU nicht zur Wahl steht, enthielt sie sich bei den regionalen Wahlen, aus Protest, der Stimme. Vor ihrer Klasse, aber auch vor meiner 12 a, berief sie sich gelegentlich auf Marxengels und verblüffte aufbegehrende Schüler mit scharfer Kritik an Ulbricht, den sie einen bürokratischen Altstalinisten nannte. Wenn auch nicht meinen Schüler Scherbaum, so hat sie doch dessen Freundin, die kleine Lewand, nachhaltig beeinflußt.

Damals liebte Irmgard Seifert das Streitgespräch. Sie ließ sich in fruchtlose Auseinandersetzungen über Schulreformpläne mit konservativen Kollegen, ja, mit unserem Direktor ein, der sich für liberal hält; denn allen Streit mit dem »Erzengel« begrub er mit einem Satz, der Redensart wurde: »Wie immer Sie über das Hamburger Modell der Ganztagsschule denken, was uns verbindet, liebe Kollegin, ist der kompromißlose Antifaschismus.«

Da fand Irmgard Seifert zwischen belanglosen Aufsätzen und den üblichen Klassenfotos ein überkreuzverschnürtes Bündel Briefe, die sie im Februar und März des Jahres fünfundvierzig als BDM-Führerin und stellvertretende Leiterin eines Lagers für evakuierte Stadtkinder geschrieben hatte. In Sütterlinschrift kreisten ihre Gedanken auf liniiertem Papier um die Gestalt des Führers, die sie mehrmals »hehr« nannte. Der Bolschewismus galt ihr als jüdisch-slawische Versippung, der sie mit flammendem Protest (schon damals der »Erzengel«) entgegentreten wollte. Und das bekannte Baumann-Zitat: ». . . Ein Hunger ist in die Augen gesetzt: Neue Lande, neue Lande wolln wir uns gewinnen . . .« gab einem der Briefe, im März geschrieben – die sowjetischen Armeen standen an der Oder – das Motto. (Wie überhaupt die rechtsextremen Blüten des Spätexpressionismus ihren Stil bestimmten; bis auf den heutigen Tag ist Kollegin Seifert stark in steilen, nun die Linke stützenden Adjektiven: »Der jochbrechende Sieg des Sozialismus ist das klar in die Zukunft gesetzte Ziel aller unbeirrbaren Friedensfreunde . . .«.) »Mein blonder Haß«, schrieb damals das mittlerweile graudurchwirkte Fräulein Seifert, »ist ohne Grenzen und streift im Gesang die Sterne!«

Ich versuchte zu lachen, als sie mir diese Verstiegenheiten, kurz nach ihrem Wochenendbesuch in Hannover, immer noch erregt zitierte; doch mit geweitetem Blick sagte sie: »Es gibt Stellen in diesen Briefen, die ich selbst Ihnen gegenüber nicht aufdecken möchte.«

(»Mit einem Wort, Dokter: Es fand bei Irmgard Seifert ein Eingriff statt.«) Gewiß hatte sie nicht vergessen, beim BDM Ringführerin gewesen zu sein. Die Zeit im Harz war ihr in vielen Details deutlich und nacherzählbar geblieben: die Sorge um die evakuierten Großstadtkinder aus Braunschweig und Hannover; die übergroße Verantwortung bei zunehmend schwieriger Ernährungslage; tagtägliche Jabo-Angriffe auf das nahegelegene Dorf; das Ausheben von Splittergräben und ihre Empörung über den Ortsgruppenleiter, der Anfang April die 13- und 14jährigen Schulbuben aus dem Kinderlager holen und für den Volkssturm rekrutieren wollte.

Oft hatten wir auf gemeinsamen Spaziergängen um den Grunewaldsee oder bei mir zu Haus, bei einem Glas Mosel, über diese Episode ihrer Jugendzeit – wie über meine Stäuberbandenzeit – mehr geplaudert als gesprochen. Sie erinnerte sich, unüberhörbar gegen den Mißbrauch der Kinder durch den Ortsgruppenleiter protestiert zu haben. »Flammenden Protest legte ich ein.« Bis aufs Wort wiederholte sie mir ihre Verteidigungsrede von damals. »Am Ende verdrückte sich der Kerl. Einer dieser widerlichen Parteibonzen. Sie erinnern sich an den Typ, lieber Kollege . . .«

Sogar als Unterrichtsstoff wertete Irmgard Seifert ihre verjährte Zwangssituation: Sie hat vor ihren und (beim Musikunterricht) auch vor meinen Schülern »Vom Mut als der überwundenen Feigheit« gesprochen.

Um und um kehrte sie den Inhalt des Koffers und fand doch nicht, was sie suchte: frühe aggressive, sie sagte »antifaschistische« Äußerungen, die sie nicht nur ausgesprochen, sondern auch notiert haben wollte. Nur diese Briefe fanden sich. Und im letzten Brief las sie ihren Triumph, nun auch, auf eigenen Wunsch, nach ihrer Ausbildung an der Panzerfaust, Ausbilderin geworden zu sein. Da stand es: »Unumstößlich ist unsere Bereitschaft. Alle Jungens, die ich gemeinsam mit dem Ortsgruppenleiter an der Panzerfaust ausgebildet habe, werden mit mir das Lager bis zum Letzten verteidigen. Stehen oder fallen. Alles andere zählt nicht.«

»Aber Sie haben das Lager doch gar nicht verteidigt.«

»Natürlich nicht. Wir kamen nicht mehr dazu.«

Ich lenkte ab, sprach von meiner Stäuberzeit: »Stellen Sie sich das vor, liebe Kollegin: Ich als Bandenchef. Zwischen soviel organisierter Volksgemeinschaft blieb uns nichts übrig, als asozial zu sein, oft nahe dem Verbrechen.«

Nichts konnte den Abbau meiner Kollegin aufhalten. »Es gibt noch andere Briefe, schlimmere . . .«

Sie erzählte von einem Bauern, der sich geweigert hatte, seinen Acker, der an das Kinderlager grenzte, für das Ausheben eines Panzergrabens herzugeben: »Diesen Bauern habe ich bei der Kreisleitung in Clausthal-Zellerfeld denunziert, schriftlich.«

»Hat das Folgen gehabt? Ich meine, hat man ihn . . .«

»Nein, das nicht.«

»Na also!« hörte ich mich sagen. (Diese Unterredung fand bei mir statt. Ich goß Mosel nach. Legte eine Platte auf.) Aber auch Telemann konnte Irmgard Seifert nicht hindern, Wort für Wort ihren Selbstbefund auszusprechen: »Ich erinnere mich, enttäuscht, ja, empört gewesen zu sein, als meine Denunziation ohne Folgen blieb.«

»Bloße Spekulation!«

»Ich werde den Schuldienst quittieren.«

»Das werden Sie nicht.«

»Ich darf nicht mehr unterrichten . . .«

Und schon begann ich, Worte zum Sonntag zu reihen: »Gerade Ihre Mitschuld, liebe Kollegin, befähigt Sie heute, der Jugend den Weg zu weisen. Manch einer läuft zeit seines Lebens mit einer Existenzlüge herum und ahnt nicht . . . Bei Gelegenheit werde ich Ihnen von mir und von einem Eingriff erzählen, dessen Konsequenzen ich erst heute zu überschauen vermag. Plötzlich ein Wort wie Traß oder Bims oder Tuff. Oder Kinder spielen mit einer Fahrradkette. Und schon ist alle Übereinkunft zunichte. Nackt und verletzlich stehen wir da . . .«

Da weinte sie. Und weil ich Irmgard Seiferts Beherrschtheit zu kennen glaubte, wagte ich zu hoffen: Tränen sind auch Arantil.

»Ach, Dokter, welch ein Name! (Ich nehme noch zwei.) Es könnte Arantil die Schwester der etruskischen Prinzessin Tanaquil gewesen sein. Als blutjunge Verlobte wurde die jüngere Arantil von der älteren Tanaquil gehaßt und deshalb – auch weil der Verlobte der Arantil plötzlich Tanaquil hörig wurde – von den Mauern der Stadt Perugia zu Tode gestürzt. Später übernahm eine Sängerin ihren Namen. Sie erinnern sich, wie die Tebaldi, wie die Callas sang sich die Arantil in viele Herzen und Diskotheken. Doch war es wohl mehr ihr Gesicht. (Also hübsch ist es nicht aber schön.) Ob es die Augenstellung war, der verzweigte Blick? Wer unter uns könnte sich an ihren Körper erinnern? Ihr Talent war ihr Gesicht. Vergrößert, auf kirchhohen Werbewänden, bestand es nur noch aus Punkten, die unser Auge, Abstand nehmend, zu sammeln bemüht war. In einem Provinznest, in Fürth, sah ich es auf einer Litfaßsäule: verregnet eingerissen verjährt, weil drei Wochen nach der Vorstellung. (Jemand hatte dem Plakat beide Augen zerkratzt.) Und was wurde nicht alles mit ihrem Foto versucht! Es lag in Gebetbüchern. Gerahmt stand es auf den Schreibtischen vielvermögender Direktoren. Reißzwecken zwangen es in die Spinde unserer Bundeswehrrekruten. Es war da: in Postkartengröße und auf Breitwand. Es schaute uns zu, nein, durch uns durch. Über jeglichen Schmerz schaute es leergefegt, zwingend und lindernd hinweg. (Und diese schmerzdämmende Wirkung mag später eine Arzneimittelfirma bewogen haben, ein gleichnamiges Spezialanalgetikum gegen Zahn- und Kieferschmerzen auf den Markt zu werfen, das Sie, Dokter, tagtäglich verschreiben: ›Ich habe Ihnen eine Doppelpackung Arantil aufgeschrieben . . .‹) – dabei war ihr Antlitz fürchterlich und ihr Ende tragisch . . .

Übrigens hat man von dem jungen Mann, den die Boulevardpresse ihren Mörder genannt hatte, lange nichts mehr gehört. Er soll mit ihr verlobt gewesen sein. Dabei sind es die Abendzeitungen und Illustrierten, besonders die Quick, immer wieder die Quick, gewesen, die den Schnappschuß des Fotografen der Öffentlichkeit preisgegeben haben. Und sie, die Presse, schuldig an ihrem Tod, nannte nun ihn einen Mörder. Was angeblich Kriminelles hatte er getan? Ein Fotograf im Berufskampf wie wir alle.

Trotz Schwierigkeiten fand er in ihre Hotelsuite. Dort verbarg er sich mit seinem Gerät unter ihrem Bett, um in unbequemer Haltung ihre Rückkehr abzuwarten. Mehr noch: er wartete, bis sie sich zur Nacht gekleidet hatte und endlich – er vertraute seinem Gehör – eingeschlafen war. Jetzt erst verließ ich mein Versteck. (Sie hatte immer schon einen guten Schlaf.) Ich nahm mit meiner Arriflex kurze Distanz und schoß eine, nur eine einzige Blitzlichtaufnahme. Geschellt (und wohl auch geschrien) hat die Gute erst, als ich schon im Fahrstuhl unterwegs war zu meiner Dunkelkammer. Aus meiner Kenntnis – und ich kannte sie gut, allzu gut – war sie jetzt schon tot. Denn meine Ablichtung hat mir nicht nur eine mehrstellige Summe eingetragen (die mir heute hilft, unsere Degudentbrücken zu finanzieren), meine Ablichtung hat sie das Leben gekostet. Fortan fand sie keinen Schlaf mehr. (Weggeblitzt hatte ich ihn.) Als ihr Verlobter habe ich in ihrer Krankengeschichte blättern dürfen: Sieben Monate, zwei Wochen und vier Tage, nachdem ich das schlafende Antlitz meiner Verlobten Arantil im Hilton Hotel Berlin fotografiert hatte, verdämmerte, schmolz sie in Zürich weg: einundvierzig Kilo.«

Dabei war ihr schlafendes Antlitz schön, wenn auch anders schön als das wache. Zu beliebigem Nutzen bot es sich jedermann an; und diese kindlich trotzige Entspanntheit gelang auch, so ziegenhaft starr ihr waches Gesicht vorherrschte, meiner Verlobten Sieglinde Krings, wenn ich sie schlafend, zwischen ihren militärischen Schmökern, im Grauen Park fand. Doch habe ich ihren Schlaf niemals fotografiert. Nicht einmal von der wachen, immer ein Ziel fixierenden Linde besitze ich ein Foto. Wozu auch. Das ist vorbei. Das Leben geht weiter. Irmgard Seifert unterrichtet nach wie vor. Es machte Mühe, ihr die geplante öffentliche Beichte auszureden: »Warum wollen Sie die Jungs und Mädchen damit belasten? Jeder muß seine eigenen Erfahrungen sammeln.« – Am Ende gab sie nach: »Zur Zeit fehlte mir auch der Mut, so ungeschützt vor die Klasse zu treten . . .«

Mein Sonntag hörte auf, als ich bei Reimann ein Bier an der Theke zu trinken versuchte. Seine Sprechstundenhilfe, die vor zu heißen Speisen und zu kalten Getränken gewarnt hatte, behielt recht: die metallenen Fremdkörper – vier Zinnkappen auf meinen abgeschliffenen Kronenstümpfen – leiteten; ich zahlte bei halbvollem Glas.

Mein Zahnarzt, der mein Freund ist, erklärte mir den Schmerz: »Wußten Sie das nicht? In jedem Zahn befindet sich ein Nerv, eine Arterie und eine Vene.«

Seine Stimme trug und maß seine Praxis aus – fünf mal sieben, bei dreidreißig Höhe: »Auch das sollten Sie wissen: am Zahnbein, unter dem Schmelz, der nicht empfindlich ist, liegen in Dentinkanälchen jene Nervenausläufer, die beim Bohren oder Beschleifen schräg angeschnitten werden.«

(Nach einem langatmigen Wochenende hatte ich mir meinen Zahnarzt als etwas Bläßliches vorgestellt, und am Vormittag noch wurde mein Versuch, der 12 a zu erklären, daß es nichts Unpersönlicheres gibt als einen freundlichen Zahnarzt, der, kaum ist man eingetreten, nach dem Befinden fragt, einmütig belacht; man fand mich komisch.)

Kaum daß er mich begrüßte. Vom Instrumententischchen her teilte er übergangslos mit: »Ihre betroffenen Zahnhälse schmerzen, weil dort die Dentinkanälchen gebündelt sind.«

Seine Methode, etwas (und sei es den Schmerz) anschaulich zu machen, sollte ich für den Unterricht übernehmen: »Schauen Sie, so: Der Nerv verbreitet sich in der Zahnkrone und geht ins Pulpahorn über.«

Als ich beiläufig die Voreifel und das Dörfchen Kruft im Bimsabbaugebiet erwähnte, gab er die Zahnnerven auf, damit Krings endlich heimkehren durfte.

»Mit einem Wort, Dokter, er besetzte die Villa hinter dem Grauen Park und versammelte die Familie – Tante Mathilde, Sieglinde und mich – in seinem Arbeitszimmer, das bislang verschlossen, mir aber als ›Vaters Sparta‹ ein Begriff gewesen war: Ein Feldbett, Bücherregale, gerollte Meßtischblätter. Auf aufgebockter Tischplatte der Weichselbogen vor dem Durchbruch bei Baranow. Und an der Wand, der Fensterfront gegenüber, zeigt eine aufgezogene Karte den Kurlandkessel mit abgestecktem Frontverlauf, wie ihn Krings übernommen hatte . . .«

Mein Zahnarzt erkannte sofort die Lage: »Da! Oktober vierundvierzig. Südostwärts Preekuln. Da hab ich gelegen . . .«

»Kein Stäubchen. Tante Mathilde hat das Zimmer für den heimkehrenden Krings gebohnert, gelüftet. Kurland im Rükken und den aufgebockten Mittelabschnitt zwischen sich und uns, verbietet er sich familiäre Sentimentalitäten. Seine Schwester, die ihre Freude über die gar nicht hinfällige, vielmehr straffe Gesamterscheinung des Generals äußert – ›Ich bin froh, Ferdinand, daß dir diese lange schreckliche Zeit nichts hat antun können . . .‹ – unterbricht er: ›Ich war weg. Jetzt bin ich wieder da.‹ Linde sagt nichts, bleibt aber schweigsam anwesend. Ich wage zu fragen, ob die Einsamkeit der russischen Landschaft den Menschen, besonders den gefangenen Menschen verändere. Zuerst sieht es aus, als werde ich keine Antwort bekommen. Krings prüft mit Zirkelschlägen die Lage im Weichselbogen, weist auf Baranow – ›Niemals hätte das passieren dürfen!‹ – und schaut mich jetzt an: Seneca sagt: ›Alle Güter des Lebens gehören anderen – nur die Zeit ist unser Eigentum.‹ – Ich habe meinen Kopf beauftragt, das, zugegeben, eintönige Gelände südöstlich Moskau mit offensiven Bewegungen zu beleben . . .‹ Er hätte auch sagen können ›Einsamkeit ist nicht!‹ wie er ›Arktis ist nicht!‹ gesagt hatte.«

Mein Zahnarzt spielte neben dem Instrumententischchen mit den vier aufgezogenen Spritzen. Sein Hinweis: »Wie Sie wissen, wurde Seneca unter Claudius nach Korsika deportiert; erst Neros Mutter, Agrippina, beendete die achtjährige Verbannung« sollte mir ins Gedächtnis rufen, daß die Lehre der Stoa mit Vorzug in der Gefangenschaft hat Reife und Schüler gewinnen können. (Mein Zahnarzt wurde erst Mitte neunundvierzig entlassen.) Ich wartete im Rittergestühl auf den kleinen häßlichen Pieks und fürchtete, es könnte die Lokalanästhesie ihn zu Varianten des Krings-Themas verführen – Schmerz ist nicht! – aber er blieb sachlich und lobte mich in Gegenwart der Sprechstundenhilfe. »Sie gehören zu den wenigen Patienten, die sich für die Ursachen und den Weg der Schmerzen mit Ausdauer interessieren: Der Zahnnerv leitet weiter zum Nervus Mandibularis im Unterkiefer, also in den dritten Ast des Nervus Facialis, schließlich bis zur Großhirnrinde, die den Schmerz gelegentlich bis ins Hinterhaupt leitet . . .«

Matt glänzte die Scheibe. Sollte ich den Verlobten-Mörder . . . Oder Kollegin Seifert, wie sie in Mutters Fiberkoffer nach alten Briefen taucht . . . Oder die schlaflose Sängerin Arantil . . . Oder die Reise im Borgward, zu viert, in die Normandie . . . »Denn sehen Sie, Dokter, so unausgesprochen unsere Ferienpläne vor Ankunft des Generals waren – ich wollte nach Irland –, Linde sagte: ›Ich bleibe hier!‹ – Krings gab, kaum hatte er sein Sparta bezogen und über dem Meßtischblatt des Mittelabschnittes eine Karte der Invasionsfront entrollt, genaue Weisungen an alle: ›Sobald mein Paß vorliegt, fahren wir. Möchte mir mal den Abschnitt zwischen Arromanche und Cabourg ansehen und diesem Herrn Speidel, der wieder im Kommen ist, auf den Zahn fühlen.‹ – Mit frischem Kringspaß fuhren wir los. Die Franzosen machten keine Schwierigkeiten, denn während des Frankreichfeldzuges hatte er nur eine nebensächliche Rolle gespielt . . .«

»Jedenfalls passieren wir die Grenze normal, Linde am Steuer. Eineinhalb Tage später sind wir am Ziel. Ich finde, bei der von Krings befohlenen Eile, wenig Gelegenheit, meinen kunstgeschichtlichen Interessen nachzugehen; als Lindes Beifahrer lasse ich es mir nicht nehmen, diese oder jene Kathedrale, die Vielzahl der französischen Schlösser und später die normannischen Besonderheiten zu kommentieren; eine Beflissenheit, die sich Krings (und auch Tante Mathilde) gefallen lassen. Linde winkt ab. Sie kennt meinen Zwang, Stegreifvorträge halten zu müssen: ›Hör endlich auf mit dieser elenden Kunsterziehung!‹«

(Sie hat jetzt noch recht. Erst an der Küste hätte ich aufblenden und die Zeugnisse deutscher Zementindustrie flimmern lassen sollen. Das müßte auch meine 12 a interessieren. »Glauben Sie mir, Scherbaum, sie standen und stehen immer noch da: Großbunker, nach Schiffsartilleriebeschuß verkantet und manche glatt durchschlagen. Betonanlagen, die Teil der Landschaft geworden sind. Für jeden Kameramann Grund genug, die Optik schweifen zu lassen: ruhige, graue, sich selbst bestätigende Flächen. Entschiedene Schatten. Satte Tiefen. Im Licht unverwaschen Verschalungsstrukturen. Was wir heute Sichtbeton nennen. Es mag sein, daß Sie meine Beobachtungen als bloß ästhetische Betrachtungsweise verwerfen werden, dennoch neige ich dazu, von der stoischen Gelassenheit der Bunkerkonturen zu sprechen. Ja, ist nicht der Betonbunker das angestammte Gehäuse des Stoikers?«)

Und im Ernst schlug ich Krings, der sich meinen Vortrag über die Entwicklung der deutschen Traßzemente während des letzten Krieges mit Interesse angehört hatte, vor, unsere neue, für Stahlhochbauten entwickelte Sorte nach dem spätrömischen Philosophen Seneca zu benennen. Er ging nicht darauf ein. (Mag sein, daß er den Spott bemerkt hatte.) Denn als ich – wir standen am rechten Ufer der Ornemündung – den Großbunkerbau als die einzige architektonische Kunstform des zwanzigsten Jahrhunderts zu feiern begann, als ich einen Hymnus auf die Ehrlichkeit des Sichtbetons und auf die Wahrheit ornamentloser Schutzformen anstimmte, rief er mich mit einem »Bleiben Sie sachlich!« zur Ordnung.

Später sagte mein Zahnarzt: »Sie sprechen von Ihrem Krings mit nur mühsam ironisierter Begeisterung.«

Während wir die Steilküste bei Arromanche inspizierten, telefonierte er mit einem Kollegen über eine Vortragsreihe zum

Thema Karies, die er an der Volkshochschule Tempelhof zu halten begonnen hatte: »Nur mäßig besucht, leider nur mäßig besucht . . .«)

Ich verließ die normannische Bunkerlandschaft und traf mich mit Hilde und Inge unter der zementstaubtragenden Buche. Die Mädchen plapperten über ihre italienischen Ferien.

»Und unser Hardylein?«

»Wie war es denn im rauhen Norden?«

Ich schilderte den Aufenthalt in Cabourg und die Abstecher zu den Betonzeugen einstiger Kriegshandlungen.

»Ist ja spannend.«

»Und da stehen noch richtige Bunker rum, in die man rein kann, wenn man will?«

Ich sagte, daß man nicht nur die von Liebespaaren verschmutzten Innenräume besichtigen, sondern auch die Bunker besteigen könne, sei es, um eine Rede zu halten.

»Mach doch mal vor, wie Papa Krings vom Bunker herab . . .« Ich erklärte einen Gartenstuhl zum Bunker, bestieg das wackelige Möbel und machte Krings ziemlich gut nach: »Ins Meer geworfen hätte ich sie! Was heißt hier Lufthoheit. Haben wir in Kurland Lufthoheit gehabt? Stäbe und Zahlmeistereien, die gesamte Etappe hätte ich ausgehoben. Dieser Speidel mit seinem schöngeistigen Generalstab. Immer weit weg vom Schuß. Degradiert und in die vorderste Linie. Wie nördlich des Polarkreises, wie am Unterlauf des Dnjestr, wie während der dritten Kurlandschlacht, wie an der Oder hätten sie keinen Meter Boden gewonnen . . .«

Jetzt erst tritt Linde auf. So stumm meine Verlobte sich während der Ferienreise gab (Krings: »Was ist denn, Sieglinde? Siehst du die Lage anders?«), jetzt spricht sie, nein, spielt sie mit: »Wenn ich mich recht erinnere, hast du den Brückenkopf Nikopol geräumt. Deine Tätigkeit im Kurlandkessel begann mit der Rücknahme der Armee-Gruppe Narwa. Es gibt keinen Beweis, daß du die Invasion hättest verhindern können, denn den Mittelabschnitt der Ostfront hast du auch nicht gehalten. Ich erinnere an Konjews Durchbruch zwischen Muskau und Guben. Erst so wurde der Angriff über Spremberg und Kottbus auf Berlin möglich. Lauter verlorene Schlachten. Du solltest aufgeben, Vater.«

Weder ich noch die Mädchen im Grauen Park kennen diese Linde (Sieglinde). Ich steige vom Stuhl und gebe meine Krings-Parodie auf. Hilde und Inge gaffen, kichern und frösteln. Sie sammeln ihre Modezeitschriften ein. Doch Linde erlaubt uns keinen verlegenen Abgang: »Was gibt's da zu staunen? Mein Vater will Schlachten gewinnen, die andere verloren haben. Weil unser kunstsinniger Freund Eberhard sich entschieden hat, ihn wie ein Geschichtsfossil zu bewundern, fällt mir die Aufgabe zu, meinen Vater zu schlagen, und zwar an allen Fronten, die ihm einfallen.«

Ich ließ das Bild stehen. (Leicht verkrampft schwieg Linde ihrem Entschluß nach. Die blinzelnden Freundinnen. Rieselnden Zementstaub ließ ich vermuten.) »Sie werden verstehen, Dokter, Lindes Entschluß verhalf mir zu einer schmerzlichen Erkenntnis.«

»Sie sollten nicht so leichtfertig mit dem Wort Schmerz umgehen.«

»Aber die Wandlung meiner Verlobten, diese plötzliche, von ihr gewollte Entfremdung – denn fortan war ich ihr lästig – wurde für mich zum anhaltenden Schmerz.«

»Bleiben wir doch beim Beispiel der Zahnnerven . . .«

»Wer erzählt hier, Dokter . . .«

»Im allgemeinen der Patient, aber wenn eine Gegendarstellung angebracht ist . . .«

». . . Wie die Krise Ihres Verlöbnisses, so die gefährdeten Zahnnerven: wenn die Pulpa infiziert ist, bilden sich Gase durch Bakterien, die nur durch Bohren Abgang finden. Wird jedoch der Gang zum Zahnarzt immer wieder hinausgeschoben, suchen sich die Gase in Richtung Wurzelspitze einen Weg. Sie lösen, unterstützt von eitriger Flüssigkeit, durch Druck den Kieferknochen auf. Das fördert die sogenannte Dicke Backe, die sich zum Abszeß oder – um auf Ihr Verlöbnis zurückzukommen – zur komplexhaften Haßwucherung entwickelt. Oft wächst sie sich Jahre später zur Tätigkeit (Ersatzhandlung) aus, das heißt, sie wuchert weiter; denn das macht Ihnen doch Spaß, nicht wahr, dieser selbstherrliche Umgang mit Fahrradketten und Blitzlichtlampen. Die Ursache: ein längst verjährtes Versagen. Das übliche Wehwehchen. Deshalb bitte ich um Zurückhaltung bei der Verwendung des Wortes Schmerz. Wirklich schmerzhaften Eingriffen wären Sie gar nicht gewachsen. Denken Sie nur an die Genreszenen holländischer Kleinmeister. Adriaen Brouwer, zum Beispiel. Mit Zangen, die wir heute nicht einmal in unseren Werkzeugkisten beherbergen mögen, greift auf seinen Bildern der Bader – so hießen im Mittelalter Dentisten – in das Maul eines Bauern, um einen Backenzahn zu brechen. Damals wurden die Zähne nicht gezogen, sondern gebrochen. Die Wurzel faulte langsam weg, wenn sie nicht lebensgefährliche Infektionen verursachte. Wir dürfen annehmen, daß der Tod durch faulende Zahnwurzeln vor dreihundert Jahren häufig gewesen ist. Ja, noch vor hundert Jahren war die Extraktion eines Backenzahnes ein Unternehmen. Hier, in der Berliner Charité, wurden vier Mann benötigt, damit einem fünften ohne Lokalanästhesie – allenfalls pinselte man Kokain – der Backenzahn gezogen werden konnte. Ich erinnere mich an die Erzählungen meines Doktorvaters: Ein Mann hielt den linken Arm, der zweite stemmte sein Knie in die Magengrube des Patienten, der dritte führte die rechte Hand des Armen über eine offene Kerzenflamme, um den Schmerz zu teilen, und der vierte Mann arbeitete mit Instrumenten, deren Abbildungen ich Ihnen gerne bei Gelegenheit zeige. In unserem aufgeklärten Jahrhundert sind wir, dank der hochentwickelten Anästhesie-Technik, auf solche Gewaltakte nicht mehr angewiesen. Unsere erste Spritze wartet schon. Die Grundlage jeder örtlichen

Betäubung ist die Injektionsflüssigkeit Novokain, ein Alkoholabkömmling. Doch damit Ihnen der häßliche Pieks nicht allzu gegenwärtig wird, kann ich unser Fernsehen um Hilfe bitten ...«

(Im ersten Programm lief ein Film, in dem ein berühmter Hund Baracken durchschnupperte.) »Ist ja gleichgültig, wen er sucht. Gleichgültig, was in den Baracken lagert. Denn die nächste ist, wie auf Wunsch, leer. Und in solch einer ausgeräumten Baracke ließ Krings einen Sandkasten, lang genug für die Eismeerfront, breit genug für den Mittelabschnitt, aufstellen und mit Hilfe eines Elektrikers einrichten: Ziemlich kompliziert wie eine dieser labyrinthischen Spieleisenbahnen, die irrsinnig viel Geld und Geduld kosten, also mit elektromechanischen Stellwerken, vierpoligen Hauptschaltern, Gruppenschaltern und Hauptlampenüberwachern, denn der gesamte Frontverlauf, alle Angriffe und Gegenangriffe, Frontzurücknahmen und Frontbegradigungen, Durchbrüche, rückwärtige Auffangstellungen und Sehnenriegel wurden durch verschiedenfarbige Lampensignale gezeichnet; Seite und Gegenseite verfügten über kommandierende Schaltungen des Lampensystems. Ein imponierender Aufwand. Und raten Sie mal, Dokter, wie der Elektriker heißt, der soeben den Fernsehhund aus der Baracke vertrieben hat und nun dem Krings das Spielzeug baut? – Nämlich Schlottau. Krings ließ den Betriebselektriker kommen und sagte: ›Können Sie das?‹ Und Schlottau, der Mann mit der unbeglichenen Rechnung, baute Männchen: ›Jawoll Herr Generalfeldmarschall!‹«

Mein Zahnarzt sagte: »Jetzt machen wir in Ihrem Unterkiefer eine Leitungsanästhesie, das heißt, der Nerv wird an der Eintrittstelle auf Zeit blockiert ...«

(Noch heute bin ich stolz, dem häßlichen Pieks keine Bildstörung erlaubt zu haben: Neben Krings stand Linde, wie ich neben Linde stand, die sich Schlottau gegenüber aufgestellt hatte. Sie hatte ihn ihrem Vater empfohlen: »Du solltest dir den Betriebselektriker nehmen. Der Mann ist tüchtig . . .«)

»Zusätzlich muß jetzt, um das Zahnfleisch zu betäuben, eine Lokalanästhesie vorgenommen werden . . .«

(Zum Einüben nahmen sie sich die Metaxas-Linie vor, die Krings am sechsten April einundvierzig mit seiner sechsten Gebirgsdivision durchbrochen hatte: zwei Angriffskeile, stoßtruppartig.)

»Und nun die gleiche Prozedur links unten . . .«

(Schlottau baute dem Alten die erste und zweite Stellung, damit Krings sie durchbrechen konnte. Wie er die Bereitstellungen der griechischen leichten Brigaden mit den Stukaeinsätzen des Fliegerkorps von Richthofen eindeckte und dann, bei Grünlicht, das Gebirgsjägerregiment hunderteinundvierzig zum Angriff antreten ließ, einfach fabelhaft.)

»Gut gemacht, Schlottau. Und jetzt wollen wir uns Demjansk vornehmen . . .«

Schlottau sagte: »Da brauchen wir aber ein Ablaufwerk für . . .« Und mein Zahnarzt forderte mich auf, die Wirkung der Anästhesie im Wartezimmer abzuwarten.

»Gleich, Dokter, gleich! Die Lage der Angriffsbasis Demjansk ist gegeben und durch die erfolgreichen Unternehmen ›Brückenschlag‹ und ›Fallreep‹ . . .«

»Doch jetzt wollen wir bitte ins Wartezimmer . . .«

»Linde bediente zum ersten Mal Schlottaus zweites Schaltwerk. Sie schnitt ihres Vaters Angriffsspitzen ab und riß die Front in sechs Kilometer Breite auf . . .«

»Doch nun muß ich Sie ernsthaft bitten, lieber Freund . . .«

»Ich gehe ja schon, gehe ja schon . . .«

»Nebenan finden Sie Lesestoff . . .«

(Dabei hatte ich nur noch sagen wollen, daß Krings den Willen seiner Tochter zu spüren bekam. Mit Mühe – indem er die Etappe durchkämmte und selbst Feldküchen nach vorne warf – gelang es ihm, die Frontlücke zu schließen. Demjansk wollte er trotzdem nicht räumen. Doch wer interessiert sich heute noch für Demjansk? Etwa meine 12 a?) Als ich die Praxis verließ, durchschnüffelte schon wieder der Fernsehhund Lassie die Baracke und suchte – na wen schon?

Quick, Stern, Bunte, Neue. (Schnell und mir voraus, denn ich erwartete etwas, blätterte ich im Lesezirkel Daheim. Schlappe bis trockene Papiergeräusche und einsilbiges Plätschern, als wollte er Blasendruck fördern. Sein indirekt beleuchteter Springbrunnen, der die Patienten beruhigen soll. Ich will das jetzt nicht bis zur Platzangst verengen, auch wenn das Papier immer lauter gegen den Springbrunnen kämpfte. Hören konnte ich noch. Nur der Gaumen, die Zunge bis in den Rachen, die ganze Schnauze mit Hammeltalg galvanisiert.) Fettes lesen: Für oder gegen die Pille. Krebs ist heilbar. Noch eine Variante des Kennedy-Mordes. Im Wartezimmer dabei sein und mit der Welt bangen, ob sie, die Loren, wieder ihr Kind verliert. Das geht uns an, wie selbst der winkligste Justizirrtum – es war – na wer schon? – nach zwölf Jahren aufgeklärt wird. Unrecht schreit fotografiert zum Himmel und wird rasch weggeblättert. Die Ölpest weg. Den Südsudan weg. Aber der bleibt und läßt Erinnerung schnurren: Schirach sagt, war verblendet, bereut und warnt, lügt ziemlich ehrlich, stellt richtig. Als er zum ersten Mal in Weimar. Ein fünfgängiges Menu im Kaiserhof. Bayreuther Frackbrüste und Glanzlichter. Liebevoll Familiäres. Kurzhosig. »So, Scherbaum, sah mein Reichsjugendführer aus . . .« Knallwaden in weißen Kniestrümpfen. Und erst in Spandau wurde er zum Stoiker. (Denn rät nicht schon Seneca seinem Schüler Lucilius, den Staatsdienst zu quittieren: »Niemand kann mit Gepäck auf dem Rücken in die Freiheit schwimmen . . .«) Also schreibt er sich fortlaufend den Ballast weg; das könnte Krings auch: immer schön vorne mit der schweren Jugendzeit anfangen. Der bekannte Generalfeldmarschall hat schon als Gymnasiast – »In Ihrem Alter, Scherbaum!« – das vom Vater heruntergewirtschaftete Steinmetzgeschäft vor dem Ansturm der Gläubiger schützen müssen. Die Defensivhaltung blieb ihm. So wurde er zum Durchhaltegeneral. Von den Basaltbrüchen auf dem Mayener Feld über die Eismeerfront bis zur Oder-Barriere: Defensive. Niemals, außer beim Durchbruch der Metaxas-Linie, wollte ihm eine Offensive gelingen. Armer Krings! – So etwa ließe sich, wollte ich für Quick oder Stern schreiben, der Kringssche Komplex in Fortsetzungen darstellen. Auch andere Fälle (Napoleons Josef-Komplex) sollte man vergleichen und sich die Frage stellen: Was wäre der Welt erspart worden, wenn die k. u. k.-Prüfungskommission der Wiener Kunstakademie den Prüfling Hitler, der eigentlich Kunstmaler werden wollte, nicht hätte durchfallen lassen, sondern . . . Denn unser Volk verträgt das nicht: Abgewiesene Zukurzgekommene Versager. Überall hocken sie und lauern auf Rache. Sie erfinden sich Feinde und Geschichten, in denen ihre erfundenen Feinde tatsächlich vorkommen und liquidiert werden. Schnurgerade denken sie mit dem Maschinengewehr. Sie variieren den Tod immer des gleichen Widersachers. Sie bemalen ihre Rasierspiegel mit dem Wort Revolution. Aus Büchern lesen sie immer nur sich heraus. Und löffeln Suppen hin und zurück. Und vergessen das kleine verjährte Nein nicht. Und pflegen ihr dunkles Wollen. Und wollen ausmerzen abschaffen stillmachen. Und blättern bei überdecktem Zahnschmerz rasch und hungrig in Illustrierten . . .

Da! – Da ist er und will Punkte mit einem Armeerevolver setzen, wie ihn die Wehrmacht des letzten Weltkrieges beim Nahkampf und zum Herumfuchteln benutzte. Mit ihr, der berühmten Nullacht, die heute noch in Nahoststaaten und in Lateinamerika Verwendung findet, mit der guten alten Sechsschüssigen, die ich als Taxifahrer, nachdem es in Hamburg zum dritten Mord an einem Taxifahrer innerhalb eines Monats gekommen war, ziemlich teuer erstanden hatte, mit diesem illegalen Selbstschutzmittel – denn auf Gaspistolen war und ist kein Verlaß, und von Trennscheiben habe ich nie viel gehalten –, mit einem regelrechten Schießeisen verließ ich kurz nach siebzehn Uhr unser Schlafzimmer im Schlafanzug (vorher der Griff unters Kopfkissen: da hüpft sie mir schon in die Hand) und erschoß barfuß im Schlafanzug zuerst meinen dreijährigen Sohn Klaus, dessen vorsätzliches Quengeln und Kreischen meinen um sechzehn Uhr, nach der Zwölfstundenschicht begonnenen Schlaf mehrmals unterbrochen, dann verhindert hatte. Ich traf das Kind neben dem rechten Ohr, worauf es sich stürzend drehte und mir den tischtennisballgroßen, sofort überfließenden Ausschuß hinter dem linken Ohr zeigte. Jetzt erst erschoß ich mit drei rasch nacheinander abgegebenen Schüssen meine dreiundzwanzigjährige Verlobte Sieglinde, die aber von mir und allen unseren Freunden Linde gerufen wird. Beim Schuß auf das Kind sprang sie auf und wurde in den Bauch, in den Bauch, in die Brust getroffen, worauf sie in jenen Sessel sackte, in dem sie vor dem Aufspringen gesessen und die Illustrierten Quick, Stern, Bunte und Neue aus dem Lesezirkel Daheim gelesen hatte, ohne den kleinen Klaus mit halblauten Worten zu beruhigen, bis ich unters Kopfkissen greifen, unser Schlafzimmer barfuß verlassen und das Kind erschießen mußte, dann sie, die aufgesprungene Verlobte. Jetzt schrie nicht nur meine zukünftige Schwiegermutter, ich schrie: »Schlafen lassen! Verstanden! Schlafen lassen!« Worauf ich Muttchen mit den restlichen zwei Schuß (für mich blieb nichts mehr) lebensgefährlich verletzte, indem ich ihren linken Oberarm, dann ihren Hals durchschoß, ohne die Halsschlagader der siebenundfünfzigjährigen Witwe zu treffen, die am Nähtischchen neben der Nähmaschine gesessen hatte, denn nach den Schüssen schlug Muttchens Kopf mit den Lockenwicklern zuerst auf den Deckel der Nähmaschine und dann erst auf den Teppichvorleger. Sie kippte seitlich vom Stuhl, riß das Nähzeug mit sich und verursachte (nachdem sie nach dem Schuß auf Klaus und vor den Schüssen auf Linde mehrmals »Hardy!« gerufen hatte) gurgelnde und pfeifende Geräusche, die ich mit wiederholtem »Schlafen lassen! Verstanden! Schlafen lassen!« zu überdecken versuchte. Das passierte in einer Neubauwohnung, Berlin Spandau, im zweiten Stock. Die Miete der Zweieinhalbzimmerwohnung beträgt 163,50 DM kalt. Seit dreieinhalb Jahren bin ich mit Linde verlobt. Die Wohnung gehört eigentlich Muttchen und Linde mit Kind. (Mich haben sie wie einen Untermieter behandelt und ausgenommen.) Zuerst habe ich bei Siemens gearbeitet, um dann umzusatteln, weil ich hoffte, als Taxifahrer mehr verdienen und heiraten zu können, denn ich hänge an dem Kind. Die Zimmer sind ziemlich hell. Und manchmal haben wir abends im Sommer auf dem Balkon gesessen und über den Dächern der Neubausiedlung Leuchtkugeln gesehen, die im Ostsektor hochgingen, so nah ist der. Ich bin völlig unbescholten. Linde lernte ich bei Siemens kennen. Sie hat dort kurze Zeit Wicklungen gewickelt, mußte aber aufhören, weil sie Friseuse gelernt hat und von den Dauerwellen her immer leicht feuchte Hände bekommt. Krach, richtigen Krach haben wir selten gehabt. Und wenn, dann nur wegen der Wohnung, weil die so hellhörig ist. (Aber ich habe mich immer zusammengenommen. Nur als Siebzehnjähriger war ich aggressiv. Aber damals war Krieg und die Jugend überall verwildert.) Als ich noch bei Siemens war, hat Linde sogar gesagt: »Laß dir bloß nicht alles von denen gefallen.« Sie hatte recht: Ich bin im Grunde zurückhaltend und sparsam. Zum Beispiel lese ich nur Zeitungen, die die Kundschaft im Wagen liegen läßt. (Auch keine zwei drei Bier nach Feierabend wie meine Kollegen.) Am liebsten fahre ich Spandau und Umgebung, doch, seitdem die Stadtautobahn fertig ist, auch ins Zentrum. Und zwar unfallfrei. Eigentlich wollte ich mich fortbilden, kam aber nie dazu. Die Wohnverhältnisse und der ewig quengelnde Junge. Auch habe ich seit zwei Jahren keinen richtigen Urlaub gemacht. Nur einmal, kurz nach unserer Verlobung, sind wir nach Andernach in Westdeutschland gefahren, weil Muttchen das kannte und schön fand. Dort standen wir auf der Rheinpromenade und sahen den Schiffen zu. Das war kurz vor der Geburt von dem Jungen. Ich bekam Zahnschmerzen, weil es windig war auf der Promenade. Aber Linde wollte ja unbedingt das Kind. Nach dem Krieg wollte ich eigentlich zum Zoll. Aber die ließen mich durchfallen. Danach ging alles ganz einfach. Mit dem Autoschlüssel, aber noch immer im Schlafanzug (nur die Hausschuhe fand ich im Korridor) verließ ich mit der leergeschossenen Nullacht die Wohnung und den Neubau, ohne auf Nachbarn zu stoßen. Den Wagen hatte ich unten, was aber nicht Absicht war, denn eigentlich hätte er auf Kontrolle gemußt. Ich fuhr bis kurz nach Mitternacht zuerst nach Neu-Staaken, dann über Pichelsdorf die Heerstraße lang bis Westend und von Charlottenburg hoch über Jungfernheide, Reinickendorf, Wittenau bis nach Hermsdorf raus und wieder retour. Jedenfalls habe ich gleich auf Empfang gestellt, denn schon ab einundzwanzig Uhr wurde ich von der Zentrale gerufen. Und auch meine Kollegen versuchten es mit Gutzureden. Die Streifenwagen stellten mich, als ich vom Theodor-Heuss-Platz wieder die Heerstraße und später die Havel-Chaussee hoch nach Hause wollte. Ich soll gesagt haben: »Ich war das nicht. Die ließen mich nicht. Meine Verlobte hat das mit Absicht gemacht, den Jungen quengeln lassen. Die wollten mich einfach fertig machen, immer schon. Warum hat man mich nicht zum Zoll? Da sind mir die Nerven durch. Außerdem habe ich Zahnschmerzen. Seit Tagen schon. Mit einer Nullacht, jawoll. Muß im Stößensee. Hab ich über die Brücke. Suchen Sie mal.« Eigentlich wollte ich diesen Sommer wieder nach Andernach. Hat uns gefallen damals. Der Firma schulde ich noch die Leerfahrt. Sollen sie abziehen und mich in Ruhe. Dabei hätte ich für das Geld (und fragen Sie mich nicht, was die Nullacht gekostet hat) auch zum Zahnarzt. Meiner hat Fernsehen zum Ablenken. Das sollten die ruhig mal zeigen, in Panorama zum Beispiel, über Sozialen Wohnungsbau und die Folgen. Ich mach denen vor, wie ich unters Kopfkissen. Oder für Quick oder Stern. Die bringen doch sowas. Kann man dann überall sehen, sogar beim Zahnarzt im Wartezimmer, wenn man neben einem Springbrunnen, der durch Plätschern beruhigen soll, immerzu rumblättern und wegblättern muß, bis die Spritzen wirken, die Zunge dick wird und die Sprechstundenhilfe in der Wartezimmertür steht: »So, nun wollen wir wieder . . .«

Mein Zahnarzt lobte mich: »Sie haben richtig beobachtet. Die Zunge wird bei der Leitungsanästhesie mitbetäubt, sobald man den Nervus Lingualis beim Einstich mittrifft.«

(Alles ließ nach, verjüngte sich, kaum zu erinnern. Es zog noch einmal – aber das mochte Reflex sein – schwieg.) Draußen schneite es von links nach rechts auf den Hohenzollerndamm. (Das war kein Fernsehen, sondern die Praxis zur Straßenseite.) Unbewohnt schimmerte die Mattscheibe. Wie auch bei mir: alles pelzig und sagen wir mal gehörlos. (»Es soll vorgekommen sein, daß betäubte Zungen durch den Probebiß ungläubiger Patienten verstümmelt worden sind.«) Seine Stimme blieb hinter Folien. (»Und jetzt wollen wir mal die Zinnkappen abnehmen . . .«) Auch meine Rückfrage: »Was heißt abnehmen?« stieg gaumig und füllte Blubberblasen. Erst als er mich nah, zu nah anatmete: »Sie werden gezogen mit der Pinzette. Bitte gut öffnen«, ergab ich mich und machte mein großes Ja.

Da waren sie wieder, die Mohrrübenfinger. Hängten den Speichelabsauger ein, drückten die Zunge ins Hinterstübchen. (Zubeißen wollen. Tätig werden. Oder bei Seneca Muße suchen: »Was meinen Sie, Dokter, ob nicht gewisse geschichtliche Entscheidungen vom Zahnschmerz beeinflußt gewesen sein mögen; denn wenn belegt ist, daß Königgrätz von einem stark erkälteten Moltke gewonnen wurde, dann wäre zu untersuchen, inwieweit die Gicht den zweiten Friedrich gegen Ende des Siebenjährigen Krieges gehemmt oder beflügelt hat, zumal wir wissen, daß für Wallenstein die Gicht Stimulanz gewesen ist. Und von Krings ist bekannt, daß diesen äußerlich stattlichen Mann Magengeschwüre zum Durchhalten ermuntert haben. Zwar weiß ich, daß diese Interpretation der landläufigen Geschichtsauffassung widerspricht, denn selbst meine Schüler, besonders die kleine Lewand, nennen jedes Eingehen auf private

Hintergründe eine unwissenschaftliche Personalisierung der Geschichte – ›Sie betreiben schon wieder Personenkult!‹ –, dennoch frage ich mich, ob nicht der Zahnschmerz im besonderen und der Schmerz im allgemeinen als Motor . . .«)

»Sollen wir vielleicht das Fernsehen dabei sein lassen?«

Nicht nur draußen, auch auf der Mattscheibe schneite es sanft von links nach rechts. (Ach, die Kinder wollen nicht schlafen gehen. Immer was Neues fällt ihnen ein: Sandmännchen sehen! Sandmännchen sehen!) In putziger Wattelandschaft weideten schmerzfreie Tiere. Es schneite Watte. Man mußte die Glöckchen nicht hören. Ohne Ton ruckte und ruckte es. (Sandmännchen West und Sandmännchen Ost durchlaufen in einer Sekunde fünfundzwanzig Bewegungsphasen und wollen einander nicht anerkennen.) Sandmännchen ist eine kleine bescheidene Lebenshilfe. Sandmännchen will nur beglücken. Es tupfte meiner armen Verlobten, die dreimal erschossen aufgebahrt lag, mit Watte das schmerzverlassene Antlitz. (Wachküssen wollen! Wachküssen wollen!) Und als mein Zahnarzt »Nun spülen, bitte, gut spülen!« sagte, wollte ich nicht, sondern Sandmännchen sehen, Sandmännchen sehen . . .

So wurde die Vision in die Speischale gestürzt: »Nein, Linde. Das hättest du nicht tun dürfen . . .«

»Was hätte ich nicht?«

»Mit diesem Elektriker, damit er dir verrät, welche Offensivbewegungen Papa nächstens im Sandkasten . . .«

»Es geht um Informationen.«

»Und dafür legst du dich über Zementsäcke . . .«

»Wenn ich ihn nicht lasse, sagt er keinen Pieps.«

»Das nenne ich käuflich sein . . .«

»Ach was. Ich denke dabei an irgend was: Petsamo – oder an den Durchbruch bei Tula über die Oka bis Orjechowo.«

»Ekelhaft!«

»Ist ja alles nur äußerlich . . .«

(Da verkündete mein Zahnarzt das Ende der Spülung: »Hier noch ein Krümel. Und da. Und jetzt probieren wir die rohen Platingoldkronen. Wollen Sie mal in die Hand ...«)

Das wog und paßte probeweise. Linde (auf den Zementsäcken) kam nicht ins Bild, solange ich die Platinkronen auf meinem rechten (nichtbetäubten) Handteller hüpfen ließ. (»Sehen Sie, Scherbaum, in Ihrem Alter ahnt man noch nicht, welches Gewicht Zahnersatz in der wägenden Hand eines vierzigjährigen Studienrates haben kann.«) – »Ganz schön schwer, Dokter.«

Als mein Zahnarzt ankündigte, er wolle nun mit rosa Spezialgips einen Gesamtabdruck der Zähne (und Zahnstümpfe) im Unterkiefer anfertigen – »Nach dem Erhärten wird der Gipsabdruck herausgebrochen und außerhalb des Mundmilieus wieder zusammengefügt« –, klammerte ich mich an ein einziges Wort: »Sagten Sie herausgebrochen?«

»Leider wird uns diese Prozedur nicht erspart werden können ...«

»Was heißt herausgebrochen? Einfach so?«

»Es läßt sich nicht anders nennen.«

»Und ich?«

»Wir spüren ja nichts. Nur einen gewissen Druck und das lästige, doch täuschende Gefühl, es werde mit dem Gips auch das Gebiß herausgebrochen ...«

»Nein. Ich will nicht mehr.« – (»Sie haben recht, Scherbaum. Dem bin ich nicht gewachsen. Die Klasse soll abstimmen, ob ich aufgeben darf ...«)

»Meine Assistentin rührt schon den Gips an ...«

»Ich habe genug gelitten ...« (Doch meine 12 a senkte den Daumen. Und Vero Lewand zählte die Stimmen aus.) »Wenn Sie meine Verlobte gekannt hätten ...« (Nur Scherbaum stimmte für mich.) »Sprechen Sie sich getrost aus ...«

»Mit dem Betriebselektriker hat sie sich eingelassen ...«

»War nicht Schlottau sein Name?«

»Wie in einem richtigen Spionagefilm: Fleischeslust gegen militärische Geheimnisse. Da, Dokter! Rühren Sie nicht im Gips. Sie schleppt ihn ab. In das Traßlager. Zwischen die Arken. Er läßt die Hosen, sie ihre Schlüpfer runter. Nur im Stehen darf er sie stoßen. Sie guckt ihm über die Schulter und sieht die beiden Kamine der Krings-Werke und deren Zementstaubauswurf. Fertig. Er ist fertig!« (Mein Zahnarzt machte sachliche Einwürfe. Er bat mich, den Mund schön weit zu öffnen und durch die Nase zu atmen, während er mit zierlichem Spezialspachtel den rosa Spezialgips um meine Zähne und Zahnstümpfe im Unterkiefer bettete: »Und bitte nicht schlucken. Der Gips bindet rasch ab.«)

Armer Schlottau. Kaum ist er fertig, muß er plaudern: »Wo bei Tula? Mit welchen Divisionen? Wer übernimmt den Flankenschutz?« Linde notiert. (Und auch mein Zahnarzt zog sich zu seinen Karteikarten zurück: »Zwei drei Minuten müssen wir warten. Sie spüren die Wärme des anbindenden Gipses kaum. Entspannen und immer noch durch die Nase atmen . . .«)

Dabei lief Werbung; und Linde sagt zwischen Traßarken: »Osram – hell wie der lichte Tag!« Sie holt das Letzte aus ihm raus: »Woher hat er die Winterbekleidung für die vierte Armee? Wo steht die zweihundertneununddreißigste sibirische Schützendivision?« Und Schlottau breitet über Lindes »Dippily-Du, Dippily-Du, der neue Haarfestiger . . .« die Kringssche Skizze des Umfassungsangriffes aus dem Raum Tula. Seine Elektrikerfinger erklären inmitten Wüstenrot-Reklame den Weg der Kringsschen Angriffsspitzen über Kaschira gegen die Moskwa. Linde lacht, sückelt an einem Strohhalm und jubelt offensiv hell: »Laß dir mal ne Fanta schmecken, Fanta schmecken, Fanta schmecken . . .« Jetzt wirbt sie für kein herkömmliches Waschmittel: »Reinweichen mit Ariel!« – Jetzt verkündet sie: »Nicht über die Linie Tula–Moskau laß ich ihn kommen!« – Jetzt zeigt sie die Eisenbahnstrecke auf der Skizze und rät: »Probieren Sie mal Medicus-Schuhe und Sie werden selber sagen: Nur Medicus!« – Jetzt fotografiert sie mit ihrer Leica (als wollte sie auch für Leica werben) das Kringssche Geheimpapier: »Und ich habe geglaubt, Sie wollen mit meinem Vater abrechnen.« Schlottau grinst und macht Vorschläge: »Ich glaub, ich kann wieder ...« Aber Linde ist im Besitz der notwendigen Informationen. Sie wischt Schlottau von der Mattscheibe – »Margarine – wertvoll wie das tägliche Brot!« – schiebt die Tiefkühltruhe ins Bild und legt sich zwischen Spinat, Hühnchen und Milch in Frischhaltebeuteln.

Wie sie sich konservierte. Wie sie sich treu und frisch blieb. Und wie sie Werbung für Tiefgekühltes, also für sich betrieb: »... zwar immer noch teuer, zum Beispiel Frischgemüse, doch wenn man bedenkt, daß bei küchenfertigem Fleisch weder Verschnitt noch Knochen anfallen und auch die lästige Putzarbeit – man denke nur an das Rotkohlbereiten – weitgehend wegfällt, dann sind selbst unsere Fertiggerichte, die unsere Tiefkühltruhe unter Reif und Rauch für die Hausfrau bereithält, relativ billig; auch sollten Sie nicht versäumen – und sei es nur für ein paar Stündchen – unser Frischhaltegerät persönlich aufzusuchen und als Jungbrunnen zu benutzen ...«

Sportlich wippte sie sich aus der Truhe und begann, die tiefgekühlten Produkte auszupacken: »Hier zeige ich Ihnen, zum Beispiel, meinen einstigen Verlobten. Ich habe ihn ganz zuunterst, verdeckt von Hackfleisch, Schnittbohnen und Rotbarschfilet, gelagert. Noch sieht er ein wenig vereist und bejahrt aus, aber wenn wir ihn auftauen lassen, werden Sie rasch bemerken, wie gut sich der Vierziger gehalten hat. Bald wird er plappern: Jahreszahlen und Friedensschlüsse, Stilmerkmale und Grundsätzliches. Denn seine Gottesgabe, Stegreifvorträge über historische Wendemarken und über die Kunst an sich, über das Pädagogische und über das Absolute, über Archimboldi und Marxengels, auch über Traßzement und Fliehkraftentstauber zu halten, ist ihm, wie sein lausiger Charme und seine leicht verlogene Wahrheitsliebe, geblieben. Nur der Zustand seiner

Zähne sollte auch ihn bedenklich stimmen. Sein sogenannter Vorbiß hat sich über all die Jahre konserviert. Er muß zum Zahnarzt gehen und einen Eingriff erdulden. Auch seine Schüler – denn er ist Studienrat, ein typischer Studienrat – sind meiner Meinung und haben gegen ihn gestimmt. Jetzt muß er stillhalten und durch die Nase atmen. Wenn er nur nicht so feige und wehleidig wäre . . .«

Mein Zahnarzt stellte seinen ruhig atmenden Brustkasten vor den Bildschirm, sagte: »Nun wollen wir mal . . .« und griff mit beiden Händen in meine Maulsperre. (Warum hatte er mich nicht festgeschnallt?) Jetzt mußte mich seine Hilfe in das Rittergestühl drücken: Komm, Junge, komm! (Nichts mehr von Automatik und Warmwasserspray; handgreifliches Mittelalter machte aus Arzt und Patient ein kräftemessendes Paar.) Weil ohne Schmerz, begann ich mir Schmerzen auszudenken: Eine Steißlagengeburt durch das Maul, einen gipsernen Embryo wollen sie fördern. Mein Siebenmonatsgeheimnis soll, herausgebrochen, ans Licht. (Ist ja gut, Dokter!) Ich gestehe und sage alles: Während Linde sich mit diesem Schlottau, habe ich mich lustlos mit ihren Freundinnen, zuerst mit Inge, nein, mit Hilde und dann erst mit Inge auf wechselnde Unterlagen gelegt; aber das half nicht, denn als ich zu Linde »Wiedumirsoichdir« sagte, verstand sie mich völlig: »Ich bin froh, daß du endlich Zerstreuung gefunden hast und dich zwischen Vater und mir heraushalten willst. Das geht dich nichts an. Das ist intern. Du hast sowieso keine Ahnung, wenn er vom Terek spricht, wo der Terek fließt, den er, aus dem Brückenkopf Mosdok heraus, hinter sich lassen will, um über die alten grusinischen Heerstraßen Tiflis und Baku zu nehmen. Öl will er. Das kaukasische Öl. Halt du dich da raus. Oder besser: Hau ab. Ich mein es gut mit dir. Brauchst du Geld?«

Da klebte mir seine Hilfe den Handteller an die Stirn: Keine Höllengeburt, nur der rekonstruierbare Abdruck meiner unteren abgeschliffenen und nicht abgeschliffenen Zähne lag auf der

Glasfläche des Instrumententischchens und stellte sich geistreich, weil voller Widersprüche.

»Sagen Sie, Dokter, was halten Sie eigentlich vom Räte-System?«

»Was uns fehlt, ist eine weltweite und sozial integrierende Krankenfürsorge. – Bitte das Spülen nicht vergessen.«

»Aber in welchem System soll Ihre internationale Krankenfürsorge . . .«

»Sie soll anstelle aller bisherigen Systeme . . .«

»Aber ist Ihre Krankenfürsorge, die ich im Verhältnis zu meinem Entwurf einer weltweiten pädagogischen Provinz sehe, nicht auch ein System?«

»Die globale Krankenfürsorge ist, abseits jeder Ideologie, Basis und Überbau unserer menschlichen Gesellschaft.«

»Aber meine pädagogische Provinz, in der es nur Lernende und keine Lehrenden mehr gibt . . .«

»Auch sie ordnet sich zwanglos der neuen Therapie ein . . .«

»Aber eine Krankenfürsorge ist nur für kranke Menschen . . .«

»Bitte, zwischendurch spülen. – Alle sind krank, waren krank, werden krank, sterben.«

»Aber wofür das alles, wenn kein System den Menschen erzieht, über sich hinaus zu wachsen?«

»Wofür Systeme, die den Menschen hindern, zu seiner Krankheit zu finden, weil jedes System Gesundheit als Maß und Ziel setzt.«

»Aber wenn wir die menschlichen Fehler beseitigen wollen . . .«

»Dann beseitigen wir die Menschen. – Doch nun wollen wir wieder . . .«

»Ich will nicht mehr spülen.«

»Denken Sie an die Zinnkappen.«

»Aber wie wollen wir denn die Welt verändern ohne System?«

»Schaffen wir die Systeme ab, dann ist sie verändert.«
»Wer soll sie abschaffen?«
»Die Kranken. Damit endlich Platz wird für die große allesumfassende Weltkrankenfürsorge, die uns nicht regiert, sondern versorgt, die uns nicht ändern will, sondern helfen wird, die uns, wie schon Seneca sagt, Muße für unsere Gebrechen schenkt . . .«
»Also die Welt als Krankenhaus . . .«
». . . in dem es keine Gesunden mehr gibt und keinen Zwang zur Gesundheit.«
»Und wo bleibt mein pädagogisches Prinzip?«
»Wie Sie den Unterschied zwischen Lehrenden und Lernenden aufheben wollen, so werden wir den Unterschied zwischen Arzt und Patient endgültig abbauen – und zwar systematisch.«
»Und zwar systematisch.«
»Doch nun wollen wir wieder die Zinnkappen aufsetzen.«
»Zinnkappen aufsetzen.«
»Ihre Zunge wird sich an die Fremdkörper gewöhnt haben.«
»Gewöhnt haben.«

(Ein pelziger Kloß. Seine Krankenfürsorge soll mir einen Apfel servieren.) Doch selbst zartes salbeigenährtes Lamm wäre meinem scheintoten Gaumen Gummi gewesen. Nicht mal Gips schmeckte ich, der ich alles vorschmecke schmecke nachschmecke. (»Ach, Dokter! Einen krachenden Boskop vernichten, zubeißen, jung sein, neugierig und mit lärmendem Gaumen . . .«)

Anstelle sah ich einen Fernsehkoch Kalbsnieren flambieren. Anzügliches Rezeptgeplauder – »Wer wird denn Angst vor Innereien haben?« – mischte sich mit Erläuterungen über die Schutzfunktion meiner Zinnkappen: »Und nicht vergessen. Weder Kaltes noch Heißes. Und auf keinen Fall Obst, weil die Obstsäure . . .«

Meinem abwesenden Gaumen gegenüber schnitt der Fernsehkoch die Kalbsniere an. Häppchenweise probierte er; und hätte nicht mein Zahnarzt die Behandlung beendet und durch Tastendruck den Koch eliminiert, wäre mir Kalbsniere für alle Zeit widerlich geworden. – Doppelt erlöst, versuchte ich ein Schlußwort: »Jedenfalls begann Krings Schlacht um Schlacht im Sandkasten zu schlagen. Seine Tochter wurde ihm zum natürlichen Gegner . . .«

Dann gab ich es auf (vorläufig) und rettete mich in das Recht auf Schmerzen, das jedem Patienten zusteht: »Es zieht, Dokter. Jedenfalls spüre ich etwas . . .«

Mein Zahnarzt (der noch immer mein Freund ist) spendete Arantil: »Damit Sie versorgt sind, mein Lieber. – Doch bevor ich Sie laufen lasse, wollen wir rasch, mit Hilfe des Zahnfarbringes, die Porzellanfarbe für unsere Degudentbrücken abnehmen. Ich glaube, dieses gelbliche, ins warme Grau spielende Weiß wäre angemessen – oder?«

Da seine Hilfe (die mich kennen mußte) die Farbwahl durch Kopfnicken bestätigte, gab ich mich zufrieden: »Schön, nehmen wir das.«

Mein Zahnarzt verabschiedete mich mit den (fürsorglichen) Worten: »Und draußen gut den Mund schließen.«

Ich verbeugte mich vor der Wirklichkeit: »Ach ja. Es schneit ja noch immer.«

Ein Helles, Ober, ein Helles! – und einen Gedanken, nicht wasserlöslich, einen, dem Blaulicht Vorfahrt schafft, einen kopfneuen, der den verzahnten Mief grundsätzlich teilt, damit wir alle – Ober, mein Helles! – alle die Rückwärtsschieler und Bodensatzschwenker über die Rollbahn, durch das gestapelte, links rechts gestapelte Rote Meer – Ober, mein Helles! – heimkehren dürfen . . .

»Denn was, Dokter, und wieviel können wir aus der Geschichte lernen? Gut, zugegeben: Ich war unfolgsam, hielt mich nicht an vermittelte Erfahrungen, habe, weil es draußen schneite, und weil ich Spuren im Schnee machte, noch auf dem Heimweg ein kaltes Bier getrunken und mußte mit lauem Wasser zwei weitere Arantil . . . Nichts können wir lernen. Es gibt keinen Fortschritt, allenfalls Spuren im Schnee . . .«

Mein Zahnarzt blieb auch zwischen meinen vier Wänden anwesend. Er reihte Erfolge der Zahnmedizin, Perlen, zum Kettchen. Meinen spöttischen Zwischenruf – »Wann kam die erste Zahnpasta auf den Markt? Vor oder nach der Bürste?« – nahm er mit kritischen Einwänden gegen Chlorophyll auf: »Gut, es erfrischt. Aber gegen die Karies?«

Als er mir die Entwicklung von der langsamtourigen Bohrmaschine bis zur hochtourigen Airmatik schilderte – »Und demnächst wird Siemens mit fünfhunderttausend Umdrehungen auf der Dental-Messe erscheinen. Dagegen ist mein Ritter ein träges Fossil« –, als er Ultraschallbehandlung und den endlichen Sieg über die Karies in Aussicht stellte, räumte ich ein: »Bei Ihnen mag es vorangehen, aber die Geschichte – so absolut folgerichtig sie ihre Waffensysteme weiterentwickelt hat – kann uns keine Lehre vermitteln. Absurd wie Totozahlen. Beschleunigter Stillstand. Überall unbeglichene Rechnungen, frisierte Niederlagen und kindische Versuche, verlorene Schlachten im Nachherein zu gewinnen. Wenn ich, zum Beispiel, an den ehemaligen Generalfeldmarschall Krings denke, und wie zäh seine Tochter…«

Auch hinterm Schreibtisch und umgeben von privatem Kleinkram – Fetische, die mich schützen sollten – klatschte er mir, sobald ich »Linde« sagte, mehrere Löffel rosa Modellgips ins Maul. (Und selbst jetzt bittet er mich, nicht zu schlucken und immer noch durch die Nase zu atmen, solange der Gips in meinem Mundmilieu anzieht . . .)

Da fließt sowas Gleichmäßiges: Vater Rhein. Schiffe trägt er im Gegenverkehr. Und wir beide in windfangenden Übergangsmänteln hin und her auf der Rheinpromenade. (Wieder mal richtig aussprechen unter den kurzgeschnittenen Platanen, auf der Bastion zwischen Maria-Hilf-Täfelchen.)

»Was hast du gesagt? Sag das nochmal. Das möchte ich deutlich noch einmal hören.«

Zwei Profile, deren Unterbau eine Bank gefunden hat. (Sitzend aussprechen.) Starr die Köpfe. Und nur die Haare täuschen Bewegung vor. Dazu Frachtschiffe, die von links nach rechts und von rechts nach links durch das Bild fahren.

»Hab dich nicht so. Wenn du das hören willst: Du bist besser. Zufrieden? Na also.«

Jetzt zählen sie Schiffe. Vier kommen von Holland bergauf. Drei haben durchs Binger Loch gefunden und fließen bergab. Zumindest das stimmt. Und die Jahreszeit: März. Braungrau tropft alle Lieblichkeit. (Gegenüber immer noch Leutesdorf.)

»Was meinen Sie, Dokter, soll ich mit meiner 12a eine Schulreise nach Bonn planen: Bundestag. Gespräche mit lebenden Politikern. Und dann weiter nach Andernach . . .«

(Jetzt schweigen die beiden bergauf bergab.)

Der Gegenverkehr war stärker als meine Einwände: langgezogene Beharrlichkeit mit flatternder Wäsche am Heck und langsam erhärtender Gips über abgeschliffenen Zahnstümpfen, in denen die Nerven schwiegen. Was ich eigentlich hatte sagen wollen – Schlottau wollte mit Krings abrechnen, weil Krings ihn in Kurland vom Feldwebel zum Schützen degradiert hatte –, das floß mit den Frachtkähnen aus dem Bild. Ich habe mich immer leicht ablenken lassen. (Beliebige Einblendungen: Irmgard Seifert füttert Zierfische.) Lange bevor es eine Verlobte gab . . . (Schwierigkeiten bei der Lehrmittelbeschaffung.) Bevor ich zu Dyckerhoff-Lengerich ging . . . (Zwischenrufe meiner Schülerin Veronika Lewand: »Das ist Subjektivismus!«) Als Student in Aachen verdiente ich mir meinen Unterhalt, indem ich Lebensmittelkarten treppauf treppab trug. Mein Revier war die Venloer Straße . . .

Es war einmal ein Student, der trug, gegen Gebühr, Lebensmittelkarten aus. Da schluckte ihn ein neunparteiiges Mietshaus, das zwischen Baulücken stehen geblieben war. Links klammerte der Student der Technischen Hochschule seine Wachstuchmappe mit den Brot-, Fleisch-, Fett- und Nährmittelmarken, mit der Liste zum Gegenzeichnen und einigen Büchern über Statik; rechts gehorchte die Klingel dem Daumen. »Kommen Sie doch bißchen rein.«

Bei einer Witwe verlor der Student im ersten Semester einen Teil seiner Scheu und die Gewohnheit, rasch abschweifen zu wollen. Aus dieser Zeit blieb immerhin – denn ab und zu bekam er den Blick frei – das Bild eines unbesorgt lächelnden Oberfeldwebels auf dem Nachttischchen im Stellrahmen neben dem Krimskrams.

Die Witwe hieß, nein, Löwith nicht, das war die Partei gegenüber, die, als der rechte Daumen des Studenten den Klingelknopf traf, »Kommen Sie nur rein, junger Mann« sagte, »meine Schwester ist wegen Bezugscheine aufs Wirtschaftsamt, aber ich kann wohl auch.« Bald – und von Woche zu Woche besser – lernte es der Student, die Lockenwickler aus ihrem Haar, das war ziemlich rot, zu fummeln.

Nein, rotblond war links in der ersten Etage das Haustöchterchen, dem der Student beim Schularbeitenmachen helfen mußte, bis es glücklich versetzt wurde. Gegenüber das Töchterchen blieb sitzen, weil ihm der Student nicht helfen durfte. Er mußte sich mit der Mutter auseinandersetzen, bis sich der Sohn einmischte und sein »Warte mal, wenn Vater aus der Gefangenschaft kommt . . .« zur Diskussion stellte.

Aber ich liebte schon als Student Streitgespräche, zumal Frau Podzum immer Bohnenkaffee hatte und auch andere Sächelchen, wie richtiges Schweineschmalz mit Grieben und Äpfeln drin, wovon der Student, ohne daß die Podzumsche etwas bemerkte – oder übersah sie es klug? – ein gutes Kilo nach und nach in die zweite Etage des Mietshauses getragen hat.

Dort bekam eine Studentin in Untermiete, die Schweineschmalz nicht vertragen konnte, Pickel von dieser Mitgift. Sie war auch sonst verklemmt, schämte sich wegen nichts und führte ein Tagebuch, das der Student ungeniert las und so lange »Zum Brüllen komisch« fand, bis die Studentin weinte.

Da war Heide Schmittchen, rechts gegenüber, ganz anders. Sie besaß eine Schreibmaschine, auf der sie den Studenten tippen ließ, sooft er wollte. Nur wenige Jahre älter als er, hatte sie schon was Mütterliches, vielleicht weil sie kinderlos war und ihr Mann (den ich heute noch, wenn ich mich eintreten sehe, gerade weggehen sehe) an all diesen Sachen desinteressiert war.

In der dritten Etage jedoch – das hörte man schon in der zweiten – ging es kinderreich zu und roch es nach Rosenkohl. Dort sagten zwei unterschiedlich verbrauchte Frauen in verschieden gemusterten Morgenröcken: »Kommen Sie ruhig rein, junger Mann.« Und der Student lernte und lernte: jasagen, neinsagen, hinhalten, wegsehen, wasanderesdenken. Die Zeit verging unter einer Hängeuhr und neben einer Standuhr, die beide den Krieg überlebt hatten. Wo gab es die besseren Bratkartoffeln? Wo hielt man sich einen Wellensittich? (Ich behaupte, links, bei der Standuhr; denn rechts kommt mir außer der Hängeuhr nur das strenge Brillengesicht einer Mittvierzigerin auf die Mattscheibe.) Der Student muß bei Frau Szymanski längere Zeit verschwendet haben, denn erstens war der Wellensittich anfangs gesund (jetzt sehe ich ihn krank, er hockt trüb und geplustert auf seiner Stange) und als er nach langer Pflegezeit wieder munter und schöngefiedert seinen Bauer bewohnte, wollte Frau Szymanski zweitens, daß der Student bei ihr wohnen bliebe; aber er mußte noch links unterm Dach Lebensmittelkarten abgeben. Bei wem? Wie roch es da? Und die Tapeten?

(»Sie werden zugeben, Dokter, es boten sich mir Gelegenheiten, die sich auswerten ließen.«) Tonlos geht auf der Mattscheibe die Tür auf. Eine Hand mit drei überladenen Ringen winkt den Studenten müde ins Loch. Wie geschickt er zu zögern gelernt hat. Er riecht an der Hand. Den kleinsten Ring zieht er ab: seine Gebühr. Die Hand darf in seinen Nacken kriechen. Jetzt darf sie Spaß an seinen gelockten, immer ein wenig verfilzten Haaren haben. Jetzt knöpft sie ihn auf. Jetzt gießt sie was ein. Jetzt zerfetzt sie Papier. Jetzt ohrfeigt sie den Studenten mit den zwei restlichen Ringen. Jetzt masturbiert sie mit einem Ring. Und den zweiten Ring zieht er ab: seine Gebühr. Jetzt gießt sie wieder was ein. Jetzt kommt der Schlaf. Und eine Zeit vergeht. Jetzt gießt sie Kaffeewasser auf. Jetzt weint sie vor dem Spiegel und hat ein zersprungenes Gesicht. Wieder geht Zeit. Jetzt dreht sie am Radio. Jetzt legt sie den letzten Ring hin, unterschreibt jetzt (und ich hake ab: Nährmittel-, Brot-, Fleisch- und Fettmarken). Jetzt macht sie die Tür auf, drückt den Studenten raus: Er ist erwachsen und kennt die Unterschiede und Übergänge. Er weiß alles vorher und schmeckt die Mühsal danach. Er kann vergleichen und ist nicht mehr neu. Jemand hat ausgelernt. Vom Dachboden über Etagen treppab verläßt der Student das Mietshaus. (Ich zählte noch einmal nach, denn schon begann ich Eigentümliches, zum Beispiel Gardinenmuster und schadhafte Putzstellen zu vergessen.)

»Kein Student mehr, nein, Dokter, der fertige Maschinenbauingenieur Eberhard Starusch ist erstaunt, wie viele Neubauten in der soeben noch halbausgebombten Venloer Straße gewachsen sind. Auch beiderseits seines Mietshauses hat man die Lücken geschlossen (oder wie Sie sagen: überbrückt). In den Schaufenstern stoßen sich Warenangebote kurz vorm Schlußverkauf. Es wird konsumiert. (Und auch meine Wachstuchtasche, die ich, als dieses Märchen begann, links voller Lebensmittelkarten getragen hatte, ist nun, da Sie mir den Gips nochmal und immer wieder aus dem Gesicht brechen wollen, aus neuem Schweinsleder und geschwollen von meiner für gut befundenen Examensarbeit über die Entstaubung von Zementwerken; denn während ich ein neunparteiiges Mietshaus mit Lebensmittelkarten versorgte und sich der Gips Zeit nahm, abzubinden, war ich fleißig, bestand ich alle Prüfungen, wurde ich zum Mann, auch wenn später meine Verlobte gesagt hat: Kurze Hosen trägst du, immer noch.)«

»Was meinen Sie, wäre das nicht ein Aufsatzthema?« Mein Schüler Scherbaum möge sich vorstellen, er ist im Jahre siebenundvierzig Student und muß in einem Neuköllner Mietshaus Lebensmittelkarten austragen.

(Als ich mein Mietshaus im Jahre einundfünfzig verließ, begann für Scherbaum das Milchzahnalter.) Oder ich nehme noch zwei Arantil – es war leichtsinnig, ein kaltes Bier zu trinken – und rufe Irmgard Seifert an; aber bevor ich mit ihr alte Briefe durchkaue, verdrücke ich mich nach Kretz, Plaidt und Kruft, durchwandre ich mit Linde das Nettetal, besteige ich mit ihr (noch verliebt) den Korrelsberg, krebse ich weiter (denn immer war etwas davor) und halte mein Traß-Referat auf der Zementertagung in Düsseldorf, fang ich noch einmal bei Dyckerhoff-Lengerich an, überspringe ich Aachen (das Mietshaus), bin ich, solange Arantil hilft (und Irmgard Seifert nicht anruft und wehklagt) fleißig im Krebsgang: Als ich achtzehn war, war ich in einem chlorgepuderten amerikanischen Lager, nahe Bad Aibling im Allgäu, ein kurzgeschorener Kriegsgefangener, der bei neunhundertfünfzig Kalorien pro Tag und mit vollständigem Gebiß (Ach, Dokter, hatte ich Zähne!) alle Angst vor dem Minenräumen ohne Feuerschutz hinter sich hatte und fleißig Lehrgänge besuchte.

Denn wir Deutschen verstehen es, selbst das eintönigste Lagerleben nutzbringend zu organisieren. (Sogar mir sagen Kollegen nach, ich sei ein Spezialist im Entwerfen von reibungslos funktionierenden Stundenplänen.)

Die Kriegsgefangenen rückten zusammen, damit eine Unterrichtsbaracke Platz und Gelegenheit bot, den vulgären Hunger durch Bildungshunger zu verdrängen: Sprachkurse für Anfänger und Fortgeschrittene. Die doppelte Buchführung. Deutsche Dome. Mit Sven Hedin durch Tibet. Der späte Rilke – der frühe Schiller. Kleine Anatomie. (Auch Sie hätten im Lager Bad Aibling mehr Zuhörer für Ihren Karies-Vortrag gefunden als zur Zeit auf der Volkshochschule Tempelhof.) Gleichzeitig entstand die Hilf-dir-selbst-Bewegung. Wie können wir aus Konservendosen, wenn schon nicht Panzerfäuste, dann doch Staubsauger herstellen? Die ersten Mobiles (aus amerikanischem Weißblech geschnitten) bewegten sich in der Warmluft über unseren Kanonenöfen. Zahlmeister hielten Vorlesungen zur Einführung in die Philosophie. (Sie haben recht, Dokter, besonders in der Gefangenschaft vermag Seneca Trost zu spenden.) Und jeden Mittwoch und Sonnabend gab uns ein ehemaliger Hotelkoch – den jetzt jedermann als Fernsehkoch schätzt – einen Kochkurs für Anfänger.

Brühsam gab vor, bei Sacher in Wien gelernt zu haben. Brühsam stammte aus Siebenbürgen. Seine Lehrsätze begannen: »In meiner Heimat, dem schönen Siebenbürgerland, nimmt die kochfreudige Hausfrau . . .«

Da Mangel den Lehrplan bestimmte, lehrte Brühsam das Kochen mit Zutaten aus der Luft gegriffen. Er imaginierte Rinderbrust Kalbsnieren Schweinebraten. Wort und Geste ließen die Lammkeule saftig bleiben. Sein Fasan auf Weinkraut und sein Karpfen in Biersoße: Spiegelungen von Spiegelbildern. (Ich lernte, mir vorzustellen.)

Während wir großäugig vergeistigt, dank Unterernährung markant, in der Unterrichtsbaracke auf Schemelchen hockten und Brühsam lauschten, füllten sich unsere Oktavhefte – eine amerikanische Spende – mit Rezepten, die uns zehn Jahre später verfetten ließen.

»In meiner Heimat«, sagte Brühsam, »im schönen Siebenbürgerland, unterscheidet die kochfreudige Hausfrau beim Einkauf streng zwischen Mastgänsen und Laufgänsen.«

Es folgte ein lehrreiches Abschweifen über die natürliche Freiheit der zwar leichteren, aber fleischigen polnischen und ungarischen Laufgans und über das üble Los genudelter Gänse in Pommern: »Im schönen Siebenbürgerland, was meine Heimat war, wählte die kochfreudige Hausfrau die Laufgans.«

Dann machte Brühsam vor, wie die Gans mit dem Daumen- und Ringfingergriff zuerst an der Brust, dann am Bürzel geprüft werden muß. »Es müssen die Drüsen bei allem Fett, das sie einbettet, noch fühlbar sein.«

(Sie werden verstehen, daß mir der Dreifingergriff Ihrer Sprechstundenhilfe, der mir bei Anwendung Maulsperre befiehlt, Brühsams Bürzelprüfgriff in Erinnerung ruft; oder spiegelverkehrt: während ich, von Brühsam belehrt, die Drüsen einer imaginären Gans finde, sperren mich die Griffel Ihrer Hilfe.)

»Zu Hause angekommen«, sagte Brühsam, »gilt es die Gans auszunehmen, damit sie gefüllt werden kann.«

Und mit unseren Stummeln – drei Mann ein Bleistift, es wurde ja alles geteilt – schrieben wir mit: »Wie immer die kochfreudige Hausfrau füllt, ohne Beifuß, ohne drei Zweige raschelnden, streng duftenden Beifuß darf keine Gans gefüllt genannt werden.«

Uns, die wir glücklich waren, wenn es zwischen den Baracken ein wenig Löwenzahn für ein zusätzliches Süpplein zu rupfen gab, uns, den demütigen Topfkratzern, zählte Brühsam Füllungen auf. Wir lernten und schrieben nieder: »Die Apfelfüllung. Die Maronenfüllung . . .«

Und jemand mit sieben Kilo Untergewicht fragte: »Was sind Maronen?«

(So sollte heute der Fernsehkoch Brühsam im ersten Programm schwelgen:) »Glasierte Maronen. Kandierte Maronen. Maronenpüree. Kein Rotkraut ohne Maronen. Im schönen Siebenbürgerland, was meine Heimat gewesen ist, gab es Maronenverkäufer, die auf Holzkohlenfeuer . . . Wenn im Winter, auf frostigen Marktplätzen die heißen Maronen . . . Maronengeschichten: Als mein Onkel Ignazius Balthasar Brühsam mit seinen Maronen nach Hermannstadt zog, was im

Siebenbürgischen liegt und meine Heimat gewesen ist . . . Und deshalb, im November, auf Martin, verlangt, ja, schreit unsere Laufgans nach Maronen, die, honigglasiert mit zimmetgepuderten Apfelkeilchen, dem raschelnden Beifuß – denn keine Gans ohne Beifuß! – und dem rosinengefüllten Gänseherz unsere Laufgans, die ungarische wie die polnische, straff füllen und dem Brustfleisch das geben, was Ober- und Unterhitze der köstlichen Gänsehaut, bei aller knusprigen Bräune, nicht zu geben vermögen: den Stich sanfter Maronensüße . . .«

(Ach, Dokter, hätten wir doch Ihren Speichelabsauger in jener hohlwangigen Zeit gehabt!) Brühsam gab uns nicht aus dem Griff, er spannte die Folter: »Und nun zur Mastfüllung. Die kochfreudige Hausfrau in meiner Heimat nimmt dreihundertfünfzig Gramm Schweinemett, wiegt zwei Zwiebeln, drei Äpfel, die Innereien der Gans – bis auf die köstliche Leber – blättert Beifuß darüber – mengt drei vorher in warmer Milch geweichte Butterwecken dazwischen, reibt Zitronenschale und eine mittlere Knoblauchzehe dazu, schlägt darüber zwei Eier auf, bindet, damit die gutgewalkte und nur milde gesalzene Füllung schnittfest wird, mit drei gestrichenen Eßlöffeln Weizenmehl ab und füllt die Gans, füllt die Gans . . .«

(So begann die Umerziehung einer verführten Jugend.) Wir kamen aus dem Lernen nicht heraus. Aus Trümmern und Not erhoben sich unterernährte Pädagogen und verkündeten: »Wir müssen wieder zu leben lernen, richtig zu leben lernen. Zum Beispiel füllt man Gänse nicht mit Orangen. Uns bleibt die Wahl zwischen der klassischen Apfel-, der südlichen Maronen- und der sogenannten Mastfüllung. Aber in Notzeiten, wenn der Auftrieb an Gänsen zwar groß, an Schweinen jedoch gering ist, und die fremdländische Marone dem inländischen Markt fernbleibt, kann eine Kartoffelfüllung« – so sprach der einstige Hotel-, später Fernsehkoch Albert Brühsam – ». . . die Apfel-, Maronen- und Schweinemettmastfüllung durchaus ersetzen, zumal die Kartoffel, wenn ihr geriebene Muskatnuß den

Geschmack adelt und Beifuß – keine Gans ohne Beifuß! – den Segen gibt, zur füllenden Köstlichkeit wird.«

Als meine Verlobte und ich im Herbst fünfundfünzig – es war unsere letzte gemeinsame Reise – nach Posen zur Herbstmesse fuhren, wo ich Gelegenheit nahm, einigen polnischen Ingenieuren der zementproduzierenden Industrie von der Rentabilität der Fliehkraftentstauber zu berichten, machten wir nach der Messe einen Abstecher nach Ramkau, im Kreis Karthaus, südwestlich Danzig, um meine Tante Hedwig zu besuchen, die mir nach ausschweifenden Gesprächen über die Landwirtschaft im Kaschubischen, und nachdem es zu einer richtigen kleinen Familienfeier gekommen war, ähnliches über die Vorzüge der Kartoffelfüllung polnischer Laufgänse erzählte wie zehn Jahre zuvor Brühsam; nur wußte meine Tante wenig von Muskat, sie schmeckte mit Kümmel ab.

Meine Verlobte scheute die strapaziöse und gegen bürokratische Widerstände zu organisierende Reise, aber mein Hinweis: »Wenn ich mich deiner immerhin anstrengenden Familie anpasse, kannst auch du das bißchen guten Willen aufbringen . . .«, nötigte ihr ein mürrisches Einverständnis ab: Wir besuchten die einfachen und ländlich-gastfreundlichen Leute. (Und da es sich um meine letzten noch lebenden Verwandten handelte, trat ich die Reise nicht ohne Rührung an: auch Neufahrwasser, den Danziger Hafenvorort, suchten wir auf; Sie erinnern sich, Dokter, dort, in der immer noch trüben Hafenbrühe, dem Holm gegenüber, versenkte ich einst einen Milchzahn.)

»Nai Jonkchen, best abä groß jeworden!« begrüßte mich meine Tante, die eigentlich meine Großtante, die Schwester meiner Großmutter mütterlicherseits ist, eine geborene Kurbjuhn, die den verstorbenen Kleinbauer Rippka heiratete, während ihre Schwester, meine Großmutter, in die Stadt hinein aufstieg und einen Sägewerkvorarbeiter namens Behnke ehelichte, denn meine Mutter wuchs schon städtisch auf und nahm sich einen Starusch, dessen Familie seit drei Generationen stadtansässig war, aber doch, wie die Kurbjuhns, aus dem Kaschubischen stammte: Zu Beginn des neunzehnten Jahrhunderts wohnten die Storosz noch nahe Dirschau.

»Nu sach mal, was machst von Beruf?« fragte meine Großtante und rückte sich meine Verlobte ins Blickfeld. »Em Zemänt stäckste. Warom hast ons dänn kainen nich mitjebracht, wo wiä bräuchten neetich?«

(Gegen lächerliche Widerstände, nicht nur auf polnischer, auch auf westdeutscher Seite, gelang es mir, gleich nach unserer Rückkehr zehn Sack Zement nach Ramkau zu schicken. Das war Lindes Idee.)

Meine Verlobte versprach Tante Hedwig den notwendigen Zement für den Wiederaufbau der immer noch zerschossenen Scheune, aber meine Tante ließ sich den Jammer nicht nehmen: »Waas wiä haben, is beßchen Roggen, aine Kuh, ain Kalbchen, saure Äppel wenn mechst, Bulwen natierlich, Hiehnerchen ond paar Laufgänse . . .«

Die gab es aber nicht. Gammelige Hühner aus Weckgläsern kamen auf den Tisch; konservierte fand Großtante Hedwig vornehmer als frischgeschlachtete, die man gehört hätte, kurz vorm Zuhacken hinterm Geräteschuppen. Vielleicht wollte Tante Rücksicht nehmen auf meine Verlobte, denn später, im Gemüsegarten zwischen dem Grünkohl, sagte sie: »Daas is abä faine Dame, die diä anjelacht häst.«

Natürlich wurde viel fotografiert. Besonders die Kinder von Onkel Josef, einem Cousin meiner Mutter, mußten immer wieder vor der zerschossenen Scheune stehen, weil Linde das so wollte. Und gegen Abend fuhren wir mit dem Bus nach Karthaus, Tantes Bruder, den Großonkel Clemens, der ein Bruder meiner verstorbenen Großmutter mütterlicherseits ist, und sein Lenchen besuchen, eine geborene Storosz: doppelt verwandt. War das ein Wiedersehen! »Nai Jonkchen! Ond waas fiern Jammer, daas dain armes Muttchen hädd so umkommen jemißt. Jans varrickt isse jewesen wejen daine Melchzähne, wo se jesammelt hädd. Alles draufjejangen. Miä is och nuscht jeblieben außerm Akkordjon unnem Klavier, wo Alfuns, waas onserm Jan sain Jingster ist, drauf schpielt. Mechten wiä heeren nachheer . . .«

Vor der Hausmusik gab es noch einmal Einweckhühner, dazu Kartoffelschnaps, den man, weil meine Verlobte so fein war, mit Pfefferminz widerlich gemacht hatte. (Dabei sind die Kaschuben ein altes Kulturvolk, älter als die Polen, den Sorben verwandt. Das Kaschubische, eine altslawische Sprache, droht langsam auszusterben. Tante Hedwig und Onkel Clemens mit seinem Lenchen sprachen es noch, während Alfons, ein phlegmatischer Endzwanziger, weder die alte Sprache noch die kaschubische Sprechweise des westpreußischen Dialektes beherrschte und nur maulfaul polnische Einwürfe wagte. Trotzdem wäre es für Altslawisten lohnenswert, eine immer noch fehlende Grammatik des Kaschubischen zu erarbeiten. Kopernikus – Kubnik oder Kopnik – ist weder deutscher noch polnischer, vielmehr kaschubischer Herkunft gewesen.)

Weil das Essen ein wenig still verlaufen war – Lindes Hochdeutsch hemmte, ich wagte nur unsicher einen Rückfall in die Danziger Vorstadtmundart –, sagte mein Großonkel Clemens, von dem ich das aufmunternd Pädagogische über Mutters Seite mitbekommen habe: »Waißt, Jonkchen. Waas nitzt all dem Jammer. Freelich missen wiä sain ond lärnen zu läben. Ond singen missen wiä, daas de Tassen mechten klirren em Schrank.«

Das taten wir als Familie: meine Großtante Hedwig, ihre Tochter Selma – Cousine meiner Mutter –, deren lungenkrank hüstelnder, deshalb arbeitsunfähiger Mann namens Siegesmund, Großonkel Clemens mit seinem Lenchen und ihrem Großsohn – mein Halbcousin – Alfons, der ein Abszeß am Gesäß hatte und deshalb nicht ans Klavier wollte – aber er mußte: »Nu los Fongs, ställ diä nech an. Hau inne Tasten« – und verwandtschaftlich wie beinahe angeheiratet in die Mitte genommen: meine Verlobte und ich. Wir sangen, begleitet vom Großonkel mit dem Akkordeon und dem nur halbärschig vorm Klavier hockenden Pianisten Alfons, etwa zwei Stunden lang zumeist das Lied: »Waldeslust, Waldeslust! Oh wie einsam schlägt die Brust . . .« und tranken dabei den vom Pfefferminz übertönten Kartoffelschnaps.

(In jedem Schluck dieses kaschubischen Nationalgetränks stritten mit wechselndem Erfolg die chemische Pfefferminzessenz mit dem fuseligen Geruch und Geschmack einer geöffneten Kartoffelmiete; meinte man eben noch übersüßen Likör zu kosten, schlug der ordinäre Sprit durch, und wollte sich der Gaumen gerade an den Bauernfusel gewöhnen, erinnerte die Essenz daran, was die Chemie alles zu leisten vermag. Doch über allem Streit in Geschmacksfragen lag verbindend versöhnend das Lied von der Waldeslust.)

»Mainst, Jonkchen«, sagte meine Großtante beim Nachgießen, »dä Fiehrer läbt noch?« (Dieser direkte Rückgriff in die Geschichte ist uns, die wir bemüht sind, den historischen Stoff wissenschaftlich kühl zu halten, nicht erlaubt; und meine Schüler werteten neulich, als ich leichtsinnig Tante Hedwig zitierte, das politische Bewußtsein meiner Großtante als ein mangelhaftes, als hätte ich ihr mit Hegel antworten sollen.) »Gewiß nicht, Tante«, wagte ich zu sagen. Und meine Verlobte, in die sich das Lenchen des Onkel Clemens und der hüstelnde Eisenbahner Siegesmund eingehakt hatten – man schunkelte beim Waldeslustsingen – nickte bestätigend: Linde und ich waren einer Meinung.

»Na siehst!« schlug meine Großtante auf den Tisch, »da hattä geräd ond geräd – ond waas is nu?« (Dieser Logik vermochte sich selbst Scherbaum nicht zu entziehen: »Einfach Klasse, die Tante . . .«) Und wir, meine Familie und Linde, sangen noch einmal und bis zur Neige: »Waldeslust, Waldeslust! Oh wie einsam schlägt die Brust . . .«

Zum Schluß kam ein richtiger Hausarzt dazu, den meines Muttchens Cousine Selma gerufen hatte, damit er eine Liste mit allen Medikamenten, an denen es meiner Familie mangelte, schön leserlich aufstellte: Goldtropfen für die Tante. Was für die Lunge des Eisenbahners Siegesmund. Etwas gegen die Zittrigkeit von Onkel Clemens. (Dabei zitterte er überhaupt nicht, sobald er Akkordeon spielte.) Und für alle, außer dem Eisenbahner, etwas gegen die Fettleibigkeit.

Der Arzt sagte hinter der hohlen Hand: »Das wollen die Leute nur, weil es sich um Westmedikamente handelt. Nützt aber nichts. Sollen sie weniger fressen und mehr Waldeslust singen. Sie müssen mal im November kommen, wenn es hier mit den Gänsen losgeht . . .«

Meine Großtante nahm den Arzt beim Wort: »Ja Jonkchen. Komm mech bald wiedä mit daine faine Välobte. Auf Martin kannst diä befressen hiä, daas nuscht mär mechst sagen. So ain kaschubsches Laufganschen. Hast jesähn heut auf Wiese. Ond waißt noch, wie wiä die fillen?«

Da zählte ich auf, was ich beim vormals Hotelkoch, heute Fernsehkoch Brühsam, im Kriegsgefangenenlager Bad Aibling gelernt hatte: »Es gibt eine Apfelfüllung, die feine Maronenfüllung, es gibt die sogenannte Mastfüllung. Und zu jeder Füllung gehört Beifuß. Keine Gans ohne Beifuß!«

Meine Großtante Hedwig freute sich: »Baifuß is richtich. Abä wiä fillen dem Ganschen mid Kartoffel, wo roh sind ond wiä dem Saft abjießen. Daas mecht diä Schmäckerchen sain, wänn kommst auf Waihnacht mid daine Välobte . . .«

Aber Linde wollte nicht mehr. Die Einweckhühner stießen ihr auf. Pickel, Sodbrennen und Magenkrämpfe bekam sie während der Rückreise. (Schon dachte ich, sie wollte abkratzen, ein mir nicht unvertrauter Gedanke.) Erst in Berlin wurde es besser. War sowieso bald Schluß zwischen uns. Denn im Frühjahr sechsundfünfzig zahlte sie mich aus: »Willst du das Geld in Raten oder auf einen Schlag?«

Ich entschied mich für die volle Summe. Finanziell waren wir quitt. Und heute gestehe ich freimütig: Die Kunst des Gänsefullens lernte ich bei Meister Brühsam. In einem neunparteiigen Mietshaus wurde ich zum Mann: wußte alles vorher und schmeckte die Mühsal danach. Letzten Schliff und Lebensart gab mir mein Großonkel Clemens auf den Weg: »Lärnen missen wiä, wiedä freelich zu sain ond zu läben!« Aber erst meine Verlobte finanzierte in mir den Pädagogen.

(Dabei habe ich lange gezögert, Geld anzunehmen, es zum Bruch kommen zu lassen.) Als es zwischen ihr und mir auf dem Mayener Feld, am Rande einer stillgelegten Basaltgrube, zur Aussprache kam, weil Linde mit Schlottau, gleich nach der Rückkehr von unserer Polenreise, wieder die sogenannte Betriebsspionage aufgenommen hatte, sagte ich: »Wenn du nicht Schluß machst mit dem, schlag ich dich tot.«

Linde lachte nicht etwa, sie machte sich Sorgen: »Du solltest so etwas nicht leichtfertig daherplappern, Hardy. Zwar bringt mich das nicht um, aber in deinem Köpfchen könnte sich das Wort totschlagen festsetzen und Geschichten produzieren, die Geschichten produzieren . . .«

»Ach, wie fließen wir über. Ach, wie sind wir umstellt. Ach, wie deckt uns die Fülle . . .«

Im Fernsehen wird aufgeräumt. Bulldozer, zuerst im freien Feld spielend, setzen sich in Bewegung, erfassen Fertigprodukte, Kosmetika, knautschen Sitzgarnituren, Camping-Gerät, stapeln Zweitwagen, Heimkinos und Einbauküchen, entziehen versetztem Persilgemäuer die Basis, stoßen die Kinderbar, dann die Tiefkühltruhe um, daraus fallen – mit und über Gemüse Fleisch Früchte – rasch auftauende Konsumenten: die totgesagte Verlobte, der alte Krings in Montur, unlustig Lindes Tante, Schlottau, die Hand am Geschlecht, auch meine Schüler Kollegen Verwandten krabbeln mit vier fünf neun Frauen über Artikel und Zusatzgeräte (dazwischen polnische Laufgänse) rollen und werden gerollt . . . Leer tobt die Wäscheschleuder. Rhythmisch klatschen die Schüler.

Und diesen Anhang und Überfluß schieben die Bulldozer aus der Entfernung über das Mittelfeld nah an den Bildschirm; sie sprengen die Wölbung, lassen es in den Raum kippen, bis die Praxis des Zahnarztes voll ist und ich über gestauchtes Gerümpel, durch eine enggestellte Gesellschaft, die mit mir sprechen will – »Was gibt es denn, Scherbaum?« – drängen und flüchten muß – wohin? – auf die rasch und kraft Glauben geheilte Mattscheibe: Dort wartet mein Zahnarzt mit seiner Hilfe und bittet mich, Platz zu nehmen; heute sollen mir zwei Degudentbrücken eingesetzt werden, ein akustisch erträglicher Vorgang, der nur durch Spülgeräusche unterbrochen wird, während der nachträglich leicht redigierte Dialog zwischen Arzt und Patient jetzt schon in platonisch bemessenen Sprechblasen aufzusteigen beginnt: Wenn der Arzt rät, Maß zu halten und der beständigen Entwicklung zu vertrauen, fordert der Patient (ein Studienrat, den die Sprechchöre seiner Schüler vorwärts zu drängen versuchen) radikale Veränderungen und revolutionäres Verhalten.

Zum Beispiel will er mit Bulldozern den gesamten Ramsch mit seinem Zubehör und seinen Ersatzteilen, mit allen Zweitanfertigungen und Zahlungserleichterungen – »Auf Stottern! Auf Stottern!« – mit seinem Chrom und Werbeetat wegräumen und aus dem Blick der Konsumenten schaffen, damit sich (wie seine Schülerin Vero Lewand mit Kreide auf die Schultafel geschrieben hat) die Basis verändern läßt und Platz entsteht für ein befriedetes Dasein.

Aber der Zahnarzt ist ähnlich belesen: Allen Mißbrauch der Macht führt er auf Hegel zurück, den er umständlich und mit Hinweisen auf den friedlich evolutionären Fortschritt der Zahnmedizin widerlegt. »Zu viele einander aufhebende Heilslehren und zuwenig praktischer Nutzen . . .« sagt er und rät, an Stelle aller staatlichen Administration seine weltweite Krankenfürsorge zu setzen.

Da entdeckt der Studienrat eine gemeinsame Basis: »Im Grunde sind wir ja einer Meinung, zumal wir uns beide dem Humanismus, der Humanitas verpflichtet fühlen . . .«

Doch der Zahnarzt verlangt, daß sich der Patient von seinen Aufrufen distanziert: »Allenfalls will ich dulden, daß Chlorophyll-Zahnpasten, die fälschlich vorgeben, ein wirksames Kariesschutzmittel zu sein, radikal abgeschafft werden.«

Der Studienrat zögert, schluckt, will nicht widerrufen. (Meine 12 a schaute mir feixend zu.) Wahllos zitiert er Marxengels und sogar den alten Seneca, der, was die Verdammung des Überflusses betreffe, einer Meinung sei mit Marcuse ... (Ich scheute mich nicht, dem späten Nietzsche das Wort zu geben: »Schließlich wird mit der Umwertung aller Werte ...«)

Aber der Zahnarzt besteht auf Gewaltverzicht und droht, bei ausbleibendem Widerruf, die Anästhesie des Unterkiefers zu unterlassen. Fürsorgeentzug. Das Zeigen der Folterwerkzeuge. Die dentale Bedrohung: »Das heißt, mein Lieber, wenn Sie weiterhin der Gewalt das Wort reden wollen, werde ich Ihnen die Zinnkappen ohne örtliche Betäubung abnehmen, und auch die Brücken, alle beide, werde ich ...«

Da kapituliert der an sich liberale und nur uneigentlich radikale Studienrat (Meine 12 a zischte mich nieder) und bittet seinen Zahnarzt, den Hinweis auf die aufräumenden Bulldozer nicht wörtlich zu nehmen, vielmehr die genannten, an sich nützlichen (ich sagte »lebensbejahenden«) Fahrzeuge als Gleichnis zu werten: »Selbstverständlich will ich keinen Bildersturm und alleszerstörenden Anarchismus ...«

»Sie widerrufen also?«

»Ich widerrufe.«

(Sogleich nach meiner Kapitulation entledigte sich das Praxiszimmer selbsttätig des Konsumgüterramsches und aller überflüssigen Figuren, die die Tiefkühltruhe erbrochen hatte.) Murrend zieht die 12 a ab. Spöttischer Abschied meiner Verlobten: »Und sowas darf unterrichten!« (Auch die polnischen beifußgefüllten Laufgänse räumten die Praxis.) Hübsch viereckig, fünf mal sieben, bei dreidreißig Höhe, ist sie wieder. Alles Zahnarztzubehör steht oder liegt an seinem Platz: Der Patient im

Rittergestühl darf zwischen dem Arzt und dessen Hilfe die Mattscheibe verlassen, auf der, kaum hat man sie geräumt, sogleich wieder für Konsumgüter, Sitzgarnituren, Wäscheschleudern, Camping-Gerät und auch – zwischen Bausparkassen- und Waschmittelwerbung – für Tiefkühltruhen geworben wird, in denen, verdeckt von Obst Kalbsnieren Fertiggerichten, die ehemalige Verlobte des Studienrates liegt und Sprechblasen steigen läßt: »Du Superfeigling . . .«

Wie nun der Zahnarzt die erste Spritze links unten ansetzen will, das Fernsehbild jedoch auf der Tiefkühltruhe besteht und deren Inhalt provozierend oft wiederholt, versucht der Patient, aus dem Rittergestühl heraus, noch einmal Aufräumungsarbeiten einzuleiten. »Bulldozer . . .«, sagt er, ». . . mehrere tausend Bulldozer sollen den gesamten Ramsch wegräumen, aus dem Blick schaffen.«

Doch das gewalttätige Wort will nicht mehr wirken. Zwar wird die Tiefkühltruhe von telegener Geisterhand aus dem Bild geschoben, aber keine Bulldozer wollen von links und rechts auftreten, den Hintergrund spielerisch beleben, dann das Mittelfeld besetzen und mit der großen Veränderung unserer Wirklichkeit beginnen. Nichts hat die Mattscheibe zu bieten. (Auch meine 12 a verweigerte den Auftritt.) Milchiges Flimmern. Das nichtende Nichts. »Sehen Sie etwas?« heißt die Frage des Zahnarztes, der wägend die Spritze hält.

»Nichts sehe ich«, antwortet der Patient. »Dann wollen wir mal so tun, als hätten Sie nicht abermals leichtfertig der Gewalt das Wort geredet. Freilich, das laufende Programm haben Sie gründlich verärgert. Auf die Berliner Abendschau werden wir verzichten müssen. Ersatzweise werde ich auf Raumbild umschalten. Besser als nichts.«

Die große Einstimmung: Gerahmt von der Sprechstundenhilfe und dem Zahnarzt, aus seinem Rittergestühl heraus sieht der Patient, wie die Hilfe ihre Hand zum linkshändigen Dreifingergriff formt und ihm, dem Patienten, vor wie auf der Mattscheibe, zur Maulsperre verhilft: ihr mittlerer Finger drückt die Zunge zurück, ihr Ringfinger sperrt den Oberkiefer und ihr Zeigefinger preßt das Mullpölsterchen gegen das Zahnfleisch. Der Zahnarzt, hier wie dort, setzt im Unterkiefer die erste Spritze an.

Die Tonwiedergabe ist vorzüglich: gleichzeitig wird in der Praxis und auf dem Bildschirm in Zimmerlautstärke gesprochen: »Wir beginnen mit der Leitungsanästhesie und blockieren den Nerv an seiner Eintrittsstelle.«

(Ich sah, wie schwer es ihm fiel, die Spritze anzusetzen.)

»Ihr Zahnfleisch ist, wie Sie sich denken können, von den zurückliegenden Injektionen ziemlich mitgenommen.«

Eine Kamera – es muß doch irgendwo eine Kamera geben! – holt jetzt das Zahnfleisch des Patienten ganz nah heran: der Dreifingergriff und die suchende Injektionsnadel in der Maulsperre füllen das Bild. Jetzt hat er ein noch nicht zerstochenes Fleckchen gefunden: Die Vorahnung holt das Jetzt ein. Der erlösende Pieks trifft mich (hat mich getroffen) im Bild und in Wahrheit: Jajajaja . . .

»Und erinnern Sie sich, was nun kommt?«

Die geheime Kamera gibt den zur mythologischen Landschaft gesteigerten Ausschnitt auf und zeigt den Patienten wieder im Rittergestühl, zwischen Arzt und Hilfe.

»Jetzt kommt die Lokalanästhesie . . .«

»Gut so. Gut. Dann sind wir ja auf dem laufenden . . .«

»Sagen Sie, Dokter, die restlichen Spritzen, das ist nichts Neues. Wir könnten uns Ihren Ton sparen, ich meine nicht nur den Bildton . . .«

»Wenn ich Sie recht verstehe, wollen Sie Ihr Planspielchen weitertreiben . . .«

»Meine Verlobte, Sieglinde Krings . . .«

»Wäre es nicht besser, Sie ließen Ihren Krings einen renitenten Sohn haben . . .«

»Bitte keine Ratschläge, Dokter . . .«

»Ganz wie Sie wollen . . .«

»Ich sage nicht mehr Bulldozer; und Sie versuchen nie mehr, dem Krings einen Sohn einzureden.«

»Abgemacht unter Zeugen . . .«

(Wenn auch, wie das Bild zeigte, ohne Handschlag.)

»Ich könnte Ihnen Linde portraitieren: eine zähe Bergziege, die auf Steilhängen Halt findet. Ihr Plan verlangt Opfer. Das Medizinstudium gibt sie auf. (Eigentlich wollte sie Kinderärztin werden.) Und auch ihren Verlobten muß sie später fallen lassen. Die neue Materie nimmt von Linde Besitz. (Ich durfte ihr Wälzer über Strategie und Taktik besorgen.) So muß man sie zeigen: über Kriegstagebücher, Divisionsgeschichten, Fotokopien einstiger militärischer Geheimnisse, über Meßtischblätter gebeugt. Vergraben in ihrem Zimmer, das zunehmend alle Mädchenattribute verliert und bald Vaters Sparta ähnelt. Manchmal vereinsamt im Grauen Park. Oft erschöpft oder erdrückt von Fakten und widersprüchlichen Angaben. Soeben hat Linde – wir wissen schon wie – von dem Betriebselektriker Schlottau erfahren, daß ihr Vater vorhat, die Panzerschlacht bei Kursk noch einmal zu schlagen – und zu gewinnen. Krings sieht sich gezwungen, gleichfalls Spionage zu betreiben und seinen zukünftigen Schwiegersohn anzuwerben. (Und ich lieferte ihm, was ich wußte, denn was ging mich das alles an.) Die Familie gerät offensiv in Bewegung: auch Lindes Tante wird vom General und seiner Tochter wechselseitig benutzt, dem Gegner falsche Informationen zuzuspielen. Figuren werden, laut Planspiel, verschoben. Finten. Anspielungen beim Abendessen. Ich kann mich nur behaupten, indem ich zum Doppelagenten aufsteige und auch Linde beliefere. Nicht ohne Gegenleistung. (Ich machte es wie Schlottau. Oder genauer: sie machte aus mir einen Schlottau und ließ mich nur, wenn ich mehr als er wußte.) Manchmal kaufe ich mir seine Informationen. Wie ja auch Krings mich kauft. Nur Tante Mathilde liefert umsonst und begreift nicht viel. Sieglinde Krings besucht regelmäßig das

Koblenzer Militärarchiv. Eingeschriebene Briefe werden persönlich ausgehändigt an Fräulein Sieglinde Krings. So heißt sie nicht nur laut Taufschein, so wurde auch ein Entlastungsangriff an der Narwa-Front, Ende vierundvierzig, getauft: Unternehmen Sieglinde. Zwar hat man später den Erfolg der kleinen Offensive dem Generaloberst Frießner zugesprochen, von dem Krings die Heeresgruppe Nord übernommen hatte, aber das hindert Krings nicht, nach der Rückeroberung Laubans, einen verlustreich gehaltenen Sehnenriegel ›Sieglindenstellung‹ zu nennen. (Schon in der Tundra hatte er versucht, seine langsam vereisende sechste Gebirgsdivision mit einer Siegesrune als ›Sieglinden-Division‹ auszuzeichnen; aber das Armeeoberkommando lehnte den Antrag ab.) Späten Ersatz bietet der Sandkasten: Die Panzerschlacht bei Kursk, die unter dem Decknamen ›Zitadelle‹ im Sommer dreiundvierzig für Model, Manstein und Kluge verlorengegangen war, gewinnt Krings als Unternehmen ›Sieglindenzug‹, weil seine Tochter nicht über die Pläne der sowjetischen Minenfelder verfügt.

›Hör doch auf, Linde. Du schaffst es nicht. Nicht Schnepfen, Phantome werden gejagt. Frag dich doch mal, nein hundertdreimal nacheinander: Was ist das, ein General? Oder sag es ganz schnell: General General General General . . . Ein Pappendeckel bleibt übrig. Ein Wort wie Britzbänke. Aber Britzbänke bedeutet ja immerhin was, während das Wort General . . .‹

Sie kappt mir auf dem Korrelsberg meine Erklärung des Generals an sich: ›Bist du fertig? Ein General ist jedesmal anders. Dieser hier will sich nicht geschlagen geben.‹

›Und ich beweise dir, daß von diesem General nichts außer Prozeßkosten übriggeblieben ist. Sag ihm, er soll die Baracke räumen. Der Lagerraum wird benötigt. Soll er doch seine Memoiren schreiben. Jetzt endlich weiß ich, was das ist, ein General: Jemand, der nach einem wechselvollen todbringenden Leben seine Memoiren schreibt. Schön. Lassen wir ihn siegen – in seinen Memoiren . . .‹

Ich spreche in Richtung Laacher See. Sie spricht in Richtung Niedermendig. (Dabei paßten wir eigentlich gut zusammen. Sie konnte ganz anders sein. Richtig albern und nicht so verkrampft. Auch aß sie gerne gut. Sogar sentimental konnte sie werden: Illustriertenromane schmökern. Und Kino: am liebsten Liebesschnulzen. Stewart Granger war ihr Typ. Dabei nicht dumm. Politisch hatten wir eine Wellenlänge. Sie war mit mir der Meinung, daß die Menschheit durch Überproduktion und Konsumzwang terrorisiert wird.) Was heute meine Schülerin Vero Lewand als Klassensprecherin der 12 a verkündet, hat vor über zehn Jahren schon meine Verlobte – da, schauen Sie, Dokter! – auf dem Korrelsberg gefordert: ›All diesen Ramsch und Überfluß müßten zehntausend gewalttätige, alles niederreißende Bulldozer . . .‹«

Die List, über Zweitpersonen den Beginn radikaler Veränderungen zu proklamieren, verfing nicht. Als ich einzulenken versuchte – »Eigentlich wollte Krings vor dem Ersten Weltkrieg Lehrer werden« –, blieb meine Schleife tonlos. Zwar hielt sich das Raumbild. Zwar blubberte meine Sprechblase, aber leergefegt sagte sie nichts mehr. Seine Sprechblase füllte sich: »Hören Sie, mein Lieber. Während ich Sie mit vier Injektionen versorgte, habe ich mir das alles ohne Widerspruch angehört. Schließlich habe ich es Ihnen freigestellt, sich während der Behandlung den beliebigsten Fiktionen hinzugeben. Aber nun ist das Maß voll. Aufrufe zur Gewalt, selbst wenn sie Ihrer ehemaligen Verlobten oder einer unmündigen Schülerin in den Mund gelegt werden, finden in mir einen unversöhnlichen Gegner. Die Früchte des kleinen, oft sogar lächerlich kleinen Fortschritts, also auch meine Praxis, die im Sinne der vorbeugenden Zahnmedizin aufgebaut worden ist, lasse ich mir nicht zerstören, nur weil Ihnen die Verlobte davongelaufen ist, weil Sie ein Zukurzgekommener, ein Versager sind, der nun der Welt, mit Hilfe seiner krausen Fiktionen, das allgemeine Versagen andichten möchte, damit er sie rechtens vernichten kann. Ich kenne Sie.

Eine Zahnsteinprobe genügt. Schon beim Röntgenstatus ahnte ich: Hier will jemand, wieder einmal, die Umwertung aller Werte. Hier will jemand, wieder einmal, über den Menschen hinaus. Wieder einmal will hier jemand mit dem absoluten Zollstock Maß nehmen. Zwar gibt er sich modern. Er hat nicht vor, den abgetakelten Übermenschen aufzuputzen, er vermeidet geschickt die Forderung nach dem neuen, dem sozialistischen Menschen, aber sein Überdruß, sein Gähnen angesichts geringfügiger, doch immerhin nützlicher Verbesserungen, seine Lust, Knoten mit raschem und gleichwohl ungezieltem Hieb zu durchhauen, seine Geilheit nach einem möglichst pompösen Untergang, seine altmodische Zivilisationsfeindlichkeit, die sich, fortschrittlich kostümiert, in Stummfilmzeiten zurückträumen möchte, sein Unvermögen, still und fleißig für die Versorgung der Menschen zu arbeiten, seine Pädagogik, die das Nichts bedingungslos gegen eine Utopie und solch ein Luftschlößchen gegen das dröhnende Nichts einzutauschen bereit ist, seine Unrast, sein launenhaftes Kleinhirn, seine Schadenfreude, wenn etwas nicht klappt, und seine sich wiederholenden Aufrufe zur Gewalt verraten ihn. Bulldozer! Bulldozer! Kein Wort mehr. Ab ins Wartezimmer. Erst wenn sich die Anästhesie voll ausgewirkt hat, sprechen wir wieder miteinander . . .«

(Ich gestikulierte. Es machte ihm Spaß, meine Sprechblase ohne Inhalt zu lassen. So baute er seinen Patienten auf, um ihn abschieben zu können. Doch auf keinen Fall wollte ich wieder zu den Springbrunnengeräuschen und zu den Illustrierten Stern Quick Bunte Neue . . . Nie wieder wollte ich lesen, woran sich mein ehemaliger Reichsjugendführer erinnern konnte und woran nicht. An allen Orten, warum nicht in einem Rittergestühl, sollte die Große Weigerung beginnen. Ich versteifte mich zu einem unbeweglichen Nein. Soll er doch die Polizei rufen! – Aber der Zahnarzt strafte seinen Patienten mit Toleranz und gab ihm mit kleinem Finger den Ton zurück.)

Zahnarzt: »Wollten Sie etwas sagen?«

Patient: »Ich fürchte mich vor dem Wartezimmer.«

Zahnarzt: »Ist es nicht vielmehr die Furcht vor Ihrer Flucht in immer neue Fiktionen?«

Patient: »Sie verkennen mich. Mein Bedürfnis, gelegentlich, wenn auch nur mit Worten, bestehende Ordnungen stürzen zu wollen, hat eine Vorgeschichte . . .«

Zahnarzt: »Die Sie als bekannt voraussetzen dürfen: Als Siebzehnjähriger, kurz vor Kriegsende, führten Sie eine der damals überall rasch entstehenden Jugendbanden.«

Patient: »Wir waren gegen alle und alles!«

Zahnarzt: »Aber heute, als ein vierzigjähriger Studienrat . . .«

Patient: »Meine 12 a durchläuft zur Zeit einen ähnlichen Klärungsprozeß. Der permanente Dialog mit meinem Schüler Scherbaum muß auch das Thema Gewalt streifen . . .«

Zahnarzt: »Bei aller Fürsorge, ich warne Sie . . .«

Patient: »Deshalb bitte ich, mir zu glauben, daß meine Schüler und ich im Umsturz nur die Vorbedingung für eine größere und zwar pädagogische Ordnung sehen. Nach einer relativ kurzen Zeit der Gewalt . . .«

Zahnarzt: »Ich werde wohl doch darauf bestehen müssen, daß Sie im Wartezimmer einigen Abstand gewinnen.«

Patient: »Bitte nein!«

Zahnarzt: »Sie erschweren mir die Fürsorge beträchtlich.«

Patient: »Im Grunde bin ich ein Mann der friedlichen Weiterentwicklung, wenngleich mir der Glaube an den Fortschritt schwer fällt . . .«

Zahnarzt: »Sie profitieren vom Fortschritt!«

Patient: »Das will ich gerne einräumen, wenn ich nur nicht ins Wartezimmer muß . . .«

Zahnarzt: »Der Zahnersatz hat eine Entwicklung hinter sich, die ich – wenn auch nicht in Ihrem verstaubten Wortsinn – revolutionär nennen möchte.«

Patient: »Zugegeben. Wenn ich nur nicht . . .«

Zahnarzt: »Also bleiben Sie schon.«

Patient: »Danke, Dokter . . .«

Zahnarzt: »Doch der Ton muß wieder weg, damit Sie nicht abermals mit dem dummen Wort zu spielen beginnen.«

(Da saß ich mundtot im Rittergestühl und sah mich: mundtot im Rittergestühl. Zwar meinte ich, die Leitungs- und die Lokalanästhesie meines Unterkiefers habe ein Schwellen der Zunge und beider Wangen bewirkt, werfe die Lippen auf und gebe mir ein gedunsenes Aussehen, aber die Mattscheibe wußte es besser: Nichts quoll, keine dicke Backe, und auch die Zunge – ich zeigte sie mir – war schmal, lang, beweglich, neugierig und zärtlich geblieben. Zungerausstrecken. Was meine Schülerin Vero Lewand mit siebzehn konnte, das schaffte ich noch mit vierzig. Meine Zunge lockte: Komm, Linde. Komm . . .)

Im modischen Jackenkleid, unter toupierter Frisur betonte sie an den richtigen Stellen: »Liebe Quizfreunde! In unserer heutigen Sendung: ›Wissen wir noch Bescheid?‹ geht es um militärische Schlachten, die das Schicksal Deutschlands, Europas, ja, das der ganzen Welt mitbestimmt haben . . .«

Ihr ernster Unterton machte einen Felgaufschwung in fröhliche Stimmlagen: »Ich darf nun mit der Vorstellung unserer Gäste beginnen. Diesmal kommen sie aus einem Berliner Gymnasium. Eine beängstigend junge Dame: Fräulein Veronika Lewand . . .«

In den Beifall des Publikums Zwischenschnitt: Da saßen die elften, zwölften und dreizehnten Klassen unseres Gymnasiums; und in den ersten beiden Reihen saßen der Elternbeirat und das Lehrerkollegium.

»Nun, Fräulein Lewand – ich darf Sie wohl Vero nennen – warum interessieren Sie sich für Geschichte?«

»Ich finde, für unsere Bewußtseinsbildung ist Geschichte enorm wichtig, besonders wenn es sich um unsere jüngste Vergangenheit handelt. Mein Freund denkt genau so . . .«

»Und damit, liebe Quizfreunde, stelle ich Ihnen Veros Freund, den jungen Philipp Scherbaum vor, von seinen Schulkameraden kurz Flip gerufen. Wie alt sind Sie, Flip?«

Scherbaums »Siebzehneinhalb« ging im Gelächter unter. Die vertrauliche Anrede »Flip« ließ Stimmung aufkommen, die Linde sogleich versachlichte: »Und wer hat Ihr Interesse an Geschichte geweckt?«

»Das war schon immer mein Hobby. Aber unser Geschichtslehrer, Studienrat Starusch . . .«

»Also der Lehrer war es. – Und nun die Gegenseite. Ein einzelner Herr. Ich begrüße den ehemaligen Generalfeldmarschall Ferdinand Krings.«

Nach dem höflichen Begrüßungsbeifall ließ Linde den Generalsrang fallen: »Herr Krings, Sie befehligten gegen Kriegsende die Armeegruppe Mitte . . .«

»Jawohl. Es gelang mir, die Front an der Oder zum Stehen zu bringen. Konjew, mein Gegner von damals, hat gesagt: Wenn Krings nicht gewesen wäre, wäre ich bis zum Rhein durchgestoßen . . .«

»Schon sind wir mitten im Kampfgeschehen und damit bei meiner ersten Frage. Zwei Jahrtausend zurückgedacht: Nach welcher Schlacht findet Caesar Briefe seines Gegners, und was tut er damit? Nun, Philipp? Dreißig Sekunden . . .«

»Es handelt sich um die Schlacht bei Larissa in Thessalien. Caesar besiegt Pompejus, findet in dessen Lager Briefe und verbrennt sie, ohne sie gelesen zu haben.«

»Und vielleicht kann uns Herr Krings sagen, wer uns über dieses noble Verhalten unterrichtet hat?«

Die Antwort des ehemaligen Generalfeldmarschalls: »Bei Seneca finden wir eine kurze Bemerkung darüber«, fand genau so viel Beifall wie Scherbaums Replik. Linde notierte die Werte: »Und nun zur eigentlichen Schlacht. Welche Aufstellung, Fräulein Lewand, nahm Caesar? Dreißig Sekunden . . .«

Meine Verlobte – blendend aufgelegt – leitete mit geschickt verbindenden Worten von Schlacht zu Schlacht. Ich gebe zu, daß mich jede richtige Antwort meines Philipp stolz machte. (Warum hier aufgeschlossen und beim Unterricht abweisend: »Was gehen uns Ihre Clausewitz Ludendorff Schörner an?«) Fabelhaft, wie sachlich er blieb. Mehrmals geriet ich in Versuchung, meinen Zahnarzt beim Karteikartenausfüllen zu stören: Sehen Sie, Dokter! Mein Schüler. Er schlägt den Krings. Sein Bericht über die Wetterverhältnisse während der Schlacht bei Königgrätz hat dem Alten die Sprache verschlagen ... aber ohne Ton nahm ich mich zusammen, zumal Scherbaum beträchtlich Punkte verlor, als meine Verlobte nach der Zwölften Isonzoschlacht fragte. Krings schilderte detailliert jede Phase der Erstürmung der Höhe 1114. Das Publikum – sogar Irmgard Seifert klatschte gemessen – entschloß sich zu fairem Applaus. Die Punktzähler stotterten das Zwischenergebnis: Es stand vierundzwanzig zu einundzwanzig für den ehemaligen Generalfeldmarschall.

Meine Verlobte begann witzig: »Es gibt ein starkes Tier, das wir heutzutage nur noch im Zoo oder in Naturschutzgebieten finden; doch da wir uns nicht zu einem Tierquiz gefunden haben, will ich es ausplaudern: es handelt sich um den Büffel. – Und welche Truppenbewegung fand unter dem Decknamen dieses Tieres im März dreiundvierzig statt?«

Krings lächelte aus seinem tiefgestaffelten Wissen heraus: »Es handelt sich um die Zurücknahme der neunten Armee und der Hälfte der vierten Armee aus der vorgeschobenen Angriffsbasis Rshew.« Lindes Zusatzfrage verriet ihre Bedenken: »Der Generalfeldmarschall sprach im Zusammenhang mit der Büffelbewegung von einer Angriffsbasis. Wie schätzen Sie Rshew ein, Philipp?«

»Selbst die Bezeichnung ›Rshew, Eckpfeiler der Ostfront‹, halte ich für übertrieben. Rshew war, genau wie Demjansk, immer der Abschnürungsgefahr ausgesetzt, und wenn Zeitzler, damals Chef des Generalstabes ...«

Krings verletzte die Spielregeln, sprang auf und teilweise aus dem Bild: »Dieser verfluchte Drückeberger- und Etappengeist!

Zeitzler, Model, alles Verräter! Degradieren und an die Front schicken! Niemals hätten wir den Brückenkopf an der Wolga räumen dürfen. Mit allen verfügbaren Reserven hätte ich . . .«

Ich bewunderte die Eleganz, mit der meine Verlobte den offensiv werdenden General abfing und das jugendlich zischende Publikum beschwichtigte.

Beim anschließenden Fragespiel wies Vero Lewand nach, daß Krings vorhatte, mit Divisionen zu operieren, die auf Bataillonsstärke zusammengeschmolzen oder zum Zeitpunkt der Kringsschen Offensive nicht greifbar waren: »Sie operieren mit Fehlanzeigen!«

Und Scherbaum sagte: »Sie haben das schon Mitte Februar einsetzende Tauwetter nicht berücksichtigt und außerdem eine Luftwaffenfelddivision an die Front gebracht, die in den Waldgebieten westlich Sytschewka zur Partisanenbekämpfung eingesetzt ist.«

Als meine Schülerin die Rollbahn Wjasma–Rshew schon ab 2. März für unterbrochen erklärte, befand die Quizmasterin Linde mit der zuschlagenden Geste eines Auktionators, die Kringssche Offensive sei verlustreich gescheitert. »Das inzwischen ermittelte Endergebnis liegt vor. Unsere Oberschüler sind eindeutige Sieger. Ich darf gratulieren!«

Natürlich freute ich mich über Scherbaums gutes Abschneiden. Als Preis wurde ihm und seiner Freundin eine Schiffsreise auf dem Rhein zugesprochen, inklusive Besichtigung des Militärarchivs in Koblenz. Linde lächelte teilweise: »Doch nun wollen wir den zweiten Sieger nicht vergessen.« Mit aufmunternden Worten – »Es liegt ja schon alles so lange zurück, Herr Generalfeldmarschall« – überreichte sie Krings als Trostpreis eine Dünndruckausgabe der »Briefe an Lucilius«. Er zitierte sogleich mit geschlossenem Buch; und die Kameraleute waren höflich genug, erst nach seinem Zitat – »Ohne Aussicht auf Gnade treten wir in das Leben« – die Quizsendung auszublenden.

Ach, war ich enttäuscht, wieder nur mich im Rittergestühl sehen zu müssen. Selbst meine Grimassen, betäubt und außer Kontrolle, mißfielen mir: Sendepause. Draußen fiel nicht mal Schnee. In meinem Rücken hörte ich die Schrift meines Zahnarztes über Karteikarten eilen. Seine Sprechstundenhilfe servierte ihm halblaut Zahlen, Befunde und zahnmedizinische Formeln. Satt hatte ich meinen Anblick. (»Dokter, lieber Dokter, ist es nicht so, daß das kapitalistische Wirtschaftssystem zwangsläufig . . .«) Aber innerhalb der Praxis, sieben mal fünf, bei dreidreißig Höhe, wie auf der Mattscheibe blieb meine Sprechblase leer. (Ich hätte das Wörtchen Bulldozer wagen dürfen.) Statt dessen plapperte es in meinem rückwärtigen Gebiet: ». . . echter Tiefbiß mit mesialer Ruhelage . . . Aktivierung der schiefen Ebene durch Beschleifen der Occlusalflächen . . . Extraktion von 4 plus 4 . . . offener Biß vorn . . . Kreuzbiß seitlich . . . palatinale Nonocclusion . . . echte Progenie . . .« – Dabei war es Sandmännchenzeit. Wehleidigkeit schlug immer den gleichen Akkord an. (Der einsame Patient versuchte zwei Tränen im Eigenbau gegen den Stillstand zu setzen.) Aber die Mattscheibe ließ mich nur blinzeln. Da wagte ich noch einmal die Zungenprobe, zeigte mir und allen müden Kinderchen meinen betäubten Kloß, der aber auf milchig himmlischer Wölbung immer noch zierlich zu turnen verstand und Lockvögelchen spielte: Komm, Linde. Komm . . .

Und sie kam in schlichter Bluse, erschuf sich in der Braunschen Wunschkugel als Märchentante, taute mit heimeligem Stimmchen Tiefgefrorenes auf und ersetzte mir das Sandmännchen: »Es war einmal ein König, der hatte eine Tochter, für die er alles tat, um ihr Freude zu bereiten. Also begann er einen großen Krieg gegen seine sieben Nachbarn, deren sauber abgehackte Zungen er seiner Tochter zum Geburtstag schenken wollte. Aber seine Generäle machten alles falsch und verloren so lange Schlacht um Schlacht, bis der König den Krieg gegen die sieben Nachbarn verloren hatte. Müde, traurig, mit kaputten Schuhen und ohne das versprochene Geburtstagsgeschenk kehrte er heim. Finster setzte er sich hinter ein Glas Wein und guckte so lange finster, bis der Wein schwarz wurde und sauer. So sehr ihn seine Tochter trösten wollte – Aber das macht doch nix, Papa. Ich bin auch ohne die sieben Zungen glücklich und zufrieden –, nichts konnte den verfinsterten König aufheitern. Als ein Jahr verstrichen war, ließ er mehrere Schachteln Bleisoldaten – denn seine richtigen Soldaten waren ja alle tot – in einem Sandkasten, den er extra für viel Geld bauen ließ, aufmarschieren und alle Schlachten gewinnen, die seine Generäle verloren hatten. Als der König nach jedem Sieg im Sandkasten immer ein bißchen lauter lachte, wurde seine Tochter, die immer lustig und sanft gewesen war, traurig und auch ein bißchen böse auf den Vater. Sie zog ein Mäulchen, legte ihr Strickzeug weg und sagte: Der ist aber langweilig, dein Sandkastenkrieg, weil du keinen richtigen Gegner hast. Laß mich mal die sieben Nachbarn spielen. Schließlich hast du mir ihre sieben sauber abgehackten Zungen zum Geburtstag versprochen. – Wie hätte der König nein sagen können? Er mußte alle Schlachten noch einmal schlagen, doch seine Tochter besiegte ihn jedesmal. Da weinte der König und sagte: Ach, wie schlecht habe ich diesen Krieg geführt. Ich bin noch unnützer als meine Generäle. Nur noch ins Glas starren will ich, bis der Wein schwarz und sauer wird. – Da wurde die Tochter, die soeben noch ein bißchen böse gewesen war, wieder sanft und lustig. Sie tröstete den Vater, stellte ihm das Weinglas aus dem finsteren Blick und sagte: Andere Könige sollen Kriege führen, ich will lieber heiraten und sieben Kindlein haben. – Zum Glück ging gerade an dem Schloß, in dem der teure Sandkasten stand, ein junger Lehrer vorbei, dem des Königs Tochter, die ja eine richtige Prinzessin war, gefiel. Also heiratete er sie eine Woche später. Und der König ließ den beiden aus dem Sandkastenholz eine schöne Schule bauen. Da freuten sich die Kinder der toten Soldaten. Und auch die sieben Nachbarn waren froh. Denn von nun an mußten sie nie wieder um ihre lustigen roten Zungen fürchten . . .«

(. . . und wenn der Lehrer des Königs Tochter nicht mit einer Fahrradkette oder ähnlichen Einfällen erwürgt hat, dann lebt sie heute noch.)

Kaum hatte sie die Märchenstunde abgesagt und den Kindern vor dem Fernsehschirm eine gute Nacht gewünscht, kaum hatte ich mich wieder auf der Mattscheibe entdeckt, da trat sie – im Raum wie im Bild – abermals auf. Sie war es, die kurz befand: »Die Anästhesie ist voll zur Wirkung gekommen.« Sie war es, die mir mit gelerntem Dreifingergriff Maulsperre befahl. Sie hängte mir den Speichelabsauger über die pelzige Unterlippe. Und er, zurück von seinen Karteikarten, wollte mir, ob ich rechts links schielte oder den Bildschirm befragte, fremd und dennoch bekannt vorkommen. (Diesen Bocksgeruch kennst du doch.) »Dokter, sind Sie es wirklich?« Verdächtig intim gingen sie miteinander um. (Hat er sie nicht soeben geduzt, bevor er nach der Pinzette schnalzte?) Ich registrierte Blicke zwischen dem sauberen Paar, die sich mein Zahnarzt und seine zurückhaltende Hilfe niemals gestattet hätten. (Geile Vertraulichkeiten. Jetzt hat er sie ins Gesäß gekniffen.) »Warum schreiten Sie nicht ein, Dokter!« – Nichts kam und wollte sich mit meinem Protest füllen. Da versuchte ich es direkt: »Sagen Sie, Schlottau, wenn Sie sich schon als Zahnarzt aufspielen, dann lassen Sie mich wenigstens in die Röhre gucken. Gleich läuft die Tagesschau. Ich will wissen, was in Bonn los ist. Oder ob die Studenten wieder . . .«

Sieg! Es tönt! (Vielmehr Teilsieg. Die Mattscheibe bestand auf Raumbild.) Doch meine Sprechblase blubbert, und auch der Raum trägt, was ich mit Zimmerlautstärke verbreite: »Sofort läßt du das Fummeln, Linde. Verstanden!« (Sie gehorchte.) »Und auch Sie, Schlottau, unterlassen alle Zweideutigkeiten. Die Tagesschau, bitte!«

(Schlottau gab sich brummig: »Läuft ja noch Werbung momentan.« Doch Linde drückte die Taste: »Laß ihn doch gucken, solange wir ihm die Zinndinger abdrehen.«)

Sie hat abdrehen gesagt. (Noch heute wette ich, daß sie vom Abdrehen sprach.) Bevor ich Linde verbessern kann, wirft Schlottau die Pinzette meines Zahnarztes seitlich aus dem Bild und zieht sein Werkzeug, eine ordinäre Kombizange, aus der Tasche. Die Werbung läuft an und erspart mir den Anblick eines tätigen Elektrikers im Arztkittel. (»Komm, Junge, mach schon. Ich steh das schon durch.«)

Während mein rechtes Auge die hydromechanische Wirkung eines pulsierenden Wasserstrahls auf das Zahnfleischgewebe begreift – (»Sie, Dokter, waren es, der Mattscheibenwerbung betrieb: Aqua-Pik reinigt und belebt!«) – erfaßt mein linkes Auge den Betriebselektriker Schlottau, der seine Kombizange über dem Bunsenbrenner ausglüht. Er will doch nicht etwa? »Schlottau! Was soll der Unsinn?«

Sie drückt mich mit trockenem Griff in den Ritter. Was ich zwischen den Rippen spüre, stark spüre (weil ich sonst nichts spüre) das ist ihr rechter spitzer Ellenbogen. Jetzt setzt Schlottau die glühende Zange an.

(Sie sagten damals als Werbefachmann: »Es handelt sich um ein Präzisionsgerät. Aqua-Pik ist mit einer elektrisch betriebenen Pumpe ausgerüstet . . .« – Aber da roch es schon brenzlig.)

»Da riecht doch was, Schlottau!« (Nur Gaumen, Lippe, Zahnfleisch und Zunge waren betäubt, nicht mein Geruchssinn.) »Da riecht doch verbranntes Fleisch. Haben Sie meine Hängelippe mit Ihrem glühenden Greifer . . .«

Aber kein Schmerz, nur Wut. Er macht das mit Absicht. Will mir ein Brandzeichen aufdrücken. Weil sie das so wollte. (Meine Wut sucht Ausdrücke.) Während Aqua-Pik und mein Zahnarzt vom Vollkornbrot verdrängt werden, riecht es immer noch: Wut. Auch während die große Geschirrspülmaschine der lachenden Hausfrau die Arbeit abnimmt, steigert sich Wut und will Einbaumöbel zertrümmern. Wut, die Dunlop-Reifen schlitzen und Osram-Birnen abknallen will. Von den glattkrausen Socken durch beide Hosenbeine steigende, sich überm Gehänge bündelnde Wut. Artikellos Wut. Vorgeschmack Wut, der den Nachgeschmack Wut übertönt. Maulgesperrt Wut. Wut, die zum Himmel schweigt. (Nie hat mich meine 12 a – so sehr Vero Lewand zu provozieren versuchte – in solche Wut bringen können.) Vierzigjährige, abgelagerte, gestaute, den Korken treibende Wut. Denn das muß raus. Die Tinte Wut. Von keiner Farbe besänftigt, schwarzweiß gestrichelt, Lage auf Lage Wut. Über gegen auf alles Wut. Der Pinselschlag Wut. Entwürfe der Wut: Bulldozer! Ich zeichne, erschaffe zehntausend wütige Bulldozer, die im Fernsehen, nein, überall aufräumen, die den Ramsch, Überfluß und komfortablen Stillstand erfassen, knautschen, stapeln, umstoßen und aus dem Hintergrund über das Mittelfeld gegen die Mattscheibe schieben und – wohin? – in die Zahnarztpraxis, nein, in den Raum an sich, nein, in das Nichts kippen ...

Es gelang mir noch einmal. Sie gehorchten. Beliebig viele Brigaden Bulldozer ebneten Einkaufszentren, Lagerhallen, Ersatzteilmagazine, Kühlhäuser, in denen Butterberge schwitzten, flächenballende Produktionsanlagen, inständig summende Forschungsstätten, ebneten, sage ich, Walzstraßen und Fließbänder ein. Warenhäuser fielen aufs Knie und entzündeten sich gegenseitig. Gesang lag darüber: Burn, ware-house, burn – und die Stimme meines Zahnarztes, der mich glauben machen wollte, er habe mir die Zinnkappen abgenommen, ihm sei das kleine Malheur passiert, seine ausgeglühte Pinzette habe mir das Brandzeichen gesetzt.

»Das tut mir aber leid. Ist mir sozusagen noch nie passiert. Doch mit Brandsalbe werden wir ...«

Nichts tat ihm leid. Wer so schnell Brandsalbe sagt und sie auch griffbereit bei sich führt, der kennt kein Mitleid, der will, was er tut; aber auch ich hatte gewollt, was die Bulldozer getan hatten. So gründlich war mir das große Abräumen gelungen, daß selbst Linde und Schlottau verschwunden waren. Ich gebe zu, froh gewesen zu sein, als nicht der, sondern er die letzte Zinnkappe lüftete. Mit Vorzug ließ ich mich von seiner klammfingrigen

Assistentin maulsperren. Und als sich mein Zahnarzt wieder und wieder entschuldigte, gab ich nach: »Sowas kann vorkommen, Dokter . . .«

Ich verzieh ihm, aber mein Zahnarzt konnte an der aufgeräumten Mattscheibe keinen Gefallen finden: »Da ist es Ihnen ja wieder einmal gelungen, das nichtende Nichts zu beschwören.«

»Es ist immerhin reizvoll, Dokter, und sei es nur theoretisch, wieder bei Null anfangen zu dürfen.«

»Gefällt Ihnen also – Ihr Nichts?«

»Vorerst habe ich Platz geschaffen . . .«

»Mit Gewalt, mein Lieber. Mit Gewalt!«

». . . und jetzt läßt sich etwas aufbauen, etwas Grundneues . . .«

»Und was, wenn ich fragen darf?«

»Die wirklich klassenlose Gesellschaft, der ich ein weltweit pädagogisches System als Überbau wünsche, das Ihrer weltweiten Krankenfürsorge nicht unähnlich ist . . .«

»Sie irren. Die weltweite Krankenfürsorge ist das Ergebnis langsamer und oft zu spät einsetzender Reformen und nicht dummer Gewalt, die nur das Nichts erschaffen kann. Wir haben uns erlaubt, Ihren Abräumungsprozeß aufzuzeichnen. Während meine Assistentin und ich das Versetzen der beiden unteren Degudentbrücken vorbereiten – schauen Sie nur die vorzügliche Arbeit! – werden Sie erleben, wie sich nach dem Nichts – und aus dem Nichts – wieder der Zustand wie vor dem Nichts herstellt.«

(Als ich versuchte, ihn mit den Forderungen des radikalen Flügels meiner 12 a bekannt zu machen – Raucherecke, Schülermitbestimmung, Abwählbarkeit reaktionärer Lehrkräfte durch den Schülerrat –, ermüdete er mich mit klinischen Erfahrungsberichten über den Dentalzement EBA Nr. 2, der meinen Degudentbrücken Halt geben sollte.) »Da EBA Nr. 2 nicht aus dem Nichts erstanden ist, sondern als Ergebnis vieler und oft vergeblicher Versuchsreihen gewertet werden kann, dürfen wir ihm vertrauen, zumal EBA Nr. 2 dank seiner Quarzkomponente selbst gegen Eiswasser isoliert, was nicht von jedem Dentalzement, der auf den Markt kommt, gesagt werden kann. Aber Sie geben ja nichts auf Entwicklung. Selbstherrlich wollen Sie erschaffen. Bei Null beginnen. Einfach lächerlich. Aber bitteschön. Wir werden erleben, was Ihnen zum Nichts eingefallen ist . . .«

Mit einem Trick speiste er mich ab. Rückläufig wurde das Nichts zur Konsumentenweide. Die ausgebrannten Warenhäuser (Burn, ware-house, burn . . .) faßten wieder Feuer. Das Feuer legte sich und hinterließ platzvolle Warenhäuser. Meine Bulldozer, soeben noch fleißig im Einebnen von Produktionsstätten und Buttersilos, leisteten, rückwärts krebsend, Aufbauarbeit. Sie, die so geschickt gewesen waren im Umstürzen und Zerknautschen, richteten auf und entfalteten. Aus Abbruchspezialisten mauserten sich Meisterrestaurateure. Die zersplitterten Einbaumöbel, die ausgeweideten Sitzgarnituren, die gestauchten Zweitwagen und erschossenen Osram-Birnen fügten, polsterten, streckten und erleuchteten sich wieder. Inständig summten die Forschungszentren. Auch fand die Tiefkühltruhe ihre alteingesessenen Untermieter. (Zuunterst hielt sich meine Verlobte frisch.) Das Hohelied der Werbung lief rückwärts wie vorwärts. Und als Vollkornbrot für sich warb, freute ich mich schon auf Aqua-Pik: »Schluß machen mit den reaktionären Zahnbürsten! Endlich aufräumen mit den parasitären Bazillenträgern! Wir beenden die Borstenära und verkünden die revolutionäre Epoche der pulsierenden Wasserstrahl-Zahnpflege. Ein neues klassenloses Zeitalter bricht an. Denn Aqua-Pik ist für jedermann und eignet sich auch für den Praxisgebrauch . . .«

Schon hielt mein Zahnarzt das handlich formschöne Gerät: »Und mit diesem fürsorglichen Geschenk an die Menschheit werde ich nun, bis unser Dentalzement auf gekühlter Glasplatte angerührt ist, noch einmal gut durchreinigen. Denn Aqua-Pik erfaßt jede Lücke, Rille und Tasche.«

Er säuberte und heilte gleichzeitig. Dann trocknete er mit Warmluft und setzte zuerst unten links, dann unten rechts die teuren Degudentbrücken.

»Wenn das kein Gewinn ist: Vier Zähne haben wir zu Pfeilerzähnen geschliffen – und sechs neue Zähne montieren wir nun.«

Während ich mich auf den Hohenzollerndamm wünschte, nannte er seine Degudentbrücken »fortschrittlich« und sprach von »konventionellen« Jacketkronen.

»Wissen Sie überhaupt, warum die so heißen?«

Jetzt schon sprach ich auf Scherbaum ein: »Kann Sie das überhaupt nicht reizen, als Chefredakteur eine heruntergekommene Schülerzeitung wieder auf Trab zu bringen?«

»Man schleift eine Stufe, vergleichbar der Schulter, auf der die Jacke sitzt . . .«

»Das ist doch eine Aufgabe, Philipp!«

»Doch extremen Belastungen sind Jacketkronen nicht gewachsen.«

»Sie könnten Ihre Vorschläge zur Ablösung des Religionsunterrichtes durch Philosophieunterricht veröffentlichen . . .«

»Zum Beispiel im Herbst. Essen Sie gerne Wildenten, Rebhühner, Hasenpfeffer? Na also. Ein Biß auf eine Schrotkugel, und das Porzellan platzt weg.«

Aber Scherbaum wich aus. Er habe andere Pläne. Könne man noch nicht drüber sprechen. (»Die sind auf Eis gelegt.«) Mein Schüler ließ mich beim Zahnarzt sitzen.

»Bei unseren Degudentbrücken hingegen besteht keine Gefahr des Abplatzens, weil sich das Porzellan mit dem Platingold durch ein Oxyd verbindet. Da es sich um eine Speziallegierung handelt, hält die Degussa dicht: Staatsgeheimnis! – So, nun schalten wir wieder auf Raumbild. Doch seien Sie vorsichtig bei Ihrer Wortwahl. Die frischversetzten Brücken können Schaden nehmen. Alles wäre für die Katz gewesen. Wir müßten noch einmal – wie Sie sagen – bei Null anfangen. – Na? Sehen Sie? Eine wahre Pracht – oder?«

Jadoch ja. Wie das perlt und hungrig tut. Und wie er den Farbton, dieses gelbliche, ins Grau spielende Weiß hinbekommen hat. Ein Künstler! Die sind ja echter als echt. (»Was meinen Sie, Scherbaum? Hat sich das gelohnt? Oder soll ich gewisse Raupenfahrzeuge und Schaufellader . . .«) – »Nichts habe ich gesagt, Dokter. Nichts!«

(Jetzt erst sah ich, unter dem glasigen Film der Brandsalbe, das geprägte große L auf meiner Unterlippe. Er wollte mich zeichnen. Ich war schon gezeichnet. Oh, Lindelindelindelinde . . .)

»Wie ein Stoiker haben Sie durchgehalten.«

Pünktlich servierte mir seine Hilfe die zwei Arantil.

»Jetzt legen wir eine Woche Pause ein, und dann kümmern wir uns um den Oberkiefer.«

Die Versuchung, an der Brandsalbe zu lecken. »Mir wäre sehr daran gelegen, wenn wir die Pause auf zwei Wochen ausdehnen könnten.«

Man erwartete meinen Abgang.

»Auch in zwei Wochen sind noch Termine frei.«

»Ich muß mich um meine 12 a kümmern. Besonders ein Schüler macht mir Sorgen.«

»Rufen Sie an, wenn irgendwas ist. Ihr ziemlich strapaziertes Zahnfleisch neigt zur Entzündung.«

»Scherbaum soll die Schülerzeitung übernehmen, weigert sich aber vorläufig.«

»Brandsalbe habe ich aufgeschrieben. Und gleichfalls die übliche kleine Mitgift.«

»Dabei ist Scherbaum begabt. Er plant irgend etwas.«

»Mit einer Doppelpackung wird sich die Pause wohl überbrücken lassen . . .«

Ich ging. Und wie ich mich in der Tür noch einmal umdrehte, um ihn ein letztes Mal mit einer Anrufung der radikalen Bulldozer zu reizen, sah ich, daß ich mich auf der Mattscheibe, im Weggehen, umgedreht hatte, um etwas zu sagen: Ich sage nichts und gehe.

2

Als sich der Studienrat Eberhard Starusch in zahnärztliche Behandlung begeben mußte, wurde an ihm ein Eingriff vorgenommen, der seinen Unterkiefer wie seinen Oberkiefer betraf und seine Bißlage korrigieren sollte.

Nach der Behandlung des Unterkiefers vereinbarten der Zahnarzt und der Studienrat eine vierzehntägige Pause; und mit dem Wort Pause auf dicker Zunge verließ der Studienrat die Praxis des Zahnarztes bei nachlassender örtlicher Betäubung. Die halbe Lossprechung, das befristete Vakuum, der Zeitgewinn. »Sie wissen ja, was Ihnen noch bevorsteht. Erholen Sie sich ein wenig.«

Als sich der Studienrat in einem Taxi seinem Wohnbezirk näherte, wollten die beiden Arantil-Tabletten, die er in der Praxis des Zahnarztes zu sich genommen hatte, noch nicht wirken. Mit Schmerzen verließ er das Taxi und drückte seinen Haustürschlüssel. Vor dem Haus, neben den acht mal sechs Klingelknöpfen, wartete ein Schüler auf den Studienrat und wollte ihn sprechen, wie Schüler manchmal ihren Lehrer sprechen müssen: »Dringend.«

Der Studienrat mußte bei zwei Grad unter Null den Mund öffnen: »Jetzt nicht, Scherbaum. Ich komme vom Zahnarzt. Eilt das sehr?«

Der Schüler Scherbaum sagte: »Das hat auch Zeit bis morgen. Aber dringend ist es schon.«

Er führte einen Hund bei sich, einen Langhaardackel. Beide liefen davon, bevor ich das Haus betrat.

Er lehrt, geht spazieren, bereitet sich vor, hofft auf, faßt zusammen, denkt sich was anderes aus, nennt ein Beispiel, wertet, erzieht.

Der Lehrer ist ein Begriff. Vom Lehrer wird etwas erwartet. Von einem Lehrer erwarten wir etwas mehr. Es fehlen Lehrer. Die Schüler setzen sich und blicken nach vorne.

Als sich der Lehrer einer zahnärztlichen Behandlung unterwerfen mußte, sagte er zu seinen Schülerinnen und Schülern:

»Nehmt bitte Rücksicht auf euren armen Lehrer. Er hat sich einem Zahnklempner ausliefern müssen, er leidet.«

Der Lehrer an sich. (Er sitzt im Glashaus und korrigiert Aufsätze.) Der Lehrer, in Kästchen verteilt, als Grundschullehrer, Realschullehrer, als Studienrat, Internatslehrer, auch Gewerbelehrer. Der Erzieher oder Pädagoge. (Wenn wir Lehrer sagen, meinen wir den deutschen Lehrer.) Er bewohnt eine noch nicht ausgemessene, im Entwurf schon reformbedürftige, bei aller Enge weltweit gedachte pädagogische Provinz.

Der Lehrer ist eine Figur. Früher war der Lehrer ein Original. Auch heute noch sagen die Schüler leichthin »Pauker«, wenn sie den Lehrer meinen: wie ich vor meinen Schülern von einem Zahnklempner sprach, als ich meinem Zahnarzt einen sadistischen Anstrich geben wollte. (Als wir noch miteinander plauderten, ließen wir den Klempner, den Pauker dahingestellt sein, ohne unter diesen groben Klassifizierungen zu leiden.)

Er sagte: »Es gibt natürlich eine Unmenge Anekdötchen, in denen der Zahnarzt als moderner Folterknecht Pointen liefern muß. Der ewige Doktor Eisenbarth.«

Ich sagte: »Dem Lehrer steht, gleich, welche Schule oder Klasse, welchen Schulhof er betreten will, gleich, welcher Elternversammlung er Rede und Antwort stehen muß, die Figur des Lehrers im Wege. Lehrer haben an andere Lehrer zu erinnern. Nicht nur an solche, die man gehabt hat, auch an literarische Lehrerfiguren, zum Beispiel an Kluges Doktor Windhebel oder an irgendeine Lehrergestalt bei Otto Ernst; wie überhaupt die sogenannte Gestalt des Lehrers Maßstäbe setzt. Der Lehrer bei Jeremias Gotthelf. (Immer noch werden wir an den Freuden und Leiden eines Dorfschulmeisters gemessen.) Der Lehrer als Sohn eines Lehrers, wie ihn Raabe in der ›Chronik der Sperlingsgasse‹ sieht. Ich sage Ihnen, all diese Schulmeisterlein Wuz, diese schwindsüchtigen Karl Silberlöffel, selbst Flachsmann als Erzieher und die pädagogischen Brosamen des Schulrates Pollack, den Heideschulmeister Karsten, auch Grimms Lehrer Rölke, ach, und die Studienräte, von denen gesagt wird, sie nahmen, als Philologen, schon immer eine Sonderstellung ein, den Studienrat bei Wiechert, den Studienrat bei Binding, alle, alle müssen wir mitschleppen, damit wir an ihnen gemessen werden können: Meiner war ganz anders ... Meiner erinnert mich an ... Und meiner, haben Sie mal ›Feldmünster‹ gelesen? – Deshalb sage ich: Wie meine Lehrer in meine Erinnerung eingingen und sich, gemessen an literarischen Lehrergestalten, auch solchen, die im Film vorkommen, nahezu fiktiv benehmen – wie wollte mein armer Professor Wendt gegen einen Professor Unrat ankommen, zumal er an Unrat erinnerte und nicht Unrat an ihn – so werde auch ich meinen Schülern zur Erinnerung werden, verglichen womit?«

Mein Zahnarzt bemerkte, daß es mir an zeitgenössisch literarischen Lehrergestalten mangelte: »Machen Sie sich nichts draus. Auch Zahnärzte kommen in der Literatur kaum, nicht mal in Lustspielen vor. (Es sei denn in Spionageromanen: der Mikrofilm in der Degudentbrücke.) Wir geben nichts her. Oder: Heute geben wir nichts mehr her. Allenfalls Nebenrollen. Wir arbeiten zu schmerzlos unauffällig. Die Lokalanästhesie hindert uns, Originale zu werden.«

Dabei kamen mir seine Reformbestrebungen reichlich verschroben vor; wie er meine revolutionären Aufschwünge komisch fand, wenn nicht albern. Seine weltweite Krankenfürsorge – meine weltweite pädagogische Provinz. Zwei betriebsblinde Utopisten, verschroben er und ich albern. (Bin ich das? Muß der Lehrende, winzig vor seinem Lehrstoff, den er in Häppchen aufteilen muß, den Spott seiner Schüler fördern?)

Meine Schüler lächeln, sobald ich die Lehrbücher in Zweifel ziehe: »Da ist aber kein Sinn, sondern nur organisiertes Chaos. – Warum lächeln Sie, Scherbaum?«

»Weil Sie trotzdem unterrichten und – das nehme ich ziemlich stark an – trotzdem einen Sinn in der Geschichte suchen.«

(Was soll ich machen? Aus dem Unterricht laufen, mich auf den Schulhof oder in die nächste Konferenz stellen und

Aufhören! Aufhören! rufen? »Zwar weiß ich nicht, was richtig ist, weiß ich noch nicht, was richtig ist, aber das muß aufhören, aufhören . . .«)

Auf meinen Zettelchen steht: Ich mag diesen Schüler. Er beunruhigt mich. Was wollte er vorhin? Was hat Zeit bis morgen? (Will er nun doch die Schülerzeitung übernehmen? Will er Chefredakteur werden?)

Oft behandelt mich Scherbaum mit Nachsicht: »Sie sollten das mit der Geschichte und so nicht so tragisch nehmen. Der Frühling ist ja auch sinnlos – oder?«

Vielleicht bin ich doch ein Original. Ich hätte weghören sollen: Mein Lieblingsschüler hat einen Plan.

Zu meinem Zahnarzt sagte ich durch das Telefon: »Einer meiner Schüler hat einen Plan. Hören Sie sich das an. Nach der Stunde kommt der Junge zu mir und sagt: ›Ich hab was vor.‹

Ich darauf: ›Darf ich wissen, was? Etwa auswandern?‹

Er: ›Ich werde meinen Hund verbrennen.‹

Ich machte ›Soso‹, was auch hätte heißen können: ›Was Sie nicht sagen.‹

Er wurde genauer: ›Auf dem Kudamm, vor dem Kempinski. Und zwar am Nachmittag, wenn da Betrieb ist.‹

Jetzt hätte ich abwinken sollen. (›Ihre Sache, Scherbaum.‹) Einfach Kehrtmachen. (›Was soll der Unsinn.‹) Aber ich blieb: ›Und warum gerade dort?‹

›Damit die kuchenfressenden Topfhüte was zu sehen bekommen.‹

›Ein Hund ist nicht zum Verbrennen da.‹

›Menschen auch nicht.‹

›Zugegeben. Aber warum ein Hund?‹

›Weil die Berliner Hunde am meisten lieben.‹

›Und warum Ihren Hund?‹

›Weil ich an Max hänge.‹

›Also ein Opfer?‹

›Ich nenne das: Demonstrative Aufklärung.‹

›Ein Hund brennt nicht so einfach.‹

›Ich werde ihn mit Benzin übergießen.‹

›Aber ein Tier. Es handelt sich um ein Tier!‹

›Benzin kriege ich noch. Ich werde die Presse, das Fernsehen hinbestellen und ein Schild malen: Das ist Benzin und kein Napalm. – Die sollen das sehen. Und Max wird, wenn er brennt, laufen. Auf die Tische zu mit dem Kuchen drauf. Vielleicht fängt was Feuer. Vielleicht begreifen sie dann . . .‹

›Was sollen sie begreifen?‹

›Na wie das ist, verbrennen.‹

›Totschlagen wird man Sie.‹

›Schon möglich.‹

›Wollen Sie das?‹

›Nein.‹«

Ich sprach etwa zehn Minuten lang mit Scherbaum. Eigentlich war ich sicher, daß seinem Dackel nichts passieren konnte. Und zu meinem Zahnarzt sagte ich: »Was meinen Sie, soll man das ernst nehmen oder nur so tun . . .«

Er fragte, ob die Entzündung meines Zahnfleisches zurückgegangen sei und ob die kleine Brandwunde an der Unterlippe abzuheilen beginne. Dann dozierte er: »Fragen wir uns zuerst, warum soll etwas geschehen? Da nichts geschieht, soll etwas geschehen. Denn wie spricht Seneca über Zirkusspiele? ›Aber es ist doch Pause? – So soll man derweile den Leuten die Kehle durchschneiden, damit wenigstens etwas geschieht!‹ – Ein ähnlicher Pausenfüller ist das Feuer: Öffentliche Verbrennungen schrecken nicht ab, sondern befriedigen Lust.« (Das werde ich Scherbaum sagen, das werde ich Scherbaum sagen . . .)

Mach es doch. Wenn es keiner macht, geht alles so weiter. Ich hätte bestimmt. Ich habe noch ganz andere Sachen. Als, zum Beispiel, das U-Boot-Mutterschiff. Damals war Krieg. Immer ist Krieg. Gründe dagegen gibt es genug. Gab es genug. Zwar bin ich nicht sicher, ob wir oder unsere Schichau-Lehrlinge, die unter Moorkähne einen eigenen Verein aufgemacht hatten und aufs Werftgelände durften, weil ja das Mutterschiff ins Trockendock sollte, aber noch bewohnt war, als sich der Brand zuerst auf dem Deck ausbreitete und dann nach innen griff, deshalb versuchten die Fähnriche und Kadetten, sich durch die Bullaugen zu zwängen, und es hieß, man habe sie, weil sie so schrien, von Barkassen aus abgeschossen. Nichts hat man uns (und auch Moorkähne nichts) nachweisen können. Wir machten andere Sachen. Aber die machten wir wirklich. Wir hatten ja unser Maskottchen. Jesus nannten wir das. Jesus war gegen Feuer . . .

Auf dem Schulhof sagte ich zu Scherbaum: »Öffentliche Verbrennungen schrecken nicht ab, sondern befriedigen Lust.«

Er hielt den Kopf schräg: »Bei Menschenverbrennungen mag das stimmen, aber einen brennenden Hund halten die Berliner nicht aus.«

Meine Pause war länger. (Vero Lewand schob ihr Fahrrad auf Umwegen über den Schulhof.) »Sie sind also entschlossen, es zu tun?« (Dann schob sie es zwischen uns.) »Stellen Sie sich die Zeitungen vor, etwa die Morgenpost.«

»Na und?« Das war Vero. »Kennt man doch.« Das war Scherbaum.

»Die werden sagen: Ein Feigling. Soll er sich doch selber, wenn er Napalm demonstrieren will.«

»Vorhin sagten Sie: Menschenverbrennungen befriedigen Lust.«

»Sage ich immer noch. Denken wir mal zurück. Die grausamen römischen Zirkusspiele. Seneca sagt . . .«

(Sie stoppte mich mit ihrem »Na und?«) Und Scherbaum sprach leise und sicher: »Ein brennender Hund, das trifft sie. Sonst trifft die nix. Die können darüber lesen, soviel sie wollen, und sich Bilder angucken mit einer Lupe, oder im Fernsehen ganz dicht dran sein, da sagen die bloß: Schlimmschlimm. Wenn aber mein Hund brennt, fällt denen der Kuchen raus.«

Gegen Vero Lewands Widerstand – »Paß auf, Flip. Jetzt beginnt er zu objektivieren« – versuchte ich im Geschichtenkästchen zu kramen: »Hören Sie mal gut zu, Scherbaum. Im Krieg, ich meine im letzten, wurde in meiner Heimatstadt ein U-Boot-Mutterschiff von Saboteuren in Brand gesteckt. Die Besatzung, durchweg Fähnriche und Kadetten, versuchte durch die Bullaugen das Schiff zu verlassen. Sie brannten, da sie mit den Hüftknochen steckenblieben, von innen weg ab – na, Sie verstehen schon. Oder in Hamburg, zum Beispiel, da brannten, nachdem man Phosphorkanister geworfen hatte, die Asphaltstraßen. Und die Leute, die aus den brennenden Häusern liefen, liefen auf die brennenden Asphaltstraßen. Mit Wasser war da nichts zu machen. In Sand eingegraben hat man sie, damit keine Luft rankam. Aber sobald wieder Luft rankam, brannten sie weiter. Das kann sich heute keiner mehr vorstellen, wie das ist. Verstehen Sie mich?«

»Genau. Und weil sich das keiner vorstellen kann, muß ich Max auf dem Kudamm übergießen und anstecken, und zwar am Nachmittag.«

Was uns verbindet, das Telefon: »Soll ich etwa Meldung erstatten?« Mein Zahnarzt bat mich, davon abzusehen.

»Könnte ich auch gar nicht. Ich, ausgerechnet ich, soll eine Meldung. Eher würde ich . . .«

Er mischte Zahnmedizinisches mit ironischen Fußnoten: »Lernen wir von den Katholiken und halten wir unser Ohr hin.«

Scherbaum verließ nach der Unterrichtsstunde rasch das Klassenzimmer. Ich beugte mich über Eintragungen. Vom Lehrerzimmer aus übersah ich den Schulhof: Er mischte sich in Gruppen, die er vorher geschnitten hatte. Später stand er mit Vero Lewand abseits, nahe dem Fahrradschuppen. Sie sprach, er hielt den Kopf schräg.

Ich suchte ein Gespräch mit Irmgard Seifert. »Wissen Sie«, sagte sie, »manchmal hoffe ich, daß etwas Reinigendes passiert; aber es passiert ja nichts.«

Ihr Austritt aus der lutherischen Landeskirche – sie datierte ihn auf den Zeitpunkt der Wiederbewaffnung vor mehr als zwölf Jahren und nannte ihn eine spontane Antwort auf das Ja ihrer Kirche zur Bundeswehr –, dieser zornige Verzicht hatte ihr Verlangen nach Erlösung nur noch dringlicher werden lassen. (»Jetzt, jetzt müßte etwas passieren!«) Blindlings baute sie auf ihre siebzehn- und achtzehnjährigen Schülerinnen und Schüler: »Diese neue, unbelastete Generation – glauben Sie mir, Eberhard – wird dem überjährigen Spuk ein Ende bereiten. Diese Jungs und Mädchen wollen frisch beginnen und nicht mehr, wie wir, rückwärts schielen, hinter sich bleiben müssen.«
(Damals und jetzt: immer spricht sie in hallende Räume hinein.) »Wir dürfen unsere Hoffnung in den ungebrochenen, dabei so wohltuend sachlichen Wagemut der neuen Generation setzen.«
Was blieb mir übrig, als ein saures Gericht aufzutischen, das stehen geblieben war: »Schauen Sie sich um. Was wurde aus uns? Wie nüchtern und skeptisch entließ uns der Krieg? Wie wollten wir aufpassen und dem Wort der Erwachsenen, dem Erwachsenenwort mißtrauen? – Wenig blieb davon. Gesetzte Mittdreißiger bis Vierziger finden kaum Zeit, sich ihrer Niederlagen zu erinnern. Wir haben gelernt, die Lage zu sondieren. Ellenbogen einsetzen. Notfalls anpassen. Beweglich bleiben. Sich nur nicht festlegen. Verschlagene Taktiker, auch tüchtige Fachkräfte, die das Mögliche anstreben und – falls sich nicht unerwartet Widerstände ergeben – sogar erreichen. Das ist aber auch alles.«

Dieses Gespräch begann im Lehrerzimmer und wurde bei mir fortgesetzt. In meiner »Junggesellenhöhle«, wie Irmgard Seifert sagt. Alles stand da und hörte zu. Mein Schreibtisch mit dem

Angefangenen. Das Regal voller keltischer Scherben. Dazwischen römische Stücke aus der Voreifel. Bücher, Schallplatten. Auch auf meinem neuen Berber lagen Bücher und Schallplatten.

Wir saßen, wie immer mit einem Glas Mosel in Reichweite, auf meiner Couch, ohne uns, doppel- wie eindeutig, näher zu kommen. Irmgard Seifert sprach über das Glas hinweg: »Ich gebe Ihnen, wenn auch ungern, recht. Zweifellos hat unsere Generation versagt. Aber war es nicht bequeme Ausflucht, in uns Hoffnung zu setzen, von uns das Befreiende zu erwarten? Wir, die man geopfert hatte, wir konnten das Opfer nicht bringen. Wir, mit siebzehn schon gezeichnet von einem verbrecherischen System, wir konnten die Zeit nicht wenden, wir nicht.«

Das war es – ist es wohl immer noch: Zeitenwende. Erlösung. Das Reinigende Befreiende. Das Opfer. Doch als ich von Scherbaum und seinem Plan sprach, hörte sie nur zerstreut zu, griff nach Büchern und Schallplatten, die sie wieder auf dem Teppich verteilte. Ungeduldig wartete sie, bis ich Scherbaums Plan und die Konsequenzen seines Vorhabens übersichtlich geordnet hatte. Dann besang sie abermals sich und die Verworfenheit unserer Generation: »Wir hatten schon abgebaut, bevor wir versuchten, den ersten Stein zu setzen. Jetzt ist es zu spät. Jetzt wird man uns wegräumen.«

»Wer wird uns wegräumen?«

»Das Neue, noch Ungedachte, die kommende Generation . . .«

»Wenn ich an meinen Schüler Scherbaum denke . . .«

»Wegfegen wird man uns . . .«

». . . der ja auch Ihr Schüler ist, nicht wahr . . .«

». . . Unrat, der liegen blieb.«

». . . wenn ich an ihn und sein radikales Vorhaben denke . . .«

»Sie sollten begreifen, Eberhard. Als ich siebzehn zählte, eine, wie Sie sagen würden, gläubige BDM-Ziege, war ich schon gezeichnet, trug ich schon das Mal . . .«

»Trotzdem müssen wir Scherbaum hindern . . .«

»Und doch glaubte ich richtig zu handeln, als ich in jenem Bauern einen Feind vernichten wollte . . .«

Bevor sich Irmgard Seifert in ihr Kinderlandverschickungslager verlieren konnte, wechselte ich das Thema: Wir plauderten bis kurz nach Mitternacht über Schulisches. Zuerst über Förderstufen und Begabungsfindung, dann über das Exemplarische in der Stoffmasse, nicht ohne Ironie über Erziehung als ein dialogisches Verhältnis, auch über die neue Prüfungsordnung für die zweite pädagogische Staatsprüfung. Es blieb nicht aus, daß wir uns Anekdoten aus unserer Referendarzeit boten. Heiterkeit, wenn auch bemühte Heiterkeit, erlaubte uns, den einen oder anderen Kollegen spöttisch zu sehen. Ich parodierte eine unserer Konferenzen, auf der es, wie üblich, um Lehrmittelbeschaffung ging. Irmgard Seifert lachte. »Ja, wir armen Praktiker an der Schulfront . . .« Und als wir uns bei unserem Lieblingsthema, beim Hamburger Versuch der integrierten Gesamtschule, gefunden hatten, als wir übereinstimmten, daß nur mit Hilfe dieser Konzeption die veralteten Formen der Aufnahmeprüfung und der Versetzung abgeschafft werden könnten, als wir uns so, auf dem Reformweg, einig sahen, meinte ich schon, meiner Kollegin Mut gemacht zu haben. Doch als sie ging – zwischen Wohnungstür und Fahrstuhl – suchte sie wieder Erlösung: »Haben Sie nicht auch, dann und wann, diesen irrsinnigen Wunsch, es möge etwas passieren, etwas Neues, das noch nicht Sagbare, etwas – bitte lachen Sie nicht, Eberhard – das uns umwirft, uns alle umwirft . . .«

(Auf ein Zettelchen schrieb ich: Wie schüchtern und stammelnd meine sonst so kühle Kollegin um ihren Untergang wirbt.)

Wer hält sich schon Zierfische? Sorgfältige Fütterung, wohltemperiertes Wasser, reichlich Sauerstoff, Mittelchen gegen Schmarotzer – und doch schwimmt heute ein Schleierschwanz, morgen ein Goldbarsch mit dem Bauch nach oben. Die Guppys fressen ihre eigenen Jungen. Widerlich trotz indirekter Beleuchtung. »Sie sollten den Unsinn aufgeben, Irmgard.«

»Geht es in Ihrer 12 a etwa manierlicher zu?«

Ich telefonierte mit meinem Zahnarzt, sagte, als er nach meinem Befinden fragte: »Ganz gut«, obgleich mein Zahnfleisch schmerzte und alle vier Stunden gespült werden mußte. Dann breitete ich meinen Plan aus, den er einen typischen Lehrerplan nannte, um mir dennoch zuzustimmen und praktische Ratschläge zu erteilen, sachlich knapp, als handelte es sich um eine Wurzelbehandlung. Er buchstabierte mir die Adresse eines ziemlich verhemmten Sonderlings, den ich in Reinickendorf aufsuchte: In seiner Privatsammlung vergilbter Scheußlichkeiten sowie im Ullstein-Archiv und bei der Landesbildstelle fand ich runde fünfundzwanzig Schwarzweiß- und Farbdias, die ich Scherbaum nachmittags in unserem Biologiesaal vorgeführt habe.

Zuerst winkte er ab: »Kann mir schon denken, was Sie mir vorsetzen wollen. Kenne ich alles.«

Erst als ich an seine Fairness appellierte: »Sie haben mich mit Ihrem Plan bekannt gemacht, Scherbaum, nun müssen Sie mir, dem Lehrer, auch eine Chance einräumen«, gab er nach und versprach, zu kommen: »Na schön. Damit Sie sich später sagen können: Ich habe alles versucht.«

Er kam mit seinem Langhaardackel. (»Max will auch was sehen.«) Also zeigte ich beiden mein Programm: zuerst primitive Holzschnitte, die mittelalterliche Hexen- und Judenverbrennungen zum Motiv hatten. Dann das Kochen in siedendem Öl zur Abtötung des lustvollen Fleisches. Dann die Verbrennung des Hus. Dann Verbrennungsgreuel der Spanier in Süd- und Mittelamerika. Dann Witwenverbrennungen in Indien. Dann dokumentarische Aufnahmen: die Wirkung der ersten Flammenwerfer, Phosphorverbrennungen im Zweiten Weltkrieg,

Details von Opfern bei Großbränden und Flugzeugabstürzen, Dresden, Nagasaki, zum Schluß die Selbstverbrennung einer vietnamesischen Nonne.

Scherbaum stand neben dem Bildwerfergerät und stellte keine Fragen, während ich meine Sprüche klopfte über die Holzbeschaffenheit bei Hexenverbrennungen (Ginster, des grünlichen Qualmes wegen) über den Topos der Reinigung durch das Feuer (Vorhölle) über das Brandopfer an und für sich (»Nicht nur die Bibel könnte uns Hinweise geben«), über Bücherverbrennungen von der Bannbulle bis zu den Barbareien der Nationalsozialisten, über Sonnenwendfeuer und ähnlichen Hokuspokus, auch über Verbrennungsöfen. (»Sie werden verstehen, Scherbaum, wenn ich auf Auschwitz nicht näher eingehen möchte.«)

Als ich die Dias durchhatte, sagte er, mit Max auf dem Arm: »Alles nur Menschen. Ich will aber einen Hund. Verstehen Sie? Menschen, das ist bekannt. Das hat man geschluckt. Da sagen die nur: Schlimmschlimm. Oder: wie im Mittelalter. – Aber wenn ich einen lebenden Hund, und zwar hier, in Berlin . . .«

»Denken Sie an die Tauben. Man hat sie vergiftet. Großaktion nannte man das, hier, in Berlin . . .«

»Das ist doch klar. Das war eine Masse. Die störte. Das wurde geplant und angekündigt. Jeder hatte Zeit, wegzugucken. Das sah man nicht. Also ging das in Ordnung . . .«

»Wovon sprechen Sie, Scherbaum . . .«

»Na vom Taubentod . . . Auch weiß ich, daß man früher Ratten, um die Ratten zu vertreiben, angesteckt hat. Soll auch vorgekommen sein, daß Brandstiftung versucht worden ist mit brennenden Hühnern. Aber einen brennenden laufenden jaulenden Dackel in einer Stadt wie Berlin, die nach Hunden verrückt ist, das hat es noch nicht gegeben. Nur wenn ein Hund brennt, werden sie kapieren, daß die Amis da unten Menschen verbrennen, und zwar jeden Tag.«

Scherbaum half mir, die Dias einpacken. Er stülpte die Wachstuchhaube über das Bildwerfergerät und bedankte sich für die Extravorstellung: »War eigentlich interessant.«

Als ich die entliehenen Dias wieder ablieferte (dem alten Herrn in Reinickendorf schickte ich sie per Einschreiben), begriff ich die Lächerlichkeit meiner Niederlage. (So also ist das, wenn Irmgard Seifert tagtäglich an ihrem Aquarium scheitert.)

Ich rief meinen Zahnarzt an und mußte mir sein Bedauern über das mißglückte Experiment anhören: »Aber wir wollen weder aufgeben noch dem blöden Schicksal seinen Lauf lassen.« Es folgten Seneca-Zitate, auch Beiseitegesprochenes – »Protrusion der oberen Frontzähne . . .« (Seine Hilfe füllte Karteikarten aus.) Dann war er wieder bei der Sache: »Haben Sie bei Ihrem Schüler Anzeichen von Mitleid mit dem Hund bemerkt?«

»Doch. Dochdoch. Scherbaum begleitete mich mit seinem Dackel – ein wirklich possierliches Tier – bis zur Bushaltestelle. Kurz bevor der Bus kam, beteuerte er, daß ihn das nicht kalt lasse mit Max – so heißt der Hund – er habe ihn immerhin schon vier Jahre.«

»Dann ist noch Hoffnung!« sagte mein Zahnarzt.

»Begleiter der Hoffnung ist die Furcht.«

Er interpretierte mein Zitat: »Seneca beruft sich hier auf Hekaton, der gesagt hat: ›Du fürchtest nicht mehr, wenn du nicht mehr hoffst.‹ – Doch da wir um Ihren Schüler besorgt sind und – alles in allem – Anlaß zur Furcht besteht, dürfen wir wohl auch hoffen, nicht wahr?«

»Ich hoffe, der Bursche fängt sich irgendwo eine handfeste Grippe ein und bleibt bettlägerig . . .«

»Immerhin hoffen Sie. Immerhin.«

Mein Zahnarzt gab zu verstehen, daß auf seinem Schreibtisch noch mehrere Dutzend Karteikarten lückenhaft seien: »Sie wissen, daß ich der zahnärztlichen Behandlung des Vorschulkindes besondere Aufmerksamkeit schenke. Die Karies ist im Vormarsch begriffen. Der Befall des Milchgebisses, erschrekkend. Unsere Statistiken sprechen von neunzig Prozent im Postpubertätsalter. Zugegeben: eine Zivilisationserkrankung, aber der Urwald ist auch keine Lösung . . .«

Bevor wir auflegten, versäumte er nicht, nach meinem Vorrat an Arantil zu fragen: »Sind Sie noch ausreichend versorgt?«

(Mit Arantil war ich versorgt.) Und mit Zettelchen, die ich zu Zettelchen legte. – Der Junge ruiniert sich. Der Junge ruiniert mich. Wie steh ich da, wenn er es tut. Soll er doch Rücksicht nehmen. Als wenn ich keine Lust hätte. Oder dreinschlagen, abräumen. (Zehntausend Bulldozer . . .) Klare Verhältnisse schaffen. Wieder bei Null beginnen. Der revolutionäre Urtrieb kurz nach dem Zähneputzen, kurz vor dem Frühstück: Schluß machen mit den scheinheiligen Reformisten und den heißen Atem der Revolution wehen lassen, damit eine neue Gesellschaft . . . Jetzt sollte eine Schulreise eingeplant sein. Nach Bonn, meinetwegen. Wir könnten uns von der Galerie aus anhören, was es über die mittelfristige Finanzplanung zu erzählen gibt. Und hinterher Aufsätze: Wie arbeitet der Bundestag? – Oder: Wenn ich Bundestagsabgeordneter wäre. – Auch provokativ: Parlament oder Quasselbude? – Könnte natürlich von Bonn aus anrufen: »Linde, ich bin es. Na ich. Dein Ehemaliger. – Ja, weiß ich. Ist lange her. Und nicht nur meine Stimme hat sich verändert. Aber deine überhaupt nicht. Wollen wir uns? Wo? Am besten in Andernach auf der Rheinpromenade. Ich warte an der Bastion zwischen den Maria-Hilf-Täfelchen, weißt du noch? Zwei drei Stunden lang bin ich abkömmlich. Du willst nicht mit mir allein? Der Geschäftsführer im Hotel Traube? Ach so. Verstehe. Soll ich als Anstandswauwau einen Schüler mitbringen? Hochbegabt, heißt Scherbaum. Habe ihm andeutungsweise von uns erzählt. Ich meine, von dir und mir damals. Vormittags waren wir im Bundestag. Ziemlich deprimierend. Und stell dir vor, der Junge will seinen Hund mit Benzin übergießen und verbrennen. Öffentlich. Nein. Nicht in Bonn. Bei uns auf dem Kurfürstendamm vor dem berühmten Hotel Kempinski. Weil die Berliner nach Hunden verrückt sind, sagt er . . .« – Aber das könnte ich Scherbaum vorschlagen, wenn er nicht abläßt von seinem Plan: Scherbaum, meine ehemalige Verlobte rät Ihnen, Ihren Hund nicht in Berlin, wo Sie nur ein paar kuchenlüsterne Damen schockieren, sondern in Bonn, wo die politische Macht sitzt, öffentlich zu verbrennen. Genau plaziert, vor einer wichtigen Bundestagssitzung: wenn sie vorfahren, der Kanzler und seine Minister . . .

Als ich Scherbaum und seine Freundin Vero auf den Haupteingang des Bundeshauses hinwies, sagte er, das habe er sich auch schon überlegt.

»Und warum dann hier und nicht in Bonn?«

»Das geht da unter im allgemeinen Trubel.«

»Die lachen doch nur, wenn sie Max brennen sehen, und sagen: Na und? – Öffentliches Ärgernis nennen die das.«

»Aber in Bonn sitzt die Macht.«

»Doch nach Hunden verrückt sind sie nur in Berlin.«

Ich versuchte, Scherbaums lokale Festlegung lächerlich zu machen. Von einer fixen Idee sprach ich, von der üblichen Überschätzung der Berliner Situation.

Vero Lewand kam mir mit Zahlen: »Wissen Sie überhaupt, wie viele Hunde hier angemeldet sind? – Na also.«

Sie weiß alles beinahe. Gleichmäßig belehrend spricht sie durch die Nase. Fordernd tritt sie im Plural auf: »Wir verlangen Mitbestimmung bei der Lehrplangestaltung . . .« Sie gehört einer Gruppe an, der Scherbaum nicht angehört. Sie trägt zinkgrüne Strumpfhosen und fordert als Unterrichtsfach Sexualkunde, die sich nicht auf biologische Fakten beschränkt. Gestern noch ging sie mit einer Metallsäge um: Sternchenpflücken – heute spielt sie nicht mehr. Dabei anhänglich: eine Klette in Scherbaums Pullover. (»Hau ab, Mensch. Du stinkst nach Gruppenmief.«) Er duldet sie gutmütig; wie er mich gutmütig reden läßt: »Scherbaum, ich rate Ihnen dringend, von Ihrem irrationalen Vorhaben Abstand zu nehmen . . .«

Irmgard Seifert hörte mir mit offenem Gesicht und einer Kopfhaltung zu, die im allgemeinen Aufmerksamkeit verspricht. Sie nickte, während ich vor ihr den Fall Scherbaum ausbreitete, an den richtigen Stellen. Erstaunen Verständnis Bestürzung glaubte ich ihren Augen ablesen zu können. Als ich um ihre Meinung, wenn möglich, um ihren Rat bat, sagte sie: »Sie werden das vielleicht verstehen können: Diese alten Briefe haben mein Leben grundsätzlich geändert . . .«

Sobald ich versuchte, mit einem Zwischensatz (»Das bedeutet Rückfall ins Ritual«) die Angelegenheit Scherbaum zu retten, hob sie nur leicht die Stimme: »Sie erinnern sich vielleicht. Während eines Wochenendbesuches bei meiner Mutter in Hannover stieß ich, beim Kramen in der Gerümpelecke unseres Trockenbodens, auf Schulhefte, Schülerzeichnungen und endlich auf Briefe, die ich kurz vor Kriegsende als stellvertretende Leiterin eines Lagers für evakuierte Stadtkinder geschrieben hatte . . .«

»Sie erzählten davon. Ein Lager im westlichen Harz. Damals waren Sie so alt wie unser Scherbaum heute . . .«

»Sie haben recht. Ich war erst siebzehn. Auch sei zugegeben, daß der blinde Glaube an Führer, Volk und Vaterland damals allgemein war. Dennoch stellt mich dieser hysterische Schrei nach der Panzerfaust heute noch in Frage. Ich hatte die Stirn, vierzehnjährige Buben an dem Mordinstrument ausbilden zu lassen . . .«

»Aber Ihre Kampfgruppe, liebe Irmgard, ist doch gar nicht zum Einsatz gekommen . . .«

»Nicht mein Verdienst. Die Amerikaner überrollten uns . . .«

»Und damit sollte auch Ihre Geschichte aus der Welt sein. Wer wollte heute ein siebzehnjähriges Mädchen von damals anklagen, wenn unser allerneuester Bundeskanzler, trotz seiner Vergangenheit, als zumutbar gilt . . .«

»Ich habe jedes Recht verwirkt, den Fall Kiesinger zu beurteilen. Davon spricht mich niemand frei. Schließlich habe ich einen

Bauern, einen einfachen Bauer, bei der Kreisleitung denunziert, nur, weil er sich geweigert, standhaft geweigert hatte, seinen Acker für das Ausheben eines Panzergrabens herzugeben.«

»Der gute Bauer starb, wie Sie mir kürzlich erzählten, ein Jahrzehnt später eines natürlichen Todes. Wenn Sie es nicht über sich bringen; ich spreche Sie frei.«

Dieser Freispruch gab mir Gelegenheit, Irmgard Seiferts Zorn kennen zu lernen. Soeben noch saß sie, jetzt stand sie: »Ich verbiete Ihnen, bei aller Freundschaft, derart oberflächlich meinen Konflikt lösen zu wollen.«

(Später, immer noch verärgert, notierte ich einige Seitenhiebe auf die chaotischen Zustände in ihrem Aquarium: »Und wie geht es Ihren lebenslustigen Zierfischen? Wer frißt da wen zur Zeit?«) Im Lehrerzimmer blieb ich verbindlich: »Ihre schuldhafte Verstrickung sollte Ihnen heute die Kraft geben, junge Menschen, die ihr wachsendes Mißtrauen noch nicht formulieren können, behutsam zu leiten.«

Sie schwieg, und ich sprach in das Loch hinein: »Bedenken wir bitte gemeinsam, daß unser Philipp Scherbaum knappe siebzehn Lenze zählt. Er leidet an der Welt. Das fernste Unrecht trifft ihn. Er sieht keinen Ausweg. Oder nur den einen: seinen Hund will er öffentlich verbrennen und so der Welt – oder zumindest den Berliner Hundeliebhabern – ein Zeichen geben.«

Da war sie wieder: »Das ist Unsinn!«

»Gewiß. Gewiß. Dennoch müssen wir die ausweglose Situation des Jungen begreifen lernen.«

Umgeben von der Ordnung des Lehrerzimmers sprach sie: »Das ist ein unverantwortlicher Unsinn.«

»Wem sagen Sie das. Dennoch ist es mir bisher nicht gelungen, den Jungen von seinem Vorhaben abzubringen.«

Der Erzengel sprach: »Dann sollten Sie sich veranlaßt sehen, Meldung zu erstatten.«

»Sie meinen . . .«

»Ich meine nicht, sondern rate Ihnen dringlich.«

»Etwa bei der Schulleitung?«

»Ach was. Drohen Sie dem Jungen mit der Polizei. Dann wollen wir weitersehen. Notfalls, wenn Sie nicht bereit sind, werde ich mich entschließen müssen.«

(Irmgard Seifert hat es mit der Polizei. Muß ich jetzt sagen: immer noch?) Mein Zahnarzt winkte am Telefon ab: »Wer wird denn gleich nach den Ordnungshütern rufen wollen. Setzen Sie das Gespräch mit dem Jungen fort. Gespräche verhindern Taten.«

So zum Komplizen der Ordnung werden. Er behandelt alles wie die Karies: »Vorbeugen muß man. Keine Revolution, sondern zahnmedizinische Prophylaxe. Entschließen wir uns endlich zur Frühbehandlung. Zur Lutschbekämpfung. Feldzüge wider das Mundatmen. Pusteübungen gegen den Distalbiß. Zu viele Taten und einäugige Erfolge. Der Griff nach dem Mond und immer noch keine wirksame Heilzahnpaste. Zu viele Täter und Knotenspalter!«

Ist die Tat etwa aktive Resignation? Etwas will sich entwickeln und bewegt sich minimal, da kommt der Täter und schlägt die Fenster zum Treibhaus ein. »Also leugnen Sie, daß frische Luft (Frischluft) in jedem Fall eine Wohltat ist?«

»Dadurch wurde ein Entwicklungsprozeß unterbrochen, dessen Vorergebnisse immerhin hoffen ließen . . .«

Die Tat als Ausflucht. Irgendwas muß geschehen. Der Täter, ein juristischer Begriff. Was heißt, sich zur Tat aufraffen, etwas in die Tat umsetzen? (Wenn mein Zahnarzt mit dem Gespräch Taten verhindern will, befindet er: Das Gespräch ist keine Tat.) Ich erinnere mich, wie er meinen Zahnstein nach erstem Blick einschätzte: »Das sieht ja bös aus. Den wollen wir radikal entfernen.« Wie, wenn ich den Kapitalismus mit dem zu entfernenden Zahnstein vergleiche?

Und trotzdem. War der Eingriff in meine Progenie, die mein Zahnarzt eine echte, weil angeborene nannte, nicht auch eine

Tat? Er wird sagen: Erkenntnis plus Handwerk, während das voreilige Ziehen der Zähne, dieser Wahn, eine nicht mehr schmerzende Lücke schaffen zu wollen, eine Tat ohne Erkenntnis ist: Dummheit wird tätig.

Also Fleiß, Zweifel, Vernunft, Dazulernen, Zögern, mehrmaliger Neubeginn, kaum merkliche Verbesserungen, einkalkulierte Fehlentwicklungen, Evolution Schritt für Schritt: Die Springprozession; während der Täter langsame Abläufe überhüpft, das hemmende Wissen abwirft, leichtfüßig und faul ist: Die Faulheit als Sprungbrett der Tat.

Oder auch Angst. Die Entwicklung, so scheint es (ist es) ist nicht mehr abzulesen. Kein Zeiger schlägt aus und meldet den kleinen alltäglichen Fortschritt. Stillstand und Leerlauf atmen die berühmte Friedhofsruhe, in die meine Kollegin, Irmgard Seifert, ihr »Wenn doch etwas geschehen würde . . .« hineinspricht. Ruhe bei steigenden Verlustzahlen. Ein angstgeducktes Stillhalten, das Scherbaum mit seiner Tat aufscheuchen möchte: Angst treibt zur Tat.

Mein Zahnarzt lachte ins Telefon: »Kinder pfeifen im Wald. Schon die Erschaffung der Welt, als bloße Tatenfolge in Fortsetzungen, ist eine Angsttat gewesen, die sich als Schöpfung tarnte. Solch schlechtes Beispiel zeugt fort. Täter nennen sich Schöpfer. Man hätte vorher mit dem alten Herrn da oben reden sollen. Sie kennen meine These: Gespräche verhindern Taten.«

Muße als Summe der Erfahrung empfiehlt uns Seneca als alter Mann, der seinem Nero die Reden geschrieben und der Tat das Wort geliefert hat. (Ratschläge, die er mir erteilte.) Soll ich ein Aufsatzthema stellen: Was sind Taten? Oder soll ich Scherbaum zum Lucilius machen, damit er sich im Gespräch versäumt? – Ein tätiger Zahnarzt, der den Zahnstein, das Böse, entfernt und sich Eingriff um Eingriff erlaubt, hat gut reden. Täter raten zur Muße.

Sie standen in Gruppen, die Scherbaum rasch wechselte. Seit Jahresbeginn hielt die trockene Kälte an. Eng standen sie in

Gruppen. (»Schlotter«, ihr Donald-Duck-Wort für Frieren; diese Kürzelsprache: Mampf, Schmatz, Seufz, Stolper . . .) Vero Lewand ließ eine Zigarette kreisen. (»Na und?«) Auch die Sperlinge zwischen den Gruppen in Gruppen.

Als ich Scherbaum auf dem Schulhof stellte, richtig stellte, indem ich seinen Weg schnitt, als er von einer Gruppe zur nächsten wechseln wollte, sagte ich vorsätzlich: »Es tut mir leid, Philipp. Ich werde, falls Sie von Ihrem Plan nicht ablassen wollen, Meldung erstatten müssen, und zwar bei der Polizei. Sie wissen, was das bedeuten kann.«

Scherbaum lachte, wie nur Scherbaum lachen kann: nicht einmal verletzend, eher gutmütig überheblich und mit besorgtem Unterton, als wollte er mich wieder einmal schonen: »Das werden Sie sich bestimmt nicht antun. Dafür haben Sie eine viel zu große Achtung vor sich.«

»Dennoch überlege ich ernsthaft, wie eine solche Meldung notfalls zu formulieren wäre . . .«

»Das halten Sie gar nicht durch, den Weg zum Revier und so . . .«

»Ich warne Sie, Philipp . . .«

»Das paßt überhaupt nicht zu Ihrem Haarschnitt.«

(Sie ließ der Gruppe den Rest der Zigarette, näherte sich in zinkgrünen Strumpfhosen.) Planlos begann ich aufzuzählen: Die Sinnlosigkeit, den Hochmut, die Gefahr, Bestialität, die Dummheit. Ich reihte Worte wie: einerseits, gerade weil, unglaubhaft, ohnmächtig, irreal. Scherbaum genügte kein Wort. »Kenne ich«, sagte er. »Sie müssen ja so reden als Lehrer.« Und Vero Lewand sagte, als ich vom falschen Beifall, vom törichten Kurzschluß sprach: »Na und?«

»Auch Frau Studienrat Seifert würde an meiner Stelle so sprechen, wenn sie von Ihrem Vorhaben wüßte.«

»Ach so. Der Erzengel weiß schon.«

Bevor ich abschwächen konnte, war Vero Lewand dran: »Die. Die kann überhaupt nix sagen. Dauernd redet sie vom Widerstand und von der Pflicht zum Widerstand.«

Sie parodierte Irmgard Seifert, indem sie nicht ihren Stimmfall nachahmte, sondern ihren Aussagestil in Anführung setzte: »Aber in den dunkelsten Stunden unseres Volkes standen immer wieder Männer auf und schritten zur Tat. Sie setzten ein Zeichen. Sie boten dem Unrecht die Stirn!« Durch Fingerschnalzen gab mir Vero Lewand ein Zeichen: Jetzt sind Sie wieder dran.

Über Brücken wie: »Sie meinen jetzt sicher . . .« oder: »Sie könnten jetzt sagen . . .« baute ich mir einen langatmigen Kartenhausdialog, den Scherbaum, auf einmal ungeduldig, zerstörte: »Warum sagen Sie nicht: Mach es? Warum sagen Sie nicht: Du hast recht? Warum machen Sie mir keinen Mut? Denn Mut gehört dazu. Warum helfen Sie mir nicht?«

(Die Pause danach ließ sich schlecht ertragen. Keine Zuflucht in einem Satzgehege. Na, spring schon, spring!) »Scherbaum, mein letztes Wort. Ich werde mir im Tierheim Lankwitz einen Hund besorgen, werde ihn an mich gewöhnen, werde dann genau an der Stelle, die Sie mir bezeichnen, den Hund mit Benzin übergießen und anstecken. Auch Ihr Plakat werde ich mitführen. Und die Presse, das Fernsehen werden dabei sein. Wir werden gemeinsam ein Flugblatt aufsetzen, sachlich informierend über die Wirkung von Napalm. Das können Sie, nachdem man mich verhaftet oder womöglich fertig gemacht hat, mit Ihrer Freundin auf dem Kudamm verteilen. Einverstanden?«

Der Schulhof leerte sich. Schon kamen die Sperlinge. Meine Zunge prüfte die beiden Fremdkörper: Degudent, ein Spezialverfahren. Vero Lewand atmete mit offenem Mund. Und Scherbaum guckte in die durchlässigen Schulhofkastanien. (So stand auch ich mal, guckte, erfand mir aber feste Punkte nicht in der Luft, setzte sie in den Sand: Störtebeker entwirft schon wieder. Er hat einen Plan. Er hat einen Plan . . .) Das letzte Klingelzeichen. Darüber die Pan Am nach Tempelhof.

»Einverstanden, Philipp, einverstanden?«

»Paß auf, Flip. Mao warnt vor den buntgemischten Gelehrten.«

»Halt du dich raus. – Muß überlegt werden.«
»Nein jetzt, Philipp, einverstanden?«
»Das kann ich ohne Max nicht entscheiden.«
Beide ließen mich stehen. In meiner Tasche suchte meine Hand Arantil: die kleine Sicherheit.

»Verstehe, verstehe!« Mein Zahnarzt sagte: »Sie wollen Zeit gewinnen. Hund anschaffen. Hund an Herrchen gewöhnen. Scherbaums Plan überreif werden lassen. Vielleicht passiert zwischendurch was. Immer ist Hoffnung auf Waffenstillstand. Oder der Papst schenkt der Welt eine neue Friedens-Enzyklika. Die Börse reagiert nervös. Sonderbotschafter treffen sich an einem dritten Ort. Nicht übel Ihre Taktik, nicht übel.«
»Auf keinen Fall will ich zusehen, wie sich der Junge einer eventuellen Lynchjustiz ausliefert.«
Er war nicht zu überzeugen – »Sag ich ja: nicht aussichtslos, Ihr taktisches Vorgehen« – und auch ich glaubte jeweils nur einen halben Satz lang an meinen Schülerrettungsversuch. (Und war doch beim Rasieren vor dem Spiegel entschlossen gewesen, es zu tun, es zu tun . . .) Er mußte mich kennen. Er hatte meinen abgesprengten Zahnstein analysiert: »Sie sollten sich in Lankwitz um eine gedeckte Hündin bemühen. So geben Sie Ihrem Schüler Gelegenheit, Sie von Ihrem Versprechen zu entlasten. Denn niemals wird er verlangen, daß Sie ein tragendes Tier verbrennen.«
»Ihre zynischen Vorschläge verraten medizinische Herkunft.«
»Ach was. Konsequent führe ich Ihren Gedanken weiter. Jedenfalls dürfen wir gespannt sein, was der Junge und der Dackel gemeinsam beschließen.«

Und wenn er jetzt ja sagt. Wenn das auf mich zukommt? Wenn er ganz einfach zwischen Anführung und Abführung »ja« sagt? – Das nimmt mir Entscheidungen ab. (Auch private.) Ich kann einen Schlußstein setzen: Westberliner Studienrat, 40, protestiert gegen Krieg in Vietnam, indem er einen Hund, Spitz, öffentlich verbrennt . . . Aber nicht auf dem Kudamm. Da komme ich lieber auf den Bundestag zurück. Das ist, wenn man von der Wirksamkeit des Protestes ausgeht, seriöser. Müßte gut vorgeplant sein. Mit Presseerklärung über alle Agenturen. Vor einer Großen Anfrage. Könnte vorher meiner ehemaligen Verlobten schreiben: »Liebe Linde, komm doch, bitte, nach Bonn vor das Bundeshaus, Haupteingang. Und bring, bitte, die Kinder mit. Auch Deinen Mann, wenn es sein muß. Ich will Dir was zeigen, nein, beweisen, damit Du endlich begreifst, daß ich nicht der liebenswerte wehleidige Underdog bin, aus dem Du unbedingt einen Studienrat machen wolltest, sondern vielmehr ein Mann, das heißt, ein Täter. Komm, Linde, komm! Ich gebe der Welt ein Zeichen . . .«

Mein Unterricht profitierte von dem gespannten Lehrer-Schüler-Verhältnis. Ich versuchte, immer auf Fakten gestützt, Scherbaum mit dem Chaos der Geschichte bekannt zu machen. (Außer ihm und Vero Lewand zählt die Klasse kaum: das hockt sich so durch oder vorwärts und genügt mittleren Ansprüchen.) Ich legte es darauf an, die Absurdität vernünftig gemeinter Handlungen bloßzulegen. Außerplanmäßig behandelten wir die Französische Revolution und ihre Auswirkungen. Ich begann mit dem Ursachenzusammenhang. (Die Ideen der Aufklärung: Montesquieu, Rousseau. Die Kritik der Physiokraten am merkantilistischen Wirtschaftssystem und am ständischen Stufenaufbau der Gesellschaft.) Bis zur Ermüdung machte ich Scherbaum auf die Auseinandersetzungen zwischen den Vertretern der liberalen und der totalen Demokratie aufmerksam. (Ableitungen auf die späteren Gegensätze zwischen parlamentarischer – formaler – Demokratie und dem Räte-System.) Wir sprachen über die moralische Rechtfertigung des Terrors. Eine Stunde lang nahm ich den zeitlosen Slogan »Friede den Hütten, Krieg den Palästen!« auseinander. Schließlich dokumentierte ich, wie – und wie unersättlich – die Revolution ihre

Kinder frißt. (Büchners Danton als Zeuge der Absurdität.) Und wie alles in Reformismus endete. Das hätte man, bei Geduld, billiger haben können. So wurde Napoleon möglich. Die Revolution als Reproduktion. Kleine Ausflüge: Cromwell – Stalin. Absurde Zwangsläufigkeiten: Revolution schafft Restauration, die durch Revolution beseitigt werden soll. Desgleichen Auswirkungen außerhalb Frankreichs: Forster in Mainz. (Wie ihm die Luft ausgeht. Wie er verreckt. Wie ihn Paris einnimmt und ausspeit.) Und am Schweizer Beispiel zeigte ich, wie sich Pestalozzi von der Revolution abkehrt, weil sie in Reformen und Reförmchen stecken bleibt, während er die große Veränderung wollte, die neue Menschwerdung. (Ähnlich Marcuse. Flucht in die Heilslehre: befriedetes Dasein.) Vorsichtig zitierte ich Seneca, bevor ich den resignierenden Pestalozzi zitierte: »Bessere Menschen werden einst auch bessere Menschen an ihre Spitze rufen . . .«

Zuvor notierte ich meine Bedenken: Es kann sein, daß Scherbaum lacht, wenn ich ihm vorsichtig mit Seneca und ausführlich mit Pestalozzi komme. Soll er lachen. Auch Gelächter verhindert Taten.

Aber er blieb aufmerksam und wie immer skeptisch. Keine Lachgrübchen.

Ein Hundefriedhof flankiert die Zufahrt zum Tierheim Lankwitz. Grabsteine (Format Kindergrabstelle) erzählen von Putzi, Rolf, Harras, Bianka. Alte Frauen kommen immer wieder und zupfen am Efeu. Manchmal sind Fotos im Marmor eingelassen. Inschriften sprechen von Treue, von unvergeßlicher Treue.

Scherbaum wartete vor Beginn des Unterrichtes an der Bushaltestelle: »Wir haben es uns überlegt. Es geht nicht.«

»Darf ich den Grund, die Gründe wissen?«

»Ihr Vorschlag hätte uns beinahe schwach gemacht.«

»Eine verständliche Schwäche . . .«

»Ich gebe ja zu: Natürlich haben wir Angst . . .«

»Lassen Sie es mich machen, Scherbaum. Auch wenn das jetzt zu großartig klingt: Ich habe keine Angst.«

»Genau. Und deswegen geht es nicht.«

»Spitzfindigkeiten . . .«

»So etwas darf nur jemand machen, der Angst hat.«

»Früher hatte auch ich Angst . . .«

»Denn das ist mir klar geworden: was man ohne Angst macht, das zählt nicht. Sie wollen das nur machen, damit ich das nicht mache. Sie glauben nicht dran. Sie sind ein Erwachsener und wollen immer nur Schlimmeres verhüten.«

(Da stand ich: der angstfreie und das Schlimmere verhütende Studienrat Eberhard Starusch mit meinem arantilüberdeckten Wehwehchen. Das hätte ich sagen sollen: Zahnschmerzen, immerhin, fürchte ich. – Und wenn er zur Lokalanästhesie ansetzt: Furcht vor dem kleinen häßlichen Pieks . . .)

»Sie meinen also, als Erwachsener habe ich die Reinheit verloren und damit die Angst. Folglich könne ich als Unreiner kein Opfer bringen.«

Scherbaum suchte Punkte in der Luft und fand sie wohl auch: »Also mit Reinheit und Opfer hat das überhaupt nix zu tun. Manchmal reden Sie, wie der Erzengel redet, richtig geschwollen. Opfer, das ist doch was Sinnbildliches. Was wir machen wollen, hat einen Zweck. Aber das klappt nur, wenn man Angst hat.«

Es ging um Worte: »Scherbaum, wenn jemand Angst hat, etwas zu tun, und es trotzdem tut, weil es einen politischen oder sagen wir, humanitären Zweck erfüllen soll, dann bringt er ein Opfer, dann opfert er sich.«

»Na schön. Auf jeden Fall muß die Sache absolut sauber sein.«

Wie mich Vero Lewand auf dem Korridor stoppte – »Wenn Sie nicht endlich aufhören, Flip mit Ihren unsauberen Machenschaften zu verunsichern . . .« –, so stellte mich Irmgard Seifert während der Freistunde: »Ihre Art, Eberhard, meinen Problemen leichtfertig mit Vorschlägen zu begegnen, gefällt mir nicht. Wenn es für mich eine Lösung gibt, dann muß sie absolut sauber sein. Verstehen Sie mich?!«

Mein Zahnarzt tröstete mich mit wissenschaftlichen Widerlegungen der Reinheit, die mir bekannt waren. Ich hatte ihn aufgesucht: »Zur Kontrolle.« – Er lächelte allwissend und ärgerte mich mit seinem kollegialen Plural, als er »Wir zwei Unreinen« sagte und auf meine Degudentbrücken im Unterkiefer anspielte: »Selbst dieses Platingold, das Ihnen zu einer normaleren Artikulation verhelfen soll, ist, im übertragenen Sinn, nicht rein, weil es sich bei dieser Speziallegierung um ein Patent der Degussa handelt, die ziemlich suspekte Geschäftsverbindungen zu Südafrika unterhält. Wo man auch hinblickt, ein Haar in der Suppe. Aber erstaunlich, daß selbst Ihr Schüler, den ich, bei aller jugendlichen Verstiegenheit, für einen nüchternen Burschen gehalten habe, solch absolute Forderungen stellt.«

Bevor er die Degudentbrücken überprüfte, mir mein immer noch entzündetes Zahnfleisch einpinselte und auch die langsam abheilende Brandwunde an der Unterlippe mit glasiger Salbe bedeckte, waren wir uns einig: »Da wächst eine neue Generation heran, die, bei aller zur Schau getragenen Sachlichkeit, einen neuen Mythos sucht. Vorsicht Vorsicht!«

(Sie ist meinen Vorhaben voraus. An den Fingern zählt sie sich meine Wünsche ab: Heute ist der dran.) Kurz vor Mitternacht stand sie neben mir an der Theke meiner Eckkneipe und sagte: »Hab ich mir gedacht, daß Sie entweder bei Reimann sind oder hier.«

Ich durfte für sie eine Coca und einen Getreidekorn bestellen. (Nur keine Fragen reihen. Schön kommen lassen. Alte Bauernregel: Wer ein Schwein kaufen will, muß vom Wetter reden.) »Ich habe früher mal, bevor ich das Vergnügen hatte, als Pädagoge zu wirken, in der Zementindustrie gearbeitet. Und die Zementer, so nennt man die Zementarbeiter, tranken schon zum Frühstück ein zwei Korn, allerdings ohne Coca zum Nachspülen. Dafür mehrere Flaschen Nette-Bier. Die Nette ist ein Flüßchen in der Voreifel. Sie schlängelt sich malerisch durch Deutschlands größtes Bimsabbaugebiet. Bims macht durstig. Ich weiß natürlich nicht, ob Sie sich für Bims interessieren. Jedenfalls gehört der Bims geologisch zu den Laacher Trachyttuffen. Mit dem Auswurf dieser Tuffe fand die Vulkantätigkeit im Laacher Seengebiet ihren Abschluß . . .«

»Warum lassen Sie Flip nicht in Ruhe?«

(Da ist sie und macht sich nichts aus Bims.) »Soviel ich weiß, Fräulein Lewand, nennen Sie sich eine Marxistin. Deshalb kann ich nicht begreifen, warum Sie für die Bedingungen der Arbeiter in der bimsverarbeitenden Industrie so wenig Interesse zeigen. Auch ich sehe mich als Marxist . . .«

»Sie sind ein Liberaler. Und Mao sagt von den Liberalen: ›Sie erklären sich zwar für den Marxismus, sind aber nicht bereit, ihn in die Praxis umzusetzen.‹ Sie können sich nicht entscheiden.«

»Stimmt. Ich bin ein liberaler Marxist, der sich nicht entscheiden kann.«

»Sie führen den Marxismus im Munde, handeln aber im Sinne des Liberalismus. Deshalb versuchen Sie auch, Flip in die Ecke zu reden. Aber das wird Ihnen nicht gelingen.«

(Wollen wir Hälmchen ziehen? Dabei kann sie hübsch sein in ihrem Kapuzenmäntelchen . . .)

»Ober, ein Helles!«

»Mir einen Einfachen.«

»Liebe Veronika. Es muß auch in Ihrem Interesse sein, wenn ich Ihren Philipp auf die Folgen eines so sinnlosen Opfers aufmerksam mache.«

(Diese nasale Eindringlichkeit.) Vero Lewand sprach leise – ich sag mal verinnerlicht – zu den Flaschenbatterien hinter der Theke: »Im ›Yü Gung versetzt Berge‹ sagt Mao: ›Fest entschlossen sein, keine Opfer scheuen und alle Schwierigkeiten überwinden, um den Sieg zu erringen.‹ – Das ist es. Ich geh jetzt. Sie können alles immer nur interpretieren, verändern, das können Sie nicht. Dabei stehen wir an der Schwelle der dritten Revolution. Nur ein paar Reaktionäre haben das noch nicht begriffen.«

Als sie ging, kam mein Helles. Ich hätte ihr gerne von der Traurigkeit meines Besserwissens erzählt. Vom Zögern und von der Scheu, Worte auf Barrikaden zu stellen. (Auch wie mir das Wörtchen Opfer das Ohr verstopft: Nach monatelangem aufopferungsvollen Einsatz hat die sechste Armee ... Ein kleines Opfer für die Winterhilfe ... Opfergang Opfergang ...) Ach, wie ist das Gold so gar verdunkelt.

Immerhin hat mein Vorschlag Scherbaums reine und doch zweckbestimmte Opferidee getrübt: Er klingelte bei mir, wollte nicht eintreten, hatte Max an der Leine und sagte: »Das mit dem Hund aus dem Tierheim leuchtet uns ein. Es muß nicht unbedingt Max sein. Ich fahr nach Lankwitz raus und kauf mir, wenn sie den haben, einen weißen Spitz. Haben Sie eine Ahnung, was die für einen Spitz ohne Stammbaum verlangen?«

Er wollte Geld bei mir leihen, ziemlich direkt – »Gegen Monatsende bin ich immer knapp« – und weigerte sich trotzdem, meine Wohnung zu betreten, als ich um kurze Bedenkzeit bat: »Ich gieße uns rasch einen Tee auf, Philipp, und dann wollen wir den Fall nüchtern besprechen.«

»Vero wartet unten. Sie können mir das Geld ja auch morgen geben.«

»Sie verlangen viel von mir, wollen Geld geliehen haben, damit Sie einen Spitz kaufen, mit Benzin übergießen und öffentlich verbrennen können, und erlauben mir trotzdem nicht, Einblick zu gewinnen in Ihre, wie ich gestehen muß, reichlich sprunghaften Gedanken. Das ist unfair.«

»Na wenn Sie nicht wollen ...«

»Gestern noch mußte alles ›absolut sauber‹ sein, und heute schon bereiten Sie einen faulen Kompromiß vor, indem Sie das

Geld eines Erwachsenen erbitten, der nicht dran glaubt und nicht einmal Angst hat. Warum verfälschen Sie Ihr Opfer?«

»Sie sollen nicht fragen, Sie sollen helfen.«

»Gut. Sie haben Angst um Max. Verständliche Angst. Und jetzt sollen ich und ein namenloser Spitz aus dem Tierheim Lankwitz, womöglich eine Hündin, die gerade gedeckt worden ist, Ihre, ich muß schon sagen, jämmerliche Feigheit bezahlen.«

»Das mit Lankwitz war Ihre Idee.«

»Für die ich in Ihrem Interesse voll einstehen könnte.«

»Aber Sie hätten womöglich auch einen Spitz gekauft.«

»Nicht um Ihren Max zu retten. Um Sie geht es, Scherbaum, um Sie! Ihr Plan hingegen ist Ausbeutung, waschechter Imperialismus. Den eigenen Hund schonen und irgendein Viech draufgehen lassen. Mir gefällt diese Rechnung nicht.«

»Mir auch nicht. Wahrscheinlich haben Sie recht.«

Scherbaum ließ mich in der offenen Tür stehen, übersah den Fahrstuhl und lief, nein, flüchtete treppab mit seinem Max. – Ich goß mir einen Tee auf, trank zwei drei Schluck und ließ ihn dann kalt werden.

(Ich bin zufrieden mit mir. Bin ich zufrieden mit mir? Kleine Gewinne am Nachmittag, die bei Eintritt der Dämmerung abbröckeln.)

»Sie hätten dem Jungen das Geld leihen sollen«, sagte mein Zahnarzt. »Diese zeitraubenden Umstände: die Fahrt nach Lankwitz. Das Aussuchen und Kaufen des Hundes. Der Kauf einer Leine. Die Anwesenheit des weißen Spitzes in der Wohnung der Eltern. Erklärungen der Mutter gegenüber, die es dem Vater erklären soll – oder umgekehrt. Dann, nehmen wir den günstigen Fall: die beginnende Freundschaft zwischen dem Dackel und dem Spitz. Drolliges Balgen, Schnappen und Schöntun. Womöglich hat Ihr Schüler eine kleine Schwester . . .« – »Hat er nicht. Hat er nicht.« – »Nur angenommen. Und das Kind findet Gefallen an dem Spitz, beansprucht ihn, unterstützt von den Eltern, für sich. All diese unberechenbaren Auswirkungen hätten den Plan Ihres Schülers mehrmals und zunehmend durcheinander gebracht.« – »Spekulationen, Dokter. Bloße Spekulationen.« – »Doch damit nicht genug: die neue Situation hätte Ihnen erlaubt, den Dackel gegen den Spitz auszuspielen. Etwa mit Fangfragen: ›Warum nicht beide Hunde verbrennen?‹ – Oder: ›Sollten beide Hunde mit der Schnauze nicht ein Los ziehen dürfen?‹ – Oder: ›Ist es nicht unfair, so selbstherrlich über Leben und Tod des einen wie des anderen Hundes entscheiden zu wollen?‹ – Eine einfache Rechnung, mein Lieber: zwei Hunde sind eben mehr als einer. Alles wird komplizierter und damit der praktischen Vernunft immerhin näher gerückt . . .«

Unser Telefongespräch streifte noch Zahnmedizinisches, am Rande die Tagespolitik (»Dieser Lübke ist wirklich untragbar . . .«) und mündete in den üblichen Zitatenaustausch.

Er: »Übrigens sagt Seneca zur Sittenlehre: ›Unsere menschliche Gesellschaft gleicht einem Bogengewölbe: Es würde zusammenstürzen, wenn nicht die einzelnen Steine . . .‹«

Ich: »Dieses Gewölbemotiv nimmt später Kleist in einem Brief an seine Schwester auf . . .«

Er: »Und weiter. Hören Sie: ›Wichtig ist nur die sittliche Ehrenhaftigkeit des Lebens, nicht seine Länge. Oft aber liegt sie gerade darin, nicht zu lange zu leben!‹«

Ich: »Wenn das Scherbaum hört, wird er zum Stoiker: Ihr oller Seneca hat gar nicht so unrecht. Morgen verbrenne ich Max. Siebzehn Jahre sind mehr als genug.«

Mein Zahnarzt lachte. Also nahm ich das Lachen auf. (Zwei lachende Männer in einer Leitung.) Er hatte angefangen und fing sich zuerst: »Sie haben natürlich recht. Der altrömische Sittlichkeitsfimmel reduziert die Lebenserwartung. – Doch was den Jungen angeht: Sie hätten ihm das Geld leihen sollen.«

(Immer noch, wenn ich bei Reimann mein Bier ansetze, melden sich seine Degudentbrücken: Nichts Heißes! Nichts Kaltes! Die

Fremdkörper leiten . . . Seine Ratschläge sind zu vernünftig, als daß man sie vor dem ersten Schaden befolgen könnte. Ich rate Ihnen . . . – Raten Sie mir lieber nicht, Dokter. – Ist Ihnen überhaupt noch zu raten? – Was soll ich denn machen, Dokter?)

Tags drauf – ich hatte Freistunde – rief ich Scherbaum aus dem Musikunterricht, den Irmgard Seifert meiner 12 a gibt. Er machte sein wohlerzogenes Milchgesicht.

»Ich habe es mir überlegt, Philipp. Sie können das Geld haben. Ich habe in Lankwitz angerufen. Zwischen siebzig und achtzig DM kostet ein Spitz ohne Stammbaum.«

»Das war nur eine momentane Schwäche gestern, für die ich mich vielmals entschuldigen möchte. Entweder Max oder überhaupt nicht . . .«

»Aber mein Angebot verpflichtet Sie in keiner Weise . . .«

»Dann kann ich auch einen Stoffhund. Oder mehrere. Vero Lewand hat eine Sammlung davon. Übrigens gar nicht so schlecht die Idee. Werde mal fragen, ob sie sich trennen will von dem Zoo. Sollte damit beginnen, ganz harmlos, damit die Topfhüte denken: Naja Stoffhunde. Kindereien. Eins von den albernen Happenings. Und dann opfere ich Max – und der Kuchen fällt denen aus dem Gesicht.«

Ich schaute mir seine Vorstellung an. Die Stoffhundidee riß ihn mit. Er mimte Steifftiere, gab Donald-Duck-Töne von sich (Pluff Schmatz Brüll) und deutete auch das Erbrechen des Kuchens an: »Ächz Rülps Stöhn.« Ich hätte ihn stehen lassen sollen. Aber mit elegischem Schlußsatz – »Schade, Philipp, ich habe Ihnen helfen wollen« – bot ich ihm Gelegenheit, mich stehen zu lassen: »Ich weiß, daß Sie es gut mit mir meinen.«

Mein Schüler ging wieder Musik machen. Ich hörte vom Gang aus die Klasse was Orffsches singen.

Er ist begabt. (Jeder meint es gut mit ihm.) Er hat eine leichte Auffassungsgabe. (Zu leichte Auffassungsgabe.) Er macht nur mit, wenn es ihm Spaß macht. (Seine vorzügliche Arbeit über das Symbol in der Werbung: »Der Mercedesstern als Christbaumschmuck.«) Er ist so groß wie ich, wächst aber noch. (Störtebeker war etwas kleiner.) Wenn er lacht, hat er Grübchen. Seine Eltern leben beide. Der Vater hat eine leitende Stellung bei Schering. Die Mutter kenne ich aus den Elternversammlungen: eine gutaussehende Mittvierzigerin, die ihren Sohn für »noch reichlich kindlich« hält. Er hat zwei ältere Brüder, die beide in Westdeutschland studieren. (Der eine in Aachen: Maschinenbau.) Trotz überdurchschnittlicher Leistungen in meinen Fächern und im musischen Bereich (er spielt Gitarre) wird er sich auch diesmal nur mit Mühe versetzen lassen. Seine Freundschaft mit Vero Lewand hat ihn nicht radikalisieren können. (Allenfalls fordert er – durchaus vernünftig – die Abschaffung des Religionsunterrichtes und die Einführung von Philosophie und Soziologie als vollbewertete Unterrichtsfächer.) Sein Hang zur Satire verführt ihn oft zur Überpointierung. In einem Aufsatz schrieb er: Mein Vater war natürlich kein Nazi. Mein Vater war nur Luftschutzwart. Ein Luftschutzwart ist natürlich kein Antifaschist. Ein Luftschutzwart ist nichts. Ich bin der Sohn eines Luftschutzwartes, also bin ich der Sohn von einem Nichts. Jetzt ist mein Vater Demokrat, wie er früher Luftschutzwart gewesen ist. Er macht alles richtig. Auch wenn er manchmal sagt: »Meine Generation hat vieles falsch gemacht«, sagt er das immer an den richtigen Stellen. Wir streiten uns nie. Manchmal sagt er: »Du wirst auch noch deine Erfahrungen machen.« Auch das ist richtig, denn es läßt sich voraussehen, daß ich Erfahrungen machen werde. Und zwar als ein Nichts oder als Luftschutzwart, was, wie ich bewiesen habe, dasselbe ist. (»Was machen Sie denn zur Zeit?« – »Ich mache Erfahrungen.«) Meine Mutter sagt oft: »Du hast einen großzügigen Vater.« Manchmal sagt sie: »Du hast einen zu großzügigen Vater.« Dann sagt mein großzügiges Nichts: »Laß mal den Jungen, Elisabeth. Wer weiß, was noch kommt.« Auch das ist schon wieder richtig. Ich mag meinen Vater. Er kann so schön traurig aus dem Fenster gucken. Dann sagt er: »Ihr habt es gut. In einer beinahe friedlichen Welt. Hoffentlich bleibt es dabei. Unsere Jugend sah anders aus, ganz anders aus.« Ich mag meinen Vater wirklich. (Mich mag ich auch.) Als Luftschutzwart soll er Menschenleben gerettet haben. Das ist schön und richtig. Ob ich ein guter Luftschutzwart sein würde? Wenn wir im Sommer am Wannsee baden gehen ...

Es fiel schwer, diesem Aufsatz eine Zensur zu geben. (Mit einem Hinweis auf zu starke literarische Abhängigkeit versuchte ich, die Zensur zu ersetzen.) Dabei ist er wirklich begabt.

Auch Irmgard Seifert hält Scherbaum für begabt. (»Der Junge ist musisch veranlagt ...«) Doch bevor ich Gelegenheit fand, mit ihr über Scherbaum zu sprechen, hatte sie sich wieder einmal (und immer im gleichen nagenden Tonfall) über jene alten Briefe verbreitet, deren Entdeckung und Auswertung sie immer wieder neu entdeckte und auswertete. Diesmal war ihr eine Briefstelle »Endlich bin ich zum Opfer bereit!« besonders fündig gewesen, weil das Wort »endlich« ihr zu beweisen hatte, sie müsse vorher nicht zum Opfer bereit gewesen sein, sie habe gezweifelt. Ich redete ihr zu, dem Zweifel Bedeutung zu geben: »Er hebt die nachgestellte Bereitschaft auf, zumindest macht er sie fragwürdig.«

Dieses Gespräch fand zwischen dem Jagdschloß und der Waldgaststätte Paulsborn statt. Sie hatte mich mit ihrem VW zu einem Spaziergang um den Grunewaldsee abgeholt. Wir parkten den Wagen am Roseneck und liefen vor uns hin. Nichts Ungewöhnliches, denn während meiner Assessorenzeit hatte es zu unseren Gewohnheiten gehört, vor Schulbeginn einmal den Grunewaldsee zu umkreisen. Wir führten Gespräche, wie sie nur eine Studienrätin und ein gleichaltriger Studienassessor führen können: ernsthaft bis heiter distanziert, nicht ohne Ausflüge in einen burschikosen, leicht angestrengten Übermut, der oft ins Gegenteil, in frostige Verlegenheit umzuschlagen drohte. (Ich fühlte mich verpflichtet, der Natur und der

Zweisamkeit wegen, unsere freundschaftliche Kollegialität um die immerhin denkbare Möglichkeit eines Verliebtseins gegen Ende Dreißig zu erweitern; die aufkommende Peinlichkeit ließ sich nur durch forcierten Witz überspielen.) Anfangs hielten wir auf unserem Trott um den See, ohne uns besonders anstrengen zu müssen, Distanz; nachdem Irmgard Seifert die Entdeckung auf dem Trockenboden ihrer Mutter gemacht hatte – das brachte sie aus dem Lot, sie rauchte wieder –, wurden die Spaziergänge »Einmalrundumdensee« zu einer Belastung unseres Verhältnisses. Ich begann (aus Laune und halber Lust) Situationen zu suchen und zu fördern, die den intimen Verkehr zumindest ermöglicht hätten. Auch sie ließ es darauf ankommen. Wir besuchten uns gegenseitig unangemeldet. Aus irgend einem Gespräch heraus küßten wir uns übergangslos, um nach dem Kuß ähnlich hastig wieder dem sachlichen Ton zu verfallen. Wir ironisierten unsere »tierchenhafte Geilheit« und verspotteten unser Nichtkönnen: »Das ist blinder Alarm, Eberhard. Ersparen wir uns die jetzt schon vorschmeckende Melancholie.«

So ironisch und spöttisch, auch bissig, der frühen Morgenstunde wegen, begannen wir unseren Spaziergang, den wir am Vorabend beschlossen hatten. Ich hatte sie, wieder einmal, unangemeldet besucht. Spät war es geworden und wollte kein Ende finden.

»Sind Sie gut nach Hause gekommen?«

»Ich erlaubte mir noch zwei Bier und probierte eine neue Kombination aus: eine Cola neben einem ordinären Getreidekorn.«

»Welch ein Leichtsinn. So kenne ich Sie gar nicht. Jedenfalls zeichnet sich unser Verhältnis durch leidenschaftliche Mäßigkeit aus.«

»Vielleicht fürchten wir uns, diesen offenen Zustand durch Tätigkeit zu zerstören.«

»Ach was! Wir sind doch nur mit dem Sprechwerkzeug und mit einem Quentchen ungenutzter Sympathie anwesend. Sie krebsen mit Vorliebe rückwärts und suchen Nahrung in Ihrer, wie ich zugeben muß, anstrengenden Verlobungszeit, während ich, seitdem mir diese Briefe in die Hände gefallen sind, alle Anstrengung mache, eine Siebzehnjährige zu verfolgen, die etwas getan hat, in meinem Namen getan hat, das ich niemals . . .«

»Sie vergessen, Irmgard, daß ich zum Zeitpunkt meiner Verlobung siebenundzwanzig Lenze zählte, also, weiß Gott, als Erwachsener versagt habe . . .«

»Was besagen schon Altersunterschiede, wenn es um Niederlagen geht, die weder Sie noch ich in Siege umschwindeln können. Zum Beispiel versuche ich seit Tagen, eine Briefstelle, das kurze unerträgliche Sätzchen ›Endlich bin ich zum Opfer bereit!‹ zu meinen Gunsten auszulegen. Einfach lächerlich, meine Situation: Ankläger und Verteidiger in eigener Sache sein zu müssen. Was sagen Sie dazu? Dieses vorgestellte ›endlich‹ ist doch immerhin interessant – oder?«

Da hatten wir das Jagdschloß im Rücken und tippelten Paulsborn entgegen. Es dämmerte lustlos, wollte nicht Tag werden. Der über Nacht gefrorene Schnee gab Laut. Wo das Lange Luch, eine zugefrorene Verbindung zwischen der Krummen Lanke und dem Grunewaldsee, mündete, hackte ein Forstarbeiter, der Enten wegen, das Eis auf. Sein Atem schlug ihm weiß über die Schulter. Mir fielen, gleich nachdem wir rechts eingebogen waren und den Trampelpfad längs der Nordwestseite des Sees, nun streckenweise hintereinander, verkürzten, beflissene Worte zum Sonntag ein: »Denn sehen Sie: Der fruchtbare Zweifel, all das, was vor dem Wort ›endlich‹ liegt, ist Ihnen geblieben, während die dumme, und wie wir wissen, folgenlose Tat hinter Ihnen liegt und für immer abgetan sein sollte.«

Aber Irmgard Seifert war schon wieder biberhaft fleißig: Bis zum Ende des Sees, genau, bis zur Holzbrücke über den Bach, der unseren See mit dem Hundekehlesee verbindet, baute sie ihre Niederlage aus. Und auf der Brücke, zwischen den geräuschvollen Enten in ihren Eislöchern, als ich sie wütend küßte, um ihr das Maul zu stopfen, jawohl, das Maul zu stopfen, bekam ich, kaum weg von ihr, das Ende eines unterbrochenen Satzes zu hören: ». . . dabei bin ich mir mehr und mehr gewiß, daß ich enttäuscht gewesen sein muß, als auf meine Meldung hin nichts passierte. Ich muß annehmen, eine zweite Meldung, nein, sagen wir doch Denunziation gemacht zu haben. Ich verdoppelte meine Schuld.«

Da wir uns verspätet hatten, drängte ich Richtung Roseneck: »Aber der Bauer überlebte Ihre erste, wie Ihre zweite, nur angenommene Meldung . . . «

»Darum geht es nicht. Verstehen Sie doch!«

»Und ob ich verstehe!«

»Worte, angeblich kausale Zusammenhänge.«

»Genau. Der Bauer starb, wie Sie mir sagten, zehn Jahre später nach seinem zweiten Schlaganfall. Sie leben, ich überlebte rein zufällig auch, und mein Schüler, nein, unser Philipp Scherbaum ist in Not . . .«

»Hören Sie doch endlich mit diesem affigen Schulkram auf. Nichts spricht mich frei. Diese Briefe, besonders diese eine entsetzliche Briefstelle . . .«

(Es kam zu Eintragungen: Heute früh, kurz nach acht Uhr dreißig, nachdem ich sie geküßt und mir dabei die nur langsam heilende Wunde an meiner Unterlippe eingerissen hatte, ohrfeigte ich meine Kollegin Irmgard Seifert. Bei vier Grad unter Null, zwischen verschneiten Kiefern und Birken, oberhalb der vereisten Waldstiege, die zum Verbindungsweg Richtung Clay-Allee führt, kappte ich ihren Satz mit einer linkshändig geschlagenen Ohrfeige. Es knallte richtig, doch flogen keine Vögel auf. In meiner Luftwaffenhelferzeit, als ich Störtebeker genannt wurde, habe ich einmal ein Mädchen geohrfeigt, seitdem nie wieder. Ich wünschte mir, sogleich nachdem es getan war, Zuschauer hätten, nein, Linde hätte gesehen, wie ich . . . So lächerlich eine Ohrfeige ist, ist sie doch eine Tat. Ein Stein trifft die Wasseroberfläche und wirft Kreise: In rascher Schnittfolge traf ich noch einmal einseitig Irmgard Seifert, doch dann immer wieder links rechts Linde, links rechts Linde, mal auf der Rheinpromenade, mal im Schwemmsteinlager, mal auf dem Mayener Feld zwischen Basaltblöcken, auch in Hotelzimmern – und einmal in Gegenwart ihres Vaters: diese beliebig wiederholbare Tat. »Großartig!« sagte er. »Großartig. Nur so wird sie zu Vernunft kommen.«)

Irmgard Seifert suchte sofort nach einer Zigarette: »Du hast recht. Entschuldige.«

Mit der gleichen Hand gab ich ihr Feuer: »Es tut mir leid. Aber ich konnte nicht anders.«

Sie zog dreimal und warf weg: »Du wolltest von Scherbaum sprechen.« Bis zum Roseneck blieben wir beim Du. Erst im VW, kaum hatte sie den Motor gestartet, ging sie wieder zum Sie über: »Wie Sie bin ich der Meinung, der Junge ist hochbegabt, zumindest ist er musisch veranlagt.«

»Sagt nicht sogar Dr. Schmittchen, der über Scherbaums Mitarbeit Grund zum Klagen hat: Auch in meinem Fach könnten seine Leistungen, bei größerer Konzentration, erheblich gesteigert werden; seine Begabung läßt mehr erwarten.«

Es gelang uns zu lachen. Sie fuhr sicher und etwas zu schnell: »Vor einem halben Jahr noch hat mir Scherbaum selbstverfaßte Lieder zur Gitarre gezeigt und – als ich ihn darum bat – sogar vorgetragen: diese Zwischenlage. Weltschmerz plus Engagement. Ein bißchen Brecht, vermittelt über viel Biermann, also Villon. Doch durchaus eigen und – wie gesagt – hochbegabt.«

(Scherbaums Song »Sternchenpflücken« sollte sogar in einer Anthologie – Schülerlyrik – abgedruckt werden.)

»Aber er schreibt nicht mehr.«

»Dann sollten wir dafür sorgen, daß er wieder zu schreiben beginnt.«

»Also Gedichte gegen Napalm, damit der Hund nicht verbrannt wird.«

»Wenn ich es auch nicht so direkt gemeint habe, könnte dennoch eine intensive künstlerische Beschäftigung seiner wirren und noch ziellosen Kritik Form geben und – da der Schaffensprozeß ihn ausfüllen wird – jenen Nebennutzen bewirken, den wir uns wünschen.«

»Sie meinen, Kunst als Beschäftigungstherapie . . .«

»Lieber Eberhard, darf ich Sie vielleicht daran erinnern, daß Sie mich gebeten haben, mit Ihnen gemeinsam einen Weg, einen Ausweg für den jungen Scherbaum zu suchen?«

»Ich bin Ihnen natürlich dankbar . . .«

Den Rest der Strecke fuhren wir schweigend. Auch nachdem sie den Wagen geparkt hatte, kein Wort. Auf dem kurzen Stück Weg zum Schulportal sprach sie leise und beinahe schüchtern: »Sagen Sie, Eberhard, können Sie sich vorstellen, wie ich als Siebzehnjährige an einem gescheuerten Holztisch sitze und mit Sütterlinbuchstaben eine Denunziation schreibe, die einem Menschen das Leben kosten soll?«

Was zwingt mich, sie hartnäckig von sich abzulenken. (Laß sie doch baden gehen in ihrem abgestandenen Tümpel.) Sie hat schmale intelligente Finger, mit denen sie ihre Guppys, wenn sie bauchoben schwimmen, aus dem Aquarium fischt. (Das ließe sich unterschreiben: Ich mag ihre Hände, die ich vom Händchenhalten her kenne, wenn wir auf meiner Couch sitzen und oben reden, immerzu reden . . .)

Die Klasse schrieb. (Flüstern, Schreibgeräusche, Gehüstel, die unterteilte Stille.) Ich stand zum Fenster und übte gegen die Scheibe: Sagen Sie, Scherbaum. Ich habe schon lange nichts mehr von Ihren lyrischen Versuchen gehört. Auch Frau Studienrat Seifert meint, Sie sollten besonders die Liedform pflegen, zumal Sie Gitarre spielen. Also schreiben Sie, Scherbaum, schreiben Sie! Sie wissen wie ich, welche Kraft, welch politische Kraft dem lyrischen Wort innewohnen kann. Denken Sie an Tucholsky, Brecht, an Celans Todesfuge. Immerhin hat das politische Chanson bei uns seit Wedekind Tradition. Deshalb sollte der Protestsong, besonders hier in Deutschland, neue Impulse bekommen. Ich wünsche mir, daß Sie bei Ihrer Begabung . . .

Und etwa so sprach ich auf dem Pausenhof zu Scherbaum. Er stand in der Nähe des Fahrradschuppens neben Vero Lewand. Ich übersah, daß sie rauchte. Sie blieb und übersah mich. »Sagen Sie, Scherbaum. Ich habe schon lange nichts mehr von Ihren lyrischen Versuchen gehört . . .«

Er unterbrach mich erst, als ich ins Detail des Protestsongs ging, von der message, von Joan Baez, von If I had a hammer und von flower-power sprach. »Das ist doch zum Einlullen. Da glauben Sie doch selber nicht dran. Das bewegt doch nichts. Damit kann man, wenn's gut geht, Geld verdienen. Drückt doch nur auf die Tränendrüsen. Hab ich mit Vero ausprobiert, stimmts? Als ich dir meinen härtesten Song geboten habe – Bettellied heißt der und nimmt sich die Masche Brot für die Welt vor –, da hast du geheult und fantastisch gesagt, einfach fantastisch!«

»Der ist auch fantastisch. Aber du verträgst das ja nicht, wenn man was gut findet.«

»Weil du das nur von der Stimmung her nimmst. Reine Gefühlssache bei dir, reine Gefühlssache.«

»Na und? Wenn es mir gefällt.«

»Paß auf. Ich will mit dem Song sagen, daß Almosen nur das Elend vergrößern und daß Almosen nur denen nützen, die sie geben, nämlich den Besitzenden und Unterdrückern . . .«

»Genau das hab ich kapiert. Und das finde ich einfach fantastisch.«

»Pißnelke.«

(Wenn auch herablassend, klang es doch gutmütig. Eigentlich ein zärtliches Wort. Wenn sie von Basis und Überbau faselte – »Wir haben heut Gruppe, Flip. Wir machen Mehrwert heut abend. Komm doch mit« –, sprach aus seiner geduldigen

Ablehnung gleichzeitig Zuneigung: »Du bist und bleibst eine Pißnelke.« Auch das leichthändige Erfinden von Übernamen – Philipp führte ›Old Hardy‹ ein – bewies mir seine Begabung; niemand anders als Scherbaum konnte darauf verfallen, Irmgard Seifert Erzengel zu nennen, und Irmgard Seifert – oder Der Erzengel – hatte Scherbaums Bettellied mehrmals lobend erwähnt.)

»Auch Frau Studienrat Seifert meint, Sie sollten in dieser engagierten Richtung fortfahren . . .«

»Warum? Wenn nicht mal Vero kapiert . . .«

Ich gab einerseits Scherbaum, andererseits Vero Lewand recht und lobte ihren Streit, den ich eine legitime Diskussion nannte, die eigentlich schon beweise, welch infragestellende Kraft dem engagierten Song gegeben sei: »Aber gut, Scherbaum. Sie glauben nicht an das Wort. Sie wollen Aktionen, die Tat. Nehmen wir an, Sie machen, was Sie vorhaben. Sie verbrennen Ihren Max vor dem Kempinski. Die Leute schlagen Sie wenn nicht tot, dann doch krankenhausreif. Das wollen Sie ja: Reaktion der Öffentlichkeit. Schlagzeilen. Strafanzeige vom Tierschutzverein. Die Schule befindet, trotz Gegenstimmen, Rausschmiß. Wahrscheinlich muß auch ich gehen, was nicht das Schlimmste wäre. – Und vierzehn Tage später spricht kein Mensch mehr davon, weil etwas anderes läuft und Schlagzeilen macht, womöglich ein Kalb mit zwei Köpfen. – Dagegen: Sie setzen sich hin und schreiben die Ballade vom Dackel Max. Naiv volkstümlich und dennoch genau. Station für Station gehen Sie durch. Max als verspielter kleiner Hund. Max wächst heran. Philipp liest Max aus der Zeitung vor. Max gibt zu verstehen: Verbrenne mich. Philipp sagt nein. (Womöglich mit meinen untauglichen Argumenten.) Doch Max will es. Er folgt Philipp nicht mehr, weil er ihn verachtet. Und so weiter, und so weiter. Wenn Ihnen der Song gelingt, wird er bleiben und alle Schlagzeilen überleben.«

Beide hatten ohne Reaktion zugehört. (Mag sein, daß mich der Entwurf der Ballade mitgerissen hatte.) Jetzt hob Scherbaum die

Schultern, ließ sie fallen und klärte seine Freundin auf: »Old Hardy glaubt an Unsterblichkeit. Haste gehört: Ich soll für die Ewigkeit schreiben.«

»Das sind seine üblichen Deutschlehrersprüche. Er ist ein Papiertiger.«

»Auch gut. Und euer Papiertiger gibt sogar zu, daß dem Gedicht die plötzliche Wirkung zumeist versagt ist, weil es langsam wirkt und oft zu spät . . .«

»Wir wollen aber jetzt wirken, sofort!«

»Also Schlagzeilen, die durch Schlagzeilen verdrängt werden.«

»Ich weiß nicht, was morgen ist . . .«

»Das ist billig, Philipp, und Ihrer nicht würdig . . .«

»Ich weiß nicht mal, was würdig ist.«

»Zumindest sollten Sie versuchen, die Welt in ihrer Vielgestalt und Widersprüchlichkeit zu verstehen . . .«

»Ich will nicht verstehen. Verstehen Sie mich!« (Diese Strenge auf einmal. Eine steile Falte und keine Lachgrübchen mehr.) »Weiß ich doch, daß sich alles erklären läßt. Wie heißt es schon? Weil die vitalen Interessen der Amerikaner berührt sind . . .« (Und mein mieses, schon im voraus abgeurteiltes Beschwichtigen.) »Genau so ist es. Leider. Als vor mehr als zehn Jahren beim Aufstand in Budapest die vitalen Interessen der Sowjetunion berührt wurden, hat man mit aller Härte . . .« (Sein Zorn baute sich leise auf.) »Weiß ich. Weiß ich. Alles ist zu erklären. Alles ist zu verstehen. Weil dieses, muß das. Einerseits schlimm, aber um Schlimmeres zu verhüten. Der Frieden hat seinen Preis. Unsere Freiheit wird uns nicht geschenkt. Wenn wir heute nachgeben, sind wir morgen dran. Hab ich gelesen: Napalm verhindert den Einsatz nuklearer Kampfmittel. Die Lokalisierung des Krieges ist ein Sieg der Vernunft. Mein Vater sagt: Gäbe es nicht die Atombombe und so weiter, wäre der dritte Weltkrieg schon längst. Recht hat er. Läßt sich beweisen. Wir sollten dankbar sein und Gedichte schreiben, die erst übermorgen wirken, wenn sie wirken, wenn sie wirken. Nein. Nichts wird bewegt. Menschen verbrennen jeden Tag langsam. Ich mach es. Ein Hund, das trifft sie.«

In die so sorgfältig vorbereitete Stille hinein sagte Vero Lewand: »Fantastisch, wie du das sagst, Flip. Fantastisch.«

»Pißnelke!«

Scherbaums linke Hand wurde von mir behindert (nur ich durfte das) und zurückgebogen. Ich machte beide darauf aufmerksam, daß der Schulhof leer, die Pause vorbei sei. Sie gingen, und Philipp Scherbaum legte nach wenigen Schritten seinen linken Arm um Veronika Lewands Schulter. Langsam folgte ich ihnen und spürte mein Zahnfleisch, die beiden Fremdkörper.

Da ich Freistunde hatte, rapportierte ich meinem Zahnarzt. Er hörte ohne Ungeduld zu und wollte Details wissen: »Ist die Freundin Ihres Schülers etwa Mundatmerin?«

Ich bejahte überrascht und sprach von Polypen. Als ich meinen Bericht ins Grundsätzliche erweitern wollte – »Nur wenn es gelingt, weltweit ein pädagogisches Prinzip anzuwenden ...« – schloß er trocken ab: »Der Junge gefällt mir.«

»Aber er macht es. Er macht es wirklich!«

»Wahrscheinlich.«

»Was soll ich tun? Als Klassenlehrer bin ich verantwortlich ...«

»Sie denken zu viel an sich. Nicht Sie, der Junge will es machen.«

»Und wir müssen ihn hindern.«

»Warum eigentlich?« Mein Zahnarzt fragte durchs Telefon: »Was ist gewonnen, wenn er es nicht tut?«

»Sie werden ihn erschlagen. Die Weiber aus dem Kempinski mit ihren Kuchengabeln. Zertreten werden sie ihn. Und das Fernsehen wird die Kamera draufhalten und um Arbeitserleichterung bitten: ›Seien Sie doch vernünftig. Nur ein klein wenig zurücktreten. Wie sollen wir denn objektiv berichten können, wenn Sie uns behindern ...‹ Ich sage Ihnen, Dokter: Sie können heute Christus auf dem Kurfürstendamm während der

Hauptverkehrszeit, sagen wir mal, Ecke Joachimsthaler kreuzigen und gekreuzigt aufrichten, die Leute gucken zu, machen ihr Foto, wenn sie das Dings bei sich haben, drängeln, wenn sie nichts sehen, und sind auf den besseren Plätzen zufrieden, weil sie mal wieder ergriffen sein können; aber wenn sie sehen, wie jemand einen Hund, hier, in Berlin einen Hund verbrennt, da schlagen sie zu, immer wieder zu, bis nichts mehr zuckt, und auch dann noch hauen sie drauf.«

(Das war meine Golgatha-Nummer, die ich von Irmgard Seifert übernommen hatte. »Glauben Sie mir, Eberhard, tagtäglich wird an irgendwelchen Straßenkreuzungen Christus ermordet, und die Leute schauen zu, nicken bestätigend.«)

Mein Zahnarzt blieb kühl. (Religiöse Anspielungen waren ihm peinlich.) »Ich nehme an, Ihr Schüler weiß, was ihn, bei der extremen Tierliebe weiter Bevölkerungskreise, erwarten könnte.«

»Dann werde ich also doch Meldung erstatten müssen.«

»Ich kann verstehen, daß Sie um Ihre Stellung als Studienrat besorgt sind.«

»Aber was soll ich denn . . .«

»Rufen Sie mittags noch einmal an. Sie begreifen, die Sprechstunde. Mein Betrieb hier läuft und läuft. Auch wenn die Welt still stehen würde, die Leute kämen trotzdem, den Mund voller Klage und Wehgeschrei . . .«

Meinen Berberteppich ausschreiten: die Neuanschaffung. Jeremias zitieren: Ach, wie ist das Gold so gar verdunkelt . . . Vom Schreibtisch belauert, auf dem das Angefangene in seiner Mappe neue Geschichten hecken möchte: Nun komm schon, komm. Erfinde dir einen kleinen, hübsch ausgefallenen Mord. Du kannst doch nicht deine Verlobte mit diesem Schlottau. Du könntest einen Sprengkörper an die elektrische Signalanlage des Sandkastens anschließen, und sobald Linde bei Kursk zum Gegenangriff ansetzt, könnten sie, er und Krings mitsamt der Baracke . . . Oder streng sachlich bei Schörner bleiben . . . Oder lieber bei Reimann auf ein zwei Bier . . . Oder die neue Kombination: eine Coca und einen Klaren . . .

Was soll ich denn tun? Meinem Senator für das Schulwesen schreiben? »Sehr geehrter Herr Evers, ein besonderer Fall, der mir die Grenzen meiner pädagogischen Möglichkeiten und Fähigkeiten offenbar macht, zwingt mich, Ihren Rat zu erbitten; denn wer, wenn nicht Sie, sollte dazu berufen sein, hier ein klärendes Wort zu sprechen. – Darf ich zu Anfang daran erinnern, daß Sie in einem Interview mit unserer ›Berliner Lehrerzeitung‹ gesagt haben: ›Ich gehe davon aus, daß es die einzelne menschliche Person und die Gesellschaft gibt. Keines ist dem anderen vorgeordnet. Beide sind voneinander abhängig und werden voneinander geprägt.‹ – Und solch eine einzelne menschliche Person, einer meiner Schüler, ist entschlossen, seinem Protest gegen die Gesellschaft drastischen Ausdruck zu geben: Er will an exponierter Stelle seinen Hund mit Benzin übergießen und verbrennen, damit die Bevölkerung dieser Stadt, von der er annimmt, sie verhalte sich teilnahmslos, erkennen möge, wie das ist: lebendig verbrennen. Der Schüler hofft, er könne so die Wirkung des modernen Kampfmittels Napalm demonstrieren. Er erwartet sich aufklärende Wirkung. Die berechtigte Frage, warum ein Hund und kein anderes Tier, etwa eine Katze, verbrannt werden müsse, beantwortet er dahin: Die besondere und weithin bekannte Hundeliebe der Berliner Bevölkerung läßt keine andere Wahl zu, denn die öffentliche Verbrennung von Tauben, zum Beispiel, würde in Berlin allenfalls zu einer Diskussion führen, die sich mit der Frage zu beschäftigen hätte, ob es nicht sinnvoller sei, die Tauben, wie bisher üblich, während Großaktionen zu vergiften, zumal aufflatternde brennende Tauben zu einer öffentlichen Gefahr werden könnten. – Meine Versuche, den Schüler einerseits mit Argumenten zur Vernunft zu bringen und ihn andererseits vor den Folgen seiner Tat zu warnen, verliefen ergebnislos. Obgleich der Schüler zugibt, Angst zu haben, ist er bereit, die Gewalttätigkeiten einer Bevölkerung, die auf Mißhandlungen von Hunden besonders erregt zu reagieren pflegt, in Kauf zu nehmen. Jede Vermittlung wertet er als beschwichtigenden Kompromiß, der die Kriegsverbrechen in Vietnam, die er ausschließlich den amerikanischen Streitkräften zur Last legt, nur verlängern könne. – Ich bitte Sie, mir zu glauben, daß ich nicht bereit sein kann, auf dem Dienstweg eine Meldung zu erstatten; denn der spontane Gerechtigkeitssinn des Schülers findet meine Anteilnahme. (So sehr wir, besonders als Berliner, der amerikanischen Schutzmacht dankbar sein müssen, die gleichen Verbündeten verletzen anderen Ortes tagtäglich unser moralisches Empfinden; nicht nur mein Schüler, auch ich leide unter diesem tragischen Widerspruch.) – Im Juli des vergangenen Jahres haben Sie, sehr verehrter Herr Senator, auf einer Veranstaltung ausgerufen: ›Mögen wir die Zivilcourage Adolf Diesterwegs haben!‹ Ihr so dankenswert offenes Wort hat sich mir eingeprägt. Ich möchte Sie bitten, mit mir gemeinsam meinen Schüler auf seinem schweren Weg zu begleiten, damit durch Ihre Anwesenheit die öffentliche Verbrennung eines Hundes jenen aufklärenden Sinn erhält, den wir alle unablässig suchen, den auch mein Schüler sucht und den wahre Bildungspolitik, die nach Ihren Worten ›immer Gesellschaftspolitik ist‹, zu jeder Zeit anstreben sollte. In kollegialer Hochachtung, Ihr...«

(Es gibt keine Statistik über nicht abgeschickte Briefe. Hilferufe, die unfrankiert bleiben. Zahnschmerzen gibt es – und Arantil.)

Zusätze, weil ich mein Versagen, während ich versagte, schon zu verteidigen begann: Mir geht es um Scherbaum, weil er ein Mensch ist; doch den Berlinern wird es um den Hund gehen, weil er kein Mensch ist.

Mehrere Versuche, das Wort »Mensch« und die Verallgemeinerung »Berliner« zu ersetzen oder ersatzlos zu streichen: Mir geht es um Scherbaum; doch die öffentliche Anteilnahme wird dem Hund gelten. (Ist etwa mein Verhältnis zu Scherbaum vergleichbar dem Verhältnis eines Hundeliebhabers zu seinem Hündchen? – Ich besitze ein Scherbaum-Foto. Aus einer Klassenaufnahme ließ ich ihn und seine Lachgrübchen vergrößern. In einen Wechselrahmen, der seit Jahren leersteht, schiebe ich manchmal, wie etwas Verbotenes, das postkartengroße Porträt: mein Scherbäumchen, wie es den Kopf schräg hält... Und sagte nicht Irmgard Seifert: »Ihr Verhältnis zu Scherbaum ist mir nicht distanziert genug. Sie können den Jungen nicht an der Leine führen . . .«)

Projektionen. Ersatzliebe. Hunde, angeblich treuer als Menschen. Der Friedhof in Lankwitz. Grabsteininschriften: Meine geliebte Senta... Mein unvergessener einziger Freund... Treue um Treue... Könnte (fragen wir uns) eine Statistik über die Verluste an Hunden während des Vietnam-Krieges die Berliner Bevölkerung mehr erschüttern als die addierten Verluste an Menschenmaterial im gleichen Kriegsgebiet? Bodycount. Nach offiziellem Bodycount . . .

Seneca sagt über Hunde: »Auch das stumme Tier hat etwas Gutes, es hat eine Art Tugend, eine Spur Vollkommenheit, aber es hat dies Gute, die Tugend, die Vollkommenheit, nie in absolutem Maße. Dieser Vorzug wird nur vernunftbegabten Wesen zuteil; ihnen allein ist es gegeben, das Warum, Inwiefern und Wie der Dinge zu erkennen. Daher lebt Gutes nur in vernünftigen Geschöpfen . . .«

So einfach ist das. Ich könnte (sollte werde) mit Hilfe der Eltern Scherbaum den Langhaardackel Max vergiften und so dem Schüler Scherbaum das Demonstrationsobjekt nehmen. (Auf ein radikales Vorhaben radikal reagieren.)

Als ich über Mittag meinen Zahnarzt anrief, hörte er sich meinen, wie ich sagte »notwendigerweise gewaltsamen Lösungsvorschlag« nicht bis zu Ende an. Nach einem schroffen »Das reicht!« wurde er unhöflich: »Ich wäre Ihnen dankbar, wenn Sie sich diese Kapitulation so rasch wie möglich aus dem

Kopf schlagen wollten. Fast könnte man meinen, Sie hätten den Ehrgeiz, die Verwirrungen Ihres Schülers mit solch kindischen Ungereimtheiten zu überbieten. Einfach lächerlich: Hund vergiften!«

Ich wies auf meine ausweglose Lage hin, gab zu, einigermaßen hilflos zu sein, erwähnte meine bereits abgelegte Idee, den Schulsenator Evers anzuschreiben – er lachte laut und rücksichtslos – sprach beiläufig von ziehenden, auch leicht pochenden Schmerzen und zunehmendem Arantilverbrauch – und verlor dann am Telefon die Fassung: »Um Himmelswillen, Doktä! Was soll ich denn machen, Doktä! Helfen Sie mir. Verdammt nochmal. Helfen Sie mir doch!«

Nach einigem Ein- und Ausatmen hieß sein Ratschlag: »Bitten Sie Ihren Schüler, er möge mit Ihnen den vorgesehenen Tatort besichtigen. Vielleicht ergibt sich da was.«

Noch vor Schulschluß schlug ich Scherbaum die Tatortbesichtigung vor.

»Na gut. Aber machen Sie sich bloß keine übertriebenen Hoffnungen. Was tut man nicht alles für seinen Lehrer.«

Ich fragte ihn, ob er seine Freundin mitbringen wolle.

»Vero hat damit nix zu tun. Außerdem hab ich ihr alles aufgezeichnet. Die soll sich raushalten.«

Wir verabredeten uns für den Nachmittag. Zu Hause goß ich mir einen Tee auf.

Präparieren oder unbefangen bleiben, es darauf ankommen lassen? Auf und ab gehen, den Teppich vermessen, Bücher aufschlagen, anlesen? Beim Rasieren gegen den Spiegel sprechen, bis er beschlägt?

»Was soll ich denn noch sagen, Philipp? Auch wenn du recht hast, das lohnt nicht. Als ich siebzehn war, hab ich auch. Wir waren gegen alle und alles. Nichts wollte ich erklärt bekommen, wie du. Und wollte nicht so werden, wie ich jetzt bin. Auch wenn ich so bin, und du siehst, wie ich bin, genau wie ich es gesehen habe bei anderen, wie sie waren, weiß ich doch, daß ich geworden bin, wie ich nicht sein möchte, und wie du nicht sein möchtest. Aber wollte ich so sein, wie du bist, müßte ich sagen: Mach es! Warum sage ich nicht: Laß ihn brennen!?«

»Weil Sie eifersüchtig sind und selber möchten, aber nicht können. Weil mit Ihnen nichts mehr los ist. Weil Ihnen die Angst fehlt. Weil es gleichgültig ist, ob Sie es machen oder nicht. Weil Sie fertig sind. Weil Sie schon alles hinter sich haben. Weil Sie sich Ihre Zähne für später reparieren lassen. Weil Sie immer Abstand gewinnen wollen. Weil Sie sich die Folgen ausdenken, bevor Sie handeln, damit die Folgen Ihren Berechnungen entsprechen. Weil Sie sich nicht mögen. Weil Sie vernünftig sind, dabei sind Sie dumm.«

»Gut, Philipp. Mach es. Mach es für mich. Ich kann nicht mehr, weil ich schon. Früher mit Siebzehn konnte ich auch. Da war ich ein Täter. Damals war Krieg . . .«

»Immer ist Krieg.«

»Gut. Jetzt bist du dran. Aber das nützt nichts. Es wird dir Erinnerung werden, riesengroß. Du wirst nicht mehr drüber kommen. Immerzu wirst du sagen müssen: Als ich siebzehn war, hab ich. Als ich siebzehn war, war ich ein Täter. Aber gut. Jetzt geh ich mit dir da hin, damit du siehst, was auf dich zukommt vor dem Kempinski . . .«

Wir hatten uns ohne Hund verabredet, aber Scherbaum brachte den Dackel mit. Der kalte sonnige windstille Januarnachmittag erlaubte es uns, den Atem als Fähnchen zu führen. Wer uns entgegenkam, überholte oder schnitt, gab gleichfalls Rauchzeichen: Wir leben! Wir leben!

Der weitausladende Vorplatz, Ecke Kudamm – Fasanenstraße, bot sich an. Sein Pflaster wurde von schwarzgeränderten Schneehaufen gesäumt, die von Hundeurin gezeichnet waren und Scherbaums Langhaardackel anregten. (Ordnung und Heiterkeit.) Die Kempinskiterrasse war vollbesetzt. Unter dem Terrassendach glühten Heizkörper; sie gaben einer Ansammlung füllig straffer Damen, die Gebäck in sich hineinlöffelten, jene Oberhitze, die kalte Füße fördert. Zwischen schwindenden Törtchen stießen sich Zuckerstreuer, Sahnekännchen, Kännchen Kaffee, auch Mocca double-Filter und – wie sich vermuten ließ – Kännchen voll Kaffee Hag. Die Kleidung adrett und die Fülle betonend, maßgeschneidert, auch Maßkonfektion. Pelze, zumeist Persianer, aber auch viel Kamelhaar, dessen Milchkaffeeton mit Sachertorte und Mohrenköpfen, mit hauchdünnen Baumkuchenschnitten und der beliebten Nuß-Sahnetorte übereinstimmte. (Vero Lewand hatte die Kurzfassung geprägt: kuchenfressende Pelztiere.) An einigen Stühlen, die Leine ums Stuhlbein, zerrten Hunde, sobald wir mit Max die von Scherbaum als Tatort vorgesehene Stelle gefunden hatten. Sonst fielen wir nicht auf, da den Damen das Zerren am Stuhlbein vertraut sein mußte; es wurden viele Hunde vorbeigeführt. (Insgesamt gibt es in Westberlin 63 705. Auf 32,8 Einwohner kommt ein Hund. Es sind weniger geworden: Noch im Jahre dreiundsechzig wurden in Westberlin 71 607 gehalten; auf 29,1 Einwohner kam ein Hund. Ich halte das nicht für übertrieben viel. Eigentlich hatte ich mit mehr gerechnet. Überall die gleiche rückläufige Tendenz: die Berliner Auszehrung. Das hätte ich Scherbaum sagen sollen: »Durchaus normal, Philipp. Im Bezirk Kreuzberg kommen sie nahezu spärlich vor: auf 40,6 Einwohner ein einziger Hund. Diesen Zahlen gegenüber von einem Berliner Hundetick sprechen zu wollen, heißt eine Legende stützen, die sich überlebt hat.«) Wir fixierten die Terrasse, was uns als Suchen nach einem Bekannten ausgelegt werden mochte. Kuchen wurde weniger. Neues Gebäck wurde serviert. Ich begann ironisch, um der Tatortbesichtigung das feierlich Endgültige zu nehmen: »Wenn wir davon ausgehen, daß ein Berliner Pfannkuchen zweihundert Kalorien enthält, erübrigt sich die Frage nach dem Kaloriengehalt einer Portion Schwarzwälder Kirschtorte mit Schlagsahne.«

(Vero Lewand hatte richtig geschätzt: »Jede mindestens drei Pfund Schmuck. Und wovon reden die, wenn die reden? Na vom Gewicht und vom Abnehmenwollen. Ihhh!«)

Die Damen mit Hüten blickten, aßen und sprachen gleichzeitig. Ein unappetitliches, oft karikiertes und doch harmloses Bild. Der abseitsstehende Beobachter, etwa Scherbaum mit seiner vorgefaßten Meinung, konnte angesichts so gleichzeitiger und unablässiger Gefräßigkeit nur die Entsprechung folgern: den gleichzeitigen und unablässigen Stuhlgang; denn diese sich aufdrängende Fülle Apfelstrudel, Mandelhörnchen, Sahnebaiser und Käsetorte konnte nur durch ein Gegenbild, durch dampfenden Kot aufgewogen werden. Ich steigerte mich: »Stimmt, Philipp. Eine kolossale Schweinerei. Eine monumentale Widerwärtigkeit... Und trotzdem, das dürfen wir nicht vergessen: Nur ein Teilaspekt.«

Scherbaum sagte: »Da sitzen sie.«

Ich sagte: »Sie futtern aus Kummer.«

Scherbaum: »Ich weiß. Mit Kuchen pappen sie alles zu.«

Ich: »Solange sie ihre Törtchen essen, sind sie zufrieden.«

Scherbaum: »Das muß aufhören.«

Wir starrten eine Weile auf den Mechanismus der auf- und abladenden Kuchengabeln und registrierten die Vielzahl der kleinen Schlucke bei weggespreiztem Kleinstfinger. (»Konditern gehen« nennen sie es.)

Ich versuchte Scherbaums Ekel (und auch meinen) abzubauen: »Eigentlich ist es nur komisch.«

Doch Scherbaum sah Zusammenhänge: »Das sind die Erwachsenen. Das war ihr Ziel. Jetzt haben sie es erreicht. Auswählen können und nachbestellen, das verstehen sie unter Demokratie.«

(Hätte ich seinem überspitzten Vergleich mit komplizierten Auslassungen über die pluralistische Gesellschaft begegnen sollen? Na, Dokter? Was hätten Sie an meiner Stelle?)

Ich versuchte ihn aufzuheitern: »Stellen Sie sich vor, Philipp, diese Damen in ihrer überbordenden Fülle säßen nackt da...«

»Die werden keine Torte mehr spachteln. Und wenn sie danach wieder beginnen wollen, wird ihnen das Bild von Max, wie er brennt und sich wälzt, im Wege sein.«

Ich sagte: »Irrtum. Hier, wo Sie stehen, wird man Sie zusammenschlagen. Töten wird man Sie mit Regenschirmen und Schuhabsätzen. Schauen Sie nur die Fingernägel. Und die anderen, die nur mal flanieren wollten, werden einen Kreis bilden, drängeln und sich am Ende streiten, ob jener Klumpen Mensch auf dem Pflaster einen Schnauzer, Terrier, Dackel oder Pekinesen verbrannt hat. Einige werden Ihr Plakat lesen, die Worte Benzin und Napalm entziffern und ›Wie geschmacklos!‹ sagen. Gewiß wird die Mehrzahl der kuchenessenden Damen, nachdem man Sie erschlagen hat, sofort zahlen, sich beim Geschäftsleiter beschweren und die Kempinskiterrasse verlassen. Aber andere Damen in ähnlichen Pelzen, unter ähnlichen Hüten werden nachrücken und Apfeltaschen, Sahnebaiser und Bienenstich bestellen. Mit ihren Kuchengabeln werden sie einander erklären, wo es passiert ist. Hier, hier, wo wir stehen.«

Da Scherbaum nichts sagte, immer nur guckte, wie der Kuchen weniger wurde, wie neue Torte nachwuchs, blieb ich bei meiner Ausmalung der Konsequenzen: »Man wird das Ganze eine unmenschliche Barbarei nennen und sich bei Sahnetörtchen und Mocca den gesamten Vorgang genüßlich wiederholen, denn Ihr Max wird nicht still, duldsam und rasch verbrennen. Ich sehe, wie er springt und sich wälzt. Ich höre ihn winseln.«

Scherbaum sagte immer noch nichts. Max blieb ruhig unter meinen Worten. Ich ließ mich von Einfällen tragen. Reden, immerzu auf ihn einreden: »Dabei wäre es durchaus vernünftig, wenn man versuchte, ihren Kuchenkonsum zu reduzieren. Doch dann müßte man die Kalorienwerte der einzelnen Leckereien auf Tafeln schreiben und hier auf und ab tragen. Zum Beispiel: ein Stück Rosinenkuchen gleich 424 Kalorien. Wobei man in Kohlehydrate, Eiweißstoffe und Fette unterteilen müßte. Das wäre etwas, Philipp. Ein Aufklärungsfeldzug gegen die Gesellschaft im Überfluß . . .«

Als ich die Zutaten und Kalorienwerte der Schwarzwälder Kirschtorte aufzuzählen begann, erbrach sich Scherbaum heftig und in mehrmaligen Stößen auf das Pflaster vor der Kempinskiterrasse. Der Mechanismus einiger Kuchengabeln setzte aus. Scherbaum würgte. Es kam nichts mehr. Bevor sich ein Kreis bilden konnte – schon stockte der Fußgängerverkehr – zog ich Philipp und den winselnden Max über die Fasanenstraße ins Gewühl der Nachmittagsflaneure. (Wie rasch man untertauchen kann.)

Im Bus sagte ich: »Das war wirksamer, als wenn Sie den Hund verbrannt hätten.«

»Aber die wissen doch gar nicht, warum ich gekotzt habe.«

»Ein Spaß war es trotzdem. Wie die geguckt haben, Philipp, wie die geguckt haben ...«

»Nicht ich, die sollen kotzen, wenn Max brennt.«

»Nunja nunja. Das kann vorkommen. Die innere Erregung ...«

»Sie wollen das bloß nicht zugeben: Ich bin ein Versager.«

Ich schlug ihm vor, nicht gleich nach Hause zu gehen, sondern bei mir einen Tee zu trinken. Er nickte und blieb stumm. Im Fahrstuhl – er hielt Max auf dem Arm – stand ihm Schweiß auf der Stirn. Ich setzte sofort Wasser auf; aber dann wollte er keinen Tee, nur den Mund spülen. Als ich ihm vorschlug: »Ruhen Sie sich ein wenig aus, Philipp«, war er folgsam und legte sich auf meine Couch. »Eine Decke?« – »Nein, danke.« Er schlief ein. Ich setzte mich an meinen Schreibtisch, ohne die Mappe mit dem Angefangenen zu öffnen. (Der leere Wechselrahmen. Mörserfragmente als Briefbeschwerer.) Um den Titel auf gelbem Karton – »Verlorene Schlachten« – kritzelte ich mit dem Filzschreiber traurige Kringel. (Ach, die Torte ... Ach, das zarte Gebäck ... Ach, der geschlagene Schaum ... Ach, diese freiverkäufliche Süße ...)

Scherbaum erwachte gegen sechs. Nur meine Schreibtischlampe gab ihr begrenztes Licht. Er blieb im Halbdunkel: »Ich gehe jetzt.« Er nahm Max, der auf meinem Berber geschlafen hatte, an die Leine. Im Mantel sagte er: »Jetzt muß ich wohl Dankeschön sagen.«

Ob er zu Vero Lewand ging? (»Ich bin eine Niete. Nun sag schon, daß ich eine richtige Niete bin.«) Und ob sie ihn tröstete, unermüdlich nasal? (»Ach was, Flip. Du mußt es nur machen. Kapier das nicht. Warum machst du das nicht. Das ist doch ganz klar. Das ist doch eine Tatsache. Das geht doch weg von der Theorie. Das ist dann Praxis, Flip. Mach es doch.«) Und ob die beiden sich zwischen Veros Stofftiere legten?

Mein Zahnarzt tat mir den Gefallen und lachte nicht, als ich ihm von Scherbaums öffentlichem Erbrechen erzählte. Seine Telefondiagnose hieß: »Dieses Versagen wird Ihren Schüler in seinem Vorhaben nur bestätigen. Die bekannten Trotzreaktionen. Wollen Sie mit dem Jungen nicht zu mir kommen?«

So ist er: aufgeschlossen. Ich kann ihm erzählen, was ich will, selbst meinen unsinnigsten Vorschlag – etwa diesen: Mein Schüler Scherbaum möge zur Probe einen Hund verbrennen, damit er begreift, was es bedeutet, einen Hund, selbst einen fremden, womöglich unansehnlichen Köter zu verbrennen – nimmt er gelassen auf, um ihn mit wenigen Fragen – »Welchen Hund?« – »Wer kauft diesen Hund?« – »Wo und zu welcher Tageszeit soll das geschehen?« – zu zerlegen; in so viele Bestandteile nahm mein Zahnarzt meinen Einfall (zwischen vielen Einfällen) auseinander, daß ich ihn nicht mehr zusammensetzen konnte. Er half mir, rekonstruierte den Vorgang theoretisch lückenlos, nannte ihn »im Ansatz vernünftig«, lobte meine pädagogische Erfindungsgabe – »Bewundernswert, wie unverdrossen Sie nach einem Ausweg suchen« – und strich dann alles, meinen Einfall und sein realistisches Konzept durch: »Unsinn, den wir uns aus dem Kopf schlagen sollten; denn wer beweist uns, daß dieses relativ erfolgversprechende Experiment nicht das Gegenteil bewirkt: Es kann ja sein, daß Ihr Schüler die Probe besteht und mit frischgewonnener, von uns geförderter

Routine die öffentliche Verbrennung des eigenen Hundes vollzieht. Ihr Vorschlag ist durchführbar, aber relativ gefährlich.«

Er hat es mit dem Wörtchen »relativ«. Alles (nicht nur den Schmerz) sieht er relativ. Als ich ihm die Szene auf dem Kurfürstendamm schilderte und – am Rande – den übertriebenen Kuchenkonsum kritisierte, unterbrach er mich: »Ich weiß gar nicht, was Sie wollen. Diese Damen sind doch, so unvernünftig Kuchen und Törtchen sie essen mögen, relativ liebenswert und als Einzelpersonen durchaus vernünftig. Man kann mit ihnen reden. Vielleicht nicht über alles. Aber mit wem kann man schon über alles reden? Meine Mutter zum Beispiel – eine preußisch nüchterne Dame, doch nicht ohne Humor und Lebensart – hatte es sich zur Gewohnheit gemacht, zweimal im Monat, nachdem sie ihre Einkäufe besorgt hatte, das Café Bristol aufzusuchen. Ich habe sie relativ selten begleitet. Leider. Nach ihrem Tod, vor zwei Jahren, machte ich mir Vorwürfe, denn am liebsten ging sie mit ihrem Sohn ins Café: ›Lästern und sündigen!‹ wie sie es nannte. Nur ein einziges Stückchen Kuchen, und zwar Bienenstich ohne Schlagsahne, hat sie gegessen. Das werden selbst Sie zugeben: Diese Sünde war relativ geringfügig; im Lästern war sie weniger mäßig.«

Er erzählte, wie seine Mutter im Krieg, während der Luftangriffe, dann später, während der Blockadezeit, die Kunst des Lästerns geübt hatte: »Doch in ihren letzten Lebensjahren bot ihr, mit Vorzug, das Stündchen im Café Gelegenheit, mit spitzer Zunge nichts zu verschonen. Ich erinnere mich: Einmal war ihre Schulfreundin dabei, eine reizende alte Dame, die sich einen Hauch Mädchenhaftigkeit erhalten hatte und Zigaretten mit Bernsteinspitze rauchte. Sie hätten die beiden hören sollen. Jeder Spitzel wäre zu dem Schluß gekommen: Da sitzen zwei anarchistische Giftmischerinnen, die demnächst das Katasteramt und das Moabiter Gericht in die Luft sprengen wollen. Neinnein, mein Lieber. Ihre Verallgemeinerungen sind wenig stichhaltig. Die Gesellschaft, selbst wenn sie sich auf Caféhausterrassen drängt, ist relativ vielschichtig. Sie sollten sich mit Requisiten wie: Topfhüte, Kuchenberge, Kummerspeck nicht einen Popanz erfinden. Ihrem Schüler wird nicht geholfen, wenn Sie seine verengte Optik übernehmen.«

Mein Zahnarzt ist verheiratet, hat drei Kinder, steht mitten im Leben und übt einen Beruf aus, der zu Resultaten führt, die sich ablesen lassen. Allerlei Positives: geglückte Wurzelbehandlungen, Zahnsteinentfernungen, Korrekturen fehlerhafter Artikulation, vorbeugende Behandlung im vorschulischen Alter, das Ausbessern und Retten schon verloren geglaubter Backenzähne, Überbrückungen häßlicher Zahnlücken – und den Schmerz kann er beschwichtigen . . . (»Nun, spüren Sie noch etwas?« – »Nichts. Gar nichts mehr spüre ich.«)

Ich sagte: »Sie haben gut reden, Dokter. Sie sehen den Menschen als eine anfällige fehlerhafte Konstruktion, die der lenkenden Fürsorge bedarf; wer aber mehr will, wer verlangt, daß der Mensch über sich hinauswachse, sich seiner Ausbeutung bewußt werde, wer vom Menschen erwartet, daß er zur Veränderung der Welt und ihrer etablierten Verhältnisse bereit sei, wer, wie mein Schüler, nur dumpfe Sattheit sieht, dem wird das mechanische Kuchenfressen zum Mechanismus der kapitalistischen Gesellschaft an sich . . .«

Er seufzte und hatte wohl Lust, zu seinen Karteikarten zurückzukehren: »Ich gebe ja zu, daß diese relativ geschlossen wirkende Konsumgesellschaft einem Siebzehnjährigen unheimlich, weil unbegreiflich sein kann; Sie jedoch, als erfahrener Pädagoge, sollten sich vor einer Dämonisierung des angeblichen wie tatsächlichen Gegners hüten, gleich, ob es sich nun um kuchenessende Damen oder durchschnittliche Parteifunktionäre handelt. Wie ich nicht bereit bin, Sie innerhalb der verallgemeinernden Kategorie ›Der Lehrer‹ verschwinden zu lassen, so erwarte ich von Ihnen, daß Sie mich nicht unter dem Titel ›Die Zahnärzte‹ abbuchen; es sei denn, wir machen es uns fortan leicht, indem wir kategorisch behaupten: Alle Zahnärzte sind Sadisten. Die deutschen Lehrer versagen von Generation zu

Generation. Die deutschen Frauen haben zuerst Hitler, dann Adenauer gewählt und essen vielzuviel Kuchen.«

Ich erwiderte: »Selbst wenn ich als Lehrer, wenn Sie als Zahnarzt, wenn Ihre Frau Mutter als gelegentliche Besucherin eines Cafés relativ häufige Ausnahmen sind – wie Sie wissen, schätze ich viele meiner Kollegen –, kann es dennoch sein, daß alle von Ihnen angeführten Verallgemeinerungen stimmen, wie etwa die grobe Verallgemeinerung ›Die Deutschen sind schlechte Autofahrer‹ stimmt, obgleich Tausende deutscher Autofahrer seit Jahren unfallfrei fahren und die Belgier – schon wieder eine Verallgemeinerung – laut Statistik weit schlechter abschneiden.«

(Vielleicht geht das doch nicht: ein Zahnarzt und ein Lehrer. Er ist es gewohnt, schmerzlos zu behandeln; ich werte den Schmerz als Mittel der Erkenntnis, auch wenn ich Zahnschmerzen schlecht ertrage und schon beim leisesten Ziehen nach Arantil greife. Er könnte auf mich verzichten; ich bin auf ihn angewiesen. Ich sage: »Mein Zahnarzt«; er sagt allenfalls: »Einer meiner Patienten...«) Also hängte ich nicht ein. Ich vertraute der Sprechmuschel: »Jawohl, Dokter. So ist es. Genau so ist es!«

Mein Zahnarzt sagt nie: Sie haben unrecht. Er sagte: »Es kann sein, daß Sie recht haben. Immerhin ist die Statistik auf Ihrer Seite. Wahlergebnisse, Verkehrsunfälle, die Häufigkeit des Kuchenkonsums lassen sich aufschlüsseln und legen Folgerungen nah wie diese: Die deutsche Frau wählt Führerfiguren, ißt zuviel Kuchen und kocht den besten Kaffee der Welt, wie tagtäglich der gute Tchibo-Onkel im Werbefernsehen zu erzählen weiß. Aber damit ist nur die relative Richtigkeit der genannten Verallgemeinerungen bewiesen. Konsumwerbung und politische Propaganda begnügen sich mit solch praktikablen Halbwahrheiten und nutzen sie mit Erfolg, indem sie dem Bedürfnis nach Verallgemeinerungen entgegenkommen; aber Sie und Ihr, wie ich glaube, hochbegabter Schüler sollten sich nicht so schnell zufriedengeben. Stellen Sie sich vor: Wenn ich als Zahnarzt so redete. Schließlich habe ich tagtäglich gegen Zahnschäden zu kämpfen, die durch übertriebenen Kuchenkonsum, durch Süßigkeiten an sich verursacht oder gefördert werden. Dennoch weigere ich mich, die Schwarzwälder Kirschtorte und den Malzbonbon abschaffen zu wollen. Ich kann nur zur Mäßigkeit raten, die Schäden, falls es nicht zu spät ist, beheben und vor Verallgemeinerungen warnen, die große Bewegung vortäuschen, aber – am Ende – den Stillstand herbeiführen.«

(Später notierte ich: Die Bescheidenheit der Fachleute, wenn sie von ihren Schwierigkeiten und begrenzten Erfolgen berichten, ist der Hochmut unserer Tage. Dieses Schulterklopfen: Jadochja, wir alle sind Arbeiter im Weinberg des Herrn . . . Ihre immerwährende Aufforderung, jederzeit, selbst im Traum noch, zu differenzieren. Ihr Vermögen, selbst den größten Schrecken zu relativieren . . .)

»Und wie schätzen Sie Napalm ein, Dokter?«

»Nun, gemessen an den uns bekannten nuklearen Kampfmitteln ist Napalm noch als relativ harmlos zu bezeichnen.«

»Und was sagen Sie zu den Lebensbedingungen der Bauern in Persien?«

»Verglichen mit den Zuständen in Indien kann man, bei aller Vorsicht, von einer relativ fortschrittlichen Agrarstruktur in Persien sprechen, wenngleich uns Indien, im Vergleich zum Sudan, als reformfreudiges Land erscheinen möchte.«

»Sie sehen also Fortschritte?!«

»In Maßen, mein Lieber, in Maßen . . .«

»Etwa eine neue Heilzahnpaste . . .«

»Das nicht gerade, aber die Firma Grundig hat ein nützliches Gerät auf den Markt gebracht. EN 3. Schon mal gehört davon? Besitze es seit gestern. Mein sprechendes Notizbuch, das die Karteiführung erheblich erleichtert. Es wurde mir auf dem letzten Kieferorthopädischen Kongreß in St. Moritz empfohlen: leicht, handlich und narrensicher. Ein hübsches Spielzeug, mit dem ich übrigens unser Telefongespräch aufgenommen habe. Sie schilderten recht anschaulich, wie es zum öffentlichen Erbrechen Ihres Schülers gekommen ist. Wollen Sie mal hineinhören...« – »Wir hatten uns ohne Hund verabredet, aber Scherbaum brachte den Dackel mit...« – »Doch Spaß beiseite: Bringen Sie mir den Jungen. Ich möchte ihn kennenlernen.«

Fortschrittsgläubiger Klugscheißer. Tüchtiger Fachidiot. Umgänglicher Technokrat. Betriebsblinder Menschenfreund. Aufgeklärter Spießer. Großzügiger Kleinkrämer. Reaktionärer Modernist. Fürsorglicher Tyrann. Sanfter Sadist. Zahnklempner Zahnklempner . . .

Beiläufig, auf dem Korridor, sagte ich: »Scherbaum, mein Zahnarzt möchte Sie kennenlernen. Natürlich kann ich verstehen, wenn Sie keine Lust haben.«

»Warum nicht. Wenn es Ihnen Spaß macht.«

»Es war seine Idee. Ich sprach, ganz am Rande, von Ihrem Plan, selbstverständlich ohne Ihren Namen zu nennen. Sie wissen: Ich rate Ihnen nicht mehr ab, bin aber gespannt, was mein Zahnklempner zu raten weiß. Prophylaxe ist sein Lieblingswort. Manchmal schwätzt er ein bißchen viel.«

Auf dem Hohenzollerndamm – wir liefen die wenigen Schritte vom Elsterplatz bis zur Praxis – sagte Scherbaum, als wollte er mich wieder einmal schonen: »Hoffentlich versprechen Sie sich keine Bekehrung. Ich komm nur aus Daffke mit.«

Wir kamen gegen Ende der Sprechstunde und mußten einige Minuten ins Wartezimmer. (Bevor sie uns allein ließ, stellte seine Sprechstundenhilfe den Springbrunnen ab.) Scherbaum blätterte in den Illustrierten. Er schob mir den aufgeschlagenen Stern zu: »Ihr Reichsjugendführer.«

Ich tat, als hätte ich nicht Folge um Folge gelesen: »Auch diese Lektüre wird ihre Liebhaber finden.«

»Mich, zum Beispiel.«

»Und? Ihr Urteil?«

»Der Mann gibt sich Mühe, ehrlich zu schwindeln – wie Sie.«

Sofort spürte ich Schmerzen unter den Degudentbrücken, obgleich ich zu Hause zwei Arantil genommen hatte.

»Das war nur eine sachliche Feststellung. Das kann ich auch zu mir sagen, wenn ich umfalle. Aber das ist nicht mehr drin seit neulich. Ich mach es.«

»Seien Sie vorsichtig, Philipp. Mein Zahnarzt versteht es, zu überzeugen.«

»Hör ich jetzt schon. Immer die gleiche Platte: Seien Sie doch vernünftig. Vertrauen Sie der Vernunft. Vernünftig bleiben. Vernunft üben. Wo bleibt denn da die Vernunft?«

Wir lachten wie Komplizen. (Seine Sprechstundenhilfe hätte den Springbrunnen schwätzen lassen sollen.)

Mein Zahnarzt wirkte locker wie immer, beinahe fröhlich. Er begrüßte Scherbaum ohne prüfenden Blick, bat mich in sein Rittergestühl, sagte: »Na, das sieht ja schon wesentlich besser aus. Die Entzündungen sind zurückgegangen. Aber vielleicht pausieren wir doch noch ein Weilchen . . .« und schickte seine Hilfe ins Labor. Beiläufig kam er zur Sache: »Ich hörte von Ihrem Vorhaben. Auch wenn es mir unmöglich wäre, so zu handeln, versuche ich trotzdem, Sie zu verstehen. Wenn Sie es tun müssen – aber nur, wenn Sie es wirklich tun müssen – dann tun Sie es.«

Dann begann er, Scherbaum und auch mir, als sei ich ein Neuling, sein Rittergestühl zu erklären: Die Kipplehne. Die Vollautomatik. Die dreihundertfünfzigtausend Umdrehungen der Airmatik. Das linkshändige Instrumententischchen. Den Wurzelheber. Die Molarenzange. Auch das bewegliche Speibecken mit Fontäne. Und eine Kollektion noch nicht montierter Degudentbrücken: »Sie sehen, überall fehlt es den Leuten an den notwendigen Beißern.«

Mit einem Nebensatz wies er auf die Funktion des Fernsehgerätes im Blickfeld des Patienten hin: »Ein kleines Experiment, das, so glaube ich, sich bewährt hat. Oder was meinen Sie?«

Ich klopfte mein Sprüchlein: »Es lenkt fabelhaft ab. Man ist mit den Gedanken ganz woanders. Und selbst die blinde Mattscheibe ist noch anregend, irgendwie anregend ...«

Scherbaum interessierte sich für alles, also auch für die beschwichtigende, zerstreuende und lenkende Funktion des Fernsehens während einer zahnmedizinischen Behandlung. Er wollte wissen, wie es früher gewesen sei: »Ich meine, mit Betäubung und so.«

Schon befürchtete ich, seine Charité-Anekdoten – vier Mann gegen einen Patienten – hören zu müssen, da skizzierte er sachlich knapp die Entwicklung der Zahnmedizin während der letzten fünfzig Jahre und schloß unter einem Film Ironie: »Im Gegensatz zur Politik kann die moderne Medizin auf Erfolge hinweisen, die eindeutig belegen, daß es einen Fortschritt gibt, wenn man sich streng und ausschließlich an die Erkenntnisse der Naturwissenschaften und die Ergebnisse empirischer Forschung hält. Jede Spekulation, die über die – wie ich zugeben muß, begrenzten – Erkenntnismöglichkeiten der Naturwissenschaften hinausgeht, führt, nein, verführt zwangsläufig zu ideologischen Mystifikationen oder – wie wir es nennen – zu Fehldiagnosen. Erst wenn sich die Politik, wie es die Medizin tut, weltweit auf Fürsorge beschränkt ...«

Scherbaum sagte: »Sie haben recht. Das hab ich mir auch gedacht. Deshalb will ich meinen Hund öffentlich verbrennen.«

(So also zwingt man ihm eine Pause ab. Nicht einmal hüsteln wollte er oder »Hm hm« machen. In einer Praxis drei Köpfe, in denen es sprunghaft spekulativ zugehen mochte. Was wird er jetzt? Wie werde ich, wenn er? Wie wird er, wenn ich ihm? Was werde ich, wenn er mich? Wie soll ich, wenn beide? Summte es? Nur der Bunsenbrenner hielt seinen einen inständigen Ton. Jetzt! Jetzt!)

»Übrigens glaube ich festgestellt zu haben, daß Ihre Frontalzähne ... Sagen Sie mal: Maßliebchen ... Jaja. Natürlich. Sind Sie als Kind ein Lippenbeißer gewesen? Ich meine so: mit den oberen Frontalzähnen über die Unterlippe . . . Denn Sie haben einen Distalbiß . . . Darf ich mal?«

Seitdem sehe ich Scherbaum im Rittergestühl: »Kostet das was?« Wie gewinnend mein Zahnarzt lachen konnte: »Unter den Anhängern der Naturwissenschaft kommt es gelegentlich zu Gratisbehandlungen.« Scherbaum hat doch eine gewisse Ähnlichkeit mit mir: »Aber nicht weh tun.«

Und seine Antwort, als hätte sich Gottvater im hochgeschlossenen Kittelchen und mit Segeltuchschuhen in den Dienst der Zahnmedizin gestellt: »Das ist nicht mein Beruf: Wehtun.«

Wie er sich über ihn beugte. Wie er mit seiner Mundlampe das Milieu ausleuchtete. Und wie mein Philipp folgsam sein großes Ja machte. (Ich hätte ihn um das laufende Fernsehprogramm bitten sollen: Darf ich mal kurz die Berliner Abendschau und die Werbung danach?)

»Schon mit den Milchzähnen hätten Sie zu mir kommen sollen.«

»Ist es schlimm?«

»Nunja, nunja. Wir werden ganz unverbindlich einen Status machen. Dann sehen wir weiter.«

Mein Zahnarzt nahm, assistiert von seiner durch ein Klingelzeichen herbeigerufenen Hilfe, einen Röntgenstatus aller Scherbaumschen Zähne. Mit dem handlichen Rittergerät zielte er fünfmal summend auf Scherbaums Unterkiefer, schoß er sechsmal summend in Scherbaums Oberkiefer. Jeder Schuß wurde notiert. Wie bei mir, erlegte er auch bei Scherbaum die vier unteren Schneidezähne – zwo minus eins – eins minus zwo – mit einem einzigen Blattschuß: »Na, hat das wehgetan?«

Einen breiten Rand lassen für Zusätze, die später gestrichen werden. Erinnerungen abhaken. Noch einmal, diesmal bei Sprühregen, die Rheinpromenade zu Andernach zum Kreuzgang machen: Station für Station. Oder Material sieben:

»... v. Dörnberg behauptet, der Angeklagte habe ihm rechtswidrigerweise zugemutet, Todesurteile nicht, wie im MStGB bestimmt, durch Erschießen, sondern durch Erhängen zu vollstrecken, wobei der Angeklagte darauf aufmerksam gemacht haben soll, daß im Bereich der 18. Armee und der Armeegruppe Narwa (Grasser) bereits Todesurteile durch Erhängen vollzogen werden...« Vielleicht doch Schörner sagen, wenn Schörner gemeint ist. »... der Angeklagte habe verlangt, daß diese Erhängungen vor Frontleitstellen, Urlauberheimen und an Eisenbahnknotenpunkten erfolgen sollen, wobei den Exekutierten Schilder mit Aufschriften wie ›Ich bin ein Deserteur‹ angeheftet werden sollten...« – Oder den Packen liegen lassen. Oder bei Irmgard Seifert absteigen und alte Briefe durchkauen. Oder Scherbäumchens Foto in den Wechselrahmen schieben und ein Schildchen mit Tesa-Film drüberheften: »Ich bin ein Deserteur, weil ich mich in den Zahnarztstuhl gesetzt habe...« Ich ging, mitten im Satz.

»Ober, ein Helles!« – und hängte mich an die Theke, war nicht mehr allein. Als Scherbaum und Vero Lewand kamen, zeigte mein Bierdeckel schon das dritte Helle an.

»Wir haben bei Ihnen paarmal angerufen, und da dachten wir uns...« (Man weiß also, wo ich bin, wenn ich nicht zu Hause bin.)

»Wir sind nämlich eingeladen auf eine Fete. Und da dachten wir uns, ob Sie nicht vielleicht Lust hätten...«

(In solchen Fällen macht es sich gut, auf den enormen Altersunterschied hinzuweisen: »Jugend gehört zu Jugend.«)

»Da gehen auch welche von der Uni hin. Assistenten und paar Professoren. Die sind auch nicht mehr neu.«

(Noch ein wenig Geziere: »Uneingeladen gehe ich ungern.«)

»Das ist eine offene Party. Man kann kommen und gehen und mitbringen, wen man will.«

(Und überhaupt: einem Stoiker ziemt der Platz an der Theke: »Ober zahlen!«)

»Dufte, daß Sie mitkommen.«

»Aber nur auf einen Sprung.«

»Wir bleiben auch nicht ewig. Vielleicht ist es doof da.«

In der beinahe möbelfreien Altbauwohnung in Schöneberg drängten sich sechzig Personen weniger sieben, die gerade gingen, plus elf, die gerade kamen oder zu kommen versuchten. Ohne Vero hätten wir es nicht geschafft. Wir blieben in Mänteln, weil die Ablage weiter hinten vermutet wurde, wo kein Durchkommen war, nur Ahnungen: Da hinten geht es weiter, da ist noch was, was denn? das Eigentliche, na das. Zwischen Stehenden, Hockenden, schiebend Suchenden stand, hockte und schob sich suchend Erwartung. (Auf was? – Na auf das.) Nicht nur ich, auch Scherbaum stand fremd dazwischen. (Es wäre ungerecht, jetzt von gestauter Luft, vom Lärm, von der unbewegten, streng riechenden Hitze oder von Äußerlichkeiten, etwa von der extravaganten Uniformität der Kleidung, von Haartrachten, von einer sich übertreffenden, damit sich aufhebenden, insgesamt eintönigen Buntheit zu sprechen. Die angestrengte Lustigkeit fiel auf und eine weitausholende Gestik, die mit einer verborgenen Kamera zu rechnen schien; wie mir diese Party überhaupt als Szene eines Nachtstudio-Filmes – oder mehrerer miteinander verschwägerter Filme – vertraut sein wollte.)

»Wie heißt denn der Film?«

Doch nicht Philipp, Vero Lewand kannte den Regisseur, den Kameramann, die Darsteller: »Die stehen politisch alle ganz links. Das sind unsere Leute. Der da mit dem Castrodeckel ist der linkeste Underground-Verleger, den es gibt. Und der da kommt gerade aus Milano, wo er Leute getroffen hat, die gerade aus Bolivien gekommen sind, wo sie mit Che gesprochen haben.«

Das waren Anhaltspunkte. (Immer wieder blickte mich ein jedesmal anderer Christus an.)

»Wovon reden die denn?«

»Na von sich.«
»Aber was wollen die denn?«
»Na verändern, die Welt verändern.«
Einer vom Rundfunk (»Kirchenfunk, aber ganz links!«) wurde mir vorgestellt. Er verriet mir, daß er es eilig habe. Unbedingt müsse er zu Olaf, der bringe Nachrichten aus Stockholm. (»Unser Angola-Dossier, wissen Sie...«) Vero wußte, in welchem Achtel der stehenden, hockenden, schiebenden Sechzig der Mann aus dem Norden zu finden sei: »Da hinten, noch hinter der Mantelablage.« (Mit Kielspur schwamm er davon.)
»Aber Vero, sagen Sie mir bitte, wem gehört diese Wohnung? Ich meine, wer erlaubt, daß hier eine Filmszene, die ich schon mehrmals gesehen habe, abermals abgedreht wird?«
Sie zeigte auf einen, der sich ein überseeisches Lachen eingeübt hatte und sein Glücklichsein in jede Richtung vermittelte, obgleich seine abstehenden Ohren laut, weil im Gedränge immer wieder geknickt, nach einer leeren Wohnung verlangten.
»Der wohnt hier. Aber eigentlich gehört die Wohnung allen.«
(Ich suchte und fand Stellen bei Dostojewski. Unterhalb Penny Lane und durchsuppt von All you need is love, wollte das neunzehnte Jahrhundert nicht aufhören: Yesterday Yesterday...)
Scherbaum wurde so still, daß ich zu befürchten begann, es könne auffallen. (Er wird doch nicht wieder kotzen müssen.) Wie um mir zu beweisen, daß ich wirklich inmitten ganz linker Leute ein Plätzchen behauptete, begannen in der Mitte des Raumes mehrere linke Leute zuerst nach Ho Tschi Minh zu rufen und, gleich nachdem man dessen Anwesenheit beschworen hatte, die Internationale zu singen. (Oder besser: Fragmente der ersten Strophe wurden, wie unter Zwang, wiederholt; die Platte mußte einen Sprung haben. Es lag wohl an mir, daß ich immer lauter, straffer und zügiger »Oh du schöner Westerwald...« hörte – und auch die Mädchen wollten mir nicht gefallen.) Zu alt. Du bist zu alt. Nur nicht ungerecht werden.

Bist ja nur neidisch, weil die so links und lustig sein dürfen. Mach doch mit. Guck mal, der Kirchenfunkmann und der linke Verleger und noch ein paar entlaubte Enddreißiger. Die machen mit, haben sich eingehenkelt: Schunkelnde weinselige Rheinländer planschen im Jungbrunnen: »Erwacht, Verdammte dieser Erde...« (... über deine Höhen pfeift der Wind so kalt...) Alter Miesmacher. Arrivierter Reformist. Typischer Pauker. (Nun los doch, versuch es: Ho – Ho – Ho . . .)

Dabei wollte es mir vorkommen, als beginne Philipp an meiner Seite wortlos zu altern. Wir hätten gehen sollen. Aber da sangen ihn schon zwei Mädchen an: »Isser das, Vero? Bist du der Scherbaum, von dem alle reden? Mensch is ja doll. Und direkt vorm Kempinski. Benzin rüber. Pluff. Und weg isser. Mußte uns aber Bescheid sagen, Vero, wenn er die Schau abzieht. Fantastisch, Mensch. Einfach fantastisch!«

Als aus sechzig Leuten siebenundfünfzig wurden – Scherbaum zog Vero, ich folgte – kamen uns, treppauf, sechs oder sieben entgegen.

Scherbaum ohrfeigte Vero Lewand noch im Treppenhaus. Die treppensteigenden Gäste nahmen das als vielversprechendes Zeichen: »Da muß ja was los sein oben.«

Weil Scherbaum im Hof weiterschlug (er ohrfeigte nicht mehr, er schlug drein) trennte ich beide: »Schluß jetzt! – Trinken wir noch ein friedliches Bier zusammen.«

Vero weinte nicht. Ich gab Scherbaum mein Taschentuch, weil ihre Nase blutete. Als er sie säuberte, hörte ich: »Schick mich jetzt nich nach Haus, Flip, bitte . . .«

(Überflüssig und wohl auch gemein von mir, während wir lostippelten, die Internationale zu pfeifen.) In irgendeiner Kneipe auf der Hauptstraße fanden wir Platz an der Theke. Philipp und ich sprachen über Vero hinweg, die sich an ihrer Coca-Flasche festhielt.

»Wie hat Ihnen mein Zahnarzt gefallen?«

»Nicht schlecht. Der weiß, was er will.«

»Muß er wohl auch, bei seinem Beruf.«

»Prima Idee: Fernseher in der Praxis.«

»Ja. Lenkt ganz schön ab. Werden Sie sich behandeln lassen?«

»Schon möglich. – Wenn ich das hinter mir habe.«

»Wollen Sie immer noch, Philipp?«

»Die bringen mich nicht davon ab. Die nicht. Oder haben Sie etwa gedacht, ich kneife, weil so ein paar Pißnelken, die sich für links halten, fantastisch sagen: Einfach fantastisch!?«

Den Abgang vorbereiten und noch eine Lage bestellen. Vero heulte in ihre Coca. (Ein nasales, weil durch Polypen gestautes Heulen.) Ich wartete, bis Scherbaum seinen Arm um ihre Schulter gelegt und »Komm. Hör schon auf. Ist vorbei jetzt« gesagt hatte, dann ging ich. (»Vertragt euch wieder. Eine zerstrittene Linke ist kein schöner Anblick.«)

Die Kälte hält an. Immer der gleiche trockene Zubiß. Wer eine Kneipe verläßt, befindet sich auf der Flucht. Einen runden Buckel machen. Gewohnheiten haben. (Zum Beispiel ein Streichholz im Krawattenknoten: die Reserve.) Ich habe mich umgesehen: Alle nicken einander zu, bevor sie den Daumen anfeuchten. »Ober, zahlen!« meint immer die größere Zeche. Jetzt möchte ich quitt sein, die frühe Pan Am nehmen und in Flugrichtung denken.

Zu Hause lag unverrückt das Angefangene. Ich öffnete die Mappe, überflog das Kapitel »Schörner auf der Eismeerstraße«, strich einige Adjektive, schloß die Mappe und entwarf dann ein Gutachten, das der Verteidiger des angeklagten Schülers Philipp Scherbaum anfordern mochte, wenn es soweit war.

Schon die Anschrift machte Schwierigkeiten: An die Große Strafkammer des Landgerichts Berlin? Oder: An den Generalstaatsanwalt? (Vorerst ohne Adresse.)

Ich baute um Scherbaums Tat ein Gehege literarischer Vergleiche auf, die sich aufeinander und insgesamt auf Scherbaums Tat bezogen. Ich zitierte surrealistische und futuristische Manifeste, bemühte Aragon und Marinetti als Zeugen. Ich zitierte den Augustinermönch Luther und fand Brauchbares im »Hessischen Landboten«. Das Happening nannte ich eine Kunstform. Dem Feuer (Brandopfer) sprach ich, bei aller Skepsis, Symbolgehalt zu. Das Prädikat »Schwarzer Humor« strich ich wieder, setzte dafür »verfrühter Studentenulk«, strich auch das und erhielt Hilfe von klassischer Seite, indem ich Scherbaum die Rolle des Tasso spielen ließ und dem Gericht die weltmännische Vernunft des Antonio nahelegte: »Wie sich die nüchterne Einsicht des mächtigen, von der Ratio bestimmten Antonio zu den dichterischen Übersteigerungen des verwirrten, weil vom Gefühl benommenen Tasso verhält, so möge auch das Gericht die Gegensätze versöhnen und, im Sinn des Johann Wolfgang Goethe, zum hochherzigen Schluß kommen: ›So klammert sich der Schiffer endlich noch / Am Felsen fest, an dem er scheitern sollte.‹«

Auch wenn es mir nicht erspart blieb, als Gutachter Scherbaums Tat, die ich eine vom Opfersinn gezüchtete Verfehlung nannte, zu verurteilen, gelang mir dennoch ein liberaler Schluß: »Ein Staat, der die tätlich gewordene Verwirrung eines so hochbegabten wie übersensiblen Schülers als öffentliche Gefahr wertet, beweist seine Unsicherheit und versucht, die Wohltat demokratischer Nachsicht durch obrigkeitsstaatliche Härte zu ersetzen.«

(In der Meinung, etwas getan zu haben, ging ich zu Bett.)

Im Klassenbuch fand ich einen anonymen Wisch – »Hören Sie endlich auf, Flip zu verunsichern!« – und im Lehrerzimmer lag in meinem Fach ein Zettel, unterzeichnet I. S. – »Man sieht sich so selten. Warum eigentlich?« – Zwei Handschriften, beide eilig und der Drohung, dem Wunsch voraus. Meine Schülerin übersah ich beim Unterricht. (Diese abgenutzte pathetische Methode: Sie sind für mich Luft! – Na und?) Meine Kollegin überraschte ich mit gesprächigem Eifer. (Amüsiert überlegene Schilderung der vorrevolutionären Fete.) Dann versuchte ich mich als Motivforscher: »Vielleicht kann das ein Hinweis sein: Scherbaums Vater war während des Krieges Luftschutzwart...«

»Das beweist immerhin . . .«

»Ich ziele nicht auf den politischen Aspekt dieser Tätigkeit. Er löschte Brände, er wurde sogar – was Scherbaum in seinem Vater-Aufsatz ausdrücklich erwähnt – mit dem Kriegsverdienstkreuz zweiter Klasse ausgezeichnet. Er hat Menschen gerettet. Sie bemerken gewiß, worauf ich hinaus will . . .«

»Trotzdem kann mich Ihre Motivierung Luftschutzwart – Brandopfer nicht überzeugen . . .«

»Immerhin gibt der Luftschutzwart in dem Aufsatz das Schlüsselwort ab. Hier, ein Beispiel: ›Wenn wir am Wannsee oder wie vor zwei Jahren in St. Peter baden gehen, kommt mein Vater, der Luftschutzwart, immer mit, aber er zieht sich nie aus, sondern sitzt in Kleidern und guckt uns zu.‹ Nun? Was halten Sie davon?«

»Ich nehme an, Sie vermuten, Scherbaums Vater habe sich im Krieg eine Brandverletzung zugezogen und scheue sich, die womöglich großflächige Verunstaltung in der Öffentlichkeit zu zeigen.«

»Genau zu diesem Schluß bin auch ich gekommen, zumal sich in Scherbaums Aufsatz ein Satz findet, der meine Annahme bestätigen muß: ›Als ich klein war, habe ich meinen Vater einmal nackt gesehen. Ein nackter Luftschutzwart.‹«

»Dann sollten Sie mit dem Vater sprechen.«

»Das habe ich vor. Ganz im Ernst habe ich vor . . .«

(Doch ich will nicht mehr. Ich fürchte, der Vater hat einen von Brandspuren bedeckten Körper. Ich fürchte diese Zwangsläufigkeiten. Ich will nicht tiefer dringen. Ich bin nur Lehrer. Ich will, daß das aufhört . . .)

Irmgard Seiferts Vorschlag, »etwas Handfestes« essen zu gehen, gab unserem Gespräch eine andere, doch keine neue Richtung. Wir muteten uns Eisbein zu. Ich schaffte es, bei ihr blieb viel übrig, denn immerzu mußte sie die alten Briefe aus dem Fiberkoffer ihrer Mutter kramen und Satz für Satz nachbeten. (»Das hört nicht auf. Das ist Schuld, Eberhard. Das kann nicht aufhören . . .«) Bevor wir zahlten und gingen (sie lud mich ein) entschuldigte ich mich für zwei drei Minuten . . .

»Wie war denn der Status, Dokter?«

Mein Zahnarzt sprach Freundliches über Scherbaum, es müsse doch eine wahre Freude sein, solch einen Jungen unterrichten und heranbilden zu dürfen. »Glauben Sie mir. Ein wahrer Lucilius, der allerdings noch nicht seinen Seneca gefunden hat. Und was den Röntgenstatus angeht: nur Kleinigkeiten. Aber Sie wissen ja, was aus Kleinigkeiten werden kann. Und der Distalbiß. Da wird man einiges tun müssen. – Übrigens hat der Junge schon angerufen.«

»Soll das heißen, Scherbaum ist interessiert, wie es um seine Zähne steht?«

»Wen interessiert das nicht?«

»Ich meine: Denkt er weiter? Nicht nur bis zu dem Punkt. Na Sie wissen schon.«

»Ihr Schüler fragte, ob er sich in schulärztliche Behandlung begeben solle . . .«

»Wie vernünftig.«

»Ich sagte: Das steht Ihnen selbstverständlich offen. Aber genauso kann auch ich Ihnen jederzeit einen Termin einräumen.«

»Hat er zugesagt?«

»Ich wollte nicht drängen.«

»Und über den Hund kein Wort?«

»Nicht, daß er ihn direkt erwähnte. Aber er dankte mir, weil ich ihn in seiner Absicht, so sagte er, bestärkt habe. – Ihr Schüler sollte noch mehr Zuspruch bekommen. Wir sollten ihm Mut machen. Verstehen Sie? Unablässig Mut machen.«

(Während ich Irmgard Seifert in den Mantel half und ihr fürs Eisbein dankte: Er versucht sich in Pädagogik. Soll ich umsatteln und Zahnarzt werden? Lächerlich, meine Eifersucht. So oder so: Scherbaum geht mir verloren . . .)

Man stelle sich vor: Ein Zahnarzt und ein Studienrat regieren die Welt. Das Zeitalter der Prophylaxe bricht an. Allem Übel wird vorgebeugt. Da jeder lehrt, lernt auch ein jeder. Da alle dem Kariesbefall ausgesetzt sind, finden sich alle einig im Kampf gegen die Karies. Fürsorge und Vorsorge befrieden die Völker. Keine Religionen und Ideologien mehr, sondern Hygiene und Aufklärung beantworten die Frage nach dem Sein. Kein Versagen mehr und kein Mundgeruch. Man stelle sich vor . . .

Unsere Vertreterversammlung tagte zwei Tage lang im Prälat Schöneberg. Als ich in einer Tagungspause meinen Zahnarzt anrief und ihm (betont kritisch) den Verlauf der Zeremonie schilderte: einleitende Worte, Begrüßung der Gäste, Grußbotschaften der Gäste an die Vertreterversammlung, Kassenbericht des Schatzmeisters, sechs Thesen zur Gesamtschule, einige hessische Akzente, mehrere Schwerpunkte, dann die Entschließungen zum zehnten Pflichtschuljahr, zur Neuordnung der schulpraktischen Ausbildung, zur ersten Phase der Lehrerbildung und zum Referendariat (samt Appell an das Abgeordnetenhaus) – als ich ihm schließlich die Langwierigkeit der dynamischen Schulpolitik mehr plaudernd als referierend auseinandergesetzt hatte – ich zitierte spöttisch den Kollegen Enderwitz, dessen Meinung ich eigentlich teile: »Die Gesamtschule ist das Mittel, der heutigen gesellschaftspolitischen Situation optimal zu begegnen« – als ich mit meinem Lagebericht am Ende war, begann mein Zahnarzt mir heimzuzahlen: Er gab mir genauen Bericht vom Kieferorthopädischen Kongreß in St. Moritz, indem er Zitate aus dem Eröffnungsvortrag über Mißbildungen im Kieferbereich mit Landschaftsschilderungen und detaillierten Angaben über Wanderwege durch Lärchenwälder und über Alpenwiesen mischte: »Das tiefe Blau der Seen hat mich bleibend beeindruckt. Ein herrliches Fleckchen Erde!«

Mit einem Wort: wir blieben uns am Telefon nichts schuldig; durch eine Leitung sprachen wir aneinander vorbei. Was ich eigentlich hatte wissen wollen – »Und Scherbaum? Hat Scherbaum wieder?« – ging im zweistimmigen Fachsimpeln unter. Wir hängten ein. »Bis später.«

(Man stelle sich vor: Ein Zahnarzt und ein Studienrat regieren die Welt. Der eine hört auf den anderen, der andere auf den einen. Ihre Begrüßungsformel »Vorbeugen muß man!« wird, in welcher Sprache auch immer, zum Gruß für jeden und zwischen allen. Immer ist Sprechstunde. – (Wie sagte er? »Rufen Sie jederzeit ungeniert an . . .«)

Als ich zu Irmgard Seifert in den Prälaten-Festsaal zurückkehrte, hatte die allgemeine Aussprache schon begonnen. Zwar wurde wenig gegen die Gesamtschule vorgebracht, doch dehnten sich Beiträge, in denen die herkömmliche Schule gewürdigt und mit Hilfe beschwörender Wortkaskaden in Erinnerung gerufen wurde: »Auch wenn wir gewisse Neuerungsbestrebungen durchaus begrüßen, dürfen wir doch niemals vergessen . . .«

Irmgard Seifert und ich deuteten »leichte Unruhe im Saal« an. (Später stand sie im Protokoll.) Wir lehnten uns betont angewidert zurück. Füßescharren und Räuspern, Niesen, das mit Gelächter rechnen durfte: Schülermethoden. Wir begannen, auf der Tagesordnung Strichmännchen zu zeichnen, und unterhielten uns mit einem Gesellschaftsspiel, das wir in unserer Assessorenzeit, während Spaziergängen rund um den Grunewaldsee, entwickelt hatten.

Sie: »Versetzungsordnung A. – Allgemeine Bestimmungen, Absatz vier?«

Ich: »Die mit ›ungenügend‹ beurteilten Fehlleistungen wirken sich in Richtung einer Nichtversetzung stärker aus als die mit ›mangelhaft‹ beurteilten.«

Sie malte mir einen Pluspunkt, ich durfte die nächste Frage stellen: »Zweite Staatsprüfung für Lehrämter, Paragraph fünf, Absatz eins?«

Sie: »Die Prüfung beginnt mit der Zulassung.«

Ein Pluspunkt für Irmgard Seifert. Sie durfte fragen: »Schulstrafen, Schulrecht V B I, Absatz eins?«

Ich: »In den Schulen und Erziehungsstätten Groß-Berlins ist die körperliche Züchtigung verboten. – Mit anderen Worten, ich darf meinen Schüler Scherbaum nicht verprügeln; dabei überlegte ich gestern ernsthaft, ob es nicht angebracht sei, eine kräftige Schlägerei zu provozieren, in deren Verlauf ich ihm den linken Arm brechen würde: Krankenhaus, Gipsverband, Zwang zur Muße. Und das Endergebnis: Kein Hund wird öffentlich verbrannt. Ich unterwerfe mich lächelnd einem Disziplinarverfahren. Was sagen Sie jetzt?«

Aber Irmgard Seifert hatte Scherbaum für sich entdeckt. (Oder hatte sie sich in ihm entdeckt?) Jedenfalls begann sie im Prälaten, während vorne Zusatzanträge verlesen wurden, halblaut sein Liedchen zu singen; und als wir uns, noch vor Abschluß der Tagesordnung, verdrückten, fuhr sie fort, Scherbaum nach ihrem Bild zu formen: Einen richtigen Schmerzensmann werkelte sie aus ihm. Er sollte leisten, was sie, als Siebzehnjährige, nicht geschafft hatte.

»Das kann nicht Ihr Ernst sein!«

»Doch Eberhard. Ich glaube an den Jungen.«

Sie sprach von ihrem »zunehmenden Scherbaum-Verständnis«. Wörtlich bestätigte sie die strategischen Richtlinien meines Zahnarztes: »Könnte ich ihm doch Mut machen. Ich möchte ihm ohne Unterlaß Mut machen . . .«

Es ist ihre flinke immer dienstbereite Sprache. Sie scheut sich nicht, vom »inneren Auftrag« zu sprechen. Ob es der Umgang mit den Zierfischen ist? Ich weiß, daß sie sich über ihr Aquarium hinweg für den Unterricht vorbereitet. Das müssen ihr ihre Schleierschwänze und Goldbarsche geraten haben.

Wer sonst? Irmgard Seifert ist, um es mit einem Wort zu sagen, einsam.

Und ich, Dokter! Und ich? – Schon wieder hat mir die kleine Lewand einen Zettel zwischengelegt: »Wenn Sie Flip nicht in Ruhe lassen, wird Ihr konterrevolutionäres Verhalten Folgen haben.« Die blanke Drohung, Dokter! Und kein Mensch hilft mir. Hinschmeißen den Krempel und sich zurückziehen: Mir reicht's! Mir reicht's! und etwas Sinnloses mit viel Liebe betreiben: zum Beispiel, Wettläufe zwischen Schnecken veranstalten . . .

Während der Zehnuhrpause klemmte sie Scherbaum zwischen sich und die Rückwand des Fahrradschuppens. Dann begann sie ihm Mut zu machen: »Sie haben recht, Philipp. Was nützen Ihnen unsere Ersatzlösungen, diese tagtägliche Kapitulation der Erwachsenen.«

Mich machte sie zum Demonstrationsobjekt: »Wir – nicht wahr, lieber Kollege – sind doch seit Jahren keiner spontanen Handlung mehr fähig.«

(Nur die Ohrfeige fiel mir ein. »Ich schon. Ich schon.« Das hätte ich sagen sollen. Aber ich schwieg und suchte mit der Zunge die Degudentbrücken.)

»Wie oft habe ich mir vorgenommen, vor die Klasse zu treten, Zeugnis abzulegen: So war ich, als ich siebzehn war. Das tat ich, als ich siebzehn war. – Helfen Sie mir, Philipp. Seien Sie Beispiel. Gehen sie mir, gehen Sie uns voran, damit unser Versagen nicht allgemein wird.«

Scherbaum machte ein Aprilwettergesicht.

»Ich werde bei Ihnen sein, wenn Sie Ihren schweren Gang antreten.«

Er versuchte blinzelnd und mit Hilfe schwirrender Sperlinge ihren Glanzaugen zu entgehen. Aber da war kein Loch im Maschendraht.

»Schauen Sie mich an, Philipp. Ich weiß, daß Ihre Bescheidenheit die Größe Ihrer Tat nicht wahrhaben will.«

Er rettete sich in ein Grinsen ohne Lachgrübchen. Bevor ich die Peinlichkeit mit einem Hinweis auf den Pausenschluß beenden konnte, sagte Scherbaum: »Weiß überhaupt nicht, wovon Sie reden. Interessiert mich gar nicht, was Sie mit siebzehn gemacht haben. Wird schon so sein, daß Sie irgendwas gemacht oder nicht gemacht haben. Alle haben was mit siebzehn gemacht.«

Und wie die Seifert, so benutzte auch Scherbaum mich als Demonstrationsobjekt: »Zum Beispiel, Herr Starusch. Wenn ich ihm erkläre, was in Vietnam los ist, spricht er von seiner Jugendbande und hält mir Vorträge über den Frühanarchismus der Siebzehnjährigen. Ich will aber keine Jugendbande. Anarchist ist bei mir überhaupt nicht drin. Arzt oder sowas möchte ich werden . . .«

Scherbaum ließ uns stehen. Irmgard Seifert und ich zerliefen unsere Freistunde auf dem Schulhof. Was er nicht hatte hören wollen, mußte ich, Wort für Wort, schlucken: »Der Junge ahnt nicht, welche Größe ihm innewohnt. Nur sein Vorhaben, seine Tat sieht er und nicht den Schatten, den sie werfen wird: das Erlösende.« (Keine Schlacke in der Stimme.) Der Schulhof war leer genug, ihren Hauch: »Das Erlösende . . .« als schöngerundete Sprechblase in der Schwebe zu halten.

»Wirklich, Eberhard, seitdem es den jungen Scherbaum gibt, hoffe ich wieder. Er hat die Kraft und die Reinheit, uns – ja, ich spreche es aus! – zu erlösen. Wir sollten ihm Mut machen.«

Die nüchterne Januarkälte konservierte ihre Worte. (Bei Frost auf und ab gehen, den Mund öffnen und »Kraft Reinheit Mut« sagen.) Ich bat Irmgard Seifert, indem ich sie duzte, sachlich zu bleiben: »Du darfst Scherbaums verständliche Erregung nicht zusätzlich steigern. Es ist unfair, dem Jungen unseren privaten Ballast aufladen zu wollen. Außerdem wirst du unwahrhaftig, wenn du deine Affäre von damals heute wie einen Weihnachtsbaum aufzuputzen versuchst. Das ist verlogener Lichterglanz, meine Liebe. Schließlich ist Scherbaum kein Messias. Das Erlösende – einfach lächerlich. Es handelt sich schlicht um einen dünnhäutigen Burschen, der nicht nur naheliegendes, der auch entlegenes Unrecht spürt. Für uns ist Vietnam allenfalls das Ergebnis einer falschen Politik oder die zwangsläufige Äußerung eines korrupten Gesellschaftssystems; er fragt nicht nach Gründen, er sieht brennende Menschen und will etwas dagegen tun, auf jeden Fall etwas tun.«

»Und genau das nenne ich, wenn du erlaubst, das Erlösende seiner Tat.«

»Zu der es nicht kommen wird.«

»Warum nicht? Die Zeit ist reif . . .«

»Nimm dich zusammen. Schließlich sind wir als Pädagogen verpflichtet, ihm die Konsequenzen seines Vorhabens deutlich zu machen.«

Aber Irmgard Seifert fand Gefallen an sich und ihrer Entrükkung. Nicht nur die Kälte gab ihrem Gesicht Farbe. Sie lachte und überschwemmte den Schulhof mit jener Heiterkeit, die man den frühchristlichen Märtyrern nachsagt: »Wenn ich noch fromm wäre, Eberhard, würde ich sagen: Es hat der Heilige Geist den Jungen geschlagen. Es geht ein Licht von ihm aus.«

(Und steht dabei schmal im Mantel mit schüchtern verwaschener Geste. Die Hysterie verjüngt sie. Wenn ich noch etwas warte, sie kommen lasse, wird ein überspanntes Mädchen im Frost weinen und piepsig werden: »Aber es muß doch . . . Wir dürfen doch nicht . . . Ein kleiner Schimmer nur . . . Das ist Glück, Eberhard, Glück . . .« – Was redet sie da von Glück. Froh bin ich, wenn ein Baum fehlt; aber regelmäßig stehen die leeren Kastanien.)

Als ich meinem Zahnarzt die Seelenwäsche und Schulhofquacksalberei wiedererzählte, befand er kurz und bündig: »Die Begeisterungsfähigkeit Ihrer Kollegin wird Ihren Schüler ahnen lassen, welche Art Anhänger ihm nach seiner Tat zulaufen können. Je mehr sie schwärmt, um so schwerer wird es ihm fallen, ein Streichholz zünden zu lassen. – Halten Sie mich bitte weiterhin auf dem laufenden. Nichts ärgert den

Helden mehr als Beifall vor der Tat. So sind sie nun mal, die Helden.«

Nein. So ist er nicht. Kein Held. Keiner, der führen will und Anhänger sucht. Er kann nicht fanatisch gucken. Nicht mal unhöflich ist er. Nicht schroff nicht grob nicht stark. Niemals war er erster. (Denn seine Aufsätze zählen nicht.) Niemals hat er sich vorgedrängt. (Und als man ihm die Chefredaktion der Schülerzeitung antrug, lehnte er mehrmals ab: »Das liegt mir nicht.«) Dabei ist er nicht zaghaft oder gehemmt oder faul. Niemals hat er das Klassenziel nicht erreicht. Niemals ist er besonders mutig, auffallend kühn oder schwindelfrei gewesen. Sein Spott verletzt nie. Seine Zuneigung ist ohne Aufdringlichkeit. (Nie ist er mir lästig gefallen.) Er lügt nie. (Außer in seinen Aufsätzen, aber die zählen nicht.) Er ist nicht jemand, den man nicht mögen kann. Wenig tut er, um zu gefallen. Er sieht nicht besonders aus. Seine Ohren stehen nicht ab. Er spricht nicht durch die Nase, wie seine Freundin es tut. Seine Stimme verkündet nicht. Er ist kein Messias. Er bringt keine Botschaft. Er ist ganz anders.

Ich wurde Störtebeker genannt. Ich konnte Ratten mit bloßer Hand fangen. Als ich siebzehn zählte, wurde ich zum Arbeitsdienst einberufen. Da lief schon die Untersuchung gegen mich und die Stäuberbande. Meine Aussagen lagen vor. Ein Oberfeldmeister verlas beim Morgenappell mein Urteil: Frontbewährung gleich Strafbataillon. Ich habe Minen geräumt. Ich habe bei Feindeinsicht Minen räumen müssen. (Störtebeker hat das überlebt – Moorkähne ist dabei draufgegangen.) Jetzt ist Störtebeker Studienrat und steckt voller alter Geschichten.

Da ich nur Geschichten kenne, kam ich Scherbaum, der gut zuhören kann, immer wieder mit Geschichten. Ich glaube nun mal an Geschichten. Zwischen Scherbaum und seiner Tat baute ich, Steinchen für Steinchen, genau datierte, wissenschaftlich belegte, also anerkannte historische, geschichtliche Geschichten auf. Ich bat ihn, mit mir ein paar Schritte zu laufen. Wir nahmen uns, von der Siedlung Eichkamp aus, zuerst das Teufels-Fenn, dann den Trümmerberg (Mont Klamott) vor. Wir sahen dem Rodelbetrieb auf dem angeschütteten Gelände zu, umgingen die amerikanische Radar-Station, zählten uns auf, was der Weitblick hergab (Siemensstadt, das Europa-Center mit dem Mercedesstern und den immer noch wachsenden Sendeturm im Ostsektor). Wir sagten: »Ganz schön groß, Berlin.« Und doch blieb ich bei der Sache: »Sehen Sie, Philipp, im Grunde stellt sich immer wieder die Frage: Können Erfahrungen vermittelt werden? Wir beschäftigen uns seit einiger Zeit mit der Französischen Revolution und ihren Auswirkungen. Wir sprachen über Pestalozzis Resignation und über das tragische Scheitern des Georg Forster in Mainz. Sogar bis in meine behäbige Heimatstadt schlug die Revolution Wellen; denn die Danziger, ohnehin darauf bedacht, nicht in Abhängigkeit zu geraten – sei es von der polnischen, von der schwedischen, von der russischen Krone –, befanden sich damals in preußischer Abhängigkeit. Nicht nur das einfache Volk, auch die recht selbstbewußten Bürger verfolgten die französischen Vorgänge mit Anteilnahme. Aber den Umsturz, die Gewalt, Barrikadenkämpfe, einen Wohlfahrtsausschuß, die Guillotine, insgesamt den schmerzhaften Prozeß einer Revolution wollten sie auf keinen Fall über sich ergehen lassen; denn als der siebzehnjährige Gymnasiast Bartholdy mit Hilfe einiger Mitschüler und Hafenarbeiter zumeist polnischer Herkunft – sie wohnten im Hakelwerk – in Danzig die Republik ausrufen wollte, scheiterte er, bevor er Gelegenheit fand, durch seine Tat den Anstoß zu geben. Als sich die Verschwörer am dreizehnten April 1797 in der Beutlergasse trafen – dort hatten Bartholdys Eltern, gutsituierte Handelsbürger, ihre Wohnung – wurden die Nachbarn auf die Zusammenrottung, so nannten sie es, aufmerksam. Gerichtsdiener wurden herbeigerufen. Es kam zu Verhaftungen. Bartholdy wurde zum Tode verurteilt, und nur ein Gnadenerlaß der Königin Luise, die im folgenden Jahr, an der Seite Friedrich Wilhelm des Dritten, der Stadt einen umjubelten Besuch machte, verwandelte die Todesstrafe in Festungshaft. Er soll in der Festung Torgau zwanzig Jahre Haft verbracht haben. Nicht einmal die Niederlage Preußens und die daraus resultierende Verwandlung Danzigs in eine Republik vermochten sein Schicksal zu ändern. Als Junge habe ich sein Vaterhaus in der Beutlergasse gesucht. Keine Gedenktafel gab einen Hinweis. Mehr als Kuriosität denn als geschichtliches Faktum wird sein Fall in der Stadtgeschichte erwähnt. Wir wissen nichts von Bartholdy.«

Wir liefen bergab. Scherbaum schwieg. Die Krähen über dem Trümmerberg erinnerten pathetisch an die Ursache der mittlerweile bewaldeten Aufschüttung. (Ich schlug vor, im Forsthaus Schildhorn »was Heißes« zu trinken.)

»Sie werden sich fragen, Philipp, was will er mit dieser Geschichte? Wahrscheinlich nehmen Sie an, ich versuche, wieder einmal, Ihr Vorhaben zu zerreden, ich versuche – wie mir Ihre Freundin Vero neuerdings auf Warnzetteln unterstellt – Sie zu verunsichern. Nein. Das ist vorbei. Tun Sie es, bitte, tun Sie es. Aber mir sollte es erlaubt sein, Ihre geplante Tat am historischen Beispiel zu messen. Interessiert Sie der Fall?«

»Klar doch. Ich frag schon noch, später.«

»Mein Urteil lautet: Bartholdys Versuch, die Revolution und mit ihr die Republik auszurufen, war im Grunde eine leichtfertige Dummheit, die nicht nur ihn ins Unglück gebracht hat, sondern auch die polnischen Hafenarbeiter. (Nur seine Mitschüler, so hieß es, wurden freigesprochen.) Es mangelte Bartholdy an der Nüchternheit des Revolutionärs. Zwar konnte der Junge nicht wissen, was selbst ein Marx erst relativ spät erkannte, daß nämlich nur mit Hilfe einer Klasse, die nichts zu verlieren, aber alles zu gewinnen hat, eine Revolution gewonnen werden kann; doch Sie, Philipp, vorgewarnt, wissend, sollten erkennen, daß Ihre geplante Tat, die öffentliche Verbrennung eines Hundes, nur dann wirkungsvoll sein kann, wenn weite Kreise der Gesellschaft – ich vermeide bewußt den Begriff Klasse – Ihre Tat als auslösendes Zeichen zu begreifen bereit sind. Davon kann keine Rede sein. Sie haben erlebt, welch bloß spektakulären Sensationswert Veros Freundinnen Ihrem Vorhaben beimessen. Sie haben erlebt, wie meine geschätzte Kollegin, Frau Seifert, entschlossen ist, Sie mißzuverstehen.«

»Wie hieß denn Ihr Bartholdy mit Vornamen?«

»Selbst seinen Vornamen hat die Geschichte vergessen.«

(Da saßen wir schon im Forsthaus Schildhorn und wärmten uns mit Punsch.) Scherbaum stellte Fragen nach der wirtschaftlichen Lage der Stadt. Ich sprach vom Zurückgang des Holzhandels und von der Schuldenlast (zwei Millionen preußische Taler), die allerdings durch staatliche Zuschüsse und Subventionen im Jahre 1794 gelindert wurde. Er wollte Genaues wissen über die Truppenstärke der Garnison Danzig. Die permanente Anwesenheit von insgesamt sechstausend Militärpersonen, darunter Artillerie, Festungspioniere und Leibhusaren, beeindruckte ihn; denn dieser Besatzungsmacht standen nur sechsunddreißigtausend Zivilisten gegenüber – und die Bürgerwehr, einst gewichtiges Instrument der Handwerkergilden, hatte abrüsten müssen. Als ich meine Mappe öffnete, ihm das Material »Zum Fall Bartholdy« zeigte und aus dem überlieferten Reisebericht eines Fremden zitierte: »Frankreichs System hat hier viel Anhänger. Aber ich glaube nicht, daß sie je daran denken werden, der preußischen Regierung untreu zu werden, wenn diese es sich angelegen sein läßt, sie mit Mäßigung und Milde zu beherrschen« – gab Scherbaum meiner Geschichte recht: »Viel hat sich seitdem nicht geändert.«

»Und deswegen, Philipp, meine ich: Der Fall Bartholdy darf sich nicht wiederholen.«

(Aber Erfahrungen lassen sich – selbst bei Punsch – nicht vermitteln.) »Erstens will ich keine Revolution. Und zweitens hab ich mir das logisch ausgerechnet. Ich weiß nicht, ob Sie eine Ahnung haben von theoretischer Mathematik ...«

»Ihre schlechten Zensuren in dem genannten Fach kenne ich.«

»Das ist nur das angewandte Zeug. Meine Formel stimmt jedenfalls. Anfangs klappte es nicht, weil ich den Sonnabend als Grundwert gesetzt hatte. Nicht mal die Sonntagszeitungen reagierten. Und der Montag war überhaupt nicht zu schaffen. Jetzt arbeite ich mit dem Mittwochnachmittag. Und auf einmal läuft es. Schon am Donnerstag tritt das Abgeordnetenhaus zusammen. Da ich ab Freitag wieder vernehmungsfähig bin, setze ich im Krankenhaus eine Pressekonferenz an und gebe eine Erklärung ab. Es kommt zu den ersten Solidaritätskundgebungen. Nicht nur hier, auch in Westdeutschland. In mehreren Großstädten werden Hunde verbrannt. Später zieht das Ausland nach. Vero nennt das die ritualisierte Form der Provokation. Naja, irgendwie muß die Sache ja heißen. Ich zeig Ihnen die Formel, aber erst danach, wenn die Sache gelaufen ist.«

»Und wenn es nicht klappt, Philipp? Wenn man dich totschlägt?«

»Dann war die Formel falsch«, sagte mein Zahnarzt. »Sie mit Ihren Geschichten. Der Fall Bartholdy verlangt nach Wiederholung.«

»Sie meinen, er wird handeln . . .«

»Wenn das klare frostige Wetter bis nächsten Mittwoch anhält, wird sich mir keine Möglichkeit bieten, seinen Distalbiß zu behandeln und – wenn möglich – zu korrigieren.«

»Ihre Sorgen möchte ich haben.«

»Sagen Sie, mein Lieber, abgesehen von den vorbildlichen Einflüssen, die Sie als Studienrat zu vermitteln verstehen, hat Ihr Schüler ein Vorbild? – Sie wissen, wir orientieren uns immer noch an Leitbildern. Fast möchte ich annehmen, daß der Gymnasiast Bartholdy längere Zeit lang Ihre Über-Ich-Stütze gewesen ist. Stimmts?«

Wir kanalisierten Erinnerungen. (Auf der Suche nach dem verlorenen Vorbild.) Da hatte ich wieder kurze Hosen an und stand vor den Giebelhäusern der Beutlergasse. Er bestand darauf, in dem Wunderläufer Nurmi sein Vorbild gesehen zu haben. (Wir waren uns einig, daß dem Bedürfnis nach Vorbildern mit prophylaktischer Vorbilder-Vermittlung begegnet werden müsse: »Vorbeugen muß man!«) Als ich über den Umweg – Vater beim Lotsenamt, Sohn wird Störtebeker genannt – meine Konstruktion auftischte: Der Vater bekämpfte als Luftschutzwart Brände, der Sohn ist zum Brandopfer bereit, räumte mein Zahnarzt ein: »So vordergründig Ihre Motivkette geknüpft zu sein scheint, ich will dennoch nicht ausschließen, daß mutmaßliche Brandverletzungen des Vaters ein Hinweis sein könnten. Sie sollten dem Jungen mal auf die Bude steigen...«

Sie lebt zwischen Stoffhunden und liest die Worte des Vorsitzenden Mao. In ihrem Zimmer, das kleiner sein soll als sein Zimmer, muß, zwischen viel Gebasteltem, der Revolutionär Ernesto Che Guevara als grobkörniges Großfoto den Blickfang abgeben. Das weiß ich von ihm, der ihr Zimmer einen Kindergarten, ihre Stofftiersammlung einen Zoo nennt. Er urteilt gutmütig und überlegen: »Naja, ist Geschmackssache.« Von ihrer Kollektion abgesägter Mercedessterne will sie sich immer noch nicht trennen, auch wenn er sagt: »Das haben wir hinter uns.« Sie hängt an der Ausbeute des vergangenen Jahres: »War eigentlich 'ne schöne Zeit – Sternchenpflücken!« Er sagt: »Manchmal bekomm ich natürlich zuviel: Sie liest Mao, wie meine Mutter Rilke liest.« Den düsteren Che nennt er »Veros Pin-up.« Wie aus grauer Vorzeit steigt ihm Erinnerung auf: »Früher hing da mal Bob Dylan. Hatte ich ihr geschenkt. ›He's so damn real...‹ hab ich ihr draufgeschrieben. Naja, das war mal.«

Auch Philipp Scherbaum hatte ein Foto zwischen die Fenster seines Zimmers gepinnt: eine kleinformatige Zeitungsseite, drei schmale Kolumnen breit. Die mittlere Kolumne wurde in doppelter Paßfotogröße von dem Bild eines etwa siebzehnjährigen Jungen unterteilt: ein festes Rundgesicht, die Haare, nach dem Anfeuchten, straff zurückgekämmt, links der Scheitel. Sauber und ernst erkannte ich unterm Fotolächeln einen Hitlerjungen, erkannte ich meine Generation: »Wer ist das?«

(Als ich Scherbaum gefragt hatte: »Darf ich Sie mal besuchen, Philipp?« war er höflich geblieben, wie immer: »Klar doch. Ich war ja auch schon bei Ihnen. Bloß Teekochen kann ich nicht.« Und als ich ihn dann besuchte – sogar Blumen für Philipps Mutter gab ich in der Garderobe ab – bekam ich Auskunft und mußte nicht zweimal fragen.)

»Der? Das ist Helmuth Hübener. Gehörte einer Sekte an. So etwas wie Mormonen. Hieß: Kirche der Heiligen der letzten Tage. Kam aus Hamburg, aber in Kiel haben sie drucken lassen. Das war eine Vierergruppe, Lehrlinge und Angestellte. Ziemlich lang haben die durchgehalten. Am 27. Oktober zweiundvierzig wurde er hier, in Plötzensee, hingerichtet und vorher natürlich gefoltert.«

Scherbaum erlaubte mir, den Artikel von der Wand zu nehmen, damit ich auch die Rückseite lesen und das Foto der offiziellen Bekanntmachung seiner Hinrichtung sehen konnte. (Ein Artikel zwischen Artikeln. Rechts, auf der Rückseite, schloß die Rubrik »Kurz berichtet« an mit einer Nachricht über den Wettbewerb »Jugend forscht«.) Neben der Paginierung las ich: Deutsche Post. – »Seit wann lesen Sie Gewerkschaftszeitungen?«

»Unser Postbote wirbt für das Blättchen. Ziemlich langweilig, aber kostet nix. Immerhin: Von dem Hübener hatte ich vorher keine Ahnung.« Ich erinnerte mich ungenau, in einem Aufsatz – »Zeugnisse des Widerstands« –, den mir Irmgard Seifert geliehen hatte, etwas über den siebzehnjährigen Verwaltungslehrling und seine Widerstandsgruppe gelesen zu haben. (Warum hatte ich nicht im Unterricht? Warum immer diese verspätete Offiziersgeschichte? Warum den verworrenen Unsinn aus meiner Stäuberbandenzeit?)

Scherbaum ließ mich nicht lange im Oberstübchen kramen. Weil ich still hielt, schlug er zu: »Das hat es gegeben. Da ist Ihre Jugendbande nix gegen. Über ein Jahr lang haben die Flugblätter gedruckt und verteilt. Und zwar an verschiedene Adressen. Erstens an Hafenarbeiter. Zweitens an französische Kriegsgefangene, übersetzt natürlich. Und drittens an Frontsoldaten. Schon als Sechzehnjähriger fing er damit an. Mit Kirchendemolieren und so hat der sich nicht abgegeben. Nix von Frühanarchismus. Das war auch nicht so ein Anfänger wie Ihr Bartholdy. Der konnte stenographieren und sogar morsen.«

(Und ich Narr hatte gehofft und befürchtet, ich, mit meiner Bandenführer-Vergangenheit, könnte sein Vorbild sein; oder der Vater und Luftschutzwart mit seinen unbewiesenen Brandwunden.) Zwar suchte ich noch im Zimmer nach Beweisen meiner Motivkonstruktion, nach Ruinenfotos oder Aufnahmen, die den Vater im Einsatz zeigten, auch erinnerte ich ihn, daß ich als Siebzehnjähriger in ein Strafbataillon gesteckt wurde – »Wissen Sie, was das heißt, Minenräumen ohne Feuerschutz?« – aber Scherbaum ging unbeirrt bei dem Verwaltungslehrling Hübener in die Lehre: »Der hat die Nachrichten des Londoner Rundfunks mitstenographiert. Übrigens habe ich einen Stenographiekurs belegt. Wenn ich die Sache mit Max hinter mir habe, werde ich Funken und Morsen lernen.«

(Ich kann beides nicht. Dabei hat man mir im Herbst dreiundvierzig in einem Wehrertüchtigungslager, nahe Neustadt/Westpreußen, das Morsen beibringen wollen. Vielleicht konnte ich sogar morsen mit siebzehn. Siebzehnjährige können oft Sachen, an die sie sich – wie Irmgard Seifert – mit Vierzig kaum mehr erinnern. Scherbaum ist musikalisch: Das Morsen fiele ihm leicht.)

Nachdem ich die Seite aus der Gewerkschaftszeitung wieder an die Wand gepinnt hatte, schwiegen wir. Philipp spielte mit seinem Dackel. Ein freundliches Zimmer, mit leichter Hand aufgeräumt: Scherbaums verspielte Ordnung. (»Stimme der Jugend« hieß die Rubrik. Ich merkte mir den Journalisten,

Sander, wollte ihn anschreiben.) Philipps linke Hand kämpfte mit dem Langhaardackel. Ich machte mir Notizen. Nach der Urteilsverkündung soll Hübener den Richtern des Volksgerichtshofes einen Satz hinterlassen haben: »Wartet, ihr kommt auch noch dran!«

Später brachte uns die Hausgehilfin Tee und Gebäck. Zwischen zwei Schlucken rechnete Scherbaum mit den Fingern: »Wie alt war die Silberzunge eigentlich, als Helmuth Hübener hingerichtet wurde?«

»Dreiunddreißig trat er in die Partei ein, da war er neunundzwanzig.«

»Und der ist jetzt Kanzler.«

»Man sagt, er habe eingesehen, inzwischen . . .«

»Und der darf jetzt wieder . . .«

»Man hatte keine Bedenken . . .«

»Der, genau der . . .«

Scherbaum begann leise zu explodieren. Zuerst saß er, dann sprang er auf, aber seine Stimme nahm nicht zu: »Den will ich nicht. Der stinkt doch. Wenn ich den sehe, im Fernsehen und so, könnte ich kotzen wie vor dem Kempinski. Der, genau der hat den Hübener umgebracht, auch wenn der anders hieß, der ihn umgebracht hat. Ich mach es. Benzin hab ich schon. Und ein Sturmfeuerzeug. Hörst du, Max! Wir müssen . . .«

Philipp griff in das Langhaarfell. Fast sah es aus, als spielten sie wieder.

Auch wenn er nichts tut, unseren Dreck hat er aufgewühlt. Ich werde den Schuldienst quittieren müssen. Und ähnliche Vorsätze. Als könnte jemand, der schon lange hinter dem Komma steht, wieder bei Null anfangen. Der Wunsch, die Tapete zu wechseln, bringt zwar Bewegung ins Geschäft, aber was ist schon Bewegung. Ihre Zierfische bewegen sich auch inmitten immer des gleichen unzulänglichen Spielraums. Ein äußerst verkehrsreicher Stillstand.

Nicht ich rief ihn an, er wählte meine Nummer: »Ich bin in einer schwierigen Lage . . .«

(Streikt etwa seine Airmatik? Hat ihm ein Patient in den Finger gebissen? Will seine Sprechstundenhilfe kündigen?)

»Ihr Schüler verlangt etwas von mir, was ich als Arzt nicht verantworten könnte . . .«

(Jetzt laut lachen dürfen: »Was, Dokter? Ganz schön anstrengend der Junge.«)

»Ich kann mir schlecht vorstellen, daß Ihr Schüler von sich aus auf diese Idee gekommen ist. Haben Sie ihm das vorgeschlagen?«

(Engelhaft ohne Ahnung sein: »Wie Sie gemerkt haben müssen, besitze ich schon seit langem nicht mehr Scherbaums Vertrauen.«)

»Oder haben Sie in einem Nebensatz durchblicken lassen, daß diese Möglichkeit, rein theoretisch natürlich, besteht?«

(»Was denn, Dokter, was?!« Was verwirrt ihn so nachhaltig? Was nimmt dem Praktiker die fröhliche Selbstsicherheit? »Wo fehlt es denn, Dokter? Wenn ich irgendwie helfen kann . . .«)

Mein Schüler – oder sage ich besser: der Beinahe-Patient meines Zahnarztes? – hat ihn um eine Betäubung oder um eine teilweise Betäubung seines Langhaardackels Max gebeten. Er soll gesagt haben: »Sie haben doch Spritzen gegen Schmerzen. Es muß doch auch welche geben, die bei einem Hund wirken. Ich meine, damit er nichts merkt. Sie kennen doch sicher einen Tierarzt. Oder vielleicht bekommen Sie die auch so, einfach in der Apotheke.«

»Ich nehme an, Sie haben dem Jungen, trotz gewisser Bedenken, die kleine Hilfe nicht verweigert. Denn sie wollten ihm ja Mut machen, unausgesetzt Mut machen.«

»Vorstellungen haben Sie!«

»Ist doch kaum die Rede wert. Das bißchen Lokalanästhesie.«

»Haben Sie eine Ahnung!«

»Also was nun! Helfen Sie ihm oder nicht?«

»Natürlich habe ich nein sagen müssen . . .«

»Natürlich . . .«

»Der Junge machte einen verzweifelten Eindruck. – Er lispelte leicht.«

»Soviel enttäuschtes Vertrauen . . .«

»Um so höher müssen wir sein Verständnis bewerten. Er sagte: ›Ich kann Sie verstehen. Als Arzt müssen Sie immer Arzt bleiben, ganz gleich, was geschieht.‹ Wirklich erstaunlich, der Junge. Und vorbildlich beispielhaft.«

Mein Scherbäumchen hat in Watte gebissen. (So unnachgiebig sind hier die Widerstände.) Soll etwa ich ihm die Spritzen besorgen? Aber ich will nicht mehr. Ich lasse die Vorhänge runter. Und krieche rückwärts, bis ich auf Bims Traß Zement stoße. Da, da! Da steht sie. Zwischen den enggestapelten Hohlbausteinen . . .

Oder eine Schildkröte kaufen und betrachten. Wie macht sie das: zurückgezogen leben? Wieviel Wehleidigkeit muß zu Fleisch werden, damit ein Panzer wächst: nicht mehr zu kränken? – So entstand der Luftschutzbeton. Die sichere Massivdecke. Auch das sogenannte Beton-Ei, ein Kleinstbunker für nur eine Person, der nach Konstruktionsskizzen eines französischen Kriegsgefangenen im Jahre 1941 weiterentwikkelt und in Massen hergestellt worden ist . . .

Oder das Angefangene umschreiben: Am 28. Januar 1955 wurde er aus der sowjetisch besetzten Zone in die Bundesrepublik abgeschoben. Zwei Jahre später wurde vor dem Schwurgericht beim Landgericht München I gegen ihn verhandelt. (Erschießungen und Erhängungen von Soldaten ohne kriegsgerichtliches Verfahren.) Der Staatsanwalt beantragte acht Jahre Zuchthaus. Das Urteil lautete: viereinhalb Jahre Gefängnis. Nachdem seine Revision verworfen wurde, hat Schörner diese Strafe im Gefängnis Landsberg am Lech abgesessen. Heute, siebzigjährig, lebt er in München. – Soweit die Tatsachen. (Oder was man Tatsachen nennt.)

Scherbaum kam auf mich zu: »Ich will Sie nur warnen. Vero hat was vor. Und die macht das.«

»Danke Philipp. Und sonst?«

»So ein paar Schwierigkeiten. – Aber ich sag Ihnen, die macht das, wenn sie es vorhat.«

»Sie sollten mal ausspannen. Ruhig eine Woche lang krank feiern und sich zurückziehen . . .«

»Auf jeden Fall wissen Sie nun Bescheid. Ich bin dagegen, daß sie das macht.«

(Müde sieht er aus. Keine Lachgrübchen mehr. Und ich? Wer fragt nach mir und meinem Aussehen? Die kleine Brandwunde an der Unterlippe ist abgeheilt, sagt meine Zunge.)

Die dritte Drohung fand ich als Lesezeichen in meinem Band zwei: »Briefe an Lucilius«. Sie faßte sich immer kürzer: »Wir fordern: Schluß machen mit dem Abwiegeln!« Den zweiundachtzigsten Brief, Gegen die Todesfurcht, hatte sie lesenswert gefunden: »Ich sorge mich nicht mehr um dich . . .« – Wenn der Frost nur ein wenig den Biß lockern wollte, wenn wieder Schnee fiele auf alle Bezirke der Stadt, wenn es ein Deckmäntelchen gäbe, weit genug geschneidert für alle und alles, wenn endlich Schnee, der lautlose Abwiegler, jeder Drohung ein Mützchen aufsetzte.

Unangemeldet kam sie, nein, besetzte sie meine Wohnung: »Ich muß Sie sprechen, unbedingt.«

»Wann bitte?«

»Jetzt gleich.«

»Das geht leider nicht . . .«

»Ich geh nicht eher weg, bis Sie . . .«

Also unterbrach ich die Arbeit am Angefangenen, nein, hastig deckte ich das Manuskript zu; denn wenn mich die Freundin meines Schülers sprechen will – »unbedingt« –, muß ich mich in ein großes pädagogisches Ohr verwandeln: »Was gibt's denn, Veronika. Vielen Dank übrigens für Ihre kurzgefaßten und so hübsch eindeutigen Mitteilungen.«

»Warum stehen Sie Flip im Wege? Merken Sie nicht, daß er das tun muß, unbedingt? Müssen Sie alles kaputtmachen mit Ihrem ewigen Einerseits-andererseits.«

»Das las ich schon einmal treffender: Ich bin ein Abwiegler.«

»Zum Kotzen, dieses reaktionäre Getue!«

Sie setzte sich. Bei aller Geduld unsicher, breitete ich noch einmal meine Argumente aus, die – mir blieb keine Wahl – einerseits gegen Scherbaums Vorhaben sprachen und ihm andererseits bedingt recht gaben. So stapelte sich unser Gespräch: Wenn sie unbedingt sagte, ritt ich das Wörtchen bedingt; sie sah klar, ich reihte mehrere, einander widersprechende Standpunkte, ohne beim Aufzählen Mangel zu leiden.

»Das ist doch sonnenklar, daß dieses kapitalistische Ausbeutersystem abgeschafft werden muß.«

»Es kommt auf den jeweiligen Standpunkt an und auf die mehr oder weniger berechtigten Interessen der verschiedensten Gruppen und Verbände. Wir leben nun mal in einer Demokratie...«

»Sie, mit Ihrer pluralistischen Gesellschaft.«

»Auch die Schüler sollten ihre partiellen Interessen deutlicher artikulieren. Zum Beispiel in der Schülerzeitung...«

»Das ist doch Kinderkram!«

»Haben nicht Sie Philipp zum Chefredakteur vorgeschlagen?«

»Früher hab ich Sie mal für links gehalten...«

»Und sogar eine Rede gehalten?«

»... aber seitdem Sie versuchen, Flip zu verunsichern, weiß ich, daß Sie ein richtiger Reaktionär sind, und zwar einer von der Sorte, die das nicht mal merkt.«

Sie saß in ihrem halblangen Kapuzenmantel. (»Wollen Sie nicht ablegen, Veronika?«) Sie saß nicht geschlossen, wie Mädchen sitzen, sondern in zinkgrünen Strumpfhosen offen, wie ein Junge sitzt. Weil sie durch die Nase sprach, quengelte sie, auch wenn sie vorhatte, mit mir ganz groß abzurechnen. (Bitte nach links orientieren: wenn ich links von meinem Zahnarzt stehe – »Nicht wahr, Dokter, das geben Sie zu« –, steht Scherbaum links von mir, doch neuerdings, wenn er nicht doch noch handelt, rechts von Irmgard Seifert, die aber nicht links von Vero Lewand steht, sondern wo eigentlich?) Auch wenn Vero alleine saß, ihre Gruppe stand hinter ihr: »Wir verlangen, daß Sie ab sofort Flip in Ruhe lassen.«

Ich sprach gegen die Gummiprofile ihrer aufgestellten, nein, gegen mich gestellten Schuhsohlen an: »Seien Sie doch vernünftig. Man wird ihn erschlagen. Die Berliner werden ihn erschlagen.«

»In bestimmten Situationen können Opfer nicht vermieden werden.«

»Aber Philipp ist kein Märtyrer.«

»Wir verlangen, daß Sie ab sofort mit dem Verunsichern aufhören.«

»Aber es kann gut sein, daß Sie ihn als Märtyrer sehen wollen.«

»Damit Ihnen auch das klar ist: Ich liebe Flip.«

(Und ich hasse Bekenntnisse, ich hasse Opfer. Hasse Glaubenssätze und ewige Wahrheiten. Ich hasse das Eindeutige.)

»Aber liebe Veronika, wenn Sie Ihren Philipp, wie Sie soeben dankenswert offen sagten, wirklich lieben, dann sollten gerade Sie ihn hindern, das zu tun, was er vorhat.«

»Flip gehört nicht nur mir.«

»Sie erinnern sich an die Stelle in Galilei, wo Brecht von jenem beklagenswerten Volk spricht, das auf Helden und Heldentaten angewiesen ist.«

»Jadoch. Klardoch. Alle Stellen kenne ich. Flip kloppt ja auch schon Ihre Sprüche. Manchmal glaub ich, er will gar nicht mehr. Heut ist Mittwoch vorbei und wieder nichts. Jetzt will er den Hund mit Spritzen betäuben. Das nimmt doch die halbe Wirkung. Sie haben ihn umgekrempelt. Der Junge ist fertig. Zweifelt auf einmal. Womöglich fängt er zu heulen an.«

Ich bot Philipps Freundin eine Zigarette an. Den Kapuzenmantel wollte sie auf keinen Fall ablegen. Also begann ich mit dem Aufundabgehen, mit dem Geschichtenerzählen, mit dem Eswareinmal. Ich erzählte von mir natürlich. »Das sagte auch ich mal: Die große Weigerung führt zum Ende der Autorität.« Ich sprach vom Scheitern, von der Hölle, Strafbataillon genannt, vom Minenräumen ohne Feuerschutz. »Auch wenn ich überlebte, die Zeit schaffte mich. Ich paßte mich an. Ich suchte den permanenten Ausgleich. Ich klammerte mich an die Vernunft. So wurde aus einem radikalen Aufrührer ein gemäßigter Studienrat, der sich, trotzdem und dennoch, für fortschrittlich hält.«

Ich erzählte gut, weil sie gut zuhörte. (Mag sein, daß ihr Mundatmen den Eindruck der Aufmerksamkeit, ja, des Lauschens verstärkte.) Es entstand in meinem Arbeits-Wohn-Schlafzimmer eine Stimmung, trübe gemischt aus wohldosiertem Selbstmitleid und männlicher Melancholie. (Die Müdeheldensoße.) Schon wollte ich einige Danton-Zitate spazieren lassen, schon wollte ich ein paar Sprechblasen mit meinem Bedürfnis nach zärtlichem Verstehen füllen, schon war ich bereit, meine Einsamkeit zum Abbruch anzubieten; doch als sich Vero Lewand in ihrem Kapuzenmäntelchen vom Stuhl auf meinen Berberteppich fallen ließ, blieb ich stocksteif. (Die dreieinhalb Meter Distanz waren wohl zu viel.)

Sie wälzte sich komisch und ungelernt auf dem Teppich und sagte drollige Sachen: »Wollen Sie nicht auch, Old Hardy? Sie trauen sich ja nicht? Das ist aber ein prima Teppich . . .«

Mir fiel das Übliche ein: »Was soll der Unsinn? Wollen Sie nicht wieder vernünftig sein, Vero?«

(Und meine Brille nahm ich ab, um sie zu putzen, solange auf meinem Teppich geturnt wurde. Dieses verlegene Hantieren und Behauchen der Gläser, das ich oft genug an anderen Kollegen beobachtet hatte; wahrscheinlich verfügen Studienräte über keinen Halt, also greifen sie nach ihren Brillengestellen.)

Veronika Lewand lachte. (Die Wucherungen in ihrer Nase geben ihrem Gelächter etwas blechern Schepperndes.) Sie kugelte sich: »Na los doch, Old Hardy! Oder können Sie nicht?«

Bevor sie ging, pflückte ich einige Flocken meines fusselnden Berbers von ihrem Kapuzenmäntelchen.

Aufgeben draufstecken quittieren. Sich in sich zurückziehen. Sich heraushalten. Nur noch der reinen Anschauung leben. In Betrachtung versunken. Und ohne Aufbegehren. Es ist ja nicht mal ein Strom da, gegen den zu schwimmen sich lohnte; vielmehr stinken mehrere stehende und von mir aus fischreiche Gewässer, ferner Kanäle, deren Verkehr reguliert wird. Ich übersehe das nicht mehr; ich übersehe das zu genau. Mittlerweile weiß ich, warum das Wasser hier fällt, wenn es dort steigt. Also Schleusen sprengen. (Man wird erklären, man habe ohnehin vor, auf Bahnverkehr überzugehen: Der Transport lasse sich umleiten. »Wir möchten Sie bitten, im Verlauf der von Ihnen geplanten Ausschreitungen – auch Revolution genannt – mit Vorzug jene Institutionen und Industriekomplexe zu zerstören, die innerhalb unserer langfristigen Planung ohnehin stillgelegt werden sollen. Viel Spaß bei der Arbeit. Es wird anstrengend werden.«) Oder Scherbaum brechen, bevor er zerbricht. Die große Vorbeuge: Stoppt Scherbaum jetzt!

»Hören Sie, Philipp. Es ließ sich nicht vermeiden: Ich habe mit Ihrem Mädchen auf meinem Berberteppich geschlafen. Solch ein Schwein bin ich. Nehme mir, was sich bietet. Denn das Angebot kam von ihr. Ehrenwort. Sie sollten sich mehr um das Mädchen kümmern. Es genügt Vero nicht, wenn Sie immer nur von Ihrem Dackel sprechen, der irgendwann mit Benzin übergossen und verbrannt werden soll. Sie müssen sich endlich entscheiden: entweder der Hund oder das Mädchen!«

(Aber was läge mir an Scherbaums Abwinken: »Was gehen mich Ihre Teppichgeschichten an. Stenographie ist interessanter.«)

Auf dem Schulhof sprach ich mit Scherbaum über die zunehmenden Anti-Vietnam-Demonstrationen: »Morgen schon wieder. Auf dem Wittenberg-Platz.«

»Naja. Und hinterher läuft alles auseinander.«

»Man rechnet mit fünftausend Demonstranten.«

»Das ist nur das übliche Luftablassen.«

»Wir könnten gemeinsam hingehen. Ich hatte ohnehin vor ...«

»Kann nicht. Hab Steno morgen.«

»Dann muß ich wohl alleine ...«

»Würde ich machen an Ihrer Stelle. Schaden kann es bestimmt nicht.«

Auch Scherbaum wird zu einem stehenden Gewässer. Da ihn die Welt schmerzt, geben wir uns Mühe, ihn örtlich zu betäuben. (Am Ende werden der Elternrat und das Lehrerkollegium den Schülern eine Raucherecke bewilligen, genau abgezirkelt hinter dem Fahrradschuppen.) Es bleibt dabei: Aufgeben draufstecken quittieren – oder Seneca an Lucilius lesen, mit meinem Zahnarzt telefonieren: Stoiker unter sich.

»Hören Sie, Dokter, der alte Rauschebart sagt: ›Außerdem befindet sich der Weise nicht außerhalb des Staates, selbst wenn er in Zurückgezogenheit lebt.‹ – Ich verspüre nicht wenig Lust, demnächst zu privatisieren.«

Mein Zahnarzt nannte meine Rücktrittsgesuche »sophistische Spitzfindigkeiten«. Hinweise auf sein volles Wartezimmer knüpfte er mit Senecas Anrufung der flüchtigen Zeit. Die Zahl seiner wartenden Patienten bewies ihm die Nützlichkeit seines Tuns. Meine Melancholie (die sich in der Tat betrug, als hätte sie ein mürrisch betriebener Koitus gefördert) nannte er eine altmodische Albernheit. (»Sie sollten Ihre Spaziergänge um den Grunewaldsee wieder aufnehmen oder wenigstens Tischtennis spielen ...«) Seine Telefon-Lektion hieß: »Es wird Ihnen bekannt sein, daß die Lehre der Stoa die Welt als den größeren Staat begriffen hat; Niederlegung der Staatsämter hat immer geheißen: freiwerden für die Welt als die größere Verpflichtung.«

Gegen mein unermüdliches Maulen: »Ist ja doch alles gleichgültig. Was bewegen wir schon: Stundenplanänderungen!« – setzte er eine Sentenz des einundsiebzigsten Briefes: »Bleiben wir also bei unserem Vorhaben und führen wir es beharrlich durch!«

Ich erinnerte ihn daran, daß schon der Durchhalte-Schörner an der Murmanskfront seine halberfrorenen Soldaten mit Seneca-Sprüchen gefüttert habe: »Arktis ist nicht!«

Er ließ seine Patienten warten: »Kein Philosoph ist vor falschem Beifall geschützt. Das kümmert den Weisen nicht. Am Tage seiner Wahlniederlage, als durchgefallener Prätor, spielte Cato auf dem Marsfelde Ball. Und Seneca sagt . . .«

»Nein. Kein Zitat mehr! Ihr Seneca hat die längste Zeit dem Bluthund Nero die Regierungsgeschäfte geführt und ihm blumige Reden geschrieben. Erst als Greis, keiner Lust mehr fähig, wurde er weise. Da mag es leicht fallen, mit dürrem Penis den Freitod zu wählen und die Tugend wäßrig ausbluten zu lassen. Übet Muße und schaut dem Elend der Welt ohne Wimpernschlag zu. Nein, Doktä! Ich lasse mir meinen Schüler nicht zusammenschlagen. Zum Teufel, Doktä, mit aller stoischen Gelassenheit!«

Da lachte mein Zahnarzt durch die Leitung: »So gefallen Sie mir schon besser. Übrigens hat mich der Junge vor knapp zwei Stunden besucht. Kein Wort mehr über Injektionen für den Hund. Auf mein Anraten hin hat er sich die Briefe an Lucilius vorgenommen. Was meinen Sie, was sich der Bengel herausgelesen hat. Na? Was meinen Sie? Ihr Schüler stellt Übereinstimmung fest bei Seneca und Marcuse in der Beurteilung der spätrömischen wie spätkapitalistischen Konsumgesellschaft. Sie erinnern sich. Im fünfundvierzigsten Brief heißt es: ›Man erklärt Dinge für notwendig, die größtenteils überflüssig sind.‹ – Ich habe dem Jungen geraten, seinen Marcuse weiterhin in den Schriften des alten Stoikers zu suchen . . .«

Nach dem Auflegen mit einer Frage alleine bleiben: Hat er schon aufgegeben? Und die leichte Verstimmung notieren:

Nichts als Theaterdonner. Dafür regt man sich auf, redet bittet strengt man sich an. Bin ich enttäuscht? Wenn er wirklich – was ich nicht glauben kann – umfällt, wenn er – was immerhin möglich wäre, aber doch unwahrscheinlich ist – einfach klein beigibt, wenn er kneift – was ich nicht hoffe, aber verständlich fände –, werde ich mich bemühen, nicht enttäuscht zu sein: »Bewundernswert, Philipp. Aus Gründen der Vernunft auf eine mutige Tat zu verzichten, das nenne ich den größeren Mut haben, das größere Opfer bringen.«

Scherbaum stellte mich nach dem Unterricht: »Vero ist bei Ihnen gewesen. Ich hab Sie gewarnt.«

»Nicht die Rede wert, Philipp. Sie wollte mich, wie sie sagte, unbedingt sprechen!«

»Sie verlieren schon genug Zeit mit mir, weil ich mich nicht entschließen kann.«

»Wir ringen alle um den richtigen Entschluß. Deshalb sollte auch Ihre Freundin die Möglichkeit haben, meinen Rat zu hören.«

»Und? Hat sie ihre große Nummer abgezogen?«

»Ruppig wurde sie, aber das bin ich gewohnt.«

Scherbaum machte unregelmäßige Schritte neben mir. Ich spekulierte zwischen Baum und Baum: Hat sie geplappert? Irgendwelche Pißnelkengeschichten? Hat mir zwischen die Beine ... Wollte mir unbedingt zeigen, wie groß ... Zuerst hat er mir Schnaps und Coca-Cola gemischt, dann hat er mir meine Strumpfhosen ... Ich malte mir schulische Konsequenzen aus: Nötigung von Abhängigen und Minderjährigen. Schon formulierte ich Schlagzeilen für die Bild-Zeitung: »Unterricht auf dem Berberteppich!« – »Studienrat liebt zinkgrüne Strumpfhosen!« – »Immer wenn sie durch die Nase sprach!« – Schon bastelte ich an einer Erklärung meinem verlegenen Direktor gegenüber, da blieb Scherbaum stehen. (Er sah mitgenommen aus. Fahrige Gesten. Er, der nie fror, fröstelte. Und dieses Lispeln, von dem schon mein Zahnarzt gesprochen hatte.)

»Vero will Sie fertig machen. Die geht mit Ihnen ins Bett, damit sie aufhören auf mich einzureden. Das macht die.«

(Sagte ich etwas? Ich griff wohl wieder nach meiner Brille. Dieser lächerliche Reflex, als könnten gradlinige Sätze die Gläser trüben.)

»Natürlich hab ich versucht, ihr den Quatsch auszureden. Denn erstens ist Vero bestimmt nicht Ihr Typ, und zweitens hätten Sie Schiß, sich mit einer Minderjährigen einzulassen – oder?«

(Er grinste. Mein Scherbäumchen, das sonst allenfalls feixte, grinste anzüglich.) Ich rettete mich in amüsierte Überlegenheit, indem ich offen ließ, ob mir Vero Lewand in gewissen Situationen gefallen könnte, sprach, immer noch scherzhaft, von den Gefahren, in denen ein Lehrer gelegentlich schwebe – »Es fällt nicht immer leicht, Philipp, bei tugendhafter Beleuchtung im Glashaus zu sitzen« –, und fragte dann Scherbaum direkt, gestützt auf den üblichen pädagogischen Ernst: »Doch wenn wir schon so offen miteinander sprechen: Unterhalten Sie mit Ihrer Freundin Geschlechtsverkehr?«

Scherbaum sagte: »Wir kommen nicht mehr dazu. Die Sache mit Max lenkt einfach zu sehr ab. Außerdem war das nie die Hauptsache für uns.«

Dann blieb er stehen und guckte in die leeren Schulhofkastanien: »Ich komm da nicht klar mit. Wahrscheinlich müssen Frauen das ziemlich regelmäßig haben, sonst fangen sie an zu spinnen.«

»Also Philipp, um Ihre Freundin müssen Sie sich keine Sorgen machen, auch wenn sie mich wieder ›unbedingt‹ sprechen will. Ich bleibe eisern.«

Aber Scherbaums Sorgen hießen anders: »Das ist es ja nicht. Wenn Sie unbedingt mit ihr müssen, na schön. Ist nicht mein Bier. Nur möchte ich nicht, daß der blöde Quatsch irgendwas mit Max zu tun hat. Das sind ganz verschiedene Sachen. Das kann man nicht mixen.«

Zugegeben: ich wartete. Übertriebener Fleiß hinter dem Manuskript verdeckte mein Lauern. (Knobeleien mit elektromechanischen Spitzfindigkeiten des Elektrikers Schlottau bei der Zurücknahme des Eckpfeilers Rshew, die Büffelbewegung.) Zwischendurch übte ich kleine Sätze: Wollen Sie nicht ablegen, Vero? – Wie schön, daß Sie da sind und meine Einsamkeit aufbrechen. – Ich muß Ihnen gestehen, daß ich, so groß mein Verlangen sein mag, weiterhin gewillt bin, Ihrer verwirrenden Unmittelbarkeit zu widerstehen, wenngleich ich nicht abgeneigt wäre, aber das kann soll darf wohl nicht sein. – Wir sollten gemeinsam versuchen, Verzicht zu leisten. – Darf ich Ihnen etwas vorlesen? – Hier, einige Briefe des bedeutenden und tragisch gescheiterten Georg Forster an seine Frau, die ihn zu jenem Zeitpunkt – er lag krank in Paris – schon abgeschrieben hatte; sie teilte mit einem anderen das Bett. – Nicht vorlesen? Lieber erzählen? Weil meine Stimme so angenehm? Etwa vom Krieg? Wie ich ganz allein und abgeschnitten in einem Waldstück hinter den russischen Linien? Nicht vom Krieg? Soll ich aus meiner Verlobungszeit? – Übrigens erinnern Sie mich mehr und mehr an meine Ehemalige. Zwar war sie keine Mundatmerin, hätte aber eine sein können. So zielstrebig engäugig direkt. Zum Beispiel hatte sie sich mit dem Betriebselektriker eingelassen, weil sie, indem sie ihn zwischen Hohlbausteinen im Stehen bediente, erfuhr, was ihr Vater, der während des Krieges an der Murmanskfront, später in Kurland, nachdem er die südliche Ukraine . . . Achja, wir wollten ja nicht vom Krieg. – Vielleicht eine Zigarette? Und dieser Betriebselektriker hatte für eine große Sandkastenanlage das elektromechanische Schaltwerk gelegt. – Sie sollten sich nicht auf den Teppich setzen. Er fusselt, Vero. – Und zwar mit allen Raffinessen. Verstehen Sie etwas von Abhängigkeitsschaltungen, vom Zustimmungsstellwerk, von Befehlshebeln und Festlegelampen? – Aber das sollte unter uns bleiben, Vero. Hörst du? Und muß ich wirklich nicht vorsichtig sein?

Irmgard Seifert kam gegen Abend. Auch sie wollte mich ›unbedingt‹ sprechen. Auch sie wollte nicht ablegen. Sie sprach im Mantel: »Eine Schülerin – ich muß wohl keinen Namen nennen – hat mir gegenüber Andeutungen gemacht, die ich mir verbeten habe, dennoch möchte ich Sie bitten, Eberhard, mir zu erklären, wie solche Zweideutigkeiten . . .«

Woher meine Ruhe? »Liebe Irmgard. Ich nehme an, die in Andeutungen plappernde Schülerin ist das Fräulein Lewand gewesen. Was gab es denn anzudeuten? Warum setzen Sie sich nicht?«

Irmgard Seifert musterte meinen Berber: »Das dumme Ding fing mich nach Schulschluß regelrecht ab. Mit diesem nöligen Tonfall, wissen Sie: ›Wie gefällt Ihnen eigentlich Herrn Staruschs Teppich, den er vor seinem Schreibtisch liegen hat?‹ – Als ich Ihren Teppich einen Berberteppich und obendrein ein schönes Stück nannte, bekam ich zu hören: ›Aber fusseln tut er.‹ – Damit ich's auch glaubte, zupfte sie sich einige Wolle vom Mantel, die immerhin von Ihrem Teppich hätte sein können. Wie stellen Sie sich dazu?«

(Sie hat dich gelegt. Wie einen geilen Onkel hat sie dich scharfgemacht – und dann fallen lassen. »Schmatz! Schmatz!« – »Plops! Plops!«)

Ich begann mit Gelächter, denn komisch war es schon, wenn ich an das Brilleabnehmen Brillebehauchen Brilleputzen denke: »Das Mädchen ist erstaunlich konsequent. Mag sein, daß ihre Familienverhältnisse, daß ihre Art milieubedingter Selbständigkeit so imponierend rabiate Entschlüsse fördert. Deshalb also hat sie sich auf dem Teppich gewälzt!« – Kopfschütteln. – »Sie kam her. Vorgestern. Unangemeldet. Wollte mich unbedingt sprechen. Ließ sich nicht abweisen. Saß dort, wie Sie im Mantel. – Wollen Sie nicht doch ablegen, Irmgard, und sich setzen? – Und stellte mich zur Rede, ja, beschimpfte mich regelrecht. Ich solle ihren Flip in Ruhe lassen. Ich sei ein reaktionärer Abwiegler. Stellen Sie sich vor, Irmgard, sie hat Abwiegler gesagt . . .« – Gelächter und mehrmalige Wiederholung der

Jargonprägung. – »Und so weiter, und so weiter. Am Ende warf sie sich auf den Teppich. Ich sah gelassen zu. Bot eine Zigarette an. Rauchte gleichfalls. Denn wie die Verhaltensforscher sagen, vermag gemeinsames Rauchen den Aggressionstrieb zu beschwichtigen. Zu reden gab es nichts mehr. Und als sie ging, machte ich sie nichtsahnend darauf aufmerksam, daß mein Berber unter ihrer Wut einige Federn gelassen hätte, man sähe es ihrem Kapuzenmäntelchen an. – Das ist alles.«

Irmgard Seifert entschloß sich, mir zu glauben. Sie legte den Mantel ab, wollte sich aber immer noch nicht setzen. »Stellen Sie sich vor, Eberhard, das dumme Ding hat mich gefragt, ob ich mich auch schon mal auf Ihren fusselnden Berber gelegt hätte.«

Gleich darauf saßen wir auf der Couch und rauchten. Der Abend mündete, bei unterlegter Schallplattenmusik (Telemann, Tartini, Bach) in eine langatmige Vergangenheitsbeschwörung, die uns dennoch nicht in Siebzehnjährige zu wandeln vermochte. Bei allem Händchenhalten und Handtellerwalken wurde die Distanz zwischen uns immer größer; sie stellte die Ausmaße der Couch in Frage.

Ich reihte Episoden meiner Stäuberbandenzeit, sie schrieb die Denunziation des Bauern im Harz immer wieder neu und in Schönschrift; ich verlor mich in die Details einer Altardemontage im Seitenschiff einer katholischen Kirche und versuchte, ihr die Eisenarmierung im Inneren einer neugotischen Gipsmadonna zu erklären, sie bestand darauf, die zweite Denunziation – oder die Mahnung wegen mangelnder Reaktion auf die erste – als eingeschriebenen Brief nach Clausthal-Zellerfeld geschickt zu haben; ich erinnerte mich meiner personellen Schwierigkeiten als Chef einer Jugendbande und wies nach, daß die Mitgliedschaft eines Mädchens den späteren Verrat gefördert hat, sie unterrichtete mich über die Bedienungsvorschriften für die Panzerfaust und konnte und wollte nicht begreifen, daß sie es gewesen war, die vierzehnjährige Buben an dieser Nahkampfwaffe ausgebildet hatte; und als ich versuchte, den Kranz immergrüner Erinnerungen fallen zu lassen, indem ich beinahe tollkühn auf Vero Lewand und meinen fusselnden Berberteppich zu sprechen kam, hob Irmgard Seifert, nachdem sie Veros frühe Teppicherfahrungen als Spintisiererei abgetan hatte, das Kränzlein wieder auf: »Glauben Sie mir, Eberhard. Ich werde vor die Klasse treten, mich offenbar machen müssen. Denn wie soll ich mit dieser Existenzlüge hinter der Stirn weiterhin lehren können. Noch bedarf es des Anstoßes. Ich gebe zu, schwach zu sein. Doch sobald der junge Scherbaum sein Beispiel gesetzt hat, werde ich folgen, werde ich ihm ganz bestimmt folgen. Das muß ein Ende haben.«

Ich goß Mosel nach und legte eine Platte auf. Als ich nach einigem Hinundhergehen, wobei ich den Berberteppich vermied, die erredete Distanz direkt und wortlos zu überwinden versuchte – ich setzte mich übergangslos neben die Seifert, griff zu und versuchte mit dem rechten Knie ihren geschlossenen Sitz zu öffnen – sägte sie meinen halben Vorsatz knapp über der Wurzel ab: »Bitte Eberhard. Ich glaube Ihnen auch so, daß Sie das können.«

Und wenig später, aus kleinem Lachen, nein, aus mädchenhaftem Girren heraus hörte ich: »Wenn ich jünger wäre und wenn ich als Pädagogin nichts von dieser Sperre wüßte, wenn ich frei und erheblich jünger wäre, glauben Sie mir, Eberhard, ich würde mir den Philipp nehmen, würde ihm in der Umarmung Mut machen, würde ihn lieben, heiß lieben! – Ach, hätte ich seinen unverbogenen Glauben, wie wollte ich dann die Wahrheit nackt und laut umhergehen lassen.«

(Sie saugen sich fest. Sie haben die Wände ihres Aquariums besiedelt. Sie leben von anderen und verbreiten sich. Auch die immergrüne Mistel mit ihren glasigen Beeren, die, quetscht man sie, glasigen Schleim erbrechen, auch die Mistel, ein frommer Haussegen, über die Tür zu hängen, ist ein Schmarotzer.)

Sie blieb bis kurz nach Mitternacht. Am Ende mußte ich Arantil nehmen. Über meine zurückliegende und über meine bevorstehende zahnärztliche Behandlung wollte Irmgard Seifert nicht mit mir sprechen. Sie küßte mich in der Tür: »Und sei mir bitte nicht böse wegen vorhin.«

(»Nicht die Rede wert. Werde noch bißchen arbeiten.«) ... Als es zum Prozeß kam, blieben von sechsundsechzig Anklagepunkten zwei übrig: die mißlungene Anstiftung zur Tötung des Obersten Sparre und des Majors Jüngling, kurz der Fall Festung Neiße genannt, und die Erschießung des Obergefreiten Arndt, den Schörner im Lkw schlafend angetroffen hatte. Der Angeklagte berief sich auf den sogenannten Katastrophenbefehl, Führererlaß Nr. 7 vom 24. Februar 1943: »Wer beherzt durchgreift, wird auch dann nicht bestraft, wenn er das gebotene Maß überschreitet ...« Bei seiner Rückkehr aus sowjetischer Gefangenschaft verließ Schörner, auf Anraten der Polizei, den Schnellzug Hof–München schon in Freising, wo ihn seine Tochter Anneliese erwartete. Auf dem Münchener Hauptbahnhof kam es zu Zusammenrottungen ehemaliger Wehrmachtsangehöriger ...

Ich will nicht mehr. Vorgeschmack überlappt den Nachgeschmack. Alles schmeckt gleichzeitig und widerspricht sich. Ich kenne meine Taschen. Die Worte rasten ein und öffnen Kästchen, in denen Worte liegen, die darauf warten, Kästchen zu öffnen, indem sie einrasten. Ich verstehe alles. Bevor die Satzaussage auftritt und geschwollen die Rampe besetzt, nicke ich: Jadoch. – Jetzt gehe ich schlafen. Ekelhaft, dieses Bett.

Erwachen und einen Bleistift finden: Die Unempfindlichkeit bei peniblem Verständnis aller Schmerzen und Schmerzableger. Den Vorwurf der apatheia macht Epikur den griechischen Stoikern, besonders Stilpon, während ja Seneca, ein Bewunderer Epikurs (und wahrscheinlich ein heimlicher Epikureer), immerhin zugibt, daß er das Unglück empfindet, auch wenn ihn Weisheit und nicht etwa impatientia, die Leidensunfähigkeit der

Kyniker, befähigt, jedes Unglück zu überwinden; während ich bei leisestem Zahnschmerz nach Arantil greife: Unglück gleich Zahnschmerz! – Könnte es sein, daß Nero, als konsequenter Schüler des Seneca, Rom in Brand stecken ließ, weil Zahnschmerz ihn trieb?

Also nicht im Bett, auf dem tierischen Teppich schlafen. Den Schlaf wie etwas Handliches suchen: Sagen Sie, Vero. Sie können sich doch nicht einfach auf meinen Berber legen. – Warum nicht? – Weil er nach Schafsbock riecht. – Das sagt mir gar nichts. Ich habe Polypen. – Und wenn ich mich auch auf die Wolle? – Dann stinkt es doppelt. – Aber ich warne Sie. – Wovor denn? – Vor mir auf dem Teppich. – Aber das dürfen Sie gar nicht. – Wer sagt das? – Ich bin nämlich minderjährig und abhängig. Meine Eltern leben getrennt. Immerzu muß ich pendeln. Außerdem schrei ich und erzähl alles dem Erzengel. Sie dürfen das nicht! Das dürfen Sie nicht!
(Auf meinem Teppich darf ich alles. Sogar allein liegen, Schlaf suchen und eine abgetakelte Verlobte finden, die zu fettigen Staubkügelchen zusammenschnurrte und sich im Bocksfell verfilzt hat. Komm schon komm!)

Nur hätte ich niemals erlauben dürfen, daß du den Mantel dabei anbehältst, denn mein Berber ist zu neu, um nicht zu fusseln. Jetzt wissen es alle, und Frau Seifert sagt: Wollen Sie sich bitte äußern, Kollege Starusch. Ich möchte nicht abermals eine Meldung machen müssen; denn schon als Siebzehnjährige sah ich mich kurz vor Kriegsende gezwungen, einen Bauern, der sich an mir hatte vergreifen wollen, anzuzeigen, bei den zuständigen Behörden anzuzeigen . . . – Sagen Sie, Vero. Warum tragen Sie immer und überall zinkgrüne Strumpfhosen? – Damit ich Sie besser hören kann.

Auch Minensuchen im offenen Gelände. Und herumirren zwischen Basaltbrocken auf dem Mayener Feld. Auch rosa Modellgips und auf der Mattscheibe ich, die Maulsperre gefüllt mit rosa Modellgips. Auch ein Begräbnis auf dem Waldfriedhof Zehlendorf. Scherbaums Vater und ich führen Scherbaums Mutter am Arm hinter dem Sarg her. Und im Rücken ein Flüstern: Da vorne sein Lehrer, das war sein Lehrer ... Am Ende fand ich Schlaf auf meinem Berber, immerhin Schlaf.

Am Morgen, beim Rasieren: Soll er doch machen. Ich sehe dem wortlos zu und halte mich kühl.

Am Morgen schabte ich mit dem nachgewachsenen Bart alle über Nacht nachgewachsenen guten Vorsätze, da rief mein Zahnarzt an: »Es ist soweit. Ihr Schüler verzichtet.«

(Eine faule Auster: ausspeien. Und fröhlich in die Sprechmuschel jubeln: »Na Gottseidank! Ehrlich gesagt, ich habe nichts anderes erwartet als das übliche Kleinbeigeben.«)

»Auf Ihre Kosten verzichtet er. Machen Sie sich nichts draus. Der Junge sagte, er wolle nicht wie Sie, später als Vierzigjähriger, mit den Taten eines Siebzehnjährigen hausieren gehen, denn das täten Sie, sagte er.«

(Ich hielt mich an Seneca, bekam Zitate zurück und urteilte abschließend: »Jetzt ist er erwachsen, also gebrochen.«)

»Aber nein doch! Voller Pläne steckt er. Pläne, die, wie ich gerne zugebe, auf Grund meiner vorsichtigen Ratschläge gedeihen konnten. Er will die Schülerzeitung in die Hand nehmen. Aufklärende Artikel! Böse Glossen! Manifeste womöglich!«

(»Ein an sich lobenswerter Entschluß. Unser heruntergekommenes Blättchen läßt sich nur noch mit einer Bierzeitung vergleichen.«)

»Welch eine Aufgabe, nein, welch ein Auftrag!«

(»Die einzige Initiative seit Monaten wirft die Frage auf, ob und wo Schüler während der Pause rauchen dürfen.«)

»Ihr Schüler will seine Zeit sorgsam verwenden und sein Bewußtsein bilden.«

(»Wie sagte der Erzieher des kleinen Nero: ›Recht so, Lucilius! Widme Dich Dir selbst, sammle geradezu Zeit und geize mit ihr!«)

»Übrigens werde ich dem Jungen eine Dehnungsvorbißplatte einsetzen müssen. Schon morgen beginnt die Behandlung. Der Erfolg einer Distalbiß-Spätbehandlung ist ja niemals gesichert. Es bedarf der Disziplin des Patienten. Das sagte ich ihm: Wir werden nur erfolgreich sein können, wenn Sie sich mit den Fremdkörpern in Ihrem Mundmilieu sozusagen befreunden. Er versprach mir, durchzuhalten. Mehrmals versprach er mir, durchzuhalten.«

(»Er wird aufgeben, Dokter. Kein Stehvermögen. Hat sich doch jetzt bewiesen. Und auch die Schülerzeitung. Das hält er nicht durch. Nach drei Nummern – wetten Dokter? – dreht es sich wiederum nur um die Raucherecke.«)

Mein Zahnarzt sagte »Wir werden sehen!« und erinnerte mich an meine obere Bißlage: »Auch wir wollen demnächst wieder. Die kleine Pause wird Ihnen gutgetan haben. Übrigens amüsant, wie extrem konträr sich der Distalbiß des Schülers zur echten, weil angeborenen Progenie des Lehrers verhält.«

Er ist richtig. Er hat das Maß in der Tasche. Seine Prognosen müssen nicht stimmen. Sein Irrtum heißt Teilerfolg. Seiner Sache ist er relativ sicher. Er läuft Ski, spielt Schach und ißt gerne Rinderbrust. Seine mäßig besuchten Vorträge an den Volkshochschulen Steglitz, Tempelhof, Neukölln bereitet er gründlich vor. Jemand, den Niederlagen nicht umwerfen. Freundlich und der gleichbleibenden Nachfrage sicher, sagt er: »Der Nächste, bitte.«

Nach der Konferenz – es ging ermüdend um Lehrmittelbeschaffung – informierte ich Irmgard Seifert: »Scherbaum hat übrigens aufgegeben. Er übernimmt die Schülerzeitung.«

»Also hat wieder einmal die sogenannte Vernunft gesiegt. Bravo!«

»Und wen hätten Sie gerne als Sieger gesehen?«

»Ich habe Bravo! gesagt. Es lebe die Schülerzeitung!«

»Haben Sie etwa erwartet, daß Scherbaum jenen Mut beweist, der mir und Ihnen, jawohl, auch Ihnen fehlt?«

»Dabei hatte ich schon beschlossen, neu anzufangen.«

»Etwa bei Null?!«

»Vor meine Klasse wollte ich treten und diese entsetzlichen Briefe Satz für Satz verlesen. – Aber das lohnt nicht mehr. Auch ich gebe auf.«

»Warum denn so verzweifelt. Stiften Sie die Briefe dem Chefredakteur Scherbaum. Er wird sie in der Schülerzeitung abdrukken. Als Knüller sozusagen.«

»Sie wollten mir wehtun. Nicht wahr? – Sie haben mir wehgetan.«

Sie leidet zu gerne, zu leicht, zu laut. Muß ich mich jetzt entschuldigen: »Ein unbedachtes Wort, das wir vergessen sollten...« Neulich hörten wir bei ihr Gregorianische Choräle. Nach einem Alleluja-Vers sagte sie: »Es ist wie das Aufleuchten des Grals. Tiefstes Ostergeheimnis wird hier transparent. Nicht wahr, Eberhard, so hätte aus dem Blut des Lammes unsere Erlösung erblühen können...« Sie war erstaunt und verletzt, als ich die Langspielplatte vom Teller nahm und mit dem Bierflaschenöffner zerkratzte: »Erzählen Sie das Ihren Zierfischen jeweils kurz vorm Krepieren.« – »Ja«, sagte sie, »ich werde das Wasser erneuern müssen.«

Scherbaum setzte die erste Redaktionskonferenz an. Man wollte auf Anzeigen verzichten, um unabhängig bleiben zu können. Die Schülerzeitung sollte umbenannt werden.

»Na, Philipp. Wie wird denn das Blättchen heißen?«

»Ich habe ›Morsezeichen‹ vorgeschlagen.«

»Verstehe.«

»Mein erster Artikel wird sich mit Helmuth Hübeners Widerstandsgruppe befassen. Ich will Hübeners und Kiesingers Tätigkeit im Jahr zweiundvierzig miteinander vergleichen.«

»Und wie geht es Max?«

»Wieder besser. Er muß irgendwas gefressen haben. Bekam ihm nicht. Aber nun frißt er wieder.«

»Und Ihr Distalbiß?«

»Ich bekomm einen Apparat eingebaut. Ziemlich kompliziert. Aber ich steh das schon durch. Bestimmt.«

»Klar doch, Philipp. – Morgen bin ich wieder dran. Sechs Hauer will er mir abschleifen. Zweite Runde.«

»Na viel Vergnügen!«

(Wir versuchten, gemeinsam zu lachen. Es gelang uns.)

Was heißt hier Beton! Sich aus tiefgestaffelten Büchern ein uneinnehmbares System bauen. Vaubans Idealfestung kopieren. Das Angefangene bewegen oder meine Forster-Studien wieder aufnehmen. (Zwischen Nassenhuben und Mainz ...) Bücher und ähnliche Mausefallen.

Warum kaufte ich die beiden Bände nicht in Friedenau? Warum fuhr ich bei naßkaltem Wetter in die Stadt und versuchte es auf dem Kudamm? (Nur ein Buch war greifbar, das andere mußte bestellt werden.) Bei Wolff hätte ich beide bekommen.

Nach dem Einkauf bewegte ich mich gegen Widerstand in Richtung Kempinski. Nach langem trockenem Frost nieselte es. Wenig Betrieb auf dem Vorplatz, und wer ihn kreuzte, hatte es eilig. Unter einem Zwang, den ich als sentimental erkannte, aber nicht ablegen konnte, nahm ich an der Stelle, die Philipp als Tatort errechnet hatte, eine wartende Position ein. (Jemand in einem Tweedmantel.) Den Kragen hochgestellt, mit Blicken auf die Armbanduhr täuschte ich – wem? – eine Verabredung vor. Tauwetter und schlackiger Regen hatten die Schneehaufen am Straßenrand des Vorplatzes abgebaut durchlöchert geschwärzt. Das Pflaster gab nichts her. Nässe, die in die Schuhsohlen schlich. Hatte ich erwartet, Spuren zu finden: Hier erbrach sich im Januar des Jahres 1967 der siebzehnjährige Gymnasiast Philipp Scherbaum angesichts kuchenessender Damen?

Die Terrasse war mäßig besetzt. Nichts wollte stimmen: nur wenige ältere Damen, zwei oder drei einzelne Herren, im Hintergrund ein Kränzlein Krankenschwestern und vorne, als

Blickfang, ein Inder mit Frau in exotischer Seide. Beide tranken Tee und aßen keinen Kuchen. Aber Vero Lewand aß Kuchen.

Sie saß in ihrem Kapuzenmantel, streckte zinkgrüne Beine und aß Nuß-Sahnetorte gleichmäßig rasch, Löffel um Löffel. Wir sahen uns beide: Ich sah, wie sie aß – sie sah, wie ich sah, daß sie aß. Sie hörte nicht auf zu löffeln, weil ich ihr beim Löffeln zuschaute. Auch löffelte sie nicht schneller oder unregelmäßig. Ich nahm nicht meine Brille ab, behauchte, putzte sie nicht. Sie aß aus Protest. Ich sah, daß sie aus Protest Nuß-Sahnetorte aß. Die älteren Damen am Nebentisch tranken Kaffee und aßen keinen Kuchen. Keine der Damen hatte einen Hund bei sich. »Schmeckt es, Veronika?«

»Alles, was teuer ist.«

»Aber das kann doch nicht schmecken.«

»Wollen Sie auch ein Stück?«

»Wenn es sein muß.«

»Ich lade Sie ein.«

Ich entschied mich für Schwarzwälder Kirschtorte. Vero Lewand bestellte nach: »Baiser mit Schlagsahne.« Dann schwiegen wir in verschiedene Richtungen. Als Torte und Baiser kamen, löffelten wir schweigend. Es ließ sich nicht leugnen: die Torte schmeckte. Ihr Kapuzenmantel verriet nichts mehr. Die Inder zahlten und gingen. Hinter uns lachten nach unregelmäßigen Pausen, aber immer gemeinsam, die Krankenschwestern. Westdeutsche Besuchergruppen unter durchsichtigen Regenhäuten zögerten auf dem Vorplatz, zogen weiter und sparten ihr Geld. Die Heizkörper unter dem Terrassendach waren noch auf Frostwetter gestellt. Drei Tische links von uns setzte sich ein Neger in einem Kamelhaarmantel unter die lastende Oberhitze. Sein Deutsch reichte aus: »Schwarzwälder Kirschtorte.«

»Wie ist es, Vero? Soll ich nachbestellen?«

»Das langt.«

»Auch nichts Leichtes mehr? Mürbekuchen?«

Wieder einmal blieb nichts, als Vero eine Roth-Händle anzubieten. Sie rauchte an mir vorbei. Ich rauchte an ihr vorbei.

Pausen warfen geräumige Sprechblasen, die für Dialoge auf der windigen Rheinpromenade zu Andernach Platz boten. (Daß meine ehemalige Verlobte an allem teilhat, wird ihr gutes Recht sein; wenn ich nur wüßte, wie oft ich, ungebeten, bei ihr zu Tisch sitze.)

»Sagen Sie, Vero. Waren Sie schon mal in Andernach am Rhein?«

»Waren Sie schon mal in Haparanda, Herr Studienrat Starusch?«

(Ihre Stimme ist nicht vom Wetter abhängig; es handelt sich nicht um Schnupfen.)

»Sagen Sie, Vero. Warum lassen Sie sich eigentlich nicht die Polypen entfernen?«

»Warum lassen Sie sich keine wachsen?«

(Jetzt spielt sie mit dem Silberlöffel; gleich wird er verschollen sein.)

»Übrigens hat mich Frau Seifert darauf aufmerksam gemacht, daß mein Teppich fusselt.«

»Wußten Sie das nicht vorher?«

(Später, viel später schenkte sie mir den Löffel.)

»Ich darf wohl zahlen. Einverstanden?«

Auf dem Tisch blieb ein Flugblatt: »Es brennt!« –

Wir gingen mit kalten Füßen und süßem Nachgeschmack.

3

Danach blieb vom Fisch die Gräte. Luftige Zwischenräume, leicht zu besiedeln. Danach wurden Andenken verkauft. Etwas sollte geschehen und hat später, wenn auch an anderem Ort, teilweise stattgefunden. Danach kamen Rechnungen ins Haus. Keiner will es gewesen sein. Danach wurde die Prophylaxe fortgesetzt. Schon im Davor beginnt das Danach.

Der Eingriff in meine obere Bißlage verlief ähnlich dem Eingriff in meine untere Lage. Auch heute noch, da alles abgeklungen und bezahlt ist, gibt mir mein Zahnarzt Antwort; und als ich ihn gestern fragte, ob ich nicht zugeben solle, daß er, bei aller Freundlichkeit, doch ziemlich kurz angebunden, ja, wortkarg sei, antwortete er weitschweifig: »Es ist ja relativ unwichtig, ob wir wortwörtlich sprachen. Nur keine Skrupel. Ich sagte nicht, was Sie hören wollten, sondern erlaubte Ihnen, mich sagen zu lassen, was ich als richtig erkannt und so gut wie ausgesprochen hatte. Selbst Ihre nachträglich gesetzten Korrekturen – Sie ändern ja gerne – sind meine mißverstandenen Einfälle. Nun lachen Sie schon!«

Ich bat ihn, zu bedenken, daß die Vielzahl seiner Patienten, die ihm alle Rede und Antwort zu stehen hätten, Verwirrung gestiftet und sein Gedächtnis getäuscht haben könne.

»Sie vergessen meine Kartei. Ihr Kärtchen liegt vor: Nach längerer Pause – und nachdem Ihre Schwierigkeiten mit Ihrem Schüler behoben zu sein schienen – als wir, um genau zu sein, vom 7. bis 13. Februar die Bißlage Ihres Oberkiefers veränderten und Ihre Progenie wenn nicht völlig ausglichen, so doch milderten, zu einem Zeitpunkt, da ich mit der Distalbiß-Spätbehandlung Ihres Schülers Scherbaum schon begonnen hatte, sagte ich beim Abschleifen des ersten Molar: Mein lieber Studienrat Starusch. Nachdem Sie durch den, gottlob, vereitelten Plan Ihres Schülers ein wenig gerüttelt worden sind – der Junge hat es verstanden, auch mich nachdenklich zu stimmen – sollten Sie Ihre krausen Fiktionen aufgeben: Ihr Krings – oder wie immer er geheißen haben mag – ist, dem Typ nach, ein zu kurz gekommener Oberst, der, wie viele Militärs ohne rechte Berufsausbildung, in der Industrie Fuß zu fassen versuchte. Wir kennen vergleichbare Fälle. Überall kringst es. Und Ihrem Krings wollten die wirtschaftlichen Erfolge nicht genug sein, deshalb liebte er es, im Kreis seiner Familie auf der Tischplatte Schlachten zu gewinnen, die seine Vorgesetzten verloren hatten. (Mein Friseur, ein ehemaliger Hauptmann, phantasiert ähnlich siegreich gegen den Spiegel.) Und solcher Großsprechereien wegen kam es gelegentlich zum Wortwechsel zwischen dem Oberst und seiner Tochter, die Sie sich als Monstrum neu erschaffen wollen; während ich mir Ihre Verlobte als ein nüchternes, doch nicht liebloses Mädchen vorzustellen versuche, dem die hektisch häufigen Seitensprünge ihres Verlobten mehr und mehr mißfielen . . .«

(Sechs Zähne hat er mir konisch zu Brückenpfeilern geschliffen. Im Fernsehen lief, wenn nicht gerade die Vorstellungen meines Zahnarztes den Bildschirm besetzten, eine Unterhaltungssendung des Senders Freies Berlin: »Rendezvous mit Rudolf Schock«. Zwar sah ich den Kammersänger singen, aber flüstern hörte ich ihn.)

»Falls Sie sich erinnern wollen: Sie fuhren damals einen in der Voreifel vielbestaunten Mercedes mit Klappverdeck, Baujahr zweiunddreißig. Ein rechter Snob waren Sie, der seinen geschniegelten Oldtimer gern in die Sonne stellte und sein progenes Profil daneben. Wer wollte es der törichten Frau Schlottau verdenken, wenn sie sich in das Kabriolett und seinen Chauffeur samt Wildlederhandschuhen und Ducekinn vergaffte. (Damals hatten Sie ein gewisses Etwas.)

Da begab es sich, daß Sie an einem heiteren Aprilmorgen die Ortschaft Kretz durchfuhren und Ihr Sonnengefährt vor dem noch unverputzten Einfamilienhäuschen der Schlottaus parkierten. Scharfes Bremsen ließ Pfützen springen und Hühner aufflattern. (Kein Wölkchen wollte den Lackglanz eintrüben.) Der Ehemann Schlottau, ein biederer Lastwagenfahrer, der für ein Andernacher Bauunternehmen, das mit den nahegelegenen Zementwerken geschäftlich verquickt war, Naßbeton zu einer Großbaustelle in Niedermendig fuhr, war unterwegs, als Sie bei Lotte Schlottau einkehrten; denn hätte der Lastwagenfahrer an jenem Aprilmorgen nicht seinen Führerschein zu Hause vergessen gehabt, wäre Ihnen, wieder einmal, eine Selbstbestätigung gelungen. Schlottau vermißte kurz hinter Kruft die Papiere, wendete, erreichte die Ortschaft Kretz, sah das parkierte Sonnengefährt zwischen seinen Hühnern und vor seinem unverputzten Häuschen, bremste (wenn auch weniger scharf), bestaunte nicht etwa umständlich und fachkundig den Mercedes, kehrte vielmehr rasch ein, fand sein Ehebett besetzt, wurde nicht zum Schlagetot, zerwarf nichts Zerbrechliches, verfiel keinem Röcheln, Ochsengebrüll und Außersichsein, machte maulfaul auf der Stelle kehrt, ließ dem Pärchen das verbockte Bett, sprang, die Hühner scheuchend, in seinen schwerbeladenen Laster, ließ den tüchtigen Motor anspringen, fuhr ein wenig vorwärts, schlug dabei nach rechts ein, schaltete, suchte und fand im Rückwärtsgang eine Position, die es ihm erlaubte, aus sicherem Stand einundeinehalbe Tonne Naßbeton in den offenen Mercedes, in das schwarzsilberne Sonnenmobil, in den schnellen, zwischen Mayen und Andernach bekannten Stolz, in die Bockskutsche des Betriebsingenieurs Eberhard Starusch zu kippen.

Während die hydraulische Kippvorrichtung den Lastraum in die notwendige Schräge brachte, kletterte Schlottau aus seinem Fahrerhäuschen und sah zu, wie der langsam nachrutschende Beton das Kabriolett füllte, überfüllte, den Kühler samt Mercedesstern, die schöngeschwungenen Kotflügel, das Klappverdeck und den Gepäckraum mit draufgeschnalltem Ersatzreifen grau und folgsam einbettete. Auch die vier schnellen Räder bekamen einen Betonmantel. Selbst für den Raum zwischen Autowanne und Schlottaus Grundstück war noch genug da. Die Hühner hielten die Köpfe schräg. Schlottaus einzige Reaktion war ein distales Beißen der Unterlippe.

Gab das einen Betonklotz! Zeitungsglossen forderten auf, die bizarre Versteinerung im völkerkundlichen Museum zu Mayen aufzustellen. Im Vorhof der vielbesuchten Genovevaburg, zwischen römischen und frühchristlichen Basaltklamotten sollte der Brocken bestaunt werden. Schulklassen besuchten das Denkmal Ihrer Niederlage, bis es mit Preßlufthämmern bearbeitet und endlich (auf Ihre Kosten) abgeschleppt wurde. (Sogar Ihre Wildlederhandschuhe im Handschuhfach hatte Schlottaus Beton unter Verschluß genommen.)

Und obendrein – doch das kann niemand verbürgen – sollen Sie mit Ihrem Bocksgeschäft nicht einmal fertig geworden sein. Das erzählte man sich in der Voreifel. Ein unüberprüfbares Gerücht. Gewiß. Doch dieses ist Tatsache: Sie wurden gekündigt. Ihre Verlobung ging in die Brüche. Und nur weil Sie unverschämt genug waren, mit dem Arbeitsgericht zu drohen, fürchtete Ihre Firma um ihr Ansehen und sprach Ihnen, obgleich die Zementwerke den Prozeß gewonnen hätten, eine Entschädigung zu, an der sich auch der Vater Ihrer Verlobten beteiligte: Man wollte Sie loswerden, rasch und – soweit das noch möglich war – unauffällig loswerden. Koste es, was es wolle. So wird man Studienrat. Doch nun spülen Sie mal . . .«

Wer kann schon lachen, wenn ihm, mauloffen, mit dem Speichelabsauger behängt und bei schwindender Zahnsubstanz, Komisches in den Blick fällt. (Laß ihn doch quatschen.)

Ich ließ mir die Einfälle meines Zahnarztes gefallen und korrigierte dann einige Details: »Hübsch, Ihre Erfindung. Aber nicht ich, Krings fuhr ein Mercedes-Kabriolett. (Mir ließ man den Borgward.) Und nicht mir, dem alten Krings wurde der Wagen zum Betonklotz verwandelt. Nicht wegen irgendwelcher Bockssprünge (die dem Alten womöglich gelungen wären), aus Rache haben ehemalige Landser den Naßbeton zweckentfremdet. Schlottau war, wie ich immer noch annehme, unbeteiligt. (Der fraß ja dem Alten aus der Hand.) Das passierte auf einer Großbaustelle in Koblenz. (Eine dieser verglasten

Zigarrenkisten der mittfünfziger Jahre.) Jedenfalls Richtfest. Wir, als Zement- und Baustofflieferanten, waren geladene Gäste. Sogar Tante Mathilde hatte ihr Schwarzseidenes angezogen. Linde und ihre Freundinnen in gestreiften Sommerkleidern. Dabei war es schon September. Selbst Schlottau, der den Alten im Mercedes chauffiert hatte, wirkte im dunkelblauen Einreiher als geladener Gast. Auf dem Flachdach, über dem zwölften Stock, wehte ein Lüftchen. Die Richtkrone mußte festgezurrt werden. Flaschenbier wurde gereicht. Die Mädchen fröstelten in ihren Sommerfähnchen. Einmal stand ich mit Schlottau abseits. Die Rede des Maurerpoliers, vom Wind zerschnipselt, wollte kein Ende nehmen. Und der Mistbock sagte zu mir: ›Ihre Verlobte, alle Achtung, die gefällt mir. Ehrlich, Herr Betriebsingenieur. Gute Schule. Muß ich Ihnen lassen.‹ – Und einmal gelang es mir, dicht neben Linde zu stehen, die sich über die Brüstung lehnte. (Unten lagen unsere Bimsbetondecken und eisenarmierten Steg- und Kassettenplatten.) Aber ich dachte nur und tat nichts. Dabei keine Zeugen, denn alle hörten Krings zu, dem die Weitsicht vom Neubau eine Rede eingab. In Richtung Ehrenbreitstein hörte ich ihn gegen den Wind siegen. Er sprach vom Verrat bei Kursk. Von der nichtseienden Arktis. Von der roten Flut, der ein stoisches Bollwerk erwachsen müsse. Und zum Schluß fiel das Wort Stalingrad. Einem Seneca-Zitat draufgepfropft, wirkte es artig und siegverheißend: ›Dieser Kampf ist noch nicht entschieden!‹ Weil niemand klatschte, hörte ich Linde: ›Zum Paulus werd ich dich machen, zum Paulus!‹

Unten, neben unseren Einheitshohlblocksteinen, fanden wir den Mercedes unterm rasch abbindenden Beton. (Schauen Sie, Dokter: Krings lacht.) Er ist nicht zu treffen: ›Großartig! Großartig! Na, Schlottau? Ist wohl Ihre Inszenierung, was? Kleine Rache am Vormittag. Aber jetzt sind wir quitt, oder?‹ (Und schauen Sie, Dokter, schauen Sie!) Nicht nur Schlottau, der womöglich doch Anstifter der Betonaktion gewesen ist, auch die mitbeteiligten Landser in ihrer Maurerkluft bilden den großen, einstimmigen Mund: ›Jawoll, Herr Generalfeldmarschall!‹

Soviel über den betonierten Mercedes. Doch vielleicht fällt Ihnen, während ich spülen darf, eine dritte Möglichkeit ein. Was halten Sie davon: Linde sitzt am Steuer des Mercedes, der hinter einem Laster voller Naßbeton warten muß, weil vor meinem Laster und ihrem Mercedes die Eisenbahnschranke geschlossen ist . . .«

Der erste Behandlungstag verlief unentschieden. Von Zahn zu Zahn und zwischen den Zähnen reihten Arzt und Patient ihre einander widersprechenden Geschichten und Theorien. Manchmal erholten sie sich bei Betrachtungen allgemeiner Art über das Pädagogische und über vorbeugende Zahnmedizin im Vorschulalter. Auch über den Fall Scherbaum wurde gesprochen. »Stellen Sie sich vor, Dokter, er spricht neuerdings im Plural: ›Wir haben einstimmig beschlossen . . .‹, und der Entwurf seines ersten Artikels ›Was tat König Silberzunge?‹ beginnt etwa so: ›Wir sind Schüler. Wir sind ganz gut in der Schule. In uns kann man Hoffnungen setzen. Manchmal wollen wir über das Ziel hinaus. Man kann das verstehen. Schüler dürfen das noch. Manchmal wollen wir überhaupt nicht mehr, weil es stinkt. Auch das kann man verstehen, weil es wirklich stinkt und weil wir Schüler sind: Schüler dürfen das, aufhören wollen, nur weil es stinkt. Es war einmal ein König, den nannten die Schüler: König Silberzunge . . .‹«

Aber mein Zahnarzt wollte nur über Scherbaums Distalbiß sprechen. Als ich versuchte, ihn für den Fall der Schülerin Vero Lewand zu interessieren, winkte er ab: »Etwas für Hals-Nasen-Ohren-Ärzte . . .« Der Kammersänger Rudolf Schock sang: »Liebe zu suchen, zwingt Liebe mich . . .«

In Scherbaums erstem Artikel (der nicht gedruckt wurde) stand zu lesen: »Wir sind ein guter Jahrgang. Man sagt, aus uns wird mal was. Manchmal wollen wir nichts werden. Das kann man verstehen: Schüler, die nichts werden wollen, werden bestimmt was. Auch König Silberzunge wollte nichts werden und wurde dann was . . .«

Heute fällt es mir schwer, von der Stiftung der Bunkerkirche gradlinig zu erzählen. Zu vieles spricht dazwischen. (Nicht nur der Kammersänger und mein Zahnarzt.) Scherbaum benutzt mich als Ablage seiner Niederlagen. Irmgard Seifert geht bei mir ein und aus. Eine Schülerin wälzt sich auf meinem Berberteppich und zwingt mich, die Brille abzunehmen, zu behauchen, zu putzen.

Wenn ich jetzt sage: »Frau Mathilde Krings, Schwester des Generalfeldmarschalls und Tante meiner ehemaligen Verlobten, Sieglinde Krings, stiftete den Ausbau der Bunkerkirche in Koblenz . . .«, sage ich gleichzeitig: »Als mein Schüler Philipp Scherbaum die Redaktion der Schülerzeitung ›Morsezeichen‹ übernahm, gelang es ihm nicht, seinen ersten Artikel, der die Tätigkeit des Nationalsozialisten Kurt Georg Kiesinger mit der Tätigkeit des Widerstandskämpfers Helmuth Hübener im Jahre 1942 vergleichen sollte, ungekürzt zu veröffentlichen, obgleich er Kiesinger, vorsorglich, unter einem Spitznamen eingeführt hatte . . .«

Und wenn ich jetzt sage: »Während dem Beton-Großbau die Fenster gebrochen wurden (und der Kammersänger etwas aus der Operette ›Die Fledermaus‹ sang), sagte Mathilde Krings, die mit uns, zwischen hoher Geistlichkeit, die Baustelle besichtigte: ›Wie findest du die Akustik, Ferdinand?‹« höre ich gleichzeitig Vero Lewands Satz: »Na los doch, Old Hardy! Du kannst wohl nicht . . .« und das Geständnis meiner Kollegin Irmgard Seifert: »Ich liebe Sie, Eberhard . . .« sogar ihr Nachsatz: »Nun sagen Sie bitte nicht, daß auch Sie mich lieben . . .« findet noch Platz.

Die Stiftung und die Selbstzensur, die Verlockung und die Liebeserklärung widersprechen einander nicht. So laut Vero Lewand ihren ehemaligen Freund einen »manipulierten Kompromißler« nennt, so eindringlich mir Scherbaum zu erklären versucht, warum er den Einwänden seiner Mitredakteure nachgeben mußte, so selbstlos Irmgard Seiferts Liebe sich rund um den Grunewaldsee aussprechen will und Worte wie »dienend schmerzlich verzichtbereit« findet, ich lasse Krings die Akustik der Bunkerkirche erproben, nachdem sie der Kammersänger erprobt hat.

Krings zitierte seinen Seneca: »Erziehen wir uns zu der seelischen Haltung, selbst zu wollen, was die Lage erfordert!«

Dann sprach er sein »Arktis ist nicht!« in den von fünfzigtausend Kubikmeter Stahlbeton umspannten Raum, der einst Schutz geboten hatte gegen die Inhaber der Lufthoheit über dem Reichsgebiet.

Was Krings in mittlerer Lautstärke von sich gab, steigerte der Raum zu siegreichen Berichten über die Lage bei Stalingrad, gleich nachdem Krings Paulus abgelöst und den Oberbefehl übernommen hatte: »Das Gesetz des Handelns liegt wieder bei uns!«

Heute fiele es mir leicht, meinen Schüler Scherbaum in den sakralen Stahlbetonbau zu stellen und seine Beichte öffentlich zu gestalten: »Die Silberzunge mußte ich streichen. Die sagten: Das ist zu polemisch für die erste Nummer. Wenn man Kiesinger angreift, muß man auch Brandt angreifen. Der soll damals sogar norwegische Uniform getragen haben. Da hab ich gesagt: Ich scheiß auf euren Kiesinger. Aber der Teil über Hübener bleibt, oder ich trete zurück . . .«

(Zu Linde sagte ich während der Besichtigung der Baustelle: »Wenn wir mal heiraten, dann nur hier . . .«)

Während von allen sechs abgeschliffenen Zähnen Kupferringabdrücke genommen wurden, während alle sechs Kronenstümpfe mit einer gewebefreudigen Tektor-Flüssigkeit eingepinselt und mit Zinnkappen gegen äußere Einflüsse geschützt wurden, hielt ich mich nur an das endlos muntere Schock-Rendezvous, eine Hundertachtundfünfzigtausend-Mark-Produktion, wie ich später errechnet habe. Herr Schock erhielt runde zehntausend, der Dirigent, Eisbrenner mit Namen, durfte dreitausend verbuchen. Die Maske gab für Haarteile, Perücken und Schminkmaterial viertausenddreihundert aus. Ein Oberbeleuchter und zehn Beleuchter verdienten an sechs Drehtagen fünftausendsechshundertneunundachtzig DM. Ich habe das aufgereiht. Ausstattungskosten für Fächerpalmen, gekaufte altgeliehene neugeliehene angefertigte Kostüme, Backgrounds, ein Feuerwehrmann, ein SFB-Dolly kostenlos. Das alles sagt wenig über meinen Zustand, während mir die sechs Zinnkappen gesetzt wurden. Denn eigentlich besetzte mich, solange die Sendung lief und immer teurer wurde, das Wort »verkrümeln«.

Sich verkrümeln wollen. Kein Ziel mehr bieten. Sich kleiner als sichtbar machen. Wie gewisse Leute, die mal kurz um die Ecke verschwinden (paar Zigaretten ziehen) und dann nie mehr habhaft sind, weil sie sich eigenhändig (wohin denn?) verkrümelt haben. Verkrümeln ist mehr als verduften. Ein Radiergummi etwa, der sich freudig am Irrtum aufreibt; wie ich mich rasch und bis zur Unansehnlichkeit an der Schulfront aufreiben werde, nur noch in Partikeln erkennbar: Das, nein das, nein dieser Krümel ist typischer Starusch. Er hat sich an seinem Schüler aufgerieben. (Jetzt macht mich Scherbaum für sein Versagen verantwortlich.) Ein Studienrat, der ganz in der Sache aufgeht und alles gleichzeitig tun möchte. Aber das lohnt nicht mehr. (»Ich bin enttäuscht, Philipp, bestürzt und enttäuscht . . .«)

Während fortschreitender Behandlung, als er mir drei Tage später die Zinnkappen wieder abnahm, als er die Rohbrücken anprobierte und als der rosa Modellgips gespachtelt wurde, versuchte ich, meinen Zahnarzt zu hassen.

(Das laufende Fernsehprogramm bot eine Feature: »Der politische Mord – Malcolm X.«)

Als der Gips in meinem Mundmilieu anzuziehen begann, sagte er: »Die Hemmungen Ihrer Kollegin gegenüber sind erklärbar: Der Schlottau hat Sie zu einem Versager gemacht.«

Schichtweise begann ich ihn aufzudecken: Er, der vorgibt, die Welt durch eine weltweite Krankenfürsorge befrieden zu wollen, er, der sich ständig im Kampf gegen den Vormarsch der Karies sieht, er, der lauthals die regelmäßige Zahnkontrolle im Vorschulalter predigt, er: genau er verdrückt sich mehrmals während der Sprechstunde und verschwindet auf der Toilette. Ihn zeigte ich, wie er dort rasch, süchtig, infantil und hemmungslos Unmengen klebriger Süßigkeiten in sich hineinschlingt. Auf kleinstem Raum nascht er im Stehen, laut, hastig, mit verschwimmendem Blick. Und manchmal, zwischen Patient und Patient, hockt er ab und frißt dennoch in sich hinein. »Sie!« sagte ich, »Sie wollen mir Hemmungen, womöglich Potenzschwierigkeiten einreden und hocken – Da! – auf dem Klo, sückeln glanzäugig Sahnebonbons, mampfen geil cremegefülltes Konfekt, sabbern Zuckerguß, sind außer sich, weil das Tütchen leer ist und greifen – Da! – sogleich nach der Orgie zum mitgeführten Aqua-Pik-Gerät, um die Spuren der übersüßen Schweinerei mit pulsierenden Wasserstößen zu vertreiben – Sie wollen Arzt sein?«

Als mein Zahnarzt versuchte, den Exzeß auf der Toilette als wissenschaftliche Erprobung des Aqua-Pik-Gerätes zu erklären, kicherte sogar seine Sprechstundenhilfe. Dann sprach er von gewissen Zwangsvorstellungen, die, bei längerer Behandlung, vom Patienten auf den Arzt übertragen werden: »Es handelt sich um eine psychische Infizierung; denn was taten Sie vor etwa einer Woche, als das Verhältnis zwischen Ihrem Schüler und Ihnen schmerzlichen Zerreißproben ausgesetzt war? Nun, wie begegneten Sie dem Schmerz?«

Da gab ich zu, unglücklich, wie ich gewesen war, in meinem Unglück alleingelassen und ehrlich verzweifelt, zwei Tafeln Vollmilchschokolade innerhalb fünf Minuten gegessen zu haben.

»Sehen Sie«, sagte er, »Ihr Unglück steckt an«, und brach mir, unterstützt von seiner Hilfe, den rosa Spezialgips aus dem Mundmilieu.

Heute verkehre ich mit meinem Zahnarzt, als sei nichts geschehen, per Telefon: »Und wie macht sich Scherbaum?«

Er berichtet sachlich über die Langwierigkeit einer Distalbiß-Spätbehandlung und lobt die Ausdauer meines Schülers: »Solch eine Dehnungsvorbißplatte, mit dem häßlichen Vorbißwall, ist, besonders für einen bald Achtzehnjährigen, ein lästiger Fremdkörper und auf die Dauer eine psychische Belastung, der nicht jeder gewachsen ist.«

Ich berichtete ihm von Scherbaums Tätigkeit als Chefredakteur: »Nach all den Kompromissen kann er jetzt, immerhin, einen kleinen Erfolg verbuchen. Er, ausgerechnet er hat die Bewilligung der Raucherecke durchgesetzt: ›Nun dürfen sie paffen!‹ Sogar Irmgard Seifert stimmte dafür. Dabei ist Scherbaum Nichtraucher, leidenschaftlicher Nichtraucher.«

Manchmal ein Brief mit Zeitungsausschnitten. Rotangestrichenes. Zwei drei Anrufe in der Woche. Einmal besuchten wir gemeinsam eine Ausstellung im Hansa-Viertel. Einmal trafen wir uns zufällig auf dem Kurfürstendamm und tranken einen Tee im Bristol. Zweimal war er bei mir, meine keltischen Scherben und römischen Basaltfragmente angucken. Aber zu sich lädt er nie ein.

Vorsichtig gehen wir miteinander um. Auch die politische Unruhe in der Stadt, den Rücktritt des Regierenden Bürgermeisters und die Übergriffe der Polizei kommentieren wir distanziert: »Das hat ja so kommen müssen.« Allenfalls höre ich leichte Anspielungen: »Gewisse Hemmungen sollen neuerdings auf der Straße gelockert werden.« Nur mit ironischen Umschreibungen deuten wir die Zeit der Behandlung an, als wir uns bloßlegten, uns viel zu nah kamen.

»Ich gebe ja zu, Dokter, daß dieser erste Versuch, mit Irmgard Seifert auch geschlechtlich zu verkehren, nach zwei Stunden Mühe gescheitert war. Und trotzdem sagte sie, als wir wieder rauchten: ›Das wird mich nicht hindern, dich zu lieben. Wir müssen Geduld miteinander haben.‹ – Haben wir auch. Haben wir auch. Es ist wegen der vielen Schnitte. Immer schiebt sie sich dazwischen, na sie, und zwingt mich mit ihren militärwissenschaftlichen Details, einen Vortrag über Traßzement und seine Eignung für Unterwasserbauten zu halten. Selbst der kargen, wenn auch filmisch reizvollen Häßlichkeit der Voreifellandschaft, dem zernagten Bimsabbaugebiet und den beiden tätigen Kaminen der Krings-Werke ist unser Verhältnis nicht gewachsen; zumal ich seit einiger Zeit in den stillgelegten Basaltgruben nicht nur meiner ehemaligen Verlobten begegne, sondern auch der Schülerin Veronika Lewand. Linde und Vero planen etwas gemeinsam: Aktionen gegen mich . . . Da, Dokter, sehen Sie?«

Mein Zahnarzt sprach beiläufig über das Malcolm-X-Feature – »Die Gewalt scheint Zukunft zu haben« – und sagte dann: »Lassen wir mal Ihre durchaus normalen Triebstörungen beiseite und sprechen wir vom Zement. Ich habe mich unterrichtet. Von Krings-Werken kann keine Rede sein. In Kruft befindet sich die Tubag-Traß-, Zement- und Steinwerke AG, die zu hundert Prozent eine Dyckerhoff-Tochter ist. Dieses 1922 als Steinmetz-Großbetrieb gegründete Unternehmen weist heute, innerhalb der Dyckerhoff-Familie, das vielseitigste Produktionsprogramm auf; verglichen mit dem Schwesterwerk in Neuwied ist der Zementversand der Tubag allerdings relativ klein. Doch das nur nebenbei, um die Besitzverhältnisse zu klären. Eine Anfrage beim Andernacher Arbeitsamt hat ferner ergeben, daß Sie während der Semesterferien vierundfünfzig und fünfundfünfzig in den Listen der Tubag namentlich als Werkstudent eingetragen sind; von Betriebsingenieur keine Rede.«

Mein Zahnarzt präparierte die Zinnkappen auf dem Instrumententischchen und wartete ab, ob ich Einwände wagen wollte. Mir fiel nur hilfloser Spott ein: »Sie sollten zur Kripo gehen. Wirklich, Sie sollten zur Kripo gehen.«

Er lächelte. (Vielleicht arbeitet er für die Kripo.) »Es war relativ einfach, an diese Unterlagen heranzukommen. Sie sehen, ich habe sie fotokopieren lassen. Wir Zahnärzte arbeiten recht gut zusammen. Und ein Andernacher Kollege – Dr. Lindrath – hat mir verraten, daß sich eine seiner Töchter, die heute als Kinderärztin in Koblenz verheiratet ist, an einen Studenten Ihres Namens, wenn auch nur dunkel, erinnert. Aber das mag Zufall sein. Außerdem lautet ihr Vorname Monika. Na? Sagt Ihnen das was? Monika Lindrath? Hier im Profil? Hier en face? Hier mit Freundinnen auf der Andernacher Rheinpromenade? Immer noch nicht? – Eine hübsche Person.«

Als ich unbewegt blieb, gab er das Verhör auf und faßte die erste Zinnkappe mit der Pinzette: »Auch gut. Will Ihnen ja gerne glauben, daß es, wenn nicht in Andernach, dann in Mayen irgendeine Sieglinde gegeben hat. Verlobt sind wir schließlich alle mal gewesen. Es liegt nicht in meiner Absicht, Ihre Erfindungsgabe einzuengen. Wollten Sie mir nicht, während ich die Schutzkappen aufsetze, vom großen Stalingradspiel der Tochter Krings gegen den Vater Krings berichten?«

Ach, wie ist das Gold so gar verdunkelt. – Ich sollte meine 12 a über dieses Jeremias-Zitat oder nur über das Wörtchen ach einen Aufsatz schreiben lassen. Über das ach ja – ach so – ach nein. Über Achgott und über das Ach- und Wehgeschrei. Über das erstaunte gehauchte ärgerliche Ach. Über das Ach bei Kleist und das ironische Ach bei Mann. Über das Ach der Kinder und über das Ach gebrechlicher Greise. Wie unterscheidet sich das Ach einem besonders gelungenen Sonnenuntergang gegenüber von einem Ach angesichts des Meeres? Das Ach im Lied: »Ach ich habe sie verloren ...« Und das Ach in der Politik: »Ach, lieber Kollege Barzel ...« Natürlich das Ach in der Werbung: »Ach so, Sie spülen mit Pril ...« Und das Ach der Frauen, das Ach-ach-ach-ach – von dem Scherbaum schon weiß. (Und das Ach vor dem Rufnamen: »Ach, Irmgard, wir sollten ...« – »Ach, Vero, ich möchte ...« – »Ach, Lindelindelindelinde ...«)

Während er die Zinnkappen setzte, zeigte ich die Generalprobe der Schlacht um Stalingrad und meine Aktion vor dem Hotel Kempinski. In der Zementbaracke D gewann Krings im Sandkasten. Ecke Kudamm/Fasanenstraße lief Nachmittagsbetrieb. Linde reagierte lustlos. Ich hielt den weißen Spitz knapp an der Leine. Sie ließ »Wintergewitter« passieren – die Café-Terrasse war voll besetzt –, obgleich die Spritlage im Kessel keine offensive Bewegung erlaubt hätte. Der Spitz hielt still, als ich das Benzinfläschchen in sein Fell entleerte. Schlottaus elektromechanisches Schaltsystem lief reibungslos und gab optisch einiges her. Weil ich den Spitz mit Valium präpariert hatte, blieb er ruhig. Zum Beispiel bei gleichzeitigen Gegenangriffen. (Jemand, der zuguckte, sagte: »Ist das gegen Flöhe?«) Nach gewonnener Generalprobe verlas Krings die Einladung; und in die Verlesung der Einladungsliste, wie in die Verlesung meines Flugblattes »Es brennt!« blendete ich die Ankunft der ersten Gäste und das Zünden meines Sturmfeuerzeugs ein. Es kamen höhere Regierungsbeamte aus Mainz, Offiziere der Bundeswehr, ein pensionierter Oberstudienrat, Journalisten, die üblichen Generaldirektoren. Die Stichflamme verbrannte meinen linken Handteller, sengte meinen Tweedmantel an und ließ einen Feuerball an der Hundeleine springen. In der Zementbaracke begann zwanglos eine Stehparty. (In den Handteller blasen.) Die angeschnittenen Gespräche ließen wenig von dem bevorstehenden Sandkastenspiel ahnen, und auch die Passanten vor der Kempinski-Terrasse wollten zuerst nicht begreifen. (Brandsalbe hätte ich vorsorglich mitnehmen sollen.) Es ging um Berufsinterna der Gäste: Wirtschaftsprognosen, Personalfragen, Witze über das Amt Blank und Urlaubserinnerungen überwogen. Sogar Gelächter anfangs: »Soll wohl ein Happening sein.« Zivilisierte Heiterkeit gab in der Zementbaracke den Ton an. Ich mußte die Leine loslassen: mein Handteller. (Jemand parodierte den Bundespräsidenten.) Der Spitz wälzte sich, sprang auf die Tische zu mit dem Kuchen drauf. Ein Tisch wurde umgestoßen. Linde in einem beigefarbenen Cocktailkleid und Tante Mathilde in ihrem Schwarzseidenen waren die einzigen Damen. Originalgeräusche: »Der da! Hab ich gesehen. Mit der Brille der . . .« Mit Hilfe eines Mietkellners sorgten sie für Getränke. Jemand warf eine Tischdecke über den glimmenden, nur noch zuckenden Spitz. Linde goß die Gläser zu voll. Ich wurde gestoßen und (als ich begann, die Flugblätter zu verteilen) geschlagen. Schlottau prüfte das Lampensystem. Ich verlor meine Brille. Wie während der Generalprobe, verlief die Premiere der Kringsschen Offensive planmäßig erfolgreich. Sie schlugen mit Regenschirmen Fäusten Aktentaschen. Er vereinigte sich mit Hoth und schuf die Basis für den Vorstoß auf Astrachan. (Die wachsende Brandblase in meinem Handteller.) Kurz vor Mitternacht gingen die letzten Gäste. Ich schrie: »Lesen Sie erstmal meine Flugblätter . . .« Auch Tante Mathilde zog sich zurück. Auf dem Kurfürstendamm blutete ich (meine rechte Braue war aufgeschlagen), und in der Zementbaracke D war ich mit Schlottau Zeuge, wie Linde ihren Vater im Sandkasten besiegte. »Das ist Benzin und kein Napalm!« schrie ich. Linde wies Krings nach, daß er Verbände als Angriffsspitze einsetzen wollte, die schon seit »Donnerschlag« aufgerieben waren: »Kapitulierst du nun?« Als ich versuchte, zur Fasanenstraße durchzubrechen, wurde ich niedergeschlagen. »Niemals!« (Ich hatte Angst.) Krings wiederholte das Wort: »Niemals!« Auf dem Pflaster (ich schrie immer noch) fand ich meine Brille. Sie war heil geblieben. Sieglinde legte ihrem Vater eine deutsche Armeepistole (08) auf den Rand des Sandkastens: »Dann sei konsequent.« Auf dem Vorplatz vor der Café-Terrasse des Hotels Kempinski war ich froh, als ich die Polizeisirene hörte. (Denn die hätten mich.) In der Zementbaracke D standen Schlottau und ich: zwei Säulen. Auch die Bullen schlugen drauf. (Dabei keine Gegenwehr meinerseits.) Die Transformatoren der elektromechanischen Sandkastenanlage summten. Jemand schrie: »Totschlagen müßte man den . . .« Krings nahm die Nullacht auf und sagte: »Laßt mich jetzt allein.« Ich hielt meine Brille fest. Linde ging sofort. Bevor sie mich abschleppten, schrie ich noch paarmal. Schlottau wollte Einwände machen. Die lachten: »Wissen wir schon.« Krings winkte ab. Und auch im Kastenwagen schrie ich: »Napalm!« Nicht mal ein Seneca-Zitat bekam er zusammen. Dann wurde es schwarz. (Meine Verlegenheit.) Ich war ganz heiter. Vor der Baracke rauchten Schlottau und ich zwei Zigaretten. Erst auf dem Polizeirevier war ich wieder da. (Ich hatte Streichhölzer.) Mein Handteller. Es fiel kein Schuß. Als ich, nach dem Beruf befragt, »Studienrat« sagte, schlug mir ein Polizist die Brille aus dem Gesicht. Wir gingen. (Jetzt erst war die Brille hinüber.) Schlottau wünschte mir eine Gute Nacht.

»Das«, sagte ich zu meinem Zahnarzt, »ist aber nicht das Ende.«

(Auf dem Bildschirm lief Werbung; wir hatten die Ermordung des Malcolm X verpaßt.) Aber die sechs Zinnkappen saßen.

»Es fehlen noch ein paar Details: Scherbaum besucht mich im Krankenhaus, bringt mir irgendwas mit: Schokolade, auch Zeitungen, und Krings soll, je mehr die Niederlage auf ihn zukommt, um so ungehemmter mit cremegefüllten Dragées seine beginnende Depression bekämpfen.«

Mein Zahnarzt verstand: »Ach ja, der Schmerz! – Doch wir wollen bei Arantil bleiben. Zwei noch rasch auf den Weg . . .«

Und das noch und das. (Und ich und ich.) Und die Leichtigkeit danach und das Luftschnappen danach. Und über das Wetter und was aus dem Spitz wurde. Und jemand schrie: »Soll er sich doch selber verbrennen!« Und ein Beamter aus Mainz fragte: »Sind denn die Wolgabrücken intakt?« Und Überschneidungen und Ortswechsel. Schlottau schlägt zu und ich finde meine Brille zwischen Hoths Panzerspitzen. (Und hier und hier.) Stichflammen aus den Transformatoren und die Kempinski-Terrasse im Sandkasten. Und Beifall und Zustimmung. So hätte es laufen müssen, und endlich einer, der Mut hat. Im Mai und im Januar. Ausgesternt war der Himmel, und sonnig war es, frostig und klar . . .

»Sagen Sie, Scherbaum, sind Sie nicht froh, daß es nicht dazu gekommen ist?« – »Ich weiß nicht.« – »Aber wenn Sie sich heute fragen müßten: Soll ich?« – »Ich weiß nicht.« – »Und wenn was anderes an einem anderen Ort?« – »Keine Ahnung, wie ich.« – »Und wenn ich, vielleicht nicht das, aber eine andere Tat?« – »Sie machen doch nie was.«

Drei Wochen nach der Behandlung, drei Wochen, nachdem ich, bei korrigierter Bißlage, auch sonst einige Veränderungen an mir wahrzunehmen versuchte – es gelang mir zum ersten Mal, mit Irmgard Seifert auf eine Weise zu verkehren, die für beide relativ befriedigend zu sein schien –, drei Wochen nach dem Eingriff und wenige Tage, nachdem ich aufgehört hatte, Arantil zu nehmen – die Entwöhnung fiel schwer und wirkte sich auf den Unterricht aus –, Anfang März, genau am vierten, trug ich Irmgard Seifert die Verlobung an.

Da ich unseren Trott einmal rund um den Grunewaldsee als Anlauf benutzte, fiel das entscheidende Wort auf dem Holzbrückchen über die nunmehr eisfreie Verbindung zum Hundekehlesee. »Ich hätte nicht wenig Lust, liebe Irmgard, zum Juwelier zu gehen und zwei verschieden große Ringe zu kaufen...«

Irmgard Seifert bat um eine Zigarette: »Da Sie mir vor Wochen, an eben dieser Stelle, eine Ohrfeige verabreicht haben, muß ich wohl annehmen, daß du es ernst meinst.«

Ich war ihr für den spöttischen Tonfall dankbar: »Liebe Irmgard, die Ohrfeige war die Einleitung unserer Verlobung, doch wenn Sie jetzt nein sagen, schlage ich zweihändig, verzichte auf die Verlobung und heirate dich sofort und zur Strafe.«

Sie zog an der kaum angerauchten Zigarette und warf weg: »Um Schlimmeres zu verhüten, sage ich also halblaut und unfeierlich ja.«

Wir verzichteten auf eine Feier, obgleich es mich einige Tage lang gejuckt hatte, ein Fest zu geben; sogar meinen Zahnarzt wollte ich einladen. Wir verschickten Kärtchen. Er gratulierte und schenkte die Schmekelsche Erstausgabe über die »Mittlere Stoa«.

Meiner 12 a sagte ich es mit einem »Übrigens ...« an. Am nächsten Tag schob mir Vero Lewand (wortlos) einen silbernen Kuchenlöffel zu, dessen Gravierung auf den vormaligen Besitzer hinwies. (So kommt man zu Andenken.)

In der Aprilnummer der Schülerzeitung »Morsezeichen« fand sich von Scherbaum eine Glosse: »Was geloben sich die Verlobten?« Mit seinen knappen Sätzen hetzte er das Wort Verlöbnis über absurdes Gelände: »Ein Verlöbnis findet statt. Einem aufgelösten Verlöbnis liegt ein Verlöbnis zugrunde, das stattgefunden hat. Wenn man ein aufgelöstes Verlöbnis wieder stattfinden lassen will, muß man die Auflösung des Verlöbnisses vorher auflösen. Aufgelöste Verlöbnisse kosten mehr als stattfindende ...«

Irmgard Seifert nannte die Glosse »ziemlich geschmacklos«. Sie bat mich, eine Konferenz zu beantragen, auf der die Beschlagnahme der Aprilnummer erwogen werden sollte. Ich bat Scherbaum, sich bei ihr zu entschuldigen: »Sie müssen verstehen, Philipp, daß Frau Seifert auf Ihre manchmal anzüglichen Wortspiele nicht wie ein junges Mädchen reagieren kann.« Scherbaum hatte sich auch als Chefredakteur seine Art, mich zu schonen, erhalten: »Klar doch. Mach ich. Liegt überhaupt nicht in meiner Absicht, daß Sie Ärger mit ihr bekommen.«

Wir sind immer noch nicht entlobt. In der Mainummer der Schülerzeitung fanden sich unter der Rubrik »Kurz gemorst« zuerst ein Hinweis auf den durchschnittlichen Zigarettenkonsum in der »legalen« Raucherecke, danach die Ankündigung eines Staatsbesuches: »Der Schah von Persien kommt nach Berlin. Wir haben ihn nicht eingeladen« – und vor einer Anzeige der Tanzschule Antoine stand unter »Bekanntmachung« der nicht unrichtige Satz: »Frau Seifert und Herr Starusch sind immer noch verlobt.«

Auch Irmgard versuchte zu lachen: »Ich nehme an, daß nicht Scherbaum, sondern die kleine Lewand diese Sticheleien lanciert. Was meinst du, Eberhard?«

(Sie war es und stichelt immer noch. Sie ist im Kommen. Im Schülerausschuß der SMV hat sie die Mehrheit hinter sich. Einen Mißtrauensantrag gegen Scherbaum hat sie eingebracht. Sie will ihn absägen. Gleich nach dem Schahbesuch begann sie mit ihrer Gegenzeitung: »Wir haben beschlossen, uns auf keine Kompromisse mehr einzulassen ...« Sie ist ganz vorne. Und mehrmals sah ich sie schon in der Zeitung, eingehenkelt, im Laufschritt, ganz vorne ...)

Der Gedanke, mich mit Irmgard Seifert zu verloben, kam mir am letzten Behandlungstag. Noch einmal gab er seine Signale – »Jetzt kommt der kleine häßliche Pieks« – »Nun spülen Sie mal« – noch einmal kam es zum inneren Dialog, der auf dem Bildschirm Sprechblasen warf. Mein Zahnarzt und ich, wir schritten den Weltkreis ab. Unsere Modelle einer umfassenden Ordnung – sein medizinisches, mein pädagogisches Fürsorgeprinzip – steigerten sich gegenseitig und hoben einander auf. Wir waren kühn radikal und absolut wahrhaftig. Wir bewässerten die Sahara. Wir legten die überlieferten Sümpfe trocken. Er schläferte den Aggressionstrieb ein: »Man wird innerhalb weltweiter Fürsorge die Gewalttätigkeit, das heißt, ihre Rezeptoren stillegen oder – um es populär zu sagen – örtlich betäuben ...« – Ich befriedete pädagogisch: »Man wird mit Hilfe der Massenmedien, innerhalb eines weltweiten Lernprozesses, den Schülerstatus bis ins Greisenalter verlängern ...« Aber so fleißig wir uns im Stabhochsprung steigerten, ein Rest Erdenschwere verführte uns immer wieder zum kräftemessenden Fingerhakeln.

Im ersten Programm lief ein Film für Skiläufer und solche, die es werden wollen: »Vom Telemark zum Wedeln.«

Weil er mich wie eine Zwiebel behandelte, die, Haut weniger Haut, immer kleiner und glasiger wurde, verdrängte ich Pulverschnee und schnelle Pisten durch einen Dokumentarbericht über eine spiritistische Sitzung, an der auch mein Zahnarzt und seine Hilfe (als Medium) teilnahmen: das übliche Tischrücken.

Kaum hatte er meine vier Spritzen gesetzt, zeigte das Raumbild mehr als unser eingespieltes Trio: Andrang herrschte in der Praxis. Mal fließende, mal kompakte Erscheinungen: sensitive Astralkörper, die sich mit der landläufigen Vorstellung von Nachthemdgespenstern enttäuschend deckten, gaben sich ein telepathisches Stelldichein.

Auch mein Muttchen war anwesend. Ich fragte sie, ob es klug sei, abermals eine Verlobung einzugehen, und erhielt den mütterlichen Rat, zuerst klare Verhältnisse zu schaffen. Nach mehrmaliger, durch das Medium Sprechstundenhilfe vermittelter Wechselrede erfuhr ich, daß mein Muttchen über alles, was Irmgard Seifert anging, auf dem laufenden war: »Mach mä nuä kaine Dummhaiten nech. Ärstmal missen die dammlichen Briefe wäg. Denn da mecht kain Friede nech sain meegen, wenn se emmer von damals mecht reden ond wie jewesen is daamals . . .«

Drei Wochen später folgte ich dem Ratschlag meiner Mutter und bat Irmgard Seifert, kaum hatten wir uns zur Verlobung entschlossen, um das Bündel alter Briefe.

Sie sagte: »Du willst sie vernichten, nicht wahr?«

Obgleich ich sie eigentlich nur hatte wegschließen wollen, sagte ich: »Ja. Ich will dich davon befreien.«

Schon auf unserem nächsten Weg um den Grunewaldsee gab sie mir das Bündel. In einer Mulde, am sandigen Ostufer, schichtete ich die Briefe. Sie brannten rasch weg.

Auf dem Heimweg machte mich Irmgard Seifert auf ein bezügliches Verbotsschild aufmerksam: »Wir haben Glück gehabt, daß uns kein Forstarbeiter erwischt hat . . .«

In der telekinetisch erweiterten Praxis meines Zahnarztes gab mir mein Muttchen, noch bevor die Zinnkappen entfernt wurden, weitere Ratschläge, während es auf dem Bildschirm, womöglich bedingt durch den unterlegten Skiläuferfilm, bewegt milchig, geisterhaft zuging. (Die Astralleibchen wedelten.)

Mein Muttchen ermahnte mich, weniger Bier zu trinken und die Wäscherei zu wechseln; der Zustand meiner Hemden konnte ihr nicht gefallen. Wörtlich ließ sie mir ausrichten: »Bekiek diä doch mal de Äcken. Die kennen heut kaine Kragen nech plätten!«

Dann bat sie mich, auf einen meiner Schüler besonders achtzugeben, weil er ab Frühsommer, im Zusammenhang mit einem bevorstehenden »hohen Besuch«, in Gefahr geraten könnte. »Waißt, Jonkchen, der is wie du best jewesen. Emmer vornwäch ond laichtsennich auf Deiwelkommraus. Was hab ech miä Sorjen jemacht . . .«

Ich bat mein Muttchen um Verzeihung und versprach, auf Scherbaum aufzupassen. (Es ist ihm auch nichts passiert vor der Oper, aber Vero Lewand konnte Platzwunden und Blutergüsse vorweisen.)

Mein Zahnarzt nahm mir die Zinnkappen ab. Ich versuchte weitere Gespräche mit Verstorbenen: »Aber die leben noch alle, Dokter. Denn Krings nahm zwar den Armeerevolver, den seine Tochter ihm auf den Rand des Sandkastens gelegt hatte, doch wie Paulus zog er es vor, sich nicht zu erschießen. Am nächsten Morgen rief er die Familie, also auch Schlottau und mich, in sein Arbeitszimmer, gab seine Niederlage zu und machte uns, nachdem er den Freitod des Philosophen Seneca und die Nichtigkeit des Todes erwähnt hatte, mit seinen Entschlüssen bekannt: ›Ich bin entschlossen, die siegreiche Wende auf einem anderen Feld einzuleiten; in die Politik werde ich gehen.‹

Danach kam ich zum Entschluß: Ich kündigte meine Verlobung mit seiner Tochter auf. Er akzeptierte und ließ durchblikken, daß diese Entscheidung in seinem Sinn sei. Und Schlottau, ungefragt, sagte: ›Das ist vernünftig.‹

So löste sich dieses militärisch-familiäre Planspiel; doch wenn Sie erlauben, Dokter . . .«

Mein Zahnarzt war gegen Varianten und wollte keine letzte Aussprache mit Linde dulden: »Sie sind am Ende, mein Lieber. Schluß, Vorhang und keine Zugabe. Als Zahnarzt höre ich täglich ähnliche Dreiecksgeschichten, die sich historisch oder gegenwartsnah kostümieren. Wirtschaftstheoretische, religiöse, kriminalistische und manchmal sogar steuerrechtliche Verkleidungen müssen das immer gleichbleibend dürftige Dreieck wärmen. Bevor Sie uns zum Zeugen der Hochzeit Linde-Schlottau machen wollen, schauen wir uns lieber die Skiläufer an: Das lebt, wedelt, läßt aufstäuben, macht Spuren, lacht und trinkt am Ende seine Ovomaltine. Kurz: Haben Sie nun endlich Ihre ehemalige Verlobte begraben?«

»Es ist mir gelungen, wie seinerzeit der Maler Anton Möller, der in meiner Heimatstadt die ihm versprochene Tochter des Bürgermeisters . . .«

»Also doch noch eine Geschichte?«

»Umfunktionieren« nennt Vero Lewand den Vorgang. Solange er mit dem Anrichten des Spezialzements, dem Warmlufttrocknen der abgeschliffenen Zähne und dem Versetzen der beiden Brücken beschäftigt war, belebte ich die Mattscheibe mit dem Gleichnis vom Maler Möller.

Doch breitete ich nicht nur die klassische Dreiecksgeschichte aus (die mein Zahnarzt gerne dem Fortschritt geopfert hätte), ich erlaubte mir gleichzeitig Anspielungen auf seine dreieckige Situation; denn wem ist verborgen geblieben, daß mein Zahnarzt zwischen seiner Ehefrau – der Mutter seiner Kinder – und seiner Sprechstundenhilfe den typisch altmodischen Dreieckspartner abgibt?

»Und so erging es meinem Landsmann, dem begabten Anton Möller, der im Jahre 1602 für die Danziger Ratsherren ein Jüngstes Gericht malen sollte: eine Auftragsarbeit, die der bis dahin in manieristischen Allegorien schwelgende Künstler seinem zukünftigen Schwiegervater, dem Bürgermeister der Stadt, verdankte. Die Tochter des Patriziers sollte geheiratet werden, sobald das hanseatisch angemessene Honorar für das Jüngste Gericht fällig sein, ausgezahlt werden würde.

Den paradiesisch langweiligen Teil der Tafel hatte Möller schnell – um ihn hinter sich zu haben – nach der Mode der Zeit verfertigt. Er freute sich auf das Fegefeuer und auf den Höllensturz, den er, als Sohn einer Hafenstadt, per Schiff stattfinden lassen wollte. Die Sünder sollten in Frachtkähnen, Schaluppen und eleganten Nachen bergab auf einem Fluß schwimmen, dem die Mottlau, ein Nebenfluß der Weichsel, Modell fließen mußte. Und in einem der Nachen wollte er ein nacktes Weib – die Sünde schlechthin – zu Tale fahren lassen; er war nun mal den Allegorien verhaftet.

Doch auch die Sünde ließ und läßt sich ohne Modell nicht darstellen. Die Tochter eines Flößers – ein üppig gewachsenes Flissackenkind – hielt still auf Spiel- und Standbein, lieh ihm ihre Masse und galt, als des Malers Verlobte die fortgeschrittene Höllenfahrt in Augenschein nahm, sogleich als die anrüchige Position eines Dreiecksverhältnisses, das Sie, lieber Dokter, als überfällig und – obgleich selber ein Dreieckspartner – überholt ansehen wollen; dabei hat es dem Maler Möller zur Kunst verholfen.

Seine Verlobte schlug Krach. Den Vater, ja, den Rat und die Schöffen der Stadt wiegelte das hübsche, doch für die Darstellung der Sünde zu wenig üppige Mädchen auf. Möller sollte gezwungen werden, seine Kunst zu verleugnen. Man stellte ihn vor die Wahl, entweder das stadtbekannte Flissackenkind unkenntlich zu machen – oder auf das Honorar und des Bürgermeisters Töchterlein zu verzichten.

So kam es zu jenem ersten künstlerischen Kompromiß, den ich meinte, solange ich von Ferdinand Krings zu sprechen versuchte, während das Original sich nicht scheut, mit Vornamen gleichfalls Ferdinand zu heißen. Möller malte dem Flissackenmädchen ein neues Gesicht, das dem seiner Verlobten glich; wie anders hätte er die Sünde dreinschauen lassen sollen, da man ihm die lachlustige Miene der Vorstadthure – die Flissacken wohnten um Sankt Barbara in der Niederstadt – verboten hatte?

Das Geschrei wegen der öffentlichen und sündhaften Darstellung einer Bürgermeisterstochter hat sich sogar in der Chronik der Stadt niedergeschlagen: Die Zünfte und Gewerke, auf Möllers Seite, stimmten ein großes Gelächter an und sangen Spottlieder. Schon lag politischer Streit in der Luft. (Es ging um Braurechte und Fischereipacht.) Da vergaßen die Ratsherren das Drohen und legten sich, angeführt vom Bürgermeister, aufs Bitten.

So kam es zu jenem zweiten künstlerischen Kompromiß, der auch mich bestimmt hat, als ich den Kringsvater und die Kringstochter zwischen Zement, Bims, Traß und Tuff stellte; Möller malte nicht um den Leib des Flissackenkindes, doch um die hübsch dümmliche Larve seiner Verlobten eine reflektierende Glasglocke, die uns noch heute das Rätsel aufgibt: Was hat das zarte, eher ziegenhaft schmale und hinter dem Glas mystisch verschwimmende Köpfchen auf soviel griffig gerundetem Fleisch zu suchen? (Schauen Sie nur, welcher Reflexe die Glasglocke fähig ist: Alles spiegelt sich, alles – die Welt und ihre Widersprüche ...)

Und Möller, einmal am Zug, malte in eben den Nachen, der die Sünde in die Hölle schiffen sollte, alle Ratsherren und auch den Bürgermeister: peinlich ähnlich und nicht hinter Glas.

So kam es zu jenem dritten künstlerischen Kompromiß, dem auch ich mich beugen werde; denn wie ich mich scheue, Sie und Ihre Sprechstundenhilfe beim Namen zu nennen – was würde wohl Ihre Frau dazu sagen? –, so war auch der Maler Möller nicht bereit, die Ratsherren, samt Bürgermeister und Töchterlein, zur Hölle fahren zu lassen: Er malte sich in die zum Hades erhobene Mottlau. Kräftig stemmt er sich gegen den Nachen und guckt dabei uns an: Wenn ich nicht wäre, ginge es prompt bergab.

Der Künstler als Retter. Er erhält uns die Sünde. Er gibt das Dreieck nicht auf. Wie ja auch Sie heimlich am Trigon hängen. Stimmts, Dokter? Ehrlich? Stimmts?«

Da saßen die Brücken, und mein Zahnarzt stellte das Fernsehen ab. Seine Sprechstundenhilfe hielt mir den Spiegel vor. »Was sagen Sie jetzt?«

(Damit kann ich mich sehen lassen. Das schnappt zu. Mit schließender Bißlage läßt sich neu anfangen. Damit lacht es sich lustiger. Das macht hungrig und will in Äpfel beißen. Damit verlobe ich mich. Ja. Sag mal ja. Ja. Sag mal ja. So viele Zähne – und alle stehen für mich. Damit gehe ich auf die Straße . . .)

Mein Zahnarzt – und nicht seine Hilfe – half mir in den Mantel: »Sobald die Betäubung nachläßt, wird Ihre Zunge die alten Lücken suchen. Das gibt sich dann.«

Und als ich schon in der Tür stand, gab er mir das Zettelchen: »Ich habe Ihnen vorsorglich eine Doppelpackung aufgeschrieben. Das wird wohl reichen. – Sie waren mir ein angenehmer Patient . . .«

Draußen war wirklich der Hohenzollerndamm. Auf dem Weg zum Elsterplatz kam mir Scherbaum entgegen: »Na, Philipp? Ich bin erlöst und beiße jetzt vollzählig.«

Ich zeigte erklärend meine gemilderte Progenie; Scherbaum zeigte mir seinen spätbehandelten Distalbiß: »Das ist der Vorbißwall. Ziemlich lästig.«

Immer noch sprach ich gaumig: »Viel Spaß also!«

Scherbaum sagte: »Ich halt das schon durch.«

Wir lachten wegen nichts. Dann ging er, dann ging ich und biß vor mich hin in die Luft . . .

Lindelindelindelinde ... (Mordanschläge auf Vorrat.) Nachgereist bin ich ihr. Januar 65: mit ihrem Gatten und ihren Kindern will Frau Schlottau den Winterurlaub auf Sylt verbringen, so hat der Arzt geraten. Tägliche Wanderung durch die windgeschliffenen Dünen. Mit geschlossenem Mund gegen den porenweitenden Wind durch das einsame List-Land. Jod einatmend um den Ellenbogen herum oder auch um die Hörnumspitze, wo sich Watt und Meer strudelbildend verquicken. Vater steckt täglich die Wanderkarte ab. Seht die Familie: die Buben in Gummigaloschen voraus, im Anorak hält Mutter das Mittelfeld, Vater als Nachhut, fernglasbestückt. So sieht man sie Muscheln, Gesundheit suchen, strandauf strandab.

Und ich auf der Lauer: die Zunge gegen nachwachsenden Zahnstein gelehnt, platt im sirrenden Strandhafer, kichernd, weil die Buben nur Glühbirnen finden, die das Meer großzügig abwarf. Heil, als könnten sie noch, scheucht sie der Wind mit bibbernd flockendem Schaum über den Ebbestrand. »Mitnehmen!« – »Vatti, mitnehmen!«

(Gestern kommt wieder und legt die Lichtrechnung vor.)

Als Dozent an der Kölner Sporthochschule hatte ich mich während der Semesterferien als Bademeister verdingt. Ich bediente die Wellenmaschine des berühmten Meerwasser-Wellenbades. In Segeltuchschuhen schlurfte ich über die lauen Kacheln. Meine verhuschten Blicke zum Wellenbadrestaurant über den Duschräumen und Kabinen, wo sich ältere Kurgäste und einheimische Nichtschwimmer hinter der Glasfront Appetit machten; auch ein zwei Familien, doch keine Schlottaus.

Wann kommt sie, Familie im Kielwasser? Breiter um die Hüften, aber immer noch die zähe Bergziege, streng und sperrig in Stallnähe und nur auf Abhängen anmutig. Wann kommt sie, kleine Befehle im Herzen: »Ulli, du gehst mir nur baden, wenn ich jetzt gehen wir baden sage.« – »Nun starr doch nicht so auf die Leute, Vatti.« – »Es wird nicht getaucht, Wölfchen, hörst du? Es wird nicht getaucht.«

Noch wandert der Clan in Gummistiefeln, sucht Kampen heim, Keitum, Morsum. Man will sich – das hat der Arzt geraten – zuerst einmal akklimatisieren. Noch begaffen sie reetgedeckte Friesenhäuser. Noch zeigen sie sich Schiffchen am Horizont. »Guckmal der Leuchtturm! Guckmal die Düsenflieger! Guckmal die Möwen auf dem kaputten Bunker…«

Man speist, was das Meer zu bieten hat: Heil- und Steinbutt, Schollen und Seezungen. Vatti will Aal – Mutti ändert auf Kabeljau. Ihn verlangt es nach Miesmuscheln – sie befindet, heut keine Suppe. Die Kinder futtern halbe Portionen, meistens, weil ohne Gräten, Rotbarschfilet. Und das umschichtig: mal schmackhaft und teuer bei Kiefer; mal lasch in der Pension: Kalbsfrikassee in Mehlschwitze. Und als Nachtisch: Grießpudding mit Himbeersaft.

Rasch hat sich die Familie im fremden Milieu eingelebt. Ohne Kino erholen sie sich. (Vatti und Mutti schreiben Postkarten mit Möwen und Seehunden drauf an Großvatti und Tante Mathilde.) Die Ehe klappt. Am Abend, bevor sie sich langlegen, liest sie – was liest sie denn? (Fortsetzungsromane aus zerlesenen Illustrierten und nicht mehr Clausewitz, Schramm, Liddell Hart.)

In seiner Kombüse, neben dem Schaltbrett der Wellenmaschine, läßt der falsche Bademeister seinen Marxengels im Täschchen und raucht Nietzsches Nachlaß Seite um Seite auf Lunge.

Jetzt drängeln die Kleinen: »Mutti, wann gehen wir Wellenbaden.« – »Du hast versprochen, Vatti. Wann gehen wir Wellenbaden, gehen wir Wellenbaden . . .« Soeben noch träge, reibt sich die Zunge des Bademeisters am neuen, immerzu neuen Zahnstein. (Nun kommt schon, kommt!) Unruhig streunt sie, beweist sie ihm pelzigen Schmelz und windige Lücken zwischen den freigelegten, Kälte und Hitze fürchtenden Zahnhälsen. Wenn der Hausherr will, daß sich die Zunge träge bettet, steht sie auf, ist sie unterwegs und will diesen einen, durch schwindendes Zahnfleisch anfälligen Eckzahn mit schmeichelnden Stößen, durch sanftes Anrempeln mehr und mehr erschüttern.

Jetzt, durch Männer- und Frauentür, vorgebadet mit Seife und leicht irritiert von den vielen Badevorschriften, sind sie in seiner Hand.

So etwas Simples wie eine Wellenmaschine: zwei Kolben, die das auf zweiundzwanzig Grad vorgewärmte Meerwasser wechselnd unter Druck setzen. (Nach zwanzig Minuten Windstille folgt zehn Minuten lang Sturm.) Das naive, ins Technische übersetzte Brandungssystem. (Allzu starker Sog wird durch die verschiedenen Tempi der steigenden fallenden Kolben gemildert.) Womöglich hat der Erfinder Kindern zugeschaut, als sie mit Steinwürfen einem Tümpel Wellen beibrachten. Nun funktioniert die leicht zu bedienende Maschine. Knopfdruck genügt: Wellenbaden! Wellenbaden!

Wie sich das Jauchzen zwischen gekachelten Wänden bricht. Körperbewußte ältere Herren, überbordende Damen, ein Dutzend Bundeswehrrekruten aus der Hörnumer Ecke (sie waren angemeldet und mußten auf Sammelschein weniger zahlen) – auch Westerlands Jugend, die jetzt im Januar ohne Kurkarte, doch gegen Ausweis billiger mitbaden darf. Und zwischen allen: sie sie sie. Ums Becken Glucke und oben Mädchen. Sie mit der Brut, die mal erben soll. Sie mit ihrem schon feisten Stößer.

Nun steigen sie, Glucke voran, ins Bad. Anfeuchten lassen, jauchzen lassen.

»Au, ist das fein, Mutti, Wellenbaden!«

Und die Zunge vom Zahnstein weg, damit sie Anlauf gewinnt.

»Nicht tauchen, Wölfchen. Ulli, bei Vatti bleiben!«

Die mäßigen Brecher des ersten Ganges spazieren aus ihrem Gatter und halten geordneten Abstand.

»Schön vorn bei Mutti bleiben. Sonst müßt ihr raus beide und dürft nie wieder . . .«

Jetzt erst schaltet der Dozent aus Köln mit kleinem Finger vom ersten auf den zweiten Gang um, denn seine Wellenmaschine hat drei Gänge.

(Nachblättern und finden: Alles Geschehen aus Absichten ist reduzierbar auf die Absicht der Mehrung von Macht.)

Darum rasch, bevor Badelaune in Angst und Flucht auf die Kacheln der Beckenbrüstung umschlagen kann, den dritten Gang und beide Kolben auf gleiches Tempo schalten, damit der Sog zu seinem Recht kommt. Schwere See – Sturzsee. Denn diese vorgebadete Gesellschaft mit ihren Messingnümmerchen am Handgelenk, die Damen fett und Herren graumeliert, die Bundeswehrrekruten samt Westerländer Jungvolk und sie mit ihrem Clan: alle werden geprüft.

Schon der erste, vom zweiten Gang befohlene Brecher wirft sie, das schmerzt, auf die gekachelten Stufen zum Bad. Wehgeschrei. Zurück nimmt sie der Sog. Zuverlässig faßt sie der dritte Gang, trägt sie über die Stufen und knallt sie gegen die Stirnwand des erst vor Jahresfrist eröffneten Wellenbades. Nein, nicht die glasierten Klinker brechen, die Rippen knicken.

(Soeben noch suchte und fand er im Nachlaß der achtziger Jahre diesbezügliche Stellen, und jetzt, aus dem Buch heraus, springt ein Blick des Bademeisters die Glasfront des Wellenbadrestaurants an: Dort drücken sie sich die Nasen platt.)

Denn schon will der Sog zurücknehmen und beschwichtigen, was der Brecher getan hat; doch der hat einen großmäuligen Bruder: Nichts wird zurückgenommen! Entlobt ist entlobt! (Zahnstein: versteinerter Haß.)

Nach dem vierten, die Stirnwand berennenden Brecher treiben die Kinderchen knochenlos. Einmal noch ihre steile Stimme: »Wölfchen, Ulli, Ohgott!« – nach Vatti wird nicht gefragt –, danach will kein Mucks und kein Wehgeschrei mehr die Sturzsee aufhalten und himmlisch wogenglättende Güte anrufen.

Sogar im Wellenbadrestaurant verhält man sich andächtig hinter der Glasfront: Schlimm sieht es im Aquarium aus, schlimm. Die Kellner lassen den Punsch erkalten. Einige Gäste fotografieren. Der Bademeister legt seinem Buch ein Lesezeichen ein und betrachtet die Wirklichkeit. Er lehnt das Zünglein gegen den einen, schon lockeren Eckzahn: Wie der federt und nachgibt. Raus aus dem Tempel will er sie fegen. Schon zittert die Klinkerwand, halbsteingemauert. Denn weder der Architekt noch der Kurausschuß hatten, als dieser Bau bewilligt, als diese Wand geplant wurde, mit solchem Sturm gerechnet. Nun rächt sich die Bauweise: Mörtel gibt nach, gibt auf. Schon quillt der letzte Brecher breitschultrig aus dem verbogenen Gatter. Er überspringt den unterschwelligen Sog, nimmt, im Vorbeigehen, die treibende stumme Gesellschaft in seinen Arm und wirft sie, die Mauer brechend, hinaus in den frühen Januarnachmittag. Ein Wurf klatscht sie, salzig umspült, auf die Fliesen des Vorplatzes hinter der Kurpromenade. Die leichten Kinder trägt es bis vor das Aquarium, in dem die niedlichen Seehunde von neuen und immer neuen Heringen träumen. (»Mutti, wann gehen wir Seehunde füttern, Seehunde füttern . . .«) Schon, mit dem Wind, kommen die Möwen. Später die Fotografen. Noch dreiviermal ergießt sich die klaffende Stirnwand. Dann ist das Becken leer. Neugierig wagen sich die Beschließerinnen aus der Männer- und Frauenabteilung in die zugige Halle. Im Restaurant, hinter der blindgeatmeten Glasfront, wird gezahlt. Im Leerlauf, immer noch hungrig, toben die Kolben der Wellenmaschine. Der falsche Bademeister schaltet ab. Müde, teilweise befriedigt packt er seine Bücher zusammen, sucht er seine Kabine auf, bemüht er sich, traurig zu sein.

Ein wenig enttäuscht, weil alles so rasch ging, verließ ich bald darauf – noch bevor die Behörden eingriffen und den Tatort absperrten – den Sommer- und Winterkurort: Der D-Zug nach Hamburg-Altona nahm mich mit über den Hindenburgdamm . . .

Auf meinem Schreibtisch fand ich das Angefangene: Die Geste des Durchhaltens – oder der Fall Schörner. – Zwei Jahre später verließ Vero Lewand die Schule und heiratete (kurz vor dem Abitur) einen kanadischen Linguisten. Scherbaum studiert Medizin. Irmgard Seifert ist immer noch verlobt. Und bei mir bildete sich unten links ein Herd. Die Degudentbrücke wurde durchgesägt. Minus sechs mußte gezogen werden. Der Herd wurde ausgekratzt. Mein Zahnarzt zeigte mir ein an der Wurzelspitze hängendes Säckchen: eitrig-wäßriges Gewebe. Nichts hält vor. Immer neue Schmerzen.

AUS DEM TAGEBUCH EINER SCHNECKE

(auch für Štěpán und Tomáš . . .)

1

Liebe Kinder, heute haben sie Gustav Heinemann zum Präsidenten gewählt. Zwar wollte ich auf Anhieb von Zweifel erzählen, der mit Vornamen Hermann und mit Nachnamen Ott hieß, aber Gustav Gustav geht vor. Es dauerte drei Wahlgänge lang, bis er gewählt war. (Weil er zweimal Doktor ist, wird er von Hinterbänklern, die im Wirtshaus Rheinlust Wahlen gegen Bierrunden verwetten und sich Kanalarbeiter nennen, doppelt Gustav genannt.) Doch wenn ich genau rechne und jede Verzögerung – nicht nur die Panne beim ersten Auszählen – in mein Sudelbuch schreibe, dann wurde dieser Tag zwanzig Jahre lang vorbereitet, auch wenn er, Gustav Gustav, kaum ahnte, wofür man ihn garkochte und wie zäh in Deutschland nicht nur das Rindfleisch ist.

Der Ort: die Ostpreußenhalle am Funkturm. Draußen gestaffelte Absperrungen gegen Proteste der Außerparlamentarischen Opposition, APO genannt. Drinnen haben sich Christdemokraten und Neonazis zwinkernd als Kumpane erkannt: ihr Kandidat heißt Schröder. (Gustav Gustav, der die parlamentarische Hinterbank kennt und gerne mit jukkendem Daumen Skat spielt, ging oft zu den Kanalarbeitern, ohne in ihrem Dunstkreis bierärschig zu werden). Es riecht unbestimmt. Kugelschreiber in Lauerstellung. Gerüchte wollen wissen, wie viele Liberale käuflich seien. Gerüchte lesen die Stufenfolge der gegenwärtigen Berlinkrise aus blindlings geworfenen Salzstangen. In der Vorhalle fördert Zugluft Gerüchte um den Abgeordneten Gscheidle, den man mit Kopfverband zur Abstimmung rollt. Das Fernsehen hält drauf. Vorahnungen schwellenscheu. Das nicht zu beeilende Aufrufen Abstimmen Auszählen: von Abelein bis Zoglmann ...

Ich saß auf der Gästebank. (Nahbei zerknüllte Frau Heinemann ihr Taschentuch.) Als ich, wie immer, wenn was auf der Kippe steht, Sehschlitze machte, gelang es mir, die Halle zu räumen: auch die Bestuhlung zog ab ohne Murren.

Ich kann das, Kinder, mir deutlich was ausdenken.

Noch vor ihrem Auftritt, ihr Eigengeräusch: schaumiges Knistern. Dann sah ich sie unterwegs in der leeren Ostpreußenhalle. Ich versuchte, meinen Atem ihrer Eile anzupassen, mußte atemlos aufgeben.

Oder ähnliche Vorgänge auf Kriechsohlen: wenn sich Anna und ich unsere Ehe rückwirkend auszahlen.

Sie schob sich durchs Bild, war nie mit einem Blick zu fassen, blieb auch im Ausschnitt Teil eines Willens, der vor dem Willen zu weiterem Willen lag und durch Wille gedrängt, auf Breitwand den Raum dehnte.

Vier Kinder, selten alle auf einem Foto versammelt: gegensätzlich geratene Zwillinge, Franz und Raoul, elf – ein Mädchen, Laura in Hosen, acht – und Bruno, immer motorisiert, vier, der wider Erwarten als Dreijähriger nicht aufhören wollte zu wachsen.

Als die Schnecke, Fühler voraus, die Zielmarkierung ahnte, zögerte sie: sie wollte nicht ankommen, wollte unterwegs bleiben, wollte nicht siegen.

Ihr redet mit Anna Schweizerdeutsch – »Mer müend langsam prässiere« – und berlinert mit mir: »Was issen nu wieda los?«

Nur eine Nacktschnecke. Mein langwieriges Prinzip. Erst als ich ihr versprach, ein neues Ziel zu stecken, als ich ihr Zukunft als Fraß scheibenweis schnitt, schob sie sich über die gedachte Linie und verließ die Ostpreußenhalle, ohne den Beifall der sogleich wieder anwesenden Mehrheit, ohne das Schweigen der Minderheit abzuwarten. (Und das sind die Zahlen: Mit den 512 Stimmen der Sozialdemokraten und Freidemokraten gegen die 506 Stimmen der CDU CSU NPD hat am 5. März 1969, bei fünf Stimmenthaltungen, die Bundesversammlung Dr. Dr. Gustav W. Heinemann zum Bundespräsidenten gewählt.)

Seitdem rückt er unsere verrutschte Geschichte und deren Feiertage zurecht. (Als er am Vorabend zu uns in die Niedstraße kam, brachte er zwar Gelassenheit mit, zog aber trotzdem die Brieftasche, zeigte den Haß seiner Gegner: brüchig gewordene Zeitungsausschnitte: die alten Juckwunden.) Ohne Haus. Ich sagte es schon: Nur eine Nacktschnecke . . .

Sie siegt nur knapp und selten. Sie kriecht, verkriecht sich, kriecht mit ihrem Muskelfuß weiter und zeichnet in geschichtliche Landschaft, über Urkunden und Grenzen, zwischen Baustellen und Ruinen, durch zugige Lehrgebäude, abseits schöngelegener Theorien, seitlich Rückzügen und vorbei an versandeten Revolutionen ihre rasch trocknende Gleitspur.

»Und was meinste mit Schnecke?«
»Die Schnecke, das ist der Fortschritt.«
»Und was issen Fortschritt?«
»Bißchen schneller sein als die Schnecke . . .«

. . . und nie ankommen, Kinder. Als wenig später die Testveranstaltungen zugesagt und die Flüge gebucht waren, als der Student Erdmann Linde unser Büro in Bonn bezogen hatte und mit Buntköpfen die Wahlreisen abzustecken begann, als das erste Redenpapier mit mittelfristigem Krimskrams beschrieben war und unser Wahlziel (ungefähr) feststand, als ich zwischen Berlin-Tempelhof und Köln-Wahn zu pendeln anfing, mit kleinem Gepäck ging und mit geschwollener Reisetasche (Mitbringsel) kam, als ich mal weg, mal da und wenn da, doch unterwegs, ein mobiler, regional zerstreuter, kaum faßbarer Vater war, wurde ich von euch, von jedem extra besonders, von allen gleichzeitig viermal vor Fragen gestellt und mit Fragen ins Taxi zum Flughafen abgeschoben: Wann, warum, wie lange, und gegen wen?

Bruno hat nachgedacht und weiß, gegen wen. Bevor ich »Also macht's gut!« sage, sagt er: »Paß aber auf, der Wahlkampf, der frißt dich.« – Denn vom Montag bis zum Freitag sieht Bruno und zeichnet er seinen Vater an Bord eines Walfängers. Breitbeinig im Ölzeug. Mit einer Harpune bewaffnet am Bug: »Da bläst er! Da bläst er!« Im Kampf mit dem Wal, weit weg in Gefahr und knapp gerettet zurück . . .

»Und wohin gehste jetzt wieder?«
»Und was machste da wirklich?«
»Für wen stehste denn da?«
»Und was bringste mit?«

Was nach dem Start, gesechzehntelt von Schienenstößen oder eingespurt auf der Autobahn sein Datum bekommt und Reizwörter treibt: danach hat alles Bedeutung. – Der Vorwahlkampf begann für mich bei Nieselregen am Niederrhein. In der Stadthalle Kleve sprach ich über »Zwanzig Jahre Bundesrepublik«, eine Rede, die fortan hier schrumpfte, dort tagespolitisch fett wurde und nie ihren Punkt fand. Wenige Tage nach Kleve, am 27. März, traf ein Brief der Stadt Nürnberg ein, der von einem Stadtrat im Kulturdezernat, Dr. Hermann Glaser, unterschrieben war. (Es mag sein, daß er mich beeinflußt hat, Zweifel, der eigentlich Ott hieß, mit Vornamen Hermann zu nennen.) Aus Glasers Brief erfuhr ich, wie rechtzeitig man in Nürnberg mit den Vorbereitungen für das Dürerjahr 1971 begonnen hatte. Ich wurde gebeten, in einer Reihe von Vorträgen einen Vortrag zu halten. Am 24. April dankte Dr. Glaser für die Zusage. Er hoffe, las ich, der Wahlkampf möge mich auch nach Nürnberg führen. Später kamen wir nach Erlangen, Röthenbach und Roth. Aber Nürnberg wurde von uns gemieden, weil wir nur wenige große Städte und in der Regel Kleinstädte (wie Kleve) abklapperten; auch, Kinder, weil Drautzburg, der unseren VW-Bus fuhr, einer ehemaligen Verlobten wegen, die in Nürnberg wohnt, die Dürerstadt scheute und mehrmals Umwege vor sich und mir rechtfertigte.

Glaser im Ohr: solange der Wahlkampf dauerte, stritt ich mit ihm, der wie Zweifel mit Vornamen Hermann heißt. Auch zwischen Pausen, stehend der eigenen Rede hinterdrein oder auf Sitzschwielen in Diskussionen verzettelt, zitierte ich Dürers Tagebücher: der Pfennigfuchser; wies Glaser mit Zweifels Fingerzeigfinger auf Pirckheimer hin. Also sah ich, während wir einer Drahtstraße im Hüttenwerk Oberhausen folgten, strenge und selbst im Faltenwurf steife Grafik; auch als wir in Calveslage bei Vechta den Geflügelzuchtbetrieb Kathmann und in Konstanz den Fummelkram der AEG besichtigten, besuchte ich beiläufig ein mitreisendes Kupferstichkabinett. (Seine in Stein gehauene, an Geäst Wurzeln Hausgalgen baumelnde Signatur. Sein in der Holzschnittpassion zumeist im Vordergrund spielender wedelnder schlafender Pudel. Sein Spaß an Muskeln, am weiblichen Doppelkinn.) Erste Notizen in Gladbeck: Grauwacke Nieswurz Mondstaub. Ab Dinslaken die Umschreibung: Engel im Nachthemd. In Gießen Tintenrezepte: die schwarze Galle. Ich hatte mich schon entschieden, während ich noch zu suchen glaubte; denn eine blanke Kunstpostkarte trug ich durch Oberschwaben und Niederbayern, nach Friesland und Franken nahm ich sie mit; doch erst wenige Tage nach dem 28. September (als Willy schon dran war und nicht mehr unschlüssig mit Sreichhölzern spielte) schrieb ich an Dr. Glaser: »In meinem Vortrag werde ich mich mit Dürers Kupferstich Melencolia I beschäftigen.«

»Was issen das?«
»Kriegt man das, wenn man Bücher schreibt?«
»Tut das schlimm weh?«
»Is das wie Espede?«
»Und wir?«
»Dürfen wir das auch schon kriegen?«

Da die Stichworte zum Dürervortrag in meinem Sudelbuch zwischen Notizen stehen, die Hermann Ott oder Zweifel meinen, eure und meine Ausrufe konservieren, fortlaufend die Bewegungsart der Landlungenschnecken festzuhalten versuchen und die Absonderungen des Wahlkampfes als Miefkürzel sammeln, gleiten Zweifel in seinem Keller, ihr, die wachsenden Kinder, Anna und ich mehr und mehr der Melancholie ins Wappen: schon beginne ich mir graugewichtig zu werden; schon spielt ihr einen Sonntag lang Schwermut und »Nix is los!«, schon hat Anna einen verzweigten Blick, schon verhängen Dürers Schraffuren als Dauerregen den Horizont; schon wird der Stillstand im Fortschritt akut; schon hat die Schnecke in den Kupferstich gefunden: es wächst sich die Niederschrift eines Vortrages, den ich, dank Dr. Glasers vorausgezahlter Zeit, erst in zwei Jahren halten muß, zum Tagebuch einer Schnecke aus.

Habt Geduld. Meine Eintragungen ergeben sich unterwegs. Da ich in Gedanken, Worten und Werken, ja, selbst in einer Super one-eleven kategorisch am Boden hafte und nur uneigentlich fliege, gelingt es keinen, auch den Umständen des Wahlkampfes nicht, mich oder Teile von mir zu beschleunigen. Deshalb bitte ich euch, Zurufe wie »Schneller!« und »Spring schon!« zu unterlassen. Ich will auf Umwegen (Abwegen) zu euch sprechen: manchmal außer mir und verletzt, oft zurückgenommen und nicht zu belangen, zwischendrein reich an Lügen, bis alles wahrscheinlich wird. Manches möchte ich umständlich verschweigen. Einen Teil vom Teil nehme ich vorweg, während ein anderer Teil erst später und auch nur teilweise vorkommen wird. Wenn sich also mein Satz windet, sich nur allmählich verjüngt, dann zappelt nicht und kaut keine Nägel. Wenig, glaubt mir, ist bedrückender, als schnurstracks das Ziel zu erreichen. Wir haben ja Zeit. Die haben wir: ziemlich viel Zeit.

Es gibt Kutteln, die ich gestern, nach meiner Rückkehr aus Kleve und während ich die Rede für Castrop-Rauxel abmagern, fett werden ließ, vier Stunden lang mit Kümmel und Tomaten auf kleiner Flamme weich kochte. Die späte Beigabe Knoblauch. Anna und ich mögen das; die Kinder sollen das auch mögen. Lappig hängen die Magenwände der Kuh beim Metzger am Haken und werden allenfalls für den Hund verlangt: der Pansen oder zu oft gewaschene Frottierhandtücher.

Zu daumenlangen Streifen geschnitten.

Jetzt dampfen sie in der Schüssel.

Streit schwimmt jetzt in der Suppe.

Franz Raoul Laura Bruno. Dieser Knoten, in unserem Bett geknüpft: etwas das um sich greift.

Vierstufig steigt die Rakete, während die Kutteln in ihrem Sud schon eine Haut ziehen und gerührt werden wollen.

Einander geübt ins Wort fallen.

Kein Knöpfchen, diesen Ton abzustellen.

Nur noch Zeichensprache.

Denn gleichzeitig zu laut, weil keiner und jeder zuerst, damit niemand als erster, als letzter, siegt steil über Kutteln und dem verschütteten Gänsewein mehrmals der Schrei: »Hol du doch den Lappen!«

Jetzt zerrt die Familie am fehlenden Tischtuch und kann die Stimmen, dieses zu dichte Gewebe, kann auch den Anlaß – war es verschüttetes Wasser? – nicht von der Wirkung, den Kutteln, die wieder hochwollen, trennen: plötzlich Erkenntnis.

»Sau!«

»Selber eine.«

»Und du erst.«

»Obersau!«

(Niemand will milde mit Annas Sprache – »Du bischt doch es Säuli« – alle reden dem Vater nach.)

Plärr. Brüll. Stink. Tropf.

Harmonie – oder der Wunsch, friedlich Kutteln essen und sich erinnern zu dürfen an gewesene Kuttelnessen, bis nichts mehr im Topf blieb und wir mit Freunden sanft unser Leid grasten: pazifistische Kühe ...

Wo entstehen die Kriege?
Wie wird das Unglück benannt?
Wer will noch reisen, wenn doch zu Hause?

(Und keiner boshaft oder aus Laune, sondern nur, weil das Glas kleiner war als das Wasser oder der Gänsewein oder der Durst – und weil die Kutteln in ihrem Sud: Gründe.)

»So. Jetzt darf Laura was sagen.«

»Erst Laura, dann Bruno.«

»Und wohin willste morgen schon wieder?«

»Nach Castrop-Rauxel.«

»Und was machste denn da?«

»Redenreden.«

»Immer noch Espede?«

»Fängt ja erst an.«

»Und was bringste mit diesmal?«

»Teilweise mich ...«

... und die Frage, warum die Tapete nicht dichthalten wollte. (Was mit den Kutteln hochkommt und den Gaumen mit Talg belegt.)

Denn manchmal, Kinder, beim Essen, oder wenn das Fernsehen ein Wort (über Biafra) abwirft, höre ich Franz oder Raoul nach den Juden fragen:

»Was war denn los mit denen?«

Ihr merkt, daß ich stocke, sobald ich verkürze. Ich finde das Nadelöhr nicht und beginne zu plaudern: Weil das und zuvor das, während gleichzeitig das, nachdem auch noch das ...

Schneller, als sie nachwachsen, versuche ich Faktenwälder zu lichten. Löcher ins Eis schlagen und offenhalten. Den Riß nicht vernähen. Keine Sprünge dulden, mit deren Hilfe die Geschichte, ein schneckenbewohntes Gelände, leichthin verlassen werden soll ...

»Wie viele waren das denn genau?«
»Und wie hat man die gezählt?«

Es war falsch, euch das Ergebnis, die vielstellige Zahl zu nennen. Es war falsch, den Mechanismus zu beziffern; denn das perfekte Töten macht hungrig nach technischen Details und löst Fragen nach Pannen aus.

»Hat das denn immer geklappt?«
»Und was war das für Gas?«

Bildbände und Dokumente. Antifaschistische Mahnmale, gebaut in stalinistischem Stil. Sühnezeichen und Wochen der Brüderlichkeit. Gleitfähige Worte der Versöhnung. Putzmittel und Gebrauchslyrik: »Als es Nacht wurde über Deutschland . . .«

Jetzt erzähle ich euch (solange der Wahlkampf dauert und Kiesinger Kanzler ist), wie es bei mir zu Hause langsam und umständlich am hellen Tag dazu kam. Die Vorbereitung des allgemeinen Verbrechens begann an vielen Orten gleichzeitig, wenn auch nicht gleichmäßig schnell; in Danzig, das vor Kriegsbeginn nicht zum Deutschen Reich gehörte, verzögerten sich die Vorgänge: zum Mitschreiben für später . . .

2

Über Brillenberge, weil sie anschaulich sind?

Über Goldzähne, weil sie wägbar sind?

Über Einzelgänger und deren private Schrullen, weil vielstellige Zahlen nicht empfindlich machen?

Über Ergebnisse und Streit hinterm Komma?

Nein Kinder.

Nur über die Gewöhnung in ihrem friedfertigen Sonntagsputz.

Es stimmt: Ihr seid unschuldig. Auch ich, halbwegs spät genug geboren, gelte als unbelastet. Nur wenn ich vergessen wollte, wenn ihr nicht wissen wolltet, wie es langsam dazu gekommen ist, könnten uns einsilbige Worte einholen: die Schuld und die Scham; auch sie, zwei unentwegte Schnecken, nicht aufzuhalten.

Ich bin, wie ihr wißt, in der Freien Stadt Danzig geboren, die nach dem Ersten Weltkrieg vom Deutschen Reich getrennt worden war und mit den umliegenden Landkreisen der Aufsicht des Völkerbundes unterstand.

Artikel 73 der Verfassung sagte: »Alle Staatsangehörigen der Freien Stadt Danzig sind vor dem Gesetze gleich. Ausnahme-Gesetze sind unstatthaft.«

Artikel 96 der Verfassung sagte: »Es besteht volle Glaubens- und Gewissensfreiheit.«

Doch wohnten (laut Volkszählung vom August 1929) zwischen den über vierhunderttausend Bürgern des Freistaates (zu denen, knapp zweijährig, ich gezählt wurde) 10 448 mitgezählte Juden, unter ihnen nur wenige getaufte.

Wechselnd bildeten die Deutschnationalen und die Sozialdemokraten Koalitionsregierungen. 1930 entschied sich der Deutschnationale Dr. Ernst Ziehm für eine Minderheitenregierung. Fortan war er auf die zwölf Stimmen der Nationalsozialisten angewiesen. Zwei Jahre später rief die NSDAP (Nationalsozialistische Deutsche Arbeiterpartei) zu einem Umzug auf, der vormittags durch die Innenstadt und nachmittags durch den Vorort Langfuhr zog, bis er unter Transparenten und Fahnen müde wurde und das Gartenlokal Klein-Hammerpark füllte. Die Schlußkundgebung stand unter dem Motto »Die Juden sind unser Unglück«: Zeitungen nannten sie eindrucksvoll.

Zwar protestierte der sozialdemokratische Abgeordnete Kamnitzer im Namen der Danziger Staatsbürger jüdischen Glaubens, aber der Senator des Inneren sah keinen strafrechtlichen Tatbestand, obgleich ihm ein Foto der Transparentinschrift »Tod den Schiebern und Gaunern« vorlag. (Da es unter den Juden Schieber und Gauner gäbe, wie es unter Christen und Atheisten Schieber und Gauner gäbe, betreffe die Todandrohung, so sagte man, nicht nur die jüdischen Schieber und Gauner, sondern auch Schieber und Gauner anderer Konfessionen.)

Nichts Besonderes: ein Aufmarsch mit Ziel zwischen Aufmärschen mit anderen Zielen. Keine Toten, Verletzten, kein Sachschaden. Nur gesteigerter Bierkonsum und Fröhlichkeit nahe dem Schunkeln. (Was man damals sang: »Kornblumenblau« – was man jetzt singt: »So ein Tag, so wunderschön wie heute . . .«) Viel blankgeputzte Jugend und geblümte Sommerkleider: ein Volksfest. Da jeder Unglück kennt, fürchtet und meiden möchte, war jedermann froh, endlich das Unglück beim Namen genannt zu hören, endlich zu wissen, wo all die Teuerung, Arbeitslosigkeit, Wohnungsnot und das private Magengeschwür ihren Ursprung haben. Im Klein-Hammerpark, unter Kastanienbäumen, sprach sich leicht alles laut aus. Einen Klein-Hammerpark gab (gibt) es überall. Deshalb hieß es auch nicht: Die Danziger Juden sind unser Unglück. Überall, überhaupt. Wo immer dem Unglück ein passender Name gesucht wurde, wurde es auch benannt: in Frankfurt und

Bielefeld, in Leipzig und Karlsruhe, in Danzig und in Kleve, wo ich kürzlich bei Regen ankam und mich im Rathaus ins Goldene Buch eintrug.

Ein Städtchen nahe der holländischen Grenze, das, satt an Geschichte und Schwanenkunde, kurz vor Kriegsende zerstört wurde und selbst heute noch, kleinwinklig wieder aufgebaut, planlos auseinanderzufallen droht. (Wenig Industrie – Kinderschuhe und Margarine. Daher viele Pendler. Wir kletterten, als es soweit war, von 25,9 auf 30,1 Prozent: eine Gegend mit Zukunft ...)

Als ich am Nachmittag mit Schülerinnen der Realschule diskutieren wollte, besetzten verkleidete Gymnasiasten aus Erkelenz oder Kevelaer das Podium, erklärten sich mit Hilfe einfacher Bewußtseinsspaltung zur Mehrheit und brachten (inmitten schulischem Bohnerwachsgeruch) den Sprechchor: »Wer hat uns verraten? Sozialdemokraten!«

Nach der Diskussion – ich versuchte, üblichen Geschichtsklitterungen den Leim abzuklopfen – baten mich einige der Scharfrichter um Autogramme.

Abermals nichts Besonderes: kurzes Gerangel. Besitzansprüche aufs Mikrofon. Der sonst sanfte Erdmann Linde langte dazwischen. Ein Espede-Kassierer stürzte. (Soll sich die Hand gebrochen haben.) Bleibt nur der Sprechchor: »Wer hat uns verraten ...« – denn die Frage nach den Verrätern ist so alt wie der Wunsch, das Unglück beim Namen genannt zu hören.

In Kleve, dem niederrheinischen Städtchen, sowie in den Nachbargemeinden Kalkar, Goch und Uedem, lebten im Jahr 1933, vereint in der Synagogengemeinde Kleve, 352 Juden. So viel Unglück wollten die Bürger der Stadt nicht ertragen.

Damit, Kinder, beginnt es: Die Juden sind. Die Fremdarbeiter wollen. Die Sozialdemokraten haben. Jeder Kleinbürger ist.

Die Neger. Die Linken. Der Klassenfeind. Die Chinesen und die Sachsen glauben haben denken sind . . .

Wegweiser mit wechselnden Aufschriften bei gleichbleibendem Ziel: vernichten entlarven bekehren zerschlagen abschaffen befrieden liquidieren umerziehen isolieren ausmerzen . . .

Meine Schnecke kennt diese rostfreie Sprache, die doppelt gehärteten schnittigen Worte, den Freislerfinger an Lenins Hand.

Wie harmlos oder beängstigend sind die wechselnden Sprecher nahe am Mikrofon, wenn sie das Kleingeschriebene des Würgeengels – hart total ganz rein scharf – aufzählen und sich zu dem bekennen, was ohne auskommt: zur bedingungslos unversöhnlichen, ausnahmelos unbeirrten, zur unaufhaltsamen Verbesserung der Welt ohne Gnade?

Ich höre jetzt täglich davon (manchmal betroffen). Dicht kommen sie heran. Und ich entdecke, in welch irrlichterndem Ausmaß der Haß in jungen Gesichtern Schönheit anstiftet. Etwas für Fotografen. Es sind nur wenige, denen die Mehrheit beklommen und süchtig zuschaut. Sie wollen abschaffen, irgendwas, das System, ersatzweise mich.

Später, beim Bier, sind sie nett und auf nölige Art sogar höflich. Haben es eigentlich nicht so gemeint, finden alles – »Na diesen ganzen Dreh« – und sich selbst auch langweilig oder komisch. Sie schmollen, weil nirgends was los ist. Sind traurig für sich. Ohne Zuhause, weil aus zu gutem Hause. Vergrämte Streichelkinder, die ihre Schwierigkeiten zur Litanei knüpfen: die Eltern, die Schule, die Verhältnisse, alles. (Auffallend, daß ihr Wortführer, sobald er ohne Mikrofon spricht, gehemmt ist und stottert.) Ihre sanfte Wehleidigkeit macht mich spöttischer, als ich sein will. Ich rede, rede daneben, versage redend, höre mich reden, bis sie vor mir müde werden und ihren Überdruß heimtragen.

Wohin werden sie sich verlaufen? Welcher Kreuzzug wird sie vergattern? – »Was soll ich denn machen, Franz! Sag mal, Raoul, was?« – Einfach schlucken? Immer den gleichen Quark schlucken.

Später, in Delmenhorst, nannte mich eine hübsch geratene Studentin mehrmals, indem sie sich steigerte, bis sie fleckig und glanzäugig wurde: »Sozialfaschist!« – Aber meine Schnecke ist nicht zu beleidigen. Wenn sie von Umzügen, die sich rhythmisch bewegen, überholt wird, beschleunigt sie nie; kürzlich hat sie einen Protestzug samt Fahnen und Transparent hinter sich gelassen, indem sie ihn zurückdatierte.

Im März dreiunddreißig, als in Danzig die Aufmärsche der SA-Standarten und Jungvolkfähnlein schon alltäglich waren, stand im Blatt der Synagogengemeinde ein Festbeitrag, gewidmet ihrem fünfzigjährigen Bestehen. Sein Verfasser erzählte aus der Zeit vor 1883, als es in Langfuhr und auf Mattenbuden, in den Siedlungen Schottland und Weinberg sowie in Danzig fünf isolierte Gemeinden gegeben hatte. Erst dem Vorsteher der Schottländer Gemeinde, Gustav Davidsohn, gelang es, die Zerstreuten zu sammeln und mit dem Bau der Großen Synagoge zu beginnen, einem Gebäude, das sich dem historischen Baustil Danzigs erschreckend anpaßte. Weil jedoch eine Minderheit orthodoxer Gemeindemitglieder die neuerbaute Orgelsynagoge lästerlich fand, blieb die Synagoge Mattenbuden offen. Auch in Zoppot und Langfuhr wurden Synagogen gebaut: die Gemeinde war reich und zerstritten. Denn selbst als die Danziger Juden noch wohlangesehen gewesen waren, hatte es nie an offenem Streit zwischen getauften und emanzipierten, zwischen zionistischen und deutschnationalen Juden gefehlt. Man unterschied sich: gutsituierte und auf Anpassung bedachte Bürger schämten sich der Armut, die aus Galizien, Pinsk und Bialystok nachwuchs, ungehemmt jiddisch sprach und trotz allgemeiner Wohltätigkeit peinlich auffällig blieb.

Nachdem Judenverfolgungen im revolutionären Rußland tägliche Praxis geworden waren, wanderten bis 1925 etwa sechzigtausend Juden aus der Ukraine und dem Südosten Polens über Danzig nach Amerika aus. Auf dem Troyl, einer vom Holzhandel als Lagerfläche genutzten Insel im Hafengebiet, warteten die

Auswanderer in einem Auffanglager, bis ihre Zertifikate eintrafen. Dreitausend Juden, zumeist polnischer Staatsangehörigkeit, blieben in Danzig und ahnten nicht, wie ihnen werden sollte.

»Und Zweifel?«
»Was is mit Zweifel?«
»Hatte der Brüder oder ne Schwester?«
»Haste dir den nur so ausgedacht?«

Auch wenn ich ihn erfinden muß, es hat ihn gegeben. (Eine Geschichte, die mir Ranicki als seine Geschichte vor Jahren erzählt hat, blieb bei mir liegen und lebte behutsam für sich; geduldig besteht sie auf einem gesuchten Namen, auf gesichertem Herkommen, auf einem Keller für spätere Zuflucht.)

Erst jetzt, Kinder, kann Zweifel aufkommen, überwiegen, bestehenbleiben, die Stimmung trüben, Hoffnung ansäuern, sich mutig und lustig betragen, unter Verbot stehen, kann endlich von Hermann Ott die Rede sein.

Geboren 1905 als einziger Sohn eines Ingenieurs beim Prauster Dampfschöpfwerk, macht er auf Sankt Johann pünktlich sein Abitur und studiert seit dem Sommer 1924 nicht an der Technischen Hochschule in Danzig (zum Beispiel Hydraulik) sondern Biologie und Philosophie, weit weg in Berlin. Nur während der Semesterferien sieht man ihn in der Langgasse flanieren und in der Heiligengeistgasse das Schopenhauerhaus besuchen. Weil er seinen Unterhalt selbst verdienen muß – der Vater, Simon Ott, wollte nur für Hydraulik zahlen – hat er Büroarbeit im jüdischen Auswandererlager auf dem Troyl übernommen. Hier wird er zum erstenmal Zweifel oder Dr. Zweifel genannt, weil der Student Hermann Ott mit dem Wort Zweifel so gebräuchlich umgeht, als hantiere er mit Messer und Gabel. Er ist der Lagerleitung und dem Rabbiner Robert Kaelter behilflich, indem er Ein- und Ausgänge bucht und den täglich veränderten Bedarf an Lebensmitteln kalkuliert; doch zwischendurch verkündet er den Zweifel als neuen Glauben. Seine Zuhörer sind galizische Handwerker, denen er mit seinem kategorischen Warum, das sogar das Wetter und die Auserwähltheit des Volkes Israel in Frage stellt, Spaß macht und Zeit vertreibt. (»Och Zweifelleben, wie bekim ich blojs a daitscheches Visum?« sagt der Schneider aus Lemberg. »Ich bezweifle«, sagt Hermann Ott, »daß Ihnen ein deutsches Visum, auf Dauer gesehen, von Nutzen sein kann.«)

Das Auswandererlager auf dem Troyl wurde 1926 aufgelöst; der Spitzname Zweifel blieb, obgleich Hermann Ott, dessen Familie aus dem Werderdorf Müggenhahl stammte, seine streng mennonitische Herkunft nachweisen konnte. (Die Großmutter Mathilde, geborene Claasen, verwitwete Kreft, Duwe, Niklas und Ott, soll sich um das Entwässerungssystem der Weichselniederung verdient gemacht haben; doch über tätige Großmütter habe ich schon zu oft geschrieben.)

3

Vieles flüchtet nur in mein Sudelbuch: Fundsachen, genagelte Augenblicke, Stotterübungen und ausrufwütige Pausenzeichen.

In Kleve, zum Beispiel, wo ich die Gräberfelder im nahen Reichswald hatte sehen wollen, notierte ich: Die Insel Mauritius, von der noch erzählt werden muß, ist durch eine Briefmarke bekannt geworden. – Unbedingt Zweifel beschreiben. – Autogramme auf Bierdeckel. – Bettina, geduldig bei den Kindern, ist, weil ihr Freund sie politisiert hat, neuerdings streng mit mir.

Oder in Rauxel, wo man Wert darauf legt, echter Castroper zu sein: Wenn die Zwillinge im September zwölf werden, werde ich Raoul keinen Plattenspieler kaufen. – Wie sah Zweifel aus? Lang hager gebeugt? – Hier ist es die Aula des Adalbert-Stifter-Gymnasiums. – Bettina liest Hegel im Kollektiv.

Oder in Gladbeck: Zweifel war mittelgroß und neigte zur Korpulenz. – Im Saal Meinungsforscher mit Fragebögen, die testen wollen, wie ich wo und besonders bei Frauen ankomme. – Es reicht, wenn unten ein Plattenspieler für alle steht. – Einfahrt in die Zeche »Graf Moltke«. Wieder übertage, bekomme ich auf der Hängebank ein Döschen Schnupftabak geschenkt. Muß das Schnupfen fürs Fernsehen dreimal wiederholen. In der Waschkaue nicht an Zweifel gedacht. – Hackepeter und Korn mit Betriebsräten. – Bettina spricht nur noch sachlich mit mir.

Oder in Bocholt, wo die Textilkrise (Erhards Wort »gesundschrumpfen«) Diskussionen füttert: Zweifels Aussehen läßt sich nicht nachweisen. – Im Arbeitervereinshaus St. Paulus holen Schüler die roten Fahnen raus. Nur noch Grauwerte nennen! – Außerdem hat Bettina unseren alten Plattenspieler, den Raoul sich leihen kann. Das Hotel heißt »Erzengel«. Die Pokale der Schützenvereine hinter Glas aufbewahrt. Das Wort Schneckenmief. Ein katholischer Betriebsrat nimmt mich zur

Seite. »Will ich nicht mehr! Sozialausschüsse, alles Schwindel! Hat uns verschaukelt, der Katzer . . .«, sagt er und ist alt müde fertig verbraucht.

Und in Marl, bekannt durch verschachtelte Architektur: Zweifel sah anders aus: schütter blond. Eine Eisenfraßschnecke züchten. Muß leiser sprechen, um durchzukommen, weil überall Lautsprecher. Zwischendurch Jury-Mitglied bei einem Plakatwettbewerb für Schüler: trotz steigender Grauwerte verspricht das nächste Jahrzehnt farbig zu werden. Kostümverleih Zweifel.

Und in Oberhausen, wo die 1.-Mai-Vorfeier den ortsansässigen Sozialdemokraten zum »Bunten Abend« mißrät. Vormittags im Hüttenwerk. Große Rumreiche. Am Steuerpult der Brammenstraße. Ofenabstich, oft im Kino gesehen. Aber die Arbeit, ein im Lärm verstummter Vorgang, der gerne motorisch dargestellt wird, gehorcht keiner Ästhetik. – Ich bilde mir Schnelles ein, will Beschleunigung, denke in Dreisprüngen; aber noch zögert die Schnecke, beschleunigt und sprunghaft zu sein.

Hier steht noch: Erbsensuppe mit Vater Meinike. (Wenn ich Altsozialdemokraten zuhöre, lerne ich, ohne sagen zu können, was.) Wie er vor sich hin poltert, nach vorne weist, vorwärts sagt, unentwegt damals beschwört, verstummt, wäßrig blinzelt, plötzlich den Tisch haut, damit sein Sohn betroffen ist.

Es bleibt dabei, Raoul: kein Plattenspieler. Zweifel trug, wenn er auf den Wällen der ehemaligen Befestigungsanlage Bastion Kaninchen spazierenging, karierte Knickerbocker. Auch Bettina sagt Wir, wenn sie Ich meint. In den Bonner Ministerien mehrere Selbstmorde: Beamte und Sekretärinnen. Barzel dementiert Kiesinger. Ob Dr. Glaser in Nürnberg ein Verhältnis zur Melencolia hat? Zweifel trug keine Brille . . .

»Kennste den denn?«

»Is dassen Freund von dir?«

»War der auch immer weg?«

»Sah der aus, wie er hieß?«
»Na irgendwie traurig. – Na irgendwie komisch . . .«

Sah traurig komisch nach nichts aus. Stellt euch Zweifel als jemand vor, an dem alles schief war: die rechte Schulter hing, das rechte Ohr stand ab, gleichfalls rechts kniff sein Auge und hob den rechten Mundwinkel. In solch verzogenem und aller Symmetrie feindlichem Gesicht herrschte eine fleischige, von der Wurzel weg nach links ausscherende Nase. Mehrere Haarwirbel verhinderten einen Scheitel. Nur wenig, immer zum Rückzug bereites Kinn. Ein in sich verrutschtes Kerlchen, zum Zappeln und Kniewippen neigend, sonderlich und reich an schnarrenden Nebengeräuschen, schwach auf der Brust.

Oder – Kinder – stellt euch Zweifel lieber nicht mickrig und zwinkernd vor. Auf Fotos, die das Lehrerkollegium des Kronprinz-Wilhelm-Gymnasiums abbilden, überragt er, der auf dieser Schule im März dreiunddreißig als Studienassessor zu unterrichten begann, den mittelgroß zu nennenden Lehrkörper nahezu peinlich. Man möchte ihn, der Deutsch und Biologie gab, für den ungeschlachten Turnlehrer halten, obgleich Zweifel – abgesehen von Radtouren ins Werder und durch die Kaschubei – keine sportliche Disziplin übte. Jemand, der über Körperkräfte verfügte, ohne sie zu gebrauchen: auch als ihn später eine Horde Hitlerjugend zusammenschlug, fiel ihm kein Widerstand ein. Jemand, der nur beim Händeschütteln Schmerzen bereitet. Jemand, der sich beim Hinsetzen um den Stuhl besorgt. Eine schüchterne Kraft auf Zehenspitzen. Ein betulicher Riese.

Oder – Kinder – stellt euch Zweifel überhaupt nicht vor. Er bestand ja aus Widersprüchen, sah niemals eindeutig aus. (Vielleicht trug der hebearmbestückte Körper eines Transportarbeiters das verquere und beim Denken grimassierende Köpfchen eines Stubenhockers.) Selbst mir, der ich seit Jahren mit ihm umgehe, will es nicht gelingen, sein Aussehen zu begrenzen, seine Nase gestupst, sein linkes Ohrläppchen angewachsen, seine Hände nervig nervös zu nennen.

Stellt euch Zweifel beliebig vor. Sagt: von streng asketischer Blässe. Sagt: Eckig verschlossen. Sagt: Bäurisch gesund. Sagt: Unauffällig.

Nur soviel gilt: er humpelte nicht. Er trug keine Brille. Kein Kahlkopf. Kürzlich noch, unterwegs zwischen Gladbeck und Bocholt, als ich den Schnupftabak der Zeche »Graf Moltke« ohne Fernsehen und nur zur eigenen Erleuchtung probierte, sah ich ihn und war sicher, daß Zweifels Skepsis grauäugig blickt.

Blickt also noch immer und zwinkert womöglich doch. Zweifel nicht auszuräumen.

Ich kenne ihn länger als mich: wir haben den gleichen Kindergarten vermieden.

Als Zweifel sich aufzuheben versuchte, nahm ich ihn unter Vertrag: abhängig schreibt er mir vor.

Manchmal besucht er meine Veranstaltungen: neulich der Zwischenrufer in Bocholt; der lärmige Schweiger in Marl. Jetzt wird es still in meinem Hotelzimmer: Zweifel kommt auf . . .

Ich weiß nicht, ob jener in sich zurückgezogene Mann, den ich Willy nenne und dessen Vergangenheit nicht aufhören kann, sein Spiel mit den Streichhölzern demnächst (möglichst bald) unterbrechen und die Strecke von Bebel bis heute um ein Schneckenmaß mehr Gerechtigkeit verlängern wird. (Fast möchte ich meinen, es habe Zweifel, als er später im Keller saß, dieses akkurate Zurechtrücken verschachtelter Refugien als Spiel gegen die Zeit erfunden). Bonn, Kiefernweg. Heute saß ich bei ihm eine Stunde und hätte ihm die Streichhölzer, weil sein Spiel abgeguckt und zur lähmenden Mode wird, klauen mögen. (Ihn vormittags wortkarg nennen, hieße, ihn redselig erlebt zu haben.) Er hörte zu, machte Notizen, ließ von den Streichhölzern nicht ab, und ich begriff, daß dieser Mann erst kämpfen wird, wenn sich sein Zustand abgenutzt hat. (Was läßt ihn zögern? Der Haß seiner Gegner, die Ansprüche der Macht?) Bevor ich ging, gelang es mir, ihn durch weißnichtmehrwas zum Lachen zu bringen: Zwischen der Melancholie und der Sozialdemokratie ergeben sich manchmal Kurzschlüsse verzweifelter Komik.

Schon vor den Neuwahlen, als im März dreiunddreißig der Festaufsatz zum fünfzigjährigen Bestehen der Synagogengemeinde mit dem Goethe-Zitat »Allen Gewalten zum Trotz sich erhalten« abschloß, war der achtundzwanzigjährige Studienassessor Hermann Ott als Lehrer tätig; gleichfalls zeichnete er als zweiter Sekretär der Schopenhauer-Gesellschaft, einer mehr lokalpatriotischen als wissenschaftlichen Versammlung älterer und aus Prinzip konservativer Herren. Zu Otts Aufgaben gehörte es, Gäste von auswärts zum Geburtshaus des Philosophen in der Heiligengeistgasse zu führen. Dort mischte er Daten und Zitate und erläuterte (beiläufig) die Verteilung der Schwermut als Erbmasse einer hanseatischen Kaufmannsfamilie.

Neben dem jüdischen Gemeindeblatt gab es in Danzig eine zionistische Monatszeitschrift, die auch in Dirschau und Gdingen Leser fand. »Das jüdische Volk« wurde von Isaak Landau redigiert. Und gleichzeitig mit dem Festaufsatz der Synagogengemeinde, der sich, bis auf das Goethe-Zitat, aller politischen Anspielungen enthielt, brachte Landau einen Artikel über den Beginn der Judenverfolgungen unter dem Titel: »Die Lage in Deutschland«.

Deshalb wurde die Zeitschrift auf drei Monate verboten. Durch anonyme Drohungen verschreckt, verließ Isaak Landau auf einem Fahrrad, das ihm der Studienassessor Ott geliehen hatte, den Freistaat: bei Klein-Katz radelte er über die grüne Grenze nach Polen und schickte von Putzig aus, bevor er nach Palästina weiterzog, das Rad per Bahn zurück. Landau schrieb eine Ansichtspostkarte, die den Leuchtturm der Halbinsel Hela zum Motiv hatte. Zwischen Grüßen stand der Wunsch, es möge in Zukunft an Leuchttürmen nicht fehlen.

»Ich bezweifle«, sagte Hermann Ott, »daß es bei dieser vereinzelten Flucht bleiben wird.«

Bald darauf mußten die ersten jüdischen Studenten ihr Studium an der Technischen Hochschule abbrechen, weil ihnen die Arbeit an den Zeichentischen und in den Laboratorien von SA-Studenten unmöglich gemacht wurde . . .

»Was heißt, unmöglich gemacht?«

»Durch Schikanen verhindert.«

»Was für Schikanen denn?«

»Tinte auf technische Zeichnungen gießen.«

»Also nur Quatsch machen?«

»Kann sein, daß einige SA-Studenten glaubten, nur Quatsch zu machen.«

»Und wenn die Studenten heute? Würden die auch?«

»Ich weiß nicht.«

»Sag mal ehrlich, würden die?«

»Einige, vielleicht.«

»Auch die für Mao sind?«

»Es kann gut sein, daß einige studierende Maoisten glauben, nur Quatsch zu machen.«

»Aber wenn sie dagegen und für Gerechtigkeit sind?«

Ich will das nicht engführen. Die Gewalttätigen und die Gerechten hören schlecht. Nur soviel, Kinder: seid nicht allzu gerecht. Man könnte eure Gerechtigkeit fürchten, vor ihr die Flucht ergreifen . . .

Nachdem ein jüdischer Hochschulassistent gezwungen worden war, seinen Arbeitsplatz zu räumen – er wurde als Reichsdeutscher nach Marienburg abgeschoben und in ein Lager gebracht – das Wort Kazett war noch ungebräuchlich –, erschreckte den Studienassessor Ott eine extrem konsequente Flucht. In der Turnhalle des Kronprinz-Wilhelm-Gymnasiums erhängte sich – und zwar am hohen Reck – ein siebzehnjähriger Gymnasiast, nachdem ihn seine Mitschüler in der Toilette (nur so aus Quatsch) gezwungen hatten, seine beschnittene Vorhaut zu zeigen.

Einige Schüler wurden von der Schule gewiesen; dennoch blieb Hermann Ott vor versammeltem Lehrerkollegium skeptisch: »Ich bezweifle, daß der Verweis von Schülern irgend etwas bewirkt, solange es einige Lehrkräfte für richtig halten, verallgemeinernde Aussagen, wie etwa: ›Die Juden sind unser Unglück‹ – zum Aufsatzthema zu erheben.«

Zweifel hingegen lehrte vor Obersekundanern, die später in Nordafrika, an der Eismeerfront und als U-Boot-Fahrer keine Gelegenheiten hatten, älter als dreißig und skeptisch zu werden, des Pudelfreundes Schopenhauer »Skeptische Ansicht«. (Von der Moral und der Würde blieben nur Kragenstäbchen und Puderquasten.) »Ich bezweifle«, sagte Ott zu seinen Obersekundanern, »daß Sie mir zuhören.«

Im April dreiunddreißig löste die Minderheitsregierung Ziehm den Volkstag auf. Bei den Neuwahlen am 28. Mai gewannen die Nationalsozialisten die knappe Mehrheit von 50,03 Prozent. (Im Reich hatten im März nur 43,9 Prozent der Wähler für Hitler gestimmt.)

Jemand, der Rauschning hieß, wurde in Danzig Senatspräsident. Schon hatte man die Gewerkschaften, ohne auf nennenswerten Widerstand zu stoßen, mit der nationalsozialistischen Betriebszellenorganisation gleichgeschaltet; ein Versagen, das dem Deutschen Gewerkschaftsbund bis heutzutage brave Niewidersprüche und gewundene Schuldbekenntnisse eingibt, besonders am 1. Mai . . .

»Haben die nicht gestreikt?«
»Kein Generalstreik.«
»Und würden die jetzt, wenn sowas wie damals?«
»Ich weiß nicht.«
»Sag mal ehrlich, würden die diesmal?«
»Weiß wirklich nicht . . .«

... und bringe am Wochenende in meiner Reisetasche nur wenig Gewißheit mit: miefgesättigte Hemden und diese Grubenlampe aus Gladbeck, Zeche Graf Moltke, die mir der Betriebsratsvorsitzende Dziabel, außer dem Schnupftabak, geschenkt hat.

Vorwärts – so heißt eine sozialdemokratische Wochenzeitung. Einen General, Blücher hieß der, nannten Schullesebücher: Marschall Vorwärts. Bei der Hitlerjugend wurde gesungen, habe ich mitgesungen: »Vorwärts, vorwärts, schmettern die hellen Fanfaren ...«

Ein dummes Wort, das oft genug den Rückschritt beschleunigt hat. Ein geblähtes, deshalb rasch abschlaffendes Wort, dem die Begeisterung als Luft und der Glaube als Pumpe dienen. Ein über Gräber und Massengräber springendes, in alle Sprachen übersetztes, jedem Lautsprecher geläufiges Fingerzeigwort, das erst im nachhinein (Flüchtlingsgespräche) geprüft wird. Mal sehen, ob vorwärts schon hinter uns liegt. Die Befragung schiefgelaufener Schuhabsätze. Eindeutige Beschlüsse, aber die Wegweiser widersprechen sich. Mitten im Fortschritt ertappen wir uns im Stillstand. Die ausgegrabene Zukunft. Statistische Mystik. Gotisch verschnörkelte Zündschlüssel. Autos um Bäume gewickelt ...

Später mal, Franz, wenn du enttäuscht bist,
wenn du den Kehrreim des Liedchens »Zwecklos«,
der die Zeile »Hatjadochkeinenzweck« wiederholt,
mühsam gelernt, in Gesellschaft gesungen,
aus Trotz vergessen
und auf Abendschulen neugelernt hast,
später mal, Franz,
wenn du siehst,
daß es so und auch so und selbst so nicht geht,
wenn es dir schiefzugehen beginnt
und du die Mitgift Glauben verzehrt,

die Liebe im Handschuhfach liegengelassen hast,
wenn sich die Hoffnung, ein gutwilliger Pfadfinder,
dessen Kniestrümpfe immerfort rutschen,
ins Aschgraue verloren hat,
wenn dir das Wissen beim Kauen schaumig wird,
wenn du fertig bist,
wenn man dich fix und fertig gemacht hat:
flachgeklopft entsaftet zerfasert –
jemand kurz vorm Aufgeben –
wenn du am Ziel – zwar Erster –
den Beifall als Täuschung,
den Sieg als Strafe erkannt hast,
wenn dir die Schuhe mit Schwermut
besohlt worden sind
und Grauwacke deine Taschen beutelt,
wenn du aufgegeben, endlich aufgegeben,
für immer aufgegeben hast, dann – Fränzeken –
nach einer Pause, die lang genug ist,
um peinlich genannt zu werden,
dann stehe auf und beginne dich zu bewegen,
dich vorwärts zu bewegen . . .

. . . denn als wir uns – lauter viereckige Männer – in der Niedstraße vor einem Jahr zu treffen begannen, um unseren langen Tisch zu belagern und einander unbequem zu sein, setzten wir zwischen überforderten Aschenbechern einen winzigen, von Anbeginn hinkenden Anfang, dem jedermann versicherte, daß er sich versuchsweise zu verstehen habe, weil sich jeder am Tisch, wenn auch jeweils anders gefärbt, mit der Absicht trug, eigentlich und demnächst aufzugeben oder schon lange, spätestens nach Abschluß der Großen Koalition, aufgegeben hatte; nur Jäckel d. Ä. sprach einig mit sich als Historiker und nannte die Lage normal.

Schwierig, einander aussprechen zu lassen. Dieses gelangweilte Stochern in Pfeifen mit Zubehör. Ausflüchte in die Vorhöfe professoraler Intrigen. Komplimente für Anna, die kurz und eher abwesend »mal reinschaut«. Absicherndes Ausklammern und Aufforderungen, endlich zur Sache zu kommen.

Also päppelten wir den winzigen Anfang. Papier und Scharfsinn in Parenthesen bekam er zu fressen. Auf knapp drei Seiten bescheinigten wir den Sozialdemokraten (distanzbewußt) üblichen Kleinmut, internen, die Partei lähmenden Streit, kommunale Selbstgefälligkeit, diffuse Selbstdarstellung, Ämterhäufung und Kompetenzsucht, rechten Opportunismus und linke Arroganz, eine in Zaudern und Ehrgeiz zerfallene Führung, zwar Fleiß und Können, aber auch mangelnden Willen, die bevorstehende Bundestagswahl zu gewinnen. Der Anstoß – so unser Allheilmittel – müsse von außen kommen. Einer Vielzahl kleiner, aber aktiver Wählergruppen könne es unter Umständen (die noch zu schaffen seien) gelingen, die ermüdete, schon der Resignation verfallene Partei zu beunruhigen. Stachel sein. Schrittmacher spielen. Ein Vorfeld bereiten. Wählerinitiativen (sozialdemokratische) gründen. Die Protestwelle auffangen, umleiten ...

Unser Hochmut war reich an zynischen Nebengeräuschen. Verzweifelte Langstreckenläufer, die sich um Witzeslänge zu überholen bemühen. Japsend auf der Schnauze liegen und nur noch aus Krabbeltrieb Startlöcher suchen. Einer Schnecke Pfeffer unter die Kriechsohle reiben.

Ich will jetzt keine Stimmung auspinseln und Strichmännchen kritzeln, obgleich sich draußen, während die Stühle uns steif werden ließen, Pathos auf Breitwand auslebte. Dutschke voran, lief der Studentenprotest enggekoppelt, auf Reibung bedacht, heroisch und schön (im fotografierten Ausschnitt) gegen uns, die unansehnlichen Revisionisten; für uns, zum Nutzen der Revision. Lärmgewohnt saßen wir am Rand: sprachfleddernde Pedanten, die alles genau, sogar das Vage genau benannt haben wollten.

Nachdem Gaus seinen Streit gehabt hatte, Sontheimer keiner Entscheidung fähig gewesen war, Baring nicht sich aber seinen Beitrag für unerheblich gehalten hatte, ich penetrant stur gewesen war, und alle einmal, Gaus mehrmals recht gehabt hatten, sprach Jäckel d. Ä. als Historiker und nannte den Wahltermin ein Ziel, auf das man sich zubewegen müsse: und zwar Schritt für Schritt vorwärts.

4

. . . oder wollen wir Leine ziehen? Einfach ab? Alles verscherbeln und auswandern – gleich wohin? – »Mein Visum ist da!« rief die Schnecke und nahm ihr Haus mit.

Auch Hermann Ott soll damals das Auswandern erwogen haben: nach Kanada (zu mennonitischen Verwandten) nach Australien (ohne Gründe zu nennen) nach London (wegen der insularen Skepsis). Zweifel plante mehrere neue Existenzen, die einander aufhoben: also blieb er und plante sein Bleiben.

Wir planten, in Bonn ein Büro zu eröffnen, in dem der Aufbau von örtlichen Wählerinitiativen geplant und meine Zeit sinnvoll verplant werden sollte: ab März bis Ende September, mit Pausen nach Plan.

Einer der drei Büroräume wurde als Redaktion der geplanten (noch unbenannten) Wahlzeitschrift eingeplant. Wir planten Groß- und Kleinanzeigen und als erstes Lebenszeichen eine Pressekonferenz in Bonn, die am Montag den 25. März im Restaurant Tulpenfeld stattfand und sich, wie geplant, ausreichend öffentlich rumsprach.

Für Mitte April planten wir Sontheimers Rede auf dem Godesberger Parteitag. (Steht im Protokoll. Wurde mit Beifall aufgenommen.) Wir planten Poster, Flugblätter, mittlere Kettenreaktionen und ein Linsenessen mit Presse und Wischnewski. (Schlug sich, weil Linsen eine Nachricht sind, in fünfzig Zeitungen nieder.)

Auch Namen (Baudissin, Lenz, Böll – wen noch alles?) planten wir ein und mußten – was jeder echte Planer eingeplant hat – Abstriche machen, neuplanen oder alte Pläne eindampfen und geschönt vorlegen.

Unser buntes Würfelspiel wurde abgelehnt (zu teuer), bevor es als politisches Planspiel entwickelt werden, Spaß machen konnte. Nichts wurde aus der fürs Ruhrgebiet geplanten Brieftaubenaktion. Natürlich hatten wir auch einen Film geplant und wollten außerdem . . .

Hör zu, Raoul, dein Plan gefällt mir, auch wenn er nicht aufgeht. Laß ihn doch liegen. Sei nicht gleich so geladen. Zerspringe langsam. Und sage nicht: »Immer mir, nur mir passiert das, klar doch.«

Ich habe dir erklärt, daß deine kleinen und schlimmeren Unfälle nicht bedeuten, daß die Welt oder Friedenau gegen dich ist.

Dich und deine Löcher im Kopf habe ich sonntags zum Arzt getragen.

Ich habe dir gezeigt, wie man eine Hammelkeule mit Knoblauch spickt.

Oft sehe ich dich mit voreiligen Schritten kommen und fange dich auf, wenn du springst.

Ich beuge dir vor, nehme dir Dampf weg. (Deine Mutter und du, ihr seid euch ähnlicher, als es die Nähe am Tisch zulassen will.)

Halte dich vorher, bevor dich die Wut federleicht macht, zum Beispiel an mir fest; ich bremse (und werde von Zweifel gebremst).

Wie höflich du nachsichtig bist, wenn ich zerstreut bin und »Ja« sage, obgleich ich schon mehrmals »Es gibt keinen Plattenspieler« gesagt habe.

Deine Ordnung ist ein Chaos, in dem viel Arbeit steckt. Auch wenn er überschwappt, ich mag es, wenn du mir Wein eingießt.

Deine Pläne gefallen mir. Komm, laß uns Pläne machen! Zum Spaß, wie mein Begräbnis geplant sein soll: So lustig wie hinterhältig.

Wen wir einladen wollen?

Nicht nur Freunde.

Was es danach (bevor ich vom Tonband spreche und – wie wir geplant haben – meine Leichenschmausgäste begrüße) zu essen geben wird?

Hammelkeule mit Knoblauch gespickt – wie es dein Vater gelehrt hat ...

Aber noch lebe ich ziemlich. Meine Pläne kochen auf Sparflamme. Vorläufig bin ich mit dem Verhindern beschäftigt. Der Rest gilt kleinen Gewinnen. Die Schwärze graustichig werden lassen. Das Abklappern schwarz in der Wolle gefärbter Wahlkreise: katholisch-heidnische Bilderbuchgegenden, in denen dem Aufbau von Wählerinitiativen – du kennst unseren Plan – Angst um das Ansehen und die Kundschaft, Angst vor dem Pfarrer, dem Schulrat, den Nachbarn, biedere Angst in ihrer Trachtenjacke entgegensteht.

Oder wenn ich am Nachmittag (nach Fabrikbesichtigungen) zwischen Betriebsräten sitze und zuhöre, wie mir die Arbeit und ihre Bedingungen als ein gleichförmig auf Fließband gesetzter Fluch erklärt wird: das tarifrechtlich geschützte Unrecht.

Oder auf Diskussionen, sobald die Söhne der Bürger sich freizusprechen beginnen, indem sie die Welt mit Hilfe eines Mikrofons zu erlösen versuchen. Wenn ich den deutschen Idealismus, der dem Spitzwegerich gleicht, mißmutig jäte; doch unentwegt wächst er nach. Wie sie immerfort eine Sache – und sei es die Sache des Sozialismus – um ihrer selbst willen betreiben ...

Oder die Gläubigen unter den Käseglocken, wie sie sich frisch halten. – Raoul, laß uns Ketzer bleiben. Komm, laß uns Pläne machen. Jetzt suchen wir Zweifel ...

Er hat die Schule gewechselt. Das weiß ich von Dr. Lichtenstein, der in Tel Aviv wohnt und alles, was aktenkundig wurde, gesammelt hat: trockne Erlasse und Senatsprotokolle, die gestelzten Verharmlosungen eines Verbrechens, das von Beginn an Wachstum versprach und die Zukunft für sich hatte. (Als wir vom 5. bis 18. November 1971 in Israel waren, und ich mein

Manuskript schon in letzter Fassung bei mir trug, sagte Erwin Lichtenstein, daß seine Dokumentation »Der Auszug der Juden aus der Freien Stadt Danzig« demnächst bei Mohr in Tübingen als Buch erscheinen werde. Frau Lichtenstein, geborene Anker, sagte zu Anna: »Damals waren wir frisch verheiratet.«)

Ab März 1933 wurden in Danzig die jüdischen Geschäfte boykottiert, wurden jüdische Justizbeamte ohne Begründung in untergeordnete Positionen abgeschoben, wurden selbst dort, wo sie als Spezialisten nicht zu ersetzen waren, jüdische Ärzte entlassen und nicht mehr im Hartmannbund geduldet, durften bei den Zoppoter Waldfestspielen keine jüdischen Künstler beschäftigt werden, wurde den jüdischen Mitarbeitern beim Landessender Danzig gekündigt, durfte der Turnverein Bar Kochba keine städtischen Turnhallen mehr benutzen, wurde es für jüdische Schüler auf städtischen Schulen unerträglich: sie mußten gesondert sitzen. Bei der Entbietung des »deutschen Grußes« mußten sie Haltung annehmen, durften aber nicht, wie es ihre Mitschüler taten, den rechten Arm heben; gleiches galt für jüdische Lehrer.

Erwin Lichtenstein sagte in Israel: »Damals war ich ein junger Dachs und Syndikus der Synagogengemeinde. Wir wollten keine jüdische Schule. Nur die zionistische Volkspartei stellte seit Jahren Anträge. Nun drängte auch der Senat ...«

Im März 1934 mußte die Synagogengemeinde eine achtklassige Volksschule einrichten. Anfangs standen Räume in der Volksschule Rittergasse zur Verfügung. Später zog die Schule in die Heiligengeistgasse um. Als sogar Schüler aus Praust, Tiegenhof und Zoppot kamen, wurden private Räume in der Brotbänkengasse dazugemietet. (Der Mittelschullehrer Samuel Echt leitete die jüdische Volksschule bis kurz vor Kriegsbeginn, als sie, durch Auswanderung geschrumpft, wieder in die Rittergasse zurückverlegt und – nach Echts Auswanderung – von Aron

Silber geleitet wurde.) Gleichzeitig begann der Aufbau der höheren Privatschule.

In Haifa besuchten Anna und ich Ruth Rosenbaum. Bei ihrer neunundachtzigjährigen Mutter, die mit Blick aufs Meer und umgeben von Danziger Erinnerungsstücken auf halber Höhe des Karmelberges wohnt, war sich die Tochter nicht sicher: »Muß denn mein Name vorkommen?«

Weil Ruth Rosenbaum auf den städtischen Schulen als Assessorin keine Anstellung fand, hatte ihre Mutter im Gemeindeblatt und in der »Volksstimme« Anzeigen aufgegeben. Es meldeten sich acht jüdische Oberschüler. Im Haus ihres Vaters, Dominikswall 5, begann Ruth Rosenbaum Privatunterricht zu geben. (»Ich ahnte ja nicht«, sagte sie siebenunddreißig Jahre später, »was daraus werden sollte.«)

Sechsundzwanzig Jahre war sie alt und bald darauf Leiterin jener privaten jüdischen Oberschule, die von ehemaligen Schülerinnen (Eva Gerson in Jerusalem) heute noch »Rosenbaumsche Schule« genannt wird. Die Schule wuchs und wurde später in die Villa eines ehemaligen Ziegeleibesitzers (Eichenallee 1, Ecke Große Allee) verlegt. Vom Frühjahr vierunddreißig bis zum 15. Februar 1939 war Ruth Rosenbaum verantwortlich tätig, stand sie im Vordergrund. Heute gibt sie in Haifa Nachhilfeunterricht (Englisch, Französisch) und möchte eigentlich nicht genannt werden.

Neben Ruth Rosenbaum, der Studienrätin Romana Haberfeld, die die Viktoria-Schule schon im Vorjahr hatte verlassen müssen, der Referendarin Brunhilde Nachmann und den Professoren Ascher und Litten, die später dazu kamen, unterrichteten auch nichtjüdische Lehrer, die sich auf städtischen Gymnasien kritisch zum Nationalsozialismus geäußert hatten: die Studienrätin Elfriede Mettner, der Studienrat Martens und – warum nicht? – Zweifel als Studienassessor Ott.

Ranicki, der nicht Biologie studiert hat, doch dessen Geschichte bei mir liegen blieb, mag jetzt Fragen stellen. Hatte Ott eine Vorliebe für Juden? – Es machte ihm Spaß, mit Juden (zum Beispiel mit Professor Litten) über Wörter und deren Bedeutung zu streiten.

Bewarb sich dieser Ott schriftlich um die Lehrstelle an der Rosenbaumschen Schule? – Er schrieb: »Ich bezweifle, daß ich neben meiner pädagogischen Tätigkeit besonderes Interesse für die Probleme des Judentums an sich werde aufbringen können; besonders fremd sind mir alle religiösen Bräuche.«

Also bewarb sich Ott aus politischen Gründen? – Eigentlich nein. Denn wie er gegen die Nazis war und – mit Schopenhauer als Hegelfeind – gegen die Kommunisten, so sprach er auch skeptisch über den Zionismus.

Ja, warum kann denn dieser Ott nicht woanders? – Mein lieber Ranicki, weil Zweifel nur an der Rosenbaumschen Schule denkbar, also tatsächlich ist.

Hermann Ott gab weiterhin Biologie und Deutsch. Seinen Spitznamen brachte er mit. (Ruth Rosenbaum wird sich an ihn nicht erinnern können, obgleich er mit ihr im Schulgarten fleißig gewesen sein muß, denn im Tagebuch der Untertertia steht zu lesen: »Heute war ein Teil des Schulgartens gesperrt, weil sich Wespen eingenistet hatten. Am Abend dann haben Herr Martens und Herr Ott gemeinsam das Wespennest ausgeräuchert.«)

Ott fand Anerkennung als Studienassessor; doch seine ehrenamtliche Tätigkeit als zweiter Sekretär der Schopenhauergesellschaft fand ein Ende, weil sich – so hieß es im Schreiben des Vorstandes – unmittelbarer Kontakt zum Judentum nicht mit den Werten rein deutschstämmiger Philosophie vereinbaren lasse.

Auf der Rosenbaumschen Schule ging es lustig zu. Purimfeste wurden gefeiert, Purimspiele geübt. Im Tagebuch der Untertertia steht: »Meier Isaaksohn spielte den lustigen Rebben. Auch die Chassidim waren nicht übel. Danach gab es Hamantaschen zu essen . . .«

Und für ein anderes Purimfest hatte Ruth Rosenbaums Vater, der Rechtsanwalt Dr. Bernhard Rosenbaum, ein gereimtes Spiel geschrieben, das »Amalek« hieß und vom geplanten Mord am Volk der Juden im Reich der Perser handelte. (Der böse Haman überredet den König Achaschveros, ein Gesetz zu erlassen, nach dem an einem Tag alle Juden gemetzelt werden sollen. Doch der alte Mordechai aus dem Hause Kis und Oheim der Königin Esther überredet die Königin, beim König Achaschveros für ihr Volk um Gnade zu bitten. Der böse Haman kommt an den Galgen. Der Tag des Mordes wird zukünftig als Purimfest gefeiert.)

Im Tagebuch der Untertertia steht: »Das war eine schöne Arbeit, die vielen Rollen zu lernen! In letzter Minute wurde Fritz Gerson, der den Haman spielen sollte, krank. Da meldete sich Susi Straßmann und sagte, sie könne den Haman auch spielen . . .«

Nein, Kinder, ganz unpolitisch. Und auch Ruth Rosenbaum sagte in Haifa: »Die Politik blieb draußen. Mein Vater schirmte uns ab. Wir waren ja als Pädagogen in günstiger Lage, konnten experimentieren und endlich mit der Schulreform beginnen. Zum Beispiel führte ich den Werkunterricht ein. Zwischen Haupt- und Nebenfächern machten wir keinen Unterschied.«

Zweifel muß damals schon wieder Schnecken gesammelt haben. Die vielen Wanderungen der Untertertia geben Hinweise: »Bald nach Purim machten wir einen Ausflug nach Freudenthal. Wir fuhren bis Oliva mit dem Zug, und von dort aus wanderten wir. Herr Ott hatte seine Botanisiertrommel mit . . .« Oder hier: »Der Ausflug nach Lappin. Da die Brücke nach Podfidlin gesperrt war, mußten wir, um über die Radaune zu kommen, bis nach Oberkahlbude laufen. Die Freistaatgrenze war ganz nah.

Am Ottominer See war es schön. Wir halfen Herrn Ott beim Sammeln. Unterwegs nach Prangschin wurden wir fotografiert . . .« – Oder: »Wir fuhren bis Brentau. Es ging meistens durch Wald. Herr Ott war ganz begeistert, weil er Laubschnekken fand. Wir sangen bald deutsche, bald hebräische Lieder. So kamen wir schnell vorwärts . . .«

Diese Ausflüge mögen Hermann Ott angeregt haben, außer seinen philosophischen Aufsätzen, die sich zumeist an Hegel rieben und an Schopenhauer geschult waren, heimatkundliche Artikel zu schreiben, die leicht gekürzt aber nie entstellt in der »Danziger Volkszeitung«, einem sozialdemokratischen Blättchen, abgedruckt wurden. Die Leser der Volkszeitung lernten, wo es Schnecken gab: entlang der Radaune, rund um den Ottominer See, zwischen Tiegenhof und Neuteich, hinter den Deichen, wo die Kaschuben Ziegel brennen, wo Strandhafer wächst, unterwegs nach Fischerbabke.

Seitdem Zweifel an der Rosenbaumschen Schule denkbar und als Lehrer tätig ist, gerät er mir vielseitiger als geplant; er soll für die »Volkszeitung« auch Glossen geschrieben haben.

5

Zurück aus Schnecklingen, komme ich mir schnell vor. Das liegt südlich Oberzögern, an der Straße nach Kreuchlingen und gehört mit den Gemeinden Schlaichheim, Weilwangen, Weil am Wald und Hinterzig zu einem Wahlkreis, in dem die Sozialdemokraten, seit Bebel, zwar Fortschritte machen, dennoch überdehnt langsam und nur vergleichsweise vorankommen. (Seitdem wir unter Bewußtsein leiden, gibt es ein falsches Bewußtsein.)

Ihr werdet verstehen, Kinder, daß ich mich auf Schnecklingen, ein Städtchen, das architektonisch aber auch mit seiner anheimelnden Stimmung an Burgsteinfurt, Weißenburg, Säckingen und Biberach erinnert, besonders vorbereiten mußte; sogar meine Standardrede »Zwanzig Jahre Bundesrepublik« galt es, durch Kürzungen und eingefügte historisierende Passagen auf Schnecklinger Maß zu bringen, denn schon Tage vor meiner Ankunft – wir kamen aus Marl und hatten den 1. Mai in Dinslaken noch vor uns – war es im Schnecklinger Rathaus hinter Renaissancefenstern zur Debatte und Abstimmung gekommen: mit den fünfzehn Stimmen der Schwarzen gegen die sechs Stimmen unserer Leute hatte die Stadtverordnetenversammlung (bei zwei liberalen Enthaltungen) einen Aufruf erlassen, der indirekt gegen uns gerichtet war; hier steht er:

»Bürger der Stadt Schnecklingen! – Veränderungen, vor denen wir lange gewarnt haben, drohen Gestalt anzunehmen. Wie die Flugblätter radikaler Neuerer sagen, soll das tausendjährige Bestehen unserer einst bischöflichen Residenzstadt unter dem skandalösen Motto ›Wir wagen den großen Sprung!‹ gefeiert werden. Man hat vor, sich mit sportlichen Veranstaltungen zu tarnen. Hüpfwettbewerbe sollen nicht nur in den Schulen, sondern auch – demonstrativ! – vor dem Rathaus stattfinden. Wir durchschauen die Absicht! Auch soll die Umbenennung unseres geliebten Schnecklingen erwogen worden sein.

›Schneckensprung‹ soll unsere Stadt künftig heißen. Diesem Frevel Einhalt zu gebieten, sind alle Bürger aufgerufen. Hier wird nicht gesprungen. Auch wenn wir den Fortschritt nicht grundsätzlich ablehnen, mißtrauen wir dennoch der Eile. Immer noch sind wir rechtzeitig angekommen. Oft überlebten wir nur, weil wir zu spät ankamen. Es gilt, sich der drohenden Beschleunigung Schnecklingens in den Weg zu stellen und bereits erwogene Schritte rückgängig zu machen. Wehret den Anfängen! Unser Reichtum heißt: Beharrungsvermögen. Wir beeilen uns nicht.«

(Später kam ich in ähnlich um ihren Ruf und Stillstand besorgte Städtchen, die winklig und enggeführt vom Durchgangsverkehr verstopft waren, in Abgasen konserviert zu sein schienen und Schnecklar, Schneckstetten hätten heißen können.)

Als ich am Abend in Schnecklingens historischer Markthalle am Vogteiplatz zu den zahlreich erschienenen Bürgern sprach, gelang es mir sogleich, mit den einleitenden Worten, die Schnecke im Wappen der Stadt als Symbol des Fortschritts zu deuten. Selbstverständlich unterließ ich es, Sprünge oder gar den »Großen Sprung« zu empfehlen. Auch verkniff ich mir Worte wie Expansion, Ballungsräume, Sofortprogramm, Infrastruktur und Planung. Doch indem ich den fundamentalen Unterschied zwischen konservativen Haftschnecken und vergleichsweise progressiven Wegschnecken deutlich machte, im Bild blieb und alle Bewegung auf Schneckenmaß brachte, wuchs die Zahl derer, die keine Haftschnecken sein wollten und fortan bereit waren, das heraldische Tier der Stadt (nach meinen schneckenkundigen Erläuterungen) als eine unentwegt den gleitenden Muskelfuß bemühende Schnirkelschnecke zu erkennen.

»Der Fortschritt ist eine Schnecke!« sagte ich. Rasch entstand Beifall. (Auch als ich Willy Brandts niemals sprunghaften Aufstieg eine »Schneckenkarriere« nannte, kam freundlicher, über sein Entstehen erstaunter Beifall auf.) Keine Begeisterung, aber immerhin hörte man zu, solange ich die Sozialdemokratische Partei Deutschlands, gemessen an ihrer hundertjährigen Mühsal, eine Schneckenpartei nannte. Meine Rede schloß mit dem Aufruf, sich nicht abzukapseln, sondern schneckengetreu dem Weg verhaftet zu bleiben und die Fühler im Zukünftigen spielen zu lassen.

Natürlich ging es während der anschließenden Diskussion, selbst als von der dynamischen Rente und dem Städtebauförderungsgesetz die Rede war, ausschließlich um die Deutung der Schnecke an sich und – nach deutscher Art – ums Schneckenprinzip. Ein Sprecher der Außerparlamentarischen Oppositionen – auch Schnecklingen hat eine APO – stimmte mir zögernd zu, indem er den vom Studentenprotest oft berufenen »Langen Marsch durch die Institutionen« ein Schneckenprogramm nannte. Als ich ihm mit Trotzki das Wörtchen »permanent« anbot, war er bereit, die Revolution als dialektische Bestätigung des Schneckenprinzips zu akzeptieren. (Ich nannte das Zauberwort Hegel und erlaubte mir zwei ausführliche Engelszitate, von denen nur das erste erfunden war.)

Eine gelungene Veranstaltung. Beim Signieren mitgebrachter Taschenbücher warf mein Filzstift wahlberechtigten Mädchen (neben der Unterschrift) dekorative Schnecken aufs Papier. Später saßen wir im Vogteikeller und lobten Schnecklingens Riesling. Da viele Zuhörer (und Wähler) aus Oberzögern und Weil am Wald gekommen waren – in Hinterzig hatte man einen Sonderbus gemietet – sprach der sozialdemokratische Kandidat, ein Gymnasiallehrer, den ich gerne Hermann Ott genannt hätte, von einer Kundgebung, die noch lange nachwirken werde, auch wenn man bezweifeln müsse, daß sich der Erfolg des Abends schon im Wahlergebnis niederschlagen könne. (Gegen Mitternacht gelang es mir sogar, mehrere Bürger der Stadt, unter ihnen ein Oberarzt und der Direktor des Heimatmuseums, als Mitarbeiter zu gewinnen: seitdem gibt es auch in Schnecklingen eine Wählerinitiative).

Ein Städtchen, Kinder, von mittelalterlichem Zuschnitt, dem sich die Industrie nur zögernd zu nähern wagt. Als ich am Nachmittag einen Betrieb besichtigte, in dem Stoppuhren montiert werden, fand das anschließende Gespräch mit dem Betriebsrat in einem Raum statt, an dessen Wänden die Fotos bekannter Kurzstreckenläufer gerahmt hingen. Die Widmungen der Sprinter – darunter Asse wie Hary und Fütterer – lobten die Schnecklinger Stoppuhren und nannten deren Ruf »international«.

(Als es soweit war, verzeichneten wir einen sozialdemokratischen Stimmengewinn von 4,8 Prozent. Wir sprangen nicht, sondern glitten von 20,3 auf 25,1: Schnecklingen macht sich.)

Während unser Wettlauf stattfand,
alterte, vergreiste, starb das Publikum weg.
Kein Zeuge am Ziel, kein Beifall, nur Eigengeräusche. –
Geduld, ich hafte vorwärts, ich komme.
Viele überholen mich und liegen später am Weg:
Beispiele für Sprunghaftigkeit. –
Ich liege hinter mir.

Meine Spur trocknet weg.
Unterwegs vergaß ich mein Ziel.
Jetzt ziehe ich mich zurück,
bin nur noch zerbrechlich.
Draußen soll es windig sein
aber auf Kurzstrecken erfolgversprechend.

In Jena, Kinder, hat er den Kaiser Napoleon hoch zu Roß und in der Einheit Roß und Reiter etwas gesehen, das er Weltgeist nannte; seitdem galoppiert er – während ich auf das Bewußtsein der Schnecken setze.

In Dinslaken sprach der Vorsitzende der Gewerkschaft Leder, Adolf Mirkes, einer der Kurfürsten im Deutschen Gewerkschaftsbund. Dann hielt ich meine 1. Mai-Rede »Wider die Kurfürsten . . .«

Seit einem Jahrhundert auf gleitendem Muskelfuß dem Gaul im Prinzip hinterdrein, in Praxis voraus; dennoch blieb der Hengst Favorit.

Zu Anfang spielte ein Ziehharmonikaorchester. Ich mag das. Aber das reicht nicht. Zu viel in die Länge gezogene Harmonie. Denn an den Arbeitsplätzen, wo Akkord herrscht, die Stückzahl alles und Überstunden (für wen?) Gewinn sind, sammelt sich Wut, die keine Sprache findet, der niemand das Wort gibt, deren Bodensatz in keiner Gewerkschaftszeitung zu Druckerschwärze wird. Auf der Stelle tretende Ohnmacht, der in windstillen Seminaren Zensuren erteilt werden: mangelndes fehlendes falsches Bewußtsein – gemessen am Weltgeist, dem durchgegangenen Gaul.

Als ein Schwabe den Preußen die Idee nachlieferte, trat Professor Hybris in Staatsdienste.

Überall wollen sie vor dem eigenen anderer Leute Bewußtsein verändern: zugutbehauste Söhne, die vom Proletariat wie von einer Marienerscheinung schwärmen; an sich verbitterte Pädagogen, denen ein Schuß Marxismus das idealistische Süppchen verlängern muß; höhere Töchter auf der Suche nach einem so linken wie exklusiven Tennisclub; neuerdings berufsmäßige Gottesstreiter, die Christi Blut in hegelförmigen Flaschen abfüllen.

Als der Weltgeist in den Amtsschimmel fuhr, begann er hochtrabend und über jede Hürde hinweg zu sprechen. Denn welches Ohr an den Walzstraßen und Drehbänken versteht ein Wort, wenn alles, was die Arbeit und ihren Gewinn betrifft, verhegelt ist, taub macht.

Ich sprach in Dinslaken über langweilige Gewerkschaftszeitungen und zerredete Mitbestimmung am Arbeitsplatz, über den Hochmut unleserlicher Schreibe.

Mein gleichbleibendes Thema, denn dieser Mißstand ist langlebig und erneuert sich durch kollegiales Schulterklopfen. Wo ich hinkomme, nicken Betriebsräte: »Sag ich schon lange.«

Sie hauen auf den Tisch: »Richtig. Uns fehlt eine Zeitung, die wir auch lesen können, in der was drin steht.« Ich werde mich wiederholen, werde penetrant sein, werde einen Kehrreim erfinden müssen. (»Wo bleibt der Fortschritt, liebe Kollegen, wenn die Gewerkschaften das Tempo der Schnecke zu unterbieten versuchen!«) Zweifel lächelt, als wolle er einen Zwirnsfaden spalten.

Schon als Kind soll er an den Feldrändern und zwischen den Gemüsebeeten seines Heimatdorfes Müggenhahl, später, nach dem Umzug der Familie in die Niederstadt, auf den Dämmen der ehemaligen Befestigungsanlagen Bastion Kaninchen, Bastion Bär, Bastion Aussprung (auch auf den Wiesen seitlich Kneipab) Schnecken gesammelt, in Terrarien gehalten und detailsüchtig beobachtet haben.

Nach dem Ersten Weltkrieg, als der Heubedarf sank, wurde im Werderdorf Müggenhahl, dessen Ländereien zwischen Entwässerungsgräben niedrig lagen, nur noch Gemüse angebaut. Das weite Gebiet Hundertmark wandelte sich zu einem Garten, in dem besonders ertragreich Salat auf Mistbeeten gezogen wurde. Mit dem Gemüseanbau kamen die Schädlinge: straffhäutige Nacktschnecken, schiefergrau mit schwärzlichen Längsbinden, und die zu den Egelschnecken gehörende, zumeist graubräunliche, netzartig gezeichnete Ackerschnecke. Es mag sein, daß die regelmäßigen Vernichtungsfeldzüge der Müggenhahler Schuljugend gegen die Garten- und Ackerschnecken, dieses breitmäulige Mitzählen beim Einsammeln in Gurkengläsern, sodann das Übergießen der Schädlinge mit kochendem Wasser, wohl auch das Auszahlen des Lohnes an die Schulkinder – zehn Guldenpfennige für ein Zweiliterglas Schnecken – den Volksschüler Hermann Ott dazu gebracht hatte, fortan für alle Schnecken (und später für jene, die wie gemeine Ackerschnecken vernichtet werden sollten) Partei zu ergreifen; jedenfalls tötete er gesammelte Schnecken nur exemplarisch, der Anschauung wegen.

Hermann Ott hat als Oberschüler seine Sammlung in den Unterricht mitbringen dürfen. Er galt als Experte, hielt Vorträge. Kein Wochenende verging, an dem er nicht per Rad ins Werder radelte und zwischen gnomköpfigen Weiden die Böschungen der Entwässerungsgräben nach dunklen Pfeilschnekken und glatten Achatschnecken absuchte. Nahe dem Nassenhubener Dampfschöpfwerk, einer Abbruchruine, seitdem elektrische Pumpwerke für das Entwässerungssystem gebaut wurden, fand er seine erste linksgewundene schmale Windelschnecke: ein seltener Fund.

Erst während des Studiums in Berlin nahm sein Sammlerfleiß ab – oder entsprach der verzögerte, umschweifig philosophische Satzbau dem Schneckensammeln. Das Wörtchen »Warum« verdinglichte sich Hermann Ott zur Botanisiertrommel, in der er alles, was sich als gegeben betrug, als gültig benahm oder als bewiesen zur Ruhe gesetzt hatte, sammelte, um es mit Präpariernadeln zu spießen und in Säurebädern anzuzweifeln. (Schon vor dem Beginn der Studienzeit soll Schopenhauer den Schneckensammler Ott gelehrt haben, vor dem Erkennen anzuschauen und niemals nach Hegelscher Methode vorgefaßter Erkenntnis die Beweise der Anschauung nachzuliefern.) Ott übernahm beträchtliche Restbestände Spott. Er zerlachte Systeme und ließ jedes absolute Gehabe über seinen Witz springen. Neben überlieferten Titeln – »Protestantischer Jesuit« und »Mystifizierfritze« – gab er Hegel neue Namen: Bewußtseinsmeier und Spekulatius. Als er zu Beginn der dreißiger Jahre den Weltgeist in einer Seminararbeit als ein Gespenst beschrieb, das in Kleppergestalt dem Kopf eines spekulierenden Roßtäuschers entsprungen sein müsse, befeindeten ihn gleichlaut die intim verfeindeten Linkshegelianer und Rechtshegelianer; denn die Linken und die Rechten wollten den Weltgeist beritten und galoppieren sehen – und wenig später galoppierte er auch.

»Wer issen Hegel?«

»Jemand, der die Geschichte über die Menschen als Urteil verhängt hat.«

»Hat der viel oder alles gewußt?«

»Dank seiner Spitzfindigkeit wird bis heutzutage alle Staatsgewalt als geschichtlich notwendig erklärt.«

»Und hatter rechtgehabt?«

»Viele Rechthaber behaupten es.«

»Und Zweifel?«

»Der wurde ausgelacht.«

Als Hermann Ott schon auf der Rosenbaumschen Schule Biologie unterrichtete und erneut Anschauung bei den Schnekken suchte, soll er über den Totalitarismus unter Hitler und Stalin eine Glosse geschrieben haben, von der, weil sie in der »Danziger Volkszeitung« nicht veröffentlicht wurde, nur der Titel geblieben ist: »Vom Bewußtsein der Schnecken – oder wie Hegel überholt werden wird.«

6

Als – eingebracht von den Menschen – das Gesetz zur Beschleunigung der Schnecken verabschiedet werden sollte, stimmten die Fische dagegen, enthielten sich die Vögel (mit Ausnahme der Hühner) der Stimme, fehlten bei den Wasserschnecken die haftenden Napfschnecken, kam die erforderliche Zweidrittelmehrheit nicht zustande, blieben die Schnecken weiterhin Schrittmacher, wurde der Rest der Reform, darunter der Gesetzentwurf zur progressiven Besteuerung des Beharrungsvermögens, an die Ausschüsse zurücküberwiesen.

Danach wurde, wie üblich, beteuert: Wir können nicht schneller. Nur vergleichsweise wirken wir langsam. Wir sind schon eilig und immerhin unterwegs. Man sieht ja, wohin Sprunghaftigkeit führt. Unser Zögern sollte prämiert werden.

Nach kurzer Beratung (und Anhörung sich widersprechender Experten) beschloß das Hohe Haus (aus staatserhaltenden Gründen) einstimmig, weitere Zuschüsse für den Transport der Schnecken bei besonderen Anlässen.

Wenn die Geschichte es fordert. Wenn der Mantel der Geschichte vorbeirauscht. Wenn die Geschichte über uns hinweg. Wenn uns die Geschichte vor besonders große Aufgaben stellt. Wenn die Weltgeschichte, in der (wie Hegel sagt) nur von Völkern die Rede ist, welche einen Staat bilden, uns an den Opfern messen wird, die wir . . .

Von der Terrasse aus durch die Fenstertür: ihr habt uns ja sitzen sehen, Stunden auf unseren harten Stühlen, die den Köpfen keine elegische Haltung erlauben. Preußensitz, Arbeitssitzungen nennen wir das. (Auch nannten wir uns, weil vieles lasch schmeckt, zwischen Gänsefüßchen Saline.)

Ihr werdet das später lesen. Dann seid nachsichtig, Kinder, weil wir uns und andere so hart angehen mußten, weil wir so verzweifelt sicher waren, weil uns nichts begeistern konnte, weil wir nur bedürftige Bildchen abgaben. Wir hatten nur das: den kleinen Spaß am Besserwissen und die handliche Glätte oft benutzter Gebrauchsgegenstände. Ihr habt uns ja sitzen sehen... Sobald Sontheimer, Baring, Gaus, Jäckel d. Ä. und ich auf Ehmke und Eppler (die beide Minister sind) stoßen, beginnen sich schon oder bald Vierzigjährige mit Worten einzureißen, wobei jeder im anderen seinen eigenen, klapprig gewordenen Pragmatismus erkennt und verschrotten möchte: wir mögen uns nur teilweise. Es hätte Zweifel, der Hermann Ott hieß und Anschauung vor der Erkenntnis suchte, uns präsidieren können. – Kein Glaubensartikel, den Gaus nicht in Whisky ersaufen ließe. Keine These, der Sontheimer nicht einen Vorbehalt abgewönne. Nichts, das Ehmke nicht besser wüßte. Und selbst Eppler, dessen Haaransatz steil aufschießenden Idealismus verspricht, wird schroff, sobald die Dritte Welt mit Hilfe des Prinzips Hoffnung kuriert werden soll.

Ich will euch keine Figuren beschreiben. Es saßen noch andere am langen Tisch: versuchsweise nützlich. Keine Helden; nur die Versammlung der Vierziger.

Sie vermessen sich mit dem Interesse und Pathos berufsmäßiger Leichenbeschauer, bald gelangweilt von so viel Vernunft. Dann klopfen sie (zur Erholung) die vielberufene junge Generation ab, auch die älteren Herren über ihnen und um sie herum, sobald sie aufwallen, in schlaganfallnahe Begeisterung geraten und sich mit den Jungen beim Beschwören von Endzielen treffen. (»Ekelhaft, dieser neumodische Schillerkragen!« – »Zum Kotzen, die zunehmende Blauäugigkeit!«) Sie bleiben kühl und mittelfristig. Hitlers ehemaliges Jungvolk hat alle Morgenfeiern hinter sich. Nur nicht tragisch heldisch wehleidig werden. Ihre Gefühle sterben frühzeitig an Definition. Allenfalls im Kino sentimental. Schwächen nicht zugeben. Sie sind fein raus, denn selbst die Probleme des Alterns werden ihnen – so scheint es – von den schon Dreißigjährigen abgenommen: »Liegt hinter uns. Wir waren immer schon alt!«

Soviel stimmt: früh gewonnene Greisenhaftigkeit hinderte uns, wie unschuldig bei Null anzufangen. Selbst im Traum kam kein Neuland in Sicht.

Da wir zuallererst uns mißtrauen – sogar Ehmke tut das, sobald er sich Pausen einräumen muß – sehen wir keinen Grund, anderen weniger zu mißtrauen. Trickspieler, die nicht müde werden, sich beim Schummeln zu ertappen. Wir sind unheilbar fleißig. Es sieht so aus, als wollten wir die verminderte Arbeitsleistung einiger dezimierter Kriegsjahrgänge durch Überproduktion ausgleichen. (Ersatzdienstleistende.) Jeder von uns hat irgendwann etwas versäumt, das sich nicht nachholen läßt und deshalb Blasen wirft. Fahrig deshalb, Kniewipper Fremdgänger Blickvögler, aber immer unter Kontrolle. Wer sich Infantilität (als Ausbruch) erlaubt, den wird Jäckel d. Ä., der als Historiker besonders erwachsen zu sein scheint, durch fugenloses Schweigen ernüchtern. Nie, nie wieder, niemals mehr dürfen wir – nie durften wir – infantil sein.

Das, Kinder, sind meine Freunde, falls Vierzigjährige noch blind genug sind, um sich als Freunde sehen zu können. – Hermann Ott, Zweifel genannt, war dreißig Jahre alt, als er sich im Sommer des Jahres fünfunddreißig in Müggenhahl mit dem deutschnationalen Gemüsehändler Isaak Laban, der damals ein schon kahlschädliger Mittvierziger gewesen sein muß, am Gartenzaun befreundete: sogleich Streit und Besserwissen. Eine sich von Widersprüchen nährende Freundschaft; mal sehen, wie ich mit Drautzburg, mit Erdmann Linde, mit Marchand über den Zaun ins Gespräch komme ...

Wo ich absteige. Wo ich ein Bettmümpfel auf dem Kopfkissen finde. Das staubfrei moderne Hotel Steinsgarten in Gießen. Speisekarte mit historischem Abriß. Am Hoteleingang ein

Metallschild: »Akademie für Organisation«. – Später verging mir das Lachen.

Geronnenes Einverständnis.
Kein Daumensenken: Grinsen genügt.
Alles, das kaum beginnende Lächeln,
das Staunen, Betroffensein und Erschrecken,
der spröde zeichnende Schmerz,
alles – und auch die Scham gerinnt.
Es ist ein Nickel Schadenfreude,
der solchen Spaß auszahlt.
Oder die Angst, erkannt zu werden.
Oder die Scheu vor nacktem Gesicht: Grinsen kleidet.

Als gestern (während der Diskussion) der alte Mann mit ungeordneten Worten von seiner gewesenen Zeit reden wollte – die Arbeitslosigkeit, das Stempeln, die Inflation und Reichsbanner gegen SA und Rotfront – krümelte anfangs Gruppengelächter, stabilisierte sich dann zur Grimasse. (Kein Feixen mehr.)

Als nach dem Zwischenruf »Hör schon auf, Opa!« den alten Mann Zorn packte – ja, Raoul, er schrie und war außer sich –, gingen viele peinlich berührt, hatten aber noch lange, bis in den Schlaf hinein Mühe, das Grinsen abzulegen.

Fassaden sagt man nach, daß sie es können.
Sieger – aber auch Unterlegene – rasten ein.
Das ersetzt im Fernsehen Kommentare.
Die Verlegenheit hat ihre Mimik gefunden.
Sobald wir vom Tod (von seinen vielstelligen Zahlen) hören,
sobald uns Niederlagen – die alten Bekannten – grüßen,
sobald wir allein sind
und einem Stück Spiegel in die Falle geraten,
geben wir unser Gesicht auf: Grinsen ist menschlich.

Das liegt jetzt hinter mir: Gießen, Wiesbaden, wo die APO nach Heintje rief. Zwei verlabberte Tage. Doch als Belohnung darf ich Bundesbahn fahren und in mein Sudelbuch kritzeln: Wahlzeitung »dafür« ausgedruckt. Vertrieb zum 1. Mai klappte nicht. Einzig Drautzburg mit viertausend Exemplaren nach Oberhausen Frankfurt Koblenz. – Gestern bei Böll. Frau Böll holt eine Flasche Korn, weil nichts im Haus ist: Söhne trinken alles weg. – Taxifahrer will diesmal uns wählen und schlägt vor (»Wenn Sie dann was geworden sind«) Ministerfahrer zu werden. – Beim Landsmann Ehmke kaschubische Heiterkeit. Er guckt sich gefräßig Fotos an, findet sich überall prima drauf. (»Mänsch Hotten!«) – Läuft mir nach, das Gespräch mit den Betriebsräten in Gießen, während ich in der Flughafenhalle auf und ab laufe, Müdigkeit wegpfeife: Männer, die gerne zusammenhocken. Jedes Wort gegen Widerstand. Ihr Eigengewicht läßt sie bedrückt erscheinen. Mißtrauen als gegenseitiges Einverständnis. Zwischendurch kollegial ruppig: »Mach mal bißchen lauter, Heinz!« Ihr Händedruck: gegenständlich aber nicht demonstrativ. Nehmen mich als »international berühmten Dichter«, der ziemlich Bescheid weiß, sogar über Lohnfortzahlung. Sagen später Kollege zu mir. (Auch hier geben leitende Angestellte beiseitegesprochen zu, daß sie »eigentlich« gewerkschaftlich organisiert sein müßten.) Beim Essen in der Kantine sitzen die Herren aus den Laboratorien gesondert, weil ihre Weißröcke den Staub der Arbeiter aus der Formerei annehmen könnten. (Betriebsrat und Betriebsleitung einmütig: kein Klassenproblem!) Es gibt Heringsstip mit Pellkartoffeln für alle.

Zwischendurch Rückfälle. Zwischendurch Zweifel, der neuerdings (und versuchsweise) die rundfenstrige Brille jener herablassend gescheiten Studenten trägt, die mit dem Wörtchen »irrelevant« hantieren, als wollten sie mit Heidegger »seinsvergessen« sagen. Er ist jetzt Klassenlehrer der Untertertia. Einer der Schüler (Blaustein) stirbt an Blinddarmentzündung. Vor Ferienbeginn führt die Obertertia der privaten jüdischen Oberschule die Nibelungensage auf. Fräulein Studienrat Mettner leitet die Proben. Die Schülerin Betty Anker spielt die Kriemhild, Simon Kurzmann den Siegfried. Der Studienassessor Hermann Ott legt im Schulgarten einen kleinen Irrgarten an. (Nein, Kinder, Zweifel trägt doch keine rundfenstrige Brille.) Ein Foto im Tagebuch der Untertertia, drauf eine junge kräftige Frau mit Gießkanne und Haarknoten im Nacken: Ruth Rosenbaum. Der Studienassessor Ott widerspricht in philosophischen Fragen Professor Litten, der Hebräisch unterrichtet. Der Hausmeister heißt Rosinke.

Zwischendurch »örtlich betäubt« als Umbruch verabschiedet. – Eine neue Rede konzipiert. Soll, weil Raoul mich manchmal so nennt, »Rede vom alten Eisen« heißen und die mißmutigen Streichelkinder mit der Mühsal, den Mietersorgen der Rentner belasten: wie sie verbraucht verbittert einer Gesellschaft lästig sind, in der Jugend und Leistung als Mythos den Markt bestimmen. (Im Zweifelsfall, Kinder, für die Rentner und gegen das Vorrecht der Jugend stimmen.)

Ein Sonntagmorgen mit Flieder vorm Haus. Anna, Franz, Raoul und ich in der Nationalgalerie: Corinth neu gesehen, daraufhin Beckmann. Später Bier und Faßbrause in einem Kreuzberger Gartenlokal (Yorck-Eck). – Luftholen. Nicht zu genau hinsehen, nur blinzeln. Von Anna gefahren werden. So viel kleingemünzter Spaß. (Außer mit seinem Freund Isaak Laban; mit wem noch könnte Zweifel Streit suchen? Mit dem Hausmeister? Mit Herrn Radischewski, dem Trainer beim Turnverein Bar Kochba, der auf der Rosenbaumschen Schule neuerdings Turnen gibt?) – Franz und Raoul pinseln auf alles »I love peace!« und streiten sich, während sie pinseln, bis kurz vorm Brudermord. – Morgen nach Bonn . . .

Dort haben wir unser Büro aufgemacht. Auf unseren Briefbögen steht: »Sozialdemokratische Wählerinitiative«. Daneben ein Hahnenkopf, den ich fünfundsechzig gezeichnet hatte und der immer noch Espede kräht; die Schnecke als Signum wäre am Fortschrittsglauben gescheitert: Schnecken bewundern Hähne.

In drei Räumen arbeiten die Studenten Erdmann Linde, Wolf Marchand, Holger Schröder und vorläufig, bis der VW-Bus kommt, Friedhelm Drautzburg, der sich und mich durch sechzig Wahlkreise fahren soll. Der Bus ist alt gekauft, aber macht es noch.

Unsere Sekretärin, Gisela Kramer, stimmt mit meiner Sekretärin in Berlin, Eva Genée, die Termine ab und beginnt, eine Kartei anzulegen. Gisela Kramer ist keine Studentin, deshalb sind ihr der Sprachgebrauch und die Schwierigkeiten junger Männer, die als Studenten privilegiert sind (und darunter aggressiv leiden) noch ungewohnt. »Früher«, sagt sie, »bei der Bank für Gemeinwirtschaft ging es noch höflich zu.«

Unser Büro befindet sich in der Adenauerallee, die vormals Koblenzer Straße hieß. Der Tabakladen um die Ecke führt neuerdings »Schwarzer Krauser«. Parallel zu uns (nicht einzusehen) soll der Rhein fließen. Unten der Blumenladen hilft, Gisela Kramer zu versöhnen, wenn oben die Luft beleidigend wortgeladen ist. Bonn (als Begriff und Stadt) bleibt unfaßbar.

Wo ansetzen? Die Universität dünkelt für sich. Hinter Butzenscheiben giften die Pensionäre. Mit ihren zwei Hemden zum Wechseln reisen Parlamentarier an. Überall Zweigstellen und Deckadressen. Und durch diese Ansammlung zieht die Bundesbahn ihren Strich: zumeist geschlossene Schranken. Schräg gegenüber das Ernst Moritz Arndt-Haus. Es gibt kein Regierungsviertel, sondern boshaft verstreute Regierungsachtzehntel. Nur das Klima eint Bonn. Wir sind nicht von hier.

Wolf Marchand, der eigentlich über Joseph Roth arbeiten sollte, hat die begonnene Dissertation in die Schublade gelegt. Er ist Redakteur unserer Wahlzeitschrift »dafür«, mahnt noch ausstehende Artikel für Nummer zwei an und sucht für Nummer eins den nicht existierenden Vertriebsapparat: die Espede beliefert sich nur intern; nach außen ist sie sprachlos und muff. Mündlich stelzt Marchand. Die Germanistik hat ihn verironisiert. Gerne wäre er unsicher, nur fehlt ihm der passende Ausdruck: selbst im Zweifelsfall ein Stilist.

Erdmann Linde soll das Büro leiten. Da er eine Künstlernatur ist und wie Paganini zum Improvisieren neigt, läuft unser Büro, solange wir improvisieren müssen, ganz gut. Auch er ist empfindlich, aber anders empfindlich als Marchand, der darunter leidet, noch nicht fertig zu sein, während Linde sich anklagt, noch nicht angefangen zu haben. (Dabei ist er Vorsitzender der Jungsozialisten im westlichen Westfalen und gesättigt von karteikastentiefen Personalkenntnissen.) Er bereitet meine Reise vor und sucht Wahlkreise aus, in denen die Espede zwischen zwanzig und dreißig Prozent Stimmanteil kümmert. Es ist seine Idee, außerdem Wahlkreise zu besuchen, in denen, wenn auch knapp, ein Direktmandat zu gewinnen ist: Verden Erlangen Krefeld Mainz Augsburg ...

Eigentlich möchte ich betulich Tugenden putzen und in mildes Licht rücken – Marchands höfliche Briefe, wie entspannt Erdmann Linde mit Kindern umgeht –, aber Zweifel rät mir, Freundschaften zu strapazieren und ungerührt der Frage nachzugehen, warum so viele Studenten Magengeschwüre haben; er sei an der Rosenbaumschen Schule auch nicht geschont worden, und sein Freund Isaak Laban habe ihn »ein Fragezeichen in Knickerbockern« genannt. (Das schreibt er mir, auszugsweise aus seinem Sudelbuch: Die Dickhäutigkeit der Empfindlichen und die Dünnhäutigkeit der Empfindungsverarmten verlangen einerlei Hautcreme: kosmetische Freundschaften, die ohne Spiegel und Reflexion keinen Bestand haben.)

Erdmann Linde verhängt sich gerne mit Melancholie. Ich mag diesen bedribsten Zug an ihm. Er kann so schön schwermütig über Organisationsfragen referieren. Wenn ihn sogenannte

Sachprobleme dazu bringen, mich frontal anzuschauen, blickt aus ihm jesusgleich der neunundzwanzigjährige Dürer, wie er sich im Jahre fünfzehnhundert, als die christliche Welt ihren Untergang erwartete, selbstporträtiert hat: so viel verletzliches Ich. – Sonntags besucht Erdmann Linde Pferderennplätze im Ruhrgebiet. Ich glaube, es handelt sich um Galopprennen. Er kennt ziemlich viele Pferdenamen – Maigewitter Teja Hoffnungsgrün Trabant – und verwettet vorsichtig und manchmal mit Gewinn sein Geld.

Friedhelm Drautzburg hat Jura studiert und ist Referendar; das reicht ihm. (Glaubt mir, Kinder, unter Maria Theresia wäre er Pandur geworden und müßte heute als Kurier der Kaiserin in Fernsehfolgen querfeldein hetzen.) Auch Drautzburg hat seinen Ehrgeiz: in kurzen Abständen verlobt er sich, um möglichst viele Mädchen revolutionär zu stimmen oder, wie er es nennt, »zu verlinkern«. Da er wie ich einen Schnauzbart trägt, hat er mir später, als wir zusammen auf Reise gingen, viel Händeschütteln abnehmen können. Zur Zeit packt er im Büro noch Pakete, gibt Ratschläge, telefoniert viel, kommt kurzfristig seinen verlinkernden Verabredungen nach und wartet auf unseren VW-Bus, den ein Verleger aus München, der nützlichen Sache wegen, gespendet hat: »Aber bitte, meinen Namen nicht nennen.«

Vorläufig, bis der Bus kommt, reist Holger Schröder mit mir. Da wir viel Bundesbahn fahren, bin ich dankbar, daß Schröder, unserer Anschlußzüge wegen, mit Hingabe Fahrpläne kombiniert. Der sprichwörtlich steif geratene Jurastudent aus Hamburg, von dem ich mit Sicherheit sagen kann, daß er keine Künstlernatur, eher ein detailbesessener Registrator ist, hat es schwer, mit Linde, Marchand, Drautzburg und sich.

Zweifel rät mir, hier einen Punkt zu machen. Er werde auch keine Spannungen zwischen den Lehrkräften der Rosenbaumschen Schule preisgeben. Schwer genug sei es der jungen

Studienassessorin gefallen, die Privatschule zu leiten. Man stelle sich vor: die überragende Person des Vaters, die erfahrene Pädagogin Romana Haberfeld, die angesehenen Professoren Ascher und Litten ... (Übrigens steht im Tagebuch der Untertertia: »Wir freuten uns über den Schnee. Doch als Herr Dr. Ascher einem Jungen drohte, der einen Schneeball werfen wollte, glitschte er aus und hatte einen Beinbruch ...«)

Nach Semesterschluß kam der Bodenseeschwabe Karlheinz Bentele dazu. Er war der Jüngste. Seine Lust am Essen schützte ihn davor, zum zusätzlichen Hochspannungsmast zu werden. Gescheit und rundlich verbreitete er gute Laune, die niemand anzusäuern wagte. Als einziger, glaube ich, hat Bentele im Wahlkampf an Gewicht zugenommen. Er aß und aß, während die anderen ... (Im übrigen ist der Grund für Streit und ähnliche Gesellschaftsspiele bei jener Ramme zu suchen, die täglich auf der Adenauerallee so tut, als sei sie mit dem Bau der Unterpflasterbahn Bonn-Bad Godesberg beschäftigt. Wrrrum! macht sie, wrrrum! – Marchand und ich, wir nicken uns kenntnisreich zu: wie bei Döblin, Berlin Alexanderplatz ...)

Inzwischen hat Zweifels Freundschaft mit dem Gemüsehändler Isaak Laban Fortschritte gemacht: sie streiten sich nicht nur über den Gartenzaun, weil Laban, der sich im Ersten Weltkrieg vor Verdun einen Oberarmschuß geholt und das Eiserne Kreuz verdient hat, seit dem Tod des Reichspräsidenten Hindenburg Trauer trägt. Laban ist Mitglied beim Reichsbund jüdischer Frontkämpfer. Auch wenn er Zwiebeln bündelt oder Mistbeete anlegt, redet er vaterländisch. Zweifel sagt: »Wenn alles draufgeht, die Juden werden die letzten aufrechten Deutschen sein.« (Auch Professor Ascher gilt als unbedingt staatstreu und deutschnational.) Und Drautzburg, Kinder, hat nie bezweifelt, daß er weit links von mir steht.

Mal sehen, ob das geht: einige Vierziger und wenige Endzwanziger setzen sich an einen Tisch, finden einander abschreckend, schieben sich Verantwortung für Gegenwärtiges und Zukünftiges zu, erfinden einander kleidsame Adjektive und kommen zum Beschluß: Aufbau von Wählerinitiativen während der Vorwahlkampfzeit in fünfzig Wahlkreisen; Konzentration auf Jungwähler, berufstätige Frauen, ältere Bildungsbürger und katholische Arbeitnehmer, die sich von der CDU und Katzers Sozialausschüssen zu lösen beginnen. Zwar haben wir kein Endziel aber ein Wahlkampfziel: die Ablösung der Großen Koalition durch eine sozial-liberale. Acht Sitze Mehrheit genügen, zwölf wären besser. Der Sammelbegriff Bonn soll (darf) uns nicht lähmen; ein ängstlicher Vorsatz. Alles ist klar oder sieht so aus. Nau hat die Termine für die Druckerei bestätigt. Hermsdorf hat unter Zeugen genickt. Wischnewski meint, uns verstanden zu haben. Ehmke tut so, als habe er uns erfunden. Willy läßt grüßen. Die Espede will oder besser: will wollen. Und Onkel Herberts Segen haben wir (vorläufig).

In unserem Büro wird so getan, als gäbe es nur noch Schnecken. Jeder meldet kaum merkliche Fortschritte. Und Erdmann Linde erzählt von Erfolgen beim letzten Galopprennen: »Immerhin den Einsatz zurück!«

Immerhin, Kinder, nehme ich dabei ab.

Auch wenn es anstrengt, macht es immerhin Spaß.

Immerhin ist jetzt nicht Lübke sondern Heinemann dran.

Immerhin soll das Städtebauförderungsgesetz.

Schneckendeutsch: immerhin.

(Weil alles gleichzeitig aber verschieden schnell oder langsam Entscheidungen vertagt, bis die Ergebnisse neuester Untersuchungen wenn nicht vorliegen, so doch immerhin angekündigt werden . . .)

Was man bei ihm eingefleischt nennen könnte. Seine Ordnung: immer lag der Radiergummi neben dem Bleistift. Zweifel wird (wie Gaus) jene Intelligenz gehabt haben, die nicht schlafen gehen kann, keinen Schlaf findet, weil selbst das Gähnen in einen Satz gefaßt werden will, der – als geschliffene These – Gaus (wie Zweifel) hellwach macht.

7

Er hat nur Landschnecken gesammelt und beschränkte sich auf mitteleuropäische Arten. Zwar schätzte Zweifel marine Schnecken und überraschte seinen Schüler Fritz Gerson, der gleichfalls zu sammeln begonnen hatte, durch seine Kenntnis exotischer Exemplare – das Kamtschatka-Seeohr, die karibische Fechterschnecke, der bis zu sechzig Zentimeter große, schon bei Tasman und Kapitän Cook erwähnte australische Ritterhelm – aber gesammelt hat er nur auf den feuchten Bruchwiesen des Werders, unter Moospolstern und Fallaubschichten im Saskoschiner Forst, in dichten Krautbeständen und an den strauchreichen Ufern der Radaune, auf sandigen Böden, im verfallenen Gemäuer stillgelegter Zuckerfabriken und zwischen den Mistbeeten der Müggenhahler Großgärtnereien.

Jeden wichtigen Schneckenfund hielt er in einer Kladde fest, die auch seine Warumsätze sammelte und nach Lichtenbergscher Überlieferung (nicht zu verwechseln mit Erwin Lichtenstein, der in Tel Aviv wohnt) Sudelbuch genannt wurde: »Genabelte Windelschnecke. Olivaer Wald, Osthang der Schwedenschanze. Feuchtwarme Lage unter Buchenlaub. Neun Uhr früh, am 12. April 1935.«

Oder anekdotisch: »Mit Fritz bei Isaak Laban zwei Stunden lang Gemüse gewendet, danach Johannisbeerwein getrunken. Wir lachten über die Schlachtordnung seiner Zinnsoldaten (Königgrätz) und ärgerten Laban, indem wir reichsdeutsche Erfolge auf der Berliner Olympiade mit Witzen über die Schnelligkeit der Schnecken veralberten. – Nach kurzem Schauer fanden wir auf der Rückfahrt vor Praust eine im Kriechzustand sechzehn Zentimeter messende große Egelschnecke. Wir stiegen von den Rädern. Ich berührte ihren Mantelschild. Noch im zurückgenommenen Zustand maß sie neun Zentimeter. Fritz nahm sie auf. Zu Hause dozierte er Angelesenes: Stirner, später zionistische Sprüche. Fritz verspottete meine Bedenken, nannte sie krankhaft pessimistisch und liberal.«

Der Schüler Fritz Gerson war ... – Schon muß ich mich, bevor ich ihn zur Figur mache und zu Zweifels Lieblingsschüler ernenne, grundsätzlich korrigieren: Im November einundsiebzig sprach ich in Jerusalem mit seiner Schwester Eva, die, kurz vor Schluß, auf der Rosenbaumschen Schule das Abitur gemacht hat und gleich danach mit einem Jugendzertifikat nach Palästina auswandern konnte. Tatsache ist, daß Fritz Gerson (Fritzchen genannt) am 14. Oktober 1920 geboren wurde. (Als er mit Zweifel auf der Prauster Chaussee die Große Egelschnekke fand, war er noch keine sechzehn Jahre alt.) Die Rosenbaumsche Schule hat er nur bis zur Mittleren Reife besucht. Siebenunddreißig begann er seine kaufmännische Lehre bei der Getreidefirma Simon Anker. Eigentlich hatte der Rechtsanwalt Walter Gerson erwogen, seinen musikalischen Sohn Klavierstimmer werden zu lassen. Die Familie wohnte in Langfuhr, Hermannshöferweg. In Jerusalem sah ich Fotos: Fritz und Eva in bestickten russischen Bauernkitteln. Fritz im Matrosenanzug. Auch ein Foto seiner Freundin Lotte Kirsch, die er heiraten wollte. Eva Gerson sagte: »Umgekehrt stimmt es. Ich war Mitglied im zionistischen Jugendbund, Fritz war eigentlich unpolitisch. Palästina kam für ihn nicht in Frage. Er wollte nach Amerika auswandern ...«

Wenn sich Zweifel und ich dennoch Fritz Gerson zum Lieblingsschüler und Schneckensammler, zum nebenbei zionistischen Agitator erfinden, dann nur, weil Fritz Gerson so viel offen gelassen hat – und weil Zweifel als Studienassessor auf einen Lieblingsschüler besteht.

Da sitzt er – tadellos gescheitelt – und lächelt bezeichnend. – Zweifels Nase mag die Länge von elf normalen Gedankenstrichen gehabt haben. Er konnte sich für nichts, allenfalls für sich entscheiden. Schwierig für Zweifel (und unsereins) für etwas zu sein; deshalb, Kinder, strengten wir uns an und nannten unsere Wahlzeitschrift »dafür«, obgleich alle (und Gaus) lange und überzeugend gegen diesen Titel gesprochen hatten.

Schneckengehäuse sammelte Zweifel in beschrifteten Glasröhren, größere Exemplare in Senfgläsern, die er billig bei der Firma Kühne-Senf bezog. Eine Kommode (Nachlaß der Eltern) bewahrte in sechs flachen Schubladen seine Schneckenhaussammlung. Auf Regalen standen Gläser, in denen achtzigprozentiger Alkohol Nacktschnecken konservierte. Doch näher standen ihm lebende Schnecken in vier, später sieben Terrarien. Auf einer gemischten Schicht Kies, Splitter und Schotter lagerte mit Kalkstückchen versetzte Erde, der in einigen Terrarien Torf beigemengt war. Für die Große Vielfraßschnecke und für Heideschnecken, die trockenen Grund suchen, hatte Zweifel Sandboden bereitet. Auf das Erdreich legte er Moospolster, bettete er Fallaub, Steine und Moderholz. In jedem Terrarium hielten ein bis zwei Regenwürmer das Erdreich locker. Er setzte nur solche Pflanzen, die den Schnecken allgemein nicht als Nahrung dienen: Pfennigkraut Rainfarn Efeu. Er fütterte Löwenzahn, eingeweichtes Brot, Butterpilze, auch Salat, den er bei Isaak Laban billig einkaufte. Nur die unterirdisch lebenden, rötlichen Raubglanzschnecken fütterte er mit Insektenlarven: nacktschneckenartig, unter zurückgebildetem Gehäuse, sind sie beweglicher als andere Arten, nahezu schnell.

Uns beschäftigt die Gangart: Dem Fortschritt einen Schrittzähler ans Bein schnallen.

(Sein Lieblingsschüler soll sprunghaft und von eigenen Ideen leicht zu begeistern gewesen sein.) In Jerusalem habe ich Eva Gerson nach Eigenschaften und Vorlieben ihres Bruders gefragt. »Wir kannten uns kaum. Waren uns ziemlich fremd. Erst als ich schon in Palästina war, haben wir uns vermißt und Briefe geschrieben. Aber nach zwei Briefen war es schon aus . . .«

Zweifels Interesse galt der Fortbewegung der Schnecken; Fritz Gerson beobachtete, wie sich Schnecken fortpflanzen. Es war ihm gelungen, zwittrige Weinbergschnecken, die sich mit ihren Kriechsohlen aneinander aufrichten und einander kalkige Spieße (Liebespfeile genannt) in die Sohle bohren, während der Paarung, beim Samentausch und bei der Eiablage zu fotografieren. Diese Fotofolge wurde im Biologieunterricht zur Anschauung gebracht. (In Jerusalem zeigte mir Eva Gerson ihr nach Palästina gerettetes blaues Biologieheft: ein Protokoll über die langwierige Kreuzung von verschieden gearteten Fliegen.) Gleichfalls im Unterricht setzte Zweifel seine ziegelroten Wegschnecken, gestreiften Glanzschnecken und rotbraunen Laubschnecken mit ihren Kriechsohlen auf eine Glasplatte. So wurde allen Schülern anschaulich, wie sich Schnecken auf Gleitschleim, den der vordere Muskelfußrand ausscheidet, in Wellen vorantragen.

»Und was für ne Schnecke bist Du?«
»Was für eine willste denn sein?«
»Eine mit Häuschen oder ne nackte?«
»Nu sag schon.«

Weder bin ich die gemeine Ackerschnecke noch die Kielnacktschnecke.

Rechnet mich nicht zur achtzähnigen, roggenkornförmigen, engmündigen oder gar linksgewundenen Familie der Windelschnecken, die zur Ordnung der Landlungenschnecken gehören.

Ich bin keine feingefältete Schließmundschnecke, die an feuchten Mauern und Baumstämmen haftet.

Ich wohne nicht in stehenden Gewässern. Auch in den Meeren, an Klippen, in Brandungszonen, im Flachwasser oder auf den Sandgründen der Tiefsee bin ich weder bei den Napfschnecken noch bei den Pelikanfüßen oder Tritonen zu finden.

Ich bin nicht die eßbare Herkuleskeule.

Kein Wellhorn oder Würfelturban.

So hübsch es sein mag, Josefinische Mondschnecke genannt zu werden, und so gerne ich euch von der Purpurgewinnung der Phönizier und jenem Gehäuseberg erzählen möchte, der bei Tarent gefunden wurde und Zeugnis ablegt von der kardinalsroten Einfärbung kirchenfürstlicher Mäntel, ich bin keine auszubeutende Purpurschnecke.

Niemand findet mich unter den hundertzwölftausend Arten der Mollusken, von denen fünfundachtzigtausend als Schnekken (Gastropoda) bezeichnet werden.

Ich bin die zivile, die menschgewordene Schnecke. Mit meinem Drang nach vorne, nach innen, mit meinem Hang zum Wohnen, Zögern und Haften, mit meiner Unruhe und Voreile im Gefühl bin ich schneckenhaft.

Weil immer noch unbestimmt, werde ich langsam zum Schneckenprinzip.

Schon eigne ich mich für Spekulationen.

(In Wahrheit soll Hegel nicht jemand zu Pferde, sondern eine berittene Schnecke gemeint haben, als er vom Weltgeist sprach.) Wer filmt mich und zeigt einen Spielfilm lang, wie ich mich auf meinem Muskelfuß durchs Bergische Land, seitlich dem Ennepetal, vorbei am Ruhrgebiet, von Unna über Kamen nach Bergkamen bewege? –

»Pünktlich sind Sie«, sagte der Kreissyndikus (und Parteisekretär) Dr. Krabs, »die Genossen hatten Sie so schnell nicht erwartet.«

Wie Drautzburg, der uns nun endlich im VW-Bus ins Westfälische und ins Emsland, durch den Spessart nach Franken und über die Rauhe Alb ins bayrische Schwaben fahren wird, wie Friedhelm Drautzburg, der sich gerne oft rasch verlobt, hatte auch Zweifel den Hang, Verhältnisse zu Verlöbnissen werden zu lassen, mehrere nacheinander und jedes total: in Sachen Liebe war Hermann Ott zweifelsfrei und nahezu närrisch gläubig.

Schon als Student in Berlin soll er sich zweimal verlobt haben: einmal mit einer Kunstgewerblerin, deren Umgang mit Katzen zu ausschließlich gewesen sein muß; einmal mit einem Servierfräulein, das ihm bei Aschinger gefallen hatte, aber außerhalb des Lokals viel Reiz verloren haben soll. (Vielleicht war es aber auch so, daß Zweifel beide Mädchen durch allzu schopenhauerhafte Belehrung sauer werden ließ; wie ja auch Drautzburg wenig Gegenliebe findet, sobald er sein scholastisches Studentenfutter als Hauptgericht auftischt. Die Liebe mag das nicht: nach Vokabeln abgefragt werden.)

Als Referendar auf dem Kronprinz-Wilhelm-Gymnasium verlobte sich Hermann Ott mit der Tochter eines Kranführers, der auf der Schichauwerft arbeitete. Da der Kranführer Kurbjuhn Betriebszellenleiter der Nationalsozialistischen Deutschen Arbeitsfront wurde, hatte dieses Verlöbnis keinen Bestand mehr, als Zweifel an der Rosenbaumschen Schule zu unterrichten begann.

Dort galt er als nützlicher, wenn auch tickhafter Pädagoge. Es muß unklar bleiben, ob Zweifel versucht hat, sein Verhältnis zu den weiblichen Lehrkräften in die Nähe von Verlöbnissen zu bringen. Gerne möchte ich ihn in Freundschaft zu Elfriede Mettner, zu Fräulein Nachmann sehen. Ich stelle mir die Leiterin der Schule und Zweifel bei Ausflügen am Heubuder Strand vor: in den Stranddünen beim Schneckensammeln. Aber als ich Ruth Rosenbaum in Haifa gegenübersaß, zerfiel Ausgedachtes und begann ich längere Abschnitte in meinem Manuskript zu streichen.

(Sie erinnert sich unsicher. Selbst ihre Leistung, die Schule in der Eichenallee, ist ihr klein und papieren geworden.) Ich fragte: »Ist der politische Streit jener Jahre auch im Lehrerkollegium ausgetragen worden?« – Ruth Rosenbaum versicherte: Nur die

Reform des Unterrichtes sei wichtig gewesen. Der Vater habe sich schützend vor die Schule gestellt.

Der zweite Vorsitzende der Synagogengemeinde, Dr. Bernhard Rosenbaum, war ein gemäßigter Zionist, der die Interessen einer Gemeinde vertreten mußte, deren konservativer Flügel sich als fortschrittlich gegenüber dem orthodoxen verstand.

Als der Boykott gegen die Danziger Juden immer amtlicher wurde und der Senat das Schächten von Tieren verbot, wurde innerhalb der Gemeinde als Kompromiß das Betäuben der Tiere vor dem Schächten erwogen, doch Rosenbaum lehnte ab und bewies mit medizinischen Gutachten, wie schmerzlos rasch das Durchschneiden der beiden Halsschlagadern zur Blutleere im Gehirn der Rinder, Schafe, Kälber und Hühner führt. Er berief sich auf einen Spruch des Reichsgesundheitsamtes aus dem Jahre 1930 und zitierte arische Zeugen, doch der Senat blieb beim Verbot.

Zweifel soll damals Ärger bekommen haben. Er war gegen Rituale, auch gegen jüdische Rituale. Weil politischer Streit (wie Ruth Rosenbaum sagt) in der Schule keinen Boden fand, zankte sich Zweifel mit Isaak Laban, der als deutschnationaler und orthodoxer Jude zwiefach verstockt war, über den Gartenzaun. (Auch wenn Gaus Streit sucht, findet sich immer ein befreundetes Opfer: wie viele scharfsinnige Aufgeklärte schlachtet er gerne. Die ritualisierte Vernunft.) In jenem Briefwechsel jedoch, der zwischen Bernhard Rosenbaum und Hermann Ott denkbar ist, wurde der Streit um das Schächtverbot nur fußnotenhaft geführt. Als Spaziergänger (entlang der Radaune) und Briefpartner (aus Neigung) bevorzugten der Rechtsanwalt und der Studienassessor grundsätzliches Gelände: Warum jener Mann Moses sein Volk im Kreis geführt (abgetrabt) hat und sich Gesetze hat ausdenken müssen . . .

Doch Tatsache ist: Zweifel verlobte sich im April siebenunddreißig mit einer Bibliothekarin der Stadtbücherei. Beim Sammeln und Sortieren versprach Erna Dobslaff ihrem Verlobten, sich an die Schnecken (mit der Zeit) zu gewöhnen.

Moses soll – kaum lag das spaltbare Meer hinter ihm – ziemlich geraunzt haben. Anfangs zu laut für die Nahestehenden, plötzlich, obgleich der Anlaß einen brockenschleudernden Ausbruch erlaubt hätte, leise fürs Volk, dann wieder mit der Zunge als Brecheisen, als wollte er die Namen der Beschuldigten aus dem Wortgefüge klinken: »Das kann, das wird, das muß!« So stürzte er sich und alle, die ihn hören mußten, in ein Sprachwechselbad. Mangelhafte Organisation und um sich greifende Schlamperei, die spitzfindigen Richtungskämpfe bei der Vorhut und das Nörgeln der verschieden langsamen Nachzüglergrüppchen hatten seinen Zorn beredt gemacht. Sogar den Husten mischte er in die Syntax. Falsche Wegweiser übers Knie gebrochen. »Ich bin nicht die Richtung, aber ich weiß sie. Ihr mögt mich nicht, aber macht Gebrauch von mir. Wenn ich mal nicht mehr sein werde, könnt ihr, jawohl, dann könnt ihr. Da lache ich nur: Ha! Nein, meine Herren, die sich für die Vorhut halten, wenn ich müde bin, heißt das nicht, daß ich schlafe. Wer von hier aus zurück will, muß das Meer spalten können . . .«

Ihr lacht, Kinder, wenn ihr ihn auf dem Fernsehschirm Worte schleudern, Fragen zerbeißen und Sätze als Irrgärten anlegen seht. Lacht – manchmal lache ich auch – aber lacht ihn nicht aus. Er siebt seine Rede vorerst noch halblaut zwischen die versammelten Betriebs- und Personalräte. (Das war im März in Bochum, ich trage das nach.) Auch wenn er sitzt, läuft er, ein seltenes Exemplar, hinter Stäben auf und ab. Viele kommen, um ihn aus Distanz – denn man weiß nie – zu betrachten. Plötzlich, nach leiser Beschwörung von Sachzwängen, speit er erschrekkend das Wort »nüchtern«, hackt nun den Satz, als sei er Langholz, zu gleich kurzen Klaftern, besteigt eine himmelstürmende Leiter, die er (wohl schwindelfrei) weiter, noch weiter ausfahren läßt, steigt jetzt – mitten im Satz – zögernd, als genieße er seine Verstiegenheit, ab, stapelt unten, kaum angekommen zwischen den gleichkurzen Klaftern, eine Pyramide aus Konjunktiven, läßt sie langsam (zum Mitschreiben) einstürzen, lacht nun – warum lacht er? – und bleibt mit seinem Gelächter alleine.

Im Rechtgehabthaben, im Irrtum alleine. Jemand, dem man, wenn man wüßte womit, eine Freude bereiten möchte. Irgendwas liebt er unerbittlich, wir fragen uns, was. Er hat viel hinter sich, das durch ihn durchscheinen möchte, aber nicht darf. (Gegen sich und andere ungerecht.) Alle sind ihm immer erst hinterher dankbar, auch seine Feinde. Manchmal droht er mit seinem Tod. Das Wichtigste trägt er in zwei Aktentaschen bei sich. Plötzliche Aufbrüche sind ihm geläufig. Oft wird er früher wach, als er Schlaf findet und frühstückt vor allen anderen. (Schmerzen? Ich weiß nicht.) Er beißt auf etwas, das sich als Pfeife getarnt hat. Sein Blick vom Podium sieht, so befürchte ich, mehr Tote, als man Freunde gehabt haben kann. (Der stundenlang Vorsitzende wird nicht abgelöst, geht nicht aufs Klo.) Nach Diskussionen faßt er zusammen, was andere hatten sagen wollen. Neuerdings gelingt es ihm manchmal, heiter, wie ohne Anlaß lustig zu sein. Man sagt, er blicke sich spaßeshalber nach einem Nachfolger um. (Gaus, der in unserem Kreis als ihm nahestehend gilt, wird, sobald er über ihn spricht, zum befangenen Sohn.)

Man hat über ihn und seine Vergangenheit geschrieben. Er war ziemlich viel: marxistischer Sektierer, Anarchist, Kommunist, Stalinist, Renegat, abtrünnig bis zur Selbstaufgabe – und jetzt ist er willentlich protestantischer Christ und Sozialdemokrat. Man sagt, er sei dünnhäutig verletzlich und – wie alle Konvertierten – angestrengt gläubig. Ich kenne ihn nicht – oder nur annähernd. Ich war gegen und für ihn. Streit auf Distanz und nahe bei. (Solch zähes Fremdbleiben verbindet.) Einmal hat er mir Tabak geschenkt. Ich sehe ihm zu, wie er bemüht bleibt, dem Chaos Perspektiven beizubringen. (Man möchte behilflich sein.)

Jetzt hat er zuende gesprochen. Nach der Schrecksekunde retten sich die Betriebs- und Personalräte in Beifall. Jetzt blickt er wieder (und wie bekannt) über die Versammlung in der Ruhrlandhalle hinweg und sieht was. (Auch die ihn nicht zum Onkel haben möchten, nennen ihn Onkel Herbert.)

»Und wer noch?«
»Wer kommt jetzt dran?«
»Was is mit Willy?«
»Kommt der erst später?«

Außer der regelmäßig gestreiften, unter der Lupe fein gekörnelten Schattenlaubschnecke und dem Steinpicker, der bei Regen glatte Buchen besteigt, gibt es die gemeine Bernsteinschnecke, eine Landlungenschnecke, die nach Eduard Bernstein (Ede) benannt wurde, der den Nachlaß von Engels geordnet hat und später in Widerspruch zu Marx geraten ist. Die Bernsteinschnecke lebt in Wassernähe. Während der Zeit der Sozialistengesetze redigierte Bernstein in Zürich die im Deutschen Reich illegal verbreitete Zeitung »Der Sozialdemokrat«. Am 28. September 1936, vier Jahre nach Eduard Bernsteins Tod, notierte Zweifel den Fund einiger Exemplare: »Radaune bei Krampitz, wo die Lake einmündet. Ihre wasserhaltigen Körper können nicht ins Gehäuse zurückgenommen werden. Zwischenwirt eines Saugwurmes, der im Fühler steckt, pulsiert, Vögel (Drosseln) anlockt und sich so überträgt.« Um die Jahrhundertwende wurde Eduard Bernstein als Revisionist bekannt. Seine Schrift: »Die Grundlagen des Sozialismus . . .«

»Immer über andere.«
»Wissen wir schon. Wissen wir schon.«
»Erzähl mal von dir. Über dich. Wie du bist.«
»Aber ehrlich und nicht erfunden.«

Und nach dem Erfurter Parteitag von 1891 kam es dazu, daß die Bernsteinschnecke, die zu den Landlungenschnecken gehört, nach Eduard Bernstein (dem siebten Kind eines Berliner Lokomotivführers) benannt wurde, weil die Schnecken und die Revisionisten . . .

»Nein! Über dich!«
»Wie du bist, wenn du dich nicht erfindest.«
»Wie du wirklich bist.«
»Na einfach wirklich.«

Vorerst Ausflüchte, Hakenschlagen auf dem Papier: Lieber doch über Schnecken und Bernstein, wie er mit seiner Schrift ». . . und die Aufgaben der Sozialdemokratie« den Heiligen Lenin in Wut gebracht hat; denn Bernsteins Widerlegung der Verelendungstheorie und sein Leugnen der Existenz eines Endzieles, besonders aber seine Hinweise auf einen evolutionären, in sich verzögerten, phasenverschobenen, insgesamt schneckenhaften Prozeß . . .– »Über dich sollste. Nur über dich. Wie du bist und geworden bist.« – . . . sage ich ja: haben mich beeindruckt und (genau besehen) zum Bernsteinianer gemacht. Man darf mich beschimpfen. Ich bin ein Revisionist.

Also gut: über mich. Ich gebe kein Bild ab. Vor allen anderen Blumen gefällt mir die hellgraue, das ganze Jahr über blühende Skepsis. Ich bin nicht konsequent. (Sinnlos, mich auf einen Nenner bringen zu wollen.) Meine Vorräte: Linsen Tabak Papier. Ich besitze einen schönen leeren Rezeptblock.

Außer Geschichten und Geschichten gegen Geschichten erzählen, kann ich Pausen zwischen halbe Sätze schieben, die Gangart verschieden gearteter Schnecken beschreiben, nicht Radfahren, nicht Klavierspielen, aber Steine (auch Granit) behauen, feuchten Ton formen, mich in einen Wust (Entwicklungspolitik, Sozialpolitik) einarbeiten – und ganz gut kochen (auch wenn ihr meine Linsen nicht mögt). Ich kann mit Kohle,

Feder, Kreide, Blei und Pinsel links- und rechtshändig zeichnen. Daher kommt es, daß ich zärtlich sein kann. Ich kann zuhören, weghören, voraussehen, was gewesen ist, denken, bis es sich aufhebt, und – außer beim Aufdröseln von Bindfäden und scholastischen Spekulationen – geduldig bleiben.

Doch das ist sicher: lachen konnte ich früher besser. Manches verschweige ich: meine Löcher. Manchmal bin ich fertig allein und möchte in etwas weich warm Feuchtes kriechen, das unzureichend bezeichnet wäre, wenn ich es weiblich nennen wollte. Wie ich mich schutzsuchend erschöpfe.

Wo beginnt die Enthäutung einer Person? Wo sitzt der Zapfen, der die Bekenntnisse unter Verschluß hält? Ich bekenne, schmerzempfindlich zu sein. (Schon aus diesem Grund bemühe ich mich, politische Verhältnisse zu verhindern, die mich mir unerträglichen Schmerzen ausliefern könnten: Nacktschnekken verkürzen sich, sobald sie berührt werden.)

Ihr seht mich oft zerstreut: immer bin ich zerstreut, so sehr ich mich seitenlang auflese, sortiere und als Summe, samt Außenständen, aufrechne.

Wo bin ich jetzt? – Überall wo mein Tabak krümelt, krümelte oder zu krümeln vorhat.

Etwa zwischen Küchenkräutern. Glaubt mir, Kinder, wenn es einer der vielen, einander zänkisch den Teppich wegziehenden Ideologien gelänge, aus ihren Glaubenssätzen und Endzielbeschwörungen ein wenig sanft pelzigen Salbei zu treiben, sie könnte mich (versuchsweise) an den Tisch locken. Aber meinem Gaumen schmeckten weder Rosmarin noch Basilikum, kein Thymian, nicht einmal Petersilie vor. Geschmacklos wurde mir aufgetischt. Das will ich nicht löffeln. Marx, dick eingekocht oder – wie üblich – verwässert, läßt allenfalls Graupen ahnen, diesen Fraß, der jedermann Gleichheit und Graupenfreiheit verspricht.

Oder sucht mich vor weißem Papier, wenn ich mit Kohle flüchtige Schatten werfe, mit Blei Vögel aus kahlen Hecken vertreibe, dem satten Pinsel Sprünge im Schnee und der Feder ihren nervösen Kleinkram erlaube. Ich zeichne was übrigbleibt. Neuerdings zeichne ich Schneckengehäuse und Schnecken im Gegenverkehr. Die Fortschritte meiner Schnecken sind an rasch wegtrocknenden Spuren zu erkennen. Ein reicher, das heißt gebrochener, sich spleißender, streckenlang stotternder, hier verschweigender, dort dick verkündender Strich. Viele Striche. Auch geränderte Flecken. Oder Geiz beim Auszahlen der Umrisse.

Es stimmt, ich glaube nicht; doch wenn ich zeichne, werde ich fromm. Die Darstellung der unbefleckten Empfängnis verlangt nach einem harten Blei, der silbernes Grau wahrscheinlich werden läßt. Grau beweist, daß nirgendwo schwarz ist. Die Messe ist grau. Mystik, wenn Spinnen in Gläser tauchen und absterben, nachdem sie ihr Grau ausgeschieden haben. – Doch zeichne ich immer weniger. Es wird nicht mehr still genug. Ich gucke raus, um den Lärm zu bestimmen; dabei bin ich es, der lärmt und woanders ist.

Zum Beispiel auf Wahlreise in unserem VW-Bus. Zumeist in Gegenden, wo die Sozialdemokraten verängstigt und kopfscheu in der Diaspora leben: gestern in Lohr und Marktheidenfeld, heute in Amberg in der Oberpfalz, morgen in Burghausen, wo Österreich mit seinem Inn-Viertel angrenzt, übermorgen in Nördlingen und Neuburg (Abendveranstaltung im Kolpinghaus).

Ich bin Sozialdemokrat, weil mir Sozialismus ohne Demokratie nichts gilt und weil eine unsoziale Demokratie keine Demokratie ist. Ein so knochentrockener wie unbeugsamer Satz. Nichts zum Begeistern und Mützenwerfen. Nichts, was die Pupille vergrößert. Also rechne ich nur mit Teilerfolgen. Besseres habe ich nicht, obgleich ich Besseres weiß und haben möchte.

Oft, unterwegs in Mittelfranken oder im Münsterland, suche ich Ausflüchte: Laß die doch alleine machen! Diese mittelfristigen Kriechdisziplinen! Diese Reformkrämer! Guck mal der lustige Enzensberger: hüpft bubenhaft einfach nach Kuba und ist fein raus, während du hier Schönwetter zu machen versuchst für die Dynamisierung der Kriegsopferrente und für die Anerkennung von Tatsachen, die schon vor Jahrzehnten Moos angesetzt haben. (Ein mieser Handel). Ich rede rede, höre mir zu, wie ich über die zerredete Mitbestimmung am Arbeitsplatz rede, bin eigentlich dabei und eigentlich schon unterwegs in Wirklichkeiten, die nach anderer Gerechtigkeit hecheln. Ich beginne, mir auszudenken, laufe dem Faden nach, gerate ins Garn, lüge mich frei und schlichte den Streit des Apfels mit seiner Legende. Dann mache ich Worte, Kinder, weiche Tapeten ab, breche Fußböden auf, trenne Futter aus Mänteln, klopfe am Putz, bringe Fassaden zum Lachen und beschneide die Fingernägel von Toten und Lebenden. Als Zweifel, zum Beispiel, in seinem Heimatdorf die Liste der Müggenhahler Schöffen bis ins sechzehnte Jahrhundert zurückverfolgte und die Radauneordnung aus dem Jahr 1595, die jeden unter Strafe stellte, der beim Scharwerk fehlte . . .

»Jetzt nicht von dem, später vielleicht.«
»Von dir wieder. Wie du früher warst.«
»Als du noch nich berühmt warst.«
»Warste da auch immer weg und woanders?«

Ja, aber mit weniger Gepäck. Auch wenn ich früher zeitweilig älter war, als ich bald sein werde, konnte ich doch mitten im Satz aufbrechen und gehen, ohne mich umzuschauen. Ich war ziemlich mager und guckte überkreuz auf einen erfundenen Punkt. Und noch früher, da wußten mein Vater und meine Mutter nicht, wer und wo ich gerade war, auch wenn ich am Tisch saß und – wie Franz es tut – Grimassen schnitt. Nie wieder werde ich so lesen können, wie ich als Vierzehnjähriger gelesen habe: so absolut. (Meine Mutter schob mir, um meiner Tante die Abwesenheit ihres Sohnes zu beweisen, anstelle der Stulle mit Pflaumenkreide ein Stück Seife zu. Beide haben ihren Spaß gehabt.)

Als ich fünfzehn war, wollte ich in Gedanken, Worten und Werken meinen Vater mit meinem Hitlerjugenddolch ermorden. (Bei gleicher Absicht wechseln von Generation zu Generation nur die Tatgegenstände.)

Als ich sechzehn war, habe ich ein unfertiges und beliebig zu deutendes Mädchen auf Entfernung geliebt; seitdem kann ich wünschen und mir einbilden, bis es anklopft, eintritt, da ist und einen Streit beginnt.

Als ich siebzehn Jahre alt war, lernte ich unter meinem Stahlhelm – und nur noch vom Koppel zusammengehalten – die Angst kennen, später (zum Ausgleich) den Hunger, und wenig später das unübersichtliche Raubtiergehege Freiheit.

Ab achtzehn habe ich versucht, dieses Gehege auszumessen, wobei mir aufstieß, wie parzelliert es ist und wie selten die Vernunft beim Verstand liegt: je größer die Intelligenz, um so verheerender kann ihre Dummheit ins Kraut schießen. Selten sind es die Törichten, oft die schlauen Bescheidwisser, die der Welt ihre Niederlagen heimzahlen möchten.

Danach lebte ich längere Zeit kaum, schrieb nur und war Sammelstelle für Zerstreutes, auch für ordnungsgemäße Abgänge. Es fanden sich bei mir ein: dezimierte Jahrgänge, Verschuldungen der Väter und Schuldverschreibungen der Söhne, abgemusterte Clowns, die ihre Komik in Aktenordnern gesammelt hatten, verschüttete, nun rüde Wahrheit bezeugende Märchen, Batterien Riechfläschchen, Kollektionen abgerissener Knöpfe und sonstige Gegenstände, die – zum Beispiel ein Taschenmesser – seit Jahren nach ihrem Verlierer fahndeten. Ich habe alles notiert und den rechtmäßigen Besitzern zurückzuerstatten versucht.

Als ich zweiunddreißig Jahre alt war, wurde ich berühmt. Seitdem beherbergen wir den Ruhm als Untermieter. Er steht überall rum, ist lästig und nur mit Mühe zu umgehen. Besonders Anna haßt ihn, weil er ihr nachläuft und zweideutige Anträge macht. Ein manchmal aufgeblasener, dann abgeschlaffter Flegel. Besucher, die glauben, mich zu meinen, blicken sich nach ihm um. – Nur weil er so faul und meinen Schreibtisch belagernd unnütz ist, habe ich ihn in die Politik mitgenommen und als Begrüßgustav beschäftigt: das kann er. Überall wird er ernst genommen, auch von meinen Gegnern und Feinden. Dick ist er geworden. Schon beginnt er, sich selbst zu zitieren. Oft leihe ich ihn gegen geringe Gebühr für Empfänge und Gartenfeste aus. Hübsch, was er hinterher zu erzählen weiß. Er läßt sich gerne fotografieren, fälscht meisterlich meine Unterschrift und liest, was ich kaum anlese: Rezensionen. (Gestern in Burghausen, kurz vor Beginn der Veranstaltung, wollte ihm ein nicht unbegabter Schwindler seine Geschichte – zwanzig Jahre Sibirien – verkaufen.) Mein Ruhm, liebe Kinder, ist jemand, für den ich um Nachsicht bitte . . .

»Aber ist man dann reich, wenn man berühmt ist?«
»Und wie reich?«
»Und ist das schön, berühmt und reich zu sein?«
»Was kann man sich dafür kaufen?«

Seitdem ich berühmt bin, werden mir Krawatten, Mützen, Taschentücher und ganze Sätze, samt Gebrauchsanweisung, gestohlen. (Ruhm ist etwas, das anzupissen Spaß zu bereiten scheint.) Die Zahl der Freunde wird, je berühmter man wird, entsprechend geringer. Es läßt sich nicht ändern: Ruhm vereinzelt. Dort, wo er hilft, besteht er darauf, geholfen zu haben. Dort, wo er schadet, spricht er vom Preis, der zu zahlen sei. Ich will den Ruhm langweilig und nur selten lustig nennen. (Als Laura kürzlich sechs Autogramme haben wollte, um sie gegen eines von Heintje einzutauschen, beschlossen wir alle, uns über dieses Geschäft zu freuen.)

Aber ziemlich reich bin ich. Ich könnte mir, wenn ich alles zusammenkratze, hier in Berlin eine der kleineren, so gut wie leerstehenden Kirchen kaufen, dann meine gekaufte Kirche in ein Gasthaus verwandeln, das in Anlehnung an die päpstliche Bank getrost »Gasthaus zum Heiligen Geist« heißen könnte. Alles gäbe es dort zu essen, was ich selber koche und esse: Hammelkeule und Linsen, Kalbsnieren auf Sellerie, Aal grün, Kutteln, Miesmuscheln, Fasan mit Weinkraut, Saubohnen und Spanferkel, Fisch-, Lauch- und Pilzsuppen, am Aschermittwoch Lungenhaschee und zu Pfingsten ein mit Backpflaumen gefülltes Rinderherz.

Denn soviel läßt sich sagen: ich lebe gern. Froh wäre ich, wenn alle, die mich ausdauernd lehren wollen, richtig zu leben, auch gerne lebten. Die Verbesserung der Welt sollte nicht den magenkranken Bitterlingen überlassen bleiben. Außerdem, Kinder, bin ich ein Zufall, der zufällig überlebte, zufällig etwas zu schreiben weiß – aber auch oder abermals zufällig eine um sich greifende Industrie – Schiffswerften – hätte aufbauen können. – Na, vielleicht beim nächsten Zufall. Ihr dürft dann mitmachen und beim Stapellauf zugucken, wie es schiefgeht. Anna könnte »Ich taufe dich . . .« sagen. Ich könnte darüber (nun was schon?) ein Buch schreiben . . .

»Ist das alles? Soll das alles sein über dich?«

»Schiffe, das glaub ich – aber sonst?«

»Haste nich noch was?«

»So kurze Sachen. Was du magst, was du nich magst.«

Also nochmal. Kurze Sätze zum Einprägen und Verlieren.

Ich rauche zu viel aber regelmäßig.

Ich habe Meinungen, die sich ändern lassen.

Meistens überlege ich vorher.

Auf verquere Weise bin ich unkompliziert.

(Seit vier Jahren stelle ich Sätze und einzelne Wörter zwischen Klammern: etwas, das mit dem Älterwerden zu tun hat.)

Das mag ich: von weit weg hören, wie Laura am Klavier an immer derselben Stelle danebengreift.

Wenn Raoul mir eine Zigarette dreht, freue ich mich.

Wenn Franz mehr sagt als er zugeben wollte, bin ich erstaunt.

Wenn Bruno Witze falsch erzählt, kann ich lachen wie früher.

Mit Vorliebe sehe ich Anna zu, wenn sie ein frisch gekauftes Kleid sogleich abzuändern beginnt.

Was ich nicht mag: Leute, die mit dem Wort »scharf« bewaffnet sind. (Wer nicht denkt, sondern scharf denkt, der greift auch scharf durch.)

Ich mag keine bigotten Katholiken und keine strenggläubigen Atheisten.

Ich mag keine Leute, die zum Nutzen der Menschheit die Banane gradebiegen wollen.

Widerlich ist mir jeder, der subjektives Unrecht in objektives Recht umzuschwindeln versteht.

Ich fürchte alle, die mich bekehren möchten.

Mein Mut beschränkt sich darauf, möglichst wenig Angst zu haben; Mutproben lege ich keine ab.

Allen rate ich, die Liebe nicht schnell wie das Katzenficken zu betreiben. (Das gilt auch später für euch, Kinder.)

Ich mag Buttermilch und Radieschen.

Ich reize gern auf den Skat.

Ich mag alte gebrochene Leute.

Auch ich mache Fehler mehrmals.

Ich bin ganz gut schlecht erzogen worden.

Treu bin ich nicht – aber anhänglich.

Immer muß ich was machen: Wörter hecken, Kräuter schneiden, in Löcher gucken, Zweifel besuchen, Chroniken lesen, Pilze und deren Verwandtschaft zeichnen, aufmerksam nichts tun, morgen nach Delmenhorst, übermorgen nach Aurich (Ostfriesland) fahren, redenreden, die dicke Schwärze, dort, wo sie graustichig wird, vom Rand her anknabbern, Schnecken auf ihrem Vormarsch begleiten und – weil ich den Krieg kenne – vorsätzlich Frieden halten; den mag ich auch, Kinder.

»Ma ne Frage«, sagt abschließend Franz.
Erwachsene heißen bei Bruno »Verwachsnige«.
Die sind langweilig – oder wie Laura sagt, langgeweilt.
Nicht unfreundlich nennt mich Raoul: »Altes Eisen.«

9

Während Bruno neben der Vorgartentür hockt und auf den täglichen Knall wartet, Laura Wunschpferde malt, Raoul einen Tauchsieder umbaut, Franz bei Jules Verne ist, ich unterwegs bin, Anna Briefe schreibt, Bettina ihre Haare trocknet (und dabei Hegel liest), nähern sich schon die beiden VW, die gleich darauf Ecke Handjery-Niedstraße zusammenstoßen, Franz aus seinem Buch reißen, Raoul vom Schrott abziehen, Anna aus ihrem Brief, Laura von ihren Pferden wegführen, Bettina ans Fenster und Bruno zum Tatort locken werden, während ich unterwegs bleibe. – Immer schon war ich gleichzeitigen Ereignissen hinterdrein. Das hat mich und Zweifel ins Stolpern gebracht, weil, was wir beide im nämlichen Moment dachten, hörten, schmeckten, ahnten, versäumten, vor einer Tür drängelte, Vortritt forderte und – wie ihr es seid, Kinder – gleichzeitig aktuell war.

Während sich dieses zutrug, hat sich mit dem Dementi eines vorausgegangenen Ereignisses jenes und die Anerkennung der DDR durch Kambodscha ereignet. Was zur Sprache kommt. Ich bitte, Fragen zu stellen.

Auf Pressekonferenzen, in deren hufeisenförmiger Tischordnung ich im März und April in Gladbeck, Dorsten bei Marl und Oberhausen, im Mai in Kamen, Saarbrücken, Esslingen, Lohr und Nördlingen eingemauert saß – auch in Wiesbaden, Burghausen und sonst noch wo fanden (wie in Schnecklingen) Pressekonferenzen statt –, wurde ich nach dem Atomsperrvertrag und zur Vorbeugehaft, über meine Einschätzung der russisch-chinesischen Grenzstreitigkeiten am Ussuri, nach meinem Verhältnis zur Mitbestimmung, zur engagierten Literatur, zur katholischen Kirche, nach Heinemanns Verhältnis zur Bundeswehr, nach dem Verhältnis des Außenministers zu seinem Sohn Peter, über meine Einschätzung der Großen

Koalition (natürlich auch über das von mir erwartete Wahlergebnis) und über die Verwendung von Knoblauch beim Kochen befragt.

Meine Antworten waren kurz oder umschweifig, zitierbar sarkastisch oder flüchteten verlegen. (Auf Verlangen erzählte ich Anekdoten: was einem so unterwegs passiert.)

In Burghausen fand, während ich im Lindacher Hof eine Pressekonferenz gab, draußen (bei schönem Wetter) eine Schießerei statt: Der Arbeiter Norbert Schmitz verfolgte seine geschiedene Frau, schoß, während er verfolgte, den Schreiner Josef Wohlmannstetten nieder, schoß dann, schon selber verfolgt, auf Landpolizisten, die sich, während er noch seine geschiedene Frau verfolgte, mit einem Funkstreifenwagen genähert hatten, schließlich, als Wohlmannstetten schon blutete, am Tatort waren, und wurde, während ich im Lindacher Hof aktuelle Fragen beantwortete, von Landpolizisten mehrmals in den rechten Oberschenkel getroffen.

Was über den Ticker kommt: das Gedrängel der Nachrichten, wie sie ausgewählt und ins rechte Verhältnis gerückt werden, wessen Meinung ihre Überschrift bestimmt und welcher Kommentar ihnen die Zähne ziehen oder bissig schleifen wird. Ich antworte und stelle Trittleitern für mögliche Fragen. Doch in Amberg will niemand wissen, was nach de Gaulle kommt. Dafür ab 9. Mai die ökonomische Hamletfrage: Aufwerten oder Nichtaufwerten? Schiller und Strauß an der Rampe. Kiesingers »Niemals!« Was die Experten und ähnliche Chargen sagen. Ein Stück, in dem Chöre auftreten. Die klassische Warnung der einundsechzig Professoren: »Wenn die D-Mark nicht rechtzeitig, dann kann auch die Lohnentwicklung . . .«

Rattenschwanzfragen: Wie ich zu Kiesingers NS-Vergangenheit und zu Wehners KP-Vergangenheit, zu den Studenten allgemein und zu den Radikalen besonders, zum Papst und zur Pille, zur Gruppe 47 und zu Axel Cäsar Springer, zum Schießbefehl an der Mauer und als Ehemann zu meiner Frau stehe.

Ich antworte (wenn möglich) und drehe mir Zigaretten. Im Unterfutter knistert Zweifel und meldet Bedenken an. Es ist gefährlich, die Gießener Antworten in Wiesbaden zu variieren. Wenn es öde wird, beginne ich Fragen, die mir jemand in Kamen gestellt haben soll, zu erfinden und wahrheitsgemäß zu beantworten. – (Doch Zweifel verachtet mich, wenn ich trickreich agiere: Dieser Beckmesser! Dieser Studienassessor!)

Manchmal sind Redakteure örtlicher Schülerzeitungen dabei. Sie fragen, warum ich eine geblümte Krawatte zum gestreiften Hemd trage, ob ich mich nicht endlich für die völkerrechtliche Anerkennung der DDR aussprechen möchte und welchen Sinn das alles (nicht nur das Leben) habe. (Die Redakteure der Schülerzeitungen schreiben ungern: sie führen Tonbandgeräte mit sich.)

Pressekonferenzen, sagt Erdmann Linde, sind wichtig.

Das streut, bringt Fotos mit Kandidaten, bleibt hängen als Halbsatz und kostet nichts.

Auf Pressekonferenzen lerne ich freundliche, geduckte und herzzerreißend abhängige Journalisten kennen. (Oft schreiben sie besser, als es die Kopfblattbesitzer erlauben.) Einige geben Tips. Die von Ort zu Ort anders, aber überall gleichmäßig verfilzte Kommunalpolitik wird mir, weil ich Mief sammle, gut verschnürt unterschoben: Mitbringsel mit Lokalgeruch.

Dankbar lobe ich das von Ort zu Ort verschieden geratene Bier, die ländlichen Weißweine.

»Haben Sie noch Fragen?« fragt neben mir der Ortsvereinsvorsitzende Lambinus die versammelten Journalisten aus Lohr und Marktheidenfeld und faltet die Rechnung mit Datum.

Nachdem ich eine letzte Frage »Waren Sie schon einmal in Marktheidenfeld?« eindeutig mit »Nein!« beantwortet habe, gilt die Pressekonferenz als beendet; nur noch auf kommunaler Ebene wird Frankenwein getrunken und örtlicher Geniste und

Filzvorkommen gedacht. (So schön ist Deutschland. So überschaubar und undurchdringlich. So unheimlich harmlos. So überall anders und gleich. So selbstvergessen.)

Jemand will zum Abschluß (und ohne davon Gebrauch machen zu wollen) etwas Vertrauliches fragen: »Worüber schreiben Sie unterwegs momentan?«

»Zur Zeit über Dinge, die gleichzeitig aktuell sind – und zwischendurch über einen verjährten Salatkopf . . .«

Wenn wir am Sonnabend auf unseren Friedenauer Wochenmarkt gehen, dann kaufen wir Dill und Gurken, Havelaal und Heilbutt, Birnen und Pfifferlinge, Hasenläufe und Vierländer Mastenten wo wir wollen und lustig sind. Niemand stellt uns mit nacktem Finger zur Rede: »Warum bei der? Wissen Sie nicht, daß die? Bei der und auch bei dem da soll, darf man nicht einkaufen. Verstanden!«

Wir kaufen ein, wo uns Aal und Dill, Hasenläufe und Preiselbeeren auf den Geschmack bringen. Auch gefallen Anna und mir einige Marktfrauen besonders: etwa unser selbst bei frostigem Ostwind immer noch lachlustiges Heringsmädchen. Das war in Berlin und woanders nicht immer so: Bei mir zu Hause wurden gegen Ende Oktober 1937 – zehn Jahre war ich alt und begriff nicht – die jüdischen Markthändler vom Danziger Wochenmarkt vertrieben. Nur in der Häkergasse, abgesondert, durften sie ihre Reißverschlüsse und ihren Zwirn, ihre Holzkohle und ihr Backobst, ihre Kartoffeln und ihr Gemüse ausbreiten. So sollte deutlich werden, welche arischen Hausfrauen immer noch bei Juden kauften. Im »Danziger Vorposten« stand zu lesen: ». . . aus diesem Grunde war die Empörung der Volksgenossen zu verstehen, die die Käufer, hauptsächlich Frauen, unter Pfui-Rufen bis in ihre Wohnung begleiteten.«

Als der Studienassessor Hermann Ott am Sonnabend wie gewohnt seinen Freund Isaak Laban, den immer noch kaisertreuen Gemüsehändler aus Müggenhahl, in der großen Markthalle neben der Dominikaner-Kirche suchte, fand er an Labans Platz eine junge Bäuerin, die frische Werderbutter, Glumse und Eier verkaufte. Auf schwarzen Holztäfelchen stand, daß sie Erna hieß und aus Käsemark stammte. Als Ott nach ihrem Vorgänger dem Händler Laban fragte, verschränkte sie die Arme: »Waas geihn mech de Jidden an?«

Schon begannen benachbarte Marktfrauen ihre Zahnlücken zu zeigen. Bald war Ott ein Spielball im rundum laufenden Gejohle; und johlend begleiteten ihn Weiber, Rentner, Gören bis in die Häkergasse, wo er Laban fand. Inmitten breitmäuligem Gekeife blieb Ott kühl und fischäugig. Er begrüßte Laban, der seine dem Ersten Weltkrieg abgewonnene Unteroffiziershaltung angenommen hatte: »Melde gehorsamst, keine besonderen Vorkommnisse.« Spöttisch anspielend kam er mit seinem Freund ins Gespräch und wählte ohne Eile aus dessen Mistbeetprodukten einen Salatkopf aus. Die beiden hatten ihren Ton gefunden. Laban erkundigte sich nach Zweifels Schnecken. Und Ott berichtete, daß bei seinen gelben Egelschnecken und rötlich gelippten Laubschnecken die Meinung umgehe, es werde eine andere, gleichfalls langsame und deshalb den Schnecken verwandte Rasse demnächst ans Auswandern denken müssen.

Laban schichtete seine Salatköpfe neu, musterte das zur Mauer gewordene Keifen, suchte in haßgefleckten Gesichtern und sagte: »Dem wird sein mögen, wenn ich bedenk.« Ott zahlte, und Laban gab Pfennige zurück.

Als der Studienassessor mit seinem Salatkopf den Heimweg antrat, begleitete ihn ein so breit wie schrill geratenes Pfui als wandelnde Glocke bis zur Straßenbahnhaltestelle am Holzmarkt. Bevor er in den Anhänger der Linie 5, die zur Niederstadt fuhr, einstieg, zog eine alte, als Oma liebenswerte Frau die Hutnadel aus ihrem topfartig geformten Filz und durchstach einmal und nochmal den grünen Salatkopf. »Pfui Deibel!« schrie sie und wischte die Hutnadel am Ärmelstoff ab. – Zu Hause verschwieg Zweifel seinen Schnecken den Vorfall.

Schon bevor die jüdischen Händler auf den Danziger, Langfuhrer und Zoppoter Wochenmärkten ausgesondert wurden, ging in der Synagogengemeinde die Redensart um: »Wenn kein Recht mehr sein wird, werden wir uns bekaufen müssen beim Semmelmann.«

Josef Semmelmann und seine Frau Dora unterhielten, zuerst in Neufahrwasser, später in der Altstadt, Breitgasse 61, ein Koffergeschäft, dem sich in dahintergelegenen Räumen die Werkstatt anschloß. Ein gutgehendes Geschäft: Semmelmanns Koffer eigneten sich für Überseereisen.

An jenem Sonnabend, an dem Zweifel in der Häkergasse einen Salatkopf, der später zweimal durchstochen wurde, für wenige Pfennige gekauft hatte, begann auf allen Danziger Märkten und gleichfalls in den Geschäftsstraßen die Gewalt volkstümlich zu werden: Kurzwaren-Sortimente, sperrhölzerne Backobstkisten, die Kartoffelkörbe und das geschichtete Gemüse der jüdischen Händler wurden gefleddert, gestürzt und zermanscht. Mehreren jüdischen Geschäften in der Altstadt fielen die Schaufensterscheiben in Scherben. Diebstahl in zwei Juweliergeschäften konnte zwar nachgewiesen werden, blieb aber ohne Richter. (In einem Bericht, den das Deutsche Generalkonsulat, gezeichnet Luckwald, nach Berlin schickte, war von Tumultschäden und pöbelhaften Ausschreitungen die Rede.)

Also hatten die Männer des SA-Sturmes 96, der seine Dienststelle an der Reitbahn, gegenüber der Großen Synagoge hatte, nur Tumultschäden hinterlassen. In keinem Bericht, auch nicht im Bericht des Völkerbundkommissars Burckhardt, stand zu lesen, daß man den Koffermacher Semmelmann, nachdem seine Koffer geschlitzt, die Dampfpresse und die Lederstanze mit Brechstangen und Vorschlaghämmern zu Schrott zerschlagen waren, gleichfalls mit Walkhölzern zerschlagen hatte: ins Marien-Krankenhaus eingeliefert, starb er nach einem Herzanfall am 20. November 1937. Später zeigte sich, daß viele zu spät den Entschluß gefaßt hatten, sich vorsorglich beim Semmelmann zu bekaufen: es herrschte Mangel an Koffern.

Wir kommen aus Franken und müssen durch den Westerwald. Es regnet, da hilft kein Pfeifen.

Alles hängt, auch das Gegenteil.

Schon wird das Wörtchen »sinnlos« reihum geraucht.

Die Natur und ihre Gucklöcher mit schräger Schraffur vergattert.

Da kommst du nicht durch. Macht sich ganz von alleine.

(Zweifel näselt Fußnoten zur Freiheit des Willens.)

Hör doch weg. Immer dieses Gemähre.

Alles, besonders das Witzewissenerzählenschonkennen strengt an: ich kann nicht mehr lachen und mit den Ohren wackeln. Zwei Scheibenwischer ersetzen der Melancholie die Sanduhr.

Drautzburg und ich reisen in einer Luftblase.

Nichts, kein Einspruch berührt uns.

(Erst hinter Limburg beginnt es, auf die Zeitungen von gestern zu tropfen: Barzel sagt meint würde sagen . . . Ein Name für alles, das saugfähig ist und bei Druck das Wasser nicht halten kann: jetzt äußert er ernste Bedenken, jetzt nimmt er die Brille ab und ölt Gedankenstriche, jetzt, wieder mit Brille, fließt alles an ihm ab.)

Zwischen Baustellen bei starkem Gegenverkehr. Von oben betrachtet, ist unser VW-Bus, mitten im Westerwald, keine Ausnahme: Luftblasen unterwegs.

Drautzburg behauptet, wir haben ein Ziel.

»Kleine Verspätung«, sagt er, »müssen wir aufholen.«

Ich kann nicht fahren. Ich sage: »Es tropft.«

Müde bin ich – »Na penn doch.«

Fünfundsechzig Kilometer lang schlafe ich mich zurück in die Weichselniederung, querfeldein über Weizenboden und Entwässerungsgräben, an denen Weiden stehen und Grimassen schneiden; so wird die Behauptung widerlegt, daß Körper nur jeweils an einem Ort sein können, und gleichzeitig eine Gegend vermieden, die im Soldatenlied vorkommt und reich ist an Niederschlägen. (Unser Radio erzählt vom nordatlantischen Tief.)

Sobald wir angekommen sind, ist der Regen Vergangenheit: proppenvoll der Saal, und das bei dem Wetter! – Wenn nasse Mäntel in geschlossenen Räumen die Luft speisen, spricht es sich leichter über trockene Sachen: Fortschritt und so. Kein Durst zwischendurch. Weniger Zweifel ...

»Und wann kommt mein Pferd? Haste versprochen. Mußte auch halten. Nich immer nur Dingsbums und Espede. Paar Pferde. Gibt es da welche, wo du grad warst?«

In Delmenhorst: junge, einander mit Wortfallen liquidierende Kommunisten. (Ich hüte einen sakralen Gegenstand: das Mikrofon.)

In Wilhelmshaven wohnt eine echte Cousine von mir. (»Als wir bei Tante Martha die Stachelbeeren ... Als wir beim Schützenfest auf Bürgerwiesen ...«)

In Emden faßt die Bronshalle über neunhundert Personen. Eine gelungene Veranstaltung, wie wir tagsdrauf in der »Ostfriesischen Rundschau« lesen. Tief und programmlos in Heerens' Hotel geschlafen. Morgenspaziergang (nach Tabakkauf) durch das ziegelrot lyrische, vom Segelwind durchpustete Emden: spiegelblank frischgelüftet, macht witzig, verlockt zum Bleiben. (Aber Drautzburg will sich hier nicht verloben.) Früh fahren wir ab und wollen schon mittags in Hohenlimburg, am Nachmittag in Iserlohn (Sauerland) singen. – Auf feistem Grün, auf subventioniertem Grün, links rechts Pferde, jetzt endlich Pferde!

Wie sie am leise gestellten Lautsprecher mit geizigem Ohr, nur für sich (sonst darf keiner) ihrem Heintje zuhört, der wie sie ein Pferd haben will.

Wie sie wieder rumläuft und mit den Armen baumelt.

Verschreckt erschreckt sie uns.

Zwischen drei Brüdern will sie kein Mädchen sein.

(Der maskuline Überdruck preßt ihre Stimme; ich nenne sie Quietschkommode. Erst später wird sie, sanft wie sie ist, richtig erfolgreich sanft sein dürfen.)

Ein Aprilgesicht. Gleichzeitig lacht sie, verfinstert sie sich: wechselnd bewölkt.

Auf der Treppe, durchs Haus, jedem Stuhl oder Tisch, allem was Beine hat und bis vier zählen kann, sagt sie es laut: »Ich will ein Pferd. Ein richtiges Pferd. Nicht immer nur Brüder und überall Brüder. Ein lebiges Pferd. In meinem Zimmer. Nur eins. Kann ja ein kleines sein. Eins, – so groß nur – das neben mir schläft.«

Wir schaffen es nicht, ihr das Pferd zu ersetzen.

Nichts will sie essen, alles ist »Ihhh!«

Immer in Hosen. Rittlings auf Stühlen. Ist neidisch, weil Bruno was hat (und zeigt) das ihr fehlt.

(Oh, Natur! Oh, ihr zwittrig genügsamen Weinbergschnekken ...)

Ich habe ihr einen Spiegel geschenkt; aber sie will sich nicht sehen.

Nach drei Tagen ostfriesischem Wahlkampf hätte ich meiner Tochter gerne die bewegten Koppeln und im Gasthof (zwischen Pokalen) die Fotos oldenburgischer Reitervereine gezeigt. Viel weiß ich nicht über Warm-, Halb- und Kaltblüter. Anna will Laura einen Wellensittich kaufen. So geduldig mich Erdmann Linde belehrt, ich kann Galopp nicht vom Trab unterscheiden.

Das muß ich nachtragen: Flog Mitte Mai (nach einer Vormittagsveranstaltung in Duisburg) von Düsseldorf nach Belgrad, um dort eine Buchausstellung zu eröffnen. Drei Tage später flog ich nach Hamburg, um in liberaler Umgebung (mit Blick auf die Süderelbe) der Gründung einer Wählerinitiative beizusitzen. Tagsdrauf fuhr ich (mit der Bundesbahn) nach Münster, um gegen den Widerstand eines schon ältlichen Jungsozialisten, abseits, in einer aufgemöbelten Mühle, die Gründung der »Sozialdemokratischen Wählerinitiative Münster« anzuregen. (Redenreden und Zweifel, der sich verzehrt, für Stunden das Wort entziehen.) Tagsdrauf fuhr ich nach Bremen, um dort vor fünfhundert versammelten Volksbibliothekaren einen Vortrag über den Zustand der Truppenbüchereien (»Was lesen die Soldaten?«) zu halten. Flog tagsdrauf mit meinen Mitbringseln zurück nach Berlin und erzählte euch, Kinder, wie es in Belgrad aussieht . . .

Unterwegs machen wir Pause. (Auch Drautzburg will wissen, wie es da unten gewesen ist.) Zwischen den Zielen sitzen wir fremd in einer fremden Wiese. Sie summt, wie Wiesen im Frühsommer summen. Ein Fotograf, der für Quick mitfährt, macht Fotos von uns, wie wir in der summenden Wiese sitzen und fremd sind.

»Und der jugoslawische Kommunismus?«

Jetzt lesen wir Zeitung: »Das Städtebauförderungsgesetz wird kaum noch in dieser Legislaturperiode . . .« Drautzburg sagt: »Heute könnte ich mich verloben.«

Ich erinnere ihn an die Mühsal der Dreifelderwirtschaft. Jetzt entwirft er, so leer die Wiese ist, eine Großfamilie. Hübsch, wie sie alle einander zur Hand gehen, sich sogar sonntags vertragen. Das macht Spaß: auf leerer Wiese Mehrstöckiges entwerfen.

»Tut mir leid«, sagt Drautzburg, »aber jetzt müssen wir wieder.«

Wir nehmen alles mit: den Quick-Fotografen samt Fotos, meine Bemerkungen zum jugoslawischen Kommunismus, unsere angelesenen Zeitungen, was gleichzeitig aktuell ist, die

Drautzburgsche Großfamilie, das Fremdsein; und auch die Erfahrung, daß Wiesen im Frühsommer summen, nehmen wir mit. (Zweifel – ich bin sicher – hätte paar Schnirkelschnecken gefunden.)

10

Als Zweifels Salatkopf durchstochen und der Koffermacher Semmelmann mit Walkhölzern zerschlagen wurde, lebten im Gebiet der Freien Stadt Danzig noch 7479 Juden. Bald darauf wurde vierundzwanzig jüdischen Ärzten der Beruf verboten; viele wanderten aus, auch Dr. Citron, ein praktischer Arzt, der Sommer für Sommer Zweifels Heuschnupfen gelindert hatte. (Nur die Ärzte Walter Rosenthal und Kurt Jakubowski durften kranke Nichtarier behandeln.)

Er ist chronisch: mach was dagegen. Hermann Ott behauptete, sein Heuschnupfen deprimiere und euphorisiere ihn gleichermaßen. Sobald es Sommer wurde, begann Zweifel sich leidend zu definieren.

Ab August des folgenden Jahres waren Überfälle auf die Synagoge Mattenbuden und eingeworfene Fensterscheiben im Haus der Borussialoge am Olivaer Tor alltäglich. Als der Ostjude Herschel Grünspan in Paris den deutschen Diplomaten vom Rath ermordete, wurden im Deutschen Reich Synagogen in Brand gesteckt, jüdische Geschäfte geplündert, viele Juden erschlagen oder in den Selbstmord getrieben, mehrere Tausend Juden verhaftet und in Konzentrationslager gebracht. (Hermann Ott hat in seinem Sudelbuch dazu nur Lichtenbergsche Kürzel gesetzt: »Die Reichs-Kristallnacht ist eine geräumige Metapher.« – Im Tagebuch seiner (mittlerweile) Obersekunda steht geschrieben: »Als wir von Selma Lagerlöf ›Kindheitserinnerungen‹ lasen, schickten wir einen Brief und ein Album mit Bildern von Danzig an die Dichterin. Herr Ott und Fräulein Mettner bereiteten mit uns eine Lagerlöf-Feier vor.«

Die sogenannte Kristallnacht vom 9. November 1938 fand auch in Danzig ihre Entsprechung: die Synagogen in Langfuhr und

Zoppot wurden in Brand gesteckt. Nur die Große Synagoge an der Reitbahn blieb unbeschädigt, weil einige Mitglieder des jüdischen Frontkämpferbundes, unter ihnen der Weltkriegsveteran Isaak Laban, einen Wachdienst eingerichtet und mit Hilfe des Rechtsanwalts Bernhard Rosenbaum Polizeischutz angefordert hatten, als SA-Männer das Haupttor aufbrechen wollten. (Am nächsten Tag reiste Rosenbaum mit seiner Frau zur Erholung nach Südfrankreich. In Nizza verschlechterte sich sein Gesundheitszustand; mit seiner Rückkehr war nicht mehr zu rechnen. Schriftlich legte er sein Amt als zweiter Gemeindevorsteher nieder. Doch seine Tochter blieb; und auch Hermann Ott unterrichtete weiter, obgleich immer weniger Schüler in die Rosenbaumsche Schule kamen. Knapp 4000 Juden wohnten Ende November in der Freien Stadt Danzig.)

Zweifel soll damals in mehreren Briefen eine wissenschaftliche Arbeit skizziert haben, deren Titel ihm bei blühendem Heuschnupfen eingefallen sein mag: »Über die Schnecke als Mittlerin zwischen Melancholie und Utopie.« – Zweifels Briefe – er soll sich auf Walter Benjamin berufen haben – und die Antworten seines Briefpartners sind – so weitschweifig ich gesucht habe – unauffindbar. (Bernhard Rosenbaum starb 1940 in Nizza.)

Er wird sie als Schwestern gesehen haben. Wie Melancholie und Utopie einander Ursache nennen. Wie die eine die andere flieht und verleugnet. Wie sie einander Ausflucht vorwerfen. Wie zwischen beiden die Schnecke vermittelt: pünktlich, unbeteiligt und zynisch, wie Zwischenträger es sein können.

Am 17. Dezember achtunddreißig, als Zweifel (während der Adventszeit) in der Substanz zwittriger Schnecken Heilstoffe gegen die Melancholie (und wohl auch gegen die Utopie) zu vermuten begann, beschloß die Jüdische Gemeinde, den Freistaat Danzig zu verlassen und auszuwandern. (Der Zionist Segall sprach nicht, er appellierte.) Alle Gemeindemitglieder, die sich in der Großen Synagoge versammelt hatten, standen auf und gaben so ihre Einwilligung. Danach sollen alte Leute ohnmächtig geworden sein.

Als habe der Fortschritt den Stillstand zum Echo. Als sei die Melancholie das Unterfutter der Utopie. Als hindere unverkäuflich den Läufer ein Klotz. Als begrüße am Endziel Schwermut den Sieger. Als leide die Welt unter Heuschnupfen und chronisch nicht nur Zweifel allein.

Da die Auswanderung der Danziger Juden in Devisen bezahlt werden mußte, begann man die Grundstücke und den Grundbesitz zu schätzen: die jüdischen Friedhöfe Langfuhr und Stolzenberg, die beschädigten Synagogen am Mirchauer Weg, auf Mattenbuden, in Zoppot, die heilgebliebene Synagoge an der Reitbahn, die Borussialoge am Olivaer Tor und das Grundstück Husarengasse 7 a wurden auf runde 500 000 Danziger Gulden geschätzt; doch nach Verhandlungen mit dem NS-Kreisleiter Kampe, an denen auch der junge Syndikus Erwin Lichtenstein teilnehmen mußte – »War mein Mann bleich, als der zurückkam!« sagte Frau Lichtenstein in Tel Aviv –, blieb nur noch der karge Gegenwert von 330 000 Gulden. Vertraglich wurde vereinbart, daß die Synagogen nicht für profane Zwecke benutzt, sondern abgerissen werden sollten. Die alten Synagogenvorsteher und der Kantor der Großen Synagoge, Leopold Schufftan, sollen, nachdem unterschrieben worden war, geweint haben. – So verkauften sie ihre Synagogen und zahlten mit dem Erlös den Preis für eine ungewisse Auswanderung.

Himmlisch Jerusalem! – Welche Quellen mag Zweifel befragt haben? Dürers zähflüssige Reise in die Niederlande? »Ich schenkte dem Faktor von Portugal ein kleines geschnitztes Kindlein, ferner schenkte ich ihm ein Adam und Eva, den Hieronymus im Gehäuse, den Herkules, den Eustachius, die

Melencolia, die Nemesis ...« Oder lernte er vom Trübsinn der Fürsten im deutschen Trauerspiel und entdeckte die Schnecke rückblickend als barocke Allegorie?

In der Nacht vom 2. auf den 3. März neununddreißig ging Hermann Ott zum Packhof an die Mottlau, um dem Auszug von fünfhundert Danziger Juden zuzusehen. Am Sammelplatz fanden sich als Zuschauer ein: zurückbleibende Verwandte und Freunde der Fünfhundert, leitende Polizeibeamte, der englische Generalkonsul Shepherd, der bei der Vorbereitung des Transportes geholfen und gleichzeitig vor einer illegalen Einwanderung in das Mandatsgebiet Palästina gewarnt hatte. Nur die beiden zugelassenen jüdischen Ärzte, zwei Sanitäter, der zum Judenkommissar ernannte Sparkassendirektor Bittner, mehrere Polizeibeamte und der Vertreter der Jüdischen Gemeinde, Heinz Kaminer, durften den Transport bis zum Einschiffungshafen begleiten. (Da sieben Schüler Zweifels und der Gemüsehändler Isaak Laban zu den Fünfhundert gehörten, hatte der Studienassessor bei den Behörden um Erlaubnis gebeten, den Transport begleiten zu dürfen; ohne Begründung wurde sein Antrag abgelehnt.) In Autobussen sollten die Auswanderer über die Freistaatgrenze nach Marienburg gebracht, dann in einem plombierten Zug über Breslau, Wien, Budapest in die Hafenstadt Reni am Schwarzen Meer transportiert werden. Dort würde (so hieß es) das Achthundert-Tonnen-Frachtschiff »Astir« die Fünfhundert übernehmen. Von einem Ziel war offiziell nicht die Rede.

Am Beispiel zweier Weinbergschnecken, die einander ihren Samen zuleiten und sich nach dem Samentausch selbsttätig befruchten, schulte Zweifel seine Spekulation vom Zwitterwesen der Melancholie und Utopie. Tabellen und Kurven: schon zeichnete sich (schematisch) das Ende der Geschlechter, Erlösung ab.

Als nach der Einschiffung der Fünfhundert die Reisebegleiter nach Danzig zurückgekehrt waren, gab Heinz Kaminer den Gemeindevorstehern Bericht: mit Bretterverschlägen habe man den Frachter »Astir« auf die Übernahme von Personen vorbereitet. Im Vorderschiff habe man die Männer, im Achterschiff die Frauen untergebracht.

Fritz Gerson, der beobachtet hatte, wie sich Weinbergschnecken fortpflanzen, widersprach Zweifel und nannte dessen Übernahme des Zwitterwesens aus dem Bereich der Natur in den Spielraum der Mythologie fahrlässig und unwissenschaftlich.

Als sich die Auswanderer in Gruppen vor den Autobussen versammelt hatten, sagte der Studienassessor Ott zu seinen Schülern: »Schreibt mal von unterwegs, oder sobald ihr angekommen seid.« Und Simon Kurzmann, dessen gleichmäßige Schülerleistungen als Beweis für Zuverlässigkeit gelten mochten, versprach Bericht zu geben.

Als Erklärung bot Zweifel seinen Heuschnupfen an, dem ja auch wissenschaftlich nicht beizukommen sei. Er sagte: »Im Altertum, übrigens, stand Saturn der Melancholie und der Utopie vor: gallig bitter gerecht.«

Als sich Hermann Ott von seinem Freund verabschiedete, rettete er sich in Spott. Doch Laban antwortete auf die Frage, ob er seine Weltkriegsauszeichnungen (das Eiserne Kreuz beider Klassen) in Müggenhahl gelassen habe, mit ungekränkter Würde: »Warum soll sich der Laban von seine Verdienste trennen?« – Kurz bevor er in den Autobus einstieg, soll ihm Zweifel ein Päckchen in die Jackentasche geschoben haben: »Meine Schnecken lassen schön grüßen.«

Wie sich die Melancholie und ihre Umkehrung verpflanzen lassen: Als in den Gärten und Weinkulturen des Berges Karmel (oberhalb Haifa) immer mehr mitteleuropäische Weinbergschnecken gefunden wurden, führte man diese zusätzliche (und gleichfalls illegale) Einwanderung auf das Geschenk des Studienassessors an seinen Freund zurück. (Laban hat später in Haifa einen Gemüseladen eröffnet. Mit Kreide soll er sein Angebot auf schwarze Holztafeln geschrieben haben: »Frühjahrskartoffeln aus Müggenhahl! Zwiebeln, Mohrrüben, Kopfsalat – wie frisch aus dem Werder!«)

Schon vor dem Auszug der Fünfhundert wurde die Rosenbaumsche Schule geschlossen. In einem Rundschreiben hieß es, die Schülerzahl sei von über zweihundert Schülern auf nur noch sechsunddreißig zurückgegangen, die Auswanderung weiterer Schüler stehe bevor. (Ruth Rosenbaum wanderte wenig später nach Frankreich, erst nach dem Krieg nach Israel aus.) Ende Februar hatten noch acht Schüler und Schülerinnen ihr (vom Senat bestätigtes) Abitur machen können. (Als ich in Jerusalem Eva Gerson nach Einzelheiten fragte, sagte sie: »Die Nazis in der Prüfungskommission, darunter Schramm und andere Größen, waren von unseren Leistungen ziemlich beeindruckt.«)

In Hermann Otts Wohnung, Bastion Kaninchen 6, versammelten sich die restlichen Schüler. Man trank Tee, stritt ein wenig und amüsierte sich über die Begleitumstände einer Hausdurchsuchung, die in Zweifels Wohnung und Schneckenterrarien Unordnung gebracht hatte. Zweifel spielte vor, wie sorgfältig die Polizisten mit gebogenen Pinzetten in seinen Schneckenhäusern nach »zionistischen Verschwörungsplänen« gesucht hatten. Man erfand knallige Überschriften: »Wie das Weltjudentum seine Protokolle verbirgt!« – oder: »Judenstaat im Schnekkenhaus!« – Überhaupt sprachen Zweifels restliche Schüler einen symbolträchtigen Jargon; der Frachter »Astir«, von dem seit Wochen nichts zu hören war, wurde als »Schneckenarche« im Schulatlas auf der Mittelmeerkarte gesucht.

Als Ende März (laut Verkaufsvertrag) die Große Synagoge an der Reitbahn geräumt werden mußte, halfen Zweifel und seine restlichen Schüler beim Verpacken der Kultgeräte, die wenig später nach New York geschickt wurden, wo sie als Gieldzinski-Sammlung im Jüdischen Museum Platz fanden. (1966 verbrannten die Thorarollen, als in der Bibliothek Feuer ausbrach.)

Was wollt ihr noch wissen, Kinder? – Fritz Gerson hörte auf, Weinbergschnecken beim Paarungsprozeß zu beobachten. Seine Familie wartete auf Einreisezertifikate nach Palästina. Eva Gerson, die gleich nach dem Abitur ausgewandert war, sollte sie aus Tel Aviv schicken.

Wie die Schwestern getrennt leben. Wie Melencolia und Utopia einander Briefe schreiben. Wie sie einander als Ursache beschimpfen. Wie sie einander mögen und keine Worte finden. Wie ich in Jerusalem alte Briefe lese und mir Fotos nichts sagen.

Als sein Schüler die Weinbergschnecken aufgab, unterbrach Zweifel seine Spekulationen und machte sich nützlich: er half bei den Vorbereitungen der Kindertransporte nach England. Im Mai verließen 74, im Juli 6, dann 16 Kinder den Freistaat. Als am 23. August 1939 (eine Woche vor Kriegsbeginn) weitere 26 Kinder nach England reisten, stand im Blatt der Synagogengemeinde zu lesen: ». . . bleibt auch draußen in der Welt immer treue Söhne eures Judentums, dessen Schmerzen ihr es verdankt, daß ihr in die Welt hinaustreten dürft.«

»Und mußten die da auch inne Schule?«
»Konnten die alle bald Englisch?«
»Und die Eltern von denen?«
»Wo blieben die?«

Nur wenige der über hundert Kinder haben ihre Eltern wiedergesehen. Vor einigen Tagen, auf Wahlreise nach Paderborn, Meschede, Schwelm und Ennepetal, begleitete mich ein englischer Journalist, der vorhat, für den »Observer« einen Bericht zu schreiben. Nach der Betriebsbesichtigung bei Stokkey & Schmitz, als wir wieder in unserem VW-Bus saßen, deutete er in Nebensätzen an, daß er (wie ich) in Danzig aufgewachsen und (wie ich) bei Kriegsbeginn knappe zwölf Jahre alt gewesen sei. So alt wie ihr, Franz und Raoul, war der englische Journalist, als er mit einem der vier Kindertransporte Danzig verließ. An einen Studienassessor Ott (Zweifel genannt) konnte er sich nicht erinnern; aber die Stadt – Giebel, Kirchen, Gassen, Beischläge und Glockenspiele, Möwen auf Eisschollen und über dem Brackwasser – war ihm helldunkel und wie zerbrochenes Spielzeug deutlich geblieben. – Hört ihr noch zu?

11

»Naja, es läuft so. Überall suppt kommunal was durch. In Meschede ein NPD-Studienrat. Und beim Skat in Ennepetal . . .« Sobald ich mit meiner Reisetasche zurückkomme und Annas Frage »Wie war es?« mit Nebensätzen um die Antwort gebracht habe, sehe ich euch verhext vor dem Fernsehschirm.

Laura erwartet ein vierbeiniges Wunder, Bruno ein ganz bestimmtes Auto, Raoul auf dem Sprung, Franz grimassiert.

Vier einzelne Kinder in ihrer Haltung, die manchmal verschoben wird.

Andacht gleich nach dem Opfer, kurz vor der Wandlung. Ihr seht: Verkehrsstauungen auf der Autobahn. Apollogeschichten. Regelmäßig Vietnam. Werbung, den Mund voller Glück. Haushaltsmesseeröffnungen. Landschaft als Hintergrund. Handlung, in der ein Hund mitspielt. Die geblähten Bäuche der Ibokinder. Das Fischsterben im Rhein. Sprecher, die noch nicht abgeschlossene Entwicklungen zusammenfassen. Jemand, der traurig ist und Gitarre spielt. Dick und Doof. Studenten und Polizisten. Heitere Bischöfe, die unfehlbar daneben reden. Beruferaten und noch mehr.

Sobald ich etwas (das nur Bild ist) zu erklären versuche, hört ihr viermal verschieden zu oder weg oder anderes.

Ich versuche, einfach zu sprechen (bildhaft) möglichst für jeden und für Laura besonders.

Ihr habt viermal Geduld mit mir, wenn ich wirr werde bei soviel Einzelheiten und Ausnahmen, die berücksichtigt werden wollen: ». . . und zwar weil die Flakgeschütze nicht nur britischer und sowjetischer Herkunft, sondern auch aus der Schweiz . . .«

Plötzlich, mitten im immer stärker schlingernden Satz, ist es Zeit für Bonanza, Flipper, Sandmännchen-Ost . . .

»Dürfen wir?«
»Fängt gleich an.«
»Guck doch mit.«
»Nachher darfste auch wieder über Biafra und so.«

Die Schnecke zögert vor Schwellen nicht. (Jetzt keine pädagogische Grundwassersuche.) In Schüben ankommen und gucken, was der Flieder vorm Haus macht: blüht schon weg. Anna fragt immer noch: »Also wie war es?«

Wie üblich bruchstückhaft. Über Meschede gluckt eine sieben Millionen schwere Benediktinerabtei aus Beton. Die Ennepe ist ein Flüßchen. Drautzburg läßt grüßen. Ja, jeden Abend gerammelt voll. Immer die gleichen Fragen: D-Mark-Aufwertung, Vorbeugehaft, Kapitalismusabschaffen. Wir durften die Honselwerke – Aluminium – nicht besichtigen. (Kein Wahlkampf im Betrieb.) Dafür in Eßloh bei einem komischen Kauz. Macht Werkzeug, Brecheisen zum Beispiel, in einer richtigen altmodischen Hammerschmiede. Nein, noch nicht heiser. Und sonst, was so läuft. Skat in Ennepetal, Hotel Weide. Spielen vorsichtig, die Genossen: kleiner Gewinn.

Nur was sich sagen läßt. »Und was war hier? Hat Raoul? Ist Post aus Prag?« – Anna will mehr wissen, alles: »Und in Köln? Wie war es mit Barzel?«

Weiß nicht so richtig. Hätte wissen müssen, daß er und wie er. – Plötzlich fing ich an, mich zu ekeln, weil er so nah saß. Dabei wußte ich doch, daß er glatt ist, nicht faßbar. Als wenn du Quecksilberkügelchen vom Teppich. Oder einen Bonbon, der beim Lutschen nicht kleiner wird. Na, wie schon: er ist imprägniert. Nichts, kein Widerstand. Alles tropft ab. Ohne Substanz aber partikelgefüttert. Selbst wenn du ihn vom Fernsehen her zu kennen meinst, auch wenn du glaubst, immun zu sein, klebt dir plötzlich das Hemd, denn nah dran, ohne Distanz, wenn dich gleichzeitig all das anatmet, was seit Jahren steht, absteht, abgestanden ist, ranzig und doch im Handel: die bigotten, jeden Schwindel einsegnenden Gesten, die leere, sich selbst nachlauschende Würde, die fixe, noch den windigsten Vorteil nutzende Schläue, das kasuistische Wegreden der Wirklichkeiten – immer unterschwellig, immer die dicke Lüge durch beinahe Wahrheiten meidend, arm an Gestalt und reich im Detail – wenn dich das alles – plötzlich da und in Skiläuferbräune – methodisch anhaucht, dir auf den Atem schlägt, wenn du nach Luft, nach einer Schüssel schreien möchtest, weil ... – Ich war nicht gut. Habe versagt, habe es nicht geschafft. So nah er saß, ich hätte mich gestern in Köln, wo das Fernsehen draufhielt, wo es zu gewinnen, die Schwärze zu mindern galt, nicht öffentlich ekeln dürfen.

Wenn er ein Gegner wäre und kein Ersatz. Wäre er deutlich und nicht nur beliebig vermehrbar. Gäbe es ihn als Person und nicht als Reflex auf etwas. Aber es gibt ihn nur als Umschreibung. Schon wenn ich sagen will, er ist ein Christdemokrat, muß ich sagen, er scheint ein solcher zu sein. Da er nicht als konservativ gelten will und ihm zum Reaktionär der Starrsinn fehlt, wird er zu etwas gemacht. Nicht er macht sich, man oder es macht ihn. Was die Interessen fordern. Was an der Zeit ist. Er verhält sich immer entsprechend. Sein Verhalten hat seinen Namen gebräuchlich gemacht: jemand barzelt, benimmt sich barzelhaft, gehört zur Barzelei. Er ist zu benutzen. Zum Beispiel Strauß (der nicht zu benutzen ist) wirkt in ihm, macht ihn zum Strauzel. Da er nicht ist sondern zu sein scheint, gilt er als tüchtig, schlau, fleißig, sachkundig, wendig. Kein Gegner, Kinder, mit dem zu rechnen ist; ein Mittel, das an die Macht möchte, doch nur als Mittel zur Macht Verwendung finden wird. – Nein, unheimlich ist nicht, daß Rainer Candidus Barzel seine Gegner verleumdet, sondern der Wunsch allgemein, er möge verleumden. Dabei will er gar nicht; sie, die Verleumdung des Gegners (als allgemeines Bedürfnis) bedient sich seiner.

Und ich habe es nicht geschafft. Hier, in Köln, wo es 1840 anfing und sein Vater (ein preußischer Unteroffizier) die Schwindsucht aushustete, später in Brauweiler, wo er als Kind die krummgeschlossenen Gefangenen hörte, später in Wetzlar, wo seine Mutter über schmalen Daumen Brot schnitt.

Es begann mit Bebel, als er noch jung war und eine grüne Drechslerschürze trug. Seine Genossen legten zusammen und bezahlten die Eisenbahnreise, als er, achtundzwanzig Jahre alt, zum erstenmal im Parlament sprechen sollte. (Über das Verhältnis der süddeutschen Staaten zum Norddeutschen Bund. – Lebhafter Widerspruch von rechts.)

Wenn Bebel in Festungshaft saß – und er saß oft, und Wilhelm Liebknecht saß auch, führte seine Frau, eine Putzmacherin aus Leipzig, den kleinen Betrieb.

Während der Zeit der Sozialistengesetze von 1878 bis 1890 bestand die Partei illegal, galt das Versammlungsverbot und reiste Bebel, wenn er als Handelsvertreter für seine Drechslerprodukte in Schwaben, Sachsen, im Rheinland unterwegs war, gleichzeitig als Vorsitzender der bespitzelten und zerfallenen, der sich immer wieder neu sammelnden Partei der Sozialdemokraten. Tagsüber holte er Aufträge ein (Treppengeländer, Türgriffe) und am Abend – fünf Schritte hinter ihm ein Gendarm, der abgehängt werden mußte – traf er hier verängstigte, dort zerstrittene Genossen.

Der Sozialismus, Kinder, begann mit Streit. Damals wie heute ging es um die klassische Frage: Reform oder Revolution? Wo ich hinkomme – ob nach Gladbeck, Stuttgart, Delmenhorst oder Gießen – seit Bebel hat er sich frischgehalten, der Streit der Schnecken, die springen wollen.

Aber der Kleinmeister aus Köln hat alles gedrechselt. Vielleicht kommt daher jene allen Sozialdemokraten geläufige Wendung: »Ach was! Das drechseln wir schon.«

Bebel drechselte Nürnberg, Eisenach, Gotha und ab Erfurt (1891) mehrere Parteitage, deren Tagesordnung vom Revisionismusstreit bestimmt wurde.

In Kasematten aufgewachsen. Der protestantische Kolpingsbruder. Ein klinkenputzender Handwerker, Festungsinsasse und Agitator. Seine Reden im Reichstag (über den Kolonialismus). Auch wenn ihn deutsche Geschichtsschreibung in Schulbüchern verschwiegen hat, er überdauerte Bismarck, von dem nur Denkmäler blieben.

Bebel schrieb Briefe nach London, Zürich und London. Denn es war gar nicht so leicht, dem Kaufmann Engels zu erklären, wie schwer das ist: der Sozialismus in seiner Praxis. (Und wie traurig es macht, und wie komisch es wirkt: Revolution zu sagen und die Reform zu betreiben.) Aber immer nörgelte Marx und war klüger, war weit weg, dachte schärfer, behielt recht und legte sein absolutes Maß an. Nur Engels hatte (in Briefen) ein Einsehen und schickte zehn englische Pfund für die verbotene Zeitung.

Bebel starb 1913 in Zürich.

Seit ein paar Jahren trägt Willy Brandt Bebels Taschenuhr, die immer noch geht.

Hör mal zu, Franz. Du liest doch alles, was über den Tisch kommt: Jules Verne und Che Guevara, Anne Frank und Donald Duck. Darf ich dir (später mal) den August Bebel hinlegen? »Aus meinem Leben«. Ein langsames Buch. Eine Schneckenbiografie . . .

Was geschrieben steht: wie immer anders die Schwarzen hießen. Wie sie dranblieben und wiederkamen. Wie ihr Beharrungsvermögen verdoppelt wurde. Wie sie den Nazis ihren Biedersinn liehen. Wie sie für kleinen Vorteil das große Verbrechen geschehen ließen. Wie sie sich nicht erinnern können. Wie sie sich Christen nennen und Pharisäer sind. Wie sie die Kirche zum Zweigwerk der Industrie machten. Wie sie die Eltern (mit Märchen) ängstigten und die Kinder (in Zwergschulen) dummzuhalten versuchten. Wie lästig (und unbegreiflich) ihnen die Demokratie ist. Wie kühl sie die Macht gebrauchten, bis sie sie teilen mußten. Jetzt sind sie ängstlich und fürchten Verlust. (Der Mann mit Bebels Taschenuhr drängt.)

»Denkste, ihr schafft es?«
»Meinste wirklich, es klappt?«
»Glaubste, die stehen für Willy?«
»Oder hoffste das bloß?«

Weil sie zur Mitte hin verlieren könnten, haben sich die Schwarzen Kiesinger ausgedacht, mit dem sie (weil er das kann und gelernt hat) nach rechts hin gewinnen wollen. Ihr Plan schmeckt nach Barzel, gegen den ich versagt habe, gestern in Köln.

12

Ich komme vom flachen Land, Häuflein kehren, wieder verteilen: nur keine Erhebungen; es könnte Aussicht gewonnen werden.

In Mainz zerriß ein Jungsozialist, dem viel Publikum zuschaute, sein Parteibuch. Er tat es langsam.

Über die Ebene, manchmal von Hecken verdeckt, zieht die Schnecke und sieht kein Ende ab.

Drautzburg sagt: »Er war einfach sauer. Deshalb hat er. Hat er gemußt.«

Ich sage: »Und jetzt ist er sauer, weil sein Glück, so langsam er das Parteibuch zerriß, ziemlich kurz war und nur ein bißchen gejuckt hat.«

Auf dem flachen Land ist das Langsame üblich. Trotzdem findet die Schnecke Zuschauer. Zwischen Seßhaften ist sie Läufer: Endlich passiert mal was!

Also kam er mit seinem zerrissenen Parteibuch groß in die Zeitung.

Alles ist klar, sogar die zunehmende Eintrübung der Linsen.

Da ich hinter ihm auf dem Podium saß, als er es vor dem Podium langsam zerriß, sah ich, wie sein vorher ängstlicher Rücken straff wurde: eine zornige Schnecke, die keine Schnecke mehr sein wollte.

Drautzburg sagt: »Du bist zu hart. War ein linker Student, der nicht mehr konnte, genug hatte, dem es stank, der das irgendwie ausdrücken mußte.«

Ich sage: »Hat er getan. Sein Ausdruck fand Beifall.« Einmal werde auch ich – aber was? – zerreißen.

Tagsdrauf Trier. Dort hat man die Porta Nigra eingerüstet. (Wieder Steinmetz sein und Fassaden flicken.) Tagsdrauf Burgsteinfurt. Wollte zufassen, hielt auch vergleichsweise.

Aber tagsdrauf die Fläche, aus der nur Kirchtürme Hinweise gaben. (Auch ihr findet alles zu platt und nicht greifbar.)

»Dürfen wir tonen?«
»Mit Ton was tonen?«
»Irgendwas tonen?«

Aber legt Zeitungen unter. Nicht die. In der steht noch was. Das muß ich nachlesen, wie es sich hinzieht und immer dünner wird, bis es platt ist.

Grauer nasser Ton.
Der Ton schwitzt und riecht alt.
Ton atmet mich an: Mach was!
Im Raum ein Klumpen, ungeformt aber möglich.

»Und was sollen wir tonen?«
»Sag schon!«
»Was rundes?«

Zum Beispiel ein Schneckenhaus, das als Arche auf dem Wasser zwischen den Horizonten schwimmt, bis es ankommt, damit wir endlich Bericht erhalten.

Nachdem zwölf Familien als Siedler nach Bolivien ausgewandert waren und eine Gruppe von fünfzig jüdischen Auswanderern Danzig verlassen und sich in Shanghai – ein Ort, der kein Visum verlangte – als Handwerker ansiedeln durfte, lief am Abend des 29. Juni die Rundfunknachricht reihum: »An der Küste Palästinas hat der Frachter ›Astir‹ 742 Passagiere gelandet.«

Erst Anfang August bekam der Studienassessor Hermann Ott Bericht von seinem Schüler Simon Kurzmann, der mittlerweile als Hafenarbeiter in Haifa Stellung gefunden hatte: »Verlade jetzt Jaffa-Apfelsinen . . .«

Kurzmann schrieb, daß im Schwarzmeerhafen Reni nicht nur die Fünfhundert aus Danzig, sondern zweihundertfünfzig rumänische und ungarische, ab Varna weitere fünfzehn bulgarische Juden eingeschifft worden seien. »Das gab natürlich jede Menge Streit, besonders beim Essenfassen und Abwaschen . . .«

Der Bericht des ehemaligen Schülers reihte Einzelheiten, die bei der rationierten Verpflegung der Auswanderer abfielen. Der Studienassessor erfuhr von einem Kochkessel, der durchbrannte, von ranzigem Kokosfett und madigem Schafskäse, von Kartoffelsuppen, Schiffszwieback, von der täglichen Ration: zwei Stück Würfelzucker. Langwierig wie der Versuch, die zusammengebrochene Lichtmaschine zu reparieren, war die Beschreibung des Vorgangs. Raum nahm die Schilderung eines Feuers im Achterschiff ein. Dort war eine Benzinlampe explodiert. Den Brand habe man, so schrieb Kurzmann, als das Wasser ausging, mit Milch löschen müssen: ». . . war Gott sei Dank sauer mit Fliegen drin. Doch nur wenige Brandwunden. Dafür bei einem Sturm auf der Höhe von Rhodos jede Menge Knochenbrüche . . .«

Die Irrfahrt des Frachters »Astir« fand in dem Bericht des Schülers nur kargen Niederschlag: »Von Istanbul ging es nach Zypern. Dort kreuzten wir einige Tage und wußten nicht, was los war. Dann mußten wir wieder zurück nach Griechenland, auf Zoa Kohle bunkern. Von dort nahmen wir Kurs Richtung Palästina, um in der Nähe von Tel Aviv die Landung zu versuchen. Vor der Küste entdeckte uns ein englischer Aufklärungsflieger. Später fuhren wir abgedunkelt, bis Leuchtraketen hochgingen. Mit Maschinengewehrsalven haben sie uns gestoppt. Zwei englische Polizeiboote legten an. Wir mußten in Haifa am Wellenbrecher ankern. Als ich Haifa und den Berg dahinter sah, dachte ich: Da will ich hin! Aber nur Schwerkranke durften von Bord. Unter denen war Isaak Laban, der seit Zoa Durchfall hatte. Nachdem wir Lebensmittel und Wasser übernommen hatten, mußte die ›Astir‹ ablegen, an Rhodos bei Sturm vorbei und den Hafen Labire anlaufen. Dort musterte die Mannschaft ab, weil keine Heuer gezahlt wurde. Auch das Essen wurde immer schlechter. Alle hatten Läuse. Das Schlimmste waren die Ratten. Jetzt bekamen viele Durchfall. Einen Hungerstreik mußten wir, auf Befehl des Kapitäns, nach anderthalb Tagen abbrechen. Endlich kam der Motorsegler, mit dem wir die Landung versuchen sollten. Doch schon am zweiten Tag riß das Schleppseil zwischen der ›Astir‹ und dem Motorsegler. Da der Motor des Seglers spuckte, mußten wir, um ihn reparieren zu lassen, Herakleion auf Kreta anlaufen. Das dauerte paar Tage. Die Griechen auf Kreta waren prima und haben uns jede Menge Zigaretten gestiftet. Dann liefen wir wieder aus. Doch als wir dreißig Seemeilen vor der Küste umgebootet wurden, konnte keiner sitzen oder liegen. In zwei Etagen standen wir übereinander und konnten nicht umfallen. Oben standen die Frauen und alten Männer. Fünf Stunden sollte die Fahrt zur Küste dauern. Plötzlich setzte der Motor aus, nachdem er vorher gespuckt hatte . . .«

Ihr könnt euch das vorstellen, Kinder. Im Bericht des ehemaligen Schülers fand sich eine längere Beschreibung der Hitze, der Gerüche und der zunehmenden Atemnot in der unteren Etage des Motorseglers. Kurzmann schrieb von Ohnmachtsanfällen, vom Hustenreiz, vom Erbrechen und von den eindringenden Abgasen des Motors. Schließlich, bei Tagesanbruch, hat der Kapitän zuerst die Frauen und alten Männer an Deck gelassen. Als einige Meerwasser trinken wollten, mußten sie wieder nach unten. Die Küste war in Sicht. Mit einem Ruderboot ging zuerst der Kapitän an Land. Als er zurückkehrte, sprach er von arabischen Dörfern und von einer jüdischen Siedlung, die weiter südlich liege.

In Kurzmanns Bericht hieß es: »Später kam ein englischer Offizier an Bord, der uns Landeerlaubnis erteilte. Etwa zehn Araberboote übernahmen den Pendelverkehr. Bei der Ausbootung haben die Araber jede Menge geplündert. Auch wurde zugeschlagen, wenn jemand seinen Rucksack nicht geben wollte. Ich kam mit nichts an. Schade um das Kästchen mit Bernstein, den ich am Heubuder Strand gesammelt habe. Nach einer Stunde Fußmarsch erreichten wir ein englisches Militärlager. Jetzt erst gab es zu trinken. Am nächsten Tag wurden wir nach Sarafand und Haifa gebracht. Ich bin in Haifa geblieben, weil Haifa eine Hafenstadt ist. Isaak Laban, den ich neulich getroffen habe, hat wieder einen Marktstand aufgemacht. Ich soll Grüße bestellen und für das kleine Geschenk danken . . .«

Diesen Bericht übermittelte Ott der jüdischen Gemeindevertretung. Auszugsweise wurde er in der Turnhalle Schichaugasse, die als Hilfssynagoge eingerichtet worden war, vor versammelter Gemeinde verlesen. Auch wurde mitgeteilt, daß sich die nach Palästina ausgewanderten Danziger Juden zu einer Organisation zusammengeschlossen hätten. Die »Irgun Olej Danzig« habe den Beschluß gefaßt, alle noch in Danzig verbliebenen Juden nicht zu vergessen.

Dann wurden Namen angesehener Bürger verlesen, die zum Arbeitsausschuß gehörten: Benno Eisenstadt, Dr. Leo Goldhaber, Dr. Josef Mestschanski, Isaak Pape, Dr. Josef Segal, Frau Sarah Sternfeld, Dr. Walter Schopf . . .

Als ich im März des Jahres 1967, wenige Monate vor Beginn des Sechstagekrieges, nach Israel flog – dort hielt ich einen Vortrag: »Über die Gewöhnung« – begrüßten mich im Dan-Hotel, Tel Aviv, einige ältere Herren und Damen, deren breit gebliebene Sprache sie als ehemalige Danziger auswies. Seitdem kenne ich Dr. Lichtenstein und seine Frau, die ich gerne als Tante hätte. (In Beer Sheba traf ich zwei ehemalige Schüler der Privaten Jüdischen Oberschule. Beide sprachen kaum breit und anhänglich. Aber einer glaubte sich an Hermann Ott zu erinnern: »Dr. Zweifel nannten wir den . . .«)

Unterwegs nach Burgsteinfurt legte ich mich im VW-Bus lang, machte ich Sehschlitze, hörte ich nicht mehr Kurzberichte im

Mittagsmagazin, sondern, je mehr ich mich dem Haus Schichaugasse 6 näherte, Worte und Widerworte . . .

Unter den zurückgebliebenen 2000 Danziger Juden, zwischen den Zionisten und dem Vorstand der jüdischen Gemeinde brach im Sommer 1939 kein schlimmer, eher ein normaler und in normalen Zeiten alltäglicher Streit aus, weil die Zionisten in der Turnhalle Schichaugasse, wie alljährlich, eine Herzl-Gedenkfeier veranstalten und die »Hatikwah«, ein nationales Lied singen wollten.

Der Vorstand der Synagogengemeinde untersagte die Feier. Jeder sah sich durch jeden brüskiert. Der erste Vorsitzende, Dr. Itzig, trat zurück. Und politischer Zwist, den man seit dreiunddreißig sorgsam vermieden hatte, begann die ohnehin schwache Gemeinde zu schwächen. Zurückgeblieben waren in Mehrzahl alte, verarmte, immer schon arme, kranke, an ihren Möbeln, Hoffnungen und Gewohnheiten hängende Leute, denen nur noch die Mittelstandsküche in der Schichaugasse hilfreich war.

Der Studienassessor Ott half beim Einkauf: Mohrrüben und Weißkohl aus Müggenhahl. Nicht nur die alleinstehenden Alten, auch die quartierlosen Ostjuden lebten von dieser Küche. Sie konnten sich keine teuren Zertifikate und Auslandsvisen kaufen. Viele kehrten nach Polen zurück und wurden später in Auschwitz, in Treblinka vergast.

Da es die Rosenbaumsche Schule nicht mehr gab, unterrichtete Ott in der jüdischen Volksschule, deren Leiter, Samuel Echt, mit dem letzten Kindertransport nach England ausgewandert war; vom August an bis in die ersten Kriegstage nahm der Lehrer Aron Silber seinen Platz ein.

Zweifel, wie Hermann Ott auch in der Volksschule genannt wurde, versuchte, dem Streit zwischen Zionisten und Orthodoxen auszuweichen. Dennoch kam es zu zänkischen Gesprächen zwischen ihm und Fritz Gerson, den der Zionismus streitbar gemacht hatte. Weil Zweifel weder die nationalen Argumente noch die passive Ergebenheit der orthodoxen Juden gutheißen wollte, galt er seinem Schüler als lau, wenn nicht als feige. Als Fritz Gerson das freundschaftliche Verhältnis zu seinem ehemaligen Lehrer kurzerhand abbrach, liefen zwei reichsdeutsche Linienschiffe in den Danziger Hafen ein. (Dem alten Kantor der Hilfssynagoge, Leopold Schufftan, soll Zweifel vorausgesagt haben, daß kriegerisches Geschrei bald allen Streit der jüdischen Gemeinde übertönen werde.)

Wenn die Waffen zu sprechen beginnen. Am 1. September 1939 wurden in Danzig, wo das erste Großkaliberwort fiel, die Wohnungen vieler Juden durchsucht. Es kam zu Verhaftungen. Zwischen der Weichselmündung und dem Frischen Haff entstand (und wuchs rasch) das Konzentrationslager Stutthof; dort wurde auch Leopold Schufftan eingeliefert: er starb am 8. Oktober.

Eine Woche nach Kriegsausbruch schrieb David Jonas, der neue Vorsteher der Jüdischen Gemeinde, an den früheren Syndikus Erwin Lichtenstein, dem kurz vor Kriegsausbruch die Auswanderung nach Palästina gelungen war. Jonas berichtete, daß den restlichen Danziger Juden die Wohnungen gekündigt worden seien. Einige begingen Selbstmord, als sie amtlich aufgefordert wurden, ins jüdische Altersheim in der Milchkannengasse zu ziehen.

Vorsichtig soll sich Hermann Ott bis Mitte September in Müggenhahl aufgehalten haben; er hatte dort noch Verwandte. Sein Schüler Fritz Gerson jedoch verließ wenige Tage vor Kriegsausbruch Danzig, ohne sich von Zweifel zu verabschieden. Im polnischen Bromberg traf er seine Eltern, seinen Onkel. Am nächsten Tag flüchtete die Familie in südliche Richtung. Am Fuß der Karpaten, in der Nähe von Zakopane, verhinderte am 11. September deutsches Militär weitere Flucht: der Rechtsanwalt Walter Gerson, dessen Sohn Fritz und Walter Gersons

Schwager wurden mit sechs anderen Juden in einem Wald (bei Rabka) erschossen und begraben. (Er mag Raouls Schrittweite gehabt haben: wenn er ging, lief er.)

In Jerusalem zeigte mir Eva Gerson ein Foto des achtzehnjährigen Bruders: gewellte Haare, volle Lippen, starke Brauen, leicht schräg stehende Augen. – Ich las einen Rotkreuzbrief der Mutter vom 13. Mai 1942 aus Rabka, Generalgouvernement: »Geliebtes Evchen, bin glücklich, Gutes von Dir zu hören. Innigste Glückwünsche zum 20. Geburtstag. Hoffend und harrend, viele Küsse Mutti.« – Martha Gerson überlebte bis zum Sommer, dann wurde auch sie mit fünfundneunzig polnischen Juden in einem Wald erschossen und begraben.

Der letzte in Danzig praktizierende jüdische Arzt, Dr. Jakubowski, gab Zweifel Nachricht vom Tod seines Schülers. Weil die Post immer noch, wenn auch auf Umwegen, angeschriebene Adressaten fand (auch weil Hermann Ott mittlerweile an Flucht denkt und im Sinne jener Geschichte, die mir Ranicki als seine Geschichte erzählt hat, wirklich zu werden beginnt), versuchte Zweifel, der Schwester seines Schülers einen Brief nach Palästina zu schreiben; als er ihn las, zweifelte er an seinen Worten: zuviel über Schnecken und Melancholie . . .

Als Anna und ich Eva Gerson in Jerusalem besuchten, wollte ich am folgenden Tag auf der Universität (Canada Hall) aus dem Manuskript dieses Buches lesen. Das war am 9. November 1971, dreiunddreißig Jahre nach der Kristallnacht. Junge Leute der rechtsradikalen Betar-Organisation versuchten, durch Lärm und Gebete die Lesung zu verhindern. Sie riefen: »Die Deutschen sind Mörder!« – Ihr wißt, Kinder, ich habe dann doch gelesen. Ihr seid keine Mörder.

Zwar half Hermann Ott noch bei der Einrichtung des Speichers in der Mausegasse, der später zum Ghetto für die letzten

Danziger Juden wurde, doch gleichzeitig begannen seine Fluchtgedanken komplex zu werden. Zum Glasermeister Friedeberg (einem ehemaligen Gemeindevorsteher) sagte er: »Falls ich eines Tages verschwunden sein sollte, bitte ich Sie, an der Notwendigkeit meines womöglich grußlosen Abschieds nicht zu zweifeln.«

». . . und haben nach nunmehr fünfundzwanzig Jahren. Haben aus Schutt und Asche. Haben wir aus dem Nichts. Und sind heute wieder. Ohne unbescheiden zu sein. Was auch überall in der Welt. Hat keiner erwartet. Sich sehen lassen kann . . .«

Jadochja. Steht vielstöckig und hat gekostet. Soviel und noch mehr ins Futter genäht. Alles läuft, fließt, rollt und schmiert sich selbsttätig. Nicht nur die Sieger von gestern, Gott nimmt bei uns Kredit auf. Wir sind wieder, sind wieder wer, sind wieder, sind . . .

Und warten auf das Echo. Es möge rückläufig reden und gnädig sein: Sind, wieder sind, wieder sind wir . . .

Jetzt auf die Knie und Gebete zur himmlischen Zuwachsrate. Zugeben jetzt, daß wir die Zeit, kein knackendes Wachstum, nur noch die Zeit auf ihrem Muskelfuß hören.

Über alles, was steht und gekostet hat, über Soll Haben Mehrwert, über alles, was leerläuft und sich aus Gewohnheit schmiert, gleitet die Schnecke und läßt ihre Kriechspur zurück: eine Schleimhaut, die knisternd trocknet, durchsichtig bleibt und uns, wie wir sind, wieder wer sind, still und anschaulich macht.

Zweifel hat vorgesorgt und sich Rasierklingen (Rotbart) gekauft, über hundert Stück. Jetzt nickt er beifällig und besichtigt, was ich aus Mainz, Trier und Burghausen mitgebracht habe: Fußnoten für Fortschrittliche.

13

Heute ist Sonntag. Und am Sonntag, Franz, wenn wir einander anöden, ist deine Langeweile, die du durchs Haus zu tragen nicht müde wirst, besonders unterhaltsam. Du stehst dir auf den Zehen, du stößt dir die Knie an mangelnder Gelegenheit wund, du guckst gezielt in die Leere und sagst: »Is ja nix los hier. Was sollichen machen? Erzähl ma was Spannendes oder Komisches, von mir aus Trauriges, was von früher, wo du dabei warst oder auch nicht, aber was stimmt und nich nur erfunden ist, wo keine Zahlen drin vorkommen und Espede und so. Erzähl mal was, wo sich einer versteckt hat, richtig, weil er gemußt hat, versteckt hat, wie bei Anne Frank: Das war spannend und komisch und traurig und stimmte auch und war langweilig überhaupt nich . . . Is immer noch Sonntag?«

An einem Sonntag, Franz, an einem gewöhnlichen langweiligen Sonntag, an einem Tag, so unbewegt, daß selbst die Schnecke beeilt erschien, stand der Studienassessor Hermann Ott in seiner Wohnung, Bastion Kaninchen 6, zwischen geerbten Möbeln und war beschäftigt. Er bereitete seine Flucht vor, indem er seine Terrarien ausräumte. (Am Nachmittag noch hat er die Steinpicker, Egel- und Wegschnecken, sogar die nach Sandboden verlangenden Heideschnecken überall dort ausgesetzt, wo es ihnen gefallen mochte: im Olivaer Mischwald, in den Brösener Stranddünen, auf den Wiesen hinter Kneipab . . .) Keine Schnecke durfte ihn auf der Flucht begleiten.

»Wohin isser denn? Und was nahm er mit?«

Sich entscheiden: schwierig für Zweifel. Als Liebhaber alter Stiche (er blätterte lange, zu lange in seinen Mappen) hätte er leicht die Flucht versäumen können. Nach erster und zweiter Durchsicht traf Zweifel engere Wahl. Am Ende nahm er den englischen handkolorierten Stich, drauf eine Schnecke, die ihr Haus trägt – und die Reproduktion eines Stiches, den du im Kupferstichkabinett des Dahlemer Museums als Original sehen kannst. Ich zeige ihn dir als Kunstpostkarte.

»Was issen mit der los? Sucht die ne Wohnung?«

Nicht gekündigt und vor die Tür gesetzt. Doch du hast recht. Man möchte Pechvogel sagen oder: bestellt und nicht abgeholt.

»Und was die für'n Kreuz hat. Und wie die dahockt.«

Das läßt sich ausmessen: breitärschig knatscht sie über Verlust. Im Rheinland sagt man: »Das arme Tier haben.« – So etwas wie schlechte Laune, oft auf Verstopfung, auf Blähungen, auf ausbleibenden Orgasmus zurückzuführen. Was das ist, erklär ich dir später. (Raoul kommt dazu und wirft einen Blick.)

»Klar Mensch! Ne ganz trübe Tasse.«

Ihr könntet meinen, dem armen Mädchen sei der Goldhamster weggelaufen oder es schaue (was der Kupferstich nicht zeigt) dem Fernsehprogramm zu: irgendein Quiz oder Kulturmagazin. Nichts ist entlaufen. Nicht einmal Werbung flimmert. Zwar Langeweile, aber ursächliche, nicht zu zerstreuen. Franz seine sähe als Kupferstich lustiger aus.

»Also was schon? Nu sag schon.«
»Fleicht isses nur Kunst oder sowas.«

Heißt mal so, heißt mal so. Das Wort Weltschmerz läßt sich nicht übersetzen. Auch die Schwermut ist bodenständig wie deutsche Grübelei. Es ist nicht übliche Trauer, weil wer gestorben oder weit weg ist. Auch gibt der heitere Pessimismus eures ungläubigen Vaters keinen Vergleich ab. Weder Verzweiflung noch Schmerz sind hier abgehockt. Zwar sage ich: Miesepetrig sauertöpfisch verschnupft – zwar deute ich: Sie bläst Trübsal, kaut Kummer, trägt schwer an sich; doch meine Befunde sind zu familiär, um diesem Waisenkind einen Namen zu geben.

Auf Bahnhöfen nistet sie: unter kaltem Rauch, unschlüssig in der Halle, auf Bänken in Wartesälen verteilt, früher bei den Flüchtlingen mit ihren bestoßenen Pappschachteln. Sie hält sich an verjährten Fahrplänen und verkürzten Hoffnungen fest. Sie verbirgt sich in Stimmungen. Sie kommt uns bekannt vor und hockt für viele. Sie wohnt in Vorstädten, Gartenstädten, Flachdachbungalows, Eigenheimen, auch in Schlössern, die schlecht zu beheizen sind. Wir begegnen ihr unter Brücken, zwischen geborstenen Säulen, auf Schrottplätzen und wo sonst noch die Lyriker ihre Reime finden. Ich will nicht den Herbst ausbeuten und das Laub wenden, doch so viel stimmt: von allem angekotzt, schmeckt ihr jede Suppe gleich schal. Alles klingt hohl und zählt sich hohl auf: die Sinnlosigkeit, der ewige Kreislauf, die Vergeblichkeit aller Mühe und die Wiederkehr immer der gleichen Puppen, das Einerlei und die Käuflichkeit der Worte, der Zerfall wie der Aufbau, das Unendliche und das Endliche, die Regelmäßigkeit und der wild stotternde Zufall, natürlich auch Produktion und Konsum, das unabänderliche, schon programmierte, wie auf der Achterbahn Tempo vortäuschende und doch nur gezirkelte Schicksal und Schneckendasein . . .

»Is ja auch alles ziemlich beschissen.«
»Oder fleicht nich?«

Saturn ist ihr Planet.
Sie handelt mit keimenden Kartoffeln und Haaren im Kamm.
An Sonntagen befiehlt sie uns, Schulwege hin und zurück zu erinnern.

Knöpfe sammelt sie, Niederlagen, Briefe und (wie Zweifel) leere Schneckengehäuse.

Sie hält sich einen appetitlosen Hund.

Kommt Besuch, wärmt sie die Graupensuppe auf.

Den Seeleuten (Matrose mit Mundharmonika) färbt sie die Stimmung: bläst gerne das Nebelhorn.

Der Schallplattenindustrie verkaufte sie die Reimworte auseinandergehen und nichtwiedersehen.

Sie scheut weder Kitsch noch Witze.

Ihre Schwester heißt Utopia, ein leichtgläubiges Mädchen: immer auf Reisen.

Ihr hingegen fällt alles schwer, sogar – wie ihr seht – den Ruhm als Kränzlein zu tragen.

Die Macht ist ihr bekannt und das viele, einander aufhebende Wissen.

Beim Essen läßt sie den Löffel sinken.

Offene Rübenmieten, kochende Wäsche, männlicher Same nach dem Erguß, auch Jod, Lavendel und Essig, nasse Kleider, Flieder am Abend und Mäusedreck verbreiten ihren Geruch.

Wie Vorgeschmack scheut sie der Liebe Nachgeschmack. Nach zu langem, zu lautem Lachen, nach zuviel Schweinefleisch und Klößen, nach dem Suff, nachdem es bei Mann und Frau geklappt hat, der Augenblick Glück schon vorbei ist, gleich nach begeisternder Rede, nach nie enden wollendem Sprung, gleich nach dem Sieg stellt sie sich ein, umgeben von ihren Antiquitäten: Waage Sanduhr Glocke – und wie ihr hier seht – schartiges Schwert.

Ihr Kram läßt sich austauschen. (Später will ich ihn austauschen.)

Auf Deutsch heißt sie Schwarze Galle. (Früher verschrieben die Ärzte Nieswurzsud, heute verschreiben sie Tofranil oder die Couch, damit sie sich ausspricht.)

Als seine Mutter im Jahr 1514 starb, hat Albrecht Dürer die MELENCOLIA in Kupfer gestochen. Viele sagen: Ein deutsches Blatt. Jeder erkennt sich.

Und mit Dürers Melencolia im leichten Gepäck begab sich Hermann Ott auf die Flucht.

»Und du, Franz, was würdest du, wenn du fliehen müßtest, von deinen Sachen mitnehmen?«

»Weiß nich. Fleicht mein Mikroskop.«

Beide waren wir mit Raoul der Meinung, daß auf Dürers Kupferstich, zwischen dem Kramzeug, ein Mikroskop Platz fände.

»Und was sollte ich, müßte ich abhauen, einpacken?«

Raoul tippte auf Küchenkräuter, Franz sah in meiner Schreibmaschine geeignetes Fluchtgepäck: »Ohne die biste doch pleite.«

Umständlich erklärte er mir, wo im Bild – auf ihrem Schoß anstelle des Zirkels – meine Olivetti zum Schweigen gebracht werden könnte.

Ein schöner Sonntag. (Auch Friedenau zählt zu ihrem Einzugsgebiet.)

Franz sagte: »Magste Backpflaumen?« – Später knackte ich Kerne: diese gelinde Spur Blausäure . . .

Doch dann kam Bruno, und das Leben begann wieder.

Er machte mich nach. Er steht auf dem Stuhl, verwirft die Hände und ruft: »Espede! Wollnse mal Espede!«

Er wirbt, wie ich in Bayern werben sollte: »Oder wollnse – fleicht Huber? Immerzu Huber?«

Bruno ist Kurzredner: »Blöd immer reden. Fätich!«

Er bekommt Beifall. Er kommt gut an. Alle lachen.

»Nochmal, Bruno! Noch mehr Wahlkampf.«

Aber er will nicht, hat schon gewonnen. Jetzt läuft was anderes, nicht redenreden. »Fleicht gestern wieder, nachher.« (Nur ich muß nach Andernach, Mayen, Bad Neuenahr. Zwischen Bims und Basalt redenreden, morgen nachher . . .)

»Und die Dingsbums, wie heißtse schon?«

»Und Zweifel, ist der schon weg?«

Kaum hatte der Studienassessor Ott seine Abwarteposition in Müggenhahl aufgegeben, wurde er, als er seine Verlobte Erna Dobslaff nach dem Kino bis vor ihre Haustür gebracht hatte, von einer Horde Hitlerjugend verfolgt, Ecke Straußgasse-Weidengasse gestellt, in eine Toreinfahrt getrieben und wortlos mit sandgefüllten Lederhandschuhen zusammengeschlagen. (Es sollen Schüler der Petri-Oberschule gewesen sein, darunter der Fähnleinführer Fenske.)

Aus Müggenhahl kam die Schwester seiner verstorbenen Mutter und pflegte ihn. Gelegentlich schaute die Bibliothekarin Erna Dobslaff vorbei und redete auf ihn ein. Nach seiner Genesung beantragte Zweifel die Wiedereinstellung in den städtischen Schuldienst. Drei Wochen später wurde sein Antrag ohne Begründung abgelehnt. Zweifel stellte keine Anträge mehr.

Noch wurde er gebraucht. Als das Palästina-Amt in Berlin Ende November einen Transport von fünfzig Danziger Juden freigab, half Hermann Ott bei den Vorbereitungen. Um ihrer Deportation nach Stutthof vorzubeugen, wurden die letzten jungen Leute in den Transport der Fünfzig aufgenommen. Über Umwege erreichten sie mit der Eisenbahn Wien. Nach einem Fußmarsch wurden sie in Preßburg interniert und von slowakischen Hlinka-Gardisten bewacht. Später brachte der Donaudampfer »Uranus« die Auswanderer zur ungarischen Grenze und wieder zurück nach Preßburg. Außer den Fünfzig aus Danzig konnten sich 650 Juden aus Wien und 300 Juden aus dem Altreich an Bord der »Uranus« kaum bewegen. Auf drei kleine Dampfer umgeladen, erreichte der Transport Mitte Dezember den jugoslawischen Hafen Kladovo. Dort blieb er neun Monate liegen.

Kurz vor Weihnachten folgte Ott einer Vorladung der Kriminalpolizei. Das kurze und sachlich geführte Gespräch befaßte sich mit seiner Lehrtätigkeit an der privaten jüdischen Oberschule und mit Briefen, die Ott nach Nizza in Südfrankreich geschickt hatte. Der Inhalt aller Briefe (auch der Antworten) war den verhörenden Kriminalbeamten bekannt. Als Ott seine und seines Partners Briefe wissenschaftlich orientiert nannte und den verhörenden Kriminalbeamten mit Zitaten von Aristoteles und Ficino seine Arbeit über die Melancholie und die Utopie zu erklären begann, auch die Schnecke als Mittlerin kurz erwähnte, wurde er von beiden Beamten abwechselnd geohrfeigt. Als er gehen durfte, hörte er: »Wir sehen uns wieder, Freundchen!«

»Warum isser nich vorher ab!«
»Wo er doch schon gepackt hat.«
»Is ja irre, so lange zu warten.«

Zweifel flieht nicht so schnell. Gestern noch, als ich das Bimswerk Meurin in Kruft besichtigte und einen Wahlkreis beackerte, der bis in die Eifel reicht und entsprechend schwarz ist, überlegte ich, zwischen dem Abstecher nach Mayen und dem Gespräch mit den Benediktinermönchen in Maria Laach, ob es sich lohne, euch mehr und Peinliches von Zweifels Verlöbnis mit der Bibliothekarin Erna Dobslaff zu erzählen oder ob die Mitteilung genüge: Kurz nach dem Polizeiverhör zerstritt sich Hermann Ott mit seiner Verlobten aus politischen Gründen. Sie soll gesagt haben: »Es ist unser Glück, in großer Zeit leben zu dürfen. Da ist wenig Platz für Leute mit einer Schneckenphilosophie.« – Damals fanden sich im jüdischen Altersheim Aschenheimstift noch 113 registrierte Personen. Der später zum Ghetto ausgebaute Speicher in der Mausegasse faßte 80 Personen. Für jüdische Pelzarbeiter standen einige überbelegte Privatwohnungen zur Verfügung. (Weil ohne weiteren Bedarf, soll Zweifel seinen Verlobungsring in die Radaune geworfen haben.)

Im Kloster nur am Rande Fragen zur Literatur: »Darf man wissen, worüber Sie zur Zeit schreiben, falls sie überhaupt Muße finden?«

Ich verriet den nahezu sozialistischen Mönchen, daß ich dabei sei, euch umschweifig zu erzählen, wie es zu alldem gekommen ist, warum ich so oft unterwegs sein muß, und wie viele Niederlagen Zweifel hat einstecken müssen, bis er seine Flucht zu erwägen begann.

»Und die Fünfzig?«
»Sind die noch? Und was wird aus denen?«

Ihr wollt wissen, was aus den Danziger Juden wurde, die mit rund tausend anderen in Kladovo hängen geblieben sind. Sie wurden mit weiteren vierhundert jugoslawischen Juden in Sabac interniert. Als aus Palästina eine geringe Anzahl Einreisezertifikate eintrafen, durfte aus der Gruppe der Fünfzig einzig das Ehepaar Aron und Feiga Schermann ausreisen . . .

»Und die anderen?«
»Gibt es die noch?«

Am 12. Oktober 1941, lange nach Zweifels Flucht, besetzte deutsches Militär das Lager Sabac. Bevor über tausend Insassen des Lagers, unter ihnen die Danziger Gruppe, von deutschen Kommandos erschossen wurde, gelang dem Ingenieur Israel Herszmann, der wie Hermann Ott in der Danziger Niederstadt seine Wohnung gehabt hatte, die Flucht. Über Dalmatien und Italien schlug er sich in die Schweiz durch, wo er bis zum Dezember vierundvierzig in Bellinzona interniert blieb. Erst im Herbst fünfundvierzig traf Herszmann, über Marseille, in Haifa ein; Zweifels Fluchtweg war kürzer.

Laura will alles wissen: »Die da erschossen wurden, waren die richtig tot hinterher?«
Franz und Raoul mögen es nicht, wenn ihre Schwester mit Fragen »immer nur aufhält«.
Sie sucht (wie ihr Vater) gerne auf Nebenwegen: »Und wo der Herszmann jetzt ist, in Haifa oder so, gibt es da richtige Ziegen?«

In meiner Hand die Hand meiner Tochter.
So suchen wir Ziegen
und finden verlassene Schneckengehäuse.
Siehst du schon welche?
Noch nicht.
Gibt es hier welche?
Manchmal.
Wir hören sie auf dem Hang scheppern: dort und dort.
Wir mögen Ziegen.
Schneckenhäuser sammeln wir nur.
Wir waren mal Ziegen.
Neugierig sind wir und schreckhaft.
Die Hand meiner Tochter in meiner Hand.
So sind wir uns sicher.
Wir haben Salz bei uns.

»Ja, Laura. Über tausend. Die waren alle tot hinterher.«

Als Zweifel am 28. März die zweite polizeiliche Vorladung erhielt, packte er an einem Montag, zwei Tage vor seinem Termin, und nachdem er am Sonntag seine Terrarien geräumt, seine Schnecken ausgesetzt hatte, wenige Wäsche in einen strohgelben Leinenkoffer. Mit seinem Sudelbuch legte er Dürers Kupferstich als Reproduktion auf Unterhemden und Socken. Darauf, als Zwischenlage, die Zopfmusterstrickjacke. Überraschend leicht konnte er sich von seinen Büchern, Grafiken, von seiner Schneckenhaussammlung trennen, denn nur den englischen handkolorierten Stich einer gebänderten Schnirkelschnecke löste er aus dem Rahmen und legte ihn, zwischen Pappdeckeln, auf den Schlafanzug. Was noch? Seinen Vorrat: 125 Rotbartklingen. Die Zahnbürste und die Paste, Nivea, den Höllenstein, das Nagelscherchen im Beutel. Daneben, wie zufällig gegriffen, Äsops Tierfabeln. Er schloß den Koffer.

Zweifel hinterließ keine Abschiedsbriefe. Kein Foto nahm er mit. Nur Ausweispapiere und sein rechtzeitig abgehobenes

Sparkassenvermögen. (Immer will Raoul wissen, wieviel. Rund zweitausendfünfhundert Reichsmark.) Den Haustürschlüssel warf er in den Briefkasten der Hauswartsfrau. Im Hof, wo sein Rad stand, pumpte er Luft nach. Er schnallte den Koffer auf den Gepäckträger, fand, ohne grüßen zu müssen, durch den Hausflur auf die Straße, versicherte sich der Hosenklammern, stieg auf und fuhr mit seinem Fahrrad durch die Niederstadt über die Milchkannenbrücke und Grüne Brücke, die Lange Brücke hoch, dann durchs Heiligegeisttor in die Rechtstadt hinein, über gutberechnete Umwege durch die engen Gassen der Altstadt – an der Schneidemühle, am Nonnenhof vorbei, durch die Böttchergasse, Weißmönchenhintergasse – und jetzt erst, nachdem denkbare Verfolger zwischen Sankt Katharinen und der Großen Mühle aufgegeben haben mochten, am Hauptbahnhof vorbei, über die Irrgartenbrücke und (ab Olivaer Tor) ohne sich umzublicken durch die Hindenburgallee nach Langfuhr. Hochstrieß bog er links ab und radelte über Brentau, Mattern, Ramkau, Groß-Mischau, Zuckau, Seeresen bei leichtem Gegenwind zwischen Chausseebäumen, die schon Knospen trieben, nach Karthaus.

Zweifel hatte kein Ziel, aber ausreichend Angst. (Die Kaschubei, als deren Zentrum und Hauptstadt das Kreisstädtchen Karthaus, heute Kartuzy, gilt, wird in Reiseführern auch Kaschubische oder Kassubische Schweiz genannt.) Die Angst ist ein zuverlässiger Mitfahrer. (Leicht gehügelt erstreckt sich die Kaschubei von Dirschau an der Weichsel bis Stolp in Pommern, vom Putziger Wiek und der Halbinsel Hela bis in den Kreis Berent.) Unterwegs lachte Zweifel vor sich hin, weil er Angst hatte. (In Reiseprospekten steht: Die Kaschubei ist reich an Seen, in denen Taschenkrebse zahlreich sind.) Zwischen Zuckau und Seeresen fuhr Zweifel durch einen Regenschauer, der aber keine Wegschnecken aus den Chausseegräben auf die Straße nach Karthaus lockte; zu früh. (Für dich, Raoul, weil du an Stammbaumverästelungen und ungeordneten Grenzverhältnissen Interesse hast, schreibe ich belehrend: Die Kaschuben oder Kassuben, von denen es heute noch dreihunderttausend geben soll, sind Altslawen, die eine aussterbende, mit deutschen und polnischen Lehnwörtern gespickte Sprache sprechen.) Bald wieder trocken, bemerkte Zweifel kurz vor Karthaus, daß er auf plattem Hinterreifen fuhr. (Meine Familie ist mütterlicherseits kaschubisch; also bist du, Raoul, wie deine Schwester, wie deine Brüder es sind, ein Viertelkaschube.) Bis in die Kreisstadt schob Zweifel sein Rad. (Karthaus liegt zwischen dem Krugsee im Südwesten und dem Klostersee im Norden. Er heißt so, weil Karthäusermönche im Jahr 1381, auf Wunsch eines weltmüden kaschubischen Grafen, ein Kloster bauten: die Karthause Marienparadies, ein Ort, sich Gedanken zu machen.) Zweifel kannte Karthaus. Die Klosterkirche mit ihrem Sargdeckeldach warf und wirft ihr Spiegelbild in den See. (1818 wurde der preußische Landkreis Karthaus gebildet.) Als das Kreisstädtchen während der Spanne zwischen zwei Weltkriegen wieder Kartuzy hieß, hatte Zweifel mit Schülern des Kronprinz-Wilhelm-Gymnasiums, später mit Schülern der jüdischen Oberschule die Kaschubei durchwandert: Wochenendausflüge über die Freistadtgrenze. (In Karthaus gab es die Klosterbrauerei, eine Dampfmühle, eine Dampfmolkerei und vier Sägewerke, die Zweifel von fern und bei Westwind noch zu hören bekommen sollte.) Bei ihrem letzten Ausflug im Frühsommer vor Kriegsausbruch hatte Zweifels Schüler Fritz Gerson im Erlengebüsch der Radauneufer mehrere zweizähnige Laubschnecken gefunden. (Das wird dich interessieren, Raoul: heute gibt es in Kartuzy ein kaschubisches Museum. Mal hinfahren und in Chroniken stöbern . . .)

Den Fahrradhändler Anton Stomma kannte Zweifel, weil er in dessen Laden und Werkstatt mehrmals für sich und seine Schüler Räder geliehen hatte. Auch hatte Stomma kleinere Reparaturen übernommen, wenn sie per Rad gekommen waren.

Er war alleine in seinem Laden. Eigentlich wollte Zweifel nur den Reifen flicken lassen. Trotzdem nahm er die Hosenklammern ab und ließ sie, während Stomma verkrustete Fahrradketten in einem Benzinbad reinigte, auf dem Handteller hüpfen. Als Stomma ihn fragte, ob er vorhabe, eine Radtour nach Berent oder über Chelmno an den Radaunesee zu unternehmen, sagte Zweifel, ohne nachdenken zu müssen: »Eigentlich nein.«

Sie sprachen vorsichtig miteinander. Stommas Anklopffragen: »Na, wie wird nu werden?« – Zweifels Gegengeflüster: »Kaputtsiegen werden sie sich.«

Stomma schloß den Laden von innen ab. Zurück hinterm Ladentisch setzte er kurz die Spritflasche an: sein Adamsapfel. Zweifel befürchtete, einen Schluck angeboten zu bekommen. Stomma schlug mit flacher Hand den Korken in den Flaschenhals und gab zu erkennen, daß er nicht wisse, was sicherer sei: als Kaschube polnisch bleiben – sich als Kaschube eindeutschen lassen. Zweifel gab zu, daß er diese Frage nicht eindeutig beantworten könne. Zwischen Anmerkungen zum Wetter gab er Blinkzeichen, die Stomma aufschlüsseln mochte. Einer wissenschaftlichen Arbeit wegen müsse er längere Zeit lang in strenger Zurückgezogenheit leben. »Ich suche etwas Klösterliches, eine Karthause.«

Stomma wollte nicht verstehen. Zweifel mußte dicker auftragen. Erst als er zugab, einen verschwiegenen Gastgeber zu suchen, dem er sich später, wenn alles vorbei sei, dankbar erweisen könne, sprach Stomma beiläufig von einem kellerartigen Lagerraum. Zweifel zeigte sich interessiert und deutete Bezahlung an. Stomma wollte wissen, für wie lange. Zweifel sprach von einem Jahr.

»Ond was denn?«

»Dann werden sie sich kaputtgesiegt haben.«

»Ond wenn nich?«

»Dann dauert es länger, bis sie kaputt sind.«

«Ond wenn ich eindeitschen mecht bei die Preißen?«

»Ich könnte Ihnen beim Ausfüllen der Anträge helfen.«

Stomma wischte sich die Hände mit Putzwolle. »Wenn nur nich schiefjeht.« Er nahm Zweifel den Koffer und eine erste

Anzahlung ab. »Aber is bißchen feucht unten ond unordentlich mang dem Krempel.«

Überall Teile und Teile von Teilen, nichts Ganzes. Fundsachen ohne Gelegenheit: als hätte Raoul dem auf Ordnung versessenen Zweifel eine Gegenwelt erfunden: dein Chaos, in dem sich wohnen läßt.

14

Bevor Zweifel in den Keller steigt und sich zu gewöhnen beginnt, trage ich nach: Gespräch mit Edvard Kardelj in Belgrad; Redaktionssitzung (»dafür« Nr. 2) in Bonn; Skat mit Jäckel d. Ä. und Gaus; nach der Veranstaltung in Iserlohn treffe ich Karl Schiller, der sich (erkältet) bei einem Landwirt verkrochen hat; im Hamburger Hotel Vier Jahreszeiten Gespräch mit Alva Myrdal; am 17. Juni in Oelinghausen bei Bielefeld ...

Ich sitze und trage nach. Über mir die einfliegenden ausfliegenden Boeing und Super one-eleven, mit denen ich komme und gehe: früh montags gehe, am Sonnabend komme, um (teilweise anwesend) auf unserer Terrasse zu sitzen ...

Im Sudelbuch stochern: Hinter reflektierenden Brillengläsern hörte Kardelj zu. Mit Alva Myrdal beim Teetrinken über Entwicklungspolitik ...

Gegenüber, von einem Bauzaun umstellt, das Niemandsland, das vorläufig, bis die Bauarbeiten beginnen, den Ratten, den Tauben, den Kindern gehört. (Zwei Jahre später entsteht dort ein Spielplatz mit Kletterbäumen, Kriechtonnen, Rutschbahnen und einem häuschenhohen Drahtkäfig für Ballspieler.)

Noelle-Wying. Ich trage den Namen des Landwirts nach, bei dem sich Schiller erkältet verkrochen hat ...

Das wastebook englischer Kaufleute hieß bei Lichtenberg Sudelbuch; Zweifel empfahl mir diese Methode, mit leichter Hand gegen die Zeit zu schreiben ...

Halb verdeckt vom Grünzeug sehe ich zu, wie sich unser Vorgarten, den ein ehemaliger Besitzer unterhaltsam programmiert hat, von Woche zu Woche verändert: Flieder Rotdorn Hundsrosen. Maiglöckchen neben den Mülleimern. (Im Haus höre ich Anna, die Kinder, was gleichzeitig läuft und Geräusche mischt. Einsprüche aus jeder Richtung. Ich mag das.)

Nachträglich: Im Flugzeug nach Hannover mit drei Männern, die in Berlin zum Kegeln waren, ein paar rasche Runden Skat. Nachdem ich einen Herzhand verloren habe, sagt jemand, der Kontra gegeben hat: »Bei uns in Hagen läuft das. Diesmal schafft es der Willy.«

Friedenau bietet viel. Es liegt unter einer Einflugschneise, verbirgt zwischen Mietshäusern der Gründerjahre verwinkelte Klinkerhäuschen, leistet sich vor seinem Rathaus zweimal wöchentlich einen Obst-, Gemüse-, Fisch-, Eier- und Kräutermarkt, bildet vor der Post ein Rondell, auf dessen Bänken sich alte Frauen vergleichen, hat seine Eckkneipen und schattigen Vorgartenlokale, wird in zwei Jahren hundert Jahre alt – und hält mir meine Terrasse frei, auf der ich den Wahlkampf vorkaue, nachschmecke . . .

Natürlich bei einem Großbauern. Sein feinziselierter Hochmut. Wie er (versuchsweise) die Resignation anprobiert. Zu hoch ansetzendes Gelächter. Wie er federt, konzentriert nervös ist. Sie lassen ihn nicht aufwerten. Er darf nicht recht behalten. (Könnte es sein, daß Zweifel im Keller – grippegeschwächt und nicht abgehärtet – ähnlich leise wird, weil ihm Publikum fehlt?)

Am Nachmittag Stille. Es sei denn, es kommt Ecke Handjery-Niedstraße zu jenem trockenen Knall, den Franz und Raoul ähnlich trocken bestimmen: »Mensch, Klasse! Wieder zwei VW.« (In Raouls Zimmer, dessen Ordnung mich angeleitet haben mag, den Keller des Fahrradhändlers Stomma chaotisch einzurichten, entsteht ein Ersatzteillager: Scheibenwischer, Radnaben, Lenkräder, das Gekröse ausgeweideter Totalschäden.)

Jetzt, Ende Juni, ist der Flieder in unserem Vorgarten nur noch Erinnerung wert. Auf dem Wochenmarkt gibt es wie jedes Jahr: »Neue saure Gurken!« (In seinem Keller hofft Zweifel, weniger anfällig für Heuschnupfen zu sein.) 1871 wurde in Berlin ein »Landerwerb- und Bauverein auf Aktien« gegründet. Der spätere Stadtteil Friedenau war damals noch Ackerland. Einer der Baumeister hieß Hähnel; jetzt heißt eine Straße nach ihm.

(Über Zweifels Frühjahrsgrippe läßt sich nachträglich sagen: Sie war leichter Art.) Zwischen genau neunundvierzig Birken sitzen die alten Frauen auf ihrer Insel im Kreisverkehr und sind bitter müde fertig. Wenn junge Mädchen den Weg zur Post übers Rondell verkürzen, werden sie von zwölf oder auch siebzehn alten Frauen vermessen und für zu jung, zu griffig befunden. Kinder spielen da nie, lieber auf dem Niemandsland.

Auf meiner Terrasse warte ich halbverdeckt, bis Zweifel sich einstellt. (Früher kam Johnson manchmal vorbei, um hier zu sitzen und merkwürdig zu sein.) Zweifel kommt oft, ich muß ihn nur rufen. Wir bereden was querliegt. Ich rate ihm, nicht mit dem Kopf zur feuchten Nordwand des Kellers zu liegen; er rät mir, zuerst einmal seinen Gastgeber Stomma und dessen Tochter Lisbeth den Kindern vorzustellen.

Da er auf Neuigkeiten (aus meiner Zeit) wie versessen ist – »Wer wie ich im Keller sitzen muß, hört Klatsch mit Anteilnahme« –, erzähle ich ihm, in welcher Kneipe die revolutionäre Basisgruppe Friedenau ihren Stammtisch hat, auch daß ein gemeinsamer Bekannter enttäuscht aus Kuba zurück ist. Zweifel lächelt dünnfädig: »Ideologischen Tourismus hat es auch schon zu meiner Zeit gegeben.« (Meine Nachträge – der elegische weil gekränkte Schiller; Skat mit wechselnden Partnern – interessieren ihn kaum, allenfalls Enzensbergers neue Erkenntnisse: »Und was nun? Schreibt er wieder Gedichte?«)

Jetzt plaudern wir über Stommas Flieder, der sich zwischen dem Klo und dem Kaninchenstall drängt. Ich zähle die Namen kaschubischer Dörfer auf – Bissau Ramkau Viereck Kokoschken – und Zweifel erzählt, nachdem uns eine einfliegende Super one-eleven Schweigen geboten hat, ein Ereignis aus dem Sommer des Kriegsjahres Vierzig: »Stellen Sie sich vor: Stomma wird mit Hilfe seiner Tochter ein Faß saure Gurken ansetzen.« Daraus schließt er unmittelbar: »Deshalb wird es immer wieder Leute geben, die mit Neuigkeiten aus der nächsten Kreisstadt oder aus Kuba heimkehren. Stomma, zum Beispiel, war neulich in Dirschau.«

Ich frage: »Wo wird denn das Faß stehen?« In Zweifels Keller wird das Faß Gurken mit seinem Geruch stehen. »Übrigens«, sagt er, »ist der letzte in Danzig praktizierende jüdische Arzt, Kurt Jakubowski, kurz vor Kriegsbeginn nach Kuba ausgewandert. Möchte mal wissen . . .« – Ich verspreche Zweifel, bei Erwin Lichtenstein nachzufragen, der alles weiß.

Dann nur noch Nichtigkeiten. Wir spielen mit dem Wort Sauregurkenzeit. (Und auch die alten Frauen auf dem Rondell vor der Post zählen zwischen neunundvierzig Birken auf, was alles wieviel teurer geworden ist: die diesjährigen sauren Gurken.) Plötzlich wechselt Zweifel das Thema. Unser gemeinsamer Bekannter und dessen Enttäuschung auf Kuba geben wohl nichts mehr her. Er berichtet von seinem Plan, die Zeit im Keller forschend zu verringern und über die Mittlerrolle zwittriger Schnecken im Verhältnis zur Melancholie und zur Utopie kellertiefe Erkenntnisse zu sammeln. »Es muß doch möglich sein«, sagt er, »in der Substanz der Schnecken ein Mittel gegen die Zeit zu finden.«

Warum soll ich abraten. Im Keller ist Platz. Jetzt zitiert er: Lichtenberg, Schopenhauer, seinen und meinen Jean Paul . . .

Sobald die Kinder vom Vorgarten her die Terrasse besetzen, hebt Zweifel sich auf. Er fürchtet zuviel Gegenwart. Man könnte seine Existenz mit Händeschütteln erproben. Er besteht darauf, zweideutig zu bleiben und geht, wie er gekommen ist: formvollendet grußlos.

Jetzt werde ich viermal in Frage gestellt: »Wie war es? Wo warste? Wann gehste wieder? Wohin?«

Es lief ganz gut. Ich war in der Voreifel, wo sie ziemlich schwarz ist. Jetzt mach ich mal Pause. Immerzu reden macht stumm. Einiges läuft mittlerweile: fünfundzwanzig Wählerinitiativen in gleichviel Wahlkreisen. Erdmann Linde meint (und Marchand meint auch, und Drautzburg auch) ich solle mal Abstand nehmen und von außen gucken. Deshalb fahren Anna, Bruno und ich nach Böhmen. In einem Wald wollen wir uns mit Freunden treffen. Dort will ich Pilze sammeln, eine neue Rede schreiben, in mein Sudelbuch nachträglich Fußnoten setzen und mir Zweifel ausdenken; ihr wißt ja, Kinder, den werde ich nirgendwo los.

In Stommas Lagerraum rosteten Fahrräder und Fahrradteile. Die Räder und Gestelle hingen, Lenker nach oben, an einem Drahtseil, sechs Meter lang, so lang wie der Keller. Darunter in Kisten: Schrauben, Ventile, gebündelte Speichen. Dazwischen verstreut: unbestimmbarer Schrott. In Stommas Lagerraum keimten Kartoffeln, stapelten sich Briketts, lagerten Zuckerrüben zum Sirupeinkochen, stand ein Faß Gurken. Das mit Drahtglas verglaste Kellerfenster gab von der Hofseite her begrenztes Licht. Die Falltür über der Treppe öffnete sich zur Küche, die gleich groß über dem Lagerraum lag. An die Küche, zur Straße hin, schlossen Stommas Fahrradgeschäft und Werkstatt an. Über dem Geschäft, der Werkstatt, der Küche und dem Wohnzimmer, auch Gutestube genannt, deren Fenster zum Hof und zur Straße sahen, gab das Dachgeschoß zwei Mansardenzimmer für Stomma und seine Tochter als Schlafkammern her. (Das Haus, der Hof und der Garten um Haus und Hof gehörten Stomma seit dem Tod seiner Frau.) Nur die Küche war unterkellert.

In Stommas Lagerraum roch es nach Stauferfett, Rost, Kartoffeln, Rüben, feucht von der Nordwand her, und nach der Seegrasmatratze, die Stomma für Zweifel unter das Kellerfenster auf den gestampften Lehmboden gelegt hatte. Die verpißte Steppdecke. Ab Juni bis in den Winter roch das Faß saure Gurken.

(Frischgeschnittenes Gras für die Kaninchen hat Stomma nur im Sommer einundvierzig im Keller gelagert: Zweifels Heuschnupfen blühte sogleich.)

Da sich im Lagerraum zwischen Gerümpel ein Stuhl fand, mußte Zweifel nur um einen Tisch bitten. Später nähte er sich aus Säcken eine Fußmatte. Zweifel zahlte drei Reichsmark pro Tag, bis ihm sein Geld im November zweiundvierzig, kurz vor Stalingrad ausging. Bald kannte er alle Sprünge und Haarrisse in der verputzten Decke, jeden Buckel im Lehmboden, die Verkrustungen, schorfigen Placken und Schwammkulturen an der Nordwand des Kellers.

Stommas Haus lag, wo die Kreisstadt Karthaus in Richtung Nordosten aufhörte, an der Straße nach Seeresen. (Man konnte, wenn der Wind gut stand, die vier Sägewerke und die Glocken der Klosterkirche bis in den Keller hören.) Nur nachts durfte Zweifel zwischen dem Kaninchenverschlag und dem Schweinestall das Klo über der Senkgrube benutzen und seinen Kübel leeren. An den Hof und an die fensterlose Stirnseite des Hauses schloß ein Gemüsegarten an, in dem einige Apfel- und Sauerkirschbäume standen. Der Vorgarten zur Straße war schmal: Stachelbeersträucher, Sonnenblumen, die Kastanie. Vom hinteren Gemüsegarten liefen Kartoffelfelder über Bodenwellen bis zum Wald. Ein Holzzaun stand um Stommas Grundstück, an das links und rechts die Gärten der Nachbargrundstücke grenzten; Nachbarn, mit denen Stomma, wie auf dem Lande üblich, zerstritten war. Im Hof, hinter dem Kaninchenverschlag und dem Klo, wuchsen Brennesseln unterm Flieder. Stomma hatte keine Freunde und nie Besuch. Er besaß kein Radio und keinen Hund. Jemand, der alleine war und halblaut vor sich hinfluchte.

Als Anton Stomma seinen Gast in den Lagerraum führte, sagte er: »Da ist noch Lisbeth, was maine Tochter ist. Die is nich janz richtich im Kopp. Ich werd ihr sagen, daß se nich rumredet.«

Das Fahrrad blieb oben. Später, als Zweifel das Geld ausging, verkaufte es Stomma.

Nein, Raoul, das war vor dem Kahlfraß. Nicht die Fragen »Dann? Was war dann? Und was kam danach?«, sondern davor, und was war vor dem, und was ging vor alledem vor, bis etwas nachkam und benannt wurde. Geschichten, die man ihrem Gefälle überläßt, haben den Hang, auf platte Art spannend zu sein. – Wir folgten ab Dresden, wo wir auf der Brühlschen Terrasse Mittag aßen und uns vorstellten, wie die Stadt beiderseits der Elbe vor dem Brand ausgesehen haben mag, den Wegweisern »Transit Praha«, Richtung Grenze . . .

Die Geschichte der Lisbeth Stomma ist rasch erzählt. Sie war neunzehn Jahre alt, als sie vier Jahre vor Kriegsbeginn mit einem Eisenbahnangestellten der PKP, der zwischen Karthaus und Dirschau pendelte, ein Verhältnis begann, das in Feldscheunen und abgestellten Güterwagen seine Höhepunkte hatte. Er machte ihr ein Kind, zahlte dafür regelmäßig, schaute selten nach dem Kind. Am vierten Kriegstag fiel Roman Bruszinski als polnischer Infantrist beim Kampf um die Narew-Übergänge. Schon am ersten Kriegstag war das Kind, ein dreijähriger Junge, unter die Räder eines Militärfuhrwerks geraten, dessen Pferde, wie die Pferde anderer Fuhrwerke, durchgingen, als die Kolonne auf dem Rückzug, kurz hinter Karthaus, von deutschen Sturzkampfflugzeugen bombardiert wurde. Lisbeth Stomma hatte sich mit dem Jungen an die Straße nach Berent gestellt, um nach dem uniformierten Roman Bruszinski zu suchen, den sie auf den Panjewagen jeder vorbeiziehenden Einheit vermutete.

Das Kind – von der Mutter Hannes gerufen – wurde auf dem Friedhof Karthaus beerdigt. Seitdem sah Lisbeth, wo sie ging stand lag, hinter oder vor dem, was sie sah oder zu sehen vorgab, nur noch Friedhöfe. Sie besuchte alle ihr erreichbaren, den in Kelpin und den in Chmelno, sogar den in Neustadt und die vereinigten Friedhöfe neben dem Schloßgarten Oliva. Sie sprach, wenn sie sprach, beiläufig immer von Friedhöfen. Also sagte sie nie: »Ich jeh nachher auffem Markt nach Eier.« Sie sagte: »Nachem Friedhof jeh ech noch auffem Markt nach Eier.«

Die Nachbarin und auch die Ärzte des Kreiskrankenhauses hielten Lisbeth Stomma für geistig gestört aber gutmütig. Man nannte sie dwatsch, meschugge oder plemplem. Dabei war es ganz normal Schwermut, die auf Lisbeth Stomma lastete, ohne sie zu erdrücken. Offenbar heiter kam sie von den Friedhöfen zurück. Denn Lisbeth Stomma fand Friedhöfe wohnlich oder, wie sie später zu Zweifel sagte: gemütlich. »Wennech ma da bin, denn is jemietlich, ond mecht gar nich mä weg, wennech nich misst.«

Nicht nur Saturn. Es ist die Vierzahl: trocken feucht warm kalt. Es sind die Elemente: Erde Wasser Luft Feuer, die Richtungen: Nord Süd Ost West, die Jahreszeiten und Temperamente. Es sind vier Säfte, die, wenn nicht gut gemischt, die Galle vergällen, bis sie schwarz ist. – Dabei blieb Lisbeth Stomma auf etwas schrille Art lustig, solange ihr niemand die Friedhöfe ausreden wollte oder versperrte, wie es ihr prügelnder Vater tat.

Der Zeitungsleser Zweifel sagte zu Stomma, nachdem er den täglichen Wehrmachtsbericht für Stomma verlesen hatte: »Soweit die militärische Lage. Ich gebe zu, die deutschen Waffen siegen nahezu überzeugend, und wahrscheinlich wären Sie gut beraten, wenn Sie sich möglichst bald entschließen könnten, mich, Ihren Gast, den zuständigen Behörden auszuliefern. Doch davon abgesehen; ich wäre Ihnen dankbar, wenn Sie ihrer Tochter den täglichen Weg zum Friedhof freigeben wollten. Wo soll das arme Mädchen denn sonst hin? Wir beide sind zu vordergründig aufs Überleben bedacht, um ihr Gräberfelder und Efeu ersetzen zu können.«

Stomma schätzte Zweifels Ratschläge, weil er Zweifel für einen Juden und die Juden für schlau hielt. »Na soll se, wenn ihr jefällt da.«

Lisbeth Stomma kam vom Friedhof oder war unterwegs dorthin. Auf den Friedhöfen führte sie mit den Grabstellen kurze und familiäre Gespräche. Sie kannte ziemlich viele Tote. Doch war es nicht die Neugierde und ungehemmte Anteilnahme älterer Frauen, die als regelmäßige Friedhofsbesucherinnen Kurzweil suchen. Niemals stand Lisbeth Begräbnissen daneben. Keinem trug sie ihr Beileid an. Sie störte niemanden, pflegte aber fremde vernachlässigte Gräber.

Stomma war stark und schlug gerne. Mit einer Hand konnte er Zweifel, der wohl doch schmächtig gewesen sein muß, über sich heben und manchmal gutmütig, oft schmerzhaft gegen die Kellerdecke stemmen. Seine Kaninchen hatten es gut bei ihm; Lisbeth mußte sie schlachten.

Anton Stomma wurde, wie er sagte, im Dreikaiserjahr, 1888, als Wilhelm I. starb, dann Friedrich III. starb und Wilhelm II. aufrückte, in Gussin, Kreis Karthaus, geboren. Seine Eltern, Josef Stomma und Hedwig Stomma, geborene Bolinski, nahmen nacheinander in Barwick, Adlig-Pomietschin und in Lowitz, Kreis Lauenburg, Bauernhöfe in Pacht und wirtschafteten sie runter.

Da Westpreußen damals preußisch war, lernte Anton Stomma in der Schule deutsch sprechen, aber kaum lesen und wenig schreiben. Zu Hause sprach man kaschubisch, und wenn Besuch aus Berent oder Dirschau kam, polnisch. Früh begann Anton Stomma, die Preußen und ihre Schulmeister zu hassen: alles Deutsche war ihm preußisch. Die Preußen nannte er »Piefkes«. Mit vierzehn ging er in Lowitz bei einem Grobschmied in die Lehre, ohne abzuschließen. Später verlegte sich Stommas Vater auf Lohnfuhren: Er und sein Sohn kutschierten einen zweispännigen Kastenwagen, beladen mit Schotter für den Straßenbau.

Von 1908 bis 1910 diente Stomma beim Infanterieregiment 141 in Strasburg, Westpreußen, an der russischen Grenze. Auch dort lernte er nicht lesen; aber das Tanzen und das Langlegen und Stoßen der Mädchen wurde ihm beim Dorfschwof und beim Nachhausebringen beigebracht. (Gerne und immer wieder erzählte er Zweifel aus jener Zeit, indem er an den Fingern abzählte, wie viele Arbeiterinnen aus der Zuckerfabrik für ihn die Beine breit gemacht hatten: »Ond was die jejapst haben!«)

Später arbeitete er in einer Autoschlosserei, die in Dirschau Heeresfahrzeuge reparierte. Deshalb fuhr er im Weltkrieg in Transportkolonnen. (Wenn Stomma vom Krieg erzählte – und Zweifel lernte alle Transportwege Stommas kennen –, ging es immer um Artilleriemunition, die in Frankreich oder Rumänien, trotz Feindbeschuß, in die eigene Stellung gebracht werden mußte; solange der Krieg dauerte, war Stommas Preußenhaß außer Kurs gesetzt.)

Nach dem Ersten Weltkrieg wurde Westpreußen polnisch. Stomma kaufte sich billig einen alten NAG-Siemens, mit dem er in Dirschau als Taxifahrer Geld in zwei Währungen verdiente. Doch schon 1920 fuhr er seine Mietkutsche, die links vorne ein Rad verlor, gegen einen Baum und zu Schrott. (Wenn Stomma von jener Unglücksfahrt nach Pelplin und von seinem NAG-Siemens erzählte, hielt er sich jedes Mal lange bei der linken Vorderradnabe und deren beschädigtem Linksgewinde auf: Zweifel begriff, daß Stomma sein Automobil, wie sonst nichts auf der Welt, geliebt hatte.)

Im gleichen Jahr heiratete er die Johanna Czapp aus Karthaus, der er ein Kind gemacht hatte: Lisbeth Stomma wurde zwei Monate nach der Hochzeit geboren. (Auf Fotos, die Stomma in den Keller brachte, sah Zweifel die zehn-, zwölf-, vierzehnjährige Lisbeth: ein ländlich-hübsch zu nennendes Kind. Weizenblond trug sie Propellerschleifen im Haar. Mager und eckig stand sie am Gartenzaun vor Sonnenblumen; erst mit der Schwermut war Lisbeths Fleisch fett und träge geworden.)

Während der ersten Ehejahre bewirtschaftete Stomma einige Kartoffeläcker, die seine Frau mit dem Haus an der Straße nach Seeresen in die Ehe eingebracht hatte. Später verkaufte Stomma die wenigen Morgen Land und richtete das Fahrradgeschäft mit Reparaturwerkstatt ein. Nachdem zwei weitere Kinder, Zwillinge, jung gestorben waren, starb seine Frau Anfang der dreißiger Jahre. Lisbeth machte Stomma den Haushalt. Lisbeth besorgte den Gemüsegarten. Lisbeth ging mit dem Eisenbahner und bekam das Kind. Einmal schlug Stomma den Eisenbahner, als sich beide in der Gutenstube gegenüberstanden. Er schlug ihn mit einer Luftpumpe. Lisbeth soll mit dem Kind Hannes kaschubisch und ihr artikelloses Deutsch gesprochen haben: »Renn nich auf Straße! – Bring mich Schissel aus Kiche!«

Lisbeth hatte in der Schule polnisch sprechen, aber kaum lesen und schreiben gelernt. Zu Hause sprach man kaschubisch oder – als noch Besuch aus Berent und Dirschau kam – deutsch.

Eigentlich müßte ich jetzt historisch-statistisch werden und vom gewachsenen und wechselnden Sprachgemisch in den Dörfern des Landkreises Karthaus erzählen. Wann hieß Klobschin Klobocin und warum Klobocin Klobschin? Wann und wie oft wurde der Flecken Neuendorf, der westlich vom Turmberg liegt, polnisch Novawies genannt? Warum schrieb sich Seeresen, das zwischen Karthaus und Zuckau liegt, als es 1241 zuerst genannt wurde, Derisno, ab 1570 Seheressen, um 1789 abwechselnd Seresen oder Serosen, erst im neunzehnten Jahrhundert Seeresen, aber auf polnisch und kaschubisch zugleich zwischendurch immer wieder Dzierzaźno? – Das ist Geschichte, wie sie sich auf dem Land niederschlägt.

Als Anton Stomma im August 1940 die Eindeutschung als Volksdeutscher beantragte, half ihm Zweifel beim Ausfüllen der Fragebögen, beim Entdecken halbwegs deutschstämmiger Verwandter und bei der Niederschrift seines Lebenslaufes. Viele Abende lang hatte der Gast mit seinem Gastgeber Geduld. Stomma kämpfte um jeden Buchstaben. Zweifels Keller war Schulstube. Sein Schüler wurde kindisch überm linierten Papier und fürchtete sich vor Tintenklecksen. Für Zweifel Zeitgewinn: langsam lernte Stomma schreiben; aber lesen, die Zeitung, den »Danziger Vorposten« lesen, lernte er nie.

15

Als Anna mit unserem Peugeot mich und Bruno bei Zinnwald im Erzgebirge über die Grenze ins Böhmische fuhr, sahen wir, daß die weißen, mit eiliger Quaste gesetzten Notzeichen – »Svoboda!« – »Dubcek!« – an Bretterzäunen und Fabrikwänden, über Torbögen und auf brüchigen Fassaden schon grau und verwaschen, von der Zeit (zehn lumpige Monate) angegriffen waren; also ist es die Zeit, die den Terror gewöhnlich werden läßt: gegen die Zeit schreiben.

Der bekannte Trick. Schon vor der Tat berechnen Verbrecher, wann ihre Tat verjährt, von den Taten anderer Verbrecher überbaut und nur noch am Rande Geschichtsstoff sein wird. Ob sie eitel gespreizt oder mickrig in ihrer Schläue handelten, ob sie sich nach gigantischem Maß streckten oder dem Schicksal ihr Leitmotiv pfiffen, ob Täter Stalin oder Hitler hießen (ob Ulbricht seinen Stalin überlebte, Kiesinger seinen Hitler verdrängte), die Zeit, die vergehende Zeit vergeht zugunsten der Täter; den Opfern vergeht die Zeit nicht.

Wir fuhren an Theresienstadt vorbei, einem als Denkmal gepflegten deutschen Konzentrationslager. (Ab Januar 1942 wurden die im Danziger Speicherghetto Mausegasse lebenden Juden, alte Leute wie David Jonas, der letzte Vorsteher einer in Angst kümmernden Gemeinde, nach Theresienstadt deportiert. Dort starben die Alten weg. Man mußte nicht tätig werden. David Jonas erlebte die Befreiung und starb wenig später an Flecktyphus.)

In der Regel überleben die Mörder. Anfangs leise, später aufdringlich, gehen sie mit inzwischen verstrichener Zeit hausieren und nehmen Vorschuß auf demnächst verstreichende Zeit. Ins Totentüchlein gestickter Sinn. Überlebende Mörder geben als Sinngeber brauchbare Muster ab. Schuld als Ausweis für Größe.

Bald wird man (später auch euch, Kinder) die Okkupation der Tschechoslowakei als ein tragisches aber (leider) aus Sicherheitsgründen notwendiges Ereignis erklären. Was die amerikanische Regierung (in Vietnam) »Befriedung« nennt, heißt bei der sowjetischen »Normalisierung«. (Umschriebene Verbrechen, die ihre Umschreiber gefunden haben.)

Ich datiere (für euch) zurück: Im März 1921, dreieinhalb Jahre nach der Oktoberrevolution, haben Lenin und Trotzki den Aufstand der Kronstädter und Petrograder Matrosen und Arbeiter, die keine Parteidiktatur sondern den Demokratischen Kommunismus wollten, zusammenschießen lassen.

Siebenundvierzig Jahre später, als die tschechoslowakischen Kommunisten endlich und vorsichtig zu beweisen begannen, daß ein »menschlicher Sozialismus« möglich ist, hat Leonid Breschnew am 21. August 1968 militärische Einheiten aus fünf kommunistischen Ländern, darunter – nie zu vergessen – deutsche Soldaten in preußisch zugeschnittenen Uniformen, über die Grenzen in Marsch gesetzt.

Bis zur Berounka, einem Nebenfluß der Moldau, mußten wir uns durchfragen. – Mit den Einfällen schwacher und unterm Terror listig gewordener Leute haben sich die Tschechen und Slowaken gegen die dumme, immer eindeutige Gewalt zu wehren versucht. (Vertauschte Wegweiser, verschwundene Straßenschilder.) Zwar wurde die Dummheit kenntlich gemacht, aber sie ließ sich nicht aufhalten. Jetzt lebt sie von verstreichender Zeit. – Ein Schriftsteller, Kinder, ist jemand, der gegen die verstreichende Zeit schreibt.

Als Anna, Bruno und ich in Nouzov, das mitten im Wald liegt, nach Umwegen ankamen, waren unsere Freunde schon da . . . Jetzt begrüßen wir uns lange und immer wieder. Wir versuchen zu lachen, und es gelingt. Wir essen Semmelknödel und trinken böhmisches Bier. (Ich habe meine Schreibmaschine dabei und die Melencolia als Kunstpostkarte.) Der Gasthof, in dem wir wohnen, ist ein ehemaliges Forsthaus. Wir laufen in den Wald, zerstreuen uns, treffen uns wieder und sparen Worte aus. Auf Laubschichten, auf Nadelgrund. Im Wald rufen. Jeder für sich sein. Lichtungen scheuen. Plötzlich Pilze sehen. (Hier gibt es Köhler, die außer der Zeit leben.) Für Bruno eine kühle Kröte aus dem Farnkraut heben. Oder staunen, wie groß und unbeirrbar Ameisenberge sein können. (Nirgendwo Zweifels rotbraune Laubschnecken.)

Am Nachmittag sprechen wir über anderes. Pausen, damit niemand verletzt wird. Wie gut, daß (versteckt) Ironie überdauerte und nun vorrätig ist. Im Halbschatten, zwischen den Kindern Štěpán und Tomáš, kniehoch in einer Wiese: Anna zum Einprägen.

Ich stehe am Rand, weil mich die Stimmung nicht halten kann, weil ich immer noch unterwegs und auf etwas aus bin mit meiner Schreibmaschine. Papiere im fremden Zimmer ausbreiten. Sich nicht die Tapete merken. Sich an den Stuhl gewöhnen. Nachträge einflicken. Anfangen.

Meine Rede, die ich in Nouzov schreibe, heißt »Rede von den begrenzten Möglichkeiten«. Anna sitzt mit den Freunden im Hof. Sie hören mich klappern. Ich setze Skepsis gegen Glauben. Ich bestreite, daß irgend etwas Bestand hat. Mein Ekel vor dem Absoluten und ähnlichen Daumenschrauben. Warum ich gegen die Ansprüche des »einzig Wahren« und für Vielfalt bin. Meine Sprache verengt sich. (Hier, wo Freiheit ein Wort wie Löffelstiel ist.) Überall war schon wer und hat Vorentscheidungen getroffen. Kein Wert Null, von dem an sich zählen ließe. Aber Rückfälle der Geschichte: wie aus Strauß und Barzel ein Strauzel werden könnte – die kompakte Schwärze. Gegen schon wieder dämmernde Verdunkelung und für etwas sprechen, das in seiner Begrenztheit vernünftig ist – oder der Versuch, mitten im Böhmischen Wald über das Entwicklungshelfergesetz und Erhard Eppler zu schreiben, ein wie vom Konjunktiv lebender Christ und Sozialdemokrat.

Jetzt wieder Pilze. Im verlassenen Meiler finden wir Holzkohle. Der Wirt leiht ein Fenstergitter als Rost. Schweinekamm und Flaschenbier. Am Rande einer Kiesgrube, die auch als Schießstand benutzt worden ist – Bruno sammelt kleinkalibrige Hülsen –, feiern wir unser trauriges Fest. Am Abend dörflicher Tanz. Die vielen, immer stiller werdenden Betrunkenen. Pausen fürs Fremdsein. Die Musik hat die böhmischen Soldaten schwer gemacht und an die Tische genagelt: einige weinen ...

Bald – jetzt gleich – fahren wir. Unsere Freunde stehen locker verteilt. Wir sehen uns auf Vorrat an. Kleinworte zum Mitnehmen. Ratschläge für Autofahrer; denn über Nacht, während Musik alles verdeckte, sind unserem Peugeot zwei Seitenspiegel, ein Scheinwerfer, ein Rücklicht und nur der rechte Scheibenwischer gestohlen worden. Wir lachen zu laut, halten uns an die Kinder und sagen: »Bis bald wieder mal.« Noch was? Anna sucht, als habe sie was vergessen. Silbenverlust und ähnliche Rückstände. Wir reden jetzt nicht mehr über verstrichene Zeit. (Da alle schon ihren Part haben, bleibt mir die Mutmacherrolle.) Ich sage: »Vielleicht klappt es bei uns. Vielleicht gewinnen wir knapp. Dann wird der Druck vielleicht nachlassen. Ich meine ...« Jetzt fahren wir mit zu wenig Rückspiegeln.

Sie werden keine Ruhe bekommen. Die Macht wird sie nur notdürftig decken. Ihre Ängste werden sich spalten. Überall wird es krümeln und Fransen ziehen. Nie werden sie sicher sein. Schon sind sie lächerlich in ihrer Anstrengung, bieder zu wirken.

Kurz vor Dresden holt uns ein Gewitter ein. Anna stellt den Motor ab. Der eine Scheibenwischer schafft es nicht. So still ist Bruno, wie das Gewitter laut ist. Auch Anna und ich wissen nicht viel zu sagen. Allenfalls Zorn an ein Element ausgeliehen: »Aber es muß doch späte Gerechtigkeit ... Es kann doch nicht auf die Dauer Gewalt ... Es darf die Zeit nicht darüber hinweg ...«

Nach dem Theater sprechen wir wieder normal: »Ganz knapp, Anna. Wirst sehen: knapp werden wir diesmal ...« – Aber Anna guckt in den fehlenden Rückspiegel.

Es könnte sein, Franz und Raoul, daß euch später, wenn ihr was sucht, der Kommunismus Hoffnung macht; er lebt davon, Hoffnung auf den kommenden, den wahren Kommunismus zu machen.

Ihr könntet eines Tages, weil in Deutschland die Theorie vor die Wirklichkeit gestellt ist, in jenem totalen System, das in sich zu stimmen vorgibt und schmerzlose Übergänge verspricht, die Lösung finden wollen. (Das befriedete Dasein.)

Es könnte euch Glaube hellsichtig für ein Endziel und blind für die Menschen in ihrer Gegenwart machen. (Die paar Tausend Unbelehrbaren.)

Es könnte euch Unrecht als Vorleistung für die große, alles umfassende Gerechtigkeit billig werden. (Subjektivismus hält uns nur auf.)

Es könnte sein, daß euch das Ziel alles ist und euch die Wünsche weniger Böhmen nichts bedeuten. (Kleinbürgerlich.)

Es ist mein Recht zu befürchten, ihr könntet euch, nachdem Zeit verstrichen ist und weil sich Geringeres als zu schwierig erwiesen hat, das Ziel setzen, die Befreiung der Menschheit durch den Kommunismus (den wahren) zu erzwingen: um jeden Preis.

Ich sage: Es könnte ...

Ich sage: Ich stünde euch dann im Wege.

Auf der Autobahn bei Senftenberg – wir sehen die Kamine der Braunkohlenkombinate – sage ich zu Anna: »Hier irgendwo hab ich noch kurz vor Schluß was abbekommen.«

Man sieht der Gegend nicht an, wieviel Angst ich hatte. Überhaupt sieht man Gegenden wenig an. Auf einem Rastplatz kaufen wir einer Frau mit Kopftuch, die meine Großtante sein könnte, Blaubeeren ab. Bruno schläft gerollt auf dem Rücksitz. Wir fahren und entfernen uns.

Ich kann nicht sagen: Sie hätten schießen sollen, als die fünf Armeen in ihr Land einfielen. (In Israel hörte ich zu, wie junge Juden ihre ermordeten Väter und Großväter, auch die wenigen, die überlebt hatten, unter Anklage stellten: »Sie hätten sich wehren müssen, nicht stumm stillhalten dürfen ...«) Sobald den Mördern die Tat zu verjähren beginnt, werden die Opfer schuldig gesprochen: Sie hätten Widerstand leisten müssen. – Ideen künden Gewalt an; ihnen zu widerstehen ist möglich. Also muß Widerstand beginnen, bevor Ideen Gewalt bekommen.

Nach der Kontrolle begreifen wir den Aufwand: Beton Stacheldraht Wachtürme Todesstreifen ... Diese »Friedensgrenze« scheut keine Vergleiche.

Wer mag Blaubeeren? Zu Hause erzählen wir von Štěpán und Tomáš. Wir bestellen Grüße und wiederholen uns. Ja, groß ist der Wald, man kann sich verlaufen, und richtige Köhler, die Holzkohle machen mitten im Wald, und Butterpilze und Ameisenberge ... (Nein. Nichts bewegt sich. Die Leichenstarre befohlener Ordnung. Sogar die Schnecken verweigern sich.) Ja, es war schön dort. Der Fluß heißt Berounka ...

»Und was sagt Frantiček?«
»Und Olga?«
»Und was sagt Vladimir?«
»Ist er noch trauriger als er ist?«

(Was jetzt kommt, steht zwischen Löchern.) Ihr wißt, Kinder, ein Jahr später – als noch mehr Zeit verstrichen war – begann Vladimir, dem Anna anhing, dem ich befreundet daneben stand, zu sterben; und am 19. Oktober 1970 starb er, neununddreißig Jahre alt. Das hat uns an den Rand gebracht. Weil er, ist Anna, bin ich . . . – Euch baten wir um Geduld.

Nachruf auf Vladimir?
Was er tat versäumte wollte anfing verbarg?
Was er nicht fertig brachte, uns hinterließ?
Wie wir uns auf Rufweite nah waren?
Wann genau sein Kopfschmerz begann?
Was dazwischen trat, uns von seinem Tod trennte?
Ich will es ihm nachrufen, später.

16

Und was jetzt? Auspacken einpacken. Morgen muß ich schon wieder, damit die Zeit nicht verstreicht. Eine Rede habe ich mitgebracht, ganz frisch in Böhmen geschrieben ...

Unterwegs kochten wir ab: Speck und Pfifferlinge vom Ulmer Wochenmarkt, der sich das Münster als steinerne Marktordnung hält. – Nicht von der Turmspitze, ich spreche vom Rand her, wo er rissig, geknickt, wellig, vergilbt, wo er bestoßen ist ...

Weil ihn Kälte belagerte, nur noch engstehende Bibberworte: Zweifel fror in seinem Hemd. Doch selbst ins Zähneschütteln setzte er Semikolon um Semikolon, weil ihm (ab Mitte November) nur noch der Frost diktierte. Unterkühlte Perioden, in denen die Melencolia und ihre hochtrabende Schwester gleichzeitig über verharschten Schnee schritten. Klirrende Gesten. Das System Kristall. Ein Kellerfenster treibt Eisblumen: ziselierte Utopien ... – Die Kälte trat aus den Wänden und legte sich zu Zweifel auf die Matratze. Aber er wurde nicht krank.

Heute komme ich aus verschiedenen Richtungen. Jetzt weiß ich mehr. Das Zögern fällt leichter.

Vor der Veranstaltung im Hotel Hörhammer war ich auf dem Gelände des ehemaligen Konzentrationslagers. (Schon einmal, als siebzehnjähriger POW wurde ich, um erzogen zu werden, in diesen Bereich gebracht: wir wollten nicht begreifen; wir sahen die Duschen, die Öfen und glaubten nicht.

Mit Drautzburg und Glotz, dem Kandidaten im Wahlkreis Dachau, besuchten wir ein Museum. Vor großen grobkörnigen Fotos und Ausstellungsobjekten in Vitrinen sah ich Besuchergruppen voreilen, zurückfallen. (Auch Drautzburg kam nur zögernd vom Fleck.) Das Gästebuch wurde mir vorgelegt.

Später hörte ich vom Streit der Stadtbehörden über die Unterhaltungskosten des weitläufigen Areals.

Mehrmals sah ich mich in verschiedenen Rollen, sah mich mit siebzehn, harthörig und verstockt, sah mich mit zweiundvierzig ins Gästebuch schreiben. Ich sah die Schnecke zwischen der bewahrten Ordnung des Lagers. Anhängliche Spuren. Das ist gut verpackt Schuld. Ich laufe mir hinterdrein: lästig ...

Zweifel konnte sich nur noch komplex erinnern. Es gelang ihm nicht mehr, Schulausflüge und Purimfeste, die Begräbnisse von Verwandten, einst Aktuelles, seine Anmerkungen zu Schopenhauers Preisschrift »Über die Freiheit des Willens« und seine einander aufhebenden Verlöbnisse chronologisch zu knüpfen. Schon ließ sich nicht mehr bestimmen, wen Zweifel als Studienassessor Ott im Kronprinz-Wilhelm-Gymnasium, wen er in der privaten jüdischen Oberschule unterrichtet hatte. Auf Namen, die er sich aufsagte – Schmerling, Fingerhut, Lublinski, Rotkehl, Schapiro, Kurzmann, Mandel –, fiel Blässe; und nur der aufdringliche Ernst seines Schülers Fritz Gerson wollte nicht vergehen. Sobald Stomma treppauf stieg, stand »das Fritzchen« hager, zu schnell gewachsen neben Zweifels Matratze und zeigte seine Einschüsse vor. So hungrig fragte er nach den letzten Dingen, als sei er von einem Bandwurm bewohnt, der Zweifels Antworten – weitschweifige Umschreibungen der letzten Dinge – zu vertilgen begann, bevor sie sättigen konnten. Über den Sinn des Lebens. Über Natur und Idee. Auch über die Freiheit des Willens zum Widerstand wollte er wissen: »Wollten wir uns nicht wehren? Oder wollten wir uns nicht wehren wollen?« – Zweifel gewöhnte sich an die Kälte und schrieb pädagogische Frostperioden in ein Diarium, das ihm Stomma in Karthaus gekauft hatte ...

Mich trägt keine Lehre. Die Lösung weiß ich nicht. Ich schenke euch Zweifel und rate zum Verlust. Zufällige Leute zeige ich euch, wie sie beladen sind und sich reiben. Seht, wie die alte Frau bekümmert Preise vergleicht. Seht den Rentner auf Post warten. Seht, wie sich das Alter an breit lächelnden Werbeflächen vorbeischiebt ... Verzeiht, wenn ich nur halblaut rate: seid genau. Sagt nicht: Die anderen riechen. – Sie riechen nur anders. Fürchtet euch nicht vor Helden. Im Nebel, Kinder, laut rufen: Habt Angst!

Hört ihr noch zu? – Ihr wollt keine Schnecken sein? – Schneller und ansehnlicher wollt ihr das Ziel erreichen? – Aber schon seid ihr Schnecken: ich sehe Raoul zögern, bevor er zugreift, verwirft.

Ich bitte euch, bleibt empfindlich. Hier ist kein Ort, der sich selbst beweist. Eine Schnecke – immer unterwegs – verläßt feste Standpunkte.

Seinem Gastgeber Stomma, dessen Tochter Lisbeth und sich selbst zerstreut er die Zeit. Ein schwerer Job; aber wer gibt schon zu, von Beruf Zeitzerstreuer zu sein. (Ranicki, dessen Geschichte hier aufersteht, weiß das.)

Während 224 Wochen oder an 1568 Tagen hat Zweifel, besonders an langen Winterabenden, bewiesen, wieviel nußgroßes Wissen ein Lehrer gespeichert mit sich trägt, und sei es als Fluchtgepäck. Alles, die Erfindung des Blitzableiters, die Freiheit des Willens, der Stuhl in seiner Funktion, wie Ebbe und Flut entstehen, der Pyramidenbau, das Erdbeben von Messina und Schopenhauers Flucht vor der Cholera kann als Geschichte erzählt werden. (Während der Abendveranstaltung im Festsaal des Hotels Hörhammer erzählte ich, warum, wie und wo ich mir eine bayrische Rautenmusterkrawatte gekauft habe und belebte so die politische, um allen Saft gebrachte Materie.)

Wenn Zweifel nichts einfiel, mußte er, besorgt um seinen Ruf als Zeitzerstreuer, Neues erfinden. Denn wenn ihm keine neuen Geschichten kamen, ließ Stomma, der alle erzählten Geschichten erinnerte, seinen Lederriemen aus den Schlaufen eilen. (Warum Stomma schlug? – Weil er an Schläge – immerhin –

glaubte. Weil Schläge von ihm erwartet wurden. Weil er sich spürte, sobald er schlug. Weil er Angst hatte.)

Mit seinem Hosenriemen, später mit Fahrradspeichen. »Bißchen nachhelfen!« sagte Stomma und legte seinen Gast erzieherisch (auch weil er bekommene Schläge austeilen wollte) über den Tisch. Danach erzählte Zweifel neue Geschichten. (Ich habe es leichter: Meine – vom Kauf der blauweißen Rautenmusterkrawatte – läßt sich, weil ich den Ort rasch wechsle, überall frisch erzählen.)

Als die Schnecke fliegen wollte, lief sie nach Ulm. Dort war gerade Markt vor dem Münster. Alle Hausfrauen sahen nur auf die Preisschildchen. Niemand blickte nach oben, als die Schnekke, Fühler voraus, vom Turmspitz weg in Richtung Memmingen flog.

Nachdem Zweifel seinen Gastgeber das Schreiben gelehrt hatte, sprach er ihm langsam, zum Mitschreiben, Äsopsche Tierfabeln vor. Manchmal versuchte Zweifel, Fabeln zu erfinden. Dann erzählte er von der Schnecke und vom Wiesel, von der Lerche, die hoch über der Schnecke stand, vom schnellen Pferd, das sich nach jedem gewonnenen Rennen wünschte, eine Schnecke zu sein. Stomma schrieb die Fabeln in ein liniertes Schulheft, aber lesen konnte er seine Niederschrift nicht. Auch Lisbeth Stomma hörte zu, wenn Zweifel erzählend Zeit zerstreute; doch niemand war sicher, was sie hörte, ob sie mehr oder anderes hörte.

Als Zweifel nach dem Balkanfeldzug und kurz vor Beginn des Rußlandfeldzuges die Tierfabeln ausgingen, erzählte er, was Livius, Plutarch und Herodot zu erzählen gewußt hatten. Witebsk und Smolensk waren gefallen, und Zweifel begann von Alexander, Hannibal und Napoleon zu erzählen. Als die deutschen Divisionen Kiew genommen hatten, aber vor Moskau im Schlamm steckengeblieben waren, ließ Zweifel Alexander und Hannibal untergehen, entfesselte den großen Brand der Stadt Moskau und beleuchtete schauerlich Napoleons Rückzug. Indem er die Reste der napoleonischen Armee, darunter Häuflein Freiwillige aus Danzig und Dirschau, mit den Resten des Bataillons Lippe und versprengten polnischen Legionären quer durchs Kaschubische hetzte, wo sie in den Stallungen des Klosters Karthaus erbärmlich dahinsiechten, gelang es ihm, die Blitzsiege deutscher Waffen fragwürdig zu machen; gleichzeitig zerstreute er unterhaltsam die Zeit, von der gesagt wird, daß sie auf dem flachen Land besonders kompakt lastet.

Wenn ich auf Wahlveranstaltungen vom Sandkasten erzähle, in dem verlorene Kriege und verlorene Provinzen nachträglich gewonnen, zurückgewonnen werden sollen, hören viele mit schräg gehaltenem Kopf zu: Sandkastenspieler. Da ich aus Danzig komme und weiß, was ich verloren habe, darf ich so reden. Zweifel wird mir zustimmen: Schön war es da. Die Wolken ganz anders. Der Schnee viel weißer. Dampferfahrten über Fischerbabke nach Kalte Herberge. Türme und Türmchen: zinkgrün und backsteinrot. Die beiden Fachwerkspeicher der Firma Raiffeisen an der Mottlau. Und der Speicher in der Mausegasse, wo die alten, sich in ihren Mänteln ganz still verhaltenden Juden immer noch hofften . . .

Sobald Zweifel genug erzählt hatte, verließen ihn Stomma und Stommas Tochter. – Jetzt liegt er schlaflos in seinem Keller. Er sammelt Bruchstücke, guckt in Speicherluken, läuft Schlittschuh mit seinen Schülern nach Krampitz, fährt mehrmals auf seinem Fahrrad über die Milchkannenbrücke, durchs Gassengekröse der Altstadt und – ohne abzweigen zu können – nach Karthaus. Ein geschäftiger Schlafvertreib. Zwar lassen sich springende Schnecken denken, doch springt die gedachte Schnecke nur im Verhältnis zur schleichenden Schnecke, die nicht gedacht werden muß. Selbst wenn es Zweifel gelänge (der lieben Utopie wegen) Hüpfschnecken zu züchten, bewiese das neue Tempo nur: schneller sind sie schon, doch die übersprungenen Spannen wollen sich nicht beeilen.

Erst gegen Morgen, als Landregen bis in den Keller hinein ja sagte, fand Zweifel Schlaf.

Das weiß ich von Dr. Lichtenstein, der aus dem Tagebuch des Kaufmanns Bertold Wartski zitiert: Am 26. August 1940 (einem Montag) begann die letzte Auswanderung der Danziger Juden. 527 Personen aus dem Aschenheimstift in der Milchkannengasse, aus dem Speicher in der Mausegasse und aus den überfüllten Privatwohnungen – Töpfergasse, Pfefferstadt, am Steindamm, Hundegasse, Kassubischer Markt – versammelten sich um vier Uhr nachmittags am Werftspeisehaus, Fuchswall. Viele Auswanderer aus Privatwohnungen hatten keine Lebensmittelkarten und kamen ohne Proviant. Der SS-Obersturmführer Abromeit und seine Leute teilten den Transport in Gruppen auf. Die Auswanderer mußten ihr Bargeld abgeben. Danach bewegten sich zehn Fünfzigergruppen über die Wallgasse, Schichaugasse, durch die Schichaukolonie zur neuen Verladerampe im Werftgelände: der alten Leute wegen ein langsamer Auszug.

Viele Einwohner der Stadt, die auf den Bürgersteigen standen, hinter Blumenkästen aus Fenstern guckten oder ihren Balkon besetzt hatten, verabschiedeten ihre ehemaligen Mitbürger lauthals. Flankierendes Gelächter, Spottverse als Mitgift, Ausspukken. Besonders viel Jugend war eifrig. (Zwar bin ich nicht dabei gewesen; aber – Kinder – ich hätte mit meinen dreizehn Jahren dabei sein können.)

Der Sonderzug bestand aus zwölf Wagen 3. Klasse für die Auswanderer und zwei Wagen 2. Klasse, in denen der SS-Obersturmführer Abromeit, der Judenkommissar Bittner, zwei jüdische Ärzte aus Breslau, mehrere Gestapo-Beamte und das Sanitätspersonal saßen. Um 20 Uhr 12 verließ der Sonderzug die Stadt, ohne auf dem Hauptbahnhof zu halten. – Es mögen, wir wissen es nicht genau, noch vierhundert Juden, die bald darauf den Gelben Stern an ihren Kleidern tragen mußten, zurückgeblieben sein, ohne von ihren Hoffnungen zu lassen.

Als wir auf dem Weg nach Dachau Rast einlegten, sah ich einer ziegelroten Wegschnecke zu, wie sie sich fressend in ein Apfelgehäuse schob, als wollte sie es, schutzlos wie Wegschnekken sind, ersatzweise bewohnen. (Thomas Höpker, der mit uns reiste, sah mich nicht mit der Schnecke, wollte mich plakativ mit einem lebenden Hahn fotografieren.)

»Und? Werden die ankommen?«
»Oder wird man auch die?«
»Und wenn die nun nicht gefahren wären?«
»Wollten die oder mußten die?«

Auch Zweifel und sein Gastgeber spekulieren neuerdings gerne. Stomma stieg in den Keller und sagte: »Ech mach, was ech will!« Wenn Zweifel fragte: »Welche von beiden Möglichkeiten werden Sie nach ihrem Willen umsetzen?« blieb Stomma bei der Behauptung: »Ech kann machen, was ech will. Keen Aas wird miä da reinreden.«

»Gut«, sagte Zweifel, »frei werden Sie sich entscheiden, mich der Geheimen Staatspolizei auszuliefern, mit der möglichen Konsequenz, nach einer deutschen Niederlage in Schwierigkeiten zu geraten; und gleichfalls frei können Sie sich entscheiden, mich weiterhin, gegen geringes Entgelt, als Gast zu halten, mit der möglichen Konsequenz, in bevorzugte Lage zu geraten, sobald eine Niederlage der Deutschen Folgen haben wird. Entscheiden Sie sich, lieber Stomma, falls Sie frei sind, das eine zu lassen, wenn Sie das andere tun.«

Nach einer Pause, die groß genug war, um alle Möglichkeiten noch einmal auszuschreiten, sagte Stomma: »Soll das man heißen, daß ech nich machen kennt, was ech mecht wollen?«

Zweifel belehrte: »Ihre Freiheit, das zu tun, was Sie wollen, wird behindert durch den Zwang, von zwei möglichen Entschlüssen nur einen tätig umsetzen zu können. Sie sind der Gefangene der jeweils unterbleibenden Tat, also nicht freier als ich, nur essen Sie besser. Auch dürfen Sie an die frische Luft, wann sie wollen. So frei sind Sie immerhin als Gefangener eines nicht gefaßten Entschlusses. Was die frische Luft angeht, beneidenswert frei.«

Stomma und Zweifel lachten. Ein Gelächter lang fanden beide es lustig, voneinander abhängig zu sein. Danach zog Stomma seinen Lederriemen eher langsam aus den Schlaufen. Unaufgefordert beugte sich Zweifel über den Tisch. (Bis zwölf zählte er.) Während Stomma schlug, mußte er mit der freien Hand seine Hose halten: auch ein Riemen kann nicht gleichzeitig dies tun und das.

»Na nu mecht jenug sein.«

»Und was jetzt?«

»Was mecht schon?«

»Vielleicht wollen Sie mir das Abendessen . . .«

Stomma verließ den Keller und kam nach entsprechender Zeit mit Bratkartoffeln und Rührei treppab. Dazu gab es Malzkaffee. Zweifel aß im Stehen. (»Na schmäckts?« sagte Stomma, »schmäckts?«)

Nach dem Essen lachten der Gastgeber und sein Gast abermals. In immer neuen Einsätzen belustigten sie sich, Zweifel kichernd, Stomma prustend, über die Beschränktheit des Willens. Lisbeth sah dem zu, ohne zu begreifen: sie war frei genug, nur auf den Friedhof und sonst nichts zu wollen.

Später spielten Stomma und Zweifel Mühle. Stomma verlor, weil er sich bei jedem Zug, den er tun wollte, anderer möglicher Züge bewußt wurde. Verdattert und nahe dem Ausdruck eines denkenden Menschen, sah er seine Steine schwinden.

Der Sonderzug traf am 27. August 1940 in Preßburg ein. Bei der Einschiffung kam es auf dem Donaudampfer »Helios« zu Schlägereien zwischen den Auswanderern. Die wenigen Kabinen wurden von jungen Leuten belegt. Beim Umladen der Gepäckstücke stürzte Chaskel Neger, der in Danzig-Ohra gewohnt hatte, in die Donau. Starke Strömung riß ihn fort. (Erst später organisierten sich die Zionisten der Haganah. Mit Härte diktierten sie Disziplin. Auf den überbesetzten Schiffen wurde der Richtungsverkehr angeordnet. Unsauberkeit wurde mit Prügel bestraft.)

Als die »Helios« mit den Danziger Juden, die »Schönbrunn« mit österreichischen Juden, die »Uranus« und die »Melk« mit Prager Juden den jugoslawischen Flußhafen Kladovo passierten, winkten die Danziger Juden den Winkenden am Flußufer zu: es waren jene Fünfzig, die dort seit Dezember neununddreißig festlagen und mit tausend anderen Juden später erschossen wurden. Einige, die vom Ufer her winkten, waren mit einigen, die vom Deck der »Helios« winkten, verwandt: Geschwister Eltern Kinder . . .

»Und die durften nicht?«

»Irgendwie austauschen, ging das nicht?«

»War denn der Kapitän kein Jude?«

Ohne Zwischenhalt. Am 11. September wurden insgesamt 3595 Auswanderer in der Hafenstadt Tulcea auf die Überseeschiffe »Atlantic« – »Pazific« – »Mylos« verteilt; die »Atlantic« übernahm die Danziger Juden . . .

»Und alle wollten nach Palästina?«

»Oder wären die lieber zurück nach Hause?«

Lange Zeit wollten viele nicht, was sie später wollen mußten. Der Staat Israel gründet auf einem Willen, der so stark war, daß selbst die Willensschwachen über die Schwelle getragen wurden; der Wille, überleben zu wollen.

Als ich am Morgen nach der Veranstaltung im Kornhaus ein paar Schritte spazierte und auf dem Ulmer Wochenmarkt bei einem jüdischen Markthändler Pfifferlinge kaufte, sagte er beim Einwiegen: »Immer Ärger. Die Leut wissen nicht, was sie wollen. Oder sie dürfen nicht wollen, was sie eigentlich wollen möchten: bei mir billiger kaufen.«

In seinem Keller ging Zweifel (da ihm sonst wenig Auslauf blieb) seinem Willen nach. Er wollte etwas, wollte etwas nicht. Er wollte etwas wollen, wollte etwas nicht wollen. Und vor seinem Willen, etwas zu wollen, nicht zu wollen, lag abermals Wille, der etwas wollen wollte, nicht wollen wollte.

Sobald Zweifel begann, noch rückläufiger seinem Willen nachzugehen, fand er vor seinem Wollen vor einem Willen weiteren Willen, etwas zu wollen, nicht zu wollen, und diesem abermals Wille vorausgesetzt, dem nochmals Wollen nach Wille nachtrabte. Soweit er sich verfolgte, selbst seiner Willenlosigkeit war Wille ins Futter genäht worden, willentlich.

Schwierig für Zweifel, nach der Enthäutung der Zwiebel herauszufinden, wohin er mit seinem Fahrrad auf der Chaussee nach Karthaus gewollt hatte; denn zu Stomma wollte er eigentlich nicht wollen.

»Zufall, daß ich hier bin.«

»Auf wie lange wolln se noch blaiben, jefälligst?«

»Das hängt nicht von meinem Willen ab.«

»Dammlicher Jid! Wirste nu wollen! Wirste nu wollen!«

Ja, Kinder, Schläge. Im Winter vierzig-einundvierzig oft. Aber Zweifel wollte Stommas Keller nicht verlassen. Auch Jude wollte er nicht sein. Umständlich erzählte er seinem Gastgeber von reinarischen und obendrein mennonitischen Vorfahren, die im sechzehnten Jahrhundert aus dem holländischen Groningen ins Danziger Werder eingewandert waren: »Uns hat es seitdem in Müggenhahl und Nassenhuben, in Käsemark und Neuteich gegeben. Immer schon haben wir den Kriegsdienst verweigert. Und 1780 haben uns sogar die Preußen unsere Wehrfreiheit verbriefen müssen. Wir Mennoniten haben immer unseren eigenen Willen gehabt. Auch wenn wir manchmal schießen wollten, wollten wir niemals schießen und auch nicht schießen wollen.«

Doch Stomma glaubte ihm nicht: er wollte einen Juden im Keller haben.

17

Bevor sich Apollo Elf auf den Weg macht und in Stuttgart der Kirchentag beginnt: Am 24. November 1940 lief nach der »Pacific« und der »Mylos« die »Atlantic« in den Hafen von Haifa ein. Der »Atlantic« gegenüber lag mit vier Schornsteinen die »Patria« unter Dampf. Nahezu viertausend Auswanderer sollte sie übernehmen und in eine britische Kolonie deportieren: Beschluß der Mandatsbehörde. Als am 25. November die erzwungene Einschiffung begann, explodierte an Bord der »Patria« eine Bombe. Mitglieder der zionistischen Untergrundbewegung Haganah hatten die Bombe gelegt, um die Deportation zu verhindern. Die »Patria« kenterte und sank in fünf Minuten. 260 Auswanderer, darunter eine mir unbekannte Zahl Danziger Juden, ertranken. (In Tel Aviv lebt immer noch der damals verantwortliche Attentäter. Kein Prozeß fand statt: War eine Panne, verständlich.) Die Überlebenden wurden im Lager Atlit interniert und durften in Palästina bleiben, unter ihnen etwa dreißig Danziger Juden. Die restlichen Auswanderer brachte britische Polizei gegen Widerstand an Bord der holländischen Schiffe »Nieuw Zeeland« und »Johan de Witt«. Am 26. Dezember ankerten beide Schiffe in Port Louis, dem Hafen der britischen Inselkolonie Mauritius. (Ihr wißt, Kinder, diese berühmte Briefmarke in Blau.) Getrennt wurden Männer und Frauen im Gefängnis von Beau Bassin interniert. 124 Deportierte, darunter mehrere Danziger Juden und unter ihnen der Kaufmann Wartski, starben an Malaria und Typhus. Die Typhus-Epidemie hatte schon auf der »Atlantic« begonnen: ein Koch starb auf der Toilette. (Gelb, Kinder, ist die Flagge der Quarantäne.) Erst am 26. August 1945 verließen die Überlebenden die britische Inselkolonie Mauritius und erreichten an Bord des Schiffes »Franconia« ihr Ziel: den Hafen von Haifa.

Viel will ich nicht dazu sagen. Gleich startet Apollo Elf. Der Kirchentag in Stuttgart steht unter dem Motto »Hunger nach Gerechtigkeit«. Überall werden Urteile gefällt. Wie soll ich begründen, warum die Anstecknadeln der Espede orangene Glasköpfe haben werden?

Nachdem es bei uns, Ecke Handjery-Niedstraße wieder einmal total geknallt hatte, sagte Bruno zu Anna: »Wenn en blaue ond e gäle VW zämedötsche, wärde si denn grüen?« – Als die Farben einander den Krieg erklärten, zwang ihnen Grau den Frieden auf. – Bruno kennt die Farbenlehre.

Nicht nur mit Anstecknadeln, auch mit Plakaten, Aufklebern und Flugblättern zum Wegschmeißen wollen wir in Orange werben: fett und fröhlich, positiv kalorienreich. Auch Papiermützen Luftballons. Triebkraft als Treibkraft. (Soll sich durchsetzen, ist getestet worden.)

Ernsthaft, es ging um Orange. In Bonn saßen (glaube, im Mai) Marchand, Linde, Drautzburg und ich mit Wischnewski, Leo Bauer und anderen Wahlkampfspezialisten an unserem langen Tisch in der Adenauerallee. Kühle Hochrechner, niemals blinzelnde Zielgruppenvermesser, Trendbeschwörer und Zweckpessimisten beim Stoffwechsel: wir fraßen Statistiken und schieden Prognosen aus. Wir füllten Aschenbecher und lasen ihrem Überhang die entscheidende Stelle hinterm Komma ab. Wir spekulierten, ob Schiller und Brandt oder Brandt und Schiller oder nur Brandt oder nur Schiller mit oder gegen Leber und Schmidt an Wehner vorbei oder mit Wehner gemeinsam gegen oder mit Schiller in der (zentralen) Aufwertungsfrage zum Beschluß kommen könnten . . .

Außerdem lagen uns Farben als Muster vor. Da Blau kühl läßt, Rot als verjährt gilt, Gelb strittig ist, sprachen wir lange und kenntnisreich über die getestete Werbekraft der Farbe Orange; denn sogleich nach den Sommerferien und mit Beginn des eigentlichen Wahlkampfes soll die Sozialdemokratische Partei Deutschlands in Orange für sich werben. Emnid, Infas, Allensbach haben Tugenden ermittelt: ist heiter sinnlich, wirkt aktiv sportlich modern, zieht jung an, stößt alt nicht ab, leuchtet reif und gesund.

Der leise Werner Müller, dem immer etwas Verschnupftes anhaftet, als sei er mit Zweifels Heuschnupfen geschlagen und lebe entrückt hinter einem Gazevorhang, vertrat die Meinung, Orange spreche auch Melancholiker an. Und jemand wußte, was der grämliche Student Schopenhauer zu Goethe (dabei heftig im Gegensatz zu Hegel) über Orange und dessen Wirkung auf Frauen, Rentner und Jungwähler gesagt haben soll: Vor allen anderen Farben besitze Orange die Fähigkeit, Willen zu bilden, willensbildend zu sein. (Wischnewski steigerte Schopenhauer: lebensbejahend.) So wurde eine Entscheidung getroffen, die wir vor der Geschichte (dem Popanz) verantworten müssen. Keine Gegenstimmen. Selbst Wehner, so hieß es, habe sich nicht direkt gegen Orange ausgesprochen.

Doch Zweifel, dessen Meinung und Kellererfahrung zumindest beiseitegesprochenen Wert hat, ließ mir (über Gaus) die gezwinkerte Nachricht zukommen: Im Grunde ist auch Orange nur ein Deckname für Grau.

Ich hatte die Einladung, auf dem Evangelischen Kirchentag in Stuttgart zu lesen und zu diskutieren, schon im April angenommen. (Professor von Hentig bat eindringlich und schriftlich.) Wer dabei gewesen ist, wird sich erinnern, wie hochsommerlich heiß die Gerechtigkeit (und der Hunger nach ihr) auf dem Killesberg lastete. Zehntausend waren gekommen: gutverpackte Seelen, Suchende mit Quartierschein. Alle schwitzten beteiligt, schwitzten das Glück und Jesus, die kaputte Kirche und Ökumenisches, schwitzten die engagierte Partnerschaft aus. Das neue Theologiebedürfnis weitete alle Poren. Frühchristlich lief viel ziellose Jugend barfuß. Die Sprüche der kleinen und großen Propheten trugen sich auf und ab. (Zwar fehlten Säulen und Säulenbewohner, doch waren sie denkbar.) Wegweiser zeigten an, in welcher Halle über die Anträge der Hoffnung abgestimmt werden sollte. (Resolutionen zur Ermittlung des Glücks.) Vier Tage lang blieb der Streit um Jesus (geboren von der Jungfrau) auf der Tagesordnung. Silbenstechende Exegeten: Jeder hatte seine Bibel und jeweils eine andere Bibel, manche hatten Marx und jeweils einen anderen Marx gelesen. Als sich die Kirche öffnete, lief sie aus. Alles (nicht nur das Glück und das Kreuz) wurde diskutiert. Das Unterbewußte fand in Sprechchören Ausdruck. Gemeinsam wurde Gemeinschaft gesucht: evangelischer Mief.

Ich las in der Halle I vor der Arbeitsgruppe: Der Einzelne und die anderen. 2000 Einzelne waren gekommen. Wie der Schüler Scherbaum seinen Dackel verbrennen will, las ich vor. Weil alles diskutiert wurde, wurde auch der ritualisierte Protest diskutiert. Viel barfüßige und jetzt, da es zu spät ist, frühchristliche Jugend hungert nach neuem Mythos, will irgendwas glauben können, hat schon den paradiesischen Blick und wird die Schranke Vernunft überhüpfen . . .

Ihr werdet verstehen, Kinder: das Wort Paradies ängstigt meine Schnecke. Sie fürchtet sich geradezu vor den Wegbereitern paradiesischer Zustände und macht sich klein bis zur Schrumpfgröße. Denn allzu genau erinnert sie die strengen Einreisebestimmungen und die erkenntnisfeindliche Hausordnung. Sie weiß, wie total nach unparadiesischem Verhalten die Austreibung ist.

Ich muß gestehen, daß ich neugierig war und meine Schnecke auf Kundschaft schickte. Während ich in der Halle I bei gerecht verteilter Hitze gegen den ritualisierten Protest ansprach (und auch die Selbstverbrennung des Prager Studenten Jan Palach kein aufklärendes Beispiel nennen wollte), besuchte sie andere Arbeitsgruppen: so teilten wir uns, sind überall dabei gewesen . . . (Auch bei der fleißigen Arbeitsgemeinschaft »Juden und Christen«).

»Und dann? Und dann?« – Dann kam Augst.

Lange bevor er sich in jener Diskussion zu Wort meldete, von der ich euch berichten werde, sprach Augst, der jedes Mal anders hieß, in anderen Diskussionen.

Ich kannte ihn schon lange. Wir hätten uns in Delmenhorst, Mainz oder Ulm wie zwei alte Bekannte zuzwinkern können. Wenn er nicht auftritt, vermisse ich ihn: ohne Augst fehlt was.

Als er auf dem Kirchentag wirklich sprach (und auch handelte), überraschte mich seine Tat nicht: die Einlösung vieler Ankündigungen. Ich kannte die Aufgeregtheit fünfzigjähriger Männer, die alles, aber auch alles in einem einzigen, randvollen Bekenntnis los werden, quitt machen wollen. Ich kannte ihre leeren, Werte beschwörenden Gesten, ihren Kriegsbilderbuchtraum, als Einzelkämpfer (wie damals bei Monte Cassino oder am Kuban-Brückenkopf) auf verlorenem Posten zu stehen, ihren haltsuchenden Griff in die Luft, ihre flatternde »Ein einziges ewiges Deutschland!« suchende Stimme und jene aufsteigende Hitze, die ihre Gesichter fleckig werden läßt.

Auch kannte ich, da beide alterslos sind, den jungen Augst, bevor der ältere zu sprechen begann. Beide sind Zeugen des Absoluten. Beide sind süchtig nach Untergang und Erlösung. Beide wollen die Wahrheit und nichts als die Wahrheit dringlich durch Hervorpressen zum Ausdruck bringen: ein mühevoller, ein ausbleibender Stuhlgang. Es fehlt ihnen die gleichmäßig zirkulierende Wärme verschworener Gemeinschaften, die der ältere Augst bei Kriegsende verloren hatte, die der jüngere Augst im Sog einer, wie er meint, bevorstehenden Revolution zu finden hofft. Zweistimmig hörte ich sie vom Endziel und vom Aufgehen in der gemeinsamen Sache singen; lange bevor Augst sprach . . .

Als ich auf dem Kirchentag gegenan redete, war das Ritual schon vorbereitet. Zu spät reihte ich vernünftige Wörtchen, nicht ahnungslos, vielmehr besorgt aus Gewohnheit. Als Augst sich zu Wort meldete, erkannte ich ihn an seiner übereilten, den Satzbau verwerfenden Sprache. Auch wie er seine Zettel knüllte, zu lange wirr sprach und peinlich berührte, war nicht neu. Die zunehmende Unruhe bei der barfüßigen Jugend, ein mir alltägliches Geräusch: Gelächter und Zwischenrufe. (Folgerichtig ermahnte der Pädagoge Hartmut von Hentig die jungen Leute; folgerichtig fand sein Wunsch »nach ein bißchen mehr Toleranz« bei der Jugend Gehör.) Alles lief ab wie bei einem Passionsspiel, wo Kenntnis der Handlung vorausgesetzt wird.

Augst stand hinter dem Mikrofon Nummer 2 im Mittelgang. Wenn ich alles Beiwerk weglasse, klagte er zuallererst die Kirche an, weil sie ihm Partnerschaft verweigert hatte. Beengt von seinem Wortschutt, sprach er von verlorengegangener Kriegskameradschaft. Er vermißte Werte. Er bedauerte, daß niemand ihn und seine Generation (die Kriegsgeneration) gelehrt habe, flüssig zu sprechen, wie es die Jugend heute könne: freisprechen. Er sagte noch mehr und wiederholte sich. Es läßt sich nicht nachschreiben, was er sagte, weil er verheddert im Unterholz und traurig wirr sprach. Ich reihe: Lebenseinsatz, im Stich gelassen, ein Zeichen setzen, durch unbedingte Treue, das selbstlose Opfer, wie der Protest der Jugend, nämlich ganz, damit ich gehört werde . . .

Nur zum Schluß fand sein gestammelter Ausverkauf Gleise. Er hatte sich vorbereitet und beeilte sich springend auf den letzten Satz zu. Ohne in seinen Zetteln zu suchen, sagte er: »Ich werde jetzt provokativ und grüße meine Kameraden von der SS!«

Vom Podium aus schrieb ich mit. Ein Wort, das wie eingeübt seine Entsprechung fand; denn auch das Zischen der barfüßigen Jugend war Teil des Rituals, der Passion. Er hatte die Stelle getroffen. Zischen als gehorsamer Reflex. Und auch mein

Versuch, dem programmierten Vorgang die üblichen Argumente, meine glanzlosen Schneckenerfahrungen in den Weg zu stellen, wurde Teil seiner Passion als Ritual.

Danach meldeten sich andere zu Wort in ihrem Hunger nach Gerechtigkeit. Glatthäutig wurde der »Neue Mensch« gefordert. Auf dem Podium gab man zu, verlegen zu sein. Professor von Hentig litt öffentlich. Professor Becker vermittelte. Auch ich sprang nicht auf, um ihn einzuholen. Bleigüsse oder Versäumnisse oder Haftschäden. (Später hieß es im Feuilleton: »Das war direkte Demokratie der Basis, nicht mehr nur Konsumentenrolle ohne Teilhabe.«)

Ich sagte schon, Kinder, es war sehr heiß auf dem Evangelischen Kirchentag. Das Unterbewußte wurde als Schweißtüchlein reihum gereicht. Aus der Mitte der Halle rief jemand: »Schnell! Sanitäter!«

Als der peinliche Zwischenfall vom Podium bekanntgemacht wurde und die Veranstaltung als geschlossen galt, verzichteten die jugendlichen Frühchristen – bei allem Hunger nach Gerechtigkeit – diesmal auf Autogramme.

Noch zu Lebzeiten ausgezischt. Eine Erklärung abgeben, die kurz ist, nicht mißzuverstehen. Nicht einmal Trauer kann ihre Kleidung retten: Kichern trennt Nähte, stellt Fleisch vor. Wohin geht das vergehende Lachen?

Es war nicht die Hitze. Kein Schwächeanfall. Später wollten viele gesehen haben, daß Augst, während er sprach, ein Fläschchen hielt. Jemand hatte konkav geschliffene Facetten bemerkt. Einer Studentin war der schwarze Schraubverschluß aufgefallen. – Vielleicht weiß jemand noch mehr oder anderes. Irgendwo sollen Reste lagern, doch niemand erinnert sich: Reste wovon?

Der Apotheker Manfred Augst hinterließ Frau und vier Kinder. Das Morddezernat im Polizeipräsidium Stuttgart sprach von zwei kleinen Flaschen. Das nicht benützte Fläschchen habe Mandelsäure enthalten.

Der Tod trat auf dem Weg zum Robert-Bosch-Krankenhaus ein. Zeitungsüberschriften hießen: »Das letzte Argument: Selbstmord« – »Ein Einsamer griff nach Zyankali« – »Keiner nahm den Tod wahr« – »Ein Selbstmord überschattete den Kirchentag« – in der Wochenzeitung »Christ und Welt« schrieb die Journalistin Maria Stein unter der Überschrift: »Ritualisierter Protest«.

Augst wurde sechsundfünfzig Jahre alt. Er starb am 19. Juli 1969, drei Tage, nachdem die Weltraumrakete Apollo Elf in Kap Kennedy gestartet worden war, tagsdrauf die Hälfte des Wegs zum Mond zurückgelegt hatte, tagsdrauf das Landefahrzeug »Eagle« (Mondfähre genannt) noch einmal inspiziert worden war, und etwa zwei Stunden, bevor das Haupttriebwerk zum ersten Mal gezündet wurde: die bemannte Weltraumrakete schwenkte in eine elliptische Bahn um den Mond.

Das sahen wir am Abend auf dem Fernsehschirm im Haus des Verlegers Klett. (Vorwärts! Die Ziele schminken sich, legen Rot, kein Orange auf.) An Bord von Apollo Elf waren alle wohlauf. Partygeplauder am Rande des Kirchentages. (Erlösung, nur noch ein Farbenproblem.) Das Haupttriebwerk wurde zum zweiten Mal gezündet. Einige Gäste unterhielten sich gedämpft über den Gottesbegriff bei Karl Barth. Salzstangen knabbern. (Wer spricht noch von Lüge und Wahrheit, wenn Tatsachen sprechen: simultan übersetzt.) Natürlich war auch von Augst die Rede. Erdnüsse knabbern. (Jemand hat es geschafft, hat sich ins Ohrläppchen gebissen. Alle üben jetzt und hoffen wieder.) Aldrin – oder war es Armstrong – erzählte einen Witz, über den auf der Erde gelacht werden sollte. (Also, es bleibt bei Orange.) Ich suchte zwischen Kletts Büchern ein Lexikon: etwas über Blausäure. Knackmandeln knabbern. (Es gibt keine Schmerzen, nur Mittel gegen Schmerzen.) Soviel nette Jugend. Kletts Töchter, die Studentin aus Prag. Knabbern knabbern. Dann gab es Kartoffelsalat und Bildstörung bei Apollo Elf. Mit seiner brüchigen, wie vom Kopfschmerz punktierten Stimme fragte Professor von Hentig sich und die Gäste, wo denn die Grenzen der Pädagogik zu suchen seien. Alle blieben vage, nur Ehmke wußte wo. Ich las im Lexikon. Jäckel d. Ä. sagte: »Komm, gehen wir.«

Zyankali, das Salz der Blausäure (HCN) wird durch Magensäure freigesetzt und blockiert die eisenhaltigen Atmungsfermente. 80 bittere Mandeln enthalten die tödliche Dosis von 60 mg Blausäure. (Die Mandel als Metapher: Celan-Zitate.) Bei der Obduktion meldet Bittermandelgeruch in der Schädelhöhle die Todesursache. Bei Augst wurden Vergiftungssymptome durch Erstickung genannt: Forcierte Atmung, Verminderung der Atmung, Bewußtlosigkeit, Krämpfe, Atemstillstand.

18

Ich habe sie mit ihrer Kriechsohle auf den Bunker gesetzt. Verkantet und um sein Schußfeld gebracht überdauert er zwischen Dünen: nicht zu verkaufen, nicht zu sprengen. (Soll ich ihr, weil sie eine Nacktschnecke ist, den Atlantikwallbunker als Haus entwerfen und bis ins Detail zeichnen? Sehschlitze, Betonstrukturen, deutsche Wertarbeit?)

Während ich tagsdrauf mit meiner Reisetasche von Stuttgart nach Paris flog, kletterten Aldrin und Armstrong in die Mondlandefähre, blieb Collins im Mutterschiff allein, notierte ich in meinem Sudelbuch den Besuch mit Jäckel d. Ä. bei Thaddäus Troll, schob ich Zusätze über Kiesingers »Nein!« zur DM-Aufwertung in die VW-Busrede, trug ich Böhmisches nach (wie Anna und Vladimir in Nouzov auf der Treppe sitzen und reden), schrieb ich mich fluchtartig in ein Schneckengelände und ließ sich Augst, trotz umständlicher Umgehungsversuche, nicht vermeiden. Erst in Lamballe, wo Anna, Raoul und Bruno auf dem Bahnsteig standen und Raoul mich mit dem Neuesten ansprang – »Inner halben Stunde, Mensch, koppelt die Mondfähre ab!« – sah es so aus, als wollte mir Augst barfuß Auslauf bei Ebbe, Rückenschwimmen bei Flut, Makrelen auf dem Rost, Miesmuscheln in ihrem Sud, Sand in allen Taschen und Ferien in der Bretagne gönnen.

Euch erzählte ich wenig. Zwar kamen Fragen – »Haste, biste, warste, kennste den denn?« – aber wie hätte ich über Zyankali und vom Tod des Apothekers aus Tübingen berichten können, solange der Mond und auf dem Mond die beiden Männer in ihren enormen Schuhen Vortritt hatten.

Das Haus eines Budenbesitzers, der im Sommer von Kirmes zu Kirmes reist. Betreibt wohl eine Lotterie mit schnarrendem

Glücksrad: überall stehen Goldfische aus Porzellan und ähnliche Hauptgewinne. In der Wohnküche unseres gemieteten Ferienhauses – wir kochen mit Butan-Gas – hängt ein Gezeitenkalender.

Wenn man Augst gefragt hätte, wer und was alles an seinem Tod schuld gewesen sei, wäre auch vom Wetter zu reden gewesen: Die Hitze war schuld.

Was noch? Und wer noch?

Die Verhältnisse früher und jetzt.

Wer früher? Was jetzt?

Früher die Lehrer, also die Schule, jetzt das System, die Systeme: der Kommunismus – der Kapitalismus. Ganz früh der Zwang: die Klavierstunden.

Und noch früher, anfangs?

Die Mutter, weil der Vater. Das übertrug sich: denn wie das Wetter so auch die Werbung, der bekannte zersetzende Schriftsteller hinter dem Mikrofon, die vielen Eisverkäufer auf dem Kirchentag, überhaupt: der Konsum und die Tatsache Stuttgart.

Also die Abhängigkeit von und die Unterdrückung aller ...

Jadoch, ja. Die sprichwörtliche, kleidsame und jedem Zündschlüsselbesitzer plausible Entfremdung. (Auch die nicht oder zu spät und auch dann nur ersatzweise befriedigten, ohnehin kümmerlichen Bedürfnisse.)

Das schwache schiefe verrutschte, das nicht vorhandene oder verdrängte, das falsche Bewußtsein.

Und die Erbmasse und die Erbsünde?

Jadoch. Der Vater, weil die Mutter.

Und wer noch? Und was noch?

Die Parteien, die da oben, das Geld, der Apparat, die geografische Lage, die Liberalen. Schon früh ein Magengeschwür und die Zwischenprüfung. Dann der verlorene Krieg, die gesamte Sippschaft: Freimaurer, Juden und Funktionäre. Später die Frauen (mehrere aber besonders eine). Heute der allgemeine Überfluß, die herrschende Ungerechtigkeit, die fehlenden Krankenhäuser Schulen Wohnungen Gesetze, die höheren fehlenden Werte, der fehlende tiefere Sinn.

Also das Leben? Überhaupt alles? Das Ganze?

Ja. Doch besonders das Wetter (und die Lehrer) weil die Hitze und überall die Studenten und Scharfmacher hinter den Mikrofonen.

Also die anderen?

Der Kirchentag und die Öffentlichkeit.

Gott, weil seinetwegen der Kirchentag und die Öffentlichkeit, während die Eisverkäufer mit der Hitze ihre kleinen schmutzigen Geschäfte machten . . .

Hätte Augst ». . . und meine Familie . . .« gesagt, wenn man ihn nach der Schuld und den Schuldigen gefragt hätte? Später fragte ich Frau Augst und Augsts Söhne. »Es war die Krankheit«, sagte Frau Augst in Tübingen. »Wir haben alles versucht, aber er trübte sich immer mehr ein . . .«

Wie sie über den Horizont kriecht, ihn langzieht: ohne Rauchfahne in Richtung Kanalinseln oder weiter.

Jetzt, bei Flut, einfach leugnen. Ich will nicht, was ich weiß. Den Handschlag mit mir verweigern. Oder mit Zweifel Cidre trinken. Wir siezen uns, zahlen getrennt. Er will, was ich nicht weiß.

Das Dorf, in das wir unsere bei Ebbe gesammelten Muscheln, Schneckengehäuse und verschliffenen Einfälle tragen, heißt Plurien. Schiefer deckt Granit: grauschichtig, weiß gefugt. Um die Kirche (und das Kriegerdenkmal beider Weltkriege) haben sich drei Metzger versammelt: für heute Kutteln, für morgen Kalbskopf kaufen. (Wie bemerkenswert Madame Hénaff vor ihrer Charcuterie die Arme verschränkt.) Wenn wir vom Meer kommen, sehen wir, bevor wir den Kirchturm sehen wollen, den weißen Wasserturm von Plurien.

Wir zwei Strandläufer Schattenwerfer. Pendeln die Bucht aus, reiben uns viel zu spät mit Nivea den Buckel, den Rest ein. Wir zerreden Zusammenhänge zwischen Ebbe und Flut. (Während die Priele noch auslaufen, kommt das Wasser schon wieder.) »Und das soll nun Dialektik sein?« sagt Zweifel und tippelt.

Den Wasserturm von Plurien, wie er bleich gegen den Himmel steht, seitlich (der Anschauung wegen) von meiner Schnecke besteigen lassen.

»Sehen Sie«, sagt Zweifel, »diesen senkrechten Unsinn, ich kann ihn nicht glauben.« Er trägt seinen Sonnenbrand auf und ab. Schon schält er sich. Die Kinder lachen und meinen mich. »Das haste davon. Was holste ihn raus aussem Keller!« (Als hätte mein gewundenes Prinzip kein Recht auf Ferien und Auslauf.)

Jetzt bei Ebbe über den Strand: meine Seite zum Meer, seine zur Promenade. An der Mole wenden wir. Ich jetzt auf seiner, er jetzt auf meiner. Unsere Freundschaft ist Spott gewohnt. Wir suchen Geniste ab, bücken uns, finden. Über Spuren im Mondstaub kein Wort.

Jetzt, bei Flut, heben sich unsere Erfahrungen schrittweise auf. Franz und Raoul haben mit Donald Duck die Mondfähre verlassen. Auch Bruno ist weich gelandet. Laura findet ernste, gläsern anmutende Ziegen an Kraterrändern, im Meer der Ruhe. (»Und Schnecken? Gibt es da wenigstens Nacktschnecken?«) Meine Versatzstücke verschieben sich und beteuern, sinnfällig zu sein. Anna hört, wie viele Besucher Dürers Melencolia gleichmütig zuläßt und mit gallbittren Bezügen verköstigt.

Jemand hat die Leiter ans Haus gelehnt, hat sich himmelwärts verstiegen.

Gleichfalls aufsteigend von links nach rechts: die Waage, die Sanduhr, die Glocke an ihren Nägeln. Was wägt, rinnt, schweigt und bedeutet.

Bei mangelnder Bewegung ist ein Mädchen massiv geworden, hockt jetzt chronisch und bietet Trödel (aus Nachlässen) stückweise an.

Noch treten keine Käufer ins Bild. Niemand will sich mit Bedeutung beschweren. Was sich treu bleibt: Ladenhüter.

(Auch Plurien unterhält gegenüber dem Café des Sports einen Antiquitätenladen: Spinnräder, bretonische Melkschemel, Waffeleisen, Stößel ohne Mörser – Mörser ohne Stößel.)

Endlich kommen Touristen.

In Bungalows unter Flachdächern, zwischen skandinavischen Möbeln, überall, wo man sich kühl gibt und die Moderne ihren Nüchternheitsbeweis angetreten hat, stehen in tabernakelgroßen Nischen selten gewordene Stücke. Wir sammeln zufällig – systematisch. Neben den kleinen alltäglichen Erfolgen sammeln wir den Hausrat der Melencolia.

Und so etwa könnte ich in Nürnberg beginnen: »Als, meine Damen und Herren, das Raumschiff Apollo Elf die Mondfähre Eagle und in ihr die beiden Männer mit ihren Gastgeschenken entließ, pflanzten Armstrong und Aldrin nicht nur die Plakette, das Fähnchen, setzten sie nicht nur die empfindlichen Instrumente von heute; Waage, Sanduhr und Glocke stellten sie sinnreich auf, und einer – Armstrong war es – zeichnete mit dem Finger im Handschuh die Initialen des Meisters, das A und das D in den Mondstaub . . .«

Übten wir beide im Sand: zwischen gespreizten Beinen Schutz suchen. (Unsere Verkriech- und Kellermoral.)

Oder dieses Detail: das schartige Schwert. (Dürer fand es in der Rüstkammer des Kaisers Maximilian. Er zahlte den Schrottpreis und legte es auf Anraten der Melencolia, die ihr rechtes, vom

Knie ab zu kurz geratenes Bein auf den Zweihändergriff stützt, parallel zum Rocksaum, getarnt als Säge, neben den stumpfen Hobel.)

Ich kannte scharfe Gedanken, die, ihrer Schärfe überdrüssig, vor die Tür traten, mehrmals unwiderlegt die Luft teilten, einmal wachsam ums Haus gingen, unterwegs meinem Freund Zweifel begegneten und schartig heimkehrten. (Einen Schrotthandel aufmachen: Hegel zu verkaufen.)

Aber gut, wie ihr wollt: schon hockt er wieder im Keller. Nach bald hundert Wochen Untermiete schenkte Anton Stomma seinem Gast zum Weihnachtsfest 1941 ein immer noch brauchbares Erbstück, das er bei einer Kriegerwitwe (in Ramkau) gegen eine Fahrradpumpe in Zahlung genommen hatte. (Verlor im Benzinbad seinen Rost, wurde handlich, ließ sich aufklappen, gewann, auf Leder abgezogen, neuerdings Schärfe.) Schon im Sommer einundvierzig waren Zweifel die Rotbartklingen, sein auf Jahresfrist bemessener Vorrat, ausgegangen. Seitdem saß er stoppelig, dann mit schütterem Bart auf seiner Seegrasmatratze und zupfte an sich herum, bis Stomma in Weihnachtsstimmung geriet und mit einem Stück Streuselkuchen das offene Rasiermesser auf Tannenzweigen schenkte.

Weil Raoul auf dem Keller besteht: ich zeige euch Zweifel, wie er glattrasiert auf seiner Matratze liegt und sich – den Kopf zur feuchten Nordwand – nicht mehr zupft sondern kratzt, weil die Zeit ihn wie Krätze befällt: überall krümelt es, juckt es. Er sagt sich auf, was er weiß, um dem Juckreiz Zeit zu widerstehen: alle Heilkräuter, Farne und Wegericharten, alle Frauen, in die er zu kriechen versuchte, sämtliche Systeme samt ihren Philosophen, dann deren Spötter und Lachgrubensteller: den Selbstdenker Georg Christoph Lichtenberg, die Zettelmühle Jean Paul, bis er seinem Pudelfreund begegnet, einem prinzipiell systemfeindlichen Säuerling. Sie legen sich Beobachtungen vor. Sie feiern Anschauung, bis es zur Erkenntnis, Teilerkenntnis kommt. (Wie ich mit Zweifel bei Ebbe über den

Strand laufe, so sitzen – leicht vorstellbar – er und er in Stommas Keller.) Zweifel berichtet vom unwillentlichen Verhältnis der zwittrigen Schnecken zur Melancholie, Schopenhauer vom Willen der rankenden Pflanzen, die alle, ob Erbsen Bohnen Hopfen, Zirkelbewegungen in freier Luft beschreiben, bis sie einen festen Körper finden, um den sie sich ranken, wenn sie ihn finden.

Nein, Kinder, ich schwöre: im Keller. Zweifel versucht, eine Ranke zu sein. Schon denkt er ellipsenförmig. Aber da ist kein Notnagel; denn unsere Hoffnung, selbst wenn wir sie zum Prinzip erhärten, will nicht als fester Körper dienen: was immer sich ihr entgegenwindet, keiner Bohne bietet sie Halt. (Nur dem Baron Münchhausen gelang es, eine Ranke zu züchten, die nach unermüdlicher Zirkelbewegung den Mond fand und zugriff; das hatte Folgen.)

Inzwischen wurde er betreten. Ich will nicht lachen, es ist euer Mond. Nur erlaubt, daß ich den geometrischen Körper auf Dürers Kupferstich (er herrscht im Mittelgrund) gegen eine Raumkapsel tausche. Und gebt schon zu: es ist ziemlich langweilig und zieht sich hin zwischen Bildstörungen. Beim Start die Enttäuschung, wenn es, wie immer, glatt geht. Und diese Sprechblasensprache. Ihr könnt das besser. Wenn Raoul sich mit Fingern die Nase klemmt und Countdown übt: ». . . six five four . . .« – Kommt, es ist Ebbe. Wir suchen die Priele nach Seeohren und die Algengeniste nach Wunschschnecken ab. Vielleicht finden wir ein Wellhorn – oder zwei. Vielleicht ergibt sich etwas aus Widersprüchen. Vielleicht liegt locker im Sand die Lösung. (Auch muß der Schlüsselbund noch gedeutet werden.)

Als Albrecht Dürer, kurz nach dem Tod seiner Mutter, an einem auf Sonne, Geschwätz und Gelächter bestehenden Montagmorgen die Melencolia nach Vorlagen in Kupfer zu stechen begann, fand er im Faltenwurf einer Gewandstudie den Schlüsselbund seiner – wie Pirckheimer sagt – zänkischen Ehefrau Agnes. Dürer hatte Spaß an den krausen Bärten; und wir dürfen jetzt raten, welche Türen und Kästchen gemeint sind und ob Saturn der Schlosser gewesen ist.

Panofsky und Saxl vermuten, der Schlüsselbund bedeute Herrschaft und weltliche Macht; ich übersetze in alltägliches Deutsch: Die Eltern (beide) sind berufstätig, sind neun Stunden am Tag außer Haus und hängen ihren Kindern den Wohnungsschlüssel (zumeist an Schnürsenkeln) um den Hals. Sie sind leicht zu erkennen. Überall – doch nirgendwo in Kupfer gestochen – spielen sie Erwachsensein und Melancholie. (Raoul ist mit einigen aus der Niedstraße befreundet und trifft sich mit Schlüsselkindern auf eurem Niemandsland oder am Perelsplatz.)

Und wenn das nun alles gelogen, in Fernsehstudios gestellt worden ist? Sie sind gar nicht auf dem Mond? Mondstaub und Krater werden uns vorgemacht? Das Meer der Ruhe: Kulisse? Es gibt ein Geheimabkommen zwischen Russen und Amis? Fingierte Erfolge entspannter Weltraumregie? Die Großmächte erfinden einander hilfreich Rekorde? Die Kleinen staunen brav und bedürftig?

Immer noch DM-Gemähre: Aufwerten oder Nichtaufwerten! – Wenn Barzel »In aller Aufrichtigkeit« sagt. – Kleinkalibriges. – Ich koche Rochen, der frisch streng nach Jod riecht. Ich schreibe im Schatten des verkanteten Bunkers.

Zweifel kommt auf. In vollen Aschenbechern alles bewiesen. Jeder Topf fand sein Deckelchen. Beim Vornamen gerufen, rief das Geheimnis: Hier!

Wir plauderten (bei bretonischem Cidre) und stritten (bei Ebbe am Strand) über die Zange unterm Rocksaum, über das magische Zahlenquadrat und den Zirkel, allgemein über allegorische Sinngebung. Wir zitierten Benjamin und Proust, den konservativen Gehlen und dessen linken Schüler Lepenies, Zweifel (mit Vorliebe) seinen Pudelfreund, ich (mit Vorliebe) den buckligen Meister der Pfennigwahrheiten. Wir erwähnten (am Rande) den maximilianischen Humanistenkreis und kannten beide Dürers Aussprüche über die »viererlei Kumplex«. Wir mieden die Gegenwart und wurden von ihr mit Ignoranz der Vergangenheit bestraft.

Besprochen wurde erstens: die Zahlentafel als Künstlersignatur; zweitens: Saturn als Prinzip; drittens: die europäische Aufklärung auf ihrem Weg zum Erkenntnisekel; viertens: das melancholische als ein gesellschaftliches Verhalten; fünftens: Dürers Krankheit, der gelbe Fleck; und sechstens, obgleich wir die Gegenwart meiden wollten: Glücksverheißung und Melancholieverbot in kommunistischen Staaten.

Zweifel war meistens dagegen. Ihn ärgerten die Begriffe. Er mietete einen Lautsprecherwagen, der üblicherweise Reklame (Dubonnet, Butan-Gas) ausrief und ließ auf deutsch, auf französisch in Plurien, Plévenon, im Hafen von Erquy, auf Promenaden und über den Ebbestand grundsätzlichen Zweifel verkünden: Schon kam Teer mit der Flut, schon wurde von vorzeitiger Abreise gesprochen, schon stand der Badebetrieb unter Melancholieverdacht.

Was macht ihn so witzlos und strengt ihn so an? Warum spricht sich sein (verheißenes) Glück so verbissen aus? Was hat dem Sozialismus die Heiterkeit ausgetrieben und jenen (männlichen) Ernst anerzogen, der jeden Spaß ansäuert, ihn (als nützlich) erklärt haben will?

Bei der Betrachtung eines Kupferstiches als Kunstpostkarte, nachdem die Proportionen vermessen sind und Zweifel die Beziehungen zwischen Albrecht Dürer und Nikolaus von Cusa kenntnisreich erwähnt hat, verkrampft sich unser Strandläuferhumor: er steht auf der Kippe, kippt seitlich weg. Gelächter kocht ein, wird sämig. Verzweifelt witzig bei hoher Flut. (Gefährlich, jetzt schwimmen zu wollen.)

Auf eine Schnecke schießen. Vorher Atemübungen. Sogar Zweifel nimmt ab.

Er bekommt Schläge. Im Frühjahr zweiundvierzig oft. Mit dem Riemen, mit einer Fahrradspeiche. Man mochte seinen Ton nicht: dieses inständige Nörgeln. »Hübsch«, sagte er, »und trotzdem enttäuschend«. – In seinem Keller hörte Zweifel den Wind nicht. »Draußen«, sagte er, »entspricht nichts den Tatsachen.«

Oder er lachte für sich. Erst nach mehrmaligem Drohen und Lockern des Hosenriemens – »Was jibts da zu bekichern!« – war er verwundert: »Ja, ist das nicht komisch, mein absolutes Verlangen nach Pfefferminzdrops?«

Immer wenn Zweifel geprügelt wurde, war ihm nach den Schlägen die Pause peinlich. Stomma atmete schwer und beteiligt. Zweifels Versuche, das Loch zuzuschütten: »Reden wir bitte von etwas anderem, das eindeutig ist in seiner Plattheit: über die deutschen Erfolge im Kaukasus.«

Post, nachgeschickte. Vorschläge, zu allem etwas Endgültiges zu sagen. (»Wie sähe für Sie die maximale Lösung a) des Vietnam-Konflikts, b) der Bevölkerungsexplosion in den unterentwickelten Ländern, c) des gesamtdeutschen Problems aus?«) Ich weiß nichts Maximales. Lieber schaue ich Anna zu, wie sie weit entfernt auf dem leeren Sand ihre Ballette entwirft. (Wie sie mit sich alleine ist. Nicht rufen, Kinder, nicht rufen.)

Der Nachhilfeschüler Natur. Glaubt nicht den Spekulanten. Da sie nicht hinsehen, sehen sie alles total, urteilen sie total. Ihr Schwindel heißt Ganzheit. Da stehen sie deutsch und gesendet:

wollen dem Meer bis zum Horizont den dialektischen Materialismus einpauken; es möge sich dem System fügen . . .

Aus Jux oder Neigung: auch Zweifel erdachte in seinem Keller Systeme, um sie zu widerlegen. Das Wabensystem, das aus Röhren. Für sein Treppensystem ohne Aufenthalt bekam er mittlere Schläge. Und während noch Stomma die Fahrradspeiche singen ließ, hörte er Zweifel abschwören: »Das Ganze ist Spekulation!« (Später schrieb er in sein Diarium: »Es gibt kein System, weil es mehrere gibt. Selbst die Schnecken zögern, sich absolut zu verstehen.«) Der teilweise gutmütige Stomma hatte ihm ein neues liniertes Schulheft geschenkt.

Etwas, das (wer?) beschreiben sollte: Jemand ist streng katholisch erzogen worden, hat, noch während des Studiums, den Glauben aber nicht das Bedürfnis nach Religion abgelegt, ist längere Zeit lang erfolgreich ironischer Freidenker, wird (seiner Ironie überdrüssig) wider besseres Wissen Kommunist, beträgt sich neuerdings wieder gläubig, wie er erzogen wurde. (Jemand, parallel, konvertiert vom Kommunismus zum Katholizismus: nichts leichter als das.)

Eine doppelt behauste Schnecke zeichnen.

Und an einem Montag, Kinder, an einem Montag wie heute – der Tag, an dem Aldrin und Armstrong in ihre Mondfähre zurückgekehrt sind und es wieder gemütlich haben – gewann Zweifel seinen Gastgeber für ein System, das Zweifels Keller zum Mittelpunkt hatte und »Kästchen-im-Kästchen-System« hieß. Kaum war Stomma gewonnen, widerlegte sein Gast den »Keller an sich« und das aus ihm entwickelte System. (Schwere Prügel für Zweifel.) Danach machte er eine Notiz: »Das Gehäuse aufsägen.«

Es fand also statt. In einem Strandcafé sahen wir auf dem Bildschirm wenig oder nur Verwackeltes. Ebbe und Flut sagten mehr. Wir machten schöne neue Spuren im Sand. Beim Schwimmen versuchte ich, unter Wasser zu lachen. In Zeitungen konnte man Meinungen über den Fall Defregger lesen: Erschießungen und Befehlsnotstände – die Kriegserlebnisse eines Weihbischofs. Wir fuhren zum Cap Frehél, staunten den Leuchtturm an, schrien den Möwen was zu, standen schräg gegen den Wind. (Als wir das mittelalterliche Fort de la Latte besuchten, klaute ich Rosmarin, der über den Kerkern und Folterkammern wächst.) Für euch kochte ich Goldbrassen und blubbrige Petrusfische. Frische Sardinen und Makrelen legte ich auf den Rost. Wir aßen Muränen, Rochen und Tintenfisch. In Weißwein ließ ich Miesmuscheln und die kleinen Pilgermuscheln aufkochen. Roh, mit Zitrone, aßen wir Praire. Den Kriechfuß der Seeohren muß man aus dem muschelartigen Gehäuse schneiden, in einem Tuch weichklopfen, gut waschen und in Butter mit feingehackter Petersilie und Knoblauch dünsten. Im siedenden Salzwasser erschrak die Große Seespinne und verfärbte sich. Davon der Sud: Grundstock für Fischsuppen, an die Safran getan wird. Für euch, Kinder, blaßgrüne Stinte, schwimmend im Öl, bis sie rösch sind. Am Abend schmeckten uns Pelikanfüße, die kleinen Nabelschnecken. (Dialektik der Köche: Das Meer und sein Angebot.)

Bevor ich mal alt bin und womöglich weise werde, will ich ein erzählendes Kochbuch schreiben: über 99 Gerichte, über Gäste und Menschen als Tiere, die kochen können, über den Vorgang Essen, über Abfälle . . .

Am letzten Ferientag, als der Weihbischof Defregger immer noch heilig war und die Wissenschaftler schon mit der Auswertung des Mondgesteins begonnen hatten, wurde der französische Franc abgewertet: das hatte Folgen bei uns – im Wahlkampf.

19

Wir trafen ihn und seine Frau wenige Tage vor unserer Abreise im Regen. Zur Zeit ist er Sonderbotschafter und wird aus Prinzip verdächtigt. Auch er wollte mal paar Tage nichts machen, nur Pause und den Bretonen Chateaubriand lesen.

Mit einer Nase, wie sie in Tropfsteinhöhlen wächst: läuft ohne Schützer, braucht keinen Schoner. Bruno griff nach ihr, nannte sie komisch. (Bei Sterne gäbe sie ein Kapitel her. Sein Onkel Toby hätte sie als Fliege, Lichtenberg wie seinen abgerissenen Hosenknopf angesprochen: empfindsam.) Bruno hat recht. Als Clown hätte er weniger Feinde. Sogar die Bayern könnten ihn mögen, weil seine Nase – ein lustiger Fall trauriger Vereinzelung – so absolut vorherrscht.

Immer wenn ich ihn sehe (und seit zehn Jahren sehe ich ihn auf seiner Gleitspur) fallen mir Szenen für einen altmodisch ruckenden Stummfilm ein, in dem er als flanellgrauer Held (trägt Westen bei leichtem Spitzbauch) mit einem lackierten Köfferchen sonderbar einsam und nur andeutungsweise gesprächig Reisen macht, zum Beispiel nach Rußland im Winter. Immerzu gerät er neu in Gefahr: auf endlosen Teppichen, beim Kauf einer Pelzmütze, in blockierten Fahrstühlen, an versenkbaren Konferenztischen, indem er Kaviar über die Zunge nimmt, dem, wie Stichproben später beweisen, Abhörgeräte eingebaut sind. Doch sehen wir auf der Leinwand, wie er alle Gefahren wortlos teilt: eine Schnecke, die es versteht, besonders auf dem Verhandlungsweg unterwegs zu bleiben.

Heute immer noch unterwegs und verschwiegen; damals am Strand nicht aufzufinden. Am Abend sah man sich in unserer gemieteten Wohnküche. Ich zeigte ihm, was Linde und Marchand geschickt hatten: unsere Wahlzeitschrift »dafür« Numero zwei. Knappes Lob, genaue Bedenken. Er erwog indirekte Hilfe durch Nebenausgänge, die, ihrer Natur entsprechend, auch Nebeneingänge sind.

Sein Verhältnis zu Willy hat etwas leporellohaftes, auch wenn es nur um nüchterne Auslegungen diplomatischer Noten geht: er kennt das Mehrdeutige (gilt deshalb als zweideutig).

Als ich ihn fragte: »Wie sieht es aus? Schaffen wir es?« sagte er nach einer Pause, in der ich die Schnecke über ein Koalitionspapier gleiten hörte: »Wenn Willy sein Spiel mit den Streichhölzern wenn schon nicht aufgibt für alle Zeit, aber immerhin zeitweilig unterbricht, weil er bemerken muß, daß in seinem Rücken, de facto, nur noch die Wand steht und hart ist, wenn sich – was nur Schiller verhindern könnte – Schillers Erfolg überträgt, und wenn das Wetter am Wahlsonntag nicht zu schön ist, nicht als ausgemacht schlecht gelten kann, knapp, dann könnten wir knapp ...«

Bruno, der uns zuhörte, hatte mit beiden Händen Zutrauen gefaßt. (Frau Bahr freute sich, weil unsere Wohnküche nicht unterkellert war; sogar meinen Sammlerfleiß, Muscheln und Schneckengehäuse, hatte ich vorsorglich abgesucht: keine hellhörigen Einsiedlerkrebse.)

Übrigens, Kinder, hat Zweifel eine beiseite gesprochene und fußnotenhafte Ähnlichkeit mit ihm: beide höre ich in meinem Stummfilm vom Wesen der Zwitter, vom Wandel durch Annäherung sprechen.

Leider sind die Ferien zu Ende: Straubing, Weissenburg, Röthenbach, Erlangen ... Leider (auf Drautzburgschen Umwegen) an Nürnberg vorbei.

Bruno sagt gerne leider. Das hat er von Laura. Laura hat es von Franz oder Raoul.

Doch keiner von euch sagte so oft und an so richtigen Stellen leider wie Bruno es sagt.

»Is ja mein Dreirad, leider.«

»Drittens hast du angefangen, leider.«

»Hab ja leider ein Kaugummi überbekommen.«

Als Schlußstein, als Zwischenstück setzt er das Wort; nicht zu widerlegen, leider.

Seine Höflichkeit erschöpft sich in diesem Zweisilber. Ähnlich den harten Jungs in einem klassischen Western, die ihr »sorry« nach trockenem Niederschlag fallen lassen, sagt Bruno beiläufig leider, wenn ihm was schmeckt, Spaß macht, schön dunkt: »Das dunkt mi schön, leider.«

Das Erfreuliche und sein Echo. (Als verlegener Sieger nach gewonnener Wahl versuchen, leider zu sagen.)

Auch an seinem Geburtstag sagte Bruno: »Hab ja Geburtstag heut, leider.« – Und als mich mein jüngster Sohn einem Besucher (mit Blumen für Anna) vorstellte, hieß das: »Is ja mein Vater, leider.«

Das Leid – man muß es nur deplazieren – wiegt sich auf; jetzt werde ich über das Glück schreiben, leider.

In Straubing war ich glücklich. (Blattgold und barocke Rahmen fassen dort Schwärze ein.) Laut und unter der Trachtenjacke ängstlich geht es dort zu. Unser Kandidat rechnete, weil am Ort das berühmte Gäubodenfest stattfand, mit nur halbgefülltem Saal; und anfangs tröpfelte es auch nur mäßig. (Man muß nicht nur fest, man muß kindlich dran glauben: »Wird schon noch. Bis wir die Biere aushaben, kommt es noch dicke.«) Als der Kronensaal rappelvoll wurde, begann neben mir Otto Wittmann zu zappeln; und sein Glück übertrug sich durch bloßes Schulterklopfen; sogar sein Parteisekretär, der erstens vor mir als Person und zweitens vor einer Veranstaltung mit mir gewarnt hatte, soll – wie Zeugen später berichteten – ziemlich glücklich gewesen sein, leider.

Also gingen wir nach Schluß der Veranstaltung aufs Gäubodenfest. Mehrmals fuhr ich Kettenkarussell: ein Vergnügen, so rundum sinnlos schön, daß es bei Marx nicht vorkommt und deshalb als »gesellschaftlich nicht relevant« bezeichnet werden kann. (Später noch Achterbahn: Drautzburg verweigerte sich.)

Kalbshaxenhunger. Danach wurde ich mit meiner blauweißen Rautenmusterkrawatte unter einen bayerischen Hut gestellt, mit einem Taktstock bestückt, aufs Podium gelüpft und in einem Bierzelt (geräumig wie der Kölner Dom, wenn auch nicht so mystisch hoch) auf bayerisch gebeten, einen österreichischen Marsch (Radetzky) zu dirigieren. Welch ein Glücksgefühl, Lampenfieber haben zu dürfen. Der Kapellmeister war zufrieden, obgleich ich preußisch getrieben hatte.

Dann lehrte mich ein sozialdemokratischer Volksschullehrer, der aus den Wäldern heruntergekommen war (und sich in seiner Gegend als fluchwürdigen Einzelfall verstand), wie man Maßkrüge hält und zum Schluck ansetzt. Dann signierte ich weibliche bayerische Oberarme mit weichem Filzstift: hat Spaß gemacht. Dann wollte jemand mit mir raufen, aber die Genossen am Tisch besorgten das ohne Umstände. Dann gingen wir nochwohin, weil das Kettenkarussell nicht aufhörte, privates Glück zu produzieren und rundum schön sinnlos zu sein. (Richtig kleinbürgerlich, leider. Angepaßt und systemimmanent.)

»Und was war in Weissenburg los?«

»Dort gibt es eine neue und akustisch einwandfreie Turnhalle.«

»Warste da auch glücklich und so?«

»Etwas Nachgeschmack. Die Junge Union – drei Stuhlreihen stark – distanzierte sich von Strauß und seinem Bamberger Tiervergleich.«

»Und was wählen die jetzt, wenn die wählen?«

»Na schwarz, wie gelernt. Sind lauter nette Jungs, die Angst um ihr Taschengeld haben.«

»Und was war in Röthenbach los?«

»Da habe ich nachmittags die VW-Busrede gehalten.«

»Und worüber redste, wennde die hältst?«

»Über alles was vorkommt, wenn Drautzburg kutschiert, ich hinten flachliege und darüber nachdenke, was an Strauß Kiesinger Barzel so christlich sein soll.«

»Und in Erlangen? Lief da auch nix?«

»Nichts, obgleich Drautzburg geunkt hatte: der wilde SDS kommt mit seinen radikalen Bienen und summt uns was vor. Aber die kamen nicht. Machten noch Ferien. Warme Luft. Falsches Schnitzel . . .«

Habe ich heute nachgekocht, unsicher, wer davon essen wird: fünfeinhalb Stunden lang kochte in Westpreußen ein vierpfündiges Stück Kuheuter, bis es schnittfest und dennoch weich war.

Als Kind habe ich bei meiner Großmutter Kuheuter gegessen. Ich hatte Angst, es könnten mir Zitzen wachsen.

Unser Kandidat in Erlangen heißt Haack und ist sanft und zäh. Knappes Direktmandat möglich. Wählerinitiative soll anlaufen, sagte (versprach) Veronika Schröter hochschwanger und guckte an mir vorbei: doch da stand niemand. Oder doch was Verqueres. Manchmal ihr Silberblick. Sieht mehrere Wirklichkeiten gleichzeitig. Die Sächsin von drüben, geborene Hentschke.

Der zuerst Lorbeer und Nelke, Senfkorn und Piment behauptende Geruch blieb eine Stunde lang lieblich, wurde dann zunehmend genau bis streng: ältlicher Käse, vergorene Milch, abgestanden. (Auch Bierbrauereien umgeben sich gerne mit Kaseingeruch.)

Kochender Kuheuter bringt das mit sich: eine schlecht gelüftete Molkerei atmete treppauf durchs Haus. Zu spät öffnete Anna mit dem Besenstiel das Oberfenster, stellte sie nachdrücklich den Ventilator an.

»Ihhh, stinkt das!«

»Das willichnich essichnich.«

»Kannste alleine.«

»Richtig grusig.«

»Wie Raoul seine Käsfüß.«

»Selber welche.«

»Ihhh!«

Später gab ich Zwiebeln, Gemüse zum Mitkochen bei, Essig dazu: der Kaseingeruch blieb, wenn auch weniger vordringlich.

Wir werden ihn verschlingen müssen, so sauer er aufstößt (schon vorschmeckt).

Denn solch gesäuerten Kuheuter, wie wir ihn morgen essen werden, aß tagtäglich Zweifel in seinem Keller, nachdem es in Seeresen zur Notschlachtung gekommen war: Stomma hatte sich für den Gegenwert zweier Fahrradschläuche bekauft.

Jetzt kühlt er ab: gar und geschrumpft.

Eine Woche lang schob der Gastgeber seinem Gast gewürfelten Kuheuter zu, der in seiner Brühe schwamm und – unansehnlich geworden – seine Herkunft verleugnete.

Zweifel sagte: »Warum nicht? Nichts spricht gegen Euter. Der Geruch, als habe man Windeln (oder gar meine Steppdecke) ausgekocht, täuscht. Kein Anlaß besteht, diese verhältnismäßig geschmacklosen Brocken zu verdächtigen. Allenfalls möchte man an laffes aber leichtverdauliches Kalbfleisch denken.«

Und Stomma freute sich über Zweifels Zuspruch, tischte ihm mehr und am folgenden Sonntag eine daumendicke Scheibe auf: panierter Euter, wie Schnitzel gebraten. Dazu gab es Futterkartoffeln, die – mit Eutersud übergossen – weniger nach geöffneter Miete rochen und kaum nach Keimen schmeckten.

Nach dem Essen las Zweifel seinem Gastgeber, wie gewohnt, aus der Zeitung vor. Die Lage an der Ostfront hatte sich stabilisiert. Von planmäßigen Rückzügen und Abwehrerfolgen stand geschrieben. Nach der Eutermahlzeit verbreitete sich in Zweifels Keller ein dem Glück nahes Gefühl von Stallwärme und Geborgenheit. Stomma machte sich zwei Riemenlöcher weit Luft und sagte mit breiter Zunge einige lateinische Sprüche auf, die ihm Zweifel, während die Kaukasusoffensive lief, zum Ausgleich beigebracht hatte. (Cogito ergo sum. – Carthaginem esse delendam.) Dann las er ihm aus dem Unterhaltungsteil des »Danziger Vorposten« lustige und derbe Sachen vor. Etwas über einen Metzger, der gerne Uhrmacher geworden wäre, aber kein Fingerchen fürs leicht Zerbrechliche gehabt hat. Stomma lachte und rieb sich die Schenkel; Lisbeth kicherte an ganz anderen Stellen. Wie sie sich Witze erzählen, verdüstern, sich vollaufen lassen, sich in Gefahr erfinden, wie sie ihr Wasser abschlagen, einander bespringen, wie sie sich ihre Schenkel reiben, nackt und großartig dürftig: Werde mal, weiß nicht wann, ein Buch – »Vatertag« – schreiben, das in Berlin siedelt und am Himmelfahrtstag nur von viereckigen Männern handelt . . .

Oder: wenn Zweifel eine Schwester gehabt hätte, die ich mir nicht vorstellen kann. Wenn Zweifels Schwester, jünger als er, ihrem Bruder auf der Spur (in Richtung Keller) gewesen wäre. Wenn Zweifels Schwester (die es nicht gab) plötzlich im Keller stünde.

Oder ein Gedicht unter dem Titel »Zwischen« schreiben. (Als ich in Erlangen zwischen mir und . . .)

Immer wenn Zweifel seinem Gastgeber aus der Zeitung vorlas, mußte er zwischen den Zeilen lesen. Auch änderte er den täglichen Wehrmachtsbericht geringfügig, indem er die Rücknahme der Front im Mittelabschnitt nicht planmäßig sondern überstürzt nannte, indem er die Räumung des Brückenkopfes als verlustreich meldete, indem er U-Boot-Erfolge durch die Bekanntgabe von Eigenverlusten ergänzte, indem er nicht log sondern (wie wir, wenn wir die »Frankfurter Allgemeine« lesen) zwischen den Zeilen des »Vorposten« las. Als deutsche Offensiverfolge mehr und mehr ausblieben, als sich mit dem Winter zweiundvierzig eine Niederlage vorzubereiten begann, die ab Januar dreiundvierzig Stalingrad hieß, begann sich – von Rückfällen abgesehen – Zweifels Lage im Keller zu bessern: Stomma schonte seinen Hosenriemen, schlug nie mehr mit singenden Fahrradspeichen, setzte seinem Gast weniger Kuheuter und Futterrüben, mehr Schweinerippchen und Wirsingkohl vor. Am Sonntag eine Tischdecke. Auch blieb die Stallaterne, wenn Stomma treppauf stieg, im Keller. Er schenkte einen alten Pullover gegen die Kälte, einen Abreißkalender gegen die Zeit; und ab Februar schickte er Lisbeth regelmäßig in den Keller, damit sich seine Tochter zu Zweifel auf die Matratze legte, damit sie ihn zwischennehmen konnte. (Aber die Schwermut empfindet nur sich.)

Wenn Lisbeth Stomma zu Zweifel in den Keller stieg, knöpfte sie schon auf der Treppe ihre Mantelschürze auf. Sie stellte sich, ohne daß Zweifel den Willen fand, nein zu sagen, zwischen Tisch und Matratze und legte in trauriger Folgerichtigkeit Stück um Stück langsam ab. Meistens sagte sie: »Vaddä mecht so.« Manchmal sagte sie auch: »Vaddä is middem Rad unterwejens. Ech mecht miä kimmern, häddä jesacht.« Nur einmal soll Lisbeth Stomma vorher gefragt haben, ob sie sich kümmern solle.

(Welche Ausflüchte er auch suchte, ob unterwegs zu den Bleikammern der Melencolia, ob ins utopische Zwitterwesen verstiegen, eigentlich wollte er hier wie dort von einer Frau zwischengenommen werden.) Und Zweifel ließ sich nehmen und nahm, wie er das Rasiermesser, den Abreißkalender, den verfilzten Pullover genommen hatte; aber er nahm nicht nur.

Lisbeth war, wenn sie lag, schöner. Viel verschlafenes Fleisch, das hell beflaumt stillhielt. Über Lisbeth, die nie die Augen schloß und immer anderes sah, hing links vom Kellerfenster, auf Pappe geklebt, Zweifels englischer handkolorierter Stich, der eine Schnecke darstellte, die ihr Haus trug, hing rechts vom Kellerfenster gleichfalls auf Pappe (und mittlerweile stockfleckig) die Reproduktion der Melencolia. Lange entwöhnt – denn auch das Onanieren hatte er aufgegeben – gewöhnte sich Zweifel rasch. Ihr schwerer, wie vom Kartoffelschleppen bestimmter Schritt auf der Treppe, ihr Torfmullgeruch: schon stand sein

Glied gerufen. Er knöpfte sich auf, während sie ablegte. (Offenbar erinnerte Lisbeth, wie sie es bei dem Eisenbahner gemacht und bekommen hatte: legte sich einfach hin, machte die Beine breit.) Soviel Vorrat und Vorsatz. Zweifel kroch in Lisbeth Stomma hinein, als wäre ihm der Keller nicht genug Versteck gewesen. Er ließ nichts aus. Sein Andrang wollte nicht abnehmen. Viel Zärtlichkeit, Neugierde, als gäbe es Höhlen, noch unbekannte. Er suchte nicht nur das Loch, wollte mehr loswerden als nur das bißchen. Aber Lisbeth blieb trocken und bekam die Augen nicht zu. Stumm lag sie unter seinen Stößen, die ins Leere gingen. Sie nahm ihn nicht zwischen, hielt bloß hin, bis er fertig war und seitlich wegfiel.

Blieb ohne Echo, rief vergeblich, wurde traurig davon. Glaubt mir Kinder: er hat sich nicht einfach nur leergespritzt. Lisbeth war ihm kein Astloch oder die hohle Hand. Er gab sich Mühe (ließ seiner Trauer nur wenig Auslauf), kam immer wieder, wollte sie heiß haben und zum Überfließen bringen: Glück als Programm. Er wollte, daß sie »Ja« sagte und »Jetzt«. Er wollte ihr Liebe, den kurzen, langnachzitternden Jubel eingeben; aber sie blieb auf dem Friedhof und bemerkte ihn nicht.

Es kommt nicht, kommt bei ihr nicht.
Denn sie verkauft schwarzes Mehl.
Landregen flimmert, der Film gerissen.
Komm schon! – Es kommt nicht.
Eine graue Schnulze, deren Wörter in Sack und Asche gehen: überall Einbahnstraßen. Nichts kommt entgegen, es kommt nichts.
Seht den vom Schicksal beschubsten Engel. Ist ohne Zwischen-Dazwischen. Die mythologische Möse. Zwar kam Saturn über Nacht, hat sie gestoßen gestoßen, aber es kam nichts, kam nicht: nun ist sie nur wund.
Und stummer als stumm.
In diesem Engel liegt ein Hund begraben.

Faltenwurf verhängt den unbewegten Gestank.
(Man möchte nicht unters Hemd, nicht gucken, greifen, nicht suchen: trocken und wund.)
Das versteinerte Karpfenmaul.
Sprechblasen von einst, Basaltbrocken liegen zuhauf.
Hieroglyphen, in Lava gehauen.
Wörter, im Steinbock gezeugt.
Mit klammen Fingern hält sie den Zirkel und kann den Kreis nicht schließen.
Kein Schrei will steigen, lang und bemessen sein.

Das hielt so an, im März, im April. Ich habe versucht, mir vorzustellen: es müßte etwas passieren: ein Schock Donnerschlag Wunder, das Glück.

Nachts zurück von Erlangen nach Bonn. Eine Graue Messe schreiben. Zweifel zum Hosianna erheben. Eine Messe ohne Credo . . .

Autobahneinfälle. Kilometerfressendes Quasseln mit Drautzburg über alles, was vorkommt anliegt: über uns, wie uns der »Spiegel« (wie wir unterwegs sind) zur Zeit als Titelgeschichte bringt; über »örtlich betäubt« gerade erschienen, liegt nun quer, ein Köder zum Festbeißen; über Versprechungen, ob in Erlangen die versprochene Wählerinitiative demnächst; über Wünsche beim Zähneputzen: Drautzburgs Revolution; und allgemein (weil wir so spät durch den Westerwald müssen) über den weitverbreiteten Fall: Lisbeth Stomma . . .

Die Schnecke auf dem Telefonhörer. Bei abgehört guter Verbindung. Bevor zurückgerufen wird. In Erwartung. Die tote Leitung.

In Bonn wenig Schlaf. Ab zehn Uhr früh zwei Stunden lang im Kiefernweg. In meinem Sudelbuch steht: Er ist wie neu, lacht schon am Vormittag, spricht – was angenehm auffällt – von sich, hat wohl die Wand (de facto) in seinem Rücken bemerkt, will kämpfen, sagt nicht »ein bißchen«, spielt nicht mehr lähmend und wie vernagelt mit Streichhölzern. (Jemand, der beim Manschettenknopfsuchen seinen Willen entdeckt hat.)

20

Jemand fühlt sich zurückgesetzt, wedelt mit Spickzetteln, will ans Mikrofon und sich freisprechen.

Jetzt mehrmals Zweifel und ich. Er begann Lisbeth Stomma vorsätzlich zu lieben, wollte Beispiele solcher Liebe schwarzweiß und gedruckt finden, vermißte seine Bücher, wie er sie in seiner Wohnung Bastion Kaninchen 6 stehengelassen hatte, musterte sie rückblickend; da standen sie: Rücken neben Rücken und fertig zum Erschießen.

(Augst sagt: »Da bin ich wieder. Bitte darum, erwähnt zu werden. Als Fall, exemplarisch.«) Und Zweifel bildet Sätze mit sich.

In mehr als vierzig Wahlkreisen arbeiten Wählerinitiativen. Erdmann Linde hat bilanziert. Man sagt uns Erfolg auf dem flachen Land nach. (Keine Einbrüche, aber Randwähler hören auf uns; die Stelle hinter dem Komma.) »Sag mal deinem Wahlkampf«, sagt Laura ins Telefon, »er soll aufhören.«

Da ihm seine Bücher fehlten, beschloß er, ein Buch zu schreiben, und bat Stomma um mehr Papier. Weil im Zustand der Liebe, wollte er über das Ganze schreiben, das es nicht gibt.

Wenn jetzt, Zimmer 18, ruhige Lage zum Hof (mit Flaschenspülerei) das Telefon ginge: »Hier Augst.«

Als Zweifels gradlinige Aussage über die menschliche Existenz ein Schneckenhaus bezog, kam sie sich sehr gewunden vor.

Er will nicht Fußnote sein, will auftreten (figürlich) immer wieder mit seinen Fläschchen.

Als wir noch in Plurien waren und sich die Natur samt Ebbe und Flut der Dialektik verweigerte, starb in Frankfurt am Main der Soziologe Adorno. Hielt das nicht aus. Wurde beim Wort genommen und durch Wörter verletzt. Hatte eine Krankheit, die anders hieß. Starb an Hegel und den studentischen Folgen.

Reich an zweiten und dritten Sätzen, will ihm der erste nicht kommen. Als Zweifel in Liebe trübsinnig und unterm Trübsinn träge zu werden begann, bat er Stomma, nachts Holz hacken zu dürfen. »Das macht zu laut«, sagte sein Gastgeber und gab ihm Fahrradschläuche zum Flicken, »das macht leiser.«

Vielleicht nur noch Fußnoten zu Personen schreiben: Wer den Schatzmeister der Espede in der Parteibaracke von Zimmer zu Zimmer (von Kube zu Wischnewski) gehen sieht, sieht ein sozialdemokratisches Prinzip unterwegs: den lebenslänglichen Kassierer, nicht aufzuhalten, auch im Zweifelsfall (Widerstand) pünktlich ernüchternd beispielhaft. Kassierte im Untergrund Mitgliederbeiträge. (Schnecke auf Einlegesohlen.)

Graue Wörter: Topfboden Nachteil Knopfloch Nebelwerfer Sachzwang. Augsts Tat eine Verzweiflungstat nennen.

»Wie beginnen?« sagte die Kellerassel, »auf keinen Fall so.« Zweifel begann Briefe zu entwerfen, die er nicht abschicken durfte; dennoch entwarf er sich Antworten auf nicht abgeschickte Briefe und unterhielt bis Kriegsende eine lebhafte und (in Auszügen) immer noch lesenswerte Korrespondenz.

Worüber ich rede, jetzt dreimal täglich? Über die Lohnfortzahlung für kranke Arbeiter, über das Entwicklungshelfergesetz, über das Hohe C, über den Atomsperrvertrag, über die Gesamtschule als Voraussetzung für Mitbestimmung, immer zu lange über Willy und die neue Ostpolitik, über Strauß und Barzel als Nennwert Strauzel, über Erfahrungen, die unverkäuflich zu sein scheinen – über Radikalismus in Deutschland – wenn linke und rechte Stichworte austauschbar werden – unsicher über den Wahlausgang, leider (noch immer) nicht frei: ermüdend wortwörtlich vom Blatt.

Im Keller nichts Neues. Zweifel wollte weinen, aber außer Zwinkern gelang ihm nichts. Selbst wenn er Lisbeths Hände führte, blieben sie taub. Nichts, kein Griff fiel ihnen ein. Manchmal bettelte er ausgehungert: »Sei doch mal bißchen zärtlich. Bißchen nur . . .« Aber sie hatte wohl alles auf dem Friedhof gelassen.

Vielleicht zu sicher. Vielleicht sollte ich privater. Weniger Zweitsprache: Kohleanpassungsgesetz.

Wenn Augst sich, zum Beispiel, mehr gemocht hätte . . .

Zweifel konnte, sobald in seinem Keller die feuchte Nordwand zu zerfließen begann, kühn, hoch und ohne Netz denken. – Eine Schnecke auf dem Seil; wie lange Spannung anhalten kann.

Wenn Augst sich eine Sammlung zusammengetragen hätte. Was weiß ich: Bierdeckel.

»Bringste mir, gibste mir, kaufste mir?«

»Möchte mal wissen, ob du das kannst, Franz: drei Stunden lang nicht vom Geld reden.«

»Machich. Und wieviel gibste mir, wennich?«

Da Zweifels Liebe zu Lisbeth Stomma ohne Antwort blieb, blieb sie frisch. Er begann seine Liebe aufzuputzen, nannte sie Milch Salz Wiese Vergessen Spalt Glück Alles. Lisbeth Stomma war absolut und trug seine Anrufungen und Kostümworte fraglos: ein Kleiderständer.

Jetzt, zu spät, Augst das Du antragen.

Als Zweifel in seiner Not Bücher lästerte – »Wortsärge!« – schlug ihn Stomma, der nicht lesen konnte.

Jemand, den die Liebe anfällig für Eifersucht gemacht hat, frißt das Oropax seiner Frau (seiner Geliebten) und hofft, die Substanz ihrer Träume zu speisen.

Am Mikrofon: Augst. – Lisbeth verstummte ganz.

Hilfe, Kinder! – Nicht mehr ich rede; es redet aus mir: ». . . überzeugt . . . nämlich . . . immerhin . . .«

Meine Freunde: wessen Magengeschwür wird als nächstes aufbrechen?

Und Leo Bauers aschgraue Schwermut, wenn er zu günstige Prognosen – Infas oder Emnid – bis hinterm Komma interpretiert.

Doch nur Fußnote? (Die Schnecke als Bleiguß.) Kierkegaard spricht von Hermetismus.

Als Lisbeth Stomma stumm wurde, änderte sich nichts außer ihrem Verzicht auf die Zunge. Weiter ging sie zum Friedhof, auch auf den Markt, der immer weniger bot. Wie vorher kam sie zu Zweifel und legte sich für ihn auf die Matratze. Aber kein Wort mehr über Geschehnisse zwischen Grabsteinen.

Seine sechsbändige Ausgabe ungeschriebener Bücher.

Schönmotivierte Rettungsversuche: ich hätte ihn zu den Theologen und Pädagogen, nach oben, aufs Podium bitten sollen.

Nur noch stumm anwesend; denn zuhören mochte Lisbeth, auch wenn Zweifels Geschichten auf dem kurzen Weg zu ihr den Sinn verloren oder anderen Sinn annahmen; denn keinen Sinn, sagte sich Zweifel, gibt es nicht.

Pausen benennen. Löcher in Zeilen bringen. Den gesprochenen Überfluß einkochen. Wenig genau sagen. Die nahe Distanz. Mir Gelegenheit schaffen. Jetzt schon: und Zweifel melken.

Ein Schneckengehäuse gefunden.
Das weitgeschneiderte Ohr –
sinnlos zu schweigen – hört alles.

Als kurz nach Stalingrad und den Niederlagen in der Libyschen Wüste die Höflichkeit in Zweifels Keller Quartier nahm, begann Stomma, zu seinem Gast »Sie« und »Hä Doktä« zu sagen. Auch wenn er (immer seltener) Zweifel mit seinem Hosenriemen schlug, sagte er: »Nai Doktä, nai. Mecht glauben, Sie ham ma wieder ne klaine Abreibung vädient.«

Ich hätte Augst einladen sollen, mitzumachen beim Wahlkampf: »Sie werden gebraucht. Das ist nicht nur sinnlos, auch wenn es manchmal so aussieht. Es muß ja nicht immer gleich alles so total absolut sein.«

Als Franz sechs Jahre alt war, stieß er sich zu Weihnachten ein Blasrohr in den Mund. Ich zerbrach das Blasrohr in Stücke, rief dann erst Anna, den Arzt.

Sie fehlt unter den Tierkreiszeichen; kein Wunder, wenn alles überhastet zu spät eintrifft.

Seitdem Lisbeth stumm bei Zweifel lag, konnte er noch mehr in sie hineinlegen: Antworten auf seine vielen Warumsätze. Da kein »Waiß nich« mehr kam, machte er sie wissend. Er unterhielt sich gut mit der stummen Lisbeth.

Unterwegs hätte mich Augst in Sachen Zweifel beraten können: als Apotheker, zum Beispiel.

Da Stomma darauf bestand, einen Arzt als Gast zu haben, verordnete Zweifel, dessen Kräuterkenntnisse beträchtlich waren, ein Getränk, dem schon Hippokrates nachgesagt hat, es könne die Schwarze Galle entleeren. Danach bekam Lisbeth Durchfall. Der schwarze Kot sollte den Abgang ihrer besonders im Winter ins Kraut schießenden Schwermut beweisen.

Er hätte mittelalterliche Rezepte sammeln können: geriebene Chinarinde, Glaubersalz, Riechäpfel, Bisamkügelchen, Amber und Moschus, silbrige Kügelchen, diverse Absude.

Als Lisbeth stumm wurde, begann sie witzig zu werden. Oft hatte Zweifel Mühe, ihrem Mundwerk standzuhalten. Die stumme Lisbeth gab Zweifel Ratschläge, wie er die militärische Lage zu seinen Gunsten zu deuten habe; sie wußte, was ihrem Vater die Angst erhalten konnte.

Er hätte nachschlagen können, wie man zu Dürers Zeit erheiternde oder schlafbringende Riechäpfel geformt hat: Samen von Bilsenkraut, Schierlingssamen, Mandragoraöl, Saft vom Hauswurz ... (Zweifel nahm Nieswurz, den Lisbeth zum Sud kochte.)

Da Stomma an der Gicht litt, verordnete er auch ihm den treibenden Sud; denn auf dem Land wird geglaubt, daß der Nieswurz nicht nur die schwere Trauer, sondern auch Gelenkkrankheiten wenn nicht aufhebt oder heilt, so doch erleichtert und dämmt.

Das hätte mir Augst als Apotheker bestätigen können.

Bei Lichtenberg nach Hinweisen auf seine Hypochondrie suchen. Warum er sich bei Sterne aus der »Empfindsamen Reise« den Befund notiert hat: »Ich fühle mein Ich zu sehr, um zu sagen, es geschähe um anderer willen.«

Die stumme Lisbeth, wie sie so ganz verriegelt und mit nichts spiegelndem Blick am Tisch saß oder trocken und unbetroffen Zweifel zwischen sich drinnen hatte, konnte, wenn Zweifel es wollte, plapperig, schwatzhaft, ja, ordinär sein: sie brachte dreckige Witze, nannte Zweifel einen Fotzenlecker und Maulficker, war, wenn er es nur wollte – und Zweifel in seiner Not wollte sie so –, ein richtiges geiles Miststück.

Nein, Raoul. Niemand rief Augst aufs Podium. Wir waren ohne Einfall und sahen zu, wie er Schluß machte.

Beim Apotheker in Karthaus holte Stomma die getrocknete Wurzel, die in kühlen Berglagen auf Kalkboden wächst. Oft nahm auch Zweifel den Sud: ihre Nieswurzabende, wenn sie sich ablösten auf dem Weg zum Klo, waren von seltsamer Heiterkeit, so anstrengend heftig sie sich entleeren mußten; denn der Nieswurz treibt nicht nur aus, er löst – wie Hippokrates sagt – Sinne und Zunge: die stumme Lisbeth war geistreich, Stomma reich an Gefühlen, Zweifel kamen Einfälle – er eröffnete sein Kellertheater.

21

Vor Konstanz, Säckingen, Reutlingen steht in meinem Sudelbuch: Schneller!

Sie haftet auf ihrem Rollschuh.
Terminen droht sie Versteinerung an.
Spät wird bekannt, daß die Richtung,
noch später, um wieviel Glaubenseinheiten verändert,
am Ende hieß es, berichtigt wurde.
Alles läuft unter Fortschritt,
sogar der Einfall, die Hutform
dem Schneckengehäuse zu nähern.

Nach der Besichtigung eines mittelgroßen Betriebes, in dem Filzhüte – bayrische, aber im Auftrag auch ausländische – gepreßt, geschoren, gedämpft, eingefärbt, auf Maß gebracht, gedellt, mit äußerem Seidenband, mit inwendigem Schweißband versehen und – je nach Firmenauftrag – geprägt, mit Golddruck geprägt werden, notierte ich (neben dem Üblichen) einige Hutformen, die Zukunft haben könnten; Jakobinermützen zum Beispiel.

Für sein Theater probierte Zweifel Kopfbedeckungen aus: Stommas armseliger Fundus. Bei den Hutmachern nimmt der Fortschritt gepreßte Gestalt an. Zweifel nahm den mit und den: so viele Rollen. (Nach günstigem Wahlergebnis sollte die Ballonmütze sozialdemokratischer Frühzeit als Filz, wenn möglich durch Schiller auf der Hannover-Messe neu eingetragen werden, damit die Zeit der Geschmacksverirrungen, als sogar Gewerkschaftsfunktionäre Arbeitgeberhüte trugen, vorbei ist.) Zweifel, der seinen Ententeichhut in den Keller gerettet hatte, nannte Hüte: die wahren Köpfe. (Raouls breitrandige. Er nennt sich George Hunter.)

Jetzt in Konstanz. (Jäckel d. Ä. und der Student Bentele sind dabei.) Wir besichtigen AEG-Telefunken. Spätsommer. Laugengeruch. Der Bodensee. (Und morgen Säckingen. Anna will aus der Schweiz über den Rhein kommen und Franz mitbringen. Hoffe auf irgendwas, notfalls auf Wörter.)

Im Februar 1943, als der Frost nicht nur an der Ostfront jede Bewegung erstarren ließ, sondern auch die Kaschubei besetzt hielt und in Zweifels Keller die Nordwand glasierte, saßen Anton Stomma und dessen schwermütige Tochter oft auf Zweifels Matratze und sahen (in Decken gewickelt) seinem Kellertheater zu. Er hatte zwischen eingelagerten Kartoffeln und den letzten unter der Kellerdecke hängenden Fahrradgestellen ein Bettlaken gespannt: teils spielte er vor dem Laken, teils ließ er, mit Hilfe der Stallaterne, hinter dem Laken Schattentheater stattfinden. (Nur wenige Requisiten: wechselnde Hüte.) Sein vielseitiger und anspruchsvoller Spielplan: nach Nieswurzabenden, sobald der Sud seine austreibende und empfindsam machende Wirkung getan hatte, spielte Zweifel vor leergefegtem Publikum die simpel gefaßten Handlungsabläufe klassischer Trauer- und Lustspiele: Er ließ hinter dem Laken den Prinz von Homburg nachtwandeln, ließ ihn vor dem Laken Nataliens Handschuh finden und als Fetisch behandeln, ließ ihn eigenmächtig die brandenburgische Reiterei anführen, ließ ihn in Todesangst bibbern, sich selbst das Urteil sprechen, ließ ihn mit schon verbundenen Augen hinter dem Laken sein Leben und vor dem Laken Natalie zurückgewinnen. (Die alten Hüte gehörten, außer dem Ententeichhut, Stomma und dessen verstorbener Frau.)

Auch Bürgerliches: Zweifel spielte das schauerliche Geschick der Kindsmörderin Rose Bernd. Greifbar nah schlug der Maschinist Streckmann dem schattenhaften Buchhalter Keil (Streckmann mit Schirmmütze, Keil mit Filzhut) ein Auge aus. Durch tierisches Gestöhn gab die sonst stumme Lisbeth Anzeichen von Betroffenheit, als hinter dem Laken das neugeborene Kind umständlich erwürgt wurde.

War es Ehrgeiz, war es sein eingefleischter Hang, sich als Zweifel darzustellen: er erdachte Disputstücke, die wenig Beifall fanden. Philosophenstreit vor und hinter dem Bettlaken. Viel zu lange dauerte es, bis Sokrates den Schierlingsbecher nahm. Witze über staubfressende Scholastiker und Kasuisten kitzelten Stomma kaum. Wortreich und handlungsarm ging es ums Ganze, um die Totalität, ums Absolute; nur die den Hegel hinwegraffende Cholera und Schopenhauers zitierfreudiger Pudel brachten Abwechslung. (Hegel trug einen napoleonischen Papierhut. Unter Zweifels Ententeich zernörgelte Schopenhauer noch heute kursierende Spekulationen.) Ob vor oder hinter dem Laken, Stomma mochte das nicht: zuviel »Jezanke« und »Rumjequassel«.

Mehr Erfolg hatte das dramatische Gezänk der hochbusig geratenen Maria Stuart von Schottland mit der flachbusig englischen Elisabeth. Zweifel schlichtete die Sprache des Dichters, brillierte in Weiberrollen und war ein immer aufgeregter Mortimer. Erstaunlich, daß er, der jedem pathetischen Auftritt das Stolpern beizubringen versuchte, solcher Ekstase fähig war. (Die beiden Kronen hatte er sich aus abgelegten Stehkragen der frühen zwanziger Jahre, als Stomma noch flott und in Dirschau ein scharfer Gänger gewesen war, kunstvoll zurechtgeschnipselt.)

Ein engagiertes Theater: Zweifel war mutig mit politischen Witzen, die – eingestreut – den Reichsmarschall Göring und andere Größen als Anlässe nahmen. Ein subventioniertes Theater: Stomma halbierte die Kellermiete. Ein, bis auf Zweifels redselige Langweiler, erfolgreiches Theater: starker Applaus für den Grafen Egmont, als dieser die spanischen Ketten zu zerreißen begann (und dabei Stommas Zylinder trug). Ein direktes, zur Aktion aufrufendes Theater: denn mitgerissen grub Anton Stomma in sich den Freiheitskämpfer aus. Als das Klärchen, dem Zweifel ironischerweise einige dumpfe Details seiner Lisbeth gegeben hatte, das niederländische Volk zum Freiheitskampf aufrief, konnte sich Stomma nicht halten: Er stand breitbeinig, stemmte die Fäuste gegen die Kellerdecke und verkündete seinerseits Freiheit. Den »Pollacken« und den preußischen »Piefkes« wollte er gleichzeitig die Harke zeigen: ein Abwasch. Sein Ruf »Fraihait mecht sain fier alle Kaschuben!« geriet so lautstark separatistisch, daß Zweifel seiner Lage wegen zu beschwichtigen begann. Seitdem polnische Partisanen aus der Tuchler Heide bis ins Kaschubische vorstießen, liefen nachts Gendarmeriestreifen durch das Städtchen. Zweimal war es am Klostersee zu (folgenlosen) Schießereien gekommen.

Um Stomma den revolutionären Eifer zu nehmen, begann Zweifel das Historienstück vom Grafen Egmont besserwisserisch zu zersetzen. Der im Stück nicht vorhandene Graf Horn sei geschichtlich bedeutender, der richtige Egmont sei ziemlich verschuldet gewesen und habe elf Kinder gehabt. Zweifel machte den Helden mies. Das wollte Stomma nicht hören. Grob und rollblütig wurde er. Strafe mußte (nach langer Pause) wieder mal sein. Weil Zweifel aus der Rolle gefallen war und Anton Stomma gehindert hatte, die Kaschubei zu befreien, eilte der Lederriemen aus seinen Schlaufen: zwölfmal zählte Stomma seinem Gast auf: hinter dem Laken, zwischen den Hüten. – Doch all das zusammen – Theaterspielen und Durchwalken – schaffte Bewegung und half, den Frost bei Nordostwind zu mildern.

Nein, Kinder, das kann ich nicht nachspielen. Auch nicht in unserem Keller. Mir fehlt die Notlage: Zweifels gebündelte Ängste.

Nach der Vorstellung blieb Lisbeth . . .

Auch fallen mir keine anderen Stücke ein, die Zweifel vor dem Laken, hinter dem Laken gespielt haben mag, weil nämlich der Wahlkampf und die nicht aufgewertete DM . . .

Während er ihrem Leib ein wenig Wärme abzujagen versuchte, erzählte er seiner stummen Geliebten die Geschichte von Luise Miller und ihrem Ferdinand . . .

Und weil ich nämlich die Schnecke rücklings auf einem Pferd habe reiten sehen . . .

Zweifel ließ Ferdinand und Luise, der tätigen Liebe wegen, Friedhöfe besuchen; doch so beredt und empfindsam er seine Seegrasmatratze gegen efeubezogene Grabhügel tauschte, es wollte bei Lisbeth nichts, kein Seufzerlein kommen.

Weil nämlich.
Nämlich du.
Es ist nämlich.
Eine Delle aus dem Ball treiben.
Die Delle bleibt, wandert und äfft sich nach.
Aber wir wollen den neuen Ball nicht.
Wir fürchten, auch er.
Lieber den alten Ball.
Weil nämlich, du nämlich.
(Und weil die anderen und die anderen der anderen.)
Es ist nämlich
und zwar bewiesen: kein Ball ohne . . .

In Konstanz nämlich, wo wir nach der Veranstaltung auf der Bodenseefähre nach Meersburg lustig wurden, weil der Student Bentele nämlich mit seinem chronischen Hunger . . . Und als die Wirtin im Hotel Rothmund erklärend zu Jäckel d. Ä. sagte: »Ich bin nämlich auch aus Danzig . . .« Und im Wahlkreis Waldshut, wo nämlich Kiesinger kandidiert und ich am Abend in Säckingen so schön aufgeregt war, weil nämlich Anna und Franz mit Freunden aus Lenzburg und Wettingen im Saal saßen. Und in Reutlingen nämlich, wo ich nicht übernachtete, sondern nach Tübingen fuhr, im Hotel Krone abstieg und noch spät in mein Sudelbuch flüchtete, weil nämlich Augst aus Tübingen kam und Augst – und sei es auch nur durch Fußnoten . . .

Nämlich auf den nach vorwärts weisenden Finger eines Denkmals (Gußeisen oder Stein) die Schnecke setzen . . .

Jäckels Handschrift verrät nämlich . . . Wenn nämlich Gaus kurz nach Mitternacht . . . Der Kapitalismus und der Sozialismus sind nämlich . . . Als Drautzburg nämlich Tabletten nahm . . . Weil sich Raoul nämlich als Südstaatler erfindet . . . Nämlich die schwangere Sächsin von drüben . . . Das nämlich bin ich: unterwegs nach Säckingen, weil dort Anna und Franz . . . In schwarzen Wahlkreisen nämlich . . . Und Kiesinger nämlich immer noch . . .

Nicht zu verabschieden. Steht davor oder nachgestellt und verlangt von euch, Kinder, ohne h geschrieben zu werden.

Denn beim Flicken der Fahrradschläuche war es Zweifel gelungen, Beweis zu führen für die Nämlichkeit von Stillstand und Fortschritt. Beide sind mit den Haft- und Wegschnecken verwandt. Durch Selbstbefruchtung zeugen sich nicht nur die Weinbergschnecken fort. »Es wird das Menschengeschlecht«, schrieb Zweifel in sein Diarium, »zunehmend zwitterhaft, weil nämlich . . .« Sein Lieblingsgedanke. Das Selbstgenügen. Die Angleichung der Geschlechter. Das Ende aller Geschichte. Der bleibende Zustand. Die Zwitterdrüse. Das Glück.

Weil nämlich Lisbeth auf Zweifels Matratze (trotz treibendem Nieswurz und erlebtem Theater) immer noch ohne Schrei, fremd war und trocken.

Und auch Augst hätte sich, wenn ihn die Großmutter nämlich nicht ans Klavier . . .

Männer, überall Männer. Dieser beschränkte Reichtum: Barings Sprudelkopf; Gaus, dessen Finger keine Wunde gering genug ist; wieviel Mystik bei Ehmke unter dem Strich steht; wenn Jäckel d. Ä. in seiner Ordnung von den Rändern her unscharf wird; und ich (unterwegs) wollte allenfalls Schnecken auf ihrer Gleitspur zeichnen (und mich verkriechen).

Unser Gedächtnis speichert Schwärze, bis wir schwer werden, kaum mit dem Knie wippen, den Filzstift, das tonlose Telefon, den Zirkel nur noch beispielhaft halten und einander nicht mehr den Schatten neiden.

Also fragte sich Zweifel, ob Lisbeth Stomma mit Fahrradschläuchen zu beschäftigen sei: die Melencolia flickt Fahrradschläuche.

Steht bei mir hinter Säckingen: zweisam.

Und Lisbeth führte die Schläuche durchs Wasser, wie Zweifel sie lehrte: aber sie sah keine Bläschen steigen, sah nicht den Schaden, weil nämlich . . .

Und welche Delle willst du austreiben?

Laß dir von Franz erzählen, wie es in Säckingen war, nachdem wir in Laufenburg einen Betrieb besichtigt, übliche Mißstände gesehen, beiseite mit Betriebsräten gesprochen, bißchen Staub geschluckt hatten.

Anfangs waren wir verlegen. Die Veranstaltung verlief normal. Da es in Säckingen keine APO gibt, war welche aus Lörrach angereist. Wenn Vater und Sohn einander mit Distanz sehen. Die APO aus Lörrach besaß einen apostelhaft schönen Sprecher. Anna bemerkte unsere Verlegenheit, womöglich fand sie uns komisch. Der Apostel aus Lörrach mischte selbsterdachten Sozialismus mit alemannischer Anthroposophie. (Das gleich zu

Anfang: Rosa Luxemburg und Rudolf Steiner – Spontaneitätsbegriff und Eurhythmie.) Er meldete sich, noch während ich redete, unübersehbar zu Wort und hatte eine Verkünderstimme. (Zwischen Schwarzwald und Schwäbischer Alb haben sich schon immer die Wässerlein bis zur Eintrübung gemischt.) Ich sah, wie Franz dem Schönsprecher zuhörte. Er verbreitete Pfingststimmung im Saal. (Augst konnte nur wirr und nicht schön sprechen.) Franz, wie er so im Saal saß und neben sich Anna hatte, fand den Apostel Klasse. (»Na wie der aussah und redete, wenner auch bißchen zu lang hat, und wasser gesagt hat – na über Selbstbefreiung und so – war schon Klasse – oder?«) Kann sein, daß ich eifersüchtig gewesen bin. (Später sagte Franz: »Außerdem hast du mittem Mikrofon. Is ja gleich, wer nu recht gehabt hat. Diskussion überhaupt find ich Klasse.«)

Frühchristlich auf Sandalen: wie er mal sanft wohltönend, mal als aggressiver Prophet (dabei vital und von mehreren Magdalenen umgeben) den Säckinger Bürgern im Vereinshaus eine globale Harmonie einredete, so, in seiner Ekstase und wortseligen Schönheit, reich an Rotbart und Haupthaar, hätte ich ihn gerne, samt seinen Klimperketten und indianisch-germanischen Amuletten gezeichnet; aber ich hatte die Hände nicht frei, mußte mir lästig irdisches Zeugs notieren, das sich sperrig gab und – aller Harmonie feindlich – keine Gegenekstase aufkommen ließ. (Aber schön war er mit seinem Bauchladen voller Flitterkram und deutschem Idealismus. Franz hat recht: »Sah dufte aus.«)

Und das im Wahlkreis Säckingen-Waldshut, wo die Schwärze Naturgesetz ist. Unser Kandidat, ein so junger wie schüchterner Finanzbeamter, hatte gegen Kiesinger keine Chance. (Knappes Geld, kein eigenes Wahlkampfbüro, nur ein paar hilfreiche Jungsozialisten.) Wenn Heinz Offergeld mit seiner Frau nachmittags Flugzettel verteilen wollte, mußte er seine Schwiegermutter bitten, aufs Kind aufzupassen. Da mach mal Wahlkampf, Franz!

Über Kiesinger sprach ich in Säckingen knapp. (Was nicht in den Wahlkampf gehörte: Während er durch seine Propagandaarbeit nationalsozialistische Verbrechen deckte, wurden die letzten Danziger Juden ins Warschauer Ghetto, nach Auschwitz, nach Theresienstadt deportiert.) Vor mir hatte Offergeld über Regionales gesprochen: die Schiffbarmachung des Rheins als Mittel wirtschaftlicher Erschließung der Region um Waldshut und Säckingen. (Während Kiesinger seinen Schreibtisch bediente, wurden einunddreißig jüdische Kürschner aus der Mausegasse in Danzig, wo sie Pelzmäntel für deutsche Offiziere genäht hatten, am 27. Juli 1943 nach Bromberg deportiert und dort erschossen.) Unsere Freunde aus der Schweiz, die mit Anna und Franz gekommen waren, interessierten sich, wie die Säckinger Bürger, für Regionales. (Heute gibt es Kiesinger kaum noch; damals gab es ihn unerträglich.) Die Veranstaltung in Säckingen konnte als gelungen gelten: Viele Frauen und Jungwähler . . .

Plötzlich (und während die Diskussion ruhig, nicht mehr auf Erlösung hinaus lief) sah ich rechts in der Mitte klein und unruhig Franz neben Anna: ein Bild, das ich mitnahm, behielt. (Besitze es immer noch. Auch wenn der Hintergrund unscharf und die Entfernung größer geworden ist, glaube ich doch zu sehen, daß Anna mich sieht, wie ich sie neben Franz sehe: ganz nah nämlich . . .)

Guck dir mal zu.

Ein Pfund Abstand gewinnen.

Ich möchte im Saal stehen, nicht hinter hochkant gestellter Kiste, will mir ins Wort fallen.

Möchte mich sehen (beklopfen), wenn ich steingehauen zu sicher werde.

Möchte schon da sein, bevor ich ankomme.

Mir nachwinken.

Möchte schlafen, Sand sieben, Totermann üben und mir gut zureden, solange ich Meinungen aufsage (und Fragen zu Antworten knete).

Möchte beim Händeschütteln beide Taschen beziehen.

Möchte mal kurz zwischendurch, auf einen Sprung nur, solange das dauert und weiter nicht auffällt, mal hinter mich treten und seitlich (vom Buchsbaum verdeckt) davon. Ich möchte mich widerlegen und aufheben.

(Möchte ins Kino.)

Möchte mich jetzt – gestern in Säckingen, heute doppelt in Reutlingen – durch einfaches Beinstellen ins Stolpern bringen und liegen lassen, damit ich mich endlich hinter der hochkant gestellten Kiste freisprechen, ohne Zwischenruf freisprechen kann:

Über Zeitabläufe und verschobene Phasen,
über Augst, nachdem er und als ich,
über die Zwischenzeit, Anna und mich,
über den eingekellerten Zweifel und seinen leisen Besuch,
(auch über die Flugangst der Schnecken)
und über Entfernungen, den gewonnenen Abstand.

Ich habe mir keine Notizen gemacht. Angemeldet kam ich mit festen Vorstellungen, die ich im Taxi vom Bahnhof zur Wendelinstraße abzutragen begann: Laß dich mal überraschen. Erst mal gucken und hinhören. Du hast Augst zu lange mit wechselndem Plunder behängt. Augst eignet sich für Verkleidungen. Jemand, der still hält. Augst ist beispielhaft, nicht nur Fußnote. (Nimm Zweifel mit.)

Während einer Stunde Bahnfahrt fiel auf, wie besessen schwäbische Ortschaften Esslingen, Plochingen, Nürtingen, Metzingen heißen und wie beharrlich (wie absolut) die Schwaben Landschaft durch Einfamilienhäuser verhindern. Als der Zug in Reutlingen hielt, erinnerte ich: bin hier nach Konstanz und Säckingen gewesen; danach klapperten Drautzburg und ich die Wahlkreise Verden und Cloppenburg ab; wir kamen nach Osnabrück, wo es regnete – und nach Lünen, wo das Ruhrgebiet anfängt, aufhört; aber in Reutlingen hat mir Augst näher gesessen: zerfällt in Anmerkungen und Splitter, verschieden lang. Er hinterließ schriftliche Überreste, Spekulationen und seine Familie: Frau Margarete Augst, drei Söhne, die Tochter Ute. (Keinen Hund oder andere Haustiere.)

Die Kellerassel kommt auf, übt Mitsprache, hat Notizen gemacht. Ich möge datieren. Er habe (seinerzeit) auch datiert: »Am 20. Februar dreiundvierzig: Nachlassen des Frostes, Sorge um Winterkartoffeln . . .« – also müsse auch ich das Datum setzen, zumal ich vorgreife, dem Zeitablauf vorgreife.

Vorsichtig (denn das nun folgende Adjektiv büßt gerne Lücken) nannte ich es komisch, bei Augst am Familientisch einen geräumten Platz vorzufinden, den ich, wie aus Gewohnheit, besetzte: zwischen drei Söhnen und einer Tochter. (Das tat ich am 16. Dezember 1969, als Willy schon Kanzler war.)

Nach längerem Versuch, ihn als Fußnote loszuwerden, hatte ich einen Brief geschrieben, und am 4. Dezember hatte Frau Augst geantwortet: »Ihr Wunsch, etwas über die Hintergründe des Freitods meines Mannes zu erfahren, erscheint mir nicht unverständlich . . .« –

Also reiste ich an.

Die Familie Augst wohnt, wie wir wohnen, in einem Einfamilienhaus. Dieses Haus gehört Frau Augst und ihren Geschwistern, einer eingesessenen Familie, wie Dekan Noetling sagte, der auf Augsts Beerdigung gesprochen hatte: Psalm 23,4 – »Und ob ich schon wanderte im finstern Tal . . .«

Man sagt, in jeder altschwäbischen Familie werde von jung an Musik gepflegt. So bei den Augsts. Da ich mir unmittelbar keine Notizen gemacht habe, kann ich nicht sicher sagen, wer von den Söhnen Flöte spielt oder Trompete bläst, wer nur singt. Allen Augsts ist die Musik wichtig; dennoch sprach Frau Augst nicht von einer pünktlich trostspendenden Religion; sie sagte: »Wir musizieren halt gern.«

Alle außer Augst. Einig war sich die Familie, daß der verstorbene Manfred Augst unmusikalisch gewesen sei und als Vater und Ehemann die Musik geradezu gehaßt habe. »Das war ihm fremd. Im Gegensatz zu uns gab ihm das überhaupt nichts. Von der Musik fühlte er sich ausgeschlossen. Vielleicht daher der Haß.«

Zweifel, der (hinterrücks) immer Notizen macht, hat den letzten Satz unterstrichen und zur Fußnote verlängert: Wenn Frau Augst vermutet, daher sei Haß gekommen, meint sie gleichzeitig Augsts Großmutter, die ihn in Thüringen erzogen und als Neunjährigen gezwungen hat, Klavierspielen zu lernen.

Nur einer der Söhne wollte den verstorbenen Vater für die Musik retten. Er erinnerte seine Brüder und (besonders) die Mutter an die Adventszeit des Vorjahres: Damals habe der Vater bei einer vorweihnachtlichen Kindermusik (Leopold Mozart) im Familienkreis mitgemacht; er habe die Rätsche, ein schnarrendes Instrument, außerdem die Wasserpfeife bedient.

Endlich das Motiv gefunden: wie er sich mit dem Spielzeug Mühe gibt. Ein (kurze Zeit lang) sättigendes Gefühl. (Werde Aurèle Nicolet, der nach zu viel Bach und Telemann vor Bach- und Telemannpublikum, vorgibt, Musik zu hassen, nach Nebenmotiven fragen.) Denn Augst will nicht eindeutig sein oder werden. Möchte beide an einen Tisch setzen: die Ausgeschlossenen ... Aber Zweifel hat inzwischen leisen Besuch bekommen.

Im März dreiundvierzig, nachdem auch Rshew im Wolgabogen geräumt werden mußte, wurden die Winterkartoffeln im Keller zusehends weniger. Und einmal, als die stumme Lisbeth treppab kam, um mit dem Korb Kartoffeln zu holen, sah Zweifel, der eigentlich nur Lisbeth mit dem Korb auf der Hüfte treppauf steigen sehen wollte, die Zeit mehrspurig in Bewegung; kaum war die Falltür mit trockenem Knall in ihr Lager gefallen, sah er am Rand des Kartoffelberges, dort, wo Lisbeth den Korb hatte vollpoltern lassen, eine Nacktschnecke, die er bei näherem Anschauen als Große Egelschnecke bestimmte. (Wulstiges Atemloch am hinteren Mantelschildrand, das gekielte Rumpfende.) Eine Schnecke (wirklich) inmitten Spekulationen.

In der Wendelinstraße erwähnte ich nur kurz, daß in meinem Buch auch Schnecken vorkommen, beispielhafte, fabelhafte, prinzipielle und solche, die wirklich vorkommen.

Zweifel hockte sich neben den Kartoffelberg. Er faßte nicht an. Sein Blick begriff das etwa zwölf Zentimeter lange Weichtier von der gekielten Verjüngung über die dunklen Längsbinden und den gefleckten Mantelschild bis zu den Augenfühlern. Er hörte ihr Eigengeräusch. Er sah die oberen Fühler sich kürzen und längen, sah, wie die unteren Fühler den Vorraum der Kriechsohle sicherten. Er sah das Atemloch seitlich am hinteren Mantelschildrand leben, sah den glasigen Körperschleim, sah den farblosen Sohlenschleim, wie er, von den Kartoffeln weg die Spur über den gestampften Lehmboden zeichnete: eine weder gradlinige noch wirre, eine offenbar zielbewußte Gleitspur. – Er hockte in Kniebeuge. Lange abwesend, kam es zu ihm: Glück. Zweifel weinte, konnte weinen. Glücklich weinte er und lachte ein hohes überschnappendes Lachen.

»Und Augst? Hat der auch mal?« – Womöglich früher und vielleicht noch während der vorweihnachtlichen Musik, als er mit knarrender Rätsche als Vater mitmachen durfte, aber Glück ... (Und auch Dekan Noetling hat nach tröstendem Psalm sagen müssen: »Darum stehen wir selber als die Geschlagenen und die Fragenden an diesem Grab.«)

Als Lisbeth später mit der Roggenmehlsuppe zu Zweifel kam, zeigte er ihr die Große Egelschnecke. Zwar sah sie, aber sie sah wohl nicht, was Zweifel sah.

Nach dem Essen kam Stomma mit der Zeitung und seinem Krüllschnitt. Ihm zeigte Zweifel die Schnecke nicht. Langsam las er für seinen Gastgeber den täglichen Bericht des Oberkommandos der Wehrmacht. Die Pfeife des Fahrradhändlers gab Rauchsignale. Von schweren und wechselvollen Abwehrkämpfen am Ilmensee stand im »Vorposten« geschrieben. Im Raum Isjum, so hieß es, wurden Einbrüche des Gegners abgeriegelt. Zweifel bat Stomma, die Pfeife nicht nachzustopfen und hüstelte erklärend.

Nachdem Stomma und seine Tochter gegangen waren, war Zweifel nicht mehr alleine. Nach kurzem Lüften – kaum eine Handbreit ließ sich das Kellerfenster öffnen – lag er auf seiner

Matratze im Dunkeln und wußte, daß ihre Augenfühler im Raum spielten.

Frau Augst erinnerte sich: »Stimmt, ein einziges Mal, vor Weihnachten war das, hat er ein bißchen Freude an der Musik gehabt.«

Die drei Augstsöhne sind zweiundzwanzig zwanzig achtzehn Jahre alt und erträglich verschieden geraten. Freundlich belehrend gehen sie miteinander und betont frühverantwortlich mit der Mutter um. Alle drei sehen, erklären, vergessen und beurteilen ihren Vater anders, oft gegensätzlich. Auch korrigieren sie die Erinnerungen der Mutter aus drei Ecken heraus; wie Frau Augst die bestätigende Hilfe des einen oder anderen Sohnes sucht, wenn sie das Vaterbild des ältesten Sohnes im gestrengen Detail ändern möchte.

Niemand wollte abwälzen oder schönfärben. Kein Vaterzusammensetzspiel oder Familiengericht am Wohnzimmertisch. Jeder Sohn ließ dem anderen sein (zugegeben) verwackeltes Bild. Man war sich einig, daß man ihn nicht gekannt habe, daß er fremd (und befremdlich) dazwischen gestanden sei, daß man erst jetzt, da der Druck nachlasse, über ihn nachzudenken beginne.

Ich fragte vorsichtig und hielt nicht viel von Notizen. Jetzt bin ich nicht sicher, ob der älteste Sohn (der dem Vater ähnlich sein soll) gesagt hat, Augst habe, bis es mit ihm zu Ende ging, in Hitler sein Vorbild gesehen, oder ob der älteste Sohn dem jüngsten widersprochen hat: »Hitler als Person, das stimmt nicht. Es war das sogenannte Führerprinzip, das ihn fasziniert hat.« Sicherer ist: der zweite Sohn war anderer Meinung als seine Brüder: »Hitler war für ihn austauschbar. Er war ja gegen Personenkult.« Doch darin waren sich alle drei Söhne einig: »Wichtig, also von ausgesprochener Wichtigkeit ist für ihn nur die Idee der Gemeinschaft gewesen, und nur deshalb hat der theologische Begriff Partnerschaft für ihn so enorme Wichtigkeit gehabt.«

Auch Dekan Noetling konnte nicht ausschließen, daß die protestantische Partnerschaft für Augst ein Ersatz für verlorengegangene Volksgemeinschaft gewesen ist. (Am Grab sagte er: »Ein Hungriger, ein Suchender, ein Umgetriebener ist er gewesen, all die Jahre hindurch!«)

Einer der Söhne berichtete von Augsts Hunger nach öffentlichen Veranstaltungen: »Deshalb ging er auf Diskussionen und versuchte mitzureden, auch wenn er nur schlecht frei sprechen konnte und Angst gehabt hat vorm Ausgelachtwerden.«

»Ist doch klar, Raoul, er mußte lüften, weil Schnecken Pfeifenrauch nicht mögen.« Ich will noch nachtragen, daß Zweifel, wenn Lisbeth treppab gestiegen war, um Kartoffeln zu holen, ihr immer mit unbestimmter Erwartung zugesehen hatte. (Da man in Westpreußen und besonders in Kriegszeiten tagtäglich Kartoffeln auftischte, war Zweifel tagtäglich in Erwartung gewesen.) Er hat sich von ihrem schweren Gang, vom Seufzen beim Bücken, vom Poltern der nachrutschenden Kartoffeln, überhaupt etwas von Lisbeth erhofft; doch vielleicht hat er nicht zu ahnen gewagt, was endlich zum Vorschein kam.

Dieses sich öffentlich Mitteilenkönnen, dieses Zuwortkommen. (Zweifel braucht eine Pause, damit sein Glück nachbibbern kann.) Dieses Infragestellendürfen, dieses Nocheinmaldaraufhinweisenwollen. (Ich will nicht zugucken, wenn er außer sich ist und – weil betroffen – womöglich Grimassen schneidet.) Jede Diskussion gab Augst einen kleinen Vorschuß auf gesuchte Gemeinschaft. (Ich kann mir denken, wie Zweifel seiner lange erwarteten Schnecke stoßweise Hoffnungen beichtet.) Tuchfühlung suchen, dazu gehören, bekennen dürfen. (Mag er sich aussprechen, wie Augst es versucht hat: Zweifel im Keller, Augst öffentlich.) Beide an einen Tisch bringen? Nicht einmal Dekan Noetling mit seinem 23. Psalm hätte die Zunge dafür.

Augsts ältester Sohn war eine Zeitlang Mitglied beim Sozialistischen Deutschen Studentenbund. (»Bin dann ausgetreten. Die wurden mir zu intolerant.«) Manchmal muß er den Vater verstanden haben, weil der SDS, mehr als andere studentische Gruppierungen, so etwas wie eine verschworene Gemeinschaft (zeitweilig) gewesen ist. Das Bedürfnis, gekadert zu werden. Der Wunsch, gehorchen zu dürfen. Die Opferbereitschaft, das Prinzip Zweifel als Luxus zu verhökern.

Er hätte, weil nun die Schnecke da war und allen Spekulationen im Weg lag, fromm werden mögen.

»Mein Mann«, sagte Frau Augst, »war Mitglied in fünf oder sechs Gemeinschaften, Vereinen, Arbeitsgruppen. Ich könnte Ihnen Papiere zeigen, das meiste noch ungeordnet. Seine Versuche, sich auszudrücken. Natürlich habe ich alle Mitgliedschaften aufkündigen müssen, schon der sonst fälligen Beiträge wegen.«

Anbetung einer Schnecke? Warum hätte Zweifel nicht sollen. So viel Geduld. Diese Passion. (Sie können schadlos, geschützt vom Kriechschleim, über Rasierklingen gleiten.)

Am stärksten war Augst den Freien Christen, der Freikirche verbunden, einer Nachfolgeorganisation der Deutschen Christen, die unter ihrem Reichsbischof Müller das Christentum im Nationalsozialismus gesucht haben. (Treffen sich immer noch: unbeirrt.)

Außerdem besuchte Augst Tagungen auf dem Ludwigstein. Dort fanden Veranstaltungen der Freien Akademie statt. In Augsts Papieren finde ich neben Traktaten über die Partnerschaft und den Sinn der selbstlosen Kameradschaft Hinweise in andere Richtung, Namen und Buchtitel: Dorothee Sölle – Politisches Nachtgebet; Kursbuch Numero 14; Die Sache mit Gott; Tillich, Jaspers . . .

Eigentlich hatte er am Tage seines Selbstmordes den Frühzug zum Ludwigstein nehmen wollen, weil dort (vom 18. bis zum 24. Juli) die Freie Akademie tagte, aber Frau Augst vergaß, ihn zu wecken.

»Und weil der Zug weg war und weil er es zu Hause ja doch nicht aushielt, habe ich gesagt: Fahr doch nach Stuttgart auf den Kirchentag, da laufen mehrere Diskussionen gleichzeitig.«

Der zweite Sohn, der als Lehrling in jener Apotheke arbeitet, in der auch Augst gearbeitet hat, widersprach seiner Mutter: Der Vater habe sich schon am Vorabend für den Kirchentag und gegen den Ludwigstein entschieden. »Jedenfalls ist er mit mir noch früh in die Apotheke gefahren und hat was geholt, wahrscheinlich das.«

Ich fragte, ob Augst ein Sammler gewesen sei. Außer Vereinen und öffentlichen Diskussionen habe er nichts gesammelt. (Erst am späten Nachmittag sagte wer beiläufig, Manfred Augst sei oft in die Pilze gegangen.)

Wenn ihr mich, wie während der Ferienzeit, über den Ebbestrand laufen und die angeschwemmten Geniste absuchen seht, oder wenn Franz mich fotografiert, wie ich die Sonne auf Nacken und Rücken trage, wie ich mich bücke und wie ich aufnehme, wie ich verwerfe vergleiche, dann seht und fotografiert ihr zwar mich aber nicht meine Motive. Das Sammeln ist eine Antwort auf den Zustand der Zerstreuung, gleich ob Uniformknöpfe, Jugendstilgläser, winzige Automodelle (Raouls Oldtimer), meine Muscheln, Augsts Mitgliedschaften oder Zweifels Schnecken gesammelt werden. Fast jeder sammelt irgendwas und nennt andere Sammler tickhaft. Gleichzeitig zerstreut das Sammeln die in Sekunden versammelte Zeit: als Zweifel seiner Lisbeth und seinem Gastgeber Stomma durch erfundene Geschichten die kompakt lastende Zeit zerstreute; wenn ich Geschichten, wo sie zerstreut liegen, auflese und euch erzähle. (Zum Beispiel eine, die mir immer wieder den Weg kreuzt: Zwei Musiker – Pianist und Schubertsänger – reisen durch die Welt und sehen nichts. Ihre gesammelten mittelgroßen Konzertsäle. Ihre Postkarten von überall her nach Hause, wo sie gesammelt werden. Ihr gleichbleibender, von Lissabon über Tokio nach Caracas verschleppter Streit über die Tempi der »Winterreise«. Ihre Gottverlassenheit. Ihre Hotelzimmer. Ihre gesammelten Spesen . . .)

Da sich den Schwermütigen die Welt zu etwas verengt hat, das nur geordnet (als Ganzes) ertragen werden kann, ist das Sammeln tätiger Ausdruck der Melancholie; in ihren Gehäusen finden sich komplette Sammlungen aller Arten einer Gattung: alle Farnkräuter präpariert; ausgestopft alle Meisen; alle mitteleuropäischen Bierfilze der zwanziger Jahre . . .

Als Zweifel im Keller seiner stummen Geliebten die Große Egelschnecke zeigte, mag Lisbeth Stomma, die in ihrer Verengung Friedhöfe sammelte, geahnt haben, wieviel Zweifel an Schnecken lag; denn als das Frühjahr kam, brachte sie in ihrer Gießkanne mit, was sich so fand auf den Gottesäckern des Kreises Karthaus: ziegelrote Wegschnecken und gelbe Egelschnecken, die sie unter Fallaub suchte, die sie beim Harken zwischen den Gräbern auflas. Aber auch Schnecken, die ihre Häuser trugen, trug Lisbeth in Zweifels Keller: große gefleckte Schnirkelschnecken, rotbraune Laubschnecken und die fein gekörnelten Steinpicker, die sie unterm Efeu von den Friedhofsmauern erntete. (Sogar Laub, morsches Holz und bemooste Steine trug sie nach Hause.) Bald hatte Zweifel eine Sammlung, die aber nicht vollständig sein konnte, weil Lisbeth nur auf feuchtwarmen Gründen und nicht auf Sand- und Heideböden suchte. Von den lebenden Nackt- und Gehäuseschnecken hielt Zweifel nur jeweils zwei Exemplare, die überzähligen trug Lisbeth in ihrer Gießkanne zurück auf die Friedhöfe. (Einmal brachte sie Knöchelchen in den Keller.)

Und Augst, der in Tübingen als Pilzkenner gefragt gewesen sein soll? Hätten Zweifel und er nicht fachsimpeln können? (Schließlich gibt es Waldschnecken genug, die sich von Pilzen nähren.)

Anfangs versuchte Zweifel, seine Sammlung vor Stomma zu verbergen, doch als er von seinem Gastgeber beim Reinigen einiger Diskusschneckengehäuse überrascht wurde, zeigte er vor, was mit Lisbeths Hilfe zur Sammlung geworden war; und Stomma, dessen Fahrradreparaturwerkstatt notwendigerweise jegliches Zubehör anzog und Sammelstelle an sich war, lachte gutmütig, als er die Schnecken sah: »Na, wird schon kain Lärm nich machen.« (Dabei sind Landlungenschnecken, im Verhältnis zu ihrer Größe und molluskenhaften Beschaffenheit, relativ laute Tiere: nicht nur unterwegs, auch im Zustand der Ruhe begabt für Eigengeräusche: ihr schaumiges Knistern.)

Stomma stiftete Blechkisten, in denen er Ventile und Fahrradklingeln, Schrauben und Muttern, Krimskram und Bruch gesammelt hatte: Zweifels neue Terrarien.

Höhere Werte, tieferer Sinn. – »Er hat immer danach gesucht«, sagte Frau Augst. »Schon dreiunddreißig wurde er Mitglied der Allgemeinen SS, der Schwarzen SS, wie man die damals genannt hat. Da war er noch Student. Erst später hat er sich freiwillig und zwar mehrmals zur Waffen-SS gemeldet. Aber die nahmen ihn nicht. Er war ja Brillenträger und auch sonst. Im Krieg kam er dann zur Luftwaffe, aber nicht zum fliegenden Personal. An der Front ist er kaum gewesen. Nur kurz in Nordafrika. Er vertrug das Klima da unten nicht.«

Dazu sagten Augsts Söhne kein Wort. Nur Frau Augst sprach: »Ab vierundvierzig war er dann Leutnant. Wir haben erst siebenundvierzig geheiratet . . .«

»Und was hat Zweifel damals im Krieg gemacht?«
»Na, seine Schnecken gesammelt.«
»Und was hat er mit den Schnecken gemacht?«
»Er hat sie beobachtet.«
»Was Schnecken fressen und so?«
»Wie sie sich bewegen.«
»Und, wenn er nicht beobachtet hat?«
»Schrieb er auf, was er beobachtet hatte.«
»Und der Krieg?«
»Der ging ohne ihn weiter.«

Nach fünfundvierzig begann Manfred Augst, vieles gleichzeitig zu sein: ein Anhänger der soldatischen Kameradschaft und – ohne die Brille wechseln zu müssen – ein überzeugter und in seinem Drang, bekehren zu wollen, unermüdlicher Pazifist. (Anfangs Sozialarbeit im Hilfswerk der Evangelischen Kirche, danach Apothekenassistent.) Später organisierte er sich. Bis zur Mitte der sechziger Jahre gehörte Augst der Bewegung »Kampf dem Atomtod« an. Als Kassierer und Organisator half er bei den Vorbereitungen der alljährlichen Ostermärsche. Augst war bei jedem Wetter dabei.

Ich sehe ihn, wie er verregnet in der Spitzengruppe der Tübinger Sektion gegen den Atomtod anläuft. Als Ostermarschierer darf Augst ein Abzeichen tragen: das runenhafte Symbol. Auch wenn bei besserem Wetter mehr Atomtodgegner gekommen wären, das Häuflein reicht. Seine Windjacke reibt sich am Lodenmantel des Nachbarn. Tuchfühlung halten. So aufdringlich der Regen dazwischenredet, Augst spricht gemeinsames Wollen aus. Endlich wieder ein Ziel. Von den Straßenrändern her Spott und Ablehnung. (Vielleicht war Augst als verregneter Pazifist glücklich, weil sich Kriegskameradschaft mitten im Frieden häutete und wie neu war.)

Später gab es wohl Streit in der Tübinger Sektion, weil die Anti-Atomtod-Bewegung von politisch einander ausschließenden

Gruppen getragen wurde. Das Ziel verwackelte, der Filz Gemeinschaft wärmte nicht mehr: Augst war mit sich wieder alleine. (Jetzt Apotheker. Er hatte einundsechzig, im Alter von achtundvierzig Jahren, sein Pharmaziestudium beendet.)

Es ist ja nicht so, daß sich alle Schnecken gleich langsam bewegen. Zweifel begann Wegstrecken mit einem Zirkel, den er in Stommas Krimskram gefunden hatte, versuchsweise abzustecken.

»Konnte Ihr Mann auch lachen, über irgendwas?«
»Lachen nie!«
»Aber ironisch konnte er sein.«
»Sogar zynisch.«
»Stimmt. Richtig sarkastisch konnte er werden.«
»Nur lachen konnte er nicht.«
»Deshalb war er ja zynisch.«
»Und hat oft die Gefühle anderer Leute verletzt.«
»Auch wenn er das nicht gewollt hat.«

Einer Studentin, die beim Kirchentag in der Halle I neben ihm saß, zeigte Augst, nachdem er daraus getrunken hatte, das Fläschchen. Sein letzter Satz (ohne Mikrofon) hieß: »Das war Zyankali, mein Fräulein.«

»Aber Gartenarbeit, die hat ihm Spaß gemacht.«
»Nur das Säen und Pflanzen.«
»Und mit dem Unkraut hatten wir dann zu tun.«
»Doch über Pilze wußte er wirklich Bescheid.«
»Sonntags gingen wir sammeln, die ganze Familie.«
»Er hat sogar unterrichtet: Pilzkunde.«
»Die Leute zeigten ihm, was sie gesammelt hatten.«
»Und auch wir aßen abends die Pilze.«

(Nicht nur Pfifferlinge, die schmackhafte Ziegenlippe, Hallimasch und Kremplinge im Oktober. Zarte Flaschenboviste. Mooshäuptchen, Blutreizger, Grünlinge, Maronen.) Wir schweigen ein wenig im Wohnzimmer der Familie. »Man muß ja dankbar sein«, sagte Frau Augst, »daß er uns zum Schluß nicht mitgenommen hat.«

Und Dekan Noetling sagte am Grab: »Darum bin ich froh, daß Ihr mir selber für diese Stunde das Wort aus dem 23. Psalm gegeben habt, aus diesem Lied eines ganz starken und festen Vertrauens.«

Ja, Raoul, als Vater soll er tolerant gewesen sein: den beiden ältesten Söhnen, die Kriegsdienstverweigerer sind, hat er beim Aufsetzen ihrer Begründungen geholfen: als Pazifist und mit Sachkenntnis. – Nur richtig lachen konnte er nicht.

Als Zweifel mit seinem Zirkel alle Strecken und Abstände vermessen hatte, richtete er in seinem Diarium Tabellen ein. Nichts Neues hatte er vor; denn ägyptische Bildschriften sagen: Schon während der Pharaonenzeit sind im Nildelta Schneckenwettläufe als Zeitvertreib üblich gewesen ...

23

Wo überall: Im Bergischen Hof, im Hotel Burggrafen, Hotel zum Gutenberg, Hotel Heimer, im Hotel Hohenzollern am Bahnhof, im Parkhotel Lünen . . .

Meine Hotelzimmer ineinander geschachtelt.

An ihren Klunkern die Schlüssel vertauscht.

(Zimmer zweiunddreißig bleibt: ein Schlauch mit Ventil zum Entweichen, während die Wasserspülung Gemühre durch Zwischenwände, ein Gurgeln arienhaft . . .)

Und die Bettmümpfel Betthupfer auf platzvollem Kopfkissen, wo sie warten und zartbitter schöntun: Sarotti.

Jeweils badedas, vital vitamingel: das knisternde Schaumbad belebt Erschöpfte und heilt Diskussionsschäden. Die wechselnden Aussichten in Lichtschächte, auf Parkhäuser, über Bahnhofsvorplätze Lagerhallen Baustellen Gleisanlagen, auf den Stadtpark, die restaurierte Altstadt: Schwäne und Schindeldächer wie im Prospekt. (Spätgotik, von Tauben beschissen.)

Der frühe, ein besonderer Lärm, wenn die Straßenbahnen Mülleimer, wenn die hustenden Köche, hellwachen Preßlufthämmer beginnen. (Nur selten Hähne; doch wollte im Morgengrauen – wo? – ein Motorrad nicht anspringen.)

Hätte eine wertende Skala, hätte (wie Zweifel) Tabellen füttern sollen.

Wenn ich den Zimmerschmuck ordnen könnte: einheimische Aquarelle, Stadttore und Giebelhäuser darstellend; handkolorierte Heilpflanzen: der wollige Fingerhut oder Malvenblüten für Hustenteemischungen; auch Kunstdrucke: Dürer, van Gogh, Paul Klee – und die lustigen Landstreicherszenen eines Malers namens Hummel.

Hätte (für meine Tabelle) einen Kompaß befragen sollen; denn wenn ich wüßte, wo ich mit dem Kopf nach Osten . . .

Und was ich wo liegengelassen habe: mehrmals die Zahnbürste, Filzstifte und Kugelschreiber, Socken Broschüren Adressen, niemals meinen Tabak.

Die feste Absicht, mir die Tapete zu merken.

(Hätte Proben mitnehmen sollen.)

Eine Tapete entwerfen, auf der in mythologischer Landschaft – die Brücke nach Fehmarn, das Frankfurter Autobahnkreuz, verstreut Flugplätze Schrottplätze Parkplätze – nur Nacktschnecken unterwegs sind und sich unendlich wiederholen.

Wo ich Amen gesagt habe.

Wo ich mich häuten wollte.

Wo mir siebenzeilige Flüche, weil sich die Heizung – das war im Mai – nicht abstellen ließ.

Mehrmals habe ich (wo überall) Fußnoten zu Zweifel und Augst, Notizen zur Strafrechtsreform, ziselierte Polemik, mich betreffende Geständnisse (wie ich bin, wie ich nicht bin) ins Alte und Neue Testament – gleich neben dem Telefon – geschoben und am Morgen (nach Stichproben: Hiob) nur noch andeutungsweise gefunden. Und das noch und das.

Was Spannteppiche schlucken.

Was Hotelzimmer so hellhörig grabähnlich macht.

Was nicht auf die Rechnung kommt.

Was ausbleibt.

Beim Erwachen fehlt der Ort. Er wird sich schon einstellen: spätestens mit den Zeitungen beim Frühstück: Eier im Glas.

Im Zweifelsfall, Kinder, ist ein Schriftsteller nur noch ein Miefvermesser. Was man so Stallgeruch nennt. Zurück aus Verden, Cloppenburg, Osnabrück, Lünen. Dunstglocken läuten die Vesper ein. Zuletzt im Geschwister-Scholl-Gymnasium. Tabellenführer: katholischer Mief. (Das war am 29. August, ein Monat vor der Wahl.)

Denn diesmal habe ich nichts mitgebracht außer der geschnüffelten Einsicht, daß es überall, und nicht nur in den putzigen

Einfamilienhäuschen, mal streng geradeaus, mal süßlich unter Lavendel, hier säuerlich unterkühlt, dort gemütlich durchwachsen, daneben namenlos riecht, überall riecht, weil hier, dort und nebenan Leichen im Keller liegen, deren um drei Ecken vertuschte und über sieben Schreibtische verbuchte Ablage keine Nase mehr orten kann, weil ja in allen Kellern, nicht nur in Altbaugewölben, auch in den frischbezogenen, noch feuchten Neubauten eingekellert von Anbeginn Leichen liegen und etwas verbreiten, das in seiner schnittfesten Dichte als Arbeitsklima gilt: pluralistischer Mief, der nur in seinen Ballungszentren zum Überdruck neigt.

Nein, Kinder. Kein Explosivstoff. Da jedermann weiß, daß in jedermanns Keller etwas lagert und gemeinnützig zur Klimabereitung beiträgt, ist man übereingekommen, die Anwesenheit von undefinierten Leichen als gegeben vorauszusetzen, also auch nicht mehr von Leichen sondern von Gegebenheiten zu sprechen, mit denen jeder zu rechnen hat, der in fremden Kellern zu suchen beginnt.

In Reutlingen oder Vechta sagte ich: »Hier stimmt doch was nicht, alle zwinkern . . .« und hörte: »Das ist nun mal so. Woanders ist es auch so, wenn auch anders so. Nämlich nicht besser.«

Wie Moses das Meer geteilt hat, bei uns auf dem Festland den Mief teilen.

In Verden an der Aller, einem halbwachen Städtchen, wo es gilt, den Überläufer Rehs zu schlagen, der bei den Schwarzen kandidiert, sagte ich nach der Veranstaltung in Höltjes Gesellschaftshaus zu einigen, die mit ihrem noch taufrischen Bürgermeister aus Bremen gekommen waren: »Aber das muß sich doch ändern lassen bei euch. Das stinkt doch bis hier . . .« und hörte von denen, die in hansestädtischem Geruch stehen: »Das war schon so, als wir anfingen. Das wird nur schlimmer, wenn man dran rührt. Daran gewöhnt man sich. Die einen schneller, die anderen langsamer. Anfangs hat uns das auch gestört.«

Die Schnecke dem Bremer Roland aufs steingehauene Schwert setzen.

(Nach der Wahl, als auf dem Parteitag in Saarbrücken sogar das Hochwasser dem Resolutionismus der reformwütigen Sozialdemokraten nicht beikommen konnte, sagte ich zu den Genossen – und sie klatschten so heftig, als wollten sie den Mief durch Beifall bewegen – etwa im Mittelteil meiner Rede: »Wenn ich den Bremer Fall Boljahn mit dem Frankfurter Fall Littmann vergleiche, wenn ich das Maß parteiinterner Intrige in beiden Fällen ablese und Erfahrungen zu Rate ziehe, die ich in Berlin oder in Baden-Württemberg gewonnen habe, dann ergibt die Summe lokaler Versteinerungen einen ansehnlichen Friedhof, dessen linke wie rechte Grabsteininschriften mir keinerlei Pietät abfordern . . .« – Ich sprach nicht von Leichen, zurückhaltend sprach ich von Friedhöfen. Wehner, den ich mir gerne als Moses denke, wie er den Mief teilt und durchschreitet, soll sich Notizen gemacht haben.)

In meiner Tabelle: Der besondere Mief der Lüftungsexperten.

In Verden sagte ich zu denen aus Bremen: »Aber wenn wir die Wahl gewinnen wollen, und wenn wir nach gewonnener Wahl mit Willy als Kanzler weiter, ich meine besser, meine ohne . . .« und hörte: »Das sind nun mal die Gegebenheiten. Bei den Schwarzen auch und noch schlimmer. Das gleicht sich aus. Weiß doch jeder.«

Was man menschlich nennt, was Atmosphäre gibt, was anheimelt. Drautzburg hat die Nase dafür. Sobald unser VW-Bus irgendwo einrollt, kurbelt er die Scheibe runter und riecht schneller als ich: »Mannohmann! Hier liegen aber paar ausgewachsene Leichen im Keller.«

Die Leiche im eigenen Keller suchen, benennen. Ein Schriftsteller, Kinder, ist jemand, der den Mief liebt, um ihn benennen zu können, der von Mief lebt, indem er ihn benennt; eine Existenzbedingung, die der Nase Schwielen einträgt.

Also die langsame Verschiebung eines Grundstücks beschreiben: wie es bei Tageslicht auf Rollen gesetzt wird, bei Stammtischbeleuchtung in den Bereich günstiger Bodenpreise rollt, wie es ohne zu wachsen fett wird, wie die andere Hand gewaschen wird, wie der Verschiebung eines Grundstücks der Vorname »gemeinnützig« verliehen wird, wie die Affäre aufgedeckt und nach Preisgabe ihres Geruches von jenen, die sich für unbeteiligt gehalten hatten, wieder luftdicht gemacht wird, wie die aus Bremen, Hagen und Gelsenkirchen auf die in Moers weisen: Flächenwirkung.

Manchmal etwas zu schnell: »Müssen wir denn so schnell?« Drautzburg flucht sich durchs Flachland. Er hat sich verfahren. Fehldeutungen scholastisch streitender Kirchtürme zwischen Münster und Osnabrück. (Warum sollen sich Schnecken nicht mit dem Wort »Tempo!« begrüßen; wer ruft sich nicht alles »Freundschaft!« zu.) Drautzburg verlinkert sich zusehends. Überall, sogar im Milchviehbestand, entlarvt er Faschisten.

Ich rede gut zu, nenne die Landschaft freundlich und flach. Es beunruhigt mich, wenn er inwendig Kummer kaut, oben raus Sprechblasen abfüllt, dabei zu schnell, wenn auch immer noch sicher fährt. (Schnecken begeistern sich leicht für Gazellen.)

Vielleicht fördert der Anblick flacher Gegend den Wunsch, radikal abzuräumen. »Hör zu, Drautzburg. Sie hat ja schon stattgefunden. Oktober siebzehn.«

Es beunruhigt mich, wenn ihm die Revolution, kaum ausgerufen, zurück auf den Magen schlägt. Das sehe ich von der Pritsche aus: wechselseitiges Ungenügen färbt seine Kräuselkreppohren gelb. »Und fünfzig Jahre nach der Oktoberrevolution . . .«

»Weiß ich. Ist bekannt.«

»Tut mir leid, wenn ich dich erinnern muß . . .«

»Fahr ja schon langsamer.«

»Die haben ihren revolutionären Mief, kaum zu teilen, schwer zu bewegen; wir haben unseren reformistischen Mief, kaum zu bewegen, schwer zu teilen.«

»Na und?«

»Du mußt dich entscheiden zwischen Mief und Mief, sonst mischen sich beide: nie mehr zu teilen, durch nichts zu bewegen.«

Es beunruhigt mich, wenn von den Rändern her sein Ohrengelb abzunehmen beginnt, wenn sich – sobald er langsamer fährt – der Kräuselkrepp glättet.

»Scheiße!« sagt er. Ein Wort, das während der letzten Jahre Kurssteigerungen erlebt hat und nicht nur auf den Universitäten als Spitzenwert gehandelt wurde. (Raoul hat es an Bruno verkauft.) Flacht wieder ab mittlerweile.

»Na schön«, sagte ich. »Aber wo wir jetzt hinkommen, da lohnt es. Vechta, Cloppenburg! Außer den Eiern, die dort auf den Markt kommen, alles stockschwarz. War schon vor vier Jahren dort. Eine Gegend mit Zukunft. Dort kann es nur heller werden. Fünf Prozent Plus sind da drinnen. Die Leute dort wollen, aber ob sie auch wollen, was sie wollen . . .«

Jetzt freut sich Drautzburg auf Cloppenburg. »Verstehe. Deine üblichen Schneckengeschichten.«

Auf Papier oder blank in die Luft: ich schreibe. Unterwegs zwischen Hase und Hunte, eingefädelt auf der Autobahn, ruckend inmitten Stauungen, schreibe ich in unserem VW-Bus: Miefkürzel, bleihaltige Fußnoten, Zweifelsbeschwörungen, Hymnen an Laura, Schneckengeschichten . . .

Als Zweifel eine Wegschnecke auf einen Fahrradsattel setzte . . .

Als er eine Tretmühle für Schnecken entwarf . . .

Als Anton Stomma im Sommer vierundvierzig seinem Gast im Keller eine Lupe schenkte, damit er die Windungen der winzigsten Gehäuse zählen und als Pfennigwahrheiten in seine Tabellen eintragen konnte . . .

Als . . .

Immerzu überall. (Rückwärts gewendet voran.)

Auf Zigarettenpapier Bierfilze.

In meinen Hotelzimmern, die sich rasch aufheben, schreibe ich, sobald die beiden Herren in Zivil ihre Metallmarken vorgewiesen und im Schrank, unterm Bett und sonstwo nach tickenden Gegenständen gesucht haben, was gerade anfällt: Nämlichkeiten und Kommaloses:

»Hör mal zu Anna das dauert ja nicht mehr lange und wird wenn es länger dauert kürzer sein als man hoffen durfte weil nämlich Abstände zwischen Teilzielen . . .«

Auch Namen wie Kummernuß oder Grützmacher.

Anrufungen zwischen Klammern: Augst lebt!

Sobald die Unterpflasterbahnbaustelle mit ihrer Ramme meinen Schlaf (und dessen Diskussionsbeiträge) gegen sieben Uhr früh beendet hat, schreibe ich auch in Bonn neben gepackter Tasche: Was Willy zögern läßt. Was Ehmke fehlt und Eppler zuviel hat . . .

Was so hängenbleibt unterwegs.

In Herne wollte das Mikrofon vor dem Zechentor nicht.

In Lünen mehr Schüler als Wähler.

Als ich nach zu langer Diskussion und viel Bier mit unserem Kandidaten Lemp von Vechta nach Cloppenburg fuhr, gab ich dem Druck nach, bat ich Lemp um eine Pißpause und schrieb, während ich am Rand eines typisch südoldenburgischen Buschwaldes mein Wasser abschlug, eine langatmige und immer wieder neu ansetzende Beschimpfung der barzelhaften Mittvierziger:

Ihre auf Schmierseife gleitenden Bekenntnisse,
ihr Fummeln mit Brillen,
ihre katholischen Seitenblicke in unzüchtiges Gelände,
ihre graumelierte Beflissenheit,
ihre steuerfreie Skiläuferbräune,
ihr zwitterhaftes Selbstgenügen,
ihr laues Zwitterwesen ...

(Ob Zweifel das wollte, als er die Weinbergschnecken zum Beispiel nahm? Jetzt, durch die Lupe gesehen, ist ihm seine Utopie greifbar nahe gerückt: die Geschlechter gleichen sich an. Jeder genügt sich. Zweifel füllt seine Tabellen: Teilstrecken in Richtung Glück.)

»Was schreibste denn da? Mußte denn immer? Schreibste auch über Pferde und meine Kaninchen? Oder immer nur Espede? Kannste nich aufhören endlich?«

(Hör mir zu, Tochterleben.) Überall immerzu. Ich schreibe, während ich rede zuhöre antworte.

Ich schreibe, während ich irgendein Schnitzel zerkaue, über Kies laufe, schwitzend eingekeilt bin, gegen Sprechchöre anschweige, Saubohnen mit geräuchertem Schweinekamm koche, mich woanders erfinde ...

Im Hüttenwerk Oberhausen beim Ofenabstich, zwischen den Silos der Wacker-Chemie, in einer Glashütte, die Maggifläschchen ausspuckt, und während in Dortmund die Betriebsräte den antizyklischen Schiller in literweise Bier abstehen lassen, schreibe ich, wie es kommt.

Oft nur Adjektive: grützig verkumpelt muff.

Satzanfänge: Ein junger Mann, der mich vor vier Jahren in Cloppenburg mit Eiern beworfen hatte, entschuldigt sich, weil er ...

Als ich mit der Wählerinitiative Osnabrück Kaffee trank und mir gegenüber der Karikaturist Fritz Wolf saß, begriff ich, warum sich die Melancholie in den Witz flüchtet . . .

Oder bei Leo Bauer: Während er mir seine Geschichte erzählte, las ich seinem Gesicht, dessen Ruhe auf Lava gründet, die Bedeutung des Wortes Einzelhaft ab, denn seine sibirischen Magengeschwüre . . .

(Es stimmt Laura: oft schreibe ich nur, um mir zu beweisen, daß ich bin, und daß ich es bin, der da Wörter auf Zettel und aus dem Fenster heraus schreibt.)

Auch bei verspätetem Abflug, gegen Müdigkeit anpfeifend, himmelwärts beim Schwimmen in Rückenlage, aufgehoben im Lärm, während ich Zwiebeln häute, wenn ich (wie Zweifel auf seiner Matratze) in eine Frau hineinzukriechen versuche, immer und überall, auch wenn ich betroffen, zum Schweigen verdonnert bin, mache ich Worte.

Was nicht geschrieben steht.

Sätze, die liegenbleiben, mir nachlaufen, lästig sind und auf Bleiguß bestehen.

Vor dem war noch das, blieb in Iserlohn stecken.

Ein Kaltwalzwerk ins Tal gezwängt: immer dünnere Bleche.

Ich schreibe auf regennasse Schieferdächer, in Bierpfützen, auf ein Förderband: Ich Ich Ich.

Auch wenn ich jetzt wieder nach Tübingen und auf dem Weg zu Augst durch Zweifels Keller muß, meine ich mich, wie ich überall, auch während ich dieses oder über die Spargelgegend bei Bruchsal schreibe, immerzu nur über den Mief schreibe.

An einem Schnürsenkel hatte sich Zweifel die Lupe um den Hals gehängt: seine und meine Tabellen.

»Wir haben zum Abendessen für Sie mitgedeckt«, sagte Frau Augst, »das macht überhaupt keine Umstände.« – Nachdem ich Dekan Noetling auf ein Stündchen besucht hatte – ich wollte wissen, bei welchen Anlässen man auf den Psalm 23 kommt –, saß ich wieder in der Wendelinstraße.

Gut, Raoul, du magst sagen: Lieber Flöhe dressieren; ich bleibe dabei: Der Studienassessor Hermann Ott hat, als er sich während des Krieges aus politischen Gründen im Keller eines grob und gutmütig geratenen Fahrradhändlers verstecken mußte, ein altägyptisches Schneckenspiel erneuert, indem er den Zeitvertreib der Fellachen (und israelischen Fremdarbeiter der Pharaonenzeit) zur Sportart entwickelte. Er veranstaltete in seinem Keller Wettläufe zwischen gleichartigen und ungleichartigen Schnecken. Ein Spiel, bei dem man stumm bleiben durfte. Oft verhielten die Schnecken auf ihrem Weg und mußten durch zielstrebiges Wünschen bewegt werden. Ein Spiel gegen die Zeit und ihre Geräusche.

Nahezu tickhaft fragte ich in der Wendelinstraße nach Augsts Pilzkenntnissen, ob er systematisch gesammelt, Tabellen geführt habe; wie ja auch Zweifel die Leistungen seiner wettlaufenden Schnecken in Tabellen gerückt hat.

Es fehlte ihm nie an gleich ausgewachsenen und gleich halbwüchsigen ziegelroten Wegschnecken, gemeinen Ackerschnecken, großen Egelschnecken, sowie an gehäusetragenden Laub-, Schnirkel- und Hainbänderschnecken. Sportler genug, um Bestleistungen zu erzielen. Da Weinbergschnecken nicht nur auf Rebhügeln weiden, hatte Lisbeth Stomma auch von dieser ansehnlichen Sorte ein halbes Dutzend von ihren Friedhöfen mitgebracht.

Die Tischplatte maß einen Meter zwanzig mal achtzig Zentimeter; eine Fläche, auf der qualifizierte Schnecken allen Disziplinen gerecht werden konnten: Kurz-, Mittel- und Langstreckenläufe, später die besonders aufregenden Hindernisläufe, die sogar Augst, wenn auch gegen seinen Willen, spannend gewesen wären.

Nicht, daß sich die Schnecken sogleich den neuen Anforderungen gefügt hätten. Anfangs scherten sie desorientiert aus, wollten sie an den Tischkanten nicht wenden, bockten sie nach Molluskenart. Wenn Zweifel nachhelfen mußte, berührte er das Augenfühlerpaar, wartete er, bis sich die Schnecke zurückgenommen oder (als Nacktschnecke) verkürzt hatte, hob sie ab und wendete sie. Mit seitlichem Daumendruck hob er ab und verletzte die Kriechsohle nie. Das konnte Zweifel: mit Schnekken bestimmt und behutsam umgehen.

Ich sollte Augst bitten, versuchsweise mitzumachen; denn Lisbeth Stomma, die dumpfe, unbetroffene, zwischen den Beinen wie überall gefühllose Person, machte mit und ging mit den Schnecken (wie Zweifel) behutsam um. Erstaunlich, daß die Augenfühler, wenn Lisbeth sie berührte, viel zögernder, kaum, manchmal nie eingestülpt wurden: Zweifel notierte diese bemerkenswerte Unempfindlichkeit. (Zwischen der stummen Lisbeth und den Schnecken gab es Absprachen.)

Eine rohe Kartoffelscheibe oder ein Apfelgehäuse markierten das Ziel. Auch Butterpilze und Flaschenboviste eigneten sich. Zweifel und Lisbeth setzten ihre Schnecken als Wettläufer von der gegenüberliegenden Tischkante an und beobachteten verinnerlicht, wie sich die anfangs zur fühlerlosen Halbkugel verkürzten Wegschnecken in die Länge zogen, wie sich das Atemloch im Mantelschild weitete, wie sie zuerst das schwarzgelackte Augenfühlerpaar, dann die kurzen unteren Fühler ausfahren ließen, noch auf der Stelle traten und pumpten, doch das Ziel mit den Fühlern schon annahmen und sich (Lisbeths Schnecke zuerst) auf den Weg machten, indem sie den Muskelfuß auf seinem Gleitschleim abrollen ließen und ihre Gleitspur ziemlich rasch verlängerten.

Wirklich, Raoul: schnelle Tiere. Ich will das zeichnen mit Blei Kohle Tusche, wie Windhunde erfolglos Schnecken jagen. (Ja, ich weiß: Augst.)

Bald zeigte sich, daß die Weinbergschnecken pflanzliche Ziele (Salat Mohrrüben Kartoffelscheiben) allenfalls auf eine Entfernung von sechzig Zentimetern annahmen, während der Geruchssinn der Gelben Egelschnecke, von der selbst Zweifel nicht mit Gewißheit sagen konnte, welches ihrer Organe Geruch als Reize aufnimmt, Ziele meldete, die einen Meter zehn entfernt lagen. Zweifel begann, die Strecke neu zu vermessen und alle sportlichen Disziplinen, je nach Schneckenart, zu unterscheiden: notwendigerweise systematisch und tabellengerecht.

Er sah den Wettläufen nur mit geringem sportlichen Interesse, doch mit der Neugierde des Wissenschaftlers zu. (Bei allen Nacktschnecken erreichte er Steigerungen, indem er Brotkrusten in gezuckerter Milch einweichte und als Ziel setzte.)

Und Lisbeth? Ihre auf Friedhöfen siedelnde Schwermut gab nicht zu erkennen, ob sie mehr kriechen sah als nur Schnecken, ob sie überhaupt Schnecken als Schnecken erkannte. Dennoch las Zweifel an ihr Veränderungen ab. Er notierte Vorformen infantiler Freude, sobald ihre Schnirkel- oder Wegschnecke das Ziel mit Vorsprung erreicht hatte und mit zügigem Fraß (bei eingestülpten Augenfühlern) trichterförmige Vertiefungen in die Kartoffelscheibe, in einen Pilz zu treiben begann. Da Lisbeth sich mit Schnecken (offenbar) verstand und stärker wünschen konnte, gewann sie fast immer. Sie glaubte ohne Umweg und durch nichts abgelenkt. Sie sah ihrer Schnecke mit Schubkraft zu.

Noch vor dem Abendbrot: »Er wurde ja viel zu spät mit dem Studium fertig. Im Krieg abgebrochen. Bis er endlich doch seinen Apotheker fertig machte. Die Leistung seines Lebens. Aber richtig befriedigt hat ihn auch das nicht.« – Ich hätte Frau Augst nach Fotos, nach dem Familienalbum fragen sollen: Augst als Leutnant. Augst auf dem Ludwigstein. Augst als Ostermarschierer. Augst beim Pilzesammeln, Pilzesortieren.

Noch immer besaß Zweifel jene Taschenuhr, die er als Vierzehnjähriger von seinem Onkel, dem Kassenrendanten des Entwässerungsverbandes Praust, Balthasar Ott geschenkt bekommen hatte. Und mit dieser schönleise tickenden Uhr nahm er den wettlaufenden Schnecken die Zeit ab. Futter für seine Leistungstabellen. Er veranstaltete Ausscheidungskämpfe. Als einmal zwei Weinbergschnecken den Wettlauf abbrachen, ihre Kriechsohlen aneinander aufrichteten, je einen Kalksplitter – Liebespfeil genannt – ausschieden, einander in die Sohle bohrten und ihr Zwitterspiel betrieben, disqualifizierte er beide, obgleich sich das Zwitterwesen der Weinbergschnecken zur glücksverheißenden Utopie auszuwachsen begonnen hatte; aber Sport mußte Sport bleiben.

»Mein Mann«, sagte Frau Augst, »kannte keine Kompromisse. Bei ihm war alles schwarz oder weiß, ja oder nein. Deshalb redete er manchmal nächtelang mit meinem ältesten Sohn, der damals noch beim SDS war und auch Kompromisse verabscheute. Aber ein richtiges Gespräch kam nie zustande. Immer aneinander vorbei.«

Zweifels Utopie hob die Geschlechter und den Kampf der Geschlechter auf: ausgeglichen und auf Harmonie getrimmt, frei vom Haß auf Vaters Hosenträger, frei vom Haß auf Mutters Schürze.

Als Manfred Augst auf dem Kirchentag sprach, hörte ihn jemand aus der Gemeinde des Dekan Noetling ins Mikrofon sprechen: »Da ist ja schon wieder unser Herr Augst mit seiner komischen Lieblingsidee!«

»Aber er konnte doch gar nicht frei und flüssig, weil er zur Kriegsgeneration gehörte und ihn die Großmutter erzogen und zum Klavierspiel gezwungen hat.«

»Deshalb«, sagte Frau Augst, »hat mein Mann mehrere Sprechschulen besucht. Wir haben die Tonbänder noch. Aber ich will das nicht hören. Es ist noch zu früh. Als seine Frau bin ich zu beteiligt. Es muß wohl noch Zeit darüber vergehen . . .«

Schon war es Sommer. Schon war im Kampfraum Kursk die letzte deutsche Offensive zusammengebrochen. Schon war Stomma seinem Gast gegenüber freundlicher, als er es, laut Wehrmachtsbericht, hätte sein dürfen; er stellte einen weinroten, verschossenen und eingesessenen Ohrensessel in Zweifels Keller. Schon begannen die Schneckenwettläufe komplizierter und in ihren Schwierigkeitsgraden vielfältiger zu werden: Um dem Lichtsinn der Schnecken größeren Einsatz abzufordern, baute Zweifel aus Briketts, die Lisbeth Stomma im Keller gestapelt hatte, ein Labyrinth, dessen schmale Durchlässe und Lichtschleusen von den Schnecken geortet und gleitend passiert werden mußten.

Auch das nicht mehr: streng riechende Männerbünde – scharfzüngige Frauenrechtsbewegungen. Keine Hormonspritzen mehr für russische Kugelstoßmeisterinnen. Und – lieber Herr Augst – keine Großmütter mehr . . .

So unbewegt Lisbeth Stomma Rennen um Rennen gewann, ihr Vater war aktives Publikum. »Schnellä! Nu mach schon!« rief er seiner favorisierten Schnecke zu. Er hielt ihr die Daumen. Auch wenn Stomma fast immer verlor, setzte er dennoch großzügig Prämien aus. Mit milchgesättigtem Weißbrot wurde die siegreiche Schnecke belohnt. Für Lisbeth, die stumme Siegerin, gab es ein Tütchen Glasperlen (sie spielte seltsam damit) und für Zweifel, den erfinderischen Veranstalter der Wettkämpfe, spendierte der Fahrradhändler Süßigkeiten, zum Beispiel Pfefferminzdrops. (Es war ja Krieg, Kinder, und Stomma bekam für seine Mangelware – Luftpumpen und Fahrradsättel, Schläuche und Katzenaugen – alles, sogar Lübecker Marzipan und französische Liköre.) In Zweifels Keller konnte es wohnlich sein: Stimmung kam auf.

Als ich zwischendurch Dekan Noetling besuchte, sagte er inmitten seiner Studierstube: »Dieser tapferen Frau ist eine große Last genommen worden. Das war nicht leicht für sie: mit diesem Mann all die Jahre.«

Später hat Zweifel seiner Utopie einen Namen gegeben: »Vom Glück der Zwitter.« So hieß der Untertitel seiner (leider) unvollendet gebliebenen Schrift über das Verhältnis der Schnekken zur Melancholie und Utopie. In Zweifels zwittriger Gesellschaft war Geben und Nehmen eins. Niemand ging leer aus. Kein Drohen mehr: Wenn du nicht, dann ich nicht . . . Kein Haß . . .

Frau Augst hat sich oft geängstigt: »Nicht weil es manchmal Streit gab mit Türenschlagen und Weglaufen. Das gibt es ja in den meisten Ehen. Außerdem war er ja so gut wie nie zu Hause. Immer war ja was los: Tagungen Diskussionen. Aber drei Wochen, bevor es passierte, sagte er . . . – Ich bin ganz still geblieben und habe Angst gehabt. Er war ja krank und man wußte nie.« – (Augst war kein Schläger. Nur einmal, am Ende, wurde er aggressiv: gegen sich.)

Ich zeichne euch, Kinder, einen Bogenschützen, der einen Pfeil einlegt, auf dessen Schaft eine Nacktschnecke haftet.

Zweifel kannte den empfindlichen Sinn der vorderen Muskelfußschwelle und wußte, wie Schnecken auf chemische Reizstoffe reagieren. Also markierte er auf seiner Tischplatte gradlinige Rennstrecken mit einer Kreidelösung, der eine Spur Salmiakgeist beigerührt war. Keine der wettlaufenden Schnecken hat jemals die Abgrenzungen übertreten, die Laufbahn verlassen. Natürlich erzielten sie zwischen Kreidestrichen bessere Zeiten als auf blanker Tischplatte. Diszipliniert nahmen sie ihren Weg: ein Feld von zwölf Egelschnecken oder neun Schnirkelschnekken schob sich zwischen strengriechenden Markierungen insgesamt vorwärts, auch wenn einige Schnecken zeitweilig den Muskelfuß ruhen und nur die Augenfühler das Ziel bestimmen ließen. (Zwischen Reizstoffen vorwärts.)

»Er konnte nicht anders. Er hat das vorgehabt«, sagte Frau Augst. »Wenn ich zu ihm sagte: ›Du solltest dir endlich eine neue Hose kaufen‹, sagte er: ›Du hast recht. Aber das lohnt nicht.‹ – Er hatte schon abgeschlossen. Das lief von alleine. Auch die Sprechschule wollte er nicht mehr besuchen. Wenn ich sagte: ›Aber du machst doch ziemliche Fortschritte‹, sagte er: ›Ja – aber wofür?‹ – Auch zum Arzt ging er nicht. Er war ja in Behandlung, weil er so krank war. Eigentlich hat es mich nicht überrascht. Aber ein Schock war es doch, besonders für Ute. Wir haben jetzt alle gut zueinander gefunden und musizieren viel. Mein Mann war ja leider nicht musikalisch. Auch die Familie war ihm zuviel. Überall suchte er Partnerschaft. Die konnten wir ihm nicht geben, wir nicht.« (Frau Augst hätte auch sagen können: Zwar lief er noch, aber er lief außer Konkurrenz. Dabei muß ihm die Zeit unerträglich lang geworden sein.)

Zweifel hat sich niemals gelangweilt (oder wie Laura sagt: langgeweilt). Mit seiner schönleise tickenden Taschenuhr nahm er den wettlaufenden Schnecken bis in den Herbst hinein täglich die Zeit ab. Auch Lisbeth Stomma langweilte sich nicht, so regelmäßig ihre Schnecken Wettlauf um Wettlauf gewannen.

Nur Stomma war ohne Geduld. »Hopp!« rief er seiner Schnecke zu. »Nu mach schon, mach. Hopp!«

Bei der Familie Augst gab es Tee, Butterbrote und Fleischsalat zum Abendessen. Jetzt war auch die Tochter dabei. Von Augst wurde nicht mehr gesprochen. Ich sagte: »Wir haben auch vier Kinder: drei Jungs und ein Mädchen. Aber alle viel jünger. Bei uns geht es lauter zu.«

Im Winter dreiundvierzig-vierundvierzig brachte Lisbeth nur noch wenige Glanzschneckengehäuse, die sie unter Schnee und Laub aus dem Mulm gescharrt hatte: Ende der Wettläufe. – Offenbar bedrückte es Lisbeth, daß sie Zweifel keine Wettläufer bringen konnte, denn als die letzten Steinpicker von der feuchten Nordwand fielen und auch die Wegschnecken ledern schrumpften und mit ihrem Schleim den Glanz verloren, begann sie, die frisch eingelagerten Winterkartoffeln umzulagern; aber es fand sich keine Egelschnecke, obgleich die Große Egelschnecke in Kellerräumen gerne überwintert.

Wie zum Abschied sagte Frau Augst: »Ganz in der Nähe wohnt Professor Bloch. Wir sehen ihn manchmal, wenn er spazierengeht. Man möchte mit ihm sprechen und ihn fragen. Aber wir trauen uns nicht.«

Stomma rasierte sich neuerdings, bevor er seinen Gast im Keller besuchte. Auch sagte er zu Zweifel nicht mehr Du. »Sie, wo Sie ain ächter jiedischer Doktä sind, mechten schon wissen ...« – Zweifels Mühe, seinen arischen Nachweis zu erbringen. Er zeichnete einen Stammbaum, dessen mennonitische Wurzeln sich bis ins sechzehnte Jahrhundert kringelten. Er erinnerte an seinen Paß, den Stomma seit Jahren (der Ordnung halber) verwahrte. Doch da er sich zu Anfang, wie aus Gewohnheit, mit seinem Spitznamen vorgestellt hatte – »Sagen Sie einfach Zweifel zu mir; meine Schüler haben mich auch so genannt.« – wollte Stomma weder den mennonitischen Verästelungen noch dem Paß und dessen Eintragungen glauben. (In Dirschau an der Weichsel war ihm vor Jahren ein jüdischer Fuhrunternehmer bekannt gewesen, der Gläubig geheißen hatte.) Zudem bestätigten die täglichen Frontverkürzungen im Wehrmachtsbericht den höflich gewordenen Stomma; stolz war er und begriff sich als heroisch, weil er einen Juden in seinem Keller zu verbergen meinte: »Da stäh ich fiä ain. Ond wännes mich Leben mecht kosten.«

Erst im März vierundvierzig, als sich die Divisionen der Armeeabteilung Narva auf die Linie Peipussee–Pleskau zurückziehen mußten, fand Lisbeth einige rötlich gelippte Laubschnecken, die auf dem Brentauer Friedhof im gehäuften Buchenlaub überwintert hatten. In Zweifels Keller verließen sie ihre Gehäuse. Zögernd wiederholte sich Glück. Doch keine Wettläufe mehr, sondern neuerliche Versuche, sanft mit dem zu sein, was von seiner Geliebten anwesend war: Spielerisch setzte Zweifel die Laubschnecken auf ihrem hellbeflaumten Fleisch an und war auf Umwegen zärtlich; aber Lisbeth blieb fern – nicht einmal Ekel.

Dieses Motiv findet sich schon auf persischen Miniaturen. Und auch die Hethiter sollen ihren Frauen Schnecken angesetzt, sich für die Liebe Zeit genommen haben.

Augst ein Denkmal schreiben.

Als Zweifel im April seinen neununddreißigsten Geburtstag feierte, schenkte ihm Stomma eine Briefwaage aus Messing, die auf einem Glasfuß stand: Jetzt konnte er seine Schnecken wiegen.

Die drei Augstsöhne brachten mich zum Bahnhof. Über Reutlingen Nürtingen Plochingen fuhr ich zurück und notierte wenig in meinem Sudelbuch: Der Brillenträger. Der Pazifist. Die Kinderrätsche. Pilzkunde und Sprechschule. Der

23. Psalm. Nur vier Monate Afrikakorps: vertrug das Klima nicht. Partnerschaft. Die Kriegsgeneration. Der Ludwigstein. Soll viel Kant gelesen haben. Was Dekan Noetling sonst noch am Grab gesagt hat. Die Großmutter und die Klavierstunden. Das Staatsexamen mit achtundvierzig. Wollte keine neue Hose kaufen. Hat mit den Kindern Reisen gemacht: einmal nach Tirol, einmal ins Elsaß, wo sie das ehemalige Konzentrationslager Struthof besichtigten. Schulden bis kurz vor Schluß. Seine Mitgliedschaften ...

Schon in Esslingen stieg ich aus und besuchte die kinderlosen Jäckels. »Erzähl mal«, sagten sie. Und ich begann: »War ein Brillenträger und Pazifist. Wollte zur Waffen-SS, aber die nahmen ihn nicht. Hat Pilze gesammelt und die Musik nicht geliebt. Haben sich alle Mühe gegeben, die Frau und die Kinder. Gehörte zur Freikirche. War depressiv und wurde behandelt: wahrscheinlich mit Tofranil. Soll aufhellen bei endogener Melancholie ...«

Und wenn ich nun doch beide an einen Tisch? Seitdem Zweifel die Briefwaage besitzt, müßte es gehen. Augst hat seine Brille vergessen; das gleicht aus. Schon ist es Mai in Karthaus und überall im Kaschubischen. Der Regen hat viele Wegschnecken gebracht: ziegelrote torfbraune rostrote senfgelbe ... Eine der Wegschnecken könnte zwischen ihnen verkehren. Es gäbe viel auszutauschen (Zwitterglück ist immerhin denkbar.) Die Wegschnecke wäre für beide da: Partnerschaft. (Auch Raoul könnte sich beide an einem Tisch denken.)

Später erzählten die Jäckels abwechselnd und gleichzeitig Reiseerlebnisse, die sie aus Indien mitgebracht hatten. Ich war weit weg, auch wenn ich über komische Episoden lachte und mich für Indien zu interessieren schien.

25

Er entsteht, wo sie sich zusammenraufen und einander das Wort erteilen, wo sie hakeln rangeln mitmischen hemdsärmelig sind, wo sie sich unter vier Augen besser (schon etwas besser) verstehen, wo sie alle in einem Boot und keine Krähe der anderen, wo sie von sich abzusehen bemüht sind und zwinkernd das Ganze im Auge haben, wo Proteste (chronisch) scharf ausgesprochen und Bedenken nachdrücklich geäußert werden, wo man sich abstimmt, bevor man abstimmt, wo Kompromisse vorher einkalkuliert werden und vorbeugend (nachdrücklich) fürs Protokoll gesprochen wird, wo Spesen Investitionen sind, wo Terminkalender verglichen und Postkartengrüße an Abwesende reihum gereicht werden, wo man sich im Verlauf vieler Sitzungen schätzengelernt hat, wo es stinkt ...

Zurückblättern: Münster, Zimmer mit Blick auf den Zoo. Der Kandidat in Lünen ein Pfarrer. Vielgestuft ist der Mief allgemein. Bei Regen kurz nach Willy in Osnabrück. Ein Goldhamster, der Franz gehört, ist verschwunden. »örtlich betäubt« wird verrissen. Die Wählerinitiativen Münster und Osnabrück arbeiten mit Klein- und Großanzeigen. Sich überschneidende Dunstkreise. Krefeld, wo ich in der Königsburg, Kiesinger in der Niederrheinhalle. Der Goldhamster, der Franz gehörte, lag tot in der Speisekammer. Trotz schlechter Prognose bei uns zweitausend im Saal. Aufrufe fordern Zugluft. In Wuppertal im Haus Girardet: Gespräch mit der Redaktion, mit Druckern und Setzern. (Zitiere aus Heinemanns Rede zum 1. September.) Der Goldhamster lag in einem leeren Steinguttopf. Obgleich ich Ausrufezeichen hasse, eine Erklärung abgeben. Anna (mit ihrer besonderen Nase) war dem Geruch nachgegangen. Sie sagte: »Kannst du den schnell im Garten ...« Und sah dann doch noch die Würmer im Fell wimmeln. Franz wußte, wieviel ein neuer kostet. Drautzburg, der Ohrenzeuge, hat sich Kiesinger angehört: »Mannohmann! Eine Stunde lang über Gelbe Gefahr. Ruft dreimal China, bis die Leute Schiß kriegen: Gleich kommen sie, siebenhundert Millionen, und alle nach Krefeld.« Beim Begräbnis des Goldhamsters, der Franz gehörte, hat niemand eine Rede gehalten. Jetzt läuft der Wahlkampf überall. Mobile Dunstglocken. Ab morgen fünfmal täglich mit Lautsprechern vom VW-Busdach. Kein Skat mehr mit Betriebsräten, nur redenreden ...

In seiner Zopfmusterstrickjacke sitzt Zweifel im Ohrensessel, die Arme auf gepolsterten Lehnen. (Ich will versuchen, Kinder, ihn auszugraben. Zuviel läuft nebendrein, zum Beispiel Landschaften. Zweifel in seinem Keller war allenfalls die plackige, vom Schwamm und Schorf befallene Nordwand so etwas wie denkbare Landschaft; er war ja begabt im Entwerfen. Die vielen unbestimmten Einzelheiten.) Also sitzt er im Ohrensessel. Draußen soll Sommer sein. Die Zeitung berichtet von Abwehrschlachten im Kurland und der immer näherrückenden Ostfront. Schon könnte man meinen, Zweifel sitzt sicher in seinem Ohrensessel. Auf dem Tisch hat er ein Stilleben aufgebaut: Neben der Briefwaage aus Messing liegt die schönleise tickende Taschenuhr, deren Kette Umwege macht und auf das offene Rasiermesser hinweist, an das sich die Lupe (ohne Schnürsenkel) lehnt. Dazwischen, über die Uhrkette, auf dem Glasfuß der Waage und nahe dem offenen Rasiermesser bewegen sich oder zögern zwei Wegschnecken (ziegelrot torfbraun) zwei Weinbergschnecken (von denen eine später schadlos über das offene Rasiermesser gleitet) eine Gelbe Egelschnecke. Jetzt ruht die andere Weinbergschnecke mit ihrem Haus auf dem Glas überm Zifferblatt der schönleise tickenden Taschenuhr. Jetzt steigt die Egelschnecke am Messinggestänge der Briefwaage und wird sie zum Ausschlag bringen. Bezüge freihaus. Zweifel bezieht sich auf jenen Kupferstich (rechts vom Kellerfenster) und hat Spaß an seiner Melencolia.

Ihn wechseln. Dennoch wäre es falsch, Mief ausschließlich in Vereinen, Arbeitsgemeinschaften, Verbindungen, Gemeindesälen, Seminaren, in Republikanischen Clubs und auf Sportplätzen zu suchen: Auch Einzelgänger riechen nach vereinzeltem Standpunkt, und selbst die Verächter des Miefs treffen sich manchmal in kleinem Kreis. Man hört sie hüsteln: Opfer des demonstrativen Lüftens.

Und das, Kinder, bringe ich aus Wuppertal mit, wo die Schwebebahn eine Vielzahl wundergläubiger Sekten unfallfrei verbindet: Im August brachte Lisbeth Stomma, nachdem sie Zweifel schon viele und leicht zu benennende Schnecken gebracht hatte, eine Nacktschnecke, die er, der alle Mollusken der Klasse Gastropoda beim Namen kannte, nicht bestimmen konnte. Sie hatte die Länge der Waldegelschnecke, war aber nicht gekielt. Ihr Rot war nicht das Rostrot Ziegelrot Brandrot der Wegschnecken; purpurrot trug sie einen grauschwarz gefleckten Mantelschild. Wie bei der Gartenwegschnecke war ihre Sohle gelblich, doch spielte ihr Kriechschleim glasig ins Grün. Ähnlich dem Atemloch der Gelben Egelschnecke war ihres von einem wulstigen Rand umgeben, nur saß das Loch nicht am hinteren Mantelschildrand sondern mehr zur Mitte hin wie bei den Wegschnecken. (Sie sah aus, als hätten sich Wegschnecke und Egelschnecke gekreuzt.) So systematisch Zweifel in Gedanken Fachliteratur blätterte, er konnte sie nicht bestimmen. Sinnlos, die stumme Lisbeth nach dem Fundort zu fragen. Dennoch verhörte er sie regelrecht, schließlich mit schroffer Ungeduld nach Einzelheiten. Er wollte wissen, ob am Fundort der Grund trocken, sandig oder feuchtschattig gewesen sei, ob sie die unbestimmte Schnecke am morschen Holz, an der Friedhofsmauer oder auf Moosgrund gefunden habe. Fast hätte er sie geschlagen. (Oder hat Zweifel, was ich kaum glauben kann, Lisbeth, weil sie stumm blieb, mit der Hand oder mit einem Lineal, das er beim Tabellenanlegen benutzte, auf die Finger, auf den Hinterkopf geschlagen?) Später zeigte sich, daß die unbestimmte Schnecke gerne Nadelwaldgrund aber auch trockenes Laub aufsuchte, obgleich sie keine Merkmale der braunen Wegschnecke aufwies, die auf Heideflächen und in pilzreichen Kiefernwäldern gefunden wird.

Eine Stadt, in der Mystik und Kleinindustrie bergauf bergab siedeln: tüchtig, weil immer erleuchtet. – Zweifel mußte nicht schlagen. Lisbeths Zunge kam wieder, ohne daß Gewalt sie lösen mußte. Langsam und zögernd über Schwellen begann sie, aus sich heraus zu lallen, sobald ihr Zweifel die unbestimmte Schnecke auf den Unterarm, auf den Handrücken, aufs Knie setzte. Ganz ohne Absicht, denn Zweifel hatte Lisbeth schon oft Schnecken angesetzt, ohne daß sie durch diese Spielart ersatzweiser Zärtlichkeit verändert worden wäre; doch die unbestimmte (die wunderbare) Schnecke gab ihr die Sprache wieder. Von Tag zu Tag näherte sich Lisbeths Lallen und gaumiges Stöhnen faßbaren Worten. Schon brummelte brabbelte sie. Und eine Woche, nachdem Lisbeth die unbestimmte Schnecke gefunden hatte, konnte sie sagen wo: »Na baim klainen Hannes war se jewesen.«

In Wuppertal geht es um zwei Wahlkreise, die fünfundsechzig mit 44,0 und 44,5 Prozent sicher gewonnen wurden. Hier die zu selbstsicheren Genossen in ihrem kommunalpolitischen Mief aufzuscheuchen, wäre (gleichfalls) ein Wunder: Und wir kletterten, als es soweit war, auf 48,6 und 49,6 – kaum zu glauben.

Dabei blieb es vorläufig. Solange sich der Muskelfuß der unbestimmten Schnecke über Lisbeths Unterarm und – der Beuge folgend – über ihren Oberarm schob, wobei die Kriechspur den hellen Flaum glättete, sprach Lisbeth von ihrem Sohn: Was sie zu Hannes gesagt hatte, was Hannes ihr von Kaninchen und Igeln erzählt hatte, was sich beim Spiel der anderen Friedhofskinder mit Hannes zugetragen hatte – Streit um verlorene und gefundene Knöchelchen –, doch sprach Lisbeth nur, solange die Schnecke angesetzt blieb. Stomma saß manchmal mit kalter Pfeife dabei. Zwar wunderte er sich, aber da er in Zweifel schon immer den Doktor, mehr noch, einen jüdischen Arzt erkannt hatte, wunderte er sich nicht übermäßig. Er sagte: »Nu räd se wieder« und beschaffte in der Stadt ein schön leeres Schulheft, in dem Zweifel Lisbeths durch Rückfälle verzögerte Heilung mitschrieb.

Als wir im Krefelder Hof, nach dem Abstecher nach Rheydt, etwas essen wollten, fuhr draußen Kiesinger vor. Einige Gäste verließen ihre Tische, um ihn vorfahren zu sehen. Auch das Servierfräulein (gerade dabei, unsere Bestellungen aufzunehmen) verließ uns, obgleich ihr an der Silberzunge nichts liegen konnte. Ihrem Rücken war anzusehen, daß sie Drautzburg lustiger fand, auch daß sie dem Sog zur Fensterfront nur widerstrebend folgte. Deshalb rief ich, obgleich es noch nichts zu pfeffern gab: »Können Sie uns, bitte, ein wenig Pfeffer bringen.« – Das Servierfräulein löste sich von der Fensterfront, lächelte wie erlöst, brachte den Pfeffer und nahm, während draußen Kiesinger vorfuhr und der Beifall der Jungen Union klappte, die restlichen Bestellungen auf. – Deshalb sagt nicht gleich »typisch autoritär«, wenn ich euch anrufe, Franz vom Fernsehschirm und den UFOS abziehe, Raoul mit List aus dem Sog locke. Denn der Sog ist mein Feind. Er schafft Einheiten, die ich fürchte. Am Ende will ein einziger Wille mit einem einzigen Mund nur noch den einen Schrei nach Erlösung Rettung Heilung, dem Wunder. (Ein Schriftsteller, Kinder, ist jemand, der gegen den Sog schreibt.)

Als die Studenten ihres Eigengeruches überdrüssig wurden, verließen sie die Hörsäle, formierten sie sich eng gekoppelt, gerieten sie in den Sog ihrer Reizworte und lüfteten sie sich auf der Straße. Trotz heftiger Bewegung und wunderbarer Einmütigkeit scheiterte dieser so oft fotografierte Versuch radikaler Entmiefung, weil die Studenten unter sich blieben und – als es kälter wurde – ihren Sprachgebrauch als Wärmezone bezogen, viele als Dauermieter. (Jetzt soll der süße Jesus mit linken Kunststücken helfen.)

Jedenfalls ohne an Wunder zu glauben, nahmen wir der CDU den Wahlkreis Krefeld ab. Kletterten von 40,2 auf 45,2 Prozent. Und das, obgleich die Silberzunge in der Niederrheinhalle dreimal, den Himmel beschwörend, China gerufen hatte.

Und legte die Hand auf. Und berührte sie. Und sagte: Steh auf. Und tat ein Wunder. Und die es sahen, glaubten fortan. Auch Stomma sagte: »Ain ächtes Wunder«, sooft ihm Zweifel widersprach, so umständlich er wissenschaftlich wurde.

Dabei war es die Natur, die wegnahm oder zurückgab und heilte. »Nur wissen wir nicht«, sagte Zweifel, »welche Stoffe nehmen, geben und heilen.« Er führte in den Tabellen seines Diariums viele unbestimmte Einzelheiten auf; und auch ich, Kinder, durchschreite zwar diesen oder jenen kommunalen Dunstkreis, doch sobald ich Wuppertal Krefeld hinter mir habe, schließt sich hinter meinem Rücken der Mief und verursacht dabei ein bisher noch unbestimmtes Geräusch.

Während Lisbeth geheilt wurde und sich zunehmend veränderte, veränderte und verfärbte sich auch die heilende Schnecke; ihr Purpur lief ins Violett über, verfinsterte sich mit dem grauen Mantelschild und war am Ende blauschwarz. Die vorher gelbliche Kriechsohle begann, sich zu bräunen und glitt nicht mehr auf glasig grünem, sondern anfangs auf milchig farblosem, später ergrautem Kriechschleim. Es war, als söge die unbestimmte Nacktschnecke Lisbeths Schwermut, womöglich den schwarzen Gallensaft in sich hinein; denn während sie sich verfärbte und mit hemmungslosem Sog die Substanz der Melancholie in sich aufnahm und speicherte, wuchs sie bis zur Handspannenlänge, wog sie mehr und mehr bleiern: ein

Fortschritt, den Zweifels Briefwaage täglich meldete. Auch begann der Wulst um das Atemloch knotig zu wuchern und den Mantelschild aufzuwerfen. Ab Anfang November nannte Zweifel die unbestimmte Schnecke in seinem Schulheft nur noch Sogschnecke. Ihre Verfärbung, schließlich Verfinsterung trug er in Stufungen ein.

Proben aus Bayern und dem Münsterland: der älteste Mief ist der religiöse. Eine Verdichtung aus Weihrauch, Gipsstaub, Dummheit und Armsünderschweiß. Der Kommunismus, zum Beispiel, könnte als Religion Zukunft haben. Schon rieche ich, wie es ihm nach zwitterhafter Begegnung mit dem Katholizismus gelingt, einen Großmief aus Mystik und Materialismus zu züchten. Windstille könnte dann herrschen. Unbewegte Zeiten kämen. Kein Platz für Zweifel. Nur regelmäßige Heiligsprechungen und ab und zu Wundermeldungen aus der Zentrale.

Anfangs, als die Sogschnecke noch unbestimmt, schön und vollkommen genannt werden konnte, hatte Zweifel sie eher spielerisch seiner Geliebten angesetzt. Und wie selbstverständlich hatte Lisbeth, sobald die Kriechsohle an ihr haftete und wirkte, zu plappern begonnen: die üblichen Friedhofsgeschichten. Später, als die Sogschnecke zu ihrem Namen kam, sich auszuwachsen, zu verfärben, dann zu verfinstern begann, war mehr von dem die Rede gewesen, was im Haus, in der Küche, im Hof und Kaninchenstall vor sich ging. Und noch später, als die Heilung schon fortgeschritten genannt werden konnte, sprach Lisbeth nicht nur, sobald sie die Sogschnecke an sich hatte, sondern auch uferlos zwischendurch. Von der Kundschaft in der Reparaturwerkstatt, von ihres Vaters Tauschgeschäften, von Begebenheiten, die sich in unmittelbarer Nachbarschaft zugetragen hatten oder von denen Gerüchte umgingen. Sobald Lisbeth (während wie nach der Behandlung) ihre Geschichten verstrickte, sprach sich ihr Hunger nach kleinstädtischem Klatsch und nach jenen handlichen Neuigkeiten aus, wie sie von Nachbar zu Nachbar über den Gartenzaun gereicht werden.

Wir nennen das tratschen, schweizerdeutsch rätschen. Wenn ich zurückkomme, bin ich satt vom pluralistischen Tratsch, der in Miefzentren, die nur schwer zu bestimmen sind, wie der Knöterich um sich greift. Gemischte Gremien aus zwiefach genähtem Interesse. Filzkulturen und regionale Geniste. Ein sich selbsttätig umschichtender Mief. Wedelnder Sprachgebrauch: »Da ham wir kurz gegenangestunken.« – »Wolln mal kurz bißchen Wirbel machen . . .«

Im Keller gab es auch Rückschläge, die Zweifel notiert hat. Zeitweilig bereitete die angesetzte Schnecke ziehenden Schmerz. Lisbeth wimmerte, schielte, geriet in Krämpfe, verdrehte die Augäpfel. Zweifel, der auf rascheren Fortschritt gesetzt hatte, mußte die Behandlung mehrmals aussetzen und insgesamt dosieren; denn auch die Sogschnecke mußte – so sah es aus – geschont werden: Wenn Lisbeth vom ziehenden Schmerz gekrümmt wurde, krümmte und bäumte sich gleichfalls die Schnecke. Die Augenfühler erstarrten, vibrierten. Sogar Lisbeths Wimmern fand Entsprechung: Das umwucherte Atemloch der Sogschnecke warf schaumige Bläschen, die knisternd platzten. (Nur langsamer Fortschritt. Ihr wißt ja, Kinder, wie verzweifelt wir tippeln. Und Raoul fragte mich neulich, ob ich wüßte, daß sogar der Verkehrsminister der Volksrepublik China Um-Lei-Tung heißt.)

Da ich mit verzettelter Nase versäumen könnte, meinen angestammten Dunst zu beschreiben, will ich jetzt den Reformmief benennen und sein Wortfeld absuchen: Wiedervorlage, Teilmodell, Stufenprogramm, vergleichsweise, Entwicklung, es fehlt. (Woran fehlt es?) An brauchbaren Unterlagen, an einem novellierten Rahmengesetz, an Zielprojektionen. Eine Datenbank fehlt. Bewußtsein fehlt. Der Wille zur Veränderung fehlt.

(Was, außer dem Bewußtsein, soll verändert werden?) Nicht alles auf einmal, doch eigentlich das System. Sätze, die mit dem Wörtchen »man« beginnen: Man müßte, man sollte . . .

Wegschnecken im Regen. Bei Nässe gehen sie auf, sind sie farbiger als in Büchern, atmen sie sichtbar, pumpen sie vielversprechend, gleiten sie müheloser, verschwimmt ihre Spur.

Ein trockner Herbst. (Selbst bei geschlossenem Kellerfenster hörte Zweifel die Kastanien im Hof platzen.) Solange die Schwermut von Lisbeth auf die Sogschnecke umzog, konnte er sich kaum um Stomma kümmern; auch den Unterricht im Altgriechischen mußte er vernachlässigen und später einstellen, so erstaunliche Fortschritte der immer noch leseunkundige Stomma machte und so komisch es sich anhörte, wenn der Fahrradhändler mit seiner alles breitschlagenden Zunge von Agamemnon und Klytämnestra erzählte. (Nach Zweifels Meinung hat Stommas Aussprache des Altgriechischen ahnen lassen, wie dialektgefärbt sich Hirten und Bauern zur Zeit des Aischylos Tratsch und Gerüchte weitergereicht haben mögen.)

Unsere Reformer sprechen, wie sich die Schnecke in unübersichtlichem Gelände bewegt: laut Langzeitprogramm mittelfristig. Da sie unterwegs bleiben, hoffen sie, stehendem Geruch entgehen zu können – und schleppen ihn mit.

Weil Stomma, der sonst mißtrauisch jedes Wort für eine Falle hielt, der Heilung seiner Tochter wundergläubig zusah, bat er Zweifel, auch ihn zu heilen und die Sogschnecke gegen seine Gicht anzusetzen. Jedes Mal, nachdem sie fünf genau bemessene Minuten lang seinen Rücken bis zum Nacken bezogen hatte, sagte er: »Nu is bässer. Werd miä noch fiehlen wie Jingling, wo Polka mecht tanzen.«

Bei den Projektemachern. Überall frißt sich der Streit über das Tempo und die Richtung des Fortschritts (wie er benannt werden soll) durch Vorlagen, Beschlüsse, Zusatzanträge und Protokolle.

Zum ersten Advent vierundvierzig, als der letzte Kriegswinter die Lage an allen Fronten regierte, ging Lisbeth Stomma in Karthaus zum Friseur und kam mit Dauerwellen zurück: eine junge und erschreckend normale Frau. – Auch diese wie alle vorausgegangenen Veränderungen hat Zweifel notiert, wie er seit seiner Schülerzeit den Lichtsinn und die Atmung der Lungenschnecken, den Fortpflanzungsprozeß der zwittrigen Weinbergschnecken und die Gangart auf Kriechsohlen beobachtet und in zierlich gesetzte Notizen gefaßt hatte. – Am 28. Mai 1944 schrieb er in sein Diarium: »Sogleich nach dem Ansetzen (linker Oberschenkel) begann L. St. zuerst zu summen, dann zu singen, ohne daß die Melodie erkennbar wurde. Erst gegen Schluß der Behandlung fand sich das formlose Lalala zu der weitverbreiteten Schlagermelodie ›Rosamunde‹, doch wurde der Text des Schlagers, abgesehen vom Titel und dem Wort ›Sparkassenbuch‹ nicht deutlich. Nach eigener Beobachtung und nach Aussage des Vaters A. St. hat L. St. seit dem Tode ihres Sohnes Hannes (am 2. September 1939) zum ersten Mal gesummt und gesungen.« – Und zum Vergleich diese Eintragung: »Heute, am 21. September 1944, zeigten beide Augenfühler der Sogschnecke gestörte Reaktionen. Auf Beschatten sowie nach Berühren der Blasenaugen folgte kein Einstülpen. Nach einer Stunde begann die Unempfindlichkeit abzuklingen. Doch erst am Abend, acht Stunden nach der Behandlung (Nackenpartie) konnten der Lichtsinn und die übrigen Reaktionen der Sogschnecke wieder normal genannt werden.«

Als sich die Schnecke im Gegenverkehr begegnete, sah sie sich widerlegt.

»Das darf doch nicht sein!« rief sie. »Ich denke, da vorne ist vorne.«

Nachdem sie auf ihre Art gezögert hatte, änderte sie die Richtung und begegnete sich bald darauf abermals.

»Habe ich also doch recht gehabt. Da vorne ist vorne!«

Sie wendete und entfernte sich voneinander: eine tragische und – aus Distanz gesehen – auch komische Spaltung.

Wie Lisbeth als Frau normal wurde. (Mehrere Schweizer haben es mir bestätigt: »De Schnägg« oder »s'Schnäggli« oder »Du chlyne heerzige Schnägg« sind nicht nur in Zürich-Niederdorf sondern auch in ländlichen Kantonen vulgäre und zärtliche Benennungen der Vagina; bildlicher als Fötzchen oder Möse.) Ihr habt es gut. Laura wird ihr Schnäggli hüten, Franz und Raoul werden s'Schnäggli suchen, und Bruno wird viele Schnäggehüüsli bewohnen.

Die Normalisierung. Unter dem 6. November 1944 steht in Zweifels Schulheft: »Sogleich nach Beginn der Behandlung (Beckenpartie bis zum Schambein) steigerte sich L. St. in einen Erregungszustand, der nach etwa vier Minuten Dauer zum Orgasmus der Patientin führte. Nach zehnminütiger Pause (bei angesetzter Sogschnecke) kam es nach kurzer, doch von Beginn an starker Erregung abermals zum Orgasmus, wobei die Patientin zweimal den Vornamen des bei Kriegsbeginn gefallenen Roman Bruszinski (Vater ihres verstorbenen Sohnes Hannes) ausrief. Das Anschwellen der Schamlippen und reichlicher Ausfluß zeigten normal-geschlechtliches Verhalten an. Als sich die Sogschnecke über das Schambein zog, geriet die Patientin abermals in erregten Zustand: Zuckungen, rascher Atem, Aufgehen der Schamlippen, hechelndes Stöhnen. (Die Behandlung mußte ausgesetzt werden, weil das Atemloch der Sogschnecke Bläschen zu treiben begann.)« – Zweifel hatte jetzt eine Frau.

Das werdet ihr lernen, Kinder. Ich bitte euch, zärtlich zu sein und geduldig zu bleiben. Und laßt nichts aus. Seid gierig nach neuen Gefühlen. Sucht immer andere Stellen. Werdet gesättigt nicht satt. Lernt von der Schnecke, nehmt Zeit mit . . .

26

. . . und gratuliere euch zum Geburtstag. Alle beide gleichzeitig zwölf geworden. (Keiner mit Vorsprung.) Raoul hat nun doch seinen Plattenspieler bekommen. Sobald der September beginnt, fällt es schwer, konsequent zu bleiben; das Licht überredet.

Mit meinem Tabak habe ich mich auf die Terrasse zurückgenommen: Als ich zwölf war – aber ich will nicht vergleichen –, war der Krieg sechs Wochen alt und Polen schon lange. Auch hatte ich kein Zimmer für mich, sondern die Nische unter dem rechten Fensterbrett. Ihr habt jeder eins, seitdem wir den Streit geteilt haben, weil so verschieden geratene Zwillinge. Und meine Schwester, die ihr schweizerdeutsch Gotte nennt (und die mittlerweile als Hebamme rund siebentausend Kinder ans Licht geholt hat) besaß die Nische unter dem Fensterbrett des linken Wohnzimmerfensters. Jetzt hämmert Franz gegen die Zwischenwand, weil Raoul mit einer Metallfeile. Sonst gab es nur noch das Schlafzimmer, in dem die Eltern und wir. »Gut«, sagte ich, »soll jeder ein Zimmer für sich.« Und sagte mein Vater am Sonntag: »Sollt es mal besser haben, sobald der Krieg vorbei ist und eine Dreizimmerwohnung in Schidlitz.« Denn als ich zwölf war und meine Schwester Waltraut neun, hörte ich, weil ich wach lag im Dunkeln, alles: den fortgesetzten Streit, die Liebe im Bett als Geräusch und den Schlaf der Eltern. Ihr habt jetzt, was ich nicht hatte: ein viereckiges Zimmer, in dem ihr euch ausdenken, vorstellen könnt. (Doch auch ich unterm Fensterbrett dachte mir aus, stellte mir vor.) Wenn ich nun Franz und die Ordnung, Raoul und das Chaos besuche, bei Franz die Produkte der Langeweile und mich im Detail wiedererkenne, überrascht mich bei Raoul täglich ein neues Trümmerfeld. Beide sammeln: Franz, um zu ordnen, Raoul, um Gesammeltes zu zerstreuen. Weil immer was auseinandergeht und die Welt, dieses Werkstück als Werkstatt, nicht fertig ist. (Ich habe in meiner Nische schön gezackte Granatsplitter gesammelt.) Franz hütet Reiseandenken aus tatsächlichen und aus erdachten Ländern. Wir haben ja Platz.

Jetzt steht der neue Plattenspieler im Chaos und fürchtet sich vor der Neugierde seines Besitzers, der draußen noch Auslauf sucht. Franz schlingert in seiner Kajüte. Ich, knapp zurück, trage Münster und Lünen nach, halte mit meinem Tabak die Terrasse besetzt: Staubfäden Ruhe Zweifel . . .

Raoul und die Gegenstände. Da ist er und jammert, hat sich beim Spiel im Hinterhof (Hase und Jäger) als Hase das rechte Schienbein aufgeschlagen. »Nein, Raoul. Nicht dein Schicksal. Das war der scharfe Rand der Kellereinfassung.« Alle wollen das magere Bein und die saftige Wunde sehen. Bruno gibt Anna Ratschläge. Franz ist peinlich berührt. Laura entdeckt, daß ihr auch was wehtut. Ich reihe Sprüche: »Wird schon wieder werden. Unglück am Geburtstag bringt Glück. Ich schwör dir: Wirst sehen.«

(Wünschen sich Hühnchen zum Mittagessen, diese widerlich bleichen Hormonvögel. Kein Fleisch, nur noch Kaumasse.) Am Nachmittag gingen wir mit Franz und Raoul und ihren sieben oder neun Freunden nach Steglitz ins Kino (Allegro), einen Western sehen: »Stadt in Angst« mit Spencer Tracy – »War Klasse!« Danach lief wieder was. Bettinas Geburtstagskuchen, der neue Plattenspieler, Besitzansprüche treppauf treppab. Eine Familie von solchem Ausmaß kennt keine Pause. Überall wächst was, bricht was aus, heilt was zu, spricht wer dazwischen, geht was verloren, fehlt ein Teil, ist immer was los. Oft, wenn sich der Lärm im Haus und am Tisch selbst trägt, sitzen Anna und ich unter zwei Glasstürzen in einem Glassturz. Flucht in verschiedene Richtungen. Jahrelanges Entgegenkommen. Ungleiche Erinnerungen. Jeder in sein Loch vergafft. Gemeinsam abwesend. Manchmal auf Rufweite: »Bist du noch da? Ist

Post aus Prag? Wann mußt du wieder? Was ist denn? Sag doch. Erzähl mal.«

Wir besuchten ihn in seinem Sonderzug kurz vor der Abfahrt 0.12 Uhr: Hamburg Hauptbahnhof. Er hat sich in Schleswig-Holstein auf Marktplätzen heiser gesprochen. Nichts Neues: einundsechzig, fünfundsechzig, zweimal nahm er Anlauf, jedes Mal heiser, jedes Mal mit zu knappem Gewinn. Wird es reichen diesmal? Wir sitzen im Halbkreis: vier oder fünf Besorgnisverkünder. Ein Masseur, der gleichzeitig Sicherheitsbeamter ist (und nebenbei Butler), walkt seine Schultern, den Halsansatz. So also, wie das gediegene Wartezimmer eines Zahnarztes für Privatpatienten, sieht der Salon in einem Sonderzug aus. Im Halbkreis lernen wir, wie und wo massierende Handballen angesetzt werden. Er bittet jeden auf seinem Stühlchen, sich durch den heilpraktischen Vorgang nicht stören zu lassen. Sein Programm ist abgehakt: siebenmal »Liebe Bürger . . .« Jetzt freut er sich über Besuch, raucht heiser und erzählt einen Witz, als erzähle er ihn zum ersten Mal.

Auch wenn ich ihn zu kennen meine, bleibt er jemand, der von weit weg herkommt, zwar dasitzt, aber noch nicht da ist, zwar erkennbar im Umriß aber vage in Einzelheiten, zwar einen Witz erzählt, aber hinter dem Witz und seinem erstaunlichen Vorrat an Witzen (wie zu Schüler- und Pausenhofzeiten) Schutz sucht; denn im Rücken seines Gelächters – und er kann lachen: brüchig ansteckend – stapeln sich verschnürte Pakete. Wer will dran rühren, sie aufdröseln?

Jemand mit Hintergrund.

Jemand, der beim Aufstieg von Kehre zu Kehre Niederlagen gesammelt, verpackt und mitgeschleppt hat. (Doch selbst nach Siegen, die immer nur Teilsiege waren, wollte er nicht abwerfen, Ballast verteilen.)

Sobald er Schritte macht, bewegt er Vergangenheit, seine unsere: die nationalen Wackersteine. Ein Packpferd, das nur läuft, wenn ihm Übergewicht aufgetragen wird. (In seinen Knien sitzt, knirscht etwas, das gebeugt werden will; und im Jahr drauf ging er in Warschau auf die Knie, anstelle von Worten.)

Wenn er spricht, schieben seine Sätze einander. Jeder schiebt jeden vor sich her und wird von jedem, der folgt, geschoben, Rangiergeräusche. Wo, wenn nichts zieht, ist die Schubkraft?

Nennt ungern beim Namen. (Oft umschreibt er, was er genau weiß und seine Adresse hat, solange, bis er nur noch Umschreibung, ungenau ist.)

Zögerphasen Verzettelungen. Zwar sieht er die großen Zusammenhänge bis ins Feinkörnige, aber Personen (auch große) sieht er entschärft, hinter Milchglas gestellt. (Hat er sich für Personen entschieden, die sich vor Milchglas gegen ihn kehren, dann schweigt er und hört sein Schweigen.)

Jemand, der nur zögernd ich sagt und dennoch von sich nicht absehen kann. (Käme in nordischen Sagen ein Sisyphos vor, müßte er Willy heißen.)

Jemand vom Stamme Zweifel.

Und raucht und ist heiser. Unsere Ratschläge für das Sprechen im Freien mit Mikrofon; denn manchmal glaubt er, ohne zu sprechen. Anmerkungen zu den spontanen Streiks im Ruhrgebiet, auf der Howaldtwerft. Strauzeleien. Übliche Besorgnisse, ältliche Umfrageergebnisse. Leo Bauer hat ein paar neue, zu gute Zahlen. Ich nöle penetrant über Unzulängliches in Oberschwaben. Er nickt, bestätigt, sammelt Unzulängliches: noch ein Paket. Im gediegenen Salon des abfahrtbereiten Sonderzuges massiert der Sicherheitsbeamte jetzt seinen Nacken.

Ja, Kinder, ich bin mit ihm befreundet. Das ergab sich, verzögert. Seit Jahren (zwischen Pausen) rede ich mit ihm, schreibe ich ihm, hören wir einander zu, bilden wir Sätze gemeinsam, nehmen wir uns knapp Zeit. Ich weiß nicht, ob er mehr von mir weiß, als ich mitteile. Bevor wir zu uns kommen, kommen wir immer zur Sache. Weil wir so verschieden sind, brauchen wir eine Sache, die wir unsere nennen. (Hat bläulich mit Zukunft zu tun, wird mit oxydierter Vergangenheit aufgewogen, macht graustichig Gegenwart aus.) Eine verplante Freundschaft. Mangelnde Zufälle . . .

Jemand, der seiner Melancholie Termine einräumt.

Jemand, den nichts hebt, überhebt.

Jemand, dessen Ausflüchte versperrt sind, der sich nach vorwärts zurückzieht.

Viele sind übereingekommen, sich zu helfen, indem sie ihm helfen. Er läßt sich helfen.

Und das nur halblaut: er beunruhigt mich. Ich fürchte, er ist ein Ziel. Es könnte ihn treffen, täglich. (Auch weil er so unerbittlich geliebt wird.) Fast bin ich ängstlich in meiner Hoffnung, er könnte siegen und dem Haß seiner Gegner noch deutlicher sein.

Mit Sontheimer, Jäckel d. Ä., mit Gaus, Linde, wem noch? – Als wir Willy Brandt kurz vor Abfahrt des Sonderzuges auf dem Hauptbahnhof Hamburg besuchten, waren wir sparsam mit Vorschlägen. Gaus, den ich mir oft und versuchsweise als Zweifel im Keller denke, sprach analytisch. Seine Stimme trug. Er hatte erstens bis fünftens recht. (Nur Stomma in seiner Einfalt und Schläue hätte ihn widerlegen können.) Auf rundem Tisch lag auf Zeitungen die Bild-Zeitung. Einige Zeilen angestrichen. Das Böse in hoher Auflage. (Aber keine Streichhölzlein mehr, kein labyrinthisches Spiel.) Wird er? Werden wir? Kann denn? – Hinter dem Kanzlerkandidaten der Espede und dem massierenden Sicherheitsbeamten gab ein geschlossenes Fenster den Blick auf Bahnsteig vier frei: im gelben Licht ein sich küssendes Paar. Beide schon wahlberechtigt. Beide weit weg.

Der Sonderzug stand abfahrbereit. Wir wünschten uns alle artig Erfolg. Als wir gingen, blieb jemand zurück, dessen Einsamkeit viel Zulauf hat.

Mitbringsel: meine und eure.

Franz bringt eine Schlangenhaut.

»Wo haste denn die her?«

»Aussem Laden.«

Er meint das Tiergeschäft – Vogelfutter Aquariumzubehör Meerschweinchen – gleich neben der »Süßen Ecke« am Friedrich-Wilhelm-Platz.

»Hat sich einfach gehäutet. Lag da so rum. Is vonner Ringelnatter. Raschelt ganz schön, was?«

Als Gegenwert will Franz dem Tierladenbesitzer zwei junge Goldhamster bringen.

»Wenn meine Junge kriegen. Kriegen die bald.« –

Tausche Schlangenhaut gegen was?

Sich häuten können.

Außer sich sein.

Klebrig neu.

Am Tag nach eurem Geburtstag, gleich nach der Veranstaltung in Marktredwitz, schlug mir jemand die Schulter, mit dem ich zur Schule (weiß nicht auf welche) gegangen bin: »Na, alte Haut!«

27

Mit fortschreitender Heilung wurde aus der einfältigen Lisbeth Stomma eine junge Frau mit Dauerwellen und anderen Bedürfnissen. Sie war jetzt vierundzwanzig Jahre alt und wußte (neuerdings), wann sie Geburtstag hatte. (Auch Montag Dienstag Mittwoch konnte sie sagen und fünf nach sieben und übermorgen und vorgestern.) Je mehr ihr die Sogschnecke abnahm, um so lachlustiger wurde sie. Kein mädchenhaftes Kichern, ein Lauthalslachen und Prusten, dem der Keller zu eng war. In Lisbeths Gelächter schwamm die Aufforderung, mitzulachen.

Auf den Friedhof, wo ihr Hannes lag, ging sie immer seltener, dann kaum mehr. Manchmal (beim Kartoffelnholen) sagte sie: »Ech mißt mal wiedä hinjehn, weil so trocken is. Na, vlaicht iebermorjen.« – Auf fremde, entlegene Friedhöfe in Brentau oder Oliva ging sie nie mehr.

Lisbeth begann zu leben und sammelte fleißig Lebensbeweise. Wenn sie zu Zweifel kam – und später kam sie jede Nacht – hielt und klammerte sie ihn, lag sie nicht mehr bloß da und unter ihm, nahm sie ihn zwischen. Schon treppab in den Keller meldete ihr Schritt Ansprüche. Sie kam und wollte was kriegen. So stumpf und unbetroffen sich ihr schwermütiges Fleisch von Zweifel hatte stoßen lassen und so wenig es Zweifel, bevor die Sogschnecke Lisbeth änderte, trotz stößigem Fleiß und besessenem Fummeln gelungen war, ihr ein wenig Zärtlichkeit abzujagen, jetzt deckte sie ihn ein, kam sie entgegen, gab sie zurück. Lisbeth Stomma wurde neugierig, konnte staunen, mußte anfassen anfassen. Sie wollte wissen, was wo wie gemacht wird und lernte alles. Und wollte mehr, wollte es querüber, rittlings, seitenverkehrt, hinten rein und noch mal von vorne bekommen. Sie war nachgiebig und spannte sich, sie saugte sich fest, wenn an ihr gesaugt wurde, sie hatte Krallen und Streichelfinger. Wie Hunde leckten sie sich und ließen nichts aus. Nicht mehr trocken und eng, offen und feucht ließ sie es kommen und hechelte sie getroffen, wenn es bei ihr kam, weil es bei ihm kam. Und zwischendurch ihre Schnappsilben und Rammellaute.

In Zweifels Keller zog die Liebe mit strengem Geruch ein: Samenkäse, dünstendes Doppelfleisch. Nie genug. Die Matratze zu knapp. Der Kartoffelberg gab unter beiden (die eins waren) nach und ging in die Breite. Auf gestampftem Lehmboden. Im Ohrensessel gegrätscht. Stehend, bis die Knie wegrutschten, gegen die feuchte Nordwand. Sie turnten, als wären Preise und Medaillen zu gewinnen gewesen. Alles, was sich machen ließ, bis endlich (so schien es) genug war und nur noch Schlaf blieb. Doch selbst im Schlaf, Kinder, faßten sie nacheinander und zitterten erschöpft, weil sie so leer waren.

Oft blieb Lisbeth bis zum Morgen. Zweifel mußte nicht frieren: der Atem neben ihm. Manchmal flüsterten sie zwischen Schlaf und Schlaf: Strichelwörtchen, kleingeschriebenes Wispern und enggereihte Warumketten. Da Lisbeth jetzt eine Frau war, die einen Mann hatte, begann sie zu fragen (und Zweifel wollte gefragt werden). Bevor die Sogschnecke Lisbeth heilte und änderte, hatte sie nie wissen wollen, woher Zweifel gekommen war, was ihn in den Keller gebracht hatte und warum er ihn nie verließ. Mehr als drei Jahre war sie tagtäglich ohne Fragen gekommen, und selbst wenn Zweifel ihr mit Worten, wie Kinder sie machen, von sich und seiner mannstollen Großmutter, von seinen Büchern und seinen Schülern, vom Werderdorf Müggenhahl zwischen Abwässerungsgräben und seiner altväterlich möblierten Wohnung, vom kahlköpfigen Gemüsehändler Laban und dem Schiff voller Auswanderer »Astir«, vom Verkauf der Synagogen und dem Speicher in der Mausegasse, auch von der Hoffnung, vom Berg Karmel in Palästina, ja, vom himmlisch Jerusalem erzählt hatte, war Lisbeth Stomma nichts als ein Loch gewesen, in das Zweifel hineinsprechen konnte, ohne es aufzufüllen: keine Antwort vom Lochboden. – Doch jetzt wollte Lisbeth wissen, alles, klitzeklein.

Von Marktredwitz nach Wunsiedel, wo es regnete und wir in den Goldenen Löwen flüchten mußten – von Wunsiedel in den Kurhausgarten Bad Berneck, wo unter Bäumen die Rentner mühselig und beladen waren – von Bad Berneck nach Bayreuth. Wir schaffen vier fünf Veranstaltungen pro Tag (plus Pressekonferenz und hastigem Aufbau von Wählerinitiativen). Drautzburg hat unser Busdach mit einer Plattform stabilisiert und mit zwei Lautsprechern bestückt. Bodenseeschwäbisch kündet Bentele an: »In einer Viertelstunde spricht zu Ihnen auf dem Marktplatz ... spricht auf der Kurterrasse der bekannte ... wird sich der international bekannte Schriftsteller Ihren Fragen stellen ...« – Wir kommen mit Musik, die Drautzburg und Bentele gemixt haben: »Oh happy day«. – Meistens liege ich hinten noch flach, wenn es schon oben raus dröhnt. Kaum angekommen, wird das Aluminiumleiterchen eingerastet, damit die wechselnden Kandidaten und ich auf die Plattform klettern können. Kurze Ansprache – »Liebe Kurgäste!« – während sich Publikum sammelt und im Halbkreis zum Staunen bereit ist. Unten fordert Drautzburg mit drahtlosem Mikrofon zur Diskussion auf. Im Bus steuert Bentele die Lautstärke und schwitzt bei Pannen. Ich, oben, muß aufpassen, daß mein Mikrofon den Richtlautsprechern nicht ins Gehege kommt, Kampf mit der Technik, dem Wetter, mit eingelebten Vorurteilen und selbstbewußter Ignoranz. Eine NPD-anfällige Gegend. (In Wunsiedel zwei langgelockte Burschen, die aber von rechts kommen und mich gelernt nicht »Revisionist« sondern »Verzichttrommler« nennen.) In Bad Berneck will eine rüstige und mit dem Mikrofon wie verwachsene Dame unbedingt (und mit meiner Hilfe) die australische Urbevölkerung retten. Überall die Ängste und Kümmernisse der Rentner. Ihre Sorgengesichter. Ihre (von Amts wegen) verwirrte Sprache. Abgeschoben unverstanden vertröstet verengt. In ihrer Uneinsichtigkeit sind sie CSU-fixiert, erwarten aber dennoch und einzig von den Sozialdemokraten Hilfe. (Kinder, wenn ihr euch helfen wollt, dann helft den Rentnern. Sie haben viel Bitterkeit zu bieten.)

Leistungsgesellschaft – das spricht sich so aus. Wo ich hinkam, ob sich der Kapitalismus elastisch, der Kommunismus pausbäkkig straff gab, überall regierte das Soll und das Übersoll und saßen unnütz, weil abgeschoben (abgeschoben, weil unnütz) die Alten und erzählten von vergangener Leistung.

Tagsdrauf: Eibelstadt – Weinprobe mit geladenen Gästen – Ochsenfurt auf dem Marktplatz – dann kirchenreich Würzburg.

Mühsam mühsam! Und doch macht es Spaß, wacklig vom Busdach mit wechselnden Kandidaten gegenüber Barockfassaden, unterbrochen von Kirchenglocken, wie freigesetzt, unterm Himmel und seinen Sperlingen endlich ohne hochkant gestellte Kiste freiweg zu reden und bei wechselndem Wetter und gleichbleibend trockenem Reformprogramm ganz nah dran, zwischendrin zu sein.

In München geht es darum, den Wahlkreis Mitte zu gewinnen. (Wurde gewonnen.) Dort, wie in Würzburg, Nürnberg, Erlangen, arbeiten Wählerinitiativen mit Klein- und Großanzeigen, mit Prominentenlisten und Professorenbekenntnissen, mit Flugblattschwemmen und Telefonberatung. Auf der Leopoldstraße verkaufe ich mit dem Komiker Schwier (»Es darf gelacht werden!«) unsere Wahlzeitschrift »dafür«. Am Abend im rauchverhangenen Löwenbräukeller. Reste mürrischer APO. Halte Extrarede: »Über den unbekannten Wähler«. Mag nicht mehr vom Blatt. Kenne die Fragen schon, meine Antworten auch. Auf dem Land ist es lustiger.

Bayern macht heiser. In Bayern kann man sich heiser reden. Wer nach Bayern geht, wird sich heiser reden. (Heiser blau-weiß.) Nachdem ich im Miesbacher Gasthof Bräuwirt vormittags eine Stunde lang ohne Mikrofon gesprochen hatte, war ich heiser wie Willy. Später gab mir Klaus Hardt, der die Wählerinitiative

München aufgebaut hat, etwas Scharfes, das stumpf macht, zum Gurgeln. Half sofort und hieß: Weißnichtmehrwie. Durfte nicht heiser bleiben. Klingt zu mühsam gequetscht. Nur Willy darf heiser und angestrengt. Ihm glaubt das jeder.

Nichts leichter, als eine Schnecke zu zertreten; sie fordert dazu heraus. Ihr nickt, Kinder. Ihr kennt diesen Willen im Schuh.

Es begann, als Lisbeth sich weigerte, für Zweifel und dessen Sammlung Schnecken zu suchen. Im Spätsommer vierundvierzig, als die Sogschnecke schon alle Schwärze aufgenommen und sich an Lisbeths Schwermut gemästet hatte, ging sie noch, wenn nicht mit ihrer Gießkanne auf den Friedhof, dann doch in den Garten um Haus und Hof, einige Wegschnecken und Bänderschnecken auflesen: »Na scheen. Werd mal nich sain so.«

Denn Lisbeth war eine Frau, die ihrem Mann gerne (aber nicht immer sofort) einen Gefallen tat. Sie wusch und flickte seine Hemden und Socken, die langbeinigen Unterhosen und die verfilzte Zopfmusterstrickjacke, sie fegte seinen Keller, bezog die bisher nackte Seegrasmatratze mit frischem Laken, wechselte die verpißte Steppdecke gegen ein Federbett aus, sie stellte ihm einen Strauß Astern neben die Briefwaage und sorgte für ihn mit Geduld, als er im Oktober von einer fiebrigen Grippe befallen wurde; nur Schnecken, selbst die herbstlich verkapselten unterm Laub, wollte sie nicht mehr sammeln.

Seid jetzt nicht wütend auf Lisbeth und mitfühlend nur noch mit Zweifel; denn Lisbeth Stomma war – alles in allem – eine gute, auch gutmütige Frau, die geheilt und verändert so normal geworden war, daß sie sich vor Schnecken zu ekeln begann.

Diese Schönheit verkriecht sich.

Diese Schönheit besteht auf Schleim.

Diese langsame Schönheit will nicht berührt werden.

So beredt Zweifel seiner Lisbeth die zögernde Anmut, das harmonische Spiel der Fühler, den Glanz der Schnecken zu preisen versuchte, der überlieferte Ekel war schneller. Er schrieb in sein Schulheft: »Die Schönheit der Schnecken kann den Ekel vor Schnecken nicht einholen. Das Normale siegt und bleibt dumm.«

Es mag sein, daß die schwarz angelaufene und mit dem Heilprozeß unförmig gedunsene Sogschnecke, seitdem sie ungenutzt (rentnerhaft) auf ihrem Sand- und Kiefernadelgrund haftete, Lisbeths Ekel vor ihr, dann vor allen anderen Schnecken wachgerufen hatte; jedenfalls begann sie, sobald Zweifel auf seiner Matratze schlief oder zu schlafen vorgab, die unbewegte und geblähte, Wülste, Knoten und Warzen treibende Sogschnecke, von deren Purpur nichts mehr geblieben war, mit mal polnisch, mal kaschubisch gezischten Flüchen einzudecken. Zweifel hörte sie auf die Schnecke spucken. Später sah er, daß Lisbeths gesammelter Speichel getroffen hatte und sich zu verfärben begann. Auch diese Reaktionen notierte er in seinem Schulheft als Symptome abgeschlossener Genesung: »Offenbar will L. St. durch Spucken und gleichzeitiges Verfluchen ihre nun in der Sogschnecke versammelte Krankheit auf Distanz halten. Angst vor Rückfall. Haß auf kompakte Schwärze. Katholisch-heidnisches Moment, ähnlich dem Sichbekreuzigen. Als sei der Teufel in die Schnecke gefahren: das Böse in Schneckengestalt.«

In Bayern, unterwegs, sammelte ich: Schlawuzi, Wurzn, Speihaferl, Gescheiderl, geschlamperte Urschl, Baazwabn ...

Und Ende November – es war am ersten Advent, und Lisbeth hatte sich am Vortag zum zweiten Mal Dauerwellen legen lassen – kurz nach dem Abendessen – Bratkartoffeln mit Speck und Rührei – als Zweifel seinem Gastgeber Stomma gerade aus der Zeitung vorlas und ihm den Verlauf der Kurlandfront erklärte – überall planmäßige Rückzüge und Frontverkürzungen – zertrat Lisbeth mit ihrem rechten Sonntagsschuh die unbestimmte, mit

Vorbehalt anfangs Purpurschnecke, später nach ihrer Funktion benannte Sogschnecke. Sie platzte seitlich vom Atemloch bis zum Kielende. Mit sattem Knall platzte sie. Auch innen war sie schwarz. Und tintig schwarz lief sie geruchlos aus. Stomma wollte seine Tochter schlagen. Zweifel hielt den Schlag auf und bat Stomma zu gehen. Lisbeth weinte, nachdem sie zertreten hatte. Und als Zweifel sie zu sich auf die Matratze unter das Federbett nahm, weinte sie immer noch: »Ech konnt ihä nech mä verknusen.«

Die Schnecke ans Kreuz schlagen. Ein leiser Vorgang. Die seitlich gehefteten Augenfühler. Kein Blut, nur Schleim am Fuß des Kreuzes.

In jener Nacht, als sich beide (und jeder anders verzweifelt) leergeliebt hatten, begann Zweifel, weil die Schnecke zertreten war, weil Nordostwind gegen das Haus stand, weil Lisbeth zu fragen nicht aufhörte, von sich und seinem Woher, von der Angst, von der Flucht zu erzählen, bis Lisbeth alles und zuviel wußte; aber noch ängstigte ihn nichts.

Nach der Veranstaltung in Miesbach (Oberbayern) nahm mich der sozialdemokratische Bürgermeister zur Seite, um mir im Auftrag der Münchner Kriminalpolizei von einer Morddrohung gegen mich zu berichten. Ich sagte: »Jaja. Die bekomme ich neuerdings oft. Sind ja auch meistens zwei in Zivil dabei, die sich unauffällig um mich bemühen.« Aber der Bürgermeister blieb besorgt, und auch ich wurde unruhig, als er von einem mitternächtlichen Telefonanruf in Berlin sprach: »Ihre Frau nämlich hatte heute früh Meldung erstattet . . .«

Wenn Wörter Schatten werfen. Hätte Zweifel ihr nichts erzählen, hätte er alles bei sich behalten sollen? So, unter einer Decke, erschöpft, nur noch ein Fleisch, umarmt umbeint und in Wärme (als sei sie Vertrauen) gebettet, sprach er und ließ nichts aus.

Anna und zwei Beamte in Zivil erwarteten mich in Tempelhof. Erst im Taxi hörte ich: Franz hatte um Mitternacht das Telefon gehört, hatte verschlafen den Hörer abgenommen, hatte, als er den Satz »Es fällt ein Schuß« gehört hatte, höflich, wie er sein kann, um genaue Erklärung gebeten, hatte aber nur die monotone Wiederholung der Ankündigung zu hören bekommen, hatte sich wieder (wohl nicht ganz wach geworden) ins Bett gelegt. Beim Frühstück erzählte er vom mitternächtlichen Anruf. Es sei ihm peinlich gewesen, auch komisch vorgekommen und bißchen unheimlich: »Na, die Stimme und so. Wie ne Durchsage. Wie im Kino. Glaubt einem ja doch keiner . . .«

Ich, heiser in Miesbach, habe Angst gehabt, Kinder. Wir scheinen erfolgreich zu sein. Jemand, der Franz Josef Strauß heißt, hat den Haß von der Kette gelassen. Wenn wir gewinnen, wird er Ziele markieren. (Zweifel hätte bei seinen Geschichten vom Zwitterglück bleiben und nicht von sich erzählen sollen.)

28

Stehen im Weg, berufen sich aufs Recht, geben vor, jemand zu kennen, den man auch kenne, klopfen an, nachdem sie eingetreten sind, fragen, ohne Antwort zu erwarten abzuwarten, verkleiden sich als Fußmatte Spucknapf Zahnstocher (gebraucht).

Man nennt sie Querulanten. Ihre Worte heißen: Restkostenerlassungsbescheid, Urteilsänderungsforderung, Spruchreifmachung, Kriegsopfereinsparverfügung, Landessozialgerichtsurteil, Liegenschaftsamt, Vorkostenrückerstattung, diesbezüglich, hierselbst, abfinden, abermals.

Nach jeder Veranstaltung – kaum beginnt sie sich aufzulösen – kommen sie auf mich zu, während ich schon signiere (inwendig Amen sage), und tragen mir ihren Fall vor. Kommen dicht ran. Ihr zumeist stockiger Atem. Rasch laut reden sie wie vor Gericht und befürchten Wortentzug. Oder leise eindringlich oder schnarrend mit Pathos. Untertänigst. Gehetzt in ordentlicher Kleidung.

Sie drängen mich in Fotokopien zu blättern, in denen schon oft geblättert wurde, die zerblättert sind.

Briefwechsel mit Anwälten und (inzwischen) verstorbenen Abteilungsleitern. Kündigungen, abschlägige Bescheide, ärztliche Befunde (die Mastdarmfistel). Zeugnisse des Pfarrers und gerichtsmedizinische Gutachten liegen mir vor. Lappig gewordene Scheine. Kohlhaas und seine Pferde. (Als Zweifel im Keller diese immer neue Geschichte erzählte, sagte sein Gastgeber Stomma: »Abä recht jehabt hattä!«)

Ich blätter mich hin und zurück. Randvoll enggeschrieben. Rot Unterstrichenes: »Für eine angebliche Zufahrtserlaubnis . . . und nach Verweigerung des Armenrechts . . . Angst vor Tatsachen . . . ungehindert vertuschen . . . ein Unrechtsstaat!«

Sie bitten und drohen. Ich sage: »So schnell kann ich nicht . . .« – Sie sagen: »Kenne ich schon, diese Ausreden . . .« – Ich sage: »Leider fehlt mir die Zeit . . .« – Sie sagen: »Denke, Sie sind für Gerechtigkeit . . .« – Ich sage: »Aber nun muß ich . . .« – Sie sagen: »Seit neun Jahren von Gericht zu Gericht . . .«

Gesichter auf Treu und Glauben. (Seitdem die Schnecke unter Anklage steht, ziehen sich alle Prozesse auf natürliche Weise in die Länge.) Notstandsgesichter. Verjährte Gesichter. (Meine Reiseandenken: Versteinerungen von Amts wegen.)

Randgruppe Kohlhaas. (Jetzt läuft er und setzt sich selber Termine.)

Es sind Terminüberschneidungen und überheizte Räume.

Graustichige Durchschläge abschlägiger Bescheide.

Es ist die Grußadresse der Ohnmacht: Bedaure.

Die allgemeine, schon Gewohnheit gewordene Verstopfung.

Es sind immer wieder außergewöhnliche Umstände: Wir alle sind überlastet.

Und weitere Härtefälle, die nicht bearbeitet werden können: Schließlich kann niemand hexen.

Die Zeit, sagen die Verbraucher, wird immer knapper.

Vordrucke erteilen Antwort: Rückwirkend fristgerecht.

Aber es muß doch . . .

Was uns Kopfschmerzen macht, daß so viele und immer mehr Leute in verschiedene Richtungen laufen und nach vorne weisen. (Als etwas ganz anderes diskutiert wurde, rief in Porz am Rhein eine Frau, ohne dabei die Stimme zu heben: »Man hat mich entmündigt! Man hat mich entmündigt!«)

Und auch Lisbeth Stomma begann nach jenen vier Morgen Ackerland in Kokoschken zu fragen, die nach dem Tod ihrer Mutter von deren Stiefbruder (Clemenz Czapp) bewirtschaftet wurden, obgleich Lisbeth berechtigte Ansprüche hätte anmelden können, zumal Stomma und seine Tochter mittlerweile als

Volksdeutsche galten, während sich Czapp nicht hatte eindeutschen lassen.

Und Lisbeth ging aufs Liegenschaftsamt Karthaus und kam mit Papieren wieder: Anträge, die Zweifel ausfüllen mußte. Es ging um Erbschaft und Gerechtigkeit, um vier Morgen Ackerland und zwei Dutzend Sauerkirschbäume ...

Seit dem frühen Nachmittag fand im Hotel Schloß Berge eine westfälische Bauernhochzeit statt und dauerte. Für Bauernhochzeiten bietet Gelsenkirchen sein Hotel Schloß Berge das ganze Jahr über an. Am nächsten Vormittag, bevor es nach Köln ging mit seinen vier Wahlkreisen und neunundneunzig törichten Jungfrauen, Gespräch mit Alfred Nau über sozialdemokratische Gebrauchsgegenstände. (Sein bebelsinniges Gedächtnis erinnert alles bis drei Stellen hinterm Komma.) In der Brauerei Päffgen treffe ich einen, mit dem ich als Steinmetz und obendrein Landsmann. Aber wir konnten nicht breit von früher vätällen, weil ich auf dem Neumarkt, dann im Kaufhaus Karstadt mit Betriebsräten, dann abwechselnd mit allen vier Kandidaten vom Busdach das Handmikrofon bediente. Aber am Abend lief im Sartorysaal einiges schief, das ich erst im Hotel Schloß Berge bedenken konnte, obgleich die westfälische Bauernhochzeit so verzweigt war, daß ihre Stammbäume bis in mein Zimmer wuchsen. Ich halte das ja aus, mittlerweile; doch als der arme Marchand von einer kölschen APO-Jungfrau als Redakteur unserer Wahlzeitschrift »dafür« verteufelt wurde, kam mich Jammer an: Ach, wie sie einander den Teppich wegziehen. Ach, wie sie liquidierfreudig sind. Ach, wie durch ihre stalinistischen Knopplöcher – und sie merken es nicht – Klein-Goebbels linst ... seufzte ich in meinem Bett, das keinen Schlaf bringen wollte, weil unten die westfälisch versippten Bauern und in meinem Kopf die kölsche Diskussion nicht aufhören wollten. Tagsdrauf Wanne-Eickel, Wattenscheid und am Abend Gelsenkirchen (Hans-Sachs-Halle). Doch selbst in Huckarde bei Dortmund, als ich die Kokerei Hansa besuchte und die Kumpels mir (bei Schichtwechsel) ihre Lohnstreifen zeigten und sogar freundlich gemeinte Worte vom Zorn eingefärbt blieben, saß ich halbwegs noch immer bei den Frauen und Müttern der Bergarbeiter in Wanne, die bei Kaffee und Streuselkuchen saßen, der rückwärts krümelt und Heimweh macht. Ich will zugeben, daß ich in meinem erfolglosen Bett diverse Schlager hörte und mitsummte, die mich, als ich jung (neunzehn) und läufig gewesen war, ziemlich trübsinnig gestimmt hatten: Ramona . . . Regentropfen . . . – Ja doch, bin wieder da und gebrauchsfertig! – Es soll doch niemand behaupten, daß Wahlkampf Routine sei. Da komme ich mit ausgeklügeltem Manuskript und sehe einen Saal Bergarbeiterfrauen: abweisend unbetroffen. Schon wird mir Geschriebenes komisch. Ich setze mich auf die geschriebene Rede, muß gleich (jetzt) schwitzend ins kalte Wasser, muß freiweg und auswendig, während der Schweiß nach innen schlägt, was mir einfällt aus Not: »Wie unser Gustav Heinemann, der seine Frau, nicht den Staat liebt . . .« Und das solange, bis sich die Frauen und Mütter der Bergarbeiter auf ihren Stühlen vom Streuselkuchen wegdrehen, weil der da oben hinter der hochkant gestellten Kiste . . . (Stand später in der »Westfälischen Rundschau«: »Frauen haben ihn ins Herz geschlossen . . .«) Ich muß dann doch noch so gegen fünf in der Frühe einen Dreiviertelschlaf zusammengesummt haben. Natürlich war ich stolz, als die Bergarbeiterfrauen ziemlich lange geklatscht haben. Denn als Schriftsteller (und Silbenstecher) hält man sich wie verhext am Papier fest, und nun auf einmal ohne wie bei den Aposteln, als ihnen der Heilige Geist . . . Jedenfalls kann ich besser seitdem. Hier steht noch Dortmund in meinem Sudelbuch: mit Karl Schiller vor Betriebsräten usw. (Diesmal Erdmann Linde dabei. Verstört, weil jemand gestorben war und er nicht wußte, was nun.) Spät, nach der Rederede – Kleine Westfalenhalle – und bevor ich jenen Schlaf fand, den mir die Bauern in Gelsenkirchen, geizig wie Bauern sein können, nicht hatten auszahlen wollen, kam noch jemand vom »Sonntagsblatt«, der in Cloppenburg und Osnabrück dabeigewesen war, doch diesmal Nebensätze zur Literatur hören wollte. Die war weit weg. Ich mußte mich kratzen, mich über Umwege an mich erinnern; doch nicht mal Zweifel in seinem Keller wollte von Schnecken plaudern und geistreich sein.

»Sagen Sie, zersplittert das nicht?«
»Ja, es zersplittert.«
»Ich darf also schreiben: Sie sind zersplittert.«
»Bin ich.«
»Ist das nicht schade?«
»Warum?«
»Weil Sie doch immerhin früher mal ganz waren.«
»Nie ganz. Nur gebündelte Splitter.«
»Und was haben Sie vor? Teilweise vor?«
»Schlafen.«
»Und was möchten Sie, wenn Sie könnten?«
»Mich verkapseln . . .«

Ich laß dich jetzt liegen.
Dein Gehäuse erinnert mich.
Bewegt warst du verständlich.
Vieles habe ich mitgeschrieben.
Ohne Zögern beim Überschreiten gedachter Linien.
Kein Schwalbenflug: Schneckenspur.
Gefühl für Lücken und ähnliche Tugenden.
Unfallfrei, bis auf den einen . . .

Auf der Stirn einer liegenden Frau, die ihren Atem wiedergefunden hat, ruht die Schnecke, bevor sie alles noch einmal findet. (Ja, das ist tierisch, wie sie ihn zwischennimmt. »Jetzt!« schreit sie. »Jetzt!«)

Das wurde Gewohnheit und reichte bis zum Erwachen. Tagsüber herrschte Streit vor; ein neuer Untermieter in Zweifels Keller. Denn Lisbeth Stomma wurde, seitdem sie gesund und normal war, Ackerland erben und Sauerkirschbäume besitzen wollte, ganz normal zänkisch. Weil sie alles wußte und auch beim Kartoffelschälen sagte, wieviel sie von Zweifel über Zweifel wußte, auch weil sie wußte, daß niemand sonst wissen durfte, was sie wußte, begann Stomma, dem sie zuviel wußte, seine Tochter zu fürchten und aus Furcht zu schlagen. Das war nach dem Durchbruch der sowjetischen Armeen bei Baranow. Schon war Insterburg in Ostpreußen gefallen, die letzte deutsche Offensive in den Ardennen zusammengebrochen. Eigentlich hätten Zweifel und sein Gastgeber Stomma das bevorstehende Kriegsende in Ruhe abwarten können, wenn Lisbeth Stomma, die erben wollte und vielzuviel wußte, nicht wegen zuviel Gesundheit so zänkisch geworden wäre. Alles – Zweifels Gewohnheit, mit den Fingergelenken zu knacken, Stommas Unsitte, die Pfeife am Stuhlbein auszuklopfen – war ihr Häkchen genug, um Grund für kleinen, sich hinziehenden und in endloses Gemähre auslaufenden Streit zu finden. Anfangs drohte sie noch unterschwellig mit ihrem Wissen, doch ab Januar fünfundvierzig – je näher die Front rückte und vage Hoffnung vor sich her schob – stellte sie ihre Drohungen nackt vor: »Denkt man ja nech, daas ech miä alles laß bieten. Ond wennech mißt Mäldung machen auf Amtsstelle.«

Wenn Stomma zum Schlag ausholte, aber seine Faust in der Luft, knapp unter der Kellerdecke unsicher wurde, lachte seine Tochter in rasch wechselnder Folge: nach hämisch heiserem Kichern schoß sie lauthals Lachsalven, sie prustete, konnte sich nicht einkriegen, hechelte zwischen kurzatmigem Kreischen, schrie vor Lachen und klemmte, um das Wasser zu halten, die Schenkel, geriet ins Gluckern, gab erschöpft auf und ließ es, schon wieder gutmütig, nachscheppern.

Dürer, so heißt es, habe ein zänkisches Weib gehabt. Sein Freund und Kuppelbruder Pirckheimer bezeugt, daß die Hausfrau Agnes, geborene Frey, ihm das Herz angenagt habe, so daß er eines hartseligen Todes gestorben sei. Immer nur habe er Maulen und Keifen zu hören bekommen, so freundlich er nachgegeben und seine Stiche und Schnitte, die Kleine und Große Passion, das in Kupfer gestochene Marienleben, auch Einzelblätter (darunter die Melencolia) unter Preis verscherbelt habe. Mag sein, daß Zweifel in Lisbeth Stomma des Dürers Agnes und in beiden jenes Weibsstück wiedererkannt hat, das als dräuender Engel zwischen Trödel und Hausrat sinnbildlich hockt und von Saturn, der den lauten Zank und die muffe Schwermut bringt, zweimal geschlagen ist.

Und selbst als Polen und Ostpreußen schon überrollt, Elbing gefallen und die Heeresgruppe Weichsel abgeschnitten waren, als der Rückzug zerschlagener deutscher Kampfverbände über die Chaussee Karthaus-Langfuhr Panzergeräusche in Zweifels Keller lieferte, blieb Lisbeth zänkisch und drohte sie mit Gestapo und Feldgendarmerie. Dabei war sie schwanger. »Dä Jud hat miä dick jemacht.« Zwei Tage bevor Karthaus geräumt und von Einheiten der 2. Sowjetischen Armee besetzt wurde, steigerte sich Lisbeth Stomma, nachdem Zweifel ihr zu erklären versucht hatte, daß er einerseits kein Jude sei, andererseits aber demnächst als Jude behilflich sein könne, in solch schreiende Wut, daß Stomma, der stündlich Einquartierung befürchtete, mehrmals zuschlug, bis sie auf dem Lehmboden lag und von der rechten Augenbraue bis zum Haaransatz blutete: er hatte mit einer Luftpumpe zugeschlagen.

Was gibt es noch zu erzählen, Kinder? – Zweifel hat Lisbeth Stomma verbunden und gepflegt. Zweifel hat, als die Russen kamen, mit sowjetischen Offizieren verhandelt. Zweifel hat verhindert, daß die schwangere Lisbeth, trotz Kopfverband, vergewaltigt wurde. Zweifel hat sich nach langwierigem Verhör auf der Kommandantur ausweisen können. Zweifel, der jetzt wieder Ott hieß, hat sich schützend vor Stomma, seinen Gastgeber gestellt, denn Stomma, der ja Volksdeutscher geworden war, sollte nach Thorn in ein Lager gebracht werden. Zweifel zahlte sich aus. Als den sowjetischen Verbänden polnische nachrückten, wurde ihm sogar Verwaltungsarbeit übertragen. Und auch Stomma lief mit einer roten Armbinde durch die Stadt und war bald allseits gefürchtet.

Vielleicht noch das: Lange wollte Zweifel seinen Keller nicht aufgeben. Sobald er von seiner Büroarbeit zurückkam – er mußte die restlichen Reichsdeutschen registrieren –, stieg er treppab, legte er sich auf seine Matratze, obgleich ihn Lisbeth in ihrem Mansardenzimmer gebettet hatte. Zweifel fiel es als Hermann Ott schwer, oben und draußen zu leben, wo alles tatsächlich war und zum Fürchten. – Erst im Sommer, schon verheiratet, soll er den Keller wie für immer aufgegeben und mit der hochschwangeren Lisbeth das Mansardenzimmer (wie für immer) bezogen haben. Doch um jene Zeit war Zweifel schon verändert. Mit beginnendem Frühjahr begann er zu suchen: nicht viele und alle Schnecken, nur die eine, die unbestimmte Nacktschnecke, deren Purpur, während sie aufgegangen war, schwarz wurde, die Lisbeth mit ihrem Sonntagsschuh zertreten hatte, die der Schwermut ein Schwamm gewesen war und Lisbeth zu einer Frau mit Bedürfnissen gewandelt hatte: lachlustig und zänkisch, gutmütig und fürchterlich.

Zwei Jahre lang soll Hermann Ott, der lange nur Zweifel geheißen hatte, überall und später nur noch auf Friedhöfen die unbestimmte Schnecke und den Beweis gesucht haben, daß die Schwermut heilbar ist; dabei soll er mählich und mählich schwermütig geworden sein. – Im Spätsommer siebenundvierzig wurde er auf Antrag seiner Frau Lisbeth, mit der er einen Sohn, Arthur, hatte, in eine geschlossene Anstalt (nahe Oliva) eingeliefert: dort soll er, anfangs noch brabbelnd über seinen kraus beschriebenen Papieren, später verstummt zwölf Jahre lang gelebt und sich gegen Schluß vor jedem Geräusch und – wenn es Fisch zu essen gab – vor Fischgräten gefürchtet haben.

Ihr zweifelt, Kinder, und sagt, den gibt es, gab es nicht, Zweifel. Alles ausgedacht und erfunden und nur der Wahlkampf ist wahr. Doch wo ich redete redete – in Kaiserslautern und Saarlouis, in Merzig und Dillingen, in Weinsberg Neckarsulm Heilbronn, in Ebingen Biberach Augsburg, in Schongau und Garmisch, in Murnau, Bad Tölz und endlich in Weilheim – redete und hörte ich mich reden, war ich nicht sicher, ob ich in Wirklichkeit redete und ob die Marktplätze und Postkartenstädtchen, ob unser VW-Bus und die Flüsse Saar Neckar Riß, ob die Kandidaten Kulawig Eppler Bayerl, ob Drautzburg und der korrekt gescheitelte Jäckel, ob Bentele (und auch ich) erfunden ausgedacht seien. – Klar doch, werdet ihr sagen, mit Fieber und Grippe, kein Wunder. Zweifel an Zweifel. Als habe der Wahlkampf mit seinen Stimmungen und Luftlöchern, mit seinen Wortfallen und Beifallpausen keinen Platz und niemals Anlaß für Zweifel geboten. Als sei er nicht überall (anfangs in Kleve, zum Schluß in Weilheim) der stumme Beisitzer jeder Rede gewesen. Denn hätte Jäckel nicht so tatsächlich auf Punkt und Komma geachtet, mein mitreisendes Fieber hätte mir Satz nach Satz alle standfesten Ausrufe zu Fragezeichen verbogen: Zweifels quittierende Schnörkel. Nur als wir am letzten Tag – zwei Tage vor der Wahl – ohne Distanz gegen Franz Josef Strauß (in dessen Wahlkreis Weilheim) anredeten, nahm Zweifel Urlaub ...

Ich verdanke Strauß viel: die Einsicht, daß er verhütet werden muß und die Gewißheit, daß er und Bedenken einander ausschließen. Jemand, der jedes Bündnis eingeht. Jemand, der nicht aus Neigung oder chronischer Schwäche, sondern aus Überzeugung lügt. Jemand, der alles mit sich verwechselt.

In seinem Wahlkreis vergingen mir Fieber und Grippe. Er ist da und wird, wenn er verliert, immer noch da sein, wird, weil er verloren hat, keine Bedenken haben, wird bedenkenlos sein ...

»Und Zweifel, den du erfunden hast?«
»Und die Schnecke, die du nur ein bißchen erfunden hast?«
»Und Augst, den es wirklich gab und nich bloß erfunden?«
»Und was willste jetzt noch erfinden?«

Die Wahlnacht, Kinder, als wir knapp siegten und meine Reise ein (vorläufiges) Ende fand ...

29

Als der falschprogrammierte Computer zu Beginn der Wahlnacht eine Hochrechnung steil zu unseren Gunsten aufmachte, als dann die ersten Ergebnisse einen schwarzen Sieg auf den Fernsehschirm malten, als bei uns (in der Adenauerallee) kein Bier Wein Schnaps, nur noch Blei gesoffen wurde, als die Rückfälligkeit der Geschichte bewiesen zu sein schien und draußen die Schwarzen ihre Junge Union schon mit Fackeln bestückten, als sich Jäckel d. Ä. und ich Trostsprüchlein für Marchand, Drautzburg und Gisela Kramer, ja, auch für uns auf Servietten notierten, als wir die Niederlage (schon wieder) wie altgewohnt tragen wollten – »Das bringt uns nicht um. Beim nächsten Mal werden wir« – als wir uns alle schon einzuschnecken versuchten – nur Erdmann Linde sagte: »Da stimmt doch was nicht. Abwarten. Mal abwarten . . .« – begannen sich auf dem Fernsehschirm, zuerst ruckend hinter dem Komma, dann stabil vor dem Komma jene Veränderungen abzuzeichnen, die die Geschichte als rückfälligen Prozeß zu widerlegen schienen, den Schwarzen die Fackeln löschten, erst (vorsichtig) Schmidt und Wehner, dann Schiller ins Bild rückten, schließlich – nachdem im Hintergrund Kühn zielstrebig telefoniert hatte – die ganz große Schnecke aus ihrem Gehäuse lockten – und Willy sagte: »Ich werde . . .« – aber bei uns (in der Adenauerallee) wollte niemand an Sieg glauben; wir hatten uns schon auf Trübsal gestimmt. (Als das Zögern prämiert werden sollte, zögerte die Schnecke vor dem Podest.)

Und hier das knappe Ergebnis: Am 28. September 1969 fielen die Schwarzen von 47,6 auf 46,1 Prozent. Die Liberalen rutschten von 9,5 auf 5,8 und konnten – da die NPD knapp unter 5 Prozent blieb – mit uns, die wir von 39,3 auf 42,7 Prozent stiegen, jene sozial-liberale Regierung bilden, die (gegen jede Prognose) noch immer regiert und seitdem mehr geleistet hat, als ihr bewußt ist. Denn die Sozialdemokraten, Kinder, sind Leute, die kaum an eigene Leistungen, doch mit diffuser Leuchtkraft an ihre weitergehenden Resolutionen glauben. (Mit ihren Fühlern sind sie sich immer voraus.)

Jemand hat mitgezählt: vierundneunzigmal redenreden. Zum Schluß sollen rund sechzig Wählerinitiativen gedrückt und gepustet haben.

Drautzburg sagt: »Knapp einunddreißigtausend Kilometer unfallfrei.«

Nur zwei Kilo habe ich abgenommen.

Und so hießen die Hallen, die Säle: Neue Aula Kamen, Gäuboden-Festhalle, Harmonie (in Heilbronn) – wo Erhard Eppler auf seine konjunktivische Art von 37,6 auf 42,3 Prozent stammaufwärts glitt: ein empfindsamer Sieger, auf den ich gesetzt habe.

Es gibt Westfalen-, Jahrhundert-, Tonhallen.

Horst Ehmkes Maßstäbe ahnend, wurde die Liederhalle in Stuttgart nach jenem Seidumschlungenmillionen-Modell entworfen, das meinem treuherzigen Landsmann 7,4 Prozent Plus, ein Direktmandat und als Minister den Ruf eingetragen hat, unwiderstehlich zu sein. (Könnte man Eppler und Ehmke mischen, den Konjunktiv in den Superlativ eingehen lassen; doch beide sperren sich gegen meinen Versuch, die Überschnecke zu züchten.) Es schachteln sich, wenn ich hinter mich höre: Kursäle Saalbauten Gemeindesäle. (»Sag mal, Drautzburg, wie hieß bloß der Saal, in dem ein Studienrat für die CDU rückwirkend den Ersten Weltkrieg gewinnen wollte?«) In Verden an der Aller faßt Höltjes Gesellschaftshaus achthundertfünfzig Personen. Obgleich die Schwarzen mehr Zweitstimmen hatten, schoben knapp siebentausend mehr Erststimmen Karl Ravens ins Ziel. (»Da gehen wir wieder hin singen«, sagte Drautzburg, »da ist noch mehr zu holen.«)

Die Münsterlandhalle in Cloppenburg dient üblicherweise dem Eierhandel. (Manchmal träume ich von ihr und erwache heiser.) Eine Gegend, so schwarz katholisch vernagelt, daß selbst Kohlensäcke keinen Schatten werfen mögen. Dennoch gelang es, mit Hilfe des Heiligen Franziskus von 14,9 über die Traumgrenze bis zu 20,1 Prozent zu kriechen.

Zwischen (auf Kommunalebene) gleichmäßig gezüchteten Stadthallen fügen sich ein: das Josefshaus, die Städtische Fruchthalle (Kaiserslautern), die Sartorysäle (Köln), wo Katharina Focke im Wahlkreis II von 37,8 auf 48,0 Prozent nicht kroch oder glitt, regelwidrig sprang, gegen alle Einsprüche der Natur das Beharrungsvermögen entwertete und einen mitteleuropäischen Schneckenrekord aufstellte.

Hingegen Reutlingen, wo die Friedrich-List-Halle beweist, wie harthörig in Schwaben das Geld ist; während wir uns von 34,1 auf 37,6 läpperten, stockten die Schwarzen von 46,5 bis zu 48,5 Prozent auf.

Ach, und die Pleite in Augsburg ...

Doch jetzt ist genug vor und hinter dem Komma gesagt. Wir gewannen katholische Arbeiter, berufstätige Frauen, Protestjugend, die sich links von der Espede nicht zersplittern wollte; und in der Mitte gewannen wir Zahnärzte, Beamte, Lehrerinnen, mittlere Angestellte und alte Damen, die Strauß verschreckt hatte, denen Kiesinger peinlich geworden war, die etwas Nützliches für ihre Enkelkinder tun wollten.

Knapp, sage ich knapp.

Ach ja, die Stadthalle Kleve. So fing es an: bei Nieselregen ...

»Na, Drautzburg, was machen wir jetzt?«

Er hat eine Kunstgalerie aufgemacht, lebt in einer Großfamilie: Drautzburg ist seßhaft geworden.

Und Erdmann Linde studiert und studiert, sagt er. Manchmal kommt er im »Spiegel« vor, weil er Jungsozialist und Rundfunkrat ist.

Marchand hat über Joseph Roth promoviert. (Zur Zeit in Indien als Lektor.)

Bentele ist rund geblieben aber fester geworden. Er studiert in Konstanz.

Von Holger Schröder habe ich lange nichts mehr gehört; soll geheiratet haben.

Gisela Kramer ist immer noch unsere Sekretärin. Es geht ja weiter und kommt immer näher, wird bald wieder beginnen. Schon hat Veronika Schröter, die mit Christoph Schröter die Wählerinitiative Erlangen aufgebaut hat und jetzt in Bonn ist, Wahlkreiskarten aufgezogen und Nadeln mit bunten Glasköpfen gekauft. Gaus und Jäckel d. Ä. (jetzt auch der jüngere Jäckel) Baring und Troll, Böll und Lenz (wer noch alles) sind noch immer, schon wieder, endlich dabei. (Schnecken sind schwer zu entwöhnen; sie sehen kein Ende ab.)

»Und euer VW-Bus?«

»Gib's den noch?« –

Rollt wieder, doch jetzt privat. Drautzburg hat ihn verhökert. Jemand soll mit ihm bis in die Türkei gefahren sein.

»Und Zweifel, was ist mit dem?«

»Is der wirklich inner Irrenanstalt und anner Fischgräte?«

»Sag mal ehrlich: isser echt tot?«

»Oder haste ihn, weil jetzt gleich Schluß ist, schnell tot erfunden?«

Zugegeben: er lebt. (Nur Stomma ist mittlerweile gestorben.) Ende der fünfziger Jahre verließ Hermann Ott (geheilt) mit seiner Frau Elisabeth und seinem Sohn Arthur die Volksrepublik Polen. Auch der Kritiker Ranicki, der Zweifels Geschichte woanders erlebt hat, kam um diese Zeit in den Westen. Zweifel hat es nicht leicht gehabt, sich in der Bundesrepublik einzuleben; und auch Ranicki hat mehrmals die Zeitung wechseln müssen. Anfang der sechziger Jahre war Dr. Ott (ähnlich wie Dr. Glaser in Nürnberg) Kulturreferent in Kassel. (Aus jener Zeit liegt mir sein Briefwechsel mit einem Schneckensammler in Uppsala vor, dessen Buch »Über die vaginale Form mariner Schneckengehäuse« er mit persönlicher Widmung besitzt: »Dem Freund der Gastropoden . . .«) Heute lebt Hermann Ott mit seiner Lisbeth zurückgezogen und ganz normal: ein alter Herr, der nur noch gelegentlich Vorträge an Volkshochschulen hält: Über die Schnecke als Heilmittel und antikes Fruchtbarkeitssymbol; über Empfindsamkeit und Hypochondrie; über Forster und Lichtenberg im Verhältnis zur Französischen Revolution; über das Lichtenbergsche bei Schopenhauer . . .

»Erfindste ja doch bloß wieder.«
»Von wegen Lichtenberg. Ich denk, der heißt Lichtenstein.«
»Und den gibts wirklich und nich bloß erfunden.«
»Hab ich gesehen. Bei uns inner Küche. Seine Frau auch.«

Am Montag, den 6. September 1971, besuchten uns beide. Wir sprachen über die bevorstehende Reise nach Israel und über den Druck der Dokumentation »Die Auswanderung der Danziger Juden« demnächst bei Mohr in Tübingen. Dann sprachen wir über mein Schneckenbuch. Obgleich ich erst in Tel Aviv gutvorbereitet fragen wollte, wer, um ein Beispiel zu nennen, den Bombenanschlag auf die »Patria« im Hafen von Haifa verübt hatte – »War es die Stern-Gruppe oder die Haganah?« – begann ich schon in Friedenau (ziemlich sprunghaft) zu fragen: »Hat David Jonas, als er dreiundvierzig nach Theresienstadt deportiert wurde, im Speicherghetto Mausegasse einen Nachfolger als Gemeindevorsteher gehabt?«

Erwin Lichtenstein nannte mir den Rechtsanwalt Fürstenberg, der, wie er sagte, »hochbetagt« vor zwei Jahren in Hamburg gestorben ist.

»Und wie viele überlebten in der Mausegasse?«

Lichtenstein berichtete, daß bei den Kämpfen um Danzig, als die Altstadt, die Rechtstadt und die Niederstadt zerstört wurden, auch das Speicherghetto in der Mausegasse niederbrannte. Nur zwanzig Angehörige der Jüdischen Gemeinde haben überlebt.

»Und wer war als Judenkommissar Nachfolger des Sparkassendirektors Bittner?«

»Ein gewisser Robert Sander, der Sportredakteur bei den ›Danziger Neuesten Nachrichten‹ gewesen ist. Als Sportler kannten sich David Jonas und Sander schon seit Jahren. Übrigens hat Sander dafür gesorgt, daß der Turnverein Bar Kochba die Turnhalle Schichaugasse benutzen und auf der Kampfbahn Niederstadt trainieren durfte. Er hat getan, was er konnte. Lebt heute in der DDR.«

Ich bat Erwin Lichtenstein, Anna und mich bei Ruth Rosenbaum und Eva Gerson anzumelden: »Wenn wir im November nach Israel kommen. Ich habe noch Fragen . . .«

(Frau Lichtenstein fragte Franz, der ihr gebogenen Silberdraht als Schmuck verscherbelte, ob er gerne zur Schule ginge. Seine Antwort – »Klar doch« – hat Gründe.)

Das war im Winter nach der Wahl im September. Wir fuhren nach Britz, deine neue Schule besichtigen. Zu zweit fuhren wir mit dem fünfundzwanziger, dann mit dem siebenundsechziger Bus die Strecke, deinen Schulweg ab. (Anna war mit Raoul Laura Bruno im Peugeot früher da.)

Durch Tempelhof, Neukölln, vorbei an Friedhöfen und Kleinindustrie, durch Reste der Gründerjahre und Siedlungen der dreißiger Jahre fuhren wir und saßen im Oberstock. Durch die Frontglasscheibe gesehen, kam uns das neue, streng ausgedachte Hochhausviertel entgegen.

Vor den Himmel geklebt. Wächst immer noch. Die filigranen Kräne in sonntäglicher Ruhe erstarrt.

Die Walter-Gropius-Schule war geschlossen. Von außen linsten wir in Parterreräume: stehengebliebenes Englisch auf

Schultafeln, Klebearbeiten, Mondflug, Botanisches, Stille auf Abruf. Mir gefiel die Schule. Du sagtest: »Ganz schön.«

In der kostspieligen Turnhalle spielten Zehlendorfer Mädchen gegen Mädchen aus einem anderen Bezirk Faustball: extra für dich war eine mit langen, gelb fusselnden Haaren dabei.

Hinter im Frost liegengebliebenen Erdarbeiten besichtigten wir (als Familie) eine steingemauerte Windmühle mit drehbarem Kranz, die zwischen wachsenden Großbauten als Silo noch in Gebrauch ist. Ich erklärte den Unterschied zur Bockwindmühle. Nur Raoul interessierte sich.

Dann sahen wir die Familienmehrheit im Peugeot abzischen. Mit dem siebenundsechziger und dem fünfundzwanziger Bus fuhren wir zurück. (Franz an der Bushaltestelle: frierend ist er schmäler und anhänglicher.) Mit Raouls Armbanduhr – du hattest deine verloren, ich besitze keine – nahm ich in Friedenau die Zeit ab: vierzig Minuten Schulweg. (Seitdem die neue U-Bahn-Linie eröffnet ist, nur noch fünfunddreißig Minuten.) Und das sieben Jahre lang hin und zurück. Rechne mal nach, Franz, soviel Zeit für dich ganz alleine . . .

Als die Schnecke Rast hielt, hörte sie ihre Spur trocknen. Die Gropius-Schule ist die erste Gesamtschule in Westberlin. Eine geleeartige Gleitspur, die rasch papieren wird, sich wellt. In Schweden und im Bundesland Hessen gibt es mehr Gesamtschulen: luftige, wie im Spiel entworfene Gebilde, in denen die Lehrer kein erhöhtes Podest und die Schüler keine symmetrische Ordnung mehr finden. Die Schnecke ertrug es nicht lange, ihre Spur trocknen zu hören. Die Gesamtschule ist ein Versuch; paß auf, Franz, daß er glückt! Also setzte die Schnecke ihren Weg fort und übertönte durch Eigengeräusch ihre knisternd trocknende Spur. Im Wahlkampf sprach ich über die Gesamtschule. »Sie ist die Voraussetzung für praktizierte Mitbestimmung«, sagte ich; Gewerkschaftler hören es lieber umgekehrt. Die Schnecke fürchtet sich vor der nächsten Rast, vor dem Knistergeräusch ihrer Spur. Wir haben nur knapp eine Wahl gewonnen, mehr nicht, Kinder, mehr nicht . . .

»Aber war doch ne Sache.«
»Hat doch Spaß gemacht – oder?«

Froh bin ich schon, daß es so ganz normal, durch Wahlen zum Wechsel gekommen ist. Aber die Schwarzen können das nicht, verlieren. Angst werden sie in Umlauf setzen: kleine Lügen zu Fuß unterwegs, ein halber Verdacht unterwegs mit dem Schnupfen, vierspännig falsche Hoffnung, rückläufig und auf Schienen: das große Nichts (an sich) unterwegs . . .

Und werden wir der Versuchung, Sprünge machen zu wollen, dem Traum aller Schnecken, springen zu können, eine Zeitlang entsagen?

Ich fürchte (und hoffe) nein. Landauf landab sind sie wegsüchtig und aus Prinzip beeilt. Das macht ja Schnecken so schnell, ihr Eifer, einander voraus zu sein. Die biederen (ämterversessenen) und die Hauruckschnecken, die jusohaften Übersollschnecken, die kommunalen Mief- und systemüberwindenden Seminarschnecken, ja, auch die allseits strukturgetrimmten und rundum pragmatischen Reförmchenhausschnecken, sie alle sind zum Kriechen verdonnert und reden (träumen) vom großen Sprung . . .

Werden sie vorwärts kommen? – Ein Stück.
Werden sie abweichen? – Versuchsweise immer.
Werden sie streiten? – Um jeden Preis.
Werden sie etwas ändern? – Mehr als sie selbst begreifen.
Werden sie irren? – Nach Plan.
Werden sie umkehren? – Scheinbar.
Werden sie ankommen? – Nie.
Werden sie siegen? – Ja (im Prinzip).

»Und du? Machste weiter?«
»Schreibenschreiben – redenreden?«

Vor ein paar Wochen stand ich im Bundeseck (Friedenau) am Tresen und spielte mit Bierdeckeln. Einige noch junge Schriftsteller näherten sich vorsichtig, wie auf Abruf. Sie redeten gütig. (Das sei ja sicherlich wichtig, mein Engagement, aber ob nicht das Schreiben darunter leide.) Sie sprachen von ihren Talenten ängstlich, als müsse man sie vor Zugluft schützen. Soeben noch besorgt um mich, wurden sie aggressiv, als ich meinen Alltag mit zwei Bierdeckeln demonstrierte: »Der hier ist die politische Arbeit, mache ich als Sozialdemokrat und Bürger; der ist mein Manuskript, mein Beruf, mein Weißnichtwas.« Ich ließ zwischen den Bierdeckeln Distanz wachsen, näherte beide einander, stellte sie sich stützend gegeneinander, verdeckte mit dem einen den anderen (dann mit dem anderen den einen) und sagte: »Manchmal schwierig, aber es geht. Sie sollten sich weniger Sorgen machen.« Doch die noch jungen Schriftsteller bestanden darauf, um mich besorgt zu sein und erwarteten, daß ich den einen oder den anderen Bierdeckel vom Tresen schnippte. Richtig böse sind sie geworden, weil ich mir zwei Bierdeckel leiste. (Tagsdrauf fuhr ich nach Bremen: redenreden. Viele Teilziele: das noch und das.)

Ja, Kinder, auch Dr. Glaser kenne ich jetzt. Am 7. Mai einundsiebzig trafen sich Anna und ich – ich kam aus Gaildorf in Schwaben, Anna aus Friedenau – in Nürnberg. Am Abend hielt ich in der Kleinen Meistersingerhalle meinen Vortrag über Albrecht Dürers Kupferstich Melencolia I. Ich schenke ihn euch.

Nachdem ich zuendegesprochen hatte – vielleicht lest ihr das später als Anhang – gab es Beifall. (Auch Hermann Glaser war zufrieden.) Tagsdrauf flog Anna nach Berlin: mit Kindern Ballettschritte üben; ich fuhr nach Amberg in die Oberpfalz: redenreden.

Jetzt sind Franz und Raoul vierzehn, Laura zehn, Bruno sechs Jahre alt. Ihr besteht darauf, daß ich schreibe: Alle vier sind inzwischen nicht nur größer, auch ganz anders geworden. (Im Juli einundsiebzig wurde der Schöneberger Ortsteil Friedenau 100 Jahre alt. Beim Volksfest mit Freibier tanzten Laura und Bruno auf dem Breslauer Platz.)

Im April zweiundsiebzig wollen wir mit dem Peugeot nach Danzig fahren und in Gdansk Orte suchen, an denen ich sechs, zehn, vierzehn Jahre alt gewesen bin. – Vielleicht finden wir Spuren von Zweifel . . .

VOM STILLSTAND IM FORTSCHRITT
Variationen zu Albrecht Dürers Kupferstich »Melencolia I«.

Als – meine Damen und Herren – an einem Sommertag des Jahres 1969 das Weltraumschiff Apollo Elf aus seiner elliptischen Bahn um den Mond die Mondfähre Eagle und in ihr die beiden Männer in ihren enormen Anzügen, mit ihren Gastgeschenken ausschied, geschah wenig später etwas, wovon keine Zeitung berichten wollte. Auch das Fernsehen redete sich auf »Bildstörung« heraus, als beide Astronauten – kaum hatten sie die Plakette, das Fähnchen, die empfindlichen Instrumente gepflanzt – Urväterhausrat auspackten: Edwin Aldrin stellte die Waage, die Sanduhr, die Glocke auf, bettete das magische Zahlenquadrat und spießte den geöffneten Zirkel, der einen ordentlichen Schatten warf; Neill Armstrong zeichnete mit dem Finger im Handschuh groß und wie für ewig die Initialen des Nürnberger Meisters: zwischen gespreizten Beinen nahm das A im Mondstaub das D in Schutz. Das alles ereignete sich an einem 21. Juli im Meer der Ruhe. Bei uns daheim sprach man von den Kriegserlebnissen des Weihbischofs Defregger. Die D-Mark sollte, sollte nicht aufgewertet werden. Saturn schaute zu und hatte Freude an seinen Kindern.

Als ich im März 1969 von der Stadt Nürnberg eingeladen wurde, mich mit einem Vortrag am Dürerjahr 1971 zu beteiligen und im Veranstaltungsplanspiel eines Festjahres aufzutreten, das sich, wie es der Zufall wollte, nun – da es soweit ist – dem Leninjahr anschließt, befand ich mich in unübersichtlich politischem Gelände, weil beschäftigt mit Vorbereitungen für ins Haus stehende Bundestagswahlen: Vom 5. März bis zum 28. September war ich unterwegs auf Wahlreise und gleichwohl auf der Suche nach Stoff für meinen Dürervortrag.

Ein Sprachwechselbad. Einerseits durch die pausbäckigen Zielbeschwörungen des Fortschritts positiv gestimmt und in Bewegung gehalten, blieb ich andererseits dem Bleigehalt dieser Rede verhaftet, weil ich mich frühzeitig für Albrecht Dürers

Kupferstich »Melencolia I« aus dem Jahr 1514 entschieden hatte.

Meine Kriechspur zeichnete eine Gesellschaft, an deren Rändern sich Gruppen verzweifelt extrem zu verhalten begannen: resignativ oder euphorisch. Täglichen Ausbrüchen in die Utopie entsprachen Rückfälle in melancholische Klausur. Diesen Fluchtpunkten versuchte ich jene Spannung abzugewinnen, die den Menschen auferlegt zu sein scheint und – wider besseres Wissen – oft schicksalhaft genannt wird; Saturn heißt ihre antike Gottheit.

Er stand der Melancholie und der Utopie vor. Von seiner Doppelherrschaft soll hier die Rede sein. Wie Melancholie und Utopie einander ausschließen. Wie sie sich wechselseitig befruchten. Von der Strecke zwischen den Fluchtpunkten. Vom Ekel nach letzter, vor neuer Erkenntnis. Von Freud und Marx, die einem Dürer zum Doppelporträt hätten sitzen müssen. Vom Überdruß im Überfluß. Vom Stillstand im Fortschritt. Und von mir, dem Melancholie und Utopie Zahl und Adler der gleichen Münze sind.

Zuerst der Stich, wie ich ihn als Kunstpostkarte durch Schwaben und Niedersachsen, nach Biberach und Delmenhorst getragen habe: ein fledermausartiges Nachttier, wie der Hund im Bild saturnische Kreatur, hält das Firmenzeichen als Spruchband. Ein übertragbares Muster. Denn wie dieses stämmig geratene Mädchen, inmitten zu Trödel gewordenem Werkzeug, aller humanistischen Gelehrsamkeit schwermütigen Ausdruck gibt, erlaubt der gleiche fluguntaugliche Engel beliebig vulgäre Deutung. Wie bestellt und nicht abgeholt hockt die Kalte Mamsell. Überfressen und verstopft verzweifelt sie an herkömmlichen Abführmitteln. Ein überm Studieren blaustrümpfig gewordener Trauerkloß. Und was noch alles.

Dieser Zustand fördert Spott. Wer diesem Zustand entgegen will, nimmt oft den Witz zum Vehikel. Etwas Tieftrauriges ist zum Totlachen. Ein Glasauge wird erkannt, weil es so menschlich blickt. Der triste Clown. Die Komik des Scheiterns. Ein

Zustand und seine Ventile. Für diesen Zustand gibt Sprache viel her: Die Schwarze Galle – im sechzehnten Jahrhundert auch Benennung der Tinte – leitet über zu: gallig vergällt gallebitter. Die deutschen wohl unübersetzbaren Worte Schwermut, Weltschmerz, Trübsal, Wehmut und Grübelei bieten sich an. Die rheinische Umschreibung » das arme Tier haben« findet sich wieder im »tierischen Ernst«, im »vertiert sein«. Jemand ist, guckt oder fühlt sich: sauertöpfig griesgrämig lebensmüd kotzelend. Stimmungen beim Laubrechen Alte-Briefe-lesen Kammsäubern Stuhlgang. Schlägt sich als Kitsch nieder oder als Lyrik: lyrischer Kitsch. Auf Bahnhöfen, bei Nebel am Hafenkai, zwischen Baracken, wo etwas vernagelt ist, dahinwelkt, ablebt, stellt sie sich ein. Sie kaut Kummer, verzehrt sich, trägt schwer an sich, ist sich zur Last, unleidlich geworden. Alles ist schal, leer, errechenbar, mechanisch und transportiert in trostloser Gleichförmigkeit immer nur ein und dasselbe Produkt . . .

Also setze ich Dürers Melencolia in einer Konservenfabrik, Hühnerfarm, bei Siemens ans Fließband. Ihre rechte Hand, die soeben noch den Zirkel hielt, stanzt nun, unterstützt von der linken, die keinen Kopf mehr stützen darf, Weißblech, verpackt Eier, läßt Einzelteil zu Einzelteil finden. Melencolia trägt ein Kopftuch über Dauerwellen. Acht Stunden am Tag ist sie sich fremd, weil abhanden gekommen. Zwar tut sie was, aber was sie tut, tut nicht sie. Das Fließband handelt. Teilweise reagiert sie. Die Zeitabläufe ihrer Handreichungen sind nach Sekunden und Bruchteilen von Sekunden bemessen. Ich könnte ihr beide Hände, wie sie tätig sind, abtrennen, ihre Armstümpfe in die Dürersche Pose zurückbiegen. Ich könnte ein neues Produkt aufs Fließband setzen: zum Beispiel die naturgetreue »Melencolia I« des Albrecht Dürer, gegossen als niedlichen Bleiguß. Ein Massenprodukt, das zum fünfhundertsten Geburtstag des Meisters seinen Markt fände. Sie, die Melencolia von heute, müßte am Fließband der vervielfältigten Melencolia von damals nur noch die Flügel einrasten, den winzigen Zirkel in den gelochten Griff drücken. Handreichungen als Zeitabläufe. Profit wird Mythos: unfaßbar. Diesen Arbeitsprozeß habe ich nicht erfunden, nur variiert.

Am Fließband findet die Melancholie genormter Arbeit ihren alltäglichen Ausdruck: ein tarifrechtlich geschützter Zustand. Keine sich selbst in Zweifel setzende Gelehrsamkeit mehr. Keine astrologisch unheilvolle Konstellation, kein verhängtes und unerforschtes Schicksal. Keine Strafarbeit für Urheber. Es sitzen ja keine Erfinder und tüftelnden Verbesserer der Fließbänder oder gar Aktionäre und Aufsichtsräte am Fließband; sondern Mädchen und Frauen hocken flügellos und acht Stunden lang wie ohne Geschlecht.

Die Melancholie ist ihren individuellen Ausnahmen entwachsen, Klassenvorrecht der Arbeitnehmer ist sie geworden: ein Massenzustand, der überall dort, wo Leistungsnormen als Ordnung vorherrschen, seine Ursache findet. Der Zeitabnehmer paßt auf. Eine stumme, im Produktionslärm verstummte Melancholie. Nur wer genau hinhört, hört, wie sich am Arbeitsplatz, überall dort, wo die Stückzahl regiert und Leistung Prinzip ist, partikelklein Wut speichert, Platz nimmt, noch keinen Auslauf findet, aber ihn sucht.

Wo ist eine Utopie, die dem Melancholie produzierenden Fließband Gegenwelt sein könnte? Ist mehr Freizeit bei zunehmender Automation ein schon wirklicher oder noch immer ein nur utopischer Zustand? Und wer wird nach welchen Ordnungsprinzipien Freizeit gestalten? Freizeit will geregelt sein. Freizeit hält sich Zeitabnehmer. Welches Fließband wird während der Freizeit laufen?

Wie Albrecht Dürer in seiner und der Humanisten »Melencolia« gleichzeitig die »Geometria« abbildete, so könnte im Bild unserer Tage die Touristik – oder gäbe es sie – die »Touristica« der Melancholie entsprechen. Ob von Neckermann oder Scharnow preiswert in Gruppen an sonnige Strände, zwischen Bildungsruinen, auf Markusplätze geschaufelt, überall, wo das Fließband »Sight-Seeing« bedient sein will, knipst »Touristica«

als »Melencolia« ihre Filme ab, bis ihr plötzlich oder allmählich das Klickklack des Auslösers, die Mechanik des stupiden Belichtens und der Vorgeschmack auf die Lächerlichkeit der Ausbeute bewußt werden. Jetzt hockt sie zwischen Motiven. Erschöpft übersättigt verweigert sie Aufnahme. Verschwitzt bewohnt sie nur eigenen Dunst. Überdrüssig der Schönheiten im Querformat, angewidert von so viel numerierter Geschichte, gelangweilt von einander den Rang ablaufenden Kunststücken, ist ihr der Sinn geregelter und gestalteter Freizeit flüchtig geworden. Wie vormals Geometria als Melencolia den Zirkel hielt, hält Touristica ihren Fotoapparat und will, als Melencolia, den Film nicht mehr wechseln.

Wenn in der Arbeitswelt, am Fließband und seinesgleichen die Melancholie als gesellschaftliches Verhalten Wirklichkeit ist, wenn in touristisch gestalteter Freizeitwelt die Melancholie einbricht und – obgleich im Prospekt nicht vorgesehen – ihren Platz behauptet, wenn Arbeit und Freizeit bald schon dem einen utopischen Ordnungsprinzip, der absoluten Beschäftigung unterstellt sein werden, dann werden sich Utopie und Melancholie treffen und decken: eine konfliktlose Zeit wird anbrechen, geschäftig beschäftigt – und ohne Bewußtsein.

Bloße Spekulation? Beliebige Variation zum Thema Melancholie? – Vernarrt in Gegenwart und täglich von Stimmungen demi-politischer Trübung umspült, fiel es mir schwer, jene Distanz zu gewinnen, die den wissenschaftlichen Blick kühl und das Thema trocken zu halten hat. Weil ich, verehrte Vertreter der Wissenschaft, so eng umstellt war von den Ausrufern einander überhüpfender Utopien und täglich, ob in fränkische oder emsländische Verhältnisse gebracht, der Melancholie ins Stopfgarn geriet, fand sich wenig Zeit, bei Aristoteles und Ficino, bei Burton und Shakespeare, bei Kierkegaard und Schopenhauer, bei Benjamin und Marcuse nachzuschlagen. Weder Panofsky noch Saxl schoben mir Spickzettel zu. Erst später verglich ich bei Wolf Lepenies und Arnold Gehlen, wie sich linke Melancholie zur rechten verhält. Erst später konnte ich eigene Anschauung durch Lektüre bestätigen, in Frage stellen, erweitern. Meine Anschauung sagt: Dort, wo sie ausbricht stattfindet andauert, ist sich Melancholie ihrer selbst nicht bewußt.

Wo ich auch hinkam verfielen die Begeisterten recht ungebildet der Resignation und scheiterten schon Schwermütige, ohne Rückbesinnung auf Hegel, an letzten Hochsprungversuchen. Ihrer selbst und also auch ihrer Herkunft-Verwandtschaft nicht sicher, drängelten die Mädchen Utopia und Melencolia vorm gleichen Mikrofon und stritten sich ums Vorrecht. Deshalb werde ich kaum – oder allenfalls beiseite gesprochen – vorhandene Literatur nach Zitaten flöhen. Vielmehr will ich erzählen, wie oft und in welcher Gestalt, wie nackt, wie verkleidet mir die Hauptdarsteller der Melancholie begegneten, im Weg standen, mich einzufärben begannen: die Schwermut heißt nicht nur so, sie schlägt durch – kaum oder nur mit Utopie aufzuwägen.

Offen gesagt: Das Thema meines Vortrages und sein kunsthistorisch gewordener Gegenstand haben mir mein seit zwei Jahren wachsendes, schrumpfendes Manuskript unter dem Titel »Aus dem Tagebuch einer Schnecke« schwer gemacht; denn so beharrlich ich für meine Kinder – und wohl auch für anderer Leute Kinder – den Schneckenprozeß Fortschritt nachzeichnete und vermaß, so unkündbar blieb mir Dürers Motiv. Also versuchte ich, meinen und anderen Kindern den Stillstand im Fortschritt zu deuten. Die rasch trocknende Gleitspur. Ich spielte mit dem versammelten Trödel, tauschte ihn aus. Waage, Sanduhr und Glocke, Zahlenquadrat und Zirkel haben Entsprechungen gefunden. Wenn die Melencolia am Fließband hockt, auf Fotosafari zur Salzsäule wird oder ein leeres Schneckenhaus reitet, dann mag sie auch im Rechenzentrum Platz finden und unter Einsteins Formel von heute sein.

Oft, unterwegs, während Stauungen auf der Autobahn, eingeschlossen von Abgasen in ruckenden Warteräumen, wie auf immer eingespurt und dem Schleichprozeß des Berufsverkehrs unterworfen, sah ich sie verbiestert am Steuer sitzen:

Melencolia mit Führerschein. – Als Albrecht Dürer seine Melencolia in Kupfer stach, war er dreiundvierzig Jahre alt; so alt bin ich heute. Diese Rede steht am Ende einer Schneckenbilanz.

Ein Kupferstich mit Vorgeschichte. Noch der mittelalterlichen Allegorik und also den Stereotypen der Temperamentenlehre verhaftet, hat Dürer um 1502 als Titelblatt eines Buches die »Philosophia« in Holz geschnitten und auf vier Eckquartieren das cholerische, das sanguinische, das phlegmatische, das melancholische Temperament als die vier Winde dargestellt. »Boreas«, der kalte Nordwind, der alte erdschwere Mann, bläst dem Laubgewinde um die »Philosophia« Eiszapfen und zeugt für den Winter. Auch die vier Apostel auf zwei Tafelbildern haben ihre Charaktere abhängig von der Temperamentenlehre gefunden; sie war, wie Dürers theoretische Schriften belegen, gleichfalls Leitfaden des Porträtisten, verbindlich für seine Anatomie- und Proportionslehre. – Einzig das Blatt »Melencolia I« ist von neuen, der Allegorik widersprechenden Einflüssen geprägt; auch wenn das Neue noch unsicher, mittelalterlichen Gewohnheiten verpflichtet und deshalb vermummt auftritt.

In den siebziger Jahren des fünfzehnten Jahrhunderts schreibt der italienische Philosoph Marsilio Ficino an einen Freund: »Ich weiß in diesen Zeiten so zu sagen gar nicht, was ich will, vielleicht auch will ich gar nicht, was ich weiß, und will, was ich nicht weiß.«

Ficino führt diesen grundmelancholischen Zustand, dessen Kurzfassung sich wie eine Vorwegnahme der Schopenhauerschen Preisschrift »Über die Freiheit des Willens« liest, auf seinen im Zeichen des Löwen bösartig rückwärts schreitenden Saturn zurück. Dennoch ist er bekümmert, als Humanist und Wissenschaftler immer noch planetengläubig zu sein und die Melancholie als saturnisches Verhängnis zu werten. Schließlich hält sich Ficino, auf Anraten des Freundes, an Aristoteles, der wohl als erster die Melancholie legitimiert und als Ursache hervorragender künstlerischer und wissenschaftlicher Leistungen ausgewiesen hat.

Nicht anders bei Dürer, der während seiner italienischen Reise oder durch seinen Freund Pirckheimer mit Ficinos Hauptwerk »De vita triplici«, einer Schrift über den saturnischen Menschen, bekannt gemacht wurde.

Zwar regiert noch Saturn, aber seine Herrschaft ist nicht mehr ausschließlich verhängnisvoll, sondern sichert den melancholischen Bereich als Ort der Kontemplation. Hieronymus im Gehäus, im Frühjahr des gleichen Jahres in Kupfer gestochen, war Anlaß zur Einübung: die windstille Studierstube, die Eremitage, die Klausur, die selbstgewählte und der lauten Wirklichkeit entrückte Einsamkeit, das Versuchsgelände der Utopie.

Somit wurde die Melancholie vieldeutig. Dem Volk in seiner Unwissenheit immer noch unabwendbares Verhängnis, gab sie den Wissenden die Aura der Erwählten. Schon zeichnet sich der Geniekult des achtzehnten Jahrhunderts ab; und gleichfalls wird die konservative Ausrede unserer Tage vorformuliert: Immer dann wird sie laut, wenn die Unveränderbarkeit der Verhältnisse statuiert und das Beharrungsvermögen als melancholisches Erbgut verteidigt werden. Melancholie als Vorrecht einer sich geistreiche Untätigkeit genehmigenden Elite, und Hochmut als ihr konservativer Ausdruck.

Seit je bis heute wurde und wird das dräuende Eigengewicht des Bestehenden gegen den Fortschritt als verändernde Kraft ausgespielt. Denn wo immer Fortschritt an voreiliger Zielsetzung, utopischer Wirklichkeitsflucht oder an seinen Ansprüchen scheitert und sich nur noch lächerlich minimal mißt, triumphiert der vom »Immerschonvorhergewußthaben« geprägte Konservative. Seine melancholischen Gesten wollen sagen, daß sich nichts ändern läßt, daß menschliche Mühe vergeblich bleibt, daß ein unwägbares Schicksal waltet: menschliche Existenz als Verhängnis. Einzig Ordnung als allseits respektiertes System bietet Sicherheit. Sie festigt hierarchischen

Aufbau und weltliche Macht. Sie gibt dem Bestehenden Dauer. Ernste Pflichterfüllung und ergebene Genügsamkeit sind ihr gemäß. Melancholie bleibt den Wissenden, der führenden Elite, den Inhabern der Macht vorbehalten.

Denn wie jede geschlossene Ordnung spricht auch die konservative der als unwissend klassifizierten Masse das Recht ab, melancholisch zu sein, das heißt, sich der Ordnung und ihren Übereinkünften zu verweigern. Macht ist gegeben. Zufriedenheit mit dem Bestehenden ist geboten. Melancholie erregt Verdacht, sobald sie nicht mehr Vorrecht einer Elite ist, sondern gesellschaftliches Verhalten zeichnet. Melancholieverdacht als Vorstufe zum Melancholieverbot stützt sich seit je auf die Gleichstellung von Melancholie und Krankheit.

Der kranke Dürer. Der melancholische, weil kranke Dürer. In Bremens Kunsthalle findet sich eine lavierte Federzeichnung, die von Experten vor dem Kupferstich Melencolia datiert wird. Man nimmt an, Dürer habe einem entfernt wohnenden Arzt mit Hilfe der Zeichnung behilflich sein wollen. Dürers Selbstporträt als Akt mit dem hinweisenden rechten Zeigefinger. Etwa dort, wo sich Galle, Leber und Milz befinden, bezeichnet ein gelber Fleck den Krankheitsherd. Handschriftlich fügt er hinzu: »Do der gelb fleck ist vnd mit dem finger drawff dewt so ist mir we.«

Wir wissen, daß Dürer noch vor seiner niederländischen Reise über geschwollene Milz geklagt hat. Bauernkalender nannten bis ins letzte Jahrhundert hinein Saturn einen sauren mürben Planeten, der Krankheit an Milz und Leber, Galle und Nieren verursacht. Indem diese inneren Organe unter Saturns Verantwortung fielen, waren sie der Melancholie ursächlich verbunden.

Hat etwa die kranke Milz Dürer zum Melancholiker gemacht? Ist der Schluß: Melancholie gleich Krankheit – immer noch schlüssig? Wenn Dürer krank und, als Humanist, ein Melancholiker gewesen ist, muß er dann, zwangsläufig, krank weil melancholisch gewesen sein?

Seit dem fünften vorchristlichen Jahrhundert nennen die Ärzte das Wort und verwenden sie den Begriff. Seitdem sind Wort und Begriff vieldeutig geblieben. Wenngleich moderne Wissenschaft zwischen endogener und reaktiver Depression, zwischen Schizophrenie, Angstneurose und Paranoia unterscheidet, der Sammelbenennung Melancholie ist der Geruch, insgesamt für eine dem Irrsinn gleiche oder verwandte Krankheit zu stehen, nie genommen worden.

Bis ins achtzehnte Jahrhundert galt, der Temperamentenlehre entsprechend, die gestörte Mischung der vier Säfte als Ursache für die »Schwarze Galle« und diese als Herd der Melancholie.

So aufheiternd sich die Beschreibung mittelalterlicher Melancholiebehandlung liest, ich will Ihnen und mir dennoch die Aufzählung absurder Mixturen ersparen. Erst Paracelsus verläßt sich nicht mehr auf Abführmittel, sondern verschreibt – ein Pionier der Schocktherapie – Dragees, die übermäßiges Lachen hervorrufen, dem er, sobald das Gelächter seinen Höhepunkt erreicht, mit Dragees begegnet, die Traurigkeit fördern. Ferner wurde körperliche Bewegung empfohlen. Schon damals: frische Luft für Stubenhocker. Der Musik, besonders dem Lautenspiel, sagte man wenn nicht heilende, dann lindernde Wirkung nach. Den Schwermütigen wurde abgeraten, blähenden Kohl zu essen. Zweitausend Jahre lang galt der treibende Nieswurzsud als Hausmittel gegen beschwerlichen Trübsinn und verdüsternde Schwermut. – Heute empfiehlt uns die Firma Geigy das rezeptpflichtige »Tofranil« zur Aufhellung depressiver Zustände. Werbend sprechen Prospekte von einem »Markstein in der Behandlung der Melancholie«.

Ich bin kein Arzt. Ich wage nicht zu beurteilen, ob – außer dem Erkenntnisekel des Humanisten – die schmerzende Milz Dürer verdüstert hat. Ich weiß nicht, wann Melancholie endogen genannt werden darf. Es ist mir unmöglich, gesellschaftliche Zustände, die sich am einzelnen wie bei Gruppen nachweisen lassen, krank zu nennen, nur weil das utopische Prinzip Gesundheit, gleich, ob es sich aufs »gesunde Volksempfinden«

oder auf den »sozialistischen Menschen« beruft, innerhalb seiner Ordnung absolutes Melancholieverbot erläßt.

Den depressiven Zuständen im Krankheitsbild des endogenen Melancholikers entsprechen euphorische Phasen; wie ja auch im Normalfall reaktiver Melancholie utopische Ideenflucht ihre Umkehr im Zustand der Verengung findet.

Die Depressionen vieler Studenten, denen gestern noch eine soziale Utopie Begeisterung eingab, sprechen sich nicht nur statistisch aus. Ein neues Vokabular hat sich der Melancholie und ihrer vorschnellen Diffamierung als Krankheit bemächtigt: Etwas ist frustrierend, jemand ist frustriert, Frustration greift um sich, erfaßt Gruppen, schließlich die gesamte Gesellschaft.

Vielleicht könnte hier die viel und widersprüchlich gedeutete, auf den Zeichentischen der Architekten und Städteplaner entworfene und schon seit Jahren ihr Dasein fristende »Grüne Witwe« ins Bild gebracht werden. Entrückt der Stadt, im Grüngürtel angesiedelt, versauert die Ehefrau ohne Beruf in ihrem Flachdach-Bungalow. Kaum Begriff geworden, schon ein Klischee. Leicht fällt es, sie mit den Produkten steriler Perfektion zu umgeben. Natürlich trägt sie am späten Vormittag Lockenwickler. Was bietet sich alles anstelle des Zirkels an? Ich entscheide mich für einen Gegenstand aus Hartgummi, wie ihn der Versandhandel ins Haus liefert. Denn das Masturbieren ist, seiner engeren Bedeutung enthoben, Ausdruck für alles geworden, das sich als sinnentleert, weil kontaktlos erwiesen hat. Wir haben Kommunikationsschwierigkeiten, leiden unter Egozentrik und narzißhaftem Verhalten, sind frustriert durch Umweltverlust und Informationsschwemme, wir stagnieren trotz kletternder Zuwachsrate.

Nicht »Geometria« als »Melencolia«, die schöne Frustrierte, auch »Grüne Witwe« genannt, hat Platz genommen. High-Fidelity: gespeicherte Schallplatten lassen Stille nicht aufkommen. Gleich wird sie ihr Librium-Schächtelchen öffnen oder sich irgendwas spritzen. Ist sie krank? Ich sage, sie verhält sich normal und ihrem Zustand, der ein gesellschaftlicher ist, entsprechend. Deshalb kann hier nicht die Rede sein von Neurosen. Mein Anlaß: Dürers Kupferstich bildet keine manisch-depressive, sondern den Zustand reaktiver Melancholie zur Zeit des Humanismus ab.

Nachdem zuende gedacht worden ist und seitdem sich Schwermut eingestellt, das Gedachte aufgehoben hat, grübelt ein zur Allegorie erhobener Engel blicklos aus verschattetem Gesicht. Zwar ist Mittelalter noch gegenständlich – Saturn bleibt anwesend und durch Getier und Gestein, auch im Schlüsselbund belegt – aber Perspektive und geometrisches Werkzeug sprechen Gegenwart aus, wie sie sich in den Gelehrtenstuben der Humanisten als Neuzeit verstand. Keine grafische Kühnheit zeichnet dieses eher penible Blatt aus. Die »Kleine Kupferstichpassion«, das in Kupfer gestochene »Marienleben« und eine Vielzahl von Handzeichnungen sagen mehr über den Zeichner Dürer als das Einzelblatt »Melencolia«. Dennoch trifft uns die anatomische Zustandsbeschreibung. Gestochen vierzehn Jahre nachdem die christliche Welt ihren Untergang erwartet hatte und sieben Jahre vor Luthers Auftritt in Worms, gilt sie uns – vor dem Kunstwerk – als Zeugnis einer bis heute wirksamen Übergangszeit.

Kurz bevor der Vorhang reißt. Zeit der großen Entwürfe und besinnungslosen Ekstase. Kopernikus und Kolumbus: Zeit der alle Übereinkünfte sprengenden Entdeckungen. Die Fugger und Thomas Münzer: soziale und also religiöse Spannung. Durch Haarrisse angedeutet, bereitet sich Spaltung vor. Glaube Gesellschaft Bewußtsein tragen den Riß schon in sich. Mittelalterliche, nach innen gekehrte Mystik wird sich entäußern und in sozialen Utopien ihre Entsprechung finden. Fallsucht und Überschwang rücken zusammen und überlappen sich. Gesellschaftsspiele mit Hieroglyphen. Der maximilianische Humanistenkreis: eine pomphafte Enttäuschung. Gegen schmale Bezahlung: des Kaisers allegorisch wucherndes Ehrenportal. Abseits freischwebend reibungslos: Vernunft und ihre Grenzen. Zwar wird zum ersten Mal nicht mehr im Kreisverkehr und scholastisch verschnörkelt gedacht, sondern in Richtung, nach vorne, fortschrittlich; doch gleichzeitig wird Stillstand im Fortschritt zur neuen, die Neuzeit prägenden Erfahrung: bei Dürer wird sie zum Bild.

In sich und im Verhältnis zueinander verschobene Phasen. Fortgeschritten eingeholt. Untätig zwischen Werkzeug. Als habe sich die Geometrie vermessen. Als sei jüngste Erkenntnis nach ersten Gehversuchen im Zweifel versandet. Als habe Wissen sich aufgehoben. Als sei Schönheit nichtig. Als werde einzig Mythologie überdauern.

Saturn, weit ausholend und mit Kronos zu herrschen gewohnt, findet sich auch in der Neuzeit zurecht. Sein »Goldenes Zeitalter« will nicht enden. Als Gottheit nicht nur der bäuerlichen Erde und Saaten sind ihm Zahlen und Geometrie, die Kunst des Destillierens, im Steinbock die Philosophie und alle irdische Macht zugeordnet. Deshalb findet keine dumpfe, schwarz-gallige Schwermut im Kupferstich Ausdruck, sondern sich selbst begreifende, aus Erkenntnis gewachsene Melancholie.

Inmitten starrer Ruhe werden der aufgestützte linke Arm und die stützende geballte Faust an der Wange zur Geste des Denkens nach so viel Vergeblichkeit. Sobald sich Leere auftut und Wörter in unbegrenzten Hallräumen ihren Sinn verlieren – verlangt der Kopf, gestützt zu werden, ballt sich die Faust ohnmächtig.

Kein neues Motiv: Apostel und Evangelisten, Gottvater nach der Erschaffung der Welt, Herkules, nachdem seine Arbeit getan ist, auch Kronos und Saturn stützten, ins Bild gebracht, schon immer den Kopf; doch Dürer hat zentraler als auf allen Vorbildern, die ihm bekannt gewesen sein mögen, den gespannten Arm in der Beuge, die geballte Faust dargestellt. Hell und in aktivem Gegensatz grenzt sie das traditionell verschattete Gesicht ab, dessen auf nichts gerichteter Blick der kraftlos rechten Hand entspricht, wie sie den Zirkel hält.

Keine vage Stimmung herrscht vor. So disparat sich die mythologischen Relikte des Altertums mit dem Werkzeug der Neuzeit mischen und jenes Übermaß Unordnung schaffen, das – wie Ordnung im Übermaß – Melancholie aufkommen läßt, die nüchtern bilanzierende Komposition und seine im Detail stillebenhafte Beweisführung schließen Zufall und dunkles Verhängnis aus: bei Dürer sind es Symptome fragwürdig gewordener Wissenschaftlichkeit, deren Summe Melancholie heißt.

Stillstand im Fortschritt. Das Zögern und Einhalten zwischen den Schritten. Denken über Gedachtes, bis nur noch der Zweifel gewiß ist. Erkenntnis, die Ekel bereitet. – Das trifft auch für uns zu.

Unsere Melancholie hockt zwischen Ideologien und verkümmerten Reformen: verarmt inmitten Beharrungsvermögen. Ermüdet und angewidert von schneckenhaft langwierigen Vorgängen, trübsinnig, zwischen Terminen, stützt auch sie den Kopf gleich Dürers Melencolia, ballt auch sie die Faust, weil der Stillstand im Fortschritt zwittrig Fortschritt aus Stillstand zeugt und gebiert: Sogleich wird sie sich aufmachen, ein Stückwerk Reform reformieren, ein vorläufiges Ziel setzen, wichtige Termine abstimmen und – unter der Hand – eine lupenreine Utopie entwerfen, in deren verordnet heiterer Ordnung gestrenges Melancholieverbot herrscht.

Eine Schnulze behauptete einst: »Wir sind auf der Welt um glücklich zu sein . . .« Solch tirilierende Sopranstimme wurde und wird gern gehört. Überall dort, wo sich Utopien als System verwirklicht haben – sei es von Staats wegen in der Sowjetunion, sei es im Werbefernsehen der USA – wird Glücklichsein entweder auf Beschluß des Zentralkomitees befohlen oder als Konsumentenglück suggeriert. Das Happiness-Gebot im »American way of life« und das »Say-cheese-Lächeln« amerikanischer Glücksvorstellung sind nichts anderes als die verkrampfte Umkehrung puritanischer Sünde- und Verdammnis-Ideologie samt deren melancholischer Verdüsterung. Andererseits hat sich die Utopie Kommunismus dort, wo sie Wirklichkeit zu werden begann und Macht auszuüben lernte, unter den Zwang ihrer eigenen Glücksvorstellungen begeben. Seit Lenin werden im Kommunismus Strafen verhängt für Vergehen, die Skeptizismus und Nihilismus heißen. Neuerdings wird kritisches Verhalten von Intellektuellen bezeichnenderweise durch Einweisung in psychiatrische Anstalten bestraft: Die Melancholie als Schwester der Utopie steht im streng eingerichteten Gehäuse des kommunistischen Sozialismus unter Hausarrest.

Gesunde und gebärfreudige Frauen, fröhliche und sich reinlich haltende Jugend, heiter versonnene Greise, zwar ernste, aber doch tatenlustige Männer plakatieren eine Gesellschaft, die sich ihrer Wirklichkeit nicht bewußt werden darf. Unter der Tünche ideologischer Schönfärberei kümmert in Schwermut der sozialistische Alltag, beweist sich Bürokratie durch Leerlauf, sind die Gesten der Revolution nur noch bröckelnder Gips, verengt sich Sprache und Phraseologie und kehrt sich – weil jede kritische Äußerung unter Strafe steht – melancholisches Verhalten nach innen: nicht mehr Stillstand im Fortschritt, schon fortgeschrittener Stillstand, demnächst versteinert.

Wer bereit ist, an Tausende Kommunisten zu denken, die unter Stalin in Verzweiflung und Resignation den Tod fanden, wer gleichfalls bereit ist, jenes Ausmaß Melancholie zu wägen, das nach der Okkupation der Tschechoslowakei zusätzlich auf allen kommunistischen Staaten lastet, dem wird eine weitere Variante der Dürerschen Vorlage notwendig sein.

Ich tausche den saturnischen Engel mit seinen Versatzstücken gegen eine vielzitierte Sozialistin aus. Anstelle des an sich irre gewordenen Zirkels hält sie Hammer und Sichel. Zu ihren Füßen sind die Ausstellungsstücke der Revolution versammelt: Lenins nach vorne weisender Finger, die Pickelhaubenmützen der Bolschewiki, in Modellgröße der Kreuzer Aurora, Trotzkis Kneifer, Karl Marx als Büste. Möge das Kommunistische Manifest – Titelblatt der Erstausgabe – für das Zahlenquadrat stehen. Möge anstelle des geometrischen Körpers ein Schema

Hegelscher Dialektik Platz finden. Möge den unlustigen Hund der Weltgeist in Kleppergestalt verdrängen.

Auch die vielzitierte Sozialistin stützt den Kopf mit geballter Faust. Zwar blickt sie aus verschattetem Gesicht, aber wo sie hinblickt, öffnet sich nichts. Wohin hat sich ihr spontaner Sozialismus verflüchtigt? Unter altmodisch großem Hut ist sie von heute. Sie wurde vor hundert Jahren geboren. Das Dürerjahr und der Kupferstich »Melencolia I« regen an, ein Foto der Rosa Luxemburg zu montieren und nach drei vier Varianten ein weiteres Blatt, die »Melencolia V« aufzulegen.

Denn vierhundertfünzig Jahre nach ihrem Entstehen hat die Melancholie des Humanismus auch dort Entsprechung gefunden, wo die Berufung auf Humanismus – als zynischer Widersinn – Regel geworden ist.

Eine ausbaufähige Variante. Wohin mit Kirow, wohin mit Bucharin? Leicht fiele es jetzt, einen Georg Lukács anstelle des schartigen Schwertes ins Bild zu rücken. Hochfahrend genug hat er Philosophen und Theoretiker, denen Schwermut und Resignation nichts Fremdes oder Verbotenes waren, in eine Behausung verwiesen, die er – wohl meinend, seines Wissens sicher zu sein – »Hotel Abgrund« nannte; doch sinnlos wäre es, alle mit Hegel an Schopenhauer vorbeieilenden Ignoranten aufzuzählen und ihnen als Quartier ein »Hotel Hybris« anzuweisen.

1514: der Tod der Mutter, ihr Sterbedatum im Zahlenquadrat. Seit Dürer ist der Melancholie kaum wieder so selbstverständlich ein Platz bezeichnet, ihre Notwendigkeit bewiesen worden. Die Renaissance wird gerne als eine Epoche gesehen, in der das Individuum entdeckt oder wiederentdeckt worden ist. Doch mit der Freisetzung des Individuums wurde gleichzeitig sein Recht auf Melancholie ausgesprochen. Dieses Recht blieb umstritten, ging Mal um Mal verloren und wird noch immer in Frage gestellt. Allenfalls wo sich Melancholie dämonisch gab, wurde sie dem Genie als professioneller Tick zugestanden. Wenn aus genialischer Verdüsterung die Barbarei ausgerufen und das Irrationale als Gigantenkraft freigesetzt wurde, durfte solche dem schöpferischen Wahnsinn zugerechnete Melancholie mit dem Beifall der Ästheten und allgemein mit fasziniertem Schauer rechnen. »Den großen Einsamen« stand Schwermut als Privileg zu; als gesellschaftliches Verhalten jedoch ist sie selten legal genannt worden.

Zumeist abfällig oder aus philosemitischem Mitleid wird dem Volk der Juden im Zustand der Zerstreuung – nicht jedoch den Bürgern Israels – die Melancholie als etwas Angeborenes oder, seit der Zerstörung Jerusalems, vom Schicksal Verhängtes zugesprochen: als sei der millionenfache Tod in den Gaskammern nur die tragische Konsequenz der Zerstreuung gewesen.

Auschwitz wurde Museum, »Die Unfähigkeit zu trauern« zum gerne zitierten Begriff. Der Gewöhnung an den Völkermord entsprach die vorschnelle Bereitschaft, die Verbrechen des Nationalsozialismus als momentane Verblendung, als irrationale Verfehlung, als etwas Unbegreifliches, deshalb Entschuldbares abzutun. Vielleicht hat das sprachlose Handeln eines Politikers, der dort, wo das Warschauer Ghetto gewesen ist, Last getragen hat und auf die Knie ging, der Erkenntnis ungeminderter Schuld späten Ausdruck gegeben. – Reue als gesellschaftlicher Zustand wäre dann die entsprechende Utopie; sie setzt Melancholie aus Erkenntnis voraus.

Auflösung und Zerrissenheit, Krieg und Chaos ahnend, verzweifelten die Humanisten an der Machtlosigkeit ihres Wissens und an der Unwissenheit weltlicher Macht. Ihrer Ohnmacht bewußt, nahmen sie Zuflucht in formal beherrschter Melancholie. Erst im folgenden Jahrhundert, solange der Dreißigjährige Krieg dauerte und nachwirkte, fand barocke Sprache zum Trauerspiel – Andreas Gryphius –, handelte barocke Lyrik vom Schmerz – Quirinus Kuhlmann –, wurde aus chaotischer Unordnung die Hoffnung zum Prinzip; ihr Ort hieß Jammertal, ihr Ziel Erlösung.

Hier soll nicht gesagt werden, Dürer habe – über die Kupferplatte gebeugt – solch Ausmaß Elend und Verdunkelung voraussehen können, voraussagen wollen. Nur soviel: Ähnlich wie wir heute, sah er die Grenzen seiner Zeit, sah er Neues ungeformt aufkommen, bedrückten ihn die Unzulänglichkeit und Ohnmacht des Denkens in Vorsorge.

Panofsky und Saxl schließen in ihrer Arbeit über Dürers »Melencolia I« nicht aus, daß die im Kupferstich ans Haus gelehnte Leiter Hinweis sein könnte auf einen noch nicht zuende geführten Neubau. Die verlassene Baustelle. Der Rohbau. Während der Arbeit brach Zweifel aus. Nützliches Werkzeug, genaue Berechnungen, erwiesene Tüchtigkeit wurden hinfällig, nichtssagend, ihrer selbst überdrüssig. Nicht als Torso, nicht als gültiges Fragment, das zu errichtende Haus begriff sich, bevor es entstanden war, als Ruine.

Solch moderne Einsicht, die den heutigen Städtebau, seine utopischen Entwürfe und seine stockwerkhohe Melancholie vorwegnahm, wurde zu Beginn der Neuzeit gewonnen.

Sie ist in allen Disziplinen zuhaus. Eigene Erfahrung hat mich, während ich diese Rede skizzierte und gleichwohl unterwegs blieb, mit melancholischem Gruppenverhalten, mit schwermutsgesättigten Biografien, mit den miefwarmen Hinterstübchen der Resignation bekanntgemacht. Die Vielbeschäftigten in der Tretmühle Vernunft. Auch mich überfiel oft genug, während ich sprach und während sich meine Rede selbsttätig vortrug, schwermachende Mutlosigkeit. Also schwieg ich, während ich sprach. Also gab ich auf, während ich noch Teilziele als erreichbar beschrieb. Also war ich – und viele gleich mir – schlecht entlohnt im Dienst der Aufklärung tätig und hockte dennoch unbewegt inmitten papierener Argumente, umstellt von sich widersprechenden Reformmodellen, angeödet vom Streit der Experten, unter einer Glasglocke: abwesend da.

Oder nachdem sich Sprache zerredet hat, in Sprechblasen abgefüllt wurde. Während sich Diskussionen hinzogen und Sprechchöre ihre utopischen Anrufungen in Doppelreim brachten, sobald mir die Fallhöhe revolutionärer Verstiegenheit

Aufschluß gab über den Tiefpunkt vorauszuberechnender Resignation, in Stadthallen, Schulaulen und diversen Festsälen kam diese Rede zu Stichworten. Nirgendwo schreiender als im politischen Streit jener Tage übertönten sich die Propheten des Endzieles »Befriedetes Dasein« und die asketischen Zuchtmeister der »Großen Verweigerung«.

Man mag es einen soziologischen Treppenwitz nennen, wenn sich die Jünger beider Lehren – hier die utopische, welche Erlösung beschwört, dort die neu-melancholische, welche Verweigerung anrät – auf immer den gleichen Herbert Marcuse berufen; ich neige dazu, solch Philosophieren im Widerspruch als Einheit zu akzeptieren. Auch wenn vorwiegend jugendliches Publikum Marcuses Angebot als ein doppeltes verstand – und jeder nahm, was ihm paßte – hat dennoch zum ersten Mal ein Wissenschaftler die großen Einzelnen – Freud und Marx – ins Verhältnis gebracht, die Melancholie und die Utopie als einander entsprechend begriffen und bewegende Unruhe gestiftet, indem er aus seiner Dialektik der Verzweiflung die Einmütigkeit melancholischen und utopischen Verhaltens entwickelte: Die große Verweigerung führt zum befriedeten Dasein.

Solch resignative Utopie mußte, in ihrer Ähnlichkeit zu frühchristlichen und asketischen Heilvorstellungen, Zulauf von allen Seiten haben. Unsere Zeit begünstigt Sektenbildung. Kirchliche Jugendgruppen, Gemeinschaft suchende Einzelgänger, sich ihrer Privilegien kurzfristig schämenden Söhne und Töchter abgesicherter Bürger, Pazifisten, Hippies, Rocker, Protestierende gegen den Krieg in Vietnam, gegen die Militärdiktatur in Griechenland, gegen die Okkupation der Tschechoslowakei, und die Vielzahl desorientierter Mitläufer nahmen sich aus Marcuses Lehre, was ihrem Einzel- oder Gruppenbedürfnis entsprach: viel »Große Weigerung« und ein Stückchen »Befriedetes Dasein« oder umgekehrt. Oft dienten Marcusesche Zutaten nur als Beiwerk dem Mitgebrachten, je nachdem ob es christlicher oder bürgerlich-antiautoritärer, sozialistischer oder pazifistischer, gruppendynamischer oder individuell ichbezogener Natur war.

Eine spontane, aus der Spontaneität lebende Bewegung, die vorerst geholfen hat, jene Gesellschaft zu verändern, die sie als unveränderbare entlarven und überwinden wollte. In Vergessenheit geriet – noch während es ausgerufen wurde – das »Befriedete Dasein«. Revolutionäre Verbalismen gingen in die Werbesprache jenes Konsumsystems ein, das durch Verweigerung und als Konsumverzicht getroffen werden sollte. Die Bewegung reduzierte sich. Einige Gruppen schlossen sich den Parteien an, andere versuchten sich in Sozialarbeit. Die radikale Minderheit spielte noch einmal alle Spaltungsmöglichkeiten des Sozialismus durch.

Ein gutes Jahr später, nachdem sich die Protest- und Verweigerungsbewegung resignativ-utopischen Ursprungs verlaufen hatte, reiste ich nach Stockholm, um dort mit Gewerkschaftlern über ein entwicklungspolitisches Projekt zu verhandeln, an dem sich die schwedischen, jugoslawischen und bundesdeutschen Gewerkschaften beteiligen sollten. Eine so einfache wie komplizierte Idee. Die Verhandlungen verliefen entsprechend. Während einer Pause nutzte ich den sonnigen, vom Seewind durchpusteten Tag und suchte nach einer Parkbank. Als ich sie fand, bot mir schwedische Geschichte, versammelt mit schwedischer Gegenwart, eine Handvoll Möglichkeiten zum beliebigen Vergleich.

Unter enggestellter Baumgruppe, die gepflanzt worden war, um dem Denkmal Karls des Zwölften Hintergrund zu geben, saß um einen Imbiß-Pavillon locker gruppiert Schwedens Jugend. Mädchen, mit ihren Haaren beschäftigt. Seltsam in sich gekehrte Heilige. Flöte spielende Wikinger. Anhänger mir unbekannter Sekten, die neben dem indianischen Amulett das runenhafte Abzeichen der Anti-Atombewegung trugen. Dazwischen touristische Muttis und Väter, die Karl den Zwölften in kühner Verkürzung und gleichviel gelöste und wehmütig gestimmte Jugend als Sehenswürdigkeiten fotografierten, jede für sich; denn die Distanz und Erhöhung des zwölften Karl erlaubte nicht, Schwedens kriegerische Geschichte und einen Ausschnitt schwedisch-friedlicher Gegenwart in ein Bild zu zwingen.

Ich notierte, was ich sah, was mir überdies einfiel und was sich, unabhängig von enger Foto-Optik, als Zusammenhang und Widerspruch begreifen ließ: Die behutsamen Schritte der Barfüßigen über Kies. Die Eisenketten um den Granitsockel des Denkmals. Die Schabbeskäppchen, indianischen Stirnbinden und Ponchos. Den Wind in nordischen Haaren und die verwehte, zur Meditation überredende Flötenmusik. Den verschlafenen Solotanz eines dicklichen Mädchens.

Ich schrieb auf und skizzierte: Wie Karl der Zwölfte an überlängtem Arm mit der Hand nach Osten weist. Die nicht beeindruckten Möwen. Entrückten Verkehr, sein Geräusch. Den sozial kreisenden Joint. Gesten der verspielten und der abflauenden Liebe im Licht unter Bäumen. Dahinter die ochsenblutrote Kirche. Jemand im langen weißen Hemd, der durch runde Brillengläser Wunder sieht und eine weiße Ziege bei sich führt.

Auch einzelne Worte: Poltawa. Orangensaft. Verkleidung. Pusteblumen. Frederikshall. Freilufttrauer. Narziß. Shampoon.

Ich sah: In einer Luftblase, entrückt, Macht und Ohnmacht. Die Erwartung eines gegenstandslosen Messias. Mao-Büchlein und ältere Breviere. Dürers komplexe Versammlung bei schönem Wetter.

Und ich begriff den Grund für gleichzeitige Heiterkeit: Saturn hat seine Kinder aus der Geschichte entlassen.

Denn auch dieses, die Geschichtslosigkeit zu Füßen eines Denkmals – in Stockholm gesehen, an anderen Orten wiedergefunden –, ist melancholischer Ausdruck utopischer Wirklichkeitsflucht. Wann war die Schlacht bei Narva? Um was ging es im Nordischen Krieg? Was tat Karl der Zwölfte in der Türkei? Keine Daten mehr. Keine Abläufe. Folgenlose Historie.

Käme Melencolia nach Stockholmer Modell ins Bild, wäre Geschichte mit ihren Absonderungen nicht mehr präsent.

Umgeben vom gestapelten Konsumangebot, umstellt vom Überfluß in Dosen, Einwegflaschen und Frischhaltebeuteln, säße sie auf einer Tiefkühltruhe: Ekel und Überdruß gäben ihr Ausdruck. In ihrer rechten, jeder Tätigkeit entsagenden Hand hielte sie einen Büchsenöffner.

Das Angebot ohne Nachfrage. Landschaft, deren Horizont Butterberge und Schweineberge, Halden fabrikneuer Autos und bildloser Fernsehgeräte zeichnen.

Der Zwang zur Überproduktion und die, aus Leistungsprinzip, ins Utopische zu steigernde Zuwachsrate haben der Melancholie entsprechendes Verhalten eingeübt: nicht übersättigt, sondern Fraß und Überfraß verweigernd, mager, vielleicht dem Hunger noch letzte Lust abgewinnend, sitzt ein auch sonst jeder Kurzweil, der Liebe und ihren Wechselfällen, der Neugierde und auch der Mode entwöhntes Mädchen. Ihr Kleid ist kuttenartig geschnitten: Grobleinen. Nur noch Askese, als Aufhebung der Melancholie, kann ihr neue Utopie eingeben: ein durch Strenge und Zucht befriedetes Dasein.

Aber solch Dasein kennen wir schon. Bekannt sind die Lasterkataloge der Puritaner, ihre alttestamentarische, ihre stalinistische Strenge. Bekannt ist das Glücklichsein als Verordnung. Bekannt ist die aburteilende Wirkung des Wortes »Defaitismus«. Wie vormals in feudal-absolutistischen Ordnungen das Bürgertum in seiner Alternativlosigkeit stagnierte und aus Langeweile weltflüchtig wurde, so lastet Alternativlosigkeit auf sozialistischen Einheitsstaaten und Gesellschaften; sie produziert Resignation Enthaltung Verweigerung.

Ich sprach vom zwanghaften Konsumverhalten in westlich kapitalistischen Ordnungen und seinen Folgen: Ekel und Überdruß. Die auf Fotos fröhliche Jugend ideologisch gleichgeschalteter Staaten kennt anderen Überdruß. Er ist gewachsen am zu erfüllenden Soll revolutionärer Phraseologie, am gegängelten Willen, dem keine Entscheidung mehr offen ist, am verordneten Sozialismus, dem der Begriff Freiheit nur noch als Schnörkel für scholastische Spitzfindigkeiten taugt. Wie vormals Saturn seine Kinder prägte, so entließ die Revolution ihre: von Schwermut gezeichnet.

Zum Beispiel ein spätgewonnener Freund. Eigentlich eine heitere, aus Prinzip optimistische Natur, die sich unentwegt sächsisch-geschäftig gibt: immer reich an Projekten. Doch seine Biografie widerspricht dem Anschein. Nach langer gradliniger Datenfolge – jugendlicher Marxist, Kommunist, kommunistischer Emigrant, nach dem Krieg kommunistischer Landtagsabgeordneter in Hessen, danach Chefredakteur beim Deutschlandsender in Ostberlin – kommt es Anfang der fünfziger Jahre zum Bruch. Parallel zu den Schauprozessen in Budapest und Prag will auch die Deutsche Demokratische Republik ihren Schauprozeß haben. Leo Bauer wird – wie Rajk und andere, wie Slánsky und andere – angeklagt, Spionage und Hochverrat betrieben, mit dem amerikanischen Geheimdienst zusammengearbeitet zu haben. Teilgeständnisse werden mit Methoden erpreßt, die den Vergleich mit faschistischen herausfordern. Nach längerer Einzelhaft verurteilt und schließlich nach Sibirien deportiert, wird er Mitte der fünfziger Jahre vorzeitig entlassen: gesundheitlich ruiniert und unwiderruflich um den Glauben an den Kommunismus gebracht. Er lebt in der Bundesrepublik. Jemand, der den Spott der Besserwisser, die Nachsicht der Tadellosen und zur Zeit eine Sintflut Verleumdungen, die Mentalität Strauß aushalten muß.

Auch er kein Einzelfall. Eine Biografie neben Tausenden. Später wurde Leo Bauer, unter Verzicht auf Glauben, Sozialdemokrat. Das Mißtrauen der neugewonnenen Genossen, der Haß der verlorenen und die Niedertracht politischer Gegner haben ihn gezeichnet. Eigentlich müßte er aufgeben hinwerfen abtreten. Aber Willen, wie ihn nur vielfach Gebrochene, Totgesagte und aus eigener Kraft Schuldbewußte aufbringen, läßt ihn, wenn nicht richtig leben, so doch immerhin tätig sein. Nur wenn es spät wird, wenn alles gesagt ist, wenn die tägliche Kärrnerarbeit beendet zu sein scheint, versteinert mein Freund. Merkwürdig abwesend sitzt er im Kreis zwar auch ermüdeter, aber in ihrer Neugierde nach Informationen immer noch anwesender Händler mit politischen Details. Dann fällt von ihm ab, was seinen Willen läufig hält. Es ist, als höre er das Eigengeräusch der Zeit. Es ist, als habe er in der Leere Quartier bezogen. Sein Blick knüpft nirgendwo an. Sein Gesicht verschattet sich grau. Zwar weiß ich, es sind Saturns bevorzugte Organe, die Innereien Milz, Leber und Galle, deren sibirische Haft nicht aufgehoben ist, aber noch schwerer schlägt durch: das Wort »vergeblich« in Blei gefaßt. Ekel nach letzter, vor neuer Erkenntnis. Gerechtigkeit wird dem Sozialisten zweifelhaft, hinfällig und absurd – wie vormals den Humanisten die Geometrie.

Als Albrecht Dürer den Kupferstich »Melencolia« entwarf, skizzierte er die hockende Schwermut nach seiner zänkischen Ehefrau Agnes. Auch die Kopie einer Skizze des schlafenden Hundes ist überkommen. In ihm begreife ich meinen Freund Leo Bauer, wenn er spät und nachdem auch die letzte der Utopien ihre Nachttischlampe gelöscht hat, der Melancholie ins Bild kriecht: schwermütig geworden nach so vielen Anläufen.

Aber wie kommt es, daß Leo Bauer weitermachen wird, bis es ihn hinhaut? Wie kommt es, daß so viele, denen ich unterwegs begegnete und die, wie ich, den Stillstand im Fortschritt kennen, immer wieder ansetzen, ihr Bleigewicht aufheben und den saturnisch lastenden Wackersteinen jenen Funken abschlagen, der uns utopische Lichter setzt?

Während ich für meine und anderer Leute Kinder ein Buch schrieb, in dem der Fortschritt nach Schneckenmaß bemessen wird, beschrieb ich gleichzeitig, was das Gemüt schwer macht. Ich spreche für die Melancholie. Ich habe sie in Variationen von heute sein lassen, damit sie uns nicht mehr fremd und verdächtig, damit sie uns gegenständlich ist.

Nur wer den Stillstand im Fortschritt kennt und achtet, wer schon einmal, wer mehrmals aufgegeben hat, wer auf dem leeren Schneckenhaus gesessen und die Schattenseite der Utopie bewohnt hat, kann Fortschritt ermessen.

ANHANG

Albrecht Dürer Melencolia I

»Die Traurigkeit meines Besserwissens«

Zu ÖRTLICH BETÄUBT und AUS DEM TAGEBUCH EINER SCHNECKE

Die beiden 1969 und 1972 erschienenen Werke nehmen in der Entwicklung der Grassschen Epik eine Zwischenstellung ein, die den äußeren Daten korrespondiert: Nimmt man das Erscheinen der *Blechtrommel* 1959 als Anfang der ersten großen epischen Phase in Grass' Werk und das Erscheinen der *Kopfgeburten* 1980 als Abschluß der mit dem *Butt* eingeleiteten Phase, so liegen *örtlich betäubt* und *Aus dem Tagebuch einer Schnecke* genau zwischen diesen Eckdaten.

Diese Position prägt beide Werke in Form und Inhalt: Wie *örtlich betäubt* auf die *Danziger Trilogie* zurückweist, bereitet es gleichzeitig die Erzählverfahren späterer Werke bis hin zur *Rättin* vor; wie sehr auch *Aus dem Tagebuch einer Schnecke* im nachhinein als Fingerübung für den *Butt* Bedeutung erlangt, schließt es doch gleichzeitig die bis dahin Grass' Epik beherrschende Auseinandersetzung mit dem Dritten Reich ab. Zugleich gestalten beide Werke in einem für Grass' frühere Romane ungewöhnlichen Umfang Stoffe der unmittelbaren Gegenwart, der sich der Autor mit seinem für einen deutschen Schriftsteller beispiellosen politischen Engagement in den Wahlkämpfen von 1965, 1969 und 1972 und darüber hinaus in Reden, Artikeln, Appellen gestaltend zugewandt hatte. *örtlich betäubt* und *Aus dem Tagebuch einer Schnekke* werden so ähnlich wie die Gedichte und Dramen dieser Zeit zu Zeugen des direkten politischen Einsatzes ihres Autors. Geprägt von ihrer Gegenwart, belastet von deutscher Vergangenheit, erproben sie gleichzeitig die epischen Techniken von Grass' zukünftigen Werken.

»Was sich ablagert«
Nachwort zu ÖRTLICH BETÄUBT

Der zunächst viel enger gedachte epische Zusammenhang zwischen *örtlich betäubt* und der vorangehenden *Danziger Trilogie* wird an der zentralen Gestalt des Erzählers Eberhard Starusch deutlich. Grass greift hier ein letztes Mal auf die bewährte Verklammerungstechnik zurück, die die Einheit in der Vielfalt für die *Danziger Trilogie* gestiftet hatte: Starusch ist aus den vorausgehenden Werken als Episodenfigur bekannt; der jetzige Studienrat ist niemand anderes als der Stäuberbandenführer und Luftwaffenhelfer Störtebeker aus *Blechtrommel* und *Hundejahre*. Auch die von der weiteren Entwicklung überlagerte, aber noch in Resten erkennbare ursprüngliche Schreibsituation ist weitgehend identisch mit der der vorangehenden Werke: Wie Pilenz in *Katz und Maus* oder Liebenau im zweiten Buch der *Hundejahre* versucht Starusch, schreibend Vergangenheit zu ›bewältigen‹, die eigene private wie die allgemeine politische. Gemäß der weiter fortgeschrittenen Zeit – wir schreiben das Jahr 1967 – ist die private Vergangenheit die der fünfziger Jahre: eine bis heute in Haßgefühlen und Rachevisionen nachwirkende gescheiterte Verlobung. Dieser Abschnitt im Leben des Erzählers erweist sich aber nur als Mittel zum Zweck, eine tiefere Vergangenheit einzuholen – die des Dritten Reichs und des Zweiten Weltkriegs. Der Historiker Starusch will den Typus des Unbelehrbaren erfassen, der im bei Grass so häufig begegnenden Sandkastenspiel nachträglich den Krieg gewinnen und dessen Ergebnisse umkehren will. *Verlorene Schlachten* ist der Arbeitstitel von Staruschs – wie von Grass'! – Projekt, und als Beispiel hat er den bekanntesten Durchhaltegeneral der Ostfront gewählt, Generalfeldmarschall Schörner.

Aber Starusch ist nicht nur Historiker, er ist auch Germanist, und so steht neben der Materialsammlung zu Schörner die literarische Annäherung an den Stoff in Gestalt eines Romans, in dem Ferdinand Schörner mit allen Fakten seiner militärischen Karriere als Ferdinand Krings auftreten soll. Mit seiner Tochter läßt Starusch den Erzähler verlobt sein – so sollen sich individuelle und deutsche Vergangenheit verbinden. Auch die Erzähler der *Danziger Trilogie* hatten sich ja für den epischen Zugriff auf ihren jeweiligen Stoff entschieden – was Oskars romanpoetologische Überlegungen und Pilenz' literarische Ambitionen ebenso deutlich machen wie die Festschriftfiktion in den *Hundejahren*.

Doch dieses Konzept, das eventuell zur *Danziger Tetralogie* geführt hätte, verändert sich vor den Augen des Lesers und zwar beim Autor wie bei seinem Erzähler. Neben die Vergangenheit schiebt sich zusehends die Gegenwart und fordert ihr Recht; die Probleme der Schreibgegenwart Staruschs und Grass' erweisen sich als dringender als die der fünfziger und vierziger Jahre. Grass hat selbst beschrieben, wie ihm »der beginnende, zunehmende, dann stagnierende Studentenprotest ... Widerstand wie Widerspruch« bot (IX, S. 410). Bei Starusch läßt sich dieser Vorgang im Werk selbst verfolgen, »die ärgerlich dünne Mappe mit dem Arbeitstitel in Großbuchstaben« liegt am Ende noch genauso als »Angefangenes« auf dem Schreibtisch. An die Stelle des geplanten Romans tritt der ›Roman eines ungeschriebenen Romans‹, um Thomas Mann zu variieren, die Überlegungen, die Starusch zu seinem Projekt anstellt, die Entwürfe, die Varianten, die Pläne, mit denen er sich beschäftigt. Warum Starusch das ›zu Papier bringt‹, wann er es tut, ja, ob er überhaupt im klassischen Sinne schreibt, bleibt in einer für Grass' gesamte Epik einzigartigen Weise unklar: Erst- und letztmals fehlt jede Schreibfiktion, nie sehen wir Starusch wie Oskar, Pilenz, Brauxel, Matern oder später dem Autor Grass am Schreibtisch über die Schulter. Die Erzähltechnik erinnert statt dessen an das Verfahren des Inneren Monologs; es ist, als erschienen die Gedanken des Ichs auf dem Papier, unvermittelt, ohne daß es im konventionellen Sinne zum Erzählmedium würde.

Gleich der erste Satz des Buches kennzeichnet diese eigentümliche Erzählsituation ohne gesprochene oder geschriebene Worte und ohne realen Adressaten: »Das erzählte ich meinem Zahnarzt. Maulgesperrt und der Mattscheibe gegenüber, die, tonlos wie ich, Werbung erzählte.« »Eine zahnärztliche Behandlung vom Januar bis Mitte Februar 67« wurde, wie Grass in einer kurzen Selbstanzeige mitgeteilt hat (IX, S. 410), zum Auslöser für diese Fiktion; in den stumm im Zahnarztstuhl ›vorgebrachten‹ Gedanken des Patienten sah er die Möglichkeit, seine bis dahin »ungeordnete Stoffmasse« zu organisieren. Schon rein äußerlich gibt die Zahnbehandlung die Gliederung des Ganzen ab: Der Arbeit am Unterkiefer entspricht das erste, der am Oberkiefer das dritte, der dazwischenliegenden Behandlungspause das zweite Buch. Der zur Ablenkung der Patienten im Sprechzimmer laufende Fernsehapparat erweist sich zusätzlich als hilfreich; Grass nutzt ihn, um Staruschs Überlegungen zu Vergangenheit und Gegenwart darauf zu projizieren, das Gedankentheater auf dem Schirm zum Bild werden zu lassen.

So kommt es zu vier sich überlagernden Erzählebenen: Neben die realen Behandlungsvorgänge in der Arztpraxis treten übergangslos Staruschs an die zahnärztliche Technik anknüpfenden Überlegungen, der Innere Monolog wird hier zum »inneren Dialog« zwischen dem Studienrat und dem imaginierten Über-Zahnarzt. Als dritte und vierte Ebene kommen die Vorgänge auf der Mattscheibe hinzu, sofern diese gerade ein Programm bietet und nicht einfach leer flimmert, und Staruschs Projektionen. Auf den leeren Schirm oder zwischen das gerade laufende Geschehen plaziert Starusch seine Varianten des Schörner-Krings-Themas und der Verlobungshandlung, wie er sie in seinem Buch zu gestalten gedenkt. Ausführlich erprobt Grass so zwei Merkmale, die für sein Erzählen in der Folgezeit beherrschend werden: Zum einen legt das Projektionsmedium eine Technik filmischen Erzählens nahe, ein Denken in Kameraperspektiven und -fahrten, Ein- und Ausblendungen, Schnitten usw. Zum andern gibt Staruschs Erzählen der Vorüberlegungen zu einer zukünftigen Erzählung von vornherein die Fiktion als Fiktion preis; an die Stelle des traditionell epischen »So war es« tritt das handwerkliche »So könnte es gewesen sein; so ist es wirkungsvoll; so kann ich es mir vorstellen«. Beide Merkmale prägen Grass' weiteres erzählerisches Werk, das filmische Erzählen z. B. *Kopfgeburten* und die für den Video-Zar Oskar entworfenen Handlungsstränge der *Rättin*, das Erzählen in Varianten *Aus dem Tagebuch einer Schnecke*, *Kopfgeburten* und *Rättin*.

Zum Drama werden diese Bewußtseinsszenen durch den mit der Zahnbehandlung zeitlich parallelen Plan des Schülers Philipp Scherbaum. Wie die Behandlung die äußere, ergibt das Schicksal dieses Plans die innere Gliederung. Am Anfang des ersten Teils erfahren wir, daß ein Plan besteht, an seinem Ende werden wir noch einmal daran erinnert. Zu Beginn des zweiten Teils legt Scherbaum diesen Plan dar, die Versuche, ihn an der Ausführung zu hindern, stehen im Mittelpunkt, er endet mit Scherbaums Verzicht. Da dieser Teil mit der Behandlungspause zusammenfällt, spielt die überwiegend den Bildschirmprojektionen vorbehaltene Schörner-Krings-Handlung kaum eine Rolle – in dem dem zweiten Buch korrespondierenden Theaterstück *Davor* (Uraufführung 1969, s. VIII, S. 479 ff.) fehlt sie ganz. Der dritte Teil erzählt kurz das »Danach« – so das erste Wort –, zusammen mit weiteren Planspielen Staruschs zur Krings- und Verlobungshandlung.

Grass selbst hat den Stoff des zweiten Buchs einen »Doppeleinfall« genannt, »Theater- und Prosaeinfall« zugleich. Den Mittelteil wie das Theaterstück *Davor* beherrscht eine Viererkonstellation: Die Kollegen Irmgard Seifert und Eberhard Starusch sind beide vierzig Jahre alt – wie ihr Erzeuger Günter Grass sind sie Jahrgang 1927 – und durch eine nicht ganz befriedigende Beziehung verbunden. Ihre Schüler Veronika Lewand und Philipp Scherbaum sind siebzehn Jahre alt und miteinander durch eine nicht ganz befriedigende Beziehung verbunden. Auch die Gefühle, die die beiden Älteren ihren Schülern entgegenbringen, sind von erotischen Konnotationen nicht frei. Besondere Bedeutung gewinnen die heute Siebzehnjährigen für die heute Vierzigjährigen dadurch, daß sie mit diesem Alter jeweils Schlüsselerlebnisse der eigenen Jugend verbinden: Irmgard Seifert war noch 1945 mit siebzehn fanatisch »gläubige BDM-Ziege«, die ihr anvertraute Kinder gegen die Russen ins Feld führen wollte und vor Denunziationen nicht zurückschreckte; Starusch war im selben Alter als Störtebeker Anführer jener radikal-anarchistischen Bande, deren »Maskottchen« Oskar als »Jesus« war.

Zusätzlich werden zwei weitere Siebzehnjährige als denkbare Vorbilder für richtiges Verhalten in die Geschichte eingeführt: Bartholdy, der in diesem Alter 1797 in Danzig die Republik nach französischem Muster ausrufen wollte, wie Grass es später im *Sechsten Monat* des *Butt* ausführlich erzählt, und Helmuth Hübener, der im Krieg Nachrichten des britischen Senders mitstenographierte, auf Flugblättern verbreitete und 1942 hingerichtet wurde.

Im Mittelpunkt des Dramas und des zweiten Teils von *örtlich betäubt* steht die Entscheidung Philipp Scherbaums für einen der in dieser Konstellation angebotenen Standpunkte. »Er leidet an der Welt. Das fernste Unrecht trifft ihn. Er sieht keinen Ausweg. Oder nur den einen: seinen Hund will er öffentlich verbrennen und so der Welt . . . ein Zeichen geben« – kennzeichnet ihn sein Lehrer. Indem Scherbaum über diesen Plan spricht, ihn erörtert, gegen Einwände verteidigt, modifiziert, sich den historischen wie den direkten Einflüssen aussetzt, ist er neben Störtebeker-Starusch der einzige dynamische Charakter des Buches wie des Dramas: Vero Lewand und Irmgard Seifert sind in ihrer fanatischen Gläubigkeit gegenüber kollektiven Heilslehren festgelegt. 1967 will die Lehrerin genauso denunzieren wie 1945; ihr Bedürfnis zu glauben bleibt konstant, auch wenn die Inhalte gewechselt haben. Vero Lewand ist ihre kaum aktualisierte Reprise, liest Mao wie man früher Rilke las und findet sich mit ihrer Lehrerin in der Forderung nach ›absoluter Sauberkeit‹, was der ›Reinheit‹ älterer Zeiten entspricht. Auch ›Opfer‹ fordern sie beide, Vero allerdings generationsbedingt mit einem Mao-Zitat.

Indem Grass Scherbaum zur jugendlichen Wiederholung Störtebeker-Staruschs macht, stellt und beantwortet er neu die Frage nach dem richtigen Handeln in heilloser Zeit – »immer ist Krieg«. Wo Oskar und Störtebeker mit den Stäubern die radikale politische Weigerung geübt hatten, geht Scherbaum einen anderen Weg. Unter den verschiedenen Vorbildern wählt er nicht die fanatische Gläubigkeit der beiden Frauen, und er entsagt auch der von ihm zunächst geplanten »ritualisierten Form der Provokation«, wie sie in Bartholdys Proklamation einer Republik ohne jeden politischen Rückhalt vorgebildet war. Er entscheidet sich für den Weg Hübeners, der konkret mit adäquaten Mitteln gegen bestimmte Mißstände angegangen war. »Erkenntnis plus Handwerk« könnte man als Formel für die neue Haltung aufstellen: Wo die bisherigen Helden zwar erkannten, aber gerade deshalb nicht handelten (Oskar, Mahlke bei seinem Ende) oder bloß künstlerisch reagierten (Amsel, Oskar beim Trommeln und Schreiben in der Heil- und Pflegeanstalt, Pilenz), wie das Scherbaum in der Phase seiner Protestsongs tat, folgt jetzt auf die Erkenntnis ›Hand-Werk‹ – konkretes, angemessenes, auf ein Ziel gerichtetes Handeln. Die Vorbildlichkeit Hübeners hierfür wird daran deutlich, daß Scherbaum selbst stenographieren lernt und die von ihm reformierte Schülerzeitschrift nach seinem stenographierenden und morsenden Vorbild *Morsezeichen* nennt.

»Erkenntnis plus Handwerk« ist die Formel, die Starusch selbst für das Verhalten seines Zahnarztes aufstellt. Scherbaums Entschluß, statt des ritualisierten Protests der Dackelverbrennung die so viel weniger spektakuläre Reform der Schülerzeitung zu betreiben, geht parallel mit seinem Eintritt in die Sphäre des Zahnarztes, in dessen Behandlung er sich begibt. Dies bedeutet aber nichts anderes als seine Annäherung an eine der von seinem Lehrer erwogenen Haltungen: Bei der Betrachtung der Zahnarztgestalt muß man sich stets bewußt sein, daß seine über die reine Praxissituation hinausgehenden Äußerungen nicht im realen, sondern im »inneren Dialog« fallen. In ihm entwickelt Starusch am Beispiel der Zahnbehandlung mit ihrem durch zielgerichtetes Handeln bewirkten relativen Fortschritt ein Modell der Weltbetrachtung, das er dann dem Arzt in den Mund legt. Im Drama wie im Roman ist innerhalb der nicht äußerlichen, sondern rein dialektischen Spannung zwischen den verschiedenen zu Wort kommenden Haltungen, wie sie Grass' Konzept eines dialektischen Theaters (s. X, S. 63 ff.) entspricht, der imaginierte Zahnarzt in vielem das Sprachrohr seines Autors. Das beginnt bei seinem Bild des Menschen »als einer anfälligen, fehlerhaften Konstruktion«, geht über seine »wissenschaftlichen Widerlegungen der Reinheit« und seine Hegelfeindschaft bis zu seinem Bekenntnis zur »Evolution Schritt für Schritt«, zur »Springprozession«.

Dies ist jedoch nur die eine Seite: Wenn Starusch diese Lehren und Anschauungen in enger Anbindung an die Senecasche Stoa aus dem Tun des Zahnarztes heraus entwickelt, bleiben seine eigenen Gedanken als sperrige Gegenwirklichkeit zurück und bauen eine andere Realität auf – eine gelebte, konkrete, wo die des Zahnarztes eine gedachte, abstrakte ist. Diese beiden Pole in Staruschs »innerem Dialog« entsprechen exakt dem Unterschied zwischen dem Urchristentum und der gleichzeitigen Stoa Senecas, wie sie der Theologe Rudolf Bultmann einmal beschrieben hat: »Der Stoiker meint, seine Zeitlichkeit eliminieren zu können; seine ›Entweltlichung‹ ist ›Entzeitlichung‹ . . . Gerade das Individuelle seiner Vergangenheit, das der gegenwärtigen Entscheidung ihre konkrete Gestalt gibt, darf ihm nicht zu eigen sein, da er alles an die Vergangenheit Bindende, das Beglückende wie das Belastende, von sich abstreifen soll, um sich in das Zeitlos-Ewige des Logos-Seins emporzuschwingen.« Starusch aber ist »Studienrat für Deutsch und also Geschichte«, er kennt »das Beglückende wie das Belastende« seiner wie seines Landes Bindung an die Vergangenheit. Sein Ausspruch, »daß es nichts Unpersönlicheres gibt als einen freundlichen Zahnarzt«, zielt genau auf die Abstraktheit der auf ihn projizierten gedanklichen Position, hinter der keine konkrete Persönlichkeit mit gelebtem Leben steht. Der als Gesprächspartner imaginierte Zahnarzt ist – in der Bildlichkeit des Romans – ohne »Ablagerungen«, ohne Zahnstein, die nach Staruschs Andeutungen über seine Sucht nach Süßem und seinem »Dreiecksverhältnis« der reale Zahnarzt durchaus besitzt.

Bild für die Prägung des Individuums Starusch durch seine Vergangenheit und des Kollektivs Volk durch seine Geschichte sind die Ablagerungen, individuell der Zahnstein – »versteinerter Haß« – und überindividuell »Traß oder Bims oder Tuff«. Beide führen zu immer neuen »Planspielchen«, in denen es um die Ermordung der früheren Verlobten durch Starusch und den nachträglichen Sieg im Zweiten Weltkrieg durch den General und Zementindustriellen Krings an seinem Sandkasten geht.

Die Belastung durch die Vergangenheit, die man nicht so einfach, wie es der Stoiker meint, abstreifen kann, führt notwendig zum Fehlverhalten in Gegenwart und Zukunft: Entweder will man wie Krings die falsche Richtung beibehalten und es nur beim zweiten Mal besser machen, oder man hofft auf einen radikalen Neuanfang, der die Vergangenheit ein für allemal wegräumt. Starusch, der sich in Krieg und Nachkriegszeit in schmerzlichem Lernprozeß vom Anarchisten zum »gemäßigten Studienrat« gewandelt hat, der sich an die Vernunft klammert, den permanenten Ausgleich sucht und sich »trotzdem und dennoch für fortschrittlich hält«, sieht sich unvermutet von seinen Schülern mit Begriffen konfrontiert, die er aus der HJ und aus Irmgard Seiferts BDM-Jargon kennt: »Zeitenwende. Das Erlösende. Befreiende. Das Reinigende. Das Opfer« (Davor, VIII, S. 493) – »lauter Ladenhüter, die neuerdings ihre Käufer finden«, wie sein Zahnarzt konstatiert. Unter ihrem Einfluß droht sein skeptischer Glauben an die Vernunft, dieser kahlste, nüchternste und schwerste Glaube von allen, verloren zu gehen und durch buntere und verlockendere Visionen ersetzt zu werden: die Möglichkeit des Menschen, »über sich hinauszuwachsen«, »die menschlichen Fehler zu beseitigen« und so »die Welt« zu »verändern«. Die »Reinheit«, das »absolut Saubere«, scheint als »das Eindeutige« und Fraglose dem ewigen »Einerseits/Andererseits« überlegen. Hauptvertreter solcher Hoffnungen, die mit »Marxengels« und Herbert Marcuse begründet werden, sind Irmgard Seifert und Vero Lewand. Die für Starusch angemessenere Haltung, die seinem progenen »Tiefladerkinn« zu entsprechen scheint, ist die immer wiederkehrende Bulldozer-Vision vom großen »Abräumen. Zehntausend Bulldozer, die den gesamten Konsumramsch . . . Klare Verhältnisse schaffen . . . Schluß machen mit den scheinheiligen Reformisten und den heißen Atem der Revolution wehen lassen. Radikal bei Null anfangen – und nicht im Januar siebenundsechzig« (*Davor*, VIII, S. 500 f.). Entsprechend läßt in seinem letzten Planspiel Starusch als »der falsche Bademeister seinen Marxengels im Täschchen und raucht Nietzsches Nachlaß Seite um Seite auf Lunge«. Beide Haltungen hängen für Grass zusammen: Wer erkennt, daß ein erträumtes »Endziel nicht erreichbar ist«, sehnt »die Stunde Null herbei. In Wirklichkeit gibt es beides nicht, keine Stunde Null und kein endgültiges Ziel«, wie Grass in einem Gespräch sagte (*Die Zeit*, 31. 10. 1975).

In Starusch mit seiner gelebten, vergangenheitsgeprägten Wirklichkeit und seinen erdachten, auf den Zahnarzt projizierten Lehren der praktischen Vernunft vereinigt Grass zwei konträre Prinzipien. Es sind die Haltungen, die in der *Rede von der Gewöhnung* (IX, S. 206 ff.) Ben und Dieter einerseits und Hermann Mautler andererseits vertreten. Mautler »glaubte an seine Wissenschaft, an die Aufklärung und an die Vernunft«, ihm tritt in Ben und Dieter »die blinde amoralische Realität mit ihren elementaren Interessen« entgegen. Starusch verkörpert beides: Für seine Vergangenheit erfindet er sich eine Entwicklung vom Technokraten, der sein Spezialwissen als Fachmann für Entstaubung in den Dienst von Umweltschutz und Profit zugleich stellt, zum Lehrer für »Deutsch und also Geschichte«. Als Studienrat, leidend an einer als sinnlos empfundenen Geschichte, erfindet er sich den Zahnarzt, der Vernunft und Technik den von Endziel und Nullpunkt ausgehenden Sinngebungsversuchen entgegensetzt. In dieser in einer Person erscheinenden Doppelung begegnet bei Grass erstmals das, was er in der *Dürerrede* im Paradoxon des »Stillstands im Fortschritt« oder im Begriff des »Dritten« im *Butt* oder in der doppelten Wahrheit der beiden Märchenversionen zusammenfaßt: »Dat een un dat anner tosamen« (V, S. 412). Im Gedicht *Ja* aus dieser Zeit (I, S. 145 f. und Anm.) heißt es entsprechend: »Mein großes Ja bildet Sätze mit kleinem nein: Dieses Haus hat zwei Ausgänge; ich benutze den dritten.« Im Roman wird zweimal auf dieses Gedicht angespielt: Das Mundaufsperren beim Zahnarzt wird bei Starusch wie bei Scherbaum jeweils »großes Ja« genannt. Nur wer die Belastung durch die Vergangenheit erfahren hat, kennt und an ihr leidet, kann Gegenwart und Zukunft kritisch und tätig zugleich begegnen. Der »Schmerz als Mittel der Erkenntnis«, die Sensibilisierung durch ihn, macht den Wunsch nach Veränderung brennend und befähigt zu Erkenntnissen, die der »apatheia« des Stoikers und der örtlichen Betäubung nicht zugänglich sind. Er bewirkt die heilsame Unruhe, er steigert das Besserwissen zur »Traurigkeit meines Besserwissens«, Traurigkeit darüber, dem Schüler Scherbaum, der an der Welt leidet, den noch das fernste Unrecht trifft, der keinen Ausweg sieht, nichts Besseres vermitteln zu können als die eigene Gebrochenheit und örtliche Betäubung und ein wenig Hoffnung auf kaum meßbaren Fortschritt. Das *Klagelied Jeremias*, das Starusch in jedem der drei Bücher anstimmt, spricht in der für Grass typischen Form der Ellipse im nicht zitierten vierten Vers genau diesen Gedanken aus: »Die jungen Kinder heischen Brot und ist niemand, der es ihnen breche.« In der *Dürerrede* beschreibt Grass diese Kehrseite der entschwundenen Utopie als Melancholie: »Nur wer den Stillstand im Fortschritt kennt und achtet, wer schon einmal und mehrmals aufgegeben hat, wer die Schattenseite der Utopie bewohnt hat, kann Fortschritt ermessen«.

Der Roman endet mit Schritten vor und zurück, wie es einer »Springprozession« zukommt. Während Vero Lewand ins bürgerliche Leben abspringt, entscheidet sich Scherbaum für ein Medizinstudium, in der Bildlichkeit des Romans also für den revisionistischen und reformistischen Weg. Irmgard Seifert bleibt dieselbe, bei Starusch kehren mit dem neuen Zahnstein die alten Ablagerungen und damit seine Mordfiktionen wieder, in denen er erneut mit seiner Vergangenheit kämpft. An den Zähnen bildet sich ein neuer Herd, der wieder einen Eingriff nötig macht: »Nichts hält vor. Immer neue Schmerzen.« Grass' amerikanischer Übersetzer hat diesen Schlußsatz wiedergegeben mit »There will always be pain«. Grass war das zu resignativ – der kaum merkliche Unterschied liegt in der Generalisierung bei Manheim, während das deutsche Original ausdrückt, daß bei gleichbleibendem Schmerz jeweils die konkrete Ursache wechselt und immer neu bekämpft werden kann. Allein darin besteht das Quentchen Hoffnung, der Fortschritt im Stillstand, das macht das Eintreten für die Vernunft zur Arbeit in der »Tretmühle der Vernunft« (*Rede von der Gewöhnung*, IX, S. 212), die ja nur scheinbar stillsteht, während in Wirklichkeit immer eine neue Stufe bewegt wird.

»Gegen die Zeit schreiben«

Nachwort zu AUS DEM TAGEBUCH EINER SCHNECKE

Die veränderte Erzählfiktion in *örtlich betäubt* war in einem Punkt Grass' eigener Tradition verhaftet geblieben; wie alle vorangegangenen Werke war es die Rollenprosa eines im Vorkriegs-Danzig aufgewachsenen fiktiven Erzählers. Neu waren die Überlegungen, wie er seinen Stoff gestalten sollte, neu war die Dominanz des Erlebens während der Zeit, die eigentlich dem Schreiben dienen sollte. Die Gegenwart trat schließlich so stark in den Vordergrund, daß die geplante Erzählung über im Kopf durchgespielte Varianten nicht hinauskam und schließlich liegenblieb. Dieses Mit-, Neben- und Gegeneinander vom Erleben des Aktuellen und Erzählen des Vergangenen behält Grass im unmittelbar nach *örtlich betäubt* konzipierten neuen Werk bei, ergänzt es aber um den für alle folgenden Werke bis hin zur *Rättin* entscheidenden Zug: An die Stelle eines fiktiven Erzählers tritt der reale Autor Günter Grass, seine Biographie, sein Leben während der Vorbereitung und der Arbeit an einer neuen Geschichte treten vor, neben und zwischen die zu erzählende Geschichte, genau so, wie es im Buch zuvor Störtebeker-Starusch mit der Schörner-Krings-Verlobungsgeschichte ergangen war.

Letztmals, aber erstmals am Beispiel einer positiven Gestalt, erzählt Grass eine Geschichte aus dem Dritten Reich, und zwar aus dessen dunkelstem Kapitel, der Judenverfolgung und Judenvernichtung. Dabei gibt er, genauso wie Starusch das bei seiner Erzählung aus den fünfziger Jahren tat, die Fiktion als Fiktion preis – auch das ein Zug, der für alle weiteren Werke bestimmend wird. Was Grass im *Rückblick auf die Blechtrommel oder Der Autor als fragwürdiger Zeuge* (IX, S. 624 ff.) nachträglich über die Konzeption Oskars, des weiteren Personals, des Erzählzeitpunkts sagt, wird in allen folgenden Büchern Bestandteil des jeweiligen Werks selbst, bis hin zur *Rättin* ist jeder Roman gleichzeitig Roman eines Romans.

So erfahren wir, wie es zur Konzeption des Studienrats Hermann Ott genannt Zweifel kommt: Seine Fächer Philosophie und Biologie haben viel mit der philosophischen und politischen Lehre zu tun, die ihm aufgetragen ist, sein Beruf bis zu seinem Untertauchen mit seiner pädagogischen Mission, sein Überleben ist das Marcel Reich-Ranickis, sein Beruf nach dem Krieg wurde wie sein Vorname vom Nürnberger Kulturdezernenten Hermann Glaser übernommen, der Grass um eine Rede zum Dürerjahr 1971 gebeten hatte. Otts Spitzname weist ihn als Allegorie der von Grass geliebten Skepsis aus, die er von seinem Lehrmeister und Landsmann Schopenhauer übernommen hat; in seinem Gefolge zieht er unermüdlich gegen Hegel als Vater aller Ideologien zu Felde.

Diese Gestalt löst zugleich Grass' *Schwierigkeiten eines Vaters, seinen Kindern Auschwitz zu erklären* (IX, S. 458 ff.); sie ermöglicht den erzählerischen Zugriff auf die Fakten zur Danziger Judenverfolgung, die Erwin Lichtenstein zusammengetragen und Grass im Manuskript zur Verfügung gestellt hatte. Auf die sich zuspitzende Situation der jüdischen Mitbürger reagiert Ott nicht mit Wegsehen, Flucht in die Kunst, Schadenfreude oder gar Mitmachen, wie Grass' bisherige Gestalten, sondern mit konkreter Solidarität und Hilfe im bescheidenen Rahmen des ihm Möglichen, bis er schließlich Verfolgung und Todesgefahr mit den Juden teilt. Das positive Beispiel des historischen Helmuth Hübener, in *örtlich betäubt* knapp referiert, wird hier breit entfaltet, Ott wird zur Verkörperung dessen, was der Grass ideologisch wie moralisch eng verwandte Erich Kästner in zwei Zeilen als seine Metaphysik und seine Ethik zusammengefaßt hat: »Es gibt nichts Gutes, außer man tut es.«

Gleichzeitig ist mit Zweifel die Schneckenfabel verbunden, der das Buch auch seinen Titel verdankt. Otts Schneckenstudien entfalten breit an einem neuen Fabeltier die alte aufklärerische und emanzipatorische Gattung – nicht zufällig war Äsop, dessen Fabeln zu Otts Fluchtgepäck gehören, ebenso wie sein lateinischer Nachfolger Phaedrus ein Sklave. Auch *Katz und Maus* und *Hundejahre* wiesen schon diese Fabelelemente auf, doch ist jetzt eine entscheidende Veränderung festzustellen: Die Schnecke wird nicht mehr wie Hund und Wolf, Katz und Maus dem Menschen zur Warnung vorgestellt, sondern als direktes Vorbild, von dem es zu lernen gilt. Daß der Mensch dazu nicht fähig ist, wird in den 80er Jahren zum Thema der *Rättin*, wo endgültig erwiesen ist: Seht, wir Tiere sind doch beßre Menschen, um Johann Gottfried Seume abzuwandeln.

Die Schnecke, die Ende der 60er Jahre zum didaktischen Vorbild wird, begegnet schon in einem der frühesten Grass-Texte, in der Skizze *Meine grüne Wiese* (I, S. 282 ff.): Ihre Geduld wird erwähnt, ihre Fähigkeit, Schnellere zu überrunden, wie sie auch das Gedicht *Zwischen Marathon und Athen* gestaltet (I, S. 111). Grass demonstriert nun an den Schnecken menschliche Eigenschaften, die er schätzt – das Gewundene, das Nacktsein wie das In-sich-geborgen-sein, die Empfindlichkeit, das Zögern, die Einsamkeit, Geduld und Beharrlichkeit, die Bereitschaft zur permanenten Revision (»eine Schnecke – immer unterwegs – verläßt feste Standpunkte«), das Zögern, »sich absolut zu verstehen«, den Zweifel auch an sich selbst: »Als das Zögern prämiert werden sollte, zögerte die Schnecke vor dem Podest«. Über »de Schnägg« oder »'s Schnäggli« als »vulgäre und zärtliche Benennungen der Vagina« wird die Schnecke den Kindern als Vorbild für Geduld, Verständnis, Ausdauer und Zärtlichkeit bei der Liebe hingestellt und an Lisbeth Stomma eine komplette Schnecken-Zärtlichkeits-Kur vorgeführt. Doch nicht nur dem Biologen, auch dem Philosophen Ott wird die Schnecke sprechend: Sie eignet sich als Gegenbild zu Hegels Vision von Napoleon als dem ›Weltgeist zu Pferde‹, die er verabscheut.

Grass erzählt aber nicht nur von Zweifel und seinem Umfeld, er erzählt zugleich das eigene Erzählen mit. Adressaten seiner Geschichte sind seine vier Kinder, sie sind reale oder fiktive Zuhörer, deren Reaktionen auf des Vaters Erzählung miterzählt werden, neben ihren Eigenheiten, ihren Schwierigkeiten, ihrem Streit. Auf dieser Ebene des realen Lebens und Erlebens des Autors Günter Grass sind die Themen noch vielschichtiger als in der fiktiven Binnenhandlung. Grundlage für die nachträgliche Ausarbeitung zum Buch ist das eigentliche *Tagebuch einer Schnecke*, ein Lichtenbergsches *Sudelbuch*, das Grass während des Bundestagswahlkampfs 1969 führte und das er bis Herbst 1971 zu *Aus dem Tagebuch einer Schnecke* ausarbeitete. Auf der Grundlage dieser Notizen tritt zum familiären Komplex der öffentliche: die vielen, vielen Wahlveranstaltungen mit ihren Vor- und Nachgesprächen, die Begegnungen mit bewunderten, befreundeten und aus der Distanz geschätzten Politikern, die zu Miniaturporträts ausgestaltet werden. Die Welt, vor allem die Medien, beherrscht derweil das amerikanische Mondlandeunternehmen Apollo, den Autor aber die Vorbereitung der Rede über Dürers Kupferstich *Melencolia I*, die er für 1971 zugesagt hat. Hinzu kommt, ganz leise und diskret, das Privateste: »Zwischen den Zeilen« lesen wir die Geschichte von der »Delle im Ball«, von der Krise und dem sich abzeichnenden Scheitern der ersten Ehe.

Die einheitliche Gestaltung aus der Rückschau des Jahres 1971 ermöglicht dabei einen auch in den späteren Werken zu beobachtenden souveränen Umgang mit den Zeitebenen. So sind Anfang und Ende des Buches bewußt gesetzt, aber die Wahl Gustav Heinemanns zum Bundespräsidenten und die Willy Brandts zum Bundeskanzler sind nicht das zeitlich früheste beziehungsweise das späteste Ereignis der Wahlkampfebene: Diese Daten als Eckpfeiler zeigen vielmehr, in welchem Umfang die späte Aussöhnung von Liberalismus und Sozialdemokratie, die seit 1848 getrennte Wege gegangen waren, für Grass Epoche gemacht hat.

Ebenso ermöglicht ihm die zeitliche Distanz, vom linear erzählten Wahlkampf und der darin chronologisch eingelegten Geschichte der Danziger Juden von 1929 bis 1945 aus immer wieder Bezüge zu Ereignissen zwischen 1969 und 1971 herzustellen und so zusätzlich episch integrierend innerhalb seines vielschichtigen und facettenreichen Stoffes zu wirken.

Gleich zu Beginn wird diese Themenvielfalt gebündelt genannt, die dann im folgenden nach und nach mit pädagogischer Behutsamkeit, gleichsam schneckenhaft entfaltet wird – ein Verfahren, das als »Engführung« nach musikalischem Vorbild in allen späteren Büchern mit Ausnahme des *Treffens in Telgte* dem Leser immer wieder begegnen wird. Die Fähigkeit zu dieser erzählerischen Behandlung einer Themenvielfalt hat sich Grass in *Aus dem Tagebuch einer Schnecke* erschrieben.

Kennzeichnend für sein Verfahren der Parallelführung mehrerer Handlungsstränge ist ihre permanente Verklammerung durch Motiv- und Stichwortassoziationen. Wahlkampf und Schneckenfabel sind verknüpft durch die Bezeichnung der SPD als »Schnekkenpartei«, die zögernd und beharrlich ihren Weg geht. Ebenso sind die Juden ein Schneckenvolk, das seit der Exilierung unterwegs ist und von den andern Völkern wie die als Schädling geltende Ackerschnecke bis zur Ausrottung verfolgt wird. Der fiktiven Handlung um Zweifel als Verkörperung der Skepsis erwächst ein Kontrapunkt in Augst – ihre Anfangsbuchstaben trennt das ganze Alphabet. Grass montiert diese Gestalt aus allen alten und jungen »Zeugen des Absoluten«, denen er in seinen Wahlveranstaltungen begegnet. Ob aus dem Dritten Reich übriggeblieben oder von der bevorstehenden kommunistischen Revolution träumend – gemeinsam ist ihnen »das Bedürfnis, gekadert zu werden. Der Wunsch, gehorchen zu dürfen. Die Opferbereitschaft, das Prinzip Zweifel als Luxus zu verhökern.« Dieses überindividuelle ›Prinzip Gläubigkeit‹ kleidet Grass dann in die Gestalt des Mannes, der auf dem Kirchentag 1969 während der Podiumsdiskussion mit Günter Grass als »ritualisierten Protest« Selbstmord beging. Gerade sein Ende erfüllt Grass mit einer bleibenden Verlegenheit diesem Mann gegenüber, der ihm tief fremd bleibt: Noch die Niederschrift ist geprägt vom Bemühen, einen Mann zu verstehen, für den Grass jedes Verständnis fehlt, den er als politische Gefahr einschätzt und den er dennoch wegen seines Schicksals bedauern muß. An ihm demonstriert er seine Auffassung von der alle Unterschiede überdeckenden Gleichartigkeit des Fanatismus von rechts wie links. Der ehemalige SS-Mann wird nach 1945 »Anhänger der soldatischen Kameradschaft« und »unermüdlicher Pazifist« zugleich, ein »Ostermarschierer« mit »runenhaftem Symbol«. Für links wie rechts, für SDS wie für SS, für die jungen wie die alten Augsts gilt gleichermaßen, daß sie »keine Kompromisse« kennen: »Bei ihnen war alles schwarz oder weiß, ja oder nein«; Grass' und Zweifels Farbe aber ist das Grau.

Wahlkampf und Judenverfolgung, die eigentlichen Hauptthemen des Buchs, sind aufs engste verknüpft, sie bedingen sich geradezu gegenseitig: Letzter Grund für Grass' eigenes Engagement bis an die Grenze seiner Kräfte und für die zusätzliche Geburtshilfe bei örtlichen Wählerinitiativen in der ganzen Bundesrepublik ist der unbedingte Wille zur Beendigung der Großen Koalition und damit der Kanzlerschaft Kiesingers, des NS-Parteigenossen seit März 1933. Der ehemalige Pg. als Kanzler wird aber auch zum erzählerischen Movens für die Geschichte der Judenverfolgung in Danzig – »für eine lineare Chronik« wäre Grass nach eigenem Bekunden »nicht der geeignete Autor . . . gewesen. Es mußte eine gegenwärtige Konstellation zum Gegenthema werden, damit ich die Vielschichtigkeit des deutschen Traumas erzählend bloßlegen konnte, denn die Generation der Mitwisser, Mittäter und Mitschweiger war nicht nur unmerklich da, sondern drängte in politische Verantwortung, als sei nichts geschehen« (IX, S. 764).

Die dem Buch als dreißigstes Kapitel beigegebene Rede bündelt in der Interpretation der *Melencolia I* noch einmal alle Themen des Buches, haben doch die Vorarbeiten dazu ihn die ganze Zeit hindurch begleitet, ist doch der Rede ihr Stoff in den Erfahrungen dieser Monate zugewachsen.

Ein Buch, das so stark vom eigenen Leben und Erleben spricht, das das politische Engagement wie das eigene epische Erzählen erzählt, muß auch das Verhältnis beider zueinander reflektieren. Zu Beginn seines öffentlichen Engagements hatte Grass beides streng getrennt und in der Princeton-Rede *Vom mangelnden*

Selbstvertrauen der schreibenden Hofnarren unter Berücksichtigung nicht vorhandener Höfe 1966 davon gesprochen, der Schriftsteller, der politisch wirken wolle, müsse seinen Schreibtisch umstoßen und sich im demokratischen Willensbildungsprozeß als Bürger unter Bürgern engagieren. Wie die Bezeichnung der konkreten politischen Situation als notwendiges »Gegenthema« im vorliegenden epischen Werk zeigt, hat sich diese Auffassung auf dem Höhepunkt seines politischen Wirkens geändert. Der Literatur wird jetzt expressis verbis eine politische Rolle zugeschrieben, die sie immanent bei Grass seit der *Blechtrommel* immer schon gehabt hat. Grass definiert diese Aufgabe so: »Ein Schriftsteller, Kinder, ist jemand, der gegen die verstreichende Zeit schreibt«, denn Zeit vergeht immer zugunsten der Täter. Sie erklären zur Historie, was als Verbrechen nicht vergessen werden dürfte. Deshalb hatte Oskar schon immer die Erwachsenen an all das erinnert, was sie selbst gern verdrängten, und dies in der vergegenwärtigenden »Kunst des Zurücktrommelns« zur Profession gemacht. Wegen dieser Neigung zum Vergessen, die den negativen Nebensinn des Wortes von der »Bewältigung der Vergangenheit« ausmacht, muß der Schriftsteller »gegen die Zeit schreiben«, weil sie »den Terror gewöhnlich werden läßt«. Er muß »Löcher ins Eis schlagen und offenhalten. Den Riß nicht vernähen.«

Während der Politiker Grass das direkte Ziel hat, den ehemaligen Pg. Kiesinger als Kanzler abzulösen, ist es das langfristige Ziel des Epikers, das Unrecht und die Verbrechen und Greuel der Nazi-Zeit im Bewußtsein des Volkes wachzuhalten, durch das und in dessen Namen sie geschehen sind; auch das ist ein direkter Beitrag zur politischen Kultur seines Landes: »Ein Schriftsteller muß vernarbende Wunden aufreißen, damit kein Krankheitsherd zurückbleibt.« (X, S. 226). Diese Haltung, bei der Literatur und Politik zum kurz- und zum langfristigen Dienst an derselben Sache werden, demonstriert Grass am Schluß von *Aus dem Tagebuch einer Schnecke* jungen Kollegen an zwei Bierdeckeln, die für seine Literatur und für seine Politik stehen und die sich voneinander entfernen, dann wieder einander nähern, die sich stützen und sich gelegentlich wechselseitig verdecken. Mit *Aus dem Tagebuch einer Schnecke*, das den Wahlkampf 1969 behandelt und im Vorfeld von Grass' letztem großem Wahlkampfengagement 1972 erschien, endet die Werkphase, in der sich politisches und literarisches Engagement gegenseitig decken und stützen, wie es in radikaler Zuspitzung dann erst wieder bei seinem Eintreten für die Friedensbewegung und dessen literarischer Spiegelung in der *Rättin* der Fall sein wird.

Volker Neuhaus

Anmerkungen zu ÖRTLICH BETÄUBT

Die Erstausgabe erschien 1969 im Hermann Luchterhand Verlag, Neuwied und Berlin.

Teil 2 wurde von Günter Grass gleichzeitig unter dem Titel *Davor* als Theaterstück gestaltet. Es findet sich im Band VIII auf den Seiten 479–555.

Namen von Politikern und Personen der Zeitgeschichte werden in der Regel nicht erläutert; hierfür wird auf das kommentierte Personenregister der Bände IX und X in Band IX verwiesen.

S. 9 Hafenvorort Neufahrwasser . . . Schichauarbeiter: Im Danziger Vorort Neufahrwasser wohnten viele Arbeiter der Danziger Schichauwerft; s. auch *Die Blechtrommel*, II, S. 452.

S. 10 progener Unterkiefer: Die erbliche Progenie (s. S. 29) ist eine Kieferanomalie, bei der der Unterkiefer vorsteht, so daß die unteren Schneidezähne vor die oberen beißen (vgl. X, S. 34).

S. 13 Scribonius Largus: Römischer Arzt, erste Hälfte des ersten Jahrhunderts n. Chr. Seine Rezeptsammlung *Compositiones* ist erhalten. Er gehörte eine Zeitlang zum Gefolge des Kaisers Claudius.

S. 14 Mein Onkel Max blieb auf der Doggerbank: Bei der Doggerbank, einer Untiefe in der mittleren Nordsee, fand am 24. 1. 1915 das erste deutsch-englische Seegefecht zwischen Großschiffen statt. **Mein Vater überlebte die »Königsberg«:** Der Kreuzer »Königsberg« unter Kapitän z. S. Loof lag bei Ausbruch des Ersten Weltkriegs im Hafen von Daressalam und lief in den Indischen Ozean aus. Nach erfolgreichen Gefechten zog er sich vor der britischen Übermacht in die Mündung des Rufiji südlich Daressalams zurück, wo er nach mehrfachen Angriffen britischer Schiffe am 11. Juli 1915 vom Kommandanten in die Luft gesprengt wurde. Die Besatzung schloß sich den in Deutsch-Ostafrika kämpfenden Truppen von Lettow-Vorbecks an. **bis zum Ende der Freistaatzeit:** s. *Aus dem Tagebuch einer Schnecke*, S. 275 und die Tabelle zur Geschichte Danzigs, V, S. 731 f. **Und mich haben die Jungs von Anfang an Störtebeker genannt:** s. dazu *Die Blechtrommel*, II, S. 448 ff. **Moorkähne**

durfte die zweite Geige spielen: s. dazu *Die Blechtrommel*, II, S. 456 ff. **weil das spirrige Aas gesungen hatte:** s. dazu *Die Blechtrommel*, II, S. 468 ff. **die Akten der Edelweiß-Piraten im Keller des Kölner Polizeipräsidiums:** Während des Krieges bestanden in Köln gegen die HJ gerichtete illegale Gruppen, meist Gymnasiasten, die die Traditionen der bündischen Jugend weiterpflegten. Der Name ging später auf eine Vereinigung untergetauchter Jugendlicher über, die zusammen mit entflohenen Fremdarbeitern und KZ-Häftlingen aktiven Widerstand leistete. 13 von ihnen wurden zusammen mit 11 russischen und polnischen Fremdarbeitern am 25. 10. 1944 in Köln-Ehrenfeld öffentlich gehängt. Ihre Anerkennung als Widerstandskämpfer ist bis heute umstritten. **Als wir das Wirtschaftsamt ausräumten . . .:** Vgl. *Die Blechtrommel*, II, S. 457. **Als wir den Seitenaltar in der Herz-Jesu-Kirche . . .:** s. dazu *Die Blechtrommel*, II, S. 462 ff. **Als wir auf dem Winterfeldplatz . . .:** Überfall auf die Gebietsführung der HJ, s. *Die Blechtrommel*, II, S. 458 f. und *Katz und Maus*, III, Anm. zu S. 86.

S. 15 »Das Nichts nichtet unausgesetzt«: Zum Heidegger-Jargon der Stäuberbande s. *Hundejahre*, III, S. 504 f. und Anm. **Und was ist im Mekong-Delta los?** Im Mekong-Delta fanden 1967 zur Handlungszeit des Romans Kämpfe zwischen den Guerilleros des Vietkong auf der einen und den südvietnamesischen und US-Truppen auf der anderen Seite statt.

S. 16 Lois Lane: Die Freundin Supermans (s. S. 18 und Anm.) in seinem bürgerlichen Leben als Clark Kent.

S. 18 welch verheerende Wirkung grüner Kryptonit auf Supermans Zahnschmelz hat: Die Abenteuer des von Jerome Siegel und Joe Shuster konzipierten *Superman* erschienen seit 1938 als Comic Strips. Ein radioaktives Metall in den Varianten rotes und grünes Kryptonit von seinem zerstörten Heimatplaneten lähmt die Kräfte des ansonsten unbesiegbaren Helden.

S. 30 Ach, wie ist das Gold so gar verdunkelt . . .: *Klagelieder Jeremias* 4, 1; s. auch S. 153, 168 und 246. Bezug auf die Scherbaum-Handlung haben vor allem die durch die Auslassungspunke indirekt mit herangezogenen Verse 3 und 4 dieses Kapitels: »Auch Schakale reichen die Brüste ihren Jungen und säugen sie; aber die Tochter meines Volkes muß unbarmherzig sein wie ein Strauß in der Wüste. Dem Säugling klebt seine Zunge an seinem Gaumen vor Durst; die jungen Kinder heischen Brot, und ist niemand, der's ihnen breche« (Übersetzung Martin Luthers). Das »Ach« der *Klagelieder*, das auch für Staruschs eigene Lamentationen vorbildlich wird (vgl. z. B. S. 246 unten), ist so stilbestimmend, daß es im hebräischen Original sogar den Titel bildet.

S. 34 f. einen kirchlich anmutenden Herrn . . . Scherbaum nennt ihn: die Silberzunge: Kurt Georg Kiesinger, Bundeskanzler der Großen Koalition 1966–1969.

S. 35 Arken: Als Verb bedeutet ›arken‹ gebrochene Steine zum Trocknen und Lagern schichten, ›Arken‹ sind die dabei entstehenden Steinaufschichtungen.

S. 37 Mary Lane: s. Anm. zu S. 16. **»Und Ihr Herr Vater meinte: Breslau muß gehalten werden.«** Krings' historisches Urbild, Generalfeldmarschall Schörner, war seit dem 18. Januar 1945 Oberbefehlshaber des Mittelabschnitts. **Heldenklau:** Landserausdruck für eine Wehrmachtsdienststelle mit der Aufgabe, Etappenstäbe, Mitarbeiter in Parteidienststellen und militärisches Heimatpersonal an der Front einzusetzen.

S. 40 beide starteten am 1. September . . .: Am 1. September 1939 begann mit dem Überfall auf Polen der Zweite Weltkrieg. Die 3. Armee griff von Ostpreußen aus die polnische Armee »Modlin« bei **Mlawa** an und durchbrach am 3. September deren Stellung; am 4. September wurde die **Narew**, ein rechter Nebenfluß der Weichsel, überschritten, am 29. September kapitulierte die Festung **Modlin. Lemberg** wurde am 12. September von der Heeresgruppe Süd eingenommen. **Abwehrkampf gegen polnische Ulanenregimenter:** Zum Einsatz polnischer Kavallerie im Zweiten Weltkrieg s. *Die Blechtrommel*, II, S. 304 und Anm.

S. 42 Nuschke: Otto (1883–1957), Vorsitzender der Ost-CDU seit 1948, 1949–1957 stellvertretender Ministerpräsident der DDR. **Nikopol:** Von Schörner erst verteidigter, dann Anfang Februar 1944 geräumter Brückenkopf am Dnjestr. **Kurland:** Zur Jahreswende 1944/45 verteidigte Schörner mit der Heeresgruppe Nord den Kurlandkessel. **Prag:** Bei Prag kapitulierte Schörner am 11. Mai 1945.

S. 44 in einem Borgward, den es heute kaum noch gibt: Die Borgward-Werke AG wurde 1928 von dem Kraftfahrzeugkonstrukteur Carl F. W. Borgward (1890–1963) gegründet und ging 1961 in Konkurs. Sehr populär war der sportliche »Isabella«. Auch Oskar fährt in den fünfziger Jahren einen Borgward (s. *Die Rättin*, VII, S. 28).

S. 45 Paulus ist auch drüben: Generalfeldmarschall Friedrich Paulus (1890–1957), Oberbefehlshaber der 6. Armee in Stalingrad, lebte nach seiner Entlassung aus der Kriegsgefangenschaft 1953 in der DDR. **die konterrevolutionäre These des Teng T'o:** Teng T'o (1912–1966), Journalist, Historiker, Literat, war seit den dreißiger Jahren im Umkreis und als Mitglied der Kommunistischen Partei Chinas aktiv, Herausgeber der ersten Ausgabe der *Ausgewählten Werke Mao Tse-Tungs* (1944) und 1949–1957 Chefredakteur des Zentralorgans der KPCh, der *Volkszeitung*. Nach mehrfacher Kritik durch Mao Tse-Tung entlassen, war er als Mitglied des Stadtparteikomitees von Peking und als Redakteur und Autor tätig. Von 1961–1963 erschienen von ihm die *Abendgespräche am Yenshan* in der *Pekinger Abendzeitung*, darunter *Wir grüßen die buntgemischten Gelehrten*, auf deutsch erschienen in Joachim Glaubitz: *Opposition gegen Mao, Abendgespräche am Yenshan und andere politische Dokumente*, Freiburg 1969. »Buntgemischte Gelehrte« ist eigentlich die Bezeichnung für eine eklektische Schule innerhalb der traditionellen chinesischen Philosophie, die Konfuzianismus, Mohismus, Legalismus, Taoismus etc. vereint. Teng T'o benutzt sie für herausragende Intellektuelle, deren Kreativität in Spezialgebieten auf einer breiten Allgemeinbildung beruht und die deshalb besonders geeignet für die Übernahme von Führungsaufgaben sind. Dabei gab Teng T'o dem von seinen politischen Gegnern als Schimpfwort für die Intellektuellen gebrauchten Begriff eine positive Bedeutung. Gleich zu Beginn der Kulturrevolution (1966–1976) war er heftiger öffentlicher Kritik ausgesetzt, in der er in Übereinstimmung mit entsprechenden Ausführungen Maos als »parteifeindlich und antisozialistisch« bezeichnet wurde. Am 17. Mai 1966, einen Tag nach Verabschiedung des Dokuments, das die Kulturrevolution offiziell eröffnete, beging er Selbstmord. 1979 wurde er rehabilitiert und seine zahlreichen Schriften wurden zur Wiederveröffentlichung freigegeben. **NSKK:** Nationalsozialistisches Kraftfahrkorps, eine Untergliederung der NSDAP zur Förderung der Motorisierung Deutschlands und der motorsportlichen Ausbildung der Jugend. **BDM:** Bund Deutscher Mädel in der HJ, Organisation für die weibliche Jugend von 14 bis 18 Jahren. **RAD:** Reichsarbeitsdienst, ab 1935 eine staatliche Einrichtung, die alle Jugendlichen über 18 Jahre zu einem halbjährigen Arbeitseinsatz in Lagern (Männer zu Erd-, Forst-, Kultivierungs- und Straßenbauarbeiten, Frauen zur Landwirtschaft) einberief. **HKL:** Militärische Abkürzung für Hauptkampflinie.

S. 47 Geschichte passierte: Hegels Weltgeist ritt querfeldein über Äcker: s. dazu *Aus dem Tagebuch einer Schnecke* S. 304 und Anm. **Borcherts Beckmann:** Die Hauptfigur in Wolfgang Borcherts (1921–1947) Heimkehrerdrama *Draußen vor der Tür*. Das Stück entstand im Spätherbst 1946, wurde Anfang 1947 als Hörspiel von vielen deutschen Sendern ausgestrahlt; die Bühnenuraufführung fand einen Tag nach Borcherts Tod am 21. November 1947 in Hamburg statt, viele Jahre gehörte es zum festen Repertoire aller deutschen Bühnen.

S. 52 Lehre der Stoa . . . Seneca: Benannt nach der Stoa (= Säulenhalle), dem Versammlungsort der Schüler des Schulgründers Zenon um 300 v. Chr. in Athen. Seneca (ca. 4 v. Chr.–65 n. Chr.) war einer ihrer wichtigsten römischen Vertreter. Im Mittelpunkt seiner Philosophie steht unter Hintansetzung der Metaphysik die Ethik; es gilt, in einer vom Fatum gelenkten Welt die Freiheit zu bewahren, die bei allem, was dem Menschen an Glückswechseln und Schicksalsschlägen bis hin zum gewissen Tod zustoßen kann, nur eine innere Unabhängigkeit sein kann: Dazu ist es erforderlich, die Dinge der Welt insgesamt als vergänglich zu erkennen und sich selbst frei von den Leidenschaften zu halten, die uns an das Vergängliche binden und uns darein verstricken wollen. Das ist die stoische »apatheia« (S. 225). Die Nähe zur – von der Stoa beeinflußten – Ethik des Paulus, die Dinge der Welt zu gebrauchen, aber nicht zu mißbrauchen, zu haben, als hätte man nicht, zu kaufen, als besäße man nicht, da das Wesen dieser Welt vergeht (1. Kor. 7, 29–31), ist so groß, das sie zur Legende vom Briefwechsel zwischen Seneca und Paulus führte, was die gute Überlieferung von Senecas Schriften im Mittelalter förderte.

S. 57 mit den Ostermarschierern: Die alljährlich stattfindenden Osterdemonstrationen gehen zurück auf die in den 50er Jahren in Großbritannien aus Protest gegen die weltweite nukleare Aufrüstung entstandene Ostermarschbewegung. 1960 fand der erste Ostermarsch in der Bundesrepublik statt. **DFU:** Deutsche Friedensunion, 1960 gegründete Linkspartei, trat für die Abrüstung der Bundesrepublik und für Verständigung mit den Staaten des sozialistischen Lagers ein. **Sütterlinschrift:** Nach dem Graphiker Ludwig Sütterlin (1865–1917) benannte Variante der deutschen Schreibschrift, die seit 1915 in den Schulen mehrerer Länder gelehrt wurde und von 1935–1941 Normalschrift war. Zur Bedeutung der Sütterlinschrift bei Grass s. auch S. 163 und *Die Blechtrommel*, II, S. 94 und Anm.

S. 58 ». . . Ein Hunger ist [uns] in die Augen gesetzt: Neue Lande . . .«: Schluß der heute unterdrückten vierten Strophe des immer noch bekannten Liedes »Und die Morgenfrühe, das ist unsere Zeit« von Hans Baumann (geb. 1914), dem bedeutendsten Lyriker der Hitlerjugend. **die rechtsextremen Blüten des Spätexpressionismus:** Vgl. dazu *Kopfgeburten*, VI, S. 154. **beim BDM Ringführerin:** Ein »Mädelring« (14–18jährige) oder »Jungmädelring« (10–14jährige) bestand aus drei bis fünf »Mädelgruppen« zu vier »Mädelscharen« zu vier »Mädelschaften« von etwa 10 »Mädeln«. **Jabo-Angriffe:** Jagdbomber konnten sowohl im Luftkampf gegen andere Flugzeuge als auch im Luft-Boden-Kampf (Bomben, Raketen) eingesetzt werden. **Ortsgruppenleiter:** Zur Gliederung der NSDAP s. *Die Blechtrommel*, II, S. 134 und Anm. **Volkssturm:** Durch einen Erlaß Hitlers vom 25. September 1944 wurden alle Männer von 16 bis 60 Jahren zur Verteidigung des »Heimatbodens« verpflichtet. Die Aufstellung oblag den Gauleitern und den Gliederungen der NSDAP.

S. 60 Prinzessin Tanaquil: Die sagenhafte Prinzessin, von der Livius berichtet, entstammte einem vornehmen Geschlecht in Tarquinia und heiratete den Tarquinius Sextus. Durch ihre Kunst der Vorzeichendeutung verschaffte sie ihrem Gatten den römischen Thron und sicherte nach dessen Ermordung ihrem Schwiegersohn Servius Tullius die Nachfolge.

S. 63 Weichselbogen vor dem Durchbruch bei Baranow: Am 29. Juli 1944 überschritten sowjetische Einheiten die Weichsel und bildeten südlich Baranow einen Brückenkopf. **Kurlandkessel . . ., wie ihn Krings übernommen hatte:** Ende 1944, Anfang 1945 war Schörner Oberkommandierender der in Kurland eingekesselten Heeresgruppe Nord und verteidigte den Kessel in der dritten Kurlandschlacht (s. S. 67).

S. 65 diesem Herrn Speidel, der wieder im Kommen ist, auf den Zahn fühlen: Dr. phil. Hans Speidel (1897–1984), war Stabschef während der Invasion in der Normandie, nach dem 20. Juli 1944 in Haft, nach 1949 Adenauers militärischer Berater, 1955–1957 Leiter der Gesamtabteilung Streitkräfte im Verteidigungsministerium, 1957–1963 Oberbefehlshaber der NATO-Landstreitkräfte in Mitteleuropa.

S. 67 Dieser Speidel mit seinem schöngeistigen Generalstab: Zum geistigen Klima in Paris s. *Die Blechtrommel*, II, S. 405. **nördlich des Polarkreises . . . Dnjestr . . . dritte Kurlandschlacht . . . an der Oder:** Einsatzgebiete Schörners als Kommandierender General an der Eismeerfront und als Oberbefehlshaber der Heeresgruppen Süd, Nord und Mitte an der Ostfront. **Brückenkopf Nikopol:** In der Operation »Damenwahl« räumte Schörner den Brückenkopf am 2. Februar 1944.

S. 68 Konjews Durchbruch zwischen Muskau und Guben: 18. April 1945.

S. 69 der dritte führte die rechte Hand des Armen über eine offene Kerzenflamme: Dieses Motiv wurde für den von Grass entworfenen Originalumschlag verwandt – ein ausgestreckter Zeigefinger über einer brennenden Kerze.

S. 71 Metaxas-Linie: Auch dieser Einsatz wurde von Schörner auf Krings übertragen. **Demjansk:** Im Kessel von Demjansk waren ab Mitte Januar 1942 ca. 95 000 Soldaten eingeschlossen, die sich bis zum Entsatz hielten und starke russische Verbände fesselten. **die erfolgreichen Unternehmen ›Brückenschlag‹ und ›Fallreep‹:** Vom 21. März bis zum 21. April 1942 dauerte das Entsatzunternehmen ›Brückenschlag‹ für den Kessel von Demjansk, dem vom Kessel aus das Unternehmen ›Fallreep‹ antwortete.

S. 72 Schirach sagt: Baldur von Schirach (1907–1974), 1931–1940 Reichsjugendführer der NSDAP und ab 1933 Jugendführer des Deutschen Reiches; wegen seiner Tätigkeit als Gauleiter und Reichsstatthalter von Wien (1940–1945) wurde er im Nürnberger Prozeß zu zwanzig Jahren Haft verurteilt, die er in Berlin-Spandau verbüßte. Nach seiner Entlassung schrieb er Memoiren, die die Illustrierte *stern* 1967 als Vorabdruck veröffentlichte.

S. 73 Napoleons Josef-Komplex: Ein Besuch Thomas Manns in Wien, bei dem über Manns Joseph-Romane gesprochen wurde, und die anschließende Lektüre eines der Bände lösten in Freud den Gedanken von Napoleons Josef-Komplex aus, den er in einem Brief vom 29. November 1936 an Mann als Spekulation entwickelte: Napoleon war zweiter Sohn unter vielen Geschwistern, der älteste Sohn hieß Josef. Dies ließ in Napoleon den Wunsch aufkommen, diesen Platz selbst einzunehmen, Josef zu werden. Verdrängungs- und Mordabsichten schlagen in ihr Gegenteil um; der unfähigste seiner Brüder wird der Lieblingsbruder, aber die Aggression bleibt erhalten und wird zur Aggression gegen die Welt. In einer Mischung aus Bruder- und Mutterbindung heiratet er eine ältere Frau, die Josefine heißt. Die Ägyptenexpedition unternimmt er nur, weil ein Josef nach Ägypten gehört. Die Sorge des ägyptischen Josef für seine Brüder imitiert er dann in Europa, wenn er ihnen Königreiche schenkt. »Der Nichtsnutz Jérome ist vielleicht sein Benjamin.« Sein Untergang beginnt, als er seinem Mythos untreu wird und Josefine verläßt. Doch damit erfüllt er gerade einen andern Teil seiner vorgegebenen Rolle: Der Josef, vor dem sich im Traum Sonne, Mond und Sterne verneigt hatten, wird in die Grube gestürzt. **den Prüfling Hitler, der eigentlich Kunstmaler werden wollte ...:** Im Oktober 1907 bewarb sich Hitler an der Akademie, die allgemeine Aufnahmeprüfung bestand u. a. im Probezeichnen. Im 2. Kapitel von *Mein Kampf* schreibt er, er habe »mit brennender Ungeduld, aber auch stolzer Zuversicht auf das Ergebnis« gewartet. »Ich war vom Erfolge so überzeugt, daß die mir verkündete Ablehnung mich wie ein jäher Schlag aus heiterem Himmel traf.«

S. 77 mein großes Ja: s. dazu das Nachwort S. 580 und *Ja*, I, S. 145 f. und *Über das Ja und Nein*, IX, S. 320–326.

S. 78 Petsamo ... den Durchbruch bei Tula: Ende Juni 1941 begann von Petsamo am Nördlichen Eismeer aus der Angriff auf Murmansk. Am 6. Dezember 1941 brach Guderian die Belagerung des eingeschlossenen Tulas ab und zog sich vor heranziehenden starken russischen Verbänden zurück, woraufhin die Russen bis zum 1. Januar 1942 über die Oka vorstießen.

S. 80 Angriffsspitzen über Kaschira gegen die Moskwa: Nach der Umfassung Tulas am 24. November 1941 näherten sich Guderians Vorausabteilungen der Stadt Kaschira.

S. 82 Terek ... Brückenkopf Mosdok: Bei Mosdok überschritten am 30. August 1942 Panzergrenadiere den Terek und bildeten einen Brückenkopf; der weitere Vorstoß auf das Bakuer Ölgebiet erwies sich jedoch als unmöglich.

S. 87 auf der Bastion zwischen Maria-Hilf-Täfelchen: Nach dem Zweiten Weltkrieg wurden zwei als Andachtsbilder verehrte Mariendarstellungen – eine Pieta und eine Schmerzhafte Muttergottes – aus einer Andernacher Gasse auf die Bastion verbracht, mit ihnen die Votivgaben nach Gebetserhörungen, die sich inzwischen in der Andernacher Pfarrkirche befinden.

S. 97 die Kaschuben ... Das Kaschubische: s. dazu auch *Aus dem Tagebuch einer Schnecke*, S. 384 f.

S. 101 ein befriedetes Dasein: Schlagwort zur Sozialutopie Herbert Marcuses, s. dazu auch S. 149 und IX, S. 352 und Anm. **Allen Mißbrauch der Macht führt er auf Hegel zurück:** s. dazu *Aus dem Tagebuch einer Schnecke* S. 304 ff. und die Anmerkungen dazu.

S. 105 die Panzerschlacht bei Kursk: Das sogenannte »Unternehmen Zitadelle« (s. S. 106), die größte Panzerschlacht der Geschichte, sollte einen tiefen Frontkeil der Roten Armee bei Kursk zurückerobern. Der deutsche Angriff begann am 5. Juli 1943; nach anfänglichen Erfolgen waren die deutschen Soldaten am 23. Juli bereits hinter ihre Ausgangsstellungen zurückgeworfen.

S. 106 Narwa-Front: Am 23. Juli 1944 löste Schörner Frießner als Oberkommandierender der im Raum von Stadt und Fluß Narwa kämpfenden Heeresgruppe Nord ab. **Rückeroberung Laubans:**

Schörner war seit dem 18. Januar 1945 Oberbefehlshaber der Heeresgruppe Mitte (s. S. 11). Er begann am 1. März 1945 in Niederschlesien einen deutschen Gegenangriff, der zur Rückeroberung von Lauban und Striegau führte.

S. 108 die Große Weigerung: Weiteres Schlagwort zur Sozialutopie Herbert Marcuses, s. IX, S. 352 und Anm.

S. 111 Armeegruppe Mitte: s. die Anm. zu S 106.

S. 118 Burn, ware-house, burn: Am 24. Mai 1967 hatten Fritz Teufel und Rainer Langhans ein von Dieter Kunzelmann verfaßtes Flugblatt verteilt, in dem zur Warenhausbrandstiftung nach Vorbild des Brüsseler Kaufhausbrandes vom 22. Mai 1967 aufgefordert wurde, s. IX, S. 324 und Anm.

S. 127 Kluges Dr. Windhebel: In Kurt Kluges (1886–1940) Roman *Der Herr Kortüm* (1938) äußert sich der Universitätsdozent Dr. Windhebel im 5. Buch im Kapitel *Der Lehrer* über den Lehrerberuf: »Sagen Sie für Schule – Schulmeister. Der ist der einzige Mensch, den zeitlebens, Stunde für Stunde, Tag für Tag, Jahr für Jahr Jugend beleuchtet. In diesem Licht ist er der Meister geworden, der das Leben wirklich in der Hand hat und zu haben vermag. Der einzige. Die anderen Berufe bewerten ihre Leistung am Erzeugnis. Den Lehrer sieht keiner säen, und die Ernte erlebt er selber nicht mehr. Dem Schulmeister würde nur die Zukunft zu danken vermögen, wenn seine größte Leistung nicht eben – der unbekannte Schulmeister wäre.« **irgend eine Lehrergestalt bei Otto Ernst:** Eigentlich Otto Ernst Schmidt (1862–1926), seine Komödie *Flachsmann als Erzieher* (Uraufführung 1900) und seine Entwicklungsroman-Trilogie *Semper* (1904, 1908, 1916) spielen im Pädagogenmilieu. **Der Lehrer bei Jeremias Gotthelf:** Pseudonym für Albert Bitzius (1797–1854), der Zeitroman *Leiden und Freuden eines Schulmeisters* erschien 1838. **Der Lehrer als Sohn eines Lehrers, wie ihn Raabe in der ›Chronik der Sperlingsgasse‹ sieht:** Die *Chronik* erschien 1857. Unter dem Datum vom 12. Januar heißt es: »Roder ist einer jener Volkslehrer, wie sie nur Deutschland hervorbringt. Er ist, wie es sich fast von selbst versteht, der Sohn eines Schulmeisters, der wiederum der Sohn eines Schulmeisters war; denn wenn es einen Stand gibt, welcher sich durch Generationen fortpflanzt, so ist es das deutsche Volkslehrertum.« **Schulmeisterlein Wuz:** *Leben des vergnügten Schulmeisterlein Maria Wuz in Auenthal. Eine Art Idylle* von Jean Paul, eigentlich Johann Paul Friedrich Richter (1763–1825), entstanden 1791, gedruckt 1792. **Karl Silberlöffel:** Armenlehrer in Wilhelm Raabes *Hungerpastor* von 1864. **die pädagogischen Brosamen des Schulrates Pollack:** nicht identifiziert. **Heideschulmeister Karsten:** *Heideschulmeister Uwe Karsten*, erschienen 1909, Erfolgsroman von Felicitas Rose (Rose Felicitas Moersberber, 1862–1938). **Grimms Lehrer Rölke:** Der Volksschullehrer des Helden Cornelius Friebott in *Volk ohne Raum* (1926) von Hans Grimm (1875–1959).

S. 128 den Studienrat bei Wiechert: Im Lebenslauf des Jons Jeromin in *Die Jerominkinder* (1945–1947) von Ernst Wiechert (1887–1950) spielt der Gymnasiallehrer Charlemagne eine fördernde Rolle. **den Studienrat bei Binding:** In Rudolf Bindings (1867–1938) Autobiographie *Erlebtes Leben* (1928) behandelt das zweite Buch *Lehre und Leere* ausführlich Gymnasium und Gymnasiallehrer. **›Feldmünster‹:** Franz Graf Zedtwitz: *Feldmünster. Roman aus einem Jesuiteninternat*. Die erste Auflage erschien 1941, 1943 lag das Werk bereits in 15. Auflage vor. **›Professor Unrat‹:** Roman von Heinrich Mann, erschienen 1905, in Sternbergs Film von 1930 verkörpert von Emil Jannings.

S. 130 das U-Boot-Mutterschiff: s. *Die Blechtrommel*, II, S. 460 f.

S. 131 Jesus war gegen Feuer: s. *Die Blechtrommel*, II, S. 457.

S. 141 unser allerneuester Bundeskanzler, trotz seiner Vergangenheit . . .: Zu Kiesingers Tätigkeit im Dritten Reich s. die Anmerkung zu *Aus dem Tagebuch einer Schnecke* S. 274.

S. 143 Der Griff nach dem Mond . . .: Das Mondlandeunternehmen Apollo als ins Leere gehender ›Fortschritt‹ ist zentrales Thema des folgenden Buches *Aus dem Tagebuch einer Schnecke*.

S. 148 »Friede den Hütten, Krieg den Palästen!«: Motto des *Hessischen Landboten* von Georg Büchner und Ludwig Weidig (1835), vgl. dazu S. 192 und Anm. und IX, S. 146.

S. 148 f. wie . . . die Revolution ihre eigenen Kinder frißt: s. dazu IX, S. 413 und Anm.

S. 149 Forster in Mainz: Johann Georg Adam Forster (1754–1794) setzte sich als Universitätsbibliothekar in Mainz, das 1792 von französischen Revolutionstruppen besetzt worden war, leidenschaftlich für die Ideale der Französischen Revolution ein. Nach Ausrufung der Republik in Mainz überbrachte er als offizieller Delegierter deren Anschlußgesuch an Frankreich dem Pariser Konvent. Die Belagerung und Eroberung von Mainz durch die Koalitionstruppen verbot ihm die Rückkehr. Krank und mittellos starb er im Pariser Exil. **Pestalozzi:** Der Schweizer Pädagoge hatte die Französische Revolution zunächst vehement begrüßt und war 1792 zum Ehrenbürger der Französischen Republik ernannt worden. Auch an der Neugestaltung der Schweizer Verhältnisse nahm er engagiert Anteil. Nach dem Wiener Kongreß bekannte er sich jedoch verstärkt zur Erziehung des einzelnen Menschen: »Es ist für den sittlich-geistig und bürgerlich gesunkenen Weltteil keine Rettung möglich als durch Erziehung, als durch die Bildung zur Menschlichkeit, als durch Menschenbildung« (*An die Unschuld, den Ernst und den Edelmut meines Vaterlandes*, 1815). **Marcuse:** s. die Anm. zu S. 108.

S. 151 Mein Zahnarzt tröstete mich mit wissenschaftlichen Widerlegungen der Reinheit: s. dazu *Hundejahre*, III, S. 502 f. **eine neue Generation . . ,. die . . . einen neuen Mythos sucht:** Vgl. *Neue Mystik*, I, S. 195 f.

S. 152 f. »Sie können alles immer nur interpretieren, verändern, das können Sie nicht.« Abwandlung des bekannten Marx-Zitats: »Die Philosophen haben die Welt nur verschieden interpretiert, es kömmt darauf an, sie zu verändern.«

S. 161 In meiner Luftwaffenhelferzeit . . . habe ich einmal ein Mädchen geohrfeigt: s. *Die Blechtrommel*, III, S. 468.

S. 163 mit Sütterlinbuchstaben eine Denunziation: s. die Anm. zu S. 57.

S. 164 Joan Baez: Geb. 1941, amerikanische Sängerin und Gitarristin, tritt in Protestsongs für Gewaltlosigkeit ein. **If I had a hammer:** Protestlied von Seeger und Hayes, das den Wunsch nach einer Welt der Freiheit und Gerechtigkeit artikuliert. **flower-power:** Schlagwort der Hippie-Bewegung der sechziger Jahre für den gewaltlosen ›Blumen‹-Widerstand gegen die bürgerliche Gesellschaft.

S. 170 die Zivilcourage Adolf Diesterwegs: 1790–1866, Pädagoge, wurde 1847 aus politischen Gründen aus seinem Amt als Seminardirektor entfernt, wirkte seit 1858 als liberaler Abgeordneter in Preußen für Schulreformen.

S. 187 ». . . v. Dörnberg behauptet . . .«: Aus dem 1957 gegen Schörner geführten Prozeß wegen Totschlags an Soldaten in der Endphase des Krieges, der zu seiner Verurteilung führte; s. dazu S. 211 f. und 225.

S. 188 mit Che gesprochen: Ernesto Guevara Serna (1928–1967), genannt Che Guevara, wichtiger Mitkämpfer Fidel Castros bei der kubanischen Revolution, seit 1966 Guerillaführer in Bolivien, wo er am 9. Oktober 1967 erschossen wurde. Schon zu seinen Lebzeiten war er eine Kultfigur der außerparlamentarischen Linken, wie z. B. sein »Großfoto« als ›Pin-up‹ in Vero Lewands Zimmer zeigt (s. S. 206).

S. 189 Stellen bei Dostojewski: Zu denken ist an *Die Dämonen* (1871/72), z. B. 2. Teil, 7. Kapitel. **Penny Lane . . . All you need is love . . . Yesterday Yesterday:** Populäre Titel der Beatles. **nach Ho Tschi Minh zu rufen:** Der »Ho! Ho! Ho-Tschi-Minh« (s. S. 190 und *Davor*, VIII, S. 539) skandierte Name des nordvietnamesischen Parteichefs und Staatspräsidenten war das Losungswort der Gegner des US-Engagements in Vietnam und darüber hinaus der Gegner des herrschenden ›Systems‹. **»Oh du schöner Westerwald . . .«:** Refrain des wohl am weitesten verbreiteten Soldatenlieds »Heute wollen wir marschieren«; zu seiner Bedeutung für Grass s. IX, S. 207 ff.

S. 191 f. surrealistische und futuristische Manifeste, . . . Aragon . . . Marinetti: Marinettis *Manifeste du futurisme* erschien 1909 im Pariser *Figaro*; ihm folgte eine Flut von futuristischen Manifesten, auch zu politischen Themen, die eine Nähe zum Faschismus zeigen. Der Futurismus rief zu einem radikalen Bruch mit der Vergangenheit auf, bis hin zur Forderung nach der Zerstörung alter Kunstwerke. André Brétons erstes *Manifeste du surréalisme* erschien 1924, sein zweites 1929 in der von ihm herausgegebenen Zeitschrift *La Révolution Surréaliste*; Louis Aragon war einer der Mitbegründer der Bewegung.

S. 192 den Augustinermönch Luther: Zu denken ist an Luthers Verbrennung der päpstlichen Bannbulle und anderer päpstlicher

Schriften am 10. Dezember 1520. Luther schrieb am selben Tage an Spalatin, es sei geschehen, »damit die papistischen Brandstifter merken, es sei keine große Kraftleistung, Bücher zu verbrennen, die sie nicht widerlegen können«. **Brauchbares im Hessischen Landboten:** *Der Hessische Landbote* von Georg Büchner und Friedrich Ludwig Weidig, eine Flugschrift aus Juli und November 1834, rief in biblischer Sprache nachempfundenen Wendungen die Bauern des Großherzogtums Hessen zur Revolution auf; s. *Über das Selbstverständliche*, IX, S. 136–152).

S. 198 Wettläufe zwischen Schnecken veranstalten ...: Das Motiv wird in *Aus dem Tagebuch einer Schnecke*, S. 488 ff. breit entfaltet; vgl. auch die Radierungen aus dem Jahre 1972 zu diesem Thema, *In Kupfer, auf Stein* 6, 7 und 11.

S. 201 Ich konnte Ratten mit bloßer Hand fangen: s. *Hundejahre*, III, S. 511 ff.

S. 202 der siebzehnjährige Gymnasiast Bartholdy ...: s. dazu *Der Butt*, V, S. 404 ff., vor allem S. 421 und Anm. **im Hakelwerk:** s. *Der Butt*, V, S. 15 und Anm.

S. 205 Über-Ich-Stütze: Begriff aus der Freudschen Psychoanalyse, s. *Der Butt*, V, S. 43 und Anm.

S. 206 die Worte des Vorsitzenden Mao: *Worte des Vorsitzenden Mao Tse Tung* ist der offizielle Titel einer Spruchsammlung aus Maos Werken und Reden, die damals weltweit verbreitete sogenannte *Mao-Bibel*. **Che Guevara:** s. S. 188 und Anm.

S. 207 Warum immer diese verspätete Offiziersgeschichte? Das Attentat vom 20. Juli 1944, vgl. *Hundejahre*, III, S. 541 ff.

S. 214 die Stelle in Galilei: Ausspruch Galileo Galileis im 13. Bild: »Unglücklich das Land, das Helden nötig hat.«

S. 221 Rshew, die Büffelbewegung: s. dazu S. 112. **Briefe des bedeutenden und tragisch gescheiterten Georg Forster:** s. die Anm. zu S. 149.

S. 223 die Eisenarmierung im Inneren einer neugotischen Gipsmadonna: s. dazu *Die Blechtrommel*, II, S. 464 f.

S. 225 apatheia: s. die Anm. zu S. 52.

S. 230 Zwischen Nassenhuben und Mainz: Forster (s. S. 149 und Anm.) stammt aus Nassenhuben bei Danzig.

S. 234 Danach blieb vom Fisch die Gräte: Vgl. die Mappe *Als vom Butt nur die Gräte geblieben war* (1977), *In Kupfer, auf Stein* 104–110, vor allem 108 mit demselben Titel.

S. 235 Ducekinn: Benito Mussolini hatte einen progenen Unterkiefer. **Da begab es sich . . .:** Hubert Fichte hat diesen Stoff unter dem Titel *Doppelanekdote* im Rahmen einer Arbeitstagung des Literarischen Colloquiums Berlin 1964 zum Thema Prosaschreiben behandelt. Zu den Dozenten des Seminars gehörte auch Günter Grass (*Prosaschreiben. Eine Dokumentation des Literarischen Colloquiums Berlin.* Hg. von Walter Hasenclever Berlin 1964, S. 249).

S. 242 »Der politische Mord – Malcolm X«: Der schwarze Bürgerrechtler Malcolm X, eigentlich M. Little, geb. 1925, wurde 1965 ermordet.

S. 244 den Rücktritt des Regierenden Bürgermeisters: Heinrich Albertz trat zurück wegen der Ausschreitungen beim Besuch Schah Reza Pahlewis, bei denen am 2. Juni 1967 ein Student durch eine Polizeikugel ums Leben gekommen war (s. auch S. 254).

S. 246 das Ach bei Kleist: Alkmenes »Ach« bildet den Schluß des *Amphitryon.* **das ironische Ach bei Mann:** Zu denken ist etwa an Tonys letzte Worte in den *Buddenbrooks* oder an Lottes Antwort an ihre Tochter zu Beginn von *Lotte in Weimar*: »Ach Kind, was du meinen Stern nennst, und was mehr ein Kreuz ist, wobei es ja immerhin ein Orden bleiben mag, – der kommt zum Vorschein ohne mein Zutun . . .« **»Ach ich habe sie verloren«:** Arie des Orpheus in Glucks *Orpheus und Eurydike* (1762).

S. 247 f. »Wintergewitter«: Operationsname für den Ende 1942 geplanten Durchbruch vom Kessel Stalingrad aus. Unter dem Decknamen **»Donnerschlag«** sollte sich, wenn Hitlers Genehmigung zu erhalten gewesen wäre, der Rückzug der gesamten 6. Armee aus dem Kessel anschließen.

S. 251 die Schmekelsche Erstausgabe über die »Mittlere Stoa«: A. Schmekels wichtiges Werk *Die Philosophie der mittleren Stoa* erschien erstmals 1892.

S. 254 Es ist ihm auch nichts passiert vor der Oper: Beim Berliner Opernbesuch des Schahs kam es am 2. Juni 1967 zu schweren Zusammenstößen zwischen Demonstranten, schahfreundlichen Persern und der Polizei, bei denen ein Student von einem Polizisten erschossen wurde (s. die Anm. zu S. 244).

S. 255 Maler Anton Möller: Zu ihm s. *Der Butt*, V, S. 292 ff.

S. 260 Clausewitz: Carl Philipp Gottfried von (1780–1831), General und Militärtheoretiker. Sein Hauptwerk *Vom Kriege* erschien postum 1832–1834. **Schramm:** Percy Ernst (1894–1970), Historiker. Er führte das offizielle Kriegstagebuch des Oberkommandos der Wehrmacht. **Liddell Hart:** Sir Basil Henry (1895–1970), Offizier und Theoretiker der mechanisierten Kriegführung. **Nietzsches Nachlaß:** Heute übliche Bezeichnung für die Materialien, die in von Nietzsches Schwester beeinflußter Redaktion und Anordnung unter dem Titel *Der Wille zur Macht* postum 1901 und 1906 erschienen; s. auch *Die Blechtrommel*, II, S. 63 und Anm.

Anmerkungen zu *AUS DEM TAGEBUCH EINER SCHNECKE*

Die Erstausgabe erschien 1972 im Hermann Luchterhand Verlag, Neuwied und Darmstadt.

Grass' Hauptquelle für die Geschichte der Danziger Juden war das Buch von Erwin Lichtenstein: *Die Juden der Freien Stadt Danzig unter der Herrschaft des Nationalsozialismus*, Tübingen 1973, das ihm bereits im Manuskript zugänglich war. Es wird im folgenden als *Lichtenstein* abgekürzt; ein Verweis darauf bedeutet, daß an der angegebenen Stelle die von Grass erwähnten Vorgänge ausführlich behandelt sind.

Ein Register der von Grass erwähnten Schnecken findet sich am Ende des Anmerkungsteils.

Bezüge zum graphischen Werk werden anhand folgender Veröffentlichungen nachgewiesen: Günter Grass: *Zeichnungen und Texte 1954–1977*, hg. von Anselm Dreher, Darmstadt und Neuwied 1982, zitiert als *Zeichnen und Schreiben I*, und Günter Grass: *In Kupfer, auf Stein*, Göttingen 1986, zitiert als *In Kupfer, auf Stein*. Die hinzugefügten Zahlen bezeichnen die Abbildungsnummer im jeweiligen Werk.

Namen von Politikern, Schriftstellern usw. werden in der Regel nicht erläutert; hierfür wird auf das kommentierte Register der Bände IX und X in Band X verwiesen, das die wichtigsten biographischen Daten enthält. Für Details wie Hintergründe können zusätzlich die Reden, Aufsätze und Interviews der Jahre 1969 bis 1972 in den Bänden IX und X herangezogen werden. Eine *Siebenjahresbilanz* seines Engagements in der sozialdemokratischen Wählerinitiative zieht Günter Grass in der Rede *Der Schriftsteller als Bürger*, IX, S. 577–593.

S. 265 (Auch für Štěpán und Tomás . . .): *Aus dem Tagebuch einer Schnecke* hat Grass »für meine und anderer Leute Kinder« geschrieben (S. 567). Die Genannten sind die Söhne des tschechischen Künstlers Vladimir Kafka (1931–1970), s. S. 399–405.

S. 266 heute: Bundesversammlung in Berlin am 5. 3. 1969. **Gerüchte um den Abgeordneten Gscheidle:** s. dazu IX, S. 355 und Anm.

S. 267 Franz und Raoul: Geb. 1957. **Laura:** Geb. 1961. **Bruno:** Geb. 1965.

S. 268 Als wenig später die Testveranstaltungen zugesagt . . .: s. dazu X, 61 f. **Erdmann Linde:** Grass' Mitarbeiter bei der Sozialdemokratischen Wählerinitiative, ein Kurzporträt S. 316 f.

S. 269 Zwanzig Jahre Bundesrepublik: Grass' Aufsatz *Sind zwanzig Jahre genug?* in der Wahlzeitung *dafür* stellt eine Zusammenfassung dieser Rede dar; s. IX, S. 373–376. **Drautzburg:** ein Kurzporträt S. 317.

S. 270 Pirckheimer: Willibald (1470–1530), Humanist, Nürnberger Ratsherr, Freund Dürers. **28. September:** Tag der Bundestagswahl 1969, die zur sozialliberalen Koalition führte. **Melencolia I:** s. dazu S. 544–567 und die Abb. S. 570.

S. 271 Sudelbuch: Das nach dem Vorbild Georg Christoph Lichtenbergs (s. IX, Anm. zu S. 669) während des Wahlkampfs geführte lockere Tagebuch für Einfälle und Notizen zum Tage (vgl. z. B. S. 282). Lichtenberg war dazu vom »wastebook« englischer Kaufleute angeregt worden (S. 388). Dieses »Tagebuch einer Schnecke« bildet die Grundlage für die spätere Ausarbeitung *Aus dem Tagebuch einer Schnecke.* Auch der fiktive Ott genannt Zweifel führt solch ein Sudelbuch (S. 316, 321); er »empfahl mir diese Methode, mit leichter Hand gegen die Zeit zu schreiben . . .« (S. 388).

S. 273 Biafra: s. dazu IX, S. 342–345. **Ihr merkt, daß ich stocke:** s. dazu IX, S. 755–769.

S. 274 und Kiesinger Kanzler ist: Kurt Georg Kiesinger, Bundeskanzler der Großen Koalition, war von 1933–1945 Mitglied der NSDAP und von 1940 bis 1945 Mitarbeiter in der Rundfunkabteilung des Auswärtigen Amtes. Zu Grass' Bewertung seiner Vergangenheit s. S. 365, 464 und IX und X passim. **Danzig, das vor Kriegsbeginn nicht zum Deutschen Reich gehörte:** s. dazu S. 275 und die Tabelle zur Danziger Geschichte, V, S. 729–732.

S. 275 f. Dr. Ernst Ziehm . . . Minderheitenregierung: Hierzu und zum folgenden s. *Lichtenstein* S. 6–8 und S. 147–153.

S. 276 Kornblumenblau: »... sind die Augen der Frauen beim Weine«, Kölner Schunkelwalzer von Jupp Schlösser (Text) und Gerhard Jussenhoven (Melodie). **So ein Tag, so wunderschön wie heute ...:** Lied von Lotar Olias.

S. 277 Schwanenkunde: Die in Kleve gelegene Schwanenburg gilt als die Stammburg des sagenhaften Schwanenritters Lohengrin.

S. 278 aus zu gutem Hause: Grass' feste Formel für die nach seiner Meinung die damalige Außerparlamentarische Opposition (APO) tragende soziale Schicht; vgl. S. 305; *Platzangst*, I, S. 169; IX, S. 273, 303, 314, 530, 664.

S. 279 Sozialfaschist: Offizielles Schlagwort der KPD im Kampf gegen die SPD in der Spätphase der Weimarer Republik.

S. 279 f. im Blatt der Synagogengemeinde ein Festbeitrag: s. dazu *Lichtenstein* S. 9 f.

S. 280 Ranicki: Marcel Reich-Ranicki, geb. 1920, den Grass 1958 kennenlernte (IX, 632), hat die nationalsozialistische Okkupation Polens in der Weise überlebt, wie Grass sie von Zweifel berichtet (s. dazu auch S. 298, 408 und 537). **Schopenhauerhaus:** Der Philosoph Arthur Schopenhauer wurde 1788 hier geboren. Für Grass ist er wichtig wegen seiner bis zu Verbalinjurien gehenden radikalen Hegelfeindschaft. **Robert Kaelter:** (1874–1926), war von 1908 bis zu seinem Tod Danziger Gemeinderabbiner.

S. 281 streng mennonitische Herkunft: s. dazu III, S. 146 und Anm. **über tätige Großmütter ...:** Vgl. *Die Blechtrommel*, II, Buch 1 und 2, und *Hundejahre*, III, *Frühschichten*, vor allem S. 164 f.

S. 282 Gräberfelder im nahen Reichswald: Im Februar 1945 leisteten deutsche Truppen der britisch-kanadischen Offensive erbitterten und für beide Seiten äußerst verlustreichen Widerstand. **Erhards Wort »gesundschrumpfen«:** s. dazu IX, S. 396. **Grauwerte:** Zur Symbolik der Farbe grau bei Grass s. *Askese* u. *Grau* I, 98 und 142 f.; IX, S. 83, 698, 730 f.; X, S. 59 und in diesem Band S. 332, 334, 418, 447 und Anm.

S. 283 Sozialausschüsse ... Katzer: Arbeitnehmerorganisation der CDU, von Hans Katzer mitbegründet und 1963 bis 1977 geleitet.

S. 284 Kronprinz-Wilhelm-Gymnasium: In Danzig-Langfuhr lag, wie oft bei Grass erwähnt, die Kaserne des Leibhusarenregiments des letzten Kronprinzen des Deutschen Reichs.

S. 286 Das jüdische Volk: s. dazu *Lichtenstein* S. 25 f.

S. 287 die ersten jüdischen Studenten ... ein jüdischer Hochschulassistent: s. *Lichtenstein* S. 25 f.

S. 288 Skeptische Ansicht: In Schopenhauers *Preisschrift über die Grundlage der Moral* (1840) § 13 des Teils III *Begründung der Ethik*. **Rauschning:** Hermann (1887–1982), war von Juni 1933 bis 23. November 1934 nationalsozialistischer Senatspräsident von Danzig. Aus Protest gegen Gauleiter Forster trat er zurück und emigrierte 1936. Seine *Gespräche mit Hitler* (1939) wurden von Grass als Quelle für die *Hundejahre* benutzt.

S. 289 Vorwärts: Vgl. dazu IX, S. 534–536.

S. 290 Jäckel d. Ä.: Eberhard Jäckel (s. Register in X).

S. 293 Wir planten ...: s. dazu X, S. 61 f. **Wahlzeitung:** s. S. 313.

S. 294 Friedenau: Berliner Stadtteil, in dem Grass' Haus in der Niedstraße liegt (s. S. 543, vgl. auch S. 389).

S. 295 Dr. Lichtenstein: s. dazu die Vorbemerkung zu den Anmerkungen.

S. 296 Ab März 1933 ...: s. dazu *Lichtenstein* S. 14–18, 21 f., 26 f. und 158–167. **Hartmannbund:** Nach dem Gründer Dr. Hermann Hartmann benannte Vereinigung der niedergelassenen Ärzte; die Mitgliedschaft darin war Voraussetzung für die Zulassung zur Kassenpraxis. **Im März 1934 ...:** s. dazu *Lichtenstein* S. 21–25.

S. 298 Purimfeste: s. dazu *Das Buch Esther*, Kap. 3–10, zum Namen des Festes 9; 24, 26. Das Purimfest ist ein »Tag des Wohllebens und der Freude« (*Esther* 9; 18, 19), begangen wird es im Februar oder März.

S. 299: Rebbe: Jiddische Form von Rabbi, Rabbiner. **Chassidim:** die »Frommen«, Anhänger einer im 18. Jahrhundert in Polen und der Ukraine entstandenen religiösen Erneuerungsbewegung innerhalb des Judentums.

S. 301 Standardrede »Zwanzig Jahre Bundesrepublik«: s. die Anmerkung zu S. 269.

S. 302 den »Großen Sprung«: s. dazu *Der Butt*, V, S. 387 und Anm.

S. 303 den ... »Langen Marsch durch die Institutionen«: Nach dem Verebben der direkten ›Revolutions‹-Hoffnungen der studentischen APO wurde auf die allmähliche Veränderung des bundesrepublikanischen Systems durch die vom Studentenprotest geprägten nachrückenden Führungsschichten gesetzt; die Formulierung nach Maos »Langem Marsch« mit der kommunistischen Bauernarmee 1934/1935. **Trotzki. . .»permanent«:** *Die permanente Revolution* (1930) ist eins der Hauptwerke Leo Trotzkis (1879–1940).

S. 304 Asse wie Hary und Fütterer: Heinz Fütterer stellte 1954 den damals bei 10,2 Sek. liegenden Weltrekord über 100 m ein; Armin Hary stellte 1960 mit 10,0 Sek. einen neuen Weltrekord über diese Strecke auf. Im selben Jahr wurde er in Rom bei den Olympischen Spielen über 100 m und mit der 4-×-100-m-Staffel Sieger. **In Jena, Kinder:** Georg Friedrich Wilhelm Hegel (1770–1831) stellte in den Mittelpunkt seiner Geschichtsphilosophie Gott, den er als den »absoluten Geist« definierte. Es gilt nun, die Geschichte als den dialektischen Prozeß des Herausgehens dieses Geistes aus sich selbst und der gleichzeitigen Rückkehr zu sich selbst zu begreifen: »Die Entwickelung des Geistes ist Herausgehn, Sichauseinanderlegen und zugleich Zusichkommen.« Geschichte wird so zu einem gesetzmäßig ablaufenden Vorgang – dies ist der zentrale Punkt von Grass' vor allem in *Aus dem Tagebuch einer Schnecke* zum Ausdruck kommenden Hegelkritik. Geschichte erscheint nicht als etwas von Menschen Gemachtes, sondern als etwas ohne ihr Zutun über sie Verhängtes (s. S. 308) und wird so für Grass zu »dem Popanz« Geschichte (S. 419). Männer, die die Geschichte ihrer Zeit besonders prägen und gestalten, begreift Hegel als Verkörperungen der »Weltseele« oder des »Weltgeistes« in ihrem bestimmten historischen Augenblick. So nannte er Cäsar den »Geschäftsführer des Weltgeists« und schrieb, als er Napoleons Besuch in Jena nach der Niederlage Preußens bei Jena und Auerstedt 1806 miterlebt hatte, er habe »die Weltseele« reiten sehen. Zu Grass' Auseinandersetzung mit Hegel s. auch IX, S. 237, 264 f., 460, 482,

492 und X, S. 106–120. **»Wider die Kurfürsten«:** s. IX, S. 354–361.

S. 305 in windstillen Seminaren: ›windstill‹ ist bei Grass terminus technicus für das bewußte Absehen von der Realität, für die Atmosphäre im Elfenbeinturm, für die Haltung der »Gläubigen unter den Käseglocken« (S. 295). Vgl. dazu etwa *Die Blechtrommel*, II, S. 295; IX, S. 113, 144, 183, 536, 581, 663. **Als ein Schwabe den Preußen die Idee nachlieferte . . .:** Der in Stuttgart geborene Hegel war seit 1818 Professor in Berlin; seine Philosophie wurde von den Rechtshegelianern (s. dazu S. 307 und die Anm.) als Legitimation des aus den Reformen nach 1806 hervorgegangenen preußischen Staates aufgefaßt. **die vom Proletariat wie von einer Marienerscheinung schwärmen:** Vgl. die ähnliche Formulierung »all jene . . ., die das Wort Proletariat wie eine Hostie auf der Zunge spazierenführen«, IX, S. 591.

S. 307 Linkshegelianer und Rechtshegelianer: Der Unterschied zwischen den beiden auf Hegel zurückgehenden Schulen läßt sich vereinfacht so verdeutlichen: Von Hegels Doppelsatz »Alles Wirkliche ist vernünftig, alles Vernünftige wirklich« übernahmen die Alt- oder Rechtshegelianer die erste Hälfte und erklärten die real existierenden Zustände und Verhältnisse zu evident vernünftigen, während die Jung- oder Linkshegelianer, der zweiten Hälfte folgend, nur dem Vernunftgemäßen Wirklichkeit zu- und damit mit revolutionärem Anspruch dem Unvernünftigen das Daseinsrecht absprachen.

S. 308 Totalitarismus unter Hitler und Stalin: Zur Gemeinsamkeit des nationalsozialistischen und des sozialistischen Systems für Grass vgl. IX, S. 515, 567 f., 620 und X, S. 114 f.

S. 309 Saline: ›Anstalt zur Salzgewinnung‹.

S. 310 mit Hilfe des Prinzips Hoffnung: Nach dem Titel des Hauptwerks von Ernst Bloch: *Das Prinzip Hoffnung*, geschrieben 1938–1947, vollständig veröffentlicht 1959. Vgl. dazu X, S. 323–341. **Hitlers ehemaliges Jungvolk:** Zum Jungvolk s. *Katz und Maus*, III, Anm. zu S. 26, und Grass' Vita in X, S. 438 f. **Morgenfeiern:** Veranstaltungen mit Fahnenappell, Sprüchen, Gedichten und Liedern zur nationalsozialistischen ›Begeisterung‹ der Jugend.

S. 311 deutschnational: Der konservativen Deutschnationalen Volkspartei, seit 1928 von Hugenberg geführt, nahestehend; vgl. S. 318. **Marchand:** Wolf, Grass' Mitarbeiter bei der Wählerinitiative, ein Kurzporträt S. 315 f.

S. 312 Nickel: Einerseits Kobold (Neck), andererseits kleine (Zehnpfennigs-)Münze. **Reichsbanner gegen SA und Rotfront:** Das Reichsbanner Schwarz-Rot-Gold (nach den Farben der Republik) wurde 1924 von SPD-Politikern als republikanischer Wehrverband gegen Rotfrontkämpferbund und Sturmabteilung, die militanten Organisationen von KPD und NSDAP gegründet.

S. 313 Heintje: eigentlich Hendrik Simons (geb. 1955), als Schlagersänger Kinderstar der 60er Jahre; s. auch S. 337, 349. Für Grass' Tochter Laura ist er wichtig wegen des gemeinsamen Wunsches nach einem Pferd – ein Erfolgslied war »Mamatschi, schenk mir ein Pferdchen«. **Hotten:** Danziger Form von Horst. **»seinsvergessen«:** Zum Heideggerjargon einer früheren Jugendgeneration s. *Hundejahre*, III, S. 504 f. und Anm.. **S. 314 »Rede vom alten Eisen«:** s. IX, S. 377–388. **den ich fünfundsechzig gezeichnet hatte:** Anläßlich des ersten Wahlkampf-Engagements für die SPD.

S. 315 Hinter Butzenscheiben giften die Pensionäre: s. dazu IX, S. 571–573 und *Die Blechtrommel*, II, S. 129 und 708.

S. 318 wie bei Döblin, Berlin Alexanderplatz: Zu Beginn des *Fünften Buches* dieses 1929 erschienenen Romans heißt es: »Rumm rumm wuchtet vor Aschinger auf dem Alex die Dampframme« (beim Bau der Berliner U-Bahn).

S. 319 von der CDU und Katzers Sozialausschüssen: s. S. 283 und Anm. **Willy:** Brandt. **Onkel Herbert:** Wehner.

S. 321 Stirner: Max (1806–1856), individualistischer Anarchist; Hauptwerk *Der Einzige und sein Eigentum* (1845).

S. 326 Betriebszellenleiter der Nationalsozialistischen Deutschen Arbeitsfront: Nach Zerschlagung der Gewerkschaften gründete die NSDAP am 10. Mai 1933 die DAF als Einheitsorganisation für Arbeiter, Angestellte, Handwerker, Gewerbetreibende und Unternehmer. Ihre Aufgabe war die Verbreitung nationalsozialistischen Gedankenguts in den Betrieben. Daneben betreute ihre Unterorganisation KdF (Kraft durch Freude) die gesamte Freizeit bis hin zu Urlaubsangeboten. Die DAF war organisiert in Block, Zelle, Ortsgruppe, Kreis, Gau, Reichsverwaltung wie die NSDAP (s. *Die Blechtrommel*, II, S. 134 und Anm.).

S. 327 das Schächten von Tieren: Den Juden im Gesetz Mosis gebotene Schlachtform, bei der das Tier ausblutet. Zum Danziger Schächtverbot s. *Lichtenstein* S. 28 und 169.

S. 329 Moses soll . . .: Porträt Herbert Wehners.

S. 331 Bernsteinschnecke: Succinea putris, benannt nach ihrem bernsteinfarbenen Schneckenhaus. Grass benutzt den Namen, um eine Verbindung zu dem von ihm besonders verehrten Eduard Bernstein (1850–1932) herzustellen, der der Führer der Revisionisten innerhalb der SPD war. Zu seiner Bedeutung für Grass' politisches Denken s. *Was Erfurt außerdem bedeutet*, IX, S. 418–428, X, S. 99, 110, 332. **Zwischenwirt eines Saugwurms:** Distomum macrostomum. **»Die Grundlagen des Sozialismus und die Aufgaben der Sozialdemokratie«:** Erschienen 1899.

S. 334 Ich zeichne was übrigbleibt: Vgl. das Gedicht *Abgelagert*, I, S. 106, in der Anm. dazu weitere Nachweise, im *Tagebuch* auch noch S. 336. **zeichne ich Schneckengehäuse und Schnekken:** s. *Zeichnen und Schreiben I*, 52–60 und *In Kupfer, auf Stein* 1–12 u. 15.

S. 335 der lustige Enzensberger: 1968 begab sich Hans Magnus Enzensberger aus Begeisterung für Fidel Castros Variante des Sozialismus nach Kuba, 1969 kehrte er enttäuscht zurück (s. S. 390). **Scharwerk:** Frondienst öffentlich-rechtlichen Charakters; hier zur Befestigung der Radauneufer.

S. 336 Pflaumenkreide: norddeutsch für Pflaumenmus. **Als ich zweiunddreißig Jahre alt war . . .:** Im Herbst 1959 erschien *Die Blechtrommel*.

S. 338 die päpstliche Bank: Die Bank, über die der Vatikan einen Teil seiner Geschäfte abwickelt, ist die »Banco di San Spirito«. Der Name rührt aber nicht von der besonderen Nähe ihrer Geschäfte zur dritten Person der göttlichen Trinität her, sondern von dem nach einer Kirche benannten Stadtteil Borgo Santo Spirito nahe dem Petersplatz, wo ihr Stammhaus lag; s. auch IX, S. 919.

S. 340 »Verwachsnige«: s. *Jungbürgerrede. Über Erwachsene und Verwachsene*, IX, S. 429–439.

S. 341 Grenzstreitigkeiten am Ussuri: Anfang März 1969 kam es auf dem zugefrorenen russisch-chinesischen Grenzfluß Ussuri wegen einer von beiden Seiten beanspruchten Insel zu bewaffneten Zusammenstößen.

S. 344 die jüdischen Markthändler vom Danziger Wochenmarkt vertrieben: s. dazu *Lichtenstein* S. 56 f.

S. 345 Glumse: Geronnene Milch, aus der frischer Quarkkäse gewonnen wird.

S. 346 An jenem Sonnabend . . .: s. dazu *Lichtenstein* S. 57–60. **des Völkerbundkommissars Burckhardt:** Der Schweizer Gelehrte und Diplomat Carl J. Burckhardt (1891–1974) war nach dem aus Protest gegen die NS-Politik in Danzig erfolgten Rücktritt des Iren Sean Lester unter erheblicher Beschneidung der bisherigen Vollmachten im Februar vom Völkerbund zum Hohen Kommissar für Danzig gewählt worden und am 1. März 1937 in Danzig eingetroffen. Mit Kriegsbeginn erklärte Hitler Danzig zum Reichsgebiet und Burckhardt wurde ausgewiesen. Über seine Tätigkeit, die ihn durch die Nichtzuständigkeit für »innere Angelegenheiten« Danzigs gerade in der Judenfrage in eine umstrittene Rolle gebracht hatte, schrieb er das Buch *Meine Danziger Mission 1937–1939*, München 1960.

S. 348 im Soldatenlied vorkommt: »Heute wollen wir marschieren . . .« mit dem Refrain »O du schöner Westerwald, über deine Höhen pfeift der Wind so kalt . . .«

S. 349 ihrem Heintje: s. die Anmerkung zu S. 313.

S. 350 »Was lesen die Soldaten?«: s. IX, S. 365–372.

S. 352 jüdischen Ärzten der Beruf verboten: s. dazu *Lichtenstein* S. 71–74. **Haus der Borussialoge:** Das einzige verbliebene Versammlungshaus jüdischer Freimaurer im Freistaat. **Selma Lagerlöf ›Kindheitserinnerungen‹:** *Marbacka*, erschienen 1922, benannt nach dem elterlichen Gut, auf dem sie ihre Kindheit verlebte. Eine deutsche Übersetzung erschien 1923 und 1928 unter dem Titel *Marbacka. Jugend-Erinnerungen*. **Die sogenannte Kristallnacht:** s. *Lichtenstein* S. 76 f.; vgl. die abweichende Darstellung Oskars in *Die Blechtrommel*, II, S. 241 ff.

S. 353 Walter Benjamin: (1892–1940). In seinem Buch *Ursprung des deutschen Trauerspiels* (Berlin 1928) finden sich Abschnitte zur Melancholie und zu Dürers *Melencolia I*. **Am 17. Dezember achtunddreißig:** s. *Lichtenstein* S. 87–91.

S. 354 die Grundstücke und den Grundbesitz zu schätzen: s. *Lichtenstein* S. 92–94. **Dürers zähflüssige Reise in die Niederlande:** Vom 12. 7. bis zum 15. 7. 1521 unternahm Dürer eine Reise in die Niederlande, um sich von Karl V. die von Kaiser Maximilian ausgesetzte Rente bestätigen zu lassen. Sein Reisetagebuch, das vor allem über Ausgaben und Einnahmen pfenniggenau Rechnung legt, ist erhalten; aus ihm zitiert Grass.

S. 355 Trübsinn der Fürsten im deutschen Trauerspiel: *Trübsinn des Fürsten* ist ein Unterabschnitt des Kapitels *Trauerspiel und Tragödie* in Benjamins Trauerspiel-Buch, s. Anm. zu S. 353. **In der Nacht vom 2. auf den 3. März neununddreißig:** s. dazu *Lichtenstein* S. 101 f., zur Vorbereitung S. 99–101. **Mandatsgebiet Palästina:** Im Frieden von Sèvres zwischen der Türkei und den Alliierten wurde 1920 Palästina, das die Briten 1917/18 von den Türken erobert hatten, britisches Mandatsgebiet.

S. 357 die Rosenbaumsche Schule geschlossen: s. *Lichtenstein* S. 97. **»Die Nazis in der Prüfungskommission, darunter Schramm . . .«:** Dr. Schramm war als Staatskommissar für die Aufsicht über das Höhere Schulwesen von der nationalsozialistischen Danziger Regierung eingesetzt worden. Er war militanter Nationalsozialist und hatte in der HJ den Rang eines Bannführers. **»zionistische Verschwörungspläne« . . . »Wie das Weltjudentum seine Protokolle verbirgt«:** In der antisemitischen Agitation der Nationalsozialisten spielte der im 19. Jahrhundert entstandene Vorwurf, die Juden strebten systematisch nach der Weltherrschaft, eine wichtige Rolle. Sergej Nilus hatte diesen Verdacht mit dem Zionistenkongreß in Basel von 1897 verbunden und 1905 in Rußland angebliche Geheimprotokolle dieses Kongresses veröffentlicht, die berüchtigten *Protokolle der Weisen von Zion*, die 1919 auf deutsch erschienen.

S. 358 Gieldzinski-Sammlung: Benannt nach dem Danziger Kunstsammler Leiser Gieldzinski, der 1904 der Danziger Synagogengemeinde seine Sammlung jüdischer Kultgeräte geschenkt hatte, die in der Folgezeit von der Gemeinde noch ausgebaut worden war und in der Synagoge in einem eigenen Raum gezeigt wurde; s. auch *Lichtenstein* S. 97 und *Wie sagen wir es den Kindern*, IX, S. 755–769. **Kindertransporte nach England:** s. *Lichtenstein* S. 103.

S. 359 Beischläge: s. *Die Blechtrommel*, II, Anm. zu S. 222.

S. 360 Apollogeschichten: Das Mondlandeunternehmen der USA; vgl. auch *Hinter und auf dem Mond*, IX, S. 389–391. **Werbung, den Mund voller Glück:** Zu Apollo und zur Werbung s. das letzte Kapitel, die Dürerrede »Vom Stillstand im Fortschritt«. **Ibokinder:** Die Ibos leben in der nigerianischen Provinz Biafra; zum damaligen Bürgerkrieg s. IX, S. 342–345. **Bonanza, Flipper, Sandmännchen-Ost:** Wildwestserie, Kinderserie um den Delphin Flipper, abendliche Kurzspots für Kinder im DDR-Fernsehen (s. *Tränentüchlein*, I, S. 261).

S. 361 Wie war es mit Barzel?: Die Frage bezieht sich auf die Diskussion mit Barzel am 14. Juni 1969 in Köln.

S. 363 Brauweiler, wo er als Kind die krummgeschlossenen Gefangenen hörte: Brauweiler bei Köln war damals Arbeitshaus, der Stiefvater arbeitete dort als Aufseher im Gefangenentrakt, in dem Vergehen der Arbeitshäusler bestraft wurden. »Dieses Krummschließen bestand darin, daß der Delinquent sich auf den Boden der Zelle auf den Bauch zu legen hatte. Alsdann bekam er Hand- und Fußschellen angelegt. Darauf wurde ihm die rechte Hand über den Rücken hinweg an den linken Fuß und die linke Hand ebenfalls über den Rücken an den rechten Fuß gefesselt. Damit noch nicht genug, wurde ihm ein leinenes Tuch strickartig um den Körper über Brust und Arme auf dem Rücken scharf zusammengezogen.« »Das Gebrülle und Gestöhne der so Mißhandelten durchtönte das ganze Gebäude und machte natürlich auf uns Kinder einen fürchterlichen Eindruck« (A. Bebel: *Aus meinem Leben*, Kap. 1). **Seine Genossen legten zusammen:** Diäten gab es im Reichstag des Norddeutschen Bundes nicht, der Ersatz der Kosten oblag der Parteikasse. **Nürnberg, Eisenach, Gotha:** Auf dem 5. Vereinstag der Arbeitervereine 1868 in Nürnberg wurde Bebel zum Kongreßvorsitzenden gewählt. Es wurde ein Programm verabschiedet, das zum Austritt der liberalen Arbeitervereine führte. Auf dem nächsten Vereinstag, 1869 in Eisenach, wurde daraufhin die Sozialdemokratische Arbeiterpartei gegründet. 1875 vereinigte sie sich in Gotha mit dem von F. Lassalle 1863 gegründeten Allgemeinen Deutschen Arbeiterverein zur Sozialistischen Partei Deutschlands.

S. 364 Marx ... dachte schärfer: s. dazu S. 339: »Wer nicht denkt, sondern scharf denkt, der greift auch scharf durch.« **Bebel starb 1913 in Zürich:** s. dazu *Der Butt*, V, S. 516 ff. **»Aus meinem Leben«:** Der erste Teil erschien 1910, der zweite 1911, der dritte postum 1914, hg. von Karl Kautsky.

S. 366 Wieder Steinmetz sein und Fassaden flicken: s. Grass' Vita, X, S. 443 und die Spiegelung in der *Blechtrommel*, II, S. 544 ff.

S. 367 als Siedler nach Bolivien ...: s. dazu *Lichtenstein* S. 103 f. Zum Schicksal des »Astir«-Transports s. dort S. 114–116; der Bericht der Teilnehmerin Irma Feibusch (*Lichtenstein* S. 226–231) liegt wörtlich dem fiktiven Brief Kurzmanns zugrunde.

S. 370 »Irgun Olej Danzig«: s. *Lichtenstein* S. 115. **»Über die Gewöhnung«:** s. IX, S. 199–217.

S. 371 die »Hatikwah«, ein nationales Lied: »Hoffnung«, gedichtet 1878 von Naphtali Herz Imber (1856–1909), seit dem ersten zionistischen Kongreß 1897 Lied der zionistischen Bewegung, seit der Staatsgründung die Nationalhymne von Israel.

S. 372 liefen zwei reichsdeutsche Linienschiffe in den Danziger Hafen ein: s. dazu *Die Blechtrommel*, II, S. 262 und Anm. Mit der Beschießung der polnischen Exklave Westerplatte begann am 1. September der Zweite Weltkrieg. **Konzentrationslager Stutthof:** Das Lager war ursprünglich nach dem Vorbild ähnlicher Einrichtungen im Reich (Dachau, Sachsenhausen) zur Inhaftierung von Regimegegnern, in diesem Fall vor allem Polen, gedacht. Später nahm Stutthof immer mehr den Charakter eines Vernichtungslagers wie Auschwitz oder Majdanek an, in dem auch Massenvergasungen vorgenommen wurden. Zu Stutthof s. auch *Hundejahre*, III, S. 513 ff. **Sein Schüler Fritz Gerson:** Zu seinem und seiner Familie Schicksal s. *Lichtenstein* S. 121–123.

S. 376 Reproduktion eines Stiches: s. S. 570.

S. 377 Saturn ist ihr Planet: Zu Saturn bei Grass s. I, S. 129 f. und Anm.

S. 378 Knöpfe sammelt sie: s. S. 334 und Anm. **Tofranil:** Ein Psychopharmakon, s. S. 497 und 553.

S. 379 diese gelinde Spur Blausäure: s. dazu S. 425 und Anm.

S. 380 Fähnleinführer: Führer eines Jungvolkfähnleins, das vier Jungzüge zu vier Jungenschaften zu je zehn Jungen umfaßte, also etwa 160 Jungen zwischen zehn und vierzehn Jahren. **einen Transport von fünfzig Danziger Juden:** s. *Lichtenstein* S. 128 f. **Hlinka-Gardisten:** Kampftruppe der von Andrej Hlinka (1864–1938) gegründeten Slowakischen Volkspartei.

S. 381 mit Zitaten von Aristoteles und Ficino: Im aristotelischen Corpus wird die Melancholie in den *Problemata* XXX, 1 als eine Veranlagung dargestellt, die unter günstigen Bedingungen den Menschen zu besonderen Leistungen befähigt. Es wird deshalb die These aufgestellt, alle großen Künstler, Politiker und Philosophen seien Melancholiker gewesen (s. dazu S. 550 f.). Marsilio Ficino (1433–1499), florentinischer Humanist, spricht in seinen *Libri de vita triplici* von der Melancholie als Begabung zur Philosophie einerseits und als Gefährdung andererseits, der durch vernünftige Lebensführung, Medikamente und Astrologie zu begegnen sei, letztere vor allem, um Saturns Einfluß durch den Jupiters auszugleichen. **Aschenheimstift . . . Speicher in der Mausegasse:** s. *Lichtenstein* S. 104–106, 134 f. **jüdische Pelzarbeiter:** Sie arbeiteten an Winterbekleidung für die Deutsche Wehrmacht; zu ihrem weiteren Schicksal s. S. 464.

S. 382 was aus den Danziger Juden wurde. . .: s. *Lichtenstein* S. 128 f.

S. 388 Edvard Kardelj: (1910–1979), jugoslawischer Politiker, im Krieg Partisanenführer, wechselnde hohe Ämter, 1963–1967 Parlamentspräsident. **Alva Myrdal:** (1902–1986), schwedische Sozialreformerin und Politikerin, u. a. Botschafterin in Indien, Birma, Ceylon, Chefdelegierte bei der Genfer Abrüstungskonferenz.

S. 389 Sein feinziselierter Hochmut: Karl Schiller.

S. 390 Früher kam Johnson manchmal vorbei: Uwe Johnson (1934–1984) lebte während seiner Berliner Jahre (1959–1967) ebenfalls in der Niedstraße.

S. 394 PKP: Abkürzung für die Polnischen Staatsbahnen. **Kampf um die Narew-Übergänge:** Rechter Nebenfluß der Weichsel, den die deutsche Heeresgruppe Nord am 4. September bei Rozan und Lomza überschritt, um auf Warschau vorzustoßen.

S. 395 Nicht nur Saturn. Es ist die Vierzahl: Knapper Abriß der antiken Lehre von den vier Temperamenten, die auf das Mischungsverhältnis der vier Körperflüssigkeiten Blut, Schleim, schwarze und gelbe Galle zurückgeführt wurden und denen die Jahres- und Tageszeiten, Lebensalter, Winde (Himmelsrichtungen), Planeten und Elemente zugeordnet wurden (s. dazu S. 550). Melancholie bedeutet wörtlich »Schwarzgalligkeit«; sie wurde aus dem Überwiegen dieses Saftes erklärt (s. S. 553).

S. 399 »Svoboda!« – »Dubcek!«: Zur Zeit des sogenannten Prager Frühlings, den der Einmarsch der Warschauer-Pakt-Staaten am 21. 8. 1968 beendete, war Ludvik Svoboda (1895–1979) Staatspräsident und Alexander Dubcek (geb. 1921) Erster Sekretär der KP der CSSR. **Ab Januar 1942:** s. *Lichtenstein* S. 143 f.

S. 400 Nouzov, das mitten im Wald liegt: Vorbild für das Forsthaus im *Butt*, in dem sich die Romantiker treffen, s. *Der Butt*, V, S. 407 ff.

S. 401 »Rede von den begrenzten Möglichkeiten«: s. IX, S. 395–410. **Freiheit ein Wort wie Löffelstiel:** s. dazu die gleichnamige Rede IX, S. 334–346, vor allem S. 336.

S. 403 Das befriedete Dasein: Schlagwort zur Sozialutopie Herbert Marcuses, s. dazu IX, S. 352 und Anm.

S. 406 POW: Prisoner of War, Bezeichnung der britischen und amerikanischen Kriegsgefangenen.

S. 408 Schopenhauers Flucht vor der Cholera: Durch einen Traum in der Neujahrsnacht 1831 gewarnt, verließ Schopenhauer beim Nahen der Cholera Berlin und ließ sich in Frankfurt a. M. nieder. Es handelt sich um die Choleraepidemie, in deren Verlauf sein Widersacher Hegel starb.

S. 409 nach dem Balkanfeldzug und kurz vor Beginn des Rußlandfeldzuges: Zwischen Ende April 1941 und dem 22. Juni 1941.

S. 410 vom Sandkasten erzähle . . .: Vgl. IX, S. 398 f. und *örtlich betäubt* passim sowie *Der Butt*, V, S. 382.

S. 411 aus dem Tagebuch des Kaufmanns Bertold Wartski: s. *Lichtenstein* S. 130 ff.

S. 413 Der Sonderzug traf am 27. August 1940 in Preßburg ein: s. *Lichtenstein* S. 137 f.

S. 414 Haganah: s. S. 417, zionistische Untergrundorganisation.

S. 415 von . . . mennonitischen Vorfahren: s. *Hundejahre*, III, S. 146 und Anm.

S. 417 Bevor sich Apollo Elf auf den Weg macht und in Stuttgart der Kirchentag beginnt: Das amerikanische Mondlandeunternehmen startete am 16. 7. 1969, am selben Tag begann der Kirchentag, der bis zum 20. Juli dauerte. **Am 24. November 1940 . . .:** s. *Lichtenstein* S. 138–140.

S. 419 der grämliche Student Schopenhauer zu Goethe . . .: Schopenhauer, der 1813 in Jena promoviert worden war, besuchte Goethe seit dem 6. November 1813 häufiger, wobei Goethes Farbenlehre im Mittelpunkt ihrer Unterredungen stand und auch gemeinsame Experimente dazu durchgeführt wurden. In Goethes *Zur Farbenlehre* wird im Abschnitt *Sinnlich-sittliche Wirkung der Farbe* Orange unter den Stichworten *Rotgelb* und *Gelbrot* abgehandelt. **vor der Geschichte (dem Popanz):** s. dazu die Anmerkung zu S. 304.

S. 420 Wie der Schüler Scherbaum seinen Dackel verbrennen will: aus *örtlich betäubt*.

S. 422 Augst stand hinter dem Mikrofon Nummer 2 . . .: s. hierzu den Bericht von Camilla Härlin im *Rheinischen Merkur* vom 25. 7. 1969: »Hier wurde, wie auch beim Gespräch zwischen den Generationen, immer wieder die Schwierigkeit offenbar, die Sprache des anderen zu verstehen. Wirft man der Jugend unverständliches Parteichinesisch vor, so zeigte sich nicht selten, wie schwer sich diejenigen artikulieren können, die von den Zwängen des Dritten Reichs und des Kriegs geprägt sind. Das erschütterndste Beispiel dafür war jener 56jährige Apotheker aus Tübingen, der sich während der Diskussion mit Günter Grass am Mikrophon mit Zyankali das Leben nahm. Günter Grass hatte in der Arbeitsgruppe ›Der einzelne und die anderen‹ am Vormittag aus ›örtlich betäubt‹ gelesen. In der Diskussion am Nachmittag war gerade gesagt worden, daß Angst, nicht aber Vernunft zur Tat treibe. Darauf brachte der Apotheker aus Tübingen am Mikrophon weit hinten im Saal seine Anklage gegen die Gesellschaft und die Kirche vor. Seine Stimme stockte mehrmals vor Erregung. Er überschritt die ihm zugeteilte Zeit, doch wollte man ihn ausreden lassen. Da rief er am Mikrophon:

›Mir bleibt nichts anderes übrig als die Provokation. Ich grüße meine Kameraden von der SS.‹ Niemand bemerkte, daß diesen Worten die Tat gefolgt war. Auch Günter Grass hatte vom Podium den Selbstmord nicht wahrgenommen, doch reagierte er sofort auf den schockierenden Ausruf des Apothekers. Die Halle, meinte er, dürfe sich um diesen Vorfall nicht herumschwindeln. Eine einzelne Äußerung dieser Art könne nicht als Entgleisung gewertet werden, sondern nur als ein irrationelles Echo auf irrationale Rufe. Wer sich in der Politik auf Irrationales einlasse, bekomme hier die Quittung.«

S. 423 Professor Becker: Hellmut (geb. 1913), Jurist und Bildungsexperte, nahm als Direktor des Instituts für Bildungsforschung in der Max-Planck-Gesellschaft an der Podiumsdiskussion teil.

S. 425 80 bittere Mandeln . . .: s. auch S. 379 und *Lamento bei Glatteis*, I, S. 38 f. und die Celan-Gedichte »Zähle die Mandeln« (*Mohn und Gedächtnis*) und »Mandorla« (*Die Niemandsrose*).

S. 426 die VW-Busrede: Diese durch ihre Variabilität geprägte Rede wurde nie veröffentlicht. Sie berichtet u. a. von Erfahrungen aus dem Wahlkampf, die in *Aus dem Tagebuch einer Schnecke* eingegangen sind.

S. 429 Den Wasserturm von Plurien . . . von meiner Schnecke besteigen lassen: Vgl. die Radierung *Wasserturmschnecke* (1972), *In Kupfer, auf Stein*, 3.

S. 430 Und so etwa könnte ich in Nürnberg beginnen: s. S. 544.

S. 431 die Zettelmühle Jean Paul: Anspielung auf Jean Pauls Verfahren, in Zettelkästen Kuriosa aus Natur und Geschichte als Stoff für seine Bilder und Vergleiche zu sammeln. **Pudelfreund:** Schopenhauer.

S. 433 den Schlüsselbund seiner . . . Ehefrau Agnes: Mit ihren Attributen Schlüssel und Beutel entspricht die Melencolia dem Typus der Nürnberger Hausfrau zur Dürerzeit. **Panofsky und Saxl:** Erwin Panofsky und Fritz Saxl: *Dürers »Melencolia I«. Eine quellen- und typengeschichtliche Untersuchung*, Leipzig, Berlin 1923.

S. 434 Benjamin: s. S. 353, 355 und Anm. **Proust:** Bezieht sich eventuell auf eine Stelle in *Sodom und Gomorrha I*, wo der

Erzähler von zweigeschlechtlichen Schnecken spricht: »Freilich begnügen die Invertierten sich bei ihrer Suche nach einem männlichen Partner oft mit einem Invertierten, der ebenso feminin wie sie ist. Es genügt dann schon, daß er nicht dem weiblichen Geschlecht angehört, das sie selbst embryonal in sich tragen, ohne es nutzbar machen zu können, so wie es vielen hermaphroditischen Blüten und sogar gewissen doppelgeschlechtlichen Tieren, wie der Schnecke, ergeht, die nicht durch sich selbst, sondern nur durch andere Hermaphroditen befruchtet werden können.« Vgl. dazu Zweifels »Lieblingsgedanke«, z. B. S. 461. Die Anspielung kann sich aber auch auf das Proust-Kapitel bei Lepenies (s. u.) beziehen. **Gehlen:** Arnold (1904–1976), neben seinen anthropologischen Hauptwerken ist hier vor allem zu nennen: *Die Seele im technischen Zeitalter*, Hamburg 1957. **Lepenies:** Wolf Lepenies: *Melancholie und Gesellschaft*, Frankfurt a. M. 1969. **seinen Pudelfreund:** Schopenhauer behandelt die Melancholie in *Die Welt als Wille und Vorstellung* (1819): »Die so häufig bemerkte trübe Stimmung hochbegabter Geister hat ihr Sinnbild am Montblanc, dessen Gipfel meistens bewölkt ist: aber wann bisweilen, zumal frühmorgens der Wolkenschleier reißt und nun der Berg, vom Sonnenlichte rot, aus seiner Himmelshöhe über den Wolken auf Chamonix herabsieht; dann ist es ein Anblick, bei welchem jedem das Herz im tiefsten Grunde aufgeht. So zeigt auch das meistens melancholische Genie zwischendurch die . . . nur ihm mögliche . . . eigentümliche Heiterkeit, die wie ein Lichtglanz auf seiner hohen Stirne schwebt: in tristitia hilaris, in hilaritate tristis«. **den buckligen Meister der Pfennigwahrheiten:** Lichtenberg. Er nennt die Eintragungen in seinen *Sudelbüchern* selbst gelegentlich »Pfennigs-Wahrheiten«. **den maximilianischen Humanistenkreis:** Führend darin war der neulateinische Dichter Konrad Celtis (1459–1508), den Kaiser Maximilian 1497 als Professor der Poesie und Rhetorik an die Universität Wien berief. Dürer schuf für seine *Libri amorum* (1502) einen Titelholzschnitt mit dem Bild der »Philosophia«, der u. a. die vier Temperamente darstellt (s. S. 550). Die Beschäftigung mit der Melancholie in diesem Kreis und die Beziehungen zu Dürer untersuchte Karl Giehlow: *Dürers Stich »Melencolia I« und der* *maximilianische Humanistenkreis*, in: *Mitteilungen der Gesellschaft für vervielfältigende Kunst* 26 und 27, 1903 und 1904. **Dürers Aussprüche über die »viererlei Kumplex«:** In der Schrift *Über die Malerei und Schönheit* (um 1508/09) behandelt Dürer unter diesem Begriff die vier Komplexionen, d. h. Temperamente, die bei der Darstellung des Menschen zu berücksichtigen seien (s. S. 550). In den Skizzen von 1512/13 zur *Lehre von menschlicher Proportion* heißt es ähnlich: »Wir haben mäncherlei Gestalt der Menschen, Ursach der vier Complexen«. **Dürers Krankheit, der gelbe Fleck:** s. S. 552. **Beziehungen zwischen Albrecht Dürer und Nikolaus von Cusa:** Nikolaus von Kues vergleicht in *De concordantia catholica* (1433) den Staatsorganismus Teil für Teil mit den Gliedern des menschlichen Körpers und schließt mit einer Anwendung der Temperamentelehre auf den Staat.

S. 435 die deutschen Erfolge im Kaukasus: Mitte August 1942.

S. 437 den Fall Defregger: Der Münchner Weihbischof Defregger wurde in der Presse beschuldigt, im Krieg als Offizier in die Erschießung von Geiseln verwickelt gewesen zu sein. **ein erzählendes Kochbuch schreiben ...:** Eine der frühesten Skizzen zum *Butt*.

S. 438 Wir trafen ihn: Egon Bahr. **Bei Sterne gäbe sie ein Kapitel her:** s. *Tristram Shandy*, III. Buch, 38. Kapitel. **Sein Onkel Toby ...:** s. Laurence Sterne: *Tristram Shandy*, II. Buch, 12. Kapitel. **Lichtenberg wie seinen abgerissenen Hosenknopf angesprochen:** Lichtenbergs Nachruf auf seinen Hosenknopf findet sich im Brief an J. Ch. Dietrich vom Februar 1773. **Clown:** Zum Motiv des Clowns bei Grass s. auch S. 545 und *Katz und Maus*, II, passim, sowie *Beritten hin und zurück*, VIII, 7–19.

S. 439 etwas leporellohaftes: Leporello ist der Diener Don Giovannis in Mozart-Da Pontes Oper.

S. 441 von Strauß und seinem Bamberger Tiervergleich: s. dazu IX, 526 und Anm.

S. 443 Cogito ergo sum: »Ich denke, also bin ich« ist die Grundmaxime der Philosophie Descartes'. **Carthaginem esse delendam:** »Ceterum censeo, Carthaginem esse delendam« – »Im übrigen bin ich der Ansicht, daß Karthago zerstört werden muß« – war die stehende Redensart, mit der Cato der Ältere (234–149 v. Ch.) jede seiner Reden zu beschließen pflegte.

S. 444 ein Buch – »Vatertag« – schreiben: s. das gleichnamige Kapitel in *Der Butt*, V, 534 ff.

S. 447 Eine Graue Messe schreiben: s. S. 282 und Anm. sowie *Ja* und *Meissner Tedeum*, I, S. 145 f. und 265–271. **Er ist wie neu:** Willy Brandt.

S. 450 starb in Frankfurt a. M. der Soziologe Adorno: Theodor W., geboren 1903, gest. am 6. August 1969 in Visp, Kanton Wallis. Die von ihm mitbegründete Kritische Theorie beeinflußte die Studentenbewegung, die ihn jedoch in seinen letzten Lebensjahren heftig attackierte; vgl. dazu auch das Gedicht *Adornos Zunge*, I, 259. **den Schatzmeister der Espede:** Alfred Nau (1906–1983), Schatzmeister der SPD von 1946 bis 1975, s. S. 526. **Worüber ich rede, jetzt dreimal täglich?:** Zu den angesprochenen Themen s. IX, S. 386 f., 397 f., 401 f., 404 f.

S. 452 Leo Bauers aschgraue Schwermut: s. S. 566 f. und das Gespräch mit ihm, X, S. 88–105. **Kierkegaard spricht von Hermetismus:** »Verschlossenheit« oder das »Verschlossene« ist ein zentraler Begriff bei Kierkegaard, s. etwa *Der Begriff Angst* (1844), 4. Kapitel, § 2.

S. 456 die Hutform dem Schneckengehäuse zu nähern: s. unten – die Jakobinermütze der Französischen Revolution. **Ententeichhut:** Hut mit nach innen gewölbtem Deckel. **Er nennt sich George Hunter:** s. S. 461: »Weil sich Raoul nämlich als Südstaatler erfindet.«

S. 457 Kindsmörderin Rose Bernd: *Rose Bernd*, Schauspiel von Gerhart Hauptmann (1903), darin auch die andern genannten Rollen.

S. 459 polnische Partisanen aus der Tuchler Heide: vgl. *Katz und Maus*, III, S. 100 und Anm.

S. 460 die Geschichte von Luise Miller und ihrem Ferdinand: Friedrich Schiller *Kabale und Liebe* (1784), ursprünglich von Schiller vorgesehener Titel *Luise Millerin*. **Eine Delle aus dem Ball treiben:** s. *Die Blechtrommel*, II, S. 427 und Anm.

S. 461 auf den nach vorwärts weisenden Finger eines Denkmals . . .: s. S. 563 f., zu »vorwärts« s. S. 289 und IX, S. 534–536. **ohne h geschrieben zu werden:** nämlich. **Durch**

Selbstbefruchtung zeugen sich nicht nur die Weinbergschnecken fort: s. die Anm. zu Proust, S. 434.

S. 463 Spontaneitätsbegriff und Eurhythmie: Rosa Luxemburg setzte Lenins Auffassung von der zentralistisch gelenkten Partei die von der Spontaneität der Massen, z. B. in spontanen Massenstreiks, als Träger der Revolution entgegen. Zu Rosa Luxemburg s. auch *Der Butt*, V, Anm. zu S. 54. Eurythmie – von Rudolf Steiner so geschrieben – bezeichnet in seiner Anthroposophie eine Bewegungstherapie, bei der Laute, Texte, Musikstücke in Bewegung umgesetzt werden.

S. 464 wurden die letzten Danziger Juden . . . deportiert: s. *Lichtenstein* S. 141–144.

S. 468 Aurèle Nicolet: Schweizer Flötist, geb. 1926 in Neuenburg.

S. 469 Im Raum Isjum . . . Einbrüche des Gegners: Juli/August 1943.

S. 473 Dorothee Sölle – Politisches Nachtgebet: Sölle (geb. 1929) vertritt eine politisch-humanitäre ›Theologie‹ nach dem Tode Gottes. Die Bewegung »Politisches Nachtgebet« mit regelmäßigen Treffen in der Kölner Antoniterkirche wurde von ihr mitinitiiert. **Kursbuch Numero 14:** Im August 1968 von H. M. Enzensberger herausgegeben, hatte es die *Kritik der Zukunft* zum Thema und enthielt u. a. ein *Dossier 3: Konkrete Utopie*. **Die Sache mit Gott:** Populäre Einführung in *Die protestantische Theologie im 20. Jahrhundert* (so der Untertitel) von Heinz Zahrnt, erschienen 1966. **Das Sammeln ist eine Antwort auf den Zustand der Zerstreuung:** Grass' ausführlichste Darlegung zum in seinem Werk so auffallend häufigen Motiv des Sammelns, des Sammlers, der Sammlung: »das Sammeln« als »tätiger Ausdruck der Melancholie« (S. 474). s. auch S. 510 f.: Die Söhne Raoul und Franz sammeln beide, »weil immer was auseinandergeht und die Welt, dieses Werkstück als Werkstatt, nicht fertig ist.«

S. 478 Schneckenwettläufe: Zu diesem ab S. 488 ausführlich entfalteten Motiv gibt es einige Radierungen aus dem Jahr 1972, s. *In Kupfer, auf Stein*, 6, 7, 11.

S. 479 Hummel: Maria Innocentia Hummel (1909–1946), geb. Berta Hummel, 1931 Eintritt ins Kloster; schuf Figurenserien mit meist jugendlichen Strolchen und Landstreichern, die bekannten Hummel-Figuren. Ihre Motive sind auch als Drucke und Postkarten weit verbreitet.

S. 481 weil ja in allen Kellern ... eingekellert von Anbeginn Leichen liegen: s. dazu das Gedicht *Der Neubau*, I, S. 202 f.

mit ihrem noch taufrischen Bürgermeister: Hans Koschnick (geb. 1929) war seit 1967 Bremer Bürgermeister und Senatspräsident.

S. 482 Fall Boljahn ... Fall Littmann: s. dazu X, S. 91 und Anm. und IX, S. 442 und Anm.; das Zitat stammt aus *Der Wähler und seine Stimme*, IX, S. 442.

S. 486 Ein junger Mann ... entschuldigt sich: s. X, S. 109 und Anm.

S. 492 im Kampfraum Kursk die letzte deutsche Offensive zusammengebrochen: Operation *Zitadelle*, am 3. Juli 1943 begonnen und am 13. Juli abgebrochen.

S. 493 Ich zeichne euch, Kinder, einen Bogenschützen ...: s. *Pfeilschnelle Schnecke* (1972), *Zeichnen und Schreiben I*, 55.

S. 496 Spielerisch setzte Zweifel die Laubschnecken auf ihrem hellbeflaumten Fleisch an: Zu diesem im folgenden breit ausgeführten Motiv gibt es einige Graphiken aus dem Jahr 1972: *Zeichnen und Schreiben I*, 57, *In Kupfer, auf Stein*, 2, 10.

S. 498 Heinemanns Rede zum 1. September: Ansprache des Bundespräsidenten im deutschen Fernsehen zum 30. Jahrestag des Kriegsbeginns.

S. 499 Abwehrschlachten im Kurland: Die Heeresgruppe Nord hatte sich nach der Räumung Rigas (13. 10. 1944) ins Kurland zurückgezogen und wurde dort eingekesselt, konnte aber im Winter 1944/45 in sechs Kurland-Schlachten den Kessel verteidigen. Sie kapitulierte am 10. Mai 1945.

S. 508 Zürich-Niederdorf: Nach der Straße Niederdorf benanntes Vergnügungsviertel in der Altstadt auf dem rechten Limmat-Ufer.

S. 510 Beide sammeln: s. die Anm. zu S. 473.

S. 512 wie zu Schüler- und Pausenhofzeiten: Vgl. *Loblied auf Willy*, IX, S. 92 und *Federn blasen*, I, S. 232.

S. 513 und im Jahr drauf ging er in Warschau auf die Knie: Zu Brandts Kniefall vor dem Mahnmal für den Warschauer Ghetto-

Aufstand s. auch S. 560 und *Betroffen sein*, IX, S. 487–489. **Käme in nordischen Sagen ein Sisyphos vor ...:** Zur Bedeutung des Sisyphos-Motivs bei Grass s. vor allem *Kopfgeburten*, VI, S. 212 f. und Anm.

S. 519 Extrarede: »Über den unbekannten Wähler«: Wegen der Überschneidungen mit anderen Reden wurde sie nicht in Band IX aufgenommen.

S. 522 Die Schnecke ans Kreuz schlagen: s. dazu die Radierung *Schnecke am Kreuz* (1972), *In Kupfer, auf Stein*, 8; das Motiv des gekreuzigten Tiers auch in *Die Rättin*, VII, S. 301 und Anm.

S. 524 Kohlhaas und seine Pferde: Nach Heinrich von Kleists Novelle, in der der Titelheld sein Leben daran setzt, wegen zweier widerrechtlich beschlagnahmter Pferde Recht zu bekommen, s. auch *Begegnungen mit Kohlhaas*, IX, S. 546–548.

S. 526 Köln ... mit seinen ... neunundneunzig törichten Jungfrauen: Montage aus dem Martyrium der Hl. Ursula, die in Köln mit 11 000 Jungfrauen ermordet worden sein soll (11 Blutstropfen im Kölner Stadtwappen), den törichten Jungfrauen aus *Matthäus* 25, 1–12 und den 99 Gerechten von *Lukas* 15, 7 oder den 99 Schafen von 15, 4.

S. 528 Auf der Stirn einer liegenden Frau ... ruht die Schnecke: s. die Radierung *Lisbeth* (1972), *In Kupfer, auf Stein*, 1. Dieses Motiv wurde auch für den Schutzumschlag der Originalausgabe von *Aus dem Tagebuch einer Schnecke* verwendet.

S. 529 Baranow ... Insterburg ... Ardennen: Januar 1945.

S. 530 Polen ... Ostpreußen ... Elbing ... Heeresgruppe Weichsel: 1. bis 20. Februar 1945.

S. 532 Jäckel: Hartmut (geb. 1930), Mitarbeiter von Grass bei der Wählerinitiative, Bruder von Eberhard Jäckel (d. Ä.).

S. 538 über Forster und Lichtenberg im Verhältnis zur Französischen Revolution: Georg Forster (1754–1794), einer der begeistertsten Anhänger der Französischen Revolution, war führend an der Mainzer Revolution beteiligt und Präsident des Mainzer Jakobinerklubs; s. auch *örtlich betäubt*, S. 149 und Anm. Lichtenberg äußert sich zustimmend in seinen *Aphorismen* zu einzelnen Errungenschaften der Französischen Revolution. Lichtenberg und Forster hatten gemeinsam von 1780 bis 1785 das

Göttingische Magazin der Wissenschaften und der Literatur herausgegeben.

S. 544 Leninjahr: Lenin wurde 1870 geboren.

S. 547 gleichzeitig die »Geometria« abbildete: Die »Melencolia« ist von der traditionellen Darstellung der »Geometria« in Zyklen über die Sieben freien Künste beeinflußt.

S. 548 Aristoteles und Ficino: s. Anm. zu S. 381. **Burton:** Robert Burton: *The Anatomy of Melancholy*; die erste von vielen umgearbeiteten Ausgaben erschien 1621. **Shakespeare:** »melancholy« als »Melancholie« und »melancholisch« findet sich in Shakespeares Dramen an etwa 70 Stellen. Vielleicht denkt Grass an die Monographie von C. A. Bieber: *Der Melancholikertypus Shakespeares* (1913). **Kierkegaard:** s. S. 452 und Anm. **Schopenhauer:** s. die Anm. zu S. 434. **Benjamin:** s. Anm. zu S. 353 und 355. **Marcuse:** Herbert Marcuse: *Eros and Civilisation*, Boston 1955. **Panofsky ... Saxl:** s. Anm. zu S. 433. **Wolf Lepenies und Arnold Gehlen:** s. Anm. zu S. 434.

S. 550 Marsilio Ficino an einen Freund: Giovanni Cavalcanti, der Brief entstand zwischen 1470 und 1480, vgl. die Anm. zu S. 381. **Aristoteles, der wohl als erster die Melancholie legitimiert:** s. die Anm. zu S. 381.

S. 554 Natürlich trägt sie am späten Vormittag Lockenwickler: Das leicht Ungepflegte der Melencolia, vor allem ihrer Frisur, ist Topos der *Melencolia I*-Forschung seit der Beschreibung durch Dürers Zeitgenossen Joachim Camerarius. **Librium:** ein Psychopharmakon.

S. 555 Die Fugger und Thomas Münzer: Ende 1970 wurde Dieter Fortes Drama *Martin Luther und Thomas Münzer oder Die Einführung der Buchhaltung*, das Münzer und die Fugger behandelt, uraufgeführt, Anfang 1971 erschien es als Buch. **Der maximilianische Humanistenkreis:** s. die Anm. zu S. 434. **des Kaisers allegorisch wucherndes Ehrenportal:** Seit 1512 war Dürer leitend mit dem monumentalen Holzschnittsammelwerk verschiedener Künstler beschäftigt, das sich zur wandgroßen »Ehrenpforte« (1515) für Kaiser Maximilian zusammenfügte.

S. 556 Untätig zwischen Werkzeug: Außer vom Typus der »Geometria« (s. S. 547 und Anm.) ist die Melencolia von mittelalterlichen Darstellungen der »Acedia«, der Trägheit, einer der sieben Todsünden, beeinflußt. Trägheit ist bis hin zur Dürer-Zeit Kennzeichen des Melancholikers. **Saturn . . . Kronos:** lat. und griech. Form des Namens. Er ist der Gott, der seine Kinder frißt, und zugleich der Gott des Ackerbaus, unter dessen Herrschaft nach der Lehre von den vier Weltaltern das Goldene Zeitalter stand.

S. 558 eine vielzitierte Sozialistin: Rosa Luxemburg, s. die Anm. zu S. 463. **der Kreuzer Aurora:** Bei der Oktoberrevolution 1917 griff der in der Newa ankernde Kreuzer Aurora mit Schiffsartillerie in den sogenannten ›Sturm aufs Winterpalais‹ ein.

S. 559 Wohin mit Kirow: Sergej M. Kirow (1886–1934), enger Mitarbeiter Stalins und hoher Funktionär; seine u. U. von Stalin gebilligte Ermordung löste die »Säuberungen« Stalins aus. **Bucharin:** Nikolai I. Bucharin (1888–1938), sowjetischer Politiker und Wirtschaftstheoretiker, enger Kampfgenosse und Mitarbeiter Lenins, unterstützte zunächst Stalin, wandte sich dann aber gegen dessen Zwangskollektivierungs- und Industrialisierungspläne. Er wurde daraufhin 1929 aller politischen Ämter enthoben und 1938 nach einem Schauprozeß hingerichtet. **Georg Lukács . . . »Hotel Abgrund«:** Das Diktum findet sich in *Die Zerstörung der Vernunft* (1954); Lukács wiederholt es im Vorwort von 1962 zu *Die Theorie des Romans*.

S. 560 »Die Unfähigkeit zu trauern«: 1967 erschienenes Buch mit dem Untertitel *Grundlagen kollektiven Verhaltens* von Alexander und Margarete Mitscherlich. **Andreas Gryphius:** s. dazu *Der Butt*, V, S. 281 ff. und Anm. und *Das Treffen in Telgte* passim. **Quirinus Kuhlmann:** (1651–1689), Dichter und von Jakob Böhme beeinflußter Schwärmer, s. auch *Der Butt*, V, S. 331.

S. 563 Denkmal Karls des Zwölften: Geb. 1682, Thronbesteigung 1697. Er führte den 2. Nordischen Krieg ab 1700 gegen eine Koalition von Dänemark, Polen-Sachsen und Rußland. Er schlug 1700 Peter den Großen bei Narva, unterlag aber 1709 den Russen bei Poltawa. Karl floh auf türkisches Gebiet und kehrte erst 1714 nach Schweden zurück. Er fiel bei der Belagerung der norwegischen Zitadelle Frederiksten bei Frederikshald 1718.

S. 564 an überlängtem Arm mit der Hand nach Osten weist: Grass' Bild für die Verfolgung sinnloser Ziele; s. IX, S. 492.

S. 566 Rajk: Laszlo (1909–1949), Führer der illegalen ungarischen KP im Zweiten Weltkrieg, Organisator des antifaschistischen Widerstands. 1946–1948 Innenminister, 1948–49 Außenminister, wurde 1949 verhaftet und als »imperialistischer Agent« und »Titoist« verurteilt und hingerichtet. **Slánsky:** Rudolf (1901–1952), tschechoslowakischer Politiker, 1945–1951 Generalsekretär der KPČ, 1951 verhaftet und nach einem Schauprozeß »wegen titoistischer ... und zionistischer Umtriebe« 1952 zum Tode verurteilt.

»Schnecken ..., beispielhafte, fabelhafte, prinzipielle und solche, die wirklich vorkommen«

Das folgende Register enthält die Schnecken, »die wirklich vorkommen«, zusammen mit den wissenschaftlichen Namen, unter denen sie meist in der Fachliteratur geführt sind. Vorbild für Zweifels Studien und Forschungen zum Verhalten der Schnecken scheint Ewald Frömming und sein Buch *Biologie der mitteleuropäischen Landgastropoden* (Berlin 1954) gewesen zu sein.

Inhaltsverzeichnis

ANHANG